珍藏本

纪念版

汉译世界学术名著丛书

杰斐逊选集

〔美〕托马斯·杰斐逊 著

朱曾汶 译

商务印书馆
SINCE 1897 The Commercial Press

2017年·北京

THE
SELECTED WRITINGS OF
THOMAS JEFFERSON

汉译世界学术名著丛书
（120年纪念版·珍藏本）
出版说明

2017年2月11日，商务印书馆迎来120岁的生日。120年前，商务印书馆前贤怀揣文化救国的理想，抱持"昌明教育，开启民智"的使命，立足本土，放眼寰宇，以出版为津梁，沟通中西，为中国、为世界提供最富智慧的思想文化成果。无论世事白云苍狗，潮流左右激荡，甚至战火硝烟弥漫，始终践行学术报国之志，无改初心。

迻译世界各国学术名著，即其一端。早在20世纪初年便出版《原富》《天演论》等影响至今的代表性著作，1950年代后更致力于外国哲学和社会科学经典的译介，及至1980年代，辑为"汉译世界学术名著丛书"，汇涓为流，蔚为大观。丛书自1981年开始出版，历时三十余年，迄今已推出七百种，是我国现代出版史上规模最大、最为重要的学术翻译工程。

丛书所选之书，立场观点不囿于一派，学科领域不限于一门，皆为文明开启以来，各时代、各国家、各民族的思想与文化精粹，代表着人类已经到达过的精神境界。丛书系统译介世界学术经典，引领时代思想，为本土原创学术的发展提供丰富的文化滋养，为推动中国现代学术和现代化进程做出了突出的贡献。

为纪念商务印书馆成立120周年，我们整体推出"汉译世界学术名著丛书"120年纪念版的珍藏本，寄望既利于文化积累，又便于研读查考，同时向长期支持丛书出版的译者、编者和读者致以敬意。

两甲子后的今天，商务印书馆又站在了一个新的历史时间节点上。我们不仅要铭记先辈的身影和足迹，更须让我们的步伐充满新的时代精神。这是商务人代代相传的事业，更是与国家和民族的命运始终紧密相连的事业。我们责无旁贷，必须做好我们这代人的传承与创造，让我们的努力和成果不仅凝聚成民族文化的记忆，还能成为后来人可以接续的事业。唯此，才能不负前贤，无愧来者。

商务印书馆编辑部

2017年10月

出 版 说 明

托马斯·杰斐逊(1743—1826),美国著名的启蒙思想家、《独立宣言》的主要起草人、政治哲学家、美国第三任总统(1801—1809),生于弗吉尼亚州阿尔贝马尔县一个种植园主家庭。幼年接受家庭教育,学习拉丁文、希腊文、历史、文学和自然科学。1760年进威廉和玛丽学院主修哲学、文学,1762年毕业后,又从法律教授威思学习5年法律,同时学习法语和意大利语。1767年开始做律师。1769—1775年,任弗吉尼亚州下院议员,1775年代表该州参加第二届大陆会议,被推选为《独立宣言》5人起草委员会成员之一。1776年北美殖民地宣布独立后,杰斐逊回到弗吉尼亚任州参议员;1779—1781年出任州长。1783年任弗吉尼亚州邦联国会代表。1784年,大陆会议派他去巴黎协助富兰克林和亚当斯同法国和其他欧洲国家进行贸易谈判。1775—1789年,任美国驻法国公使。1790—1793年,任华盛顿总统任内的首任国务卿,1794年辞职回家乡蒙蒂塞洛。1797年,任美国哲学会会长。1797—1801年,任副总统;1801—1809年,连任两届总统,任期届满后,他遵循华盛顿的不竞选第三届总统的原则,回家乡从事哲学、语言、文学、自然科学及建筑学的研究并亲手创办了弗吉尼亚大学。终年83岁。

这本选集选编了杰斐逊在不同历史阶段写下的论著、法案和大量信件，从中可以窥见其民主思想的全貌及其在美国民主制度建设中的贡献。要目共分八类，编排上并非完全按照文章发表的顺序。兹举其荦荦大端如下。

1774年他为弗吉尼亚议会起草的《英属美利坚权利概述》否定了英国议会对北美殖民地的任何权威，明确提出殖民地人民是自由人民，根据自然法应当得到自己的权利。这是美国宣布独立以前他对独立革命事业最显著的贡献。他为大陆会议起草的《独立宣言》阐明了人民主权思想，即人类生而平等，“造物主”赋予的包括生命权、自由权和追求幸福的权利是不可转让的。为了保障这些权利，才在人们中间成立政府，而政府的权力来自被统治者的同意。政府破坏这些权利，人民就有权改变它或废除它。《独立宣言》的发表开创了美国历史的新纪元，也给予杰斐逊以不朽的名声。

1787年的费城制宪会议，杰斐逊因出使法国没有参加。他在和国内人士的通信中多次谈论这次会议制定的美利坚合众国的这部新宪法，他在表示肯定的同时，也指出它的不足之处，如要增加人民的权利法案，保护人身、出版和信仰自由，总统不能终身制，等等。正是根据他的建议，合众国宪法于1789年增加了前十条修正案（通称《人权法案》）。

杰斐逊的民主思想在宗教上的体现，就是他在弗吉尼亚州长任内制定的《建立宗教自由法案》。其中规定，公民对宗教信仰与否是公民的选择自由；教会和非教会的立法者和统治者不应对别人的信仰握有决定大权；公民不能因信仰这种或那种宗教而被剥夺公民权和担任公职的权利，这等于剥夺他生而具有的权利和利益；不得强迫任何人举行任何宗教仪式，也不得由于其宗教见解或信仰而对其人身或财产实行折磨和限制，也决不可因公民的宗教见解扩大或影响其公民权利。

《弗吉尼亚笔记》是杰斐逊唯一的一部长篇专著。他写这部著作是为了回答当时法国驻费城公使向他提出的一些问题。书中记述了弗吉尼亚州的边界、河流、海港、山脉、矿藏、动植物分布、人口、气候、法律、宗教、生活方式等各方面的情况。关于该州及县、市、村的政府职能，书中强调文官政府是组成社会的唯一目的，政府的管理要取得人民的同意。在政府内部，议会、司法和行政要进行权力划分，各自权力不能超出法律的规定，彼此还要相互制约。这部著作被认为是对美国科学著作的杰出贡献，为他奠定了作为世界学者的基础。

杰斐逊在国务卿任内在政府职能、经济和外交等一系列政策问题上同财政部长汉密尔顿发生了严重分歧。当时，两人的主张都有大批的支持者，因而形成杰斐逊的民主共和党和汉密尔顿的联邦党，为日后的两党政治奠定了基础。

杰斐逊在两届总统任内对内实行和解政策，肯定联邦党 12 年执政的成就，在购买路易斯安那和禁运法案上和联邦党也取得一致，购买路易斯安那使美国的领土几乎扩大了一倍。他知识渊博，除精通拉丁文、希腊语、意大利语、法语、西班牙语，还是许多科学部门的开拓者，特别是古生物学、地理学和植物学等领域。他的大量书信反映了他在众多问题上的民主思想和学术见解。其中关于法国大革命的经过和他本人的评论尤为生动、具体。

1998 年 7 月

编者序

这本托马斯·杰斐逊选集是为了全面介绍他的思想。其中篇幅最多的是他的书信，我们相信它们对于显示这个人及其非凡的才智是至为重要的。杰斐逊的两个长篇原著《弗吉尼亚笔记》和《自传》实际上是全文刊登。除了他那最为著名的政府文件以外，也选登了他的一些较不重要的作品。所有这些作品总合起来，描绘出这个比他的任何一个同胞都更适合称之为“美国的利奥纳多”[①]的人。

纪念版(《托马斯·杰斐逊文集》，20 卷，安德鲁·利普斯科姆和艾伯特·埃勒里·伯格编，华盛顿哥伦比亚特区托马斯·杰斐逊纪念会 1905 年版)尽管有其局限性，仍被用作本书的基础。福特版尽管编得比较完善，数量和种类都不及纪念版。本选集文章凡非取自纪念版的，均注明编者或作者的名字或原文出处。

弗吉尼亚大学奥尔德曼图书馆及国会图书馆工作人员鼎力相助，在此谨向他们致以深切的谢意。

---

① 当指意大利文艺复兴时期美术家、自然科学家、工程师和哲学家利奥纳多·达·芬奇，他著述甚丰，身后留下手稿 7 000 多页。——译者

目　　录

绪　言

艾德里安娜·科克
威廉·佩登

托马斯·杰斐逊的著作今天比美国历史上以往任何一个时期都更富有意义。就作为美国民主“实验”核心的社会原则来说，再没有比这些信和文件更好的记录了。那些迫切想了解此君的多变和深奥的性格的人，会在它们当中获得另一种并非微小的酬报。在美国启蒙运动时期，没有一个领导人像他那样睿智，那样理解自由社会的含义和结果，并且把它们表达得那么透彻。因此，我们要与那个时代的叱咤风云的人物和事件建立新的联系，要最充分地理解通过同意，通过理智，通过法律，以及通过有力和逐步的改革来实行统治这种理论的意义，就必须求诸杰斐逊。

托马斯·杰斐逊于1743年4月13日（旧历4月2日）出生于沙德韦尔——他父亲彼得·杰斐逊在弗吉尼亚内地拥有的许多烟草种植园中最重要的一个。彼得·杰斐逊是个体力旺盛和有灵性的人，虽未受过教育，却成了一个出色的勘测员，富足的地主，还当了弗吉尼亚下议院议员，代表阿尔贝马尔县。他的妻子简·伦道夫出身弗吉尼亚最显赫的名门望族，其家谱可远溯到英格兰和苏格兰的历史记载。关于这点，杰斐逊在晚年曾简单地说过：“每个人都把他选择的信仰和价值归因于此。”

年轻的杰斐逊恐怕是不会这样说的。在儿童时代，他当然充分享受了他的家庭的殷实状况所具有的种种好处：书籍、马以及在吐卡霍和沙德韦尔的“大房子”的优越生活。当彼得·杰斐逊去世时，他留给他14岁儿子的不仅是珍贵的土地和住宅——当时弗吉尼亚财富的基础和衡量标准——而且还留给了他正确和充满爱心的忠告。他本人失去了受正规教育的机会，因而一心一意要使他的儿子受到全面的正统培养。多年后，托马斯·杰斐逊经常提到古典的道德家、哲学家、诗人和戏剧家对他产生的影响。1800年，他诚恳地说：“我跪着感谢他指导了我早期的教育，让我掌握了这个产生快乐的丰富源泉，我不愿拿它来交换当时我向往的任何一样东西……”无论杰斐逊的观点后来变得多么科学性和进步，希腊和罗马的道德知识和政治知识继续赋予他的思想以深度和特色。

遵照父亲生前的规定，杰斐逊在距沙德韦尔仅数英里的莫里先生主办的学校就读。1760年春天，在经过这位“第一流学者”两年精心教导以后，他离开故乡阿尔贝马尔，进了设在威廉斯堡的威廉和玛丽学院。

在威廉斯堡——弗吉尼亚殖民地首府——的这些早期的年代里，杰斐逊从一切方面证明充分享受了宴会、音乐、跳舞、调情、写诗、喝酒——一句话，充分享受了与一班生气勃勃的弗吉尼亚青年交往的乐趣。他喜欢跳法国花式舞、看戏和赛马，在这些轻浮的环境里决不是不快乐。这个瘦长而笨手笨脚的红发小伙子不是花花公子，却具有幽默、热情和智慧，使他赢得了许多亲密朋友。他在获得像约翰·佩奇那样的朋友的深厚友谊方面，显然要比赢得威廉斯堡美女的芳心方面更加成功，他多次情场失意，沉浸在灰心失意之中。杰斐逊关于这个主题的信有时欢快，有时忧伤，但总是用青年人的偏激和冲动的语言一挥而就，有力地起到了纠正别人为他描绘的老成持重的形象的作用。

但是纪律和认真这两种特征就像急流中的岩石一样牢固地存在着。杰斐逊对于按理性行事的强烈感情以及他的冷漠超然的处世态度，在他和丽贝卡·伯韦尔的"恋爱关系"中表现得淋漓尽致。在雷利酒店——这个酒店后来成为重大政治策略的现场——阿波罗厅里一支舞跳到一半时，杰斐逊结结巴巴地向他的"比琳达"提出了求婚。甚至这个行动也受他的审慎习惯的制约，他不久就向佩奇吐露了他去国外旅行和进一步深造的精心计划，在这同时，"比琳达"必须学会一个弗吉尼亚家庭主妇的本分，耐心地等待他学成归来。当这个活泼的姑娘宣布她同一个不那么迟钝、身手更敏捷的求婚者订婚时，吃惊的只有杰斐逊一人，他甚至并不感到精神上受到损害。

此时杰斐逊在知识上已比一般刻苦用功的学生更加成熟。他成为威廉斯堡社会和知识界领袖们的宠儿，这些领袖中包括他的知识渊博的数学和伦理学教授威廉·斯莫尔、弗吉尼亚最杰出的法律学家乔治·威思以及标准绅士和艺术资助人福基尔总督。杰斐逊因其好学不倦的精神以及谦虚和讨人喜爱的天性而受到尊重，成为总督府宴会上深受欢迎的第四位客人，这四个人在席间畅谈思想、政治、文学和音乐。杰斐逊是个健谈者——不是在自以为十全十美的意义上，不如说是由于他对思想的几乎与生俱来的兴趣以及对人性，对历史和科学的强烈的求知欲。他的书信间接表明了他擅长的那种谈话:谦恭有礼、温和亲切、极其坦率和真诚,充满哲学意味而又贯穿着来自他的切身经验和广泛阅读的专门论据。

1762年春从威廉和玛丽学院毕业后,杰斐逊随乔治·威思学了五年法律。他对法律的态度本身就是他的价值观的一个很好的标志。法律知识是了解政府工作的一个先决条件,杰斐逊对它十分重视。他承认这一事实:好的政府要依靠法律来起到稳定民心的作用。意识到律师作为一个群体爱在术语上做文章,并且懂得判例在法律中压倒一切的重要性,他仅仅把法律看作是为人民服务并保护人民的工具,而不把它看作人民的统治者。因此,他成为一个成功的开业律师是恰当的,但是他不把开业律师作为单独一种职业甚至更为恰当。

杰斐逊在刚满30岁那年认真地开始了他的政治生涯。1772年1月,他和一位被他追求已久少女似的寡妇马撒·韦尔斯·斯克尔顿结了婚。他和她定居于他的尚未竣工的蒙蒂塞洛庄园,离他的1770年被火焚毁的老家沙德韦尔不远。在他结婚那时,他已经有了一些政治经验。在威廉斯堡攻读法律时,帕特里克·亨利在弗吉尼亚议会就1765年反印花税法决议进行辩论时"精彩绝伦"的演说给他留下深刻的印象。他从1769年起就当了弗吉尼亚下议院议员,他的第一个行动是提出一个允许奴隶主解放其奴隶的议案,但是这个议案以失败告终。

然而,英国与殖民地关系的日益逼近的危机很快就使议会的日常事务相形见绌。1772年,人民对乔治三世在政治上和经济上的倒行逆施忍无可忍,终至放火焚烧了英国的"加斯皮"号缉私巡逻艇。当国王威胁着要把有纵火嫌疑的"卖国贼"押送至英国时,一小群弗吉尼亚爱国者，包括杰斐逊和帕特里克·亨利在内，决定成立殖民地通讯委员会以防止英国进一步侵犯。

殖民地间的联合势必被英国的此类行为加强。例如1774年，第一个“无法容忍的法令”封闭了波士顿港口，直到马萨诸塞为上年被波士顿茶党倒入港口海中的英国茶叶作出赔偿为止。当这个消息传到威廉斯堡时，杰斐逊和弗吉尼亚议会其他几个业已掌握制定弗吉尼亚方针大权的青年议员，规定了一个斋戒和祈祷日以表示他们对马萨诸塞人的同情。对此，弗吉尼亚的皇家殖民地总督邓莫尔又一次下令解散了议会。议员们照例在雷利酒店的阿波罗厅集会，计划召开一次殖民地间的会议。

采取这个强有力的全国性行动的机构既经成立，杰斐逊就开始撰写决议，这些决议比其他县和殖民地送来的决议措词更为激烈，文采也更好。他在他的《阿尔贝马尔县决议》中列举了好些反对英国暴政的论点。紧接着，杰斐逊又写了一篇关于天赋权利及受宪法限制特权的充满激情的论文：《英属美利坚权利概观》。这些决议在威廉斯堡召开的弗吉尼亚代表大会上宣读（1774年8月），被认为过于革命，未被采用。但是却被印了出来，广为散发。从那时起，重要的写作任务就几乎理所当然地都落在杰斐逊一人身上了。

当杰斐逊于1775年6月作为弗吉尼亚出席第二次大陆会议的代表来到费城时，他正如约翰·亚当斯所说，已经具有了“文学和科学的名声以及惊人的写作才能。”大陆会议当然要充分利用这种可喜的才能，杰斐逊的笔几乎立即被用来为独立事业服务。当他第二年又一次出席大陆会议时，他被任命为五人委员会的委员，这个委员会的委员包括本杰明·富兰克林和约翰·亚当斯，担负着美国历史上最最重大的任务：草拟一个脱离英国独立的正式宣言。杰斐逊独自一人承担了起草的任务。人们信任他，指望他提出意见，权衡各种意见，从法律、历史和政治事件中作出有说服力的论断，并且以深厚的感情和精湛的技术写出宣言，事实证明这种信任他是完全受之无愧的。这个文件经过激烈辩论，最后于1776年7月4日被大陆会议通过。《独立宣言》由亚当斯或富兰克林或大陆会议本身稍作修改，几乎完全出于杰斐逊一人之手，毫无疑问是他早期生涯的胜利和顶峰。杰斐逊并非没有认识到这个文件的重要性。它与他的《弗吉尼亚建立宗教自由法案》以及创建弗吉尼亚大学的工作一起，是他希望刻在他的墓志铭上的三件事当中的一件。

到33岁时，杰斐逊作为由委员会实行统治的能手的声望是巨大的。如果他想要当政治领袖，他肯定能如愿以偿。但是他偏偏作出了另一个选择，这个选择直接表明他是一个什么样的人，而且宁愿永远做这样的人。长年在外，妻子体弱多病，家里少不了他。他的庄园需要他照管。他宁愿回到蒙蒂塞洛，回到杰斐逊夫人身旁，为弗吉尼亚服务。

这个选择换来的是三年艰苦劳动和少到几乎没有的名誉。1776年10月回到弗吉尼亚议会后，杰斐逊立即着手精心制订一个改革弗吉尼亚法律的规划，这项改革的目的是要把体现在《独立宣言》之中的人的“不可剥夺的权利”付诸实施。

他不失时机地提出了一个改组法院的议案，获得了成功，另外一个更重要的议案是废除长嗣继承和限嗣继承，从而结束了一种过时的社会贵族形式。接着,他和乔治·威思及埃德蒙·彭德尔顿一道,把全部精力用来彻底改革弗吉尼亚的法律。这项改革工作于1779年完成,但是多数有关法案直到1785年或更晚些时候才获得正式通过。此后,杰斐逊尽最大努力使法律现代化,并把其中某些明显繁琐累赘的词句删去。他还对整个教育界进行了考察,提出了一个系统性的全州范围教育计划。另外,他还试图通过将政教分开把宗教自由写进弗吉尼亚法律,这是他的一个至高无上的成就;《建立宗教自由法案》于1785年最后获得通过,他认为这是对美国社会的一个重大贡献。

除了在弗吉尼亚领导这场社会革命以外,杰斐逊也抽出时间享受与他的妻子和两个女儿的天伦之乐,研究大自然,对大自然的种种神奇感到快乐,耕种他的土地和处理他的私人事务,骑马,读书,并给他的许多朋友和熟人写富有活力的信。但是,过不了多久,公共生活就又要求他出山了。

1779年6月,杰斐逊当选为弗吉尼亚州长。他以乐观向上的态度开始他的行政官生涯,对自己的能力充满信心,获得他的州的人民的尊敬,几乎可以说是爱戴。然而,对一位州长来说,任何其他年代都不会像他所处的年代那样充满隐藏的危险。杰斐逊就任之际,英国正向弗吉尼亚发动突然袭击。他们控制了海洋,派遣匪徒抢劫粮食和军火,并且毁坏财产。弗吉尼亚西部边界同印第安人的战争是永久的忧虑和不安的根源。州库基金处于弗吉尼亚历史上最低点。华盛顿将军需要弗吉尼亚在北部给予支持。需要人力和物力在南、北卡罗来纳战场上支持新成立的国家。到1781年,州长发现他本人处于困境,眼睁睁看着英国人长驱直入他的州，一路上烧杀掳掠，自己却几乎束手无策。杰斐逊请求华盛顿将军派兵应付康沃利斯入侵的威胁，但是华盛顿在北部受困，缺乏人力，爱莫能助。结果，保卫弗吉尼亚的重担就落在一支未经训练、数量不足的民兵身上。杰斐逊本人差点被塔尔顿上校派遣的军队俘获。议员们在相当失面子的情况下被迫逃出他们的新首府里士满。杰斐逊作为州长势必被挑出来受到批评和责难。

没有任何证据表明杰斐逊没有尽力为弗吉尼亚进行适当的防卫。后来的材料，包括他给华盛顿将军和格林将军的信，确实证明他是一个克尽厥责的州长，勤劳，热心，对公民同胞的幸福关怀备至。可能当时需要有一个独揽大权的官员。这是杰斐逊所不愿做也不能做的。危机过去，第二任州长任期届满后，他对他的朋友们施加了影响，让他们支持一位军人做州长，自己则宣布退职。

华盛顿对杰斐逊在州长任内的表现予以充分肯定，这与议会某些议员猛烈攻击杰斐逊玩忽职守形成鲜明对比。当战争热消退后，同一个议会又可耻地通过一个决议，正式撤销对杰斐逊的所有此类指控。这些遭遇对任何一个名人都会是极其痛苦的；对杰斐逊来说，他全心全意为公众服务，对任何一种敌对行为都非常敏感，他担任州长的最后几个月是难以忍受的。尽管如此，他从那时起在政治上和心理上都更坚强，他已经养成了一种注重实际的精神，在以后的年代里对他有很大的帮助。

杰斐逊回到蒙蒂塞洛家中，就一头扑在写作上。1781 年 6 月，他不慎手腕受伤，有一段时间不能骑马。在这个被迫无所事事的时期里，他对法国驻费城公使马波斯侯爵向他提出的一系列有关弗吉尼亚的问题作了仔细的回答。杰斐逊在多年内对周围地区及其气候、自然环境、动植物群、矿物、农业及其管理仔细进行观察，日积月累，总数相当可观。这部手稿后来就成为《弗吉尼亚笔记》。这本非凡的书对外部自然界剖析入微，对道德、政治和社会问题阐述清晰明了，在后来的年代里被欧美大陆的学者和科学家广为阅读。

杰斐逊从这几个月写作获得的精神上的振奋和慰藉很快就被他一生中最大的个人悲剧化为乌有。他的妻子于 1782 年 5 月生下他们的第二个女儿后就一病不起，于同年 9 月过早地去世了。杰斐逊接连三星期把自己关在房间里，用他女儿马撒的话说，“白天黑夜几乎不停地踱步，直到精疲力竭，才偶然躺一会儿”。他是一个自制力极强的人，难得在他的信中提到他的妻子。但是熟知他的人都知道，他从未忘掉这个与他共同生活过的、被他爱了 10 年的女人。许多年后，拉法叶特丧偶后给杰斐逊写信，说唯有杰斐逊能够最深刻地理解他当时忍受的悲痛的特有的深度。

在杰斐逊夫人去世后的日子里，蒙蒂塞洛失去了它对这个逃避政治的人的通常的魅力。在这以前，他曾经坚决拒绝了许多任命。但是，最后有一天，国会提议他去欧洲进行和平谈判，他情绪好了，终于接受了任务。但是当了解到初步谈判已经精心策划好时，这个任务就被取消了。不久后（1783 年 6 月），弗吉尼亚议会选举杰斐逊为邦联国会代表，他在国会里重新领导一些重要的委员会，并且起草了许多报告和官方文件。他在国会里批评了拟议中的通货制度，并在他的《建立货币单位札记》中提出一种合理的货币制度来代替。他为西部领土临时政府起草了一个文件（他的著名的《西北领土法令》的原型），强调老州和新州平等的重要性，并试图把奴隶制从全部领土排除出去。他主张更加有利的国际贸易关系的必要性,并在1784年4月和5月两度为正在与欧洲各国谈判通商条约的公使们汇编了训令。

最后,1784年5月7日,杰斐逊被任命为美利坚合众国全权公使,协助已先期去欧洲磋商贸易协定的本杰明·富兰克林和约翰·亚当斯进行工作。就这样,通过贸易这座桥梁,杰斐逊登上了欧洲舞台,在那里,外交和社交、艺术和科学、革命和爱情将为他提供他一生中最丰富多彩的年代。

从一种意义上说,杰斐逊在去巴黎之前就已经有了丰富的阅历和高度的教养;从另一种意义上说,他对人和思想的真正的理解是在欧洲臻于成熟的。此前成为杰斐逊特征的那种复杂的习性模式——他的求知欲,他的耐心的观察,他的孜孜不倦的学习,他对周围人们的举止、个性和需求的关注——在他寓居海外的五年内定型了。他专心地倾听持有各种主义、原则和信条的外国哲学家、外国作家和外国政治家谈话。他大量购书,经常接连几个小时在码头上的旧书摊"淘书",收集古典学识的宝藏,他购买的书中有不少是关于人道主义和文艺复兴,关于先进的和理性的欧洲时代的,他在那个时代中十分活跃。他结识了法国社会的领袖们。他成了巴黎最智慧和最有影响的沙龙里受欢迎的常客。1785年,富兰克林返回美国,杰斐逊被任命为驻法国宫廷全权公使。他被公认为理性的、共和主义的美国的象征、弗吉尼亚绅士风度——不是像他那么得体地所说"代替"富兰克林,而是极其出色地"接替"了富兰克林。

拉法叶特证明是位非常宝贵的朋友。他教杰斐逊懂得欧洲皇家政治盘根错节的关系；他把他的朋友和熟人介绍给杰斐逊，当这位美国公使需要消息或联系时随时可以同他们联系。反过来，杰斐逊也给这位性子急躁的贵族和爱国者出谋划策。拉法叶特对杰斐逊为自由民主共和国而斗争的经验给予极高评价，当革命的力量开始在全法国被感受到时，他向杰斐逊请教的次数也越来越多。他把他的许多政界朋友带来和杰斐逊会面，听他讲话。杰斐逊当时认为，通过对人民的要求和国王的特权进行讨论，达成妥协是可能的。他认为一个能够解决迫切的全国性问题的有限的君主政体是不流血就能做到的。他建议由国王向人民提出一个权利特许状，甚至于亲笔起草了一个特许状，交给了拉法叶特。

杰斐逊就一些关于重大政治原则的问题抒发己见是在所难免的。偶尔，由于违反那种倾向于使来访的外交家变得毫无价值的中立而不安，他就按照礼节退避一旁，甚至明知道正在发生什么事，知道需要做些什么来处理或避免这件事，他也保持沉默。有次，应拉法叶特之请，在杰斐逊寓所开了一个会，会上有八名“爱国”（改革）党的领导成员花好几个小时为国民议会订了一个章程。杰斐逊后来为他自己的行为辩护，说明当他们的“精练的口才”在滔滔不绝地发挥时，他为什么坐在一旁一声不吭。第二天早晨，他去拜会外交大臣蒙穆兰伯爵，解释他的寓所为什么派了这个用场，并表示歉意。蒙穆兰已经知道发生了什么事情，坚决要求杰斐逊对今后所有此类会议予以协助，说他知道杰斐逊一定会倾全力帮助“有益的和切实可行的改革”。

这些年对于杰斐逊来说是快乐的年头，政治上兴奋，思想上活跃。他的大女儿马撒从一开始就陪伴在他身边；一年半后，小玛丽也来到巴黎,生活在慈父的无微不至的关怀之下。1786 年夏,他结识了玛丽亚·科斯韦——法国或英国首都最美丽和有天资的女人之一。玛丽亚·科斯韦是一位时髦英国画家的妻子,美丽、聪慧、充满女性的柔情,她对杰斐逊影响之深,是以后再没有一个女人所能及的。当科斯韦夫妇于 1786 年秋离开巴黎时,杰斐逊丧魂落魄,给她写了一封他生平所写的最长的信,就是热情洋溢的《头和心的对话》,其中他的克制力使头占了上风,但是讲的道理如此难以令人信服,写信者和夫人都必定感到厌恶。在随后去南部法国和意大利旅行时,杰斐逊又给她写信,感情比以前更加亲密。玛丽亚·科斯韦以柔情相报是无可置疑的。当杰斐逊在以后的年份里敦促玛丽亚扔下一大群企图从他那里把她偷走的朋友和崇拜者单身来巴黎时,她责备他没有给她多写信,没有到伦敦来长时期作客,真正的意思是,没有让他的心战胜他的头。

在巴黎充分享受生活的乐趣时,只有最迫切的义务能促使杰斐逊离开欧洲大陆。他希望他的两个女儿在她们将在其中结婚和生活的天地里长大成人;他认为必须在短时期内重新恢复同他自己的人民和政府的私人接触。由于这些原因,他认为最好还是回美国。在离开巴黎的前夕,他给在伦敦的玛丽亚·科斯韦写了一封短信告别,情意比以往更加热切,而且一再提到马上就会回来。他从考威斯乘船去美国是在 1789 年 10 月末,从此再也没有回来。

慢慢地,几乎不知不觉地,杰斐逊的欧洲经历扩大了他的政治理解的范围和能力。尽管他是第一个大声疾呼要忠于美国和美国事物的人,他对历史和政府的眼界是如此广阔,以致对文化上的孤立主义者毫不尊重,这些孤立主义者对欧洲事务一无所知,正在发展成为一种盲目的爱国主义。他回来了，给他的同胞带来一种当时几乎是独一无二的管理国家的知识。他通过扮演美国对外贸易促进者的角色以及把美国的信用从它已在欧洲的银行和交易所猛降中挽救出来所作的努力，已在贸易和财政方面变得聪明了。他的足迹曾遍及法国、意大利、荷兰和德国，他访问过英国，所到之处他不仅是美国外交家，而且是各门实用科学的学生。他对当地采取的方法和获得的改进表现出不倦的兴趣，匆匆记下酒和乳酪的各种各样的制法、谷物的栽培和收获法以及牲畜的饲养法。他的锐利的目光没有放过关于工人状况的每一个细节：他们的工资，他们平常消费的食物及品种和数量，他们对经济上的机会满意到什么程度，或者失望到什么程度。他把稻和刺山果、无花果和橄榄树的栽培资料寄回家中，并把美国不出产的许多牧草、橄榄以及意大利稻的种子寄回美国。他也从来不错过听夜莺唱歌，从来不忘记把泥土和天空的色彩记录下来。

回美国时，杰斐逊不但思想上成长了，而且大家一致认为他作为美国驻法国大使已经获得了杰出的成功。就连最爱挑剔的《爱丁堡评论》也承认："他就他寓居法国期间发生的各种具有国家意义的问题进行辩论时所表现的技能和知识，即使与富兰克林的外交才能相比也毫不逊色。"

美国的问题证明比法兰西共和国的那些问题更加紧迫，更加引人注目。宪法在杰斐逊出国期间已经制定，杰斐逊曾从巴黎写过许多信提出批评性意见，此时已颁布实施。杰斐逊乘坐的船刚刚驶进诺福克，他就从报纸上看到，正在忙于组成其第一个内阁的华盛顿总统想请他出任国务卿。几天后，在 11 月，他收到华盛顿的信，证实了报上的消息。杰斐逊的回答是勉强的，声称他想回法国去，不愿担任这个既重要又忙得不能脱身的职务。总统客气然而坚决地重新提出邀请，麦迪逊个人又施加了一点压力，事情就成了。在蒙蒂塞洛只能待短短几个月，回忆他在法国交的朋友，写信向他们告别，为进入由于各种人物和问题而生气勃勃的美国政界作准备。

1790 年 3 月，杰斐逊抵达纽约后，将法国革命爱国者的政治特征和感情与领导纽约社会的极端保守的美国亲英分子作了比较，不由地大为震惊。从民主角度依靠“人民”的意志和责任而进行的初步斗争，在这些地区没有获得胜利。杰斐逊发现他们渴望实行一种不是名义上而是行动上以一个国王为首的贵族特权制度，而正是这种制度，他在欧洲期间亲眼目睹了其腐败和衰落。杰斐逊认为，这些反民主主义者对英国政治体制崇拜得五体投地，成为前进道路上一个巨大的障碍。很久以前杰斐逊就剧烈反对加入政党，说“如果我一定要加入一个党才能进天堂，那我宁可不进天堂”。尽管他抱这种态度，但由于他拥护宪法，相信宪法能使人民和他们的地方政府团结起来，这就使他对联邦主义者比对反联邦主义者更加亲近。按说，宪法被《权利法案》补充，已成为美国民主制度无可置疑的共同纲领，政党就不存在了。但是，由于对立的政治见解产生冲突，政党反而进一步发展壮大起来了。

亚历山大·汉密尔顿是华盛顿的才气焕发而又雄心勃勃的财政部长，此人甚至在杰斐逊开始履行国务卿职责之前，就证明应予以认真对付。汉密尔顿的照票面价偿还国债的计划已获通过，此时正忙于筹划他的“承担债务法令”。他向杰斐逊吹捧这个法令，把它说成是巩固美国的信用，尤其是在国外的信用的唯一切实可行的方法。杰斐逊知道骗子和投机商人们预料到将会实行这种全国性的措施，正在从无知的百姓那里收购“一文不值”的纸币，因此对这项由联邦政府承担独立战争中各州所欠债务的计划持怀疑态度。但是汉密尔顿非常狡猾，他知道杰斐逊迫切希望把首都设置在南部，就以北部赞成在费城定都10年后将首都迁至波托马克河畔为交换条件，获得了杰斐逊对“承担债务法令”的支持。汉密尔顿在《承担债务法令》获得通过后，又给合众国银行发了特许状，接着又通过了《消费税法案》，杰斐逊这才恍然大悟自己是中了一个设计得多么巧妙的圈套。他感到汉密尔顿和他本人之间不一致的“总原则”无可挽回地永远处于对立。杰斐逊认为，汉密尔顿的一切行动都受制于一个压倒一切的目的：由享有特权的少数人组成政府，并为这少数人服务。实际上，汉密尔顿想要的远远不止这些。他想要一位国王、想要头衔、想要由一个中央首脑和一班贵族官僚来统治而不是由人民代表来统治，并为此而进行有力的斗争。

杰斐逊多次想要摆脱内阁职务的烦恼，在这个职务上，他不断遭到首都这个最渴求权力的人的刁难。剧烈的政治斗争不再是一个局限于相对平静的内阁会议的问题。争议主要是通过两张党报公开进行的，一张是约翰·芬诺主编的《合众国报》，汉密尔顿分子的喉舌，另一张是菲利普·弗伦诺主编的《国民新闻》，信奉杰斐逊的政治原则。在激烈的斗争中，争议要么被夸大，要么被歪曲。在麦迪逊和杰斐逊周围形成的团体开始自命为民主共和党人。那些同情汉密尔顿的中央集权思想并赞成他的税收政策、他的鼓励贸易以及银行和信贷计划的人，则成了新的联邦党的核心。

只是因为华盛顿再三要求杰斐逊继续任职，以及法美关系中称为“公民热内事件”的令人不安的发展，杰斐逊才没有回蒙蒂塞洛。公民热内于 1793 年 4 月来到美国，带来了一位法国驻外国公使所能扮演的角色的革命性概念。他的新成立的共和国迫切需要钱来支持 1793 年 2 月爆发的法国与英国之间的战争。热内下定决心要弄到钱，并给英国制造麻烦。杰斐逊作为国务卿发现自己处境十分为难。他真诚地相信美国应该忠于法国，和法国合作。美国人民也强烈希望支持法兰西共和国，以致同英国的战争一触即发。杰斐逊必须与汉密尔顿及其亲英支持者辩论，要他们知道美国与法国签订的条约仍然有效，要将如期给法国贷款作为一项国策。另一方面，他又面临一些难题：使美国人民的热情降温，制止热内，因为热内越来越不受管束，竟对华盛顿发布的中立宣言（1793 年 4 月 22 日）置若罔闻。当热内发现美国提前给法国的贷款将比他期望的少时，他扬言要越过华盛顿总统，把问题直接向人民提出。杰斐逊虽然同情法国的革命事业，却对这位法国公使衷心感到厌恶，说他“头脑发热，充满幻想，急躁无礼。”8 月，他要求法国将热内召回巴黎，法国表示同意，但热内以私人身份继续留在美国。

这时，杰斐逊可以功成引退了。他已经出色地完成了谈判国家对外事务的困难任务。总统不愿他走，甚至约翰·马歇尔在暂时放松他对杰斐逊的习惯性敌对情绪时也承认：“这位先生是在他特别受他的同胞尊敬的当口退出政治舞台的。”杰斐逊于 1794 年 1 月中旬回到蒙蒂塞洛，对他来说更重要的是再一次当一个小小老百姓，一个能读、能写、能听音乐、暇时能和朋友及家人谈天说地、能发表意见而无需介入首都日常斗争的自由人。他为自己永远告别政治生活而满心喜悦。他觉得累了。依他说，他50岁就已经是个老人了。

引退过了最初几个月，杰斐逊恢复了他惯常的精力。他管理他的庄园的耕作，设计了一种使农业革命化的犁，他在他的一个车间里开办了一个制钉厂；他像照料花园一样照料他的藏书室；他改变了蒙蒂塞洛的建筑规划，并且亲自监督施工；他款待他的邻居以及来自全欧洲的怀着善意的人，包括一位激进的法国共和党人和一位开明的法国前贵族。尽管他曾经决意不插手当代的政治问题，但他不可避免地还是开始给诸如麦迪逊那样的老朋友写有关政策的信，例如要避免同英国打仗，讨论"亲英的赞成君主政体的贵族党"即联邦党的日益增强的力量，他认为联邦党正在曲解共和党的施政原则。

经过三年相当活跃的"退休"生活以后，杰斐逊已经获得充分的休整，感到精神焕发。他重新对政治表示兴趣。因此，当1796年共和党推举他竞选总统（虽然他明确希望让麦迪逊当党的候选人）时，他含糊地同意了。杰斐逊似乎真正被他的党对他的偏爱感动了，但是对于担任一个如此重要的职务却有点犹豫不决。他写信提出异议，但不是作为一个疲倦的奥德修斯[①]，而是作为一个记着自己曾经是奥德修斯的人。

就这样，杰斐逊参加了总统竞选，对手不是他可能认为的汉密

---

① 奥德修斯：古希腊荷马所作史诗《奥德赛》中的主人公，特洛伊战争的领袖，曾献木马计，使希腊军大获全胜。——译者

尔顿，而是约翰·亚当斯。竞争十分激烈，杰斐逊最后得票比他的联邦党对手少三票，按照规定，这意味着他当选为副总统，杰斐逊很乐意在年龄比他大的亚当斯手下工作，他曾和亚当斯在欧洲融洽地共事过一个时期，认为可以劝说亚当斯放弃某些联邦主义的想法，成为反对汉密尔顿的有效障碍。在杰斐逊当时可能担任的所有政治职务中，副总统的职位似乎对他最具有吸引力。1797年3月，杰斐逊又回到费城，在那儿他能亲眼目睹行将上演的政治剧，并插手立法事务，而无需当总统肯定会有的那种令人厌倦的激情和责任。

杰斐逊很快就认识到，亚当斯内阁明显的汉密尔顿倾向使政治上不可能达成妥协。后来发生的一连串事件证实了他的这种想法。对美国人民来说，对外事务仍然是政治信念的严峻考验；亲英分子和亲法分子相互斗争，直到杰斐逊坚决建议“同两个国家都脱离”才停止。他竭力使共和党人自觉地成为一个和平的党。虽然杰伊条约暂时解除了同英国打仗的威胁，法国督政府反对中立贸易的法令却使美国人反对法国的战争感情旺烧起来。杰斐逊在周密审查欧洲发生的各种事件时，得知美国和平使团——格里、平克尼和马歇尔——受到法国外交部长塔莱朗的三名代理人（此三人后来被称作X·Y·Z）明目张胆的侮辱。举国上下被法国外交部长企图向美国使节索贿之举激怒，联邦党人和共和党人联合起来对政府进行报复。

下一个行动既出人意料，又注定要失败。政府向它的政治反对派发动突然袭击，利用1798年人民的战争热来达到它自己的目的。它迅速地相继通过了把外国激进党和自由党、宣传者和鼓动者驱逐出境的《外侨法》以及抑制新闻界“越规行为”的《煽动叛乱法》。《煽动叛乱法》执行起来特别可怕，它授权政府对任何一个以口头或书面反对总统和国会的人处以罚金，予以逮捕和监禁，致使共和党人在亚当斯执政的最后几年简直被封住了嘴。

杰斐逊的著名的《肯塔基决议》便是在这个背景下提出的。《肯塔基决议》与麦迪逊的《弗吉尼亚决议》一道，宣布《外侨法》和《煽动叛乱法》为非法，因为它们违反宪法，是精心炮制出来制止政治反对派侵犯总统权利的。杰斐逊对一支大规模的常备军怀有戒心，认为法国的常备军要对独裁者波拿巴的崛起负责，他同样把这两个正在蚕食个人自由基本保证的联邦党的法令看作是重新实行专制主义。从技术上说，这个问题必须从宪法、州权以及总统有限权力的角度来说明。因此，杰斐逊设法使现有的州起到反对正在具有一个宗教法庭——杰斐逊称之为“政治迫害”性质的政府的作用。这两个决议主要是作为这种特殊情况下的应急措施制定的，其基本原则就和杰斐逊的任何一条政治信条一样地坚决：保证美国自由公民的人身自由、思想行为自由以及财产自由。

当亚当斯总统听取了被认为是变乖了的塔莱朗提出的和平建议与法国开始谈判时，联邦党队伍中发生了分裂，共和党人立即抓住了这个机会。在总统竞选之前，亚当斯已将他的亲汉密尔顿的陆军部长和国务卿免职，汉密尔顿大为震怒，写了一篇文章攻击亚当斯，企图使他从前的头子失去联邦党的候选资格，但是没有获得成功。很明显，这是共和党最春风得意的日子，杰斐逊竞选总统，艾伦·伯尔竞选副总统。

大选的选举人投票结果，与选民投票结果大相径庭，杰斐逊和伯尔得票数相等。联邦党反对杰斐逊的运动是最肮脏的政治欺骗和污蔑，其最后的孤注一掷是马基雅维利式的诡计，亦即利用这个僵局迫使杰斐逊在就职前作出让步。他们威胁说，如果杰斐逊拒绝作交易，他们就在重新选举中让伯尔当总统。杰斐逊站稳立场，没有作出任何诺言，镇静自若地等了真正相当危险的一星期，在这一星期内，首都谣言蜂起，说是已提出一个法案，把政权让给联邦党人。杰斐逊的功绩是一目了然的，人民的眼睛也是雪亮的，联邦党人只得让步，杰斐逊终于获得了胜利。

杰斐逊写了他的就职演说，在写这篇演说的时候，他没有忘记亚当斯和马歇尔曾经不光彩地拼命使美国各个法院塞满联邦党的法官、律师和书记员，以便把新政府架空；他回想起那些动荡的日子，其时美国人的基本权利就在“伟大实验”的发源地被取消；他记得汉密尔顿提出的对南美洲进行剥削的目空一切的计划；他仍然因为对他进行诽谤，给他取的绰号而感到难受，这些绰号把他描绘成不信教、不敬神、“赛马场和斗鸡场”的鼓吹者。鉴于这些事情，杰斐逊感到人民和共和党的胜利是一场堪与 1776 年革命相比的革命，这种感情是可以理解的。他认为美国曾被投入政治阴谋和腐败的深渊，但是好不容易恢复了过来。1801 年 3 月 4 日的就职演说以由衷的虔诚语言欢庆民主实验获得了新生。

作为总统，杰斐逊的第一个计划是根除美国最近沾染上的不容异说，在它成为国家遗产的一个永久性组成部分之前尽快把它解决掉。杰斐逊用“我们都是共和党人——我们都是联邦党人”这句话作为他的施政方针，并利用不少联邦党人对他们党的领袖们缺少感情，建议他们忘记过去的恩怨，同共和党人联合。他们大多数人都表示同意。在杰斐逊任总统的头几个月里，过去10年的仇恨和党争消除殆尽。他的全面和解与改革政策以及他释放《外侨法》和《煽动叛乱法》受害者获得的成功，受到国会普遍支持。他当总统的任务受到一个同情的和能干的内阁很大帮助，这个内阁的首要人物是永远可以信赖的作为国务卿的麦迪逊，另外还有瑞士经济专家艾伯特·加勒廷，后者作为财政部长，与杰斐逊一起密切注意减税、政府厉行节约以及将国债降至最低限度等问题。尽管杰斐逊在华盛顿新首都当总统的简朴生活使不少人感到恼恨，迷惑不解，认为他免除一切排场是故作姿态，然而他作为一个名人的声望在他第一个总统任期内却比他一生任何时候都高。甚至北非沿海地带海盗的掠夺行为也很快就被粉碎，杰斐逊得以向他的一个朋友说万物寂静无声，"没有值得操心的事情"，这是社会感到满意的一个可靠标志。

然而，这种寂静和满意很快就被一个坏消息扰乱了，这个消息是：西班牙已经通过《圣艾德莱芬索秘密条约》(1800年)将它享有的密西西比河航行权、新奥尔良港以及构成路易斯安那省的一大片土地转让给法国。西方国家的农民和商人是依靠新奥尔良作为他们的货物出口地；杰斐逊甚至在他国务卿任内就已经认识到路易斯安那的战略重要性。路易斯安那掌握在强大的法国手里而不是掌握在弱小的西班牙手里，将会在美国的繁荣发达道路上设置一个不可逾越的障碍。美国必须获得路易斯安那这块土地——要么通过和平谈判，要么通过战争。当法国的独裁者拿破仑惧怕重新和英国开战，突然向美国提出建议，以15000000美元的价格不仅将新奥尔良港，而且将从密西西比河到落基山脉一大片土地卖给美国时，杰斐逊遇到了他一生中也许最大的难题。

多年来，杰斐逊一直是个人、小的地方单位和一些州的民主权利的捍卫者。他始终站在"严格解释"宪法的立场上。现在他面临着一个决策，其中总统的迅速和未经授权的行动将保证使美国的领土增加一倍，并扩大维持美国人已为之流血的自治和独立的机会。到底是接受拿破仑的建议从而违反一个珍爱的原则呢，还是等待通过一个宪法修正案，授权他采取这样的行动，从而可能失去对国家生存和幸福至关重要的土地？他在十足的苦恼中给他的朋友托马斯·潘恩、约翰·布雷肯里奇和威尔逊·卡里·尼古拉斯写了信，征求他们的意见。当然，经历极大的精神压力之后，杰斐逊还是批准了购买，条约于1803年5月2日签订。尽管他是不情愿这样做的，但是考虑到在这件事上，他独裁地行使权力是两害相权取其轻，这就使他大大地坚定了意志。

对一般美国人来说，构成购买路易斯安那的原则的奥妙是无关紧要的。纽约和新英格兰的金融巨头们依然怕他，反对他；反动的、正统的教会人士也没有完全改正他们对"无神论者"口诛笔伐的习惯。但是，毫无疑问，杰斐逊的第一个总统任期是在一片赞扬声中结束的，人民在国家欣欣向荣的情况下团结起来，几乎一致地使他们的总统连任。

在这些重大的年代中，杰斐逊尽管十分忙碌，但他依然能够抽出时间从事他心爱的知识上的追求。他不但协助成立了一个国家图书馆，而且还给他自己的私人藏书增加了不少珍贵的品种，他和普里斯特利和拉什等开明的思想家仔细思考了早期基督教的道德观。他挤出时间扩大了他收藏的大量关于原始印第安词汇的书籍。他对科学和农业的兴趣还是那样浓厚。简言之,这几年是活跃和富有成效的年头,唯一的伤心事是他的小女儿玛丽亚(杰斐逊)·埃泼斯夭折,这个打击只有多年前他妻子去世使他遭受的损失差可比拟。

当杰斐逊第二个总统任期开始时,他遇到的困难就连他的足智多谋也无能为力。成为第二个任期特征的国内和国际的斗争与该世纪开头几年的相对平静形成了鲜明的对照。

西班牙转让给法国又由法国卖给美国的领土从未精确地划定过界限。杰斐逊对美国地图和地理的知识以及他在蒙蒂塞洛珍藏的美国史料的研究,使他确信西佛罗里达是包括在购买的路易斯安那土地之内的。他公开表示不仅要占有西佛罗里达,而且还要占有东佛罗里达和得克萨斯,因为所有这些地方对于美国在墨西哥湾巩固的海岸线是至为重要的。为此,他命令通过他派往西班牙的特使以及西班牙驻华盛顿公使进行谈判。1805 年,当英国与西班牙之间存在着战争状态时,他认为美国同她的老对头英国结成"临时联盟"可能是美国达到扩张目的的方法。后来他还试图购买这些土地。尽管所有这些企图俱告失败,他的政策后来几年还是生了效,所有有争议的土地最后都归美国所有。

然而,划定美国天然边界问题同欧洲大肆干预美国航运比较起来,只是小事一桩。长久以来,美国作为一个海运国的崛起,使强大的英国商业利益集团深为忧虑。1806 年 4 月,英国把它对美国航运的打击发展为封锁欧洲大陆海岸。同年 11 月,拿破仑下令对英国实施封锁以示报复。此类封锁对一个像美国那样的中立国的实际影响,是严重损害了它同欧洲的进出口贸易,其严重性几乎达到了经济最后崩溃的程度。

再者，由于交战国捕获的美国商船数量激增，英国强征美国海员为其服役的次数日益频繁，美国的威望受到了严重威胁。杰斐逊曾宣称“他热爱和平”，有一切理由相信这是实话。在这件事上，他也有支持他的这种热爱的理由，因为美国这时同强大的英国或法国打仗是占不到任何便宜的。由于这些原因，杰斐逊认为必须争取拖延时间。1806 年的《断绝贸易法》以及使美国全部对外贸易陷于停顿、受到众多非议的《禁运法》(1807 年)就是出于这种考虑而颁布的。杰斐逊把禁运说成“除战争外我们必须打的最后一张牌”；他下定决心要打这张牌。尽管这意味着在英国或法国在中立国自由航海权问题上让步之前使我们的贸易和航运陷于停顿，但是杰斐逊找不到另一个同样切合实际和体面的替换方法。同样值得注意的是，无论他的禁运受到多么严厉的批评，却没有一个人提出过一个切实可行的办法来替代它。

使得他的第二个任期负担更重的是内部阵线受到脱党和变节的猛烈震撼。罗阿诺克的约翰·伦道夫性子急躁，被杰斐逊对联邦党人采取的安抚方法大为激怒。他反对杰斐逊关于同西班牙的领土争议的政策，在众议院里领导一个人数虽少然而令人头痛的共和党反政府集团。

更加引起轰动的是伯尔阴谋。伯尔企图在西部各州策动革命，使西部各州与墨西哥合并成为一个帝国，然后自己来做帝国的光耀万丈的独裁者。约翰·马歇尔这时正任巡回法院院长，利用即将开始的叛国审讯机会对他的老敌人杰斐逊展开政治战，杰斐逊曾泄露了他将伯尔定罪的强烈愿望。国民尚未忘记伯尔同汉密尔顿的决斗[①],从未有一个法律案件受到过美国人民如此的关注。尽管舆论反对伯尔十分强烈,举出了许多有罪的证据,伯尔还是被陪审团宣判无罪。

杰斐逊的第二个总统任期接近尾声时,他为了避免流血而设计的和平工具受到了严厉的攻击。禁运并未能够达到使英国或法国撤销其敕令的目的。在国内,新英格兰大航运商和大商人以及南部和西部的种植园主和农庄主所能看到的是他们的出口贸易陷于停顿。杰斐逊本人面对的也是这种情况,而且事实上像其他地主一样遭受禁运给他们造成的经济上的损失。自从英国人攻击"切萨皮克号"[②]以来,杰斐逊一直认为战争对美国来说是唯一的一个体面的解决办法。约翰·昆西·亚当斯带来的消息也使他深为不安,这个消息说新英格兰强烈反对禁运,大有归结为脱离联邦之势。由于事实证明禁运不可能实行,特别是不可能在纽约和新英格兰实行,杰斐逊对这项不起作用的措施感到极度失望。然而,他不愿意制定一项明确的政策由下任总统来执行,就决定把禁运法交给国会处置。《禁运法》被废除,代之以较温和的断绝与法国和英国贸易的法令,这个法令与其说是解决一个严重问题的重大步骤,不如说是引起混乱,显出共和党胆小怕事。当 1809 年 3 月 3 日杰斐逊总统任期届满,终于可以把政权交给他信任的接班人

① 艾伦·伯尔 1801 年当选共和党副总统,1804 年 6 月 7 日以汉密尔顿指使纽约新闻界诽谤其人格为由向后者提出决斗要求,决斗于 7 月 11 日举行,汉密尔顿受致命伤,于次日去世。——译者

② 1807 年 6 月 22 日,美国快速舰"切萨皮克号"在亨利角海面遭到英国快速舰"豹号"炮击,伤亡 21 人,4 名船员被英军虏走。——译者

麦迪逊时，他已经对政治感到厌恶了。这个“可恨的职业”耗费了他40年的光阴，没有一个地方比从权力通往宁静自由的私人生活的地方更加看上去青葱可爱了。

当杰斐逊最后回到蒙蒂塞洛时，他真正高贵的思想和精神更加成熟了。在他66岁的时候，他终于可以安顿下来生活在那个亲密而不那么纷扰的天地里，如他经常所说，他的最大的满足是集中在那个天地里的。有这样一些人，他们的政治野心和偏见是他们最大的乐趣的主要来源。对他们来说，政治生涯的结束就等于生命本身的结束。杰斐逊却不是这样的人，他把知识、友谊和爱心的领域看作是完美的，是唯一的一个他愿意为之而受苦的领域。

杰斐逊的女儿马撒说她父亲从未丢弃过一个朋友或一个原则，他的老年生活便是这句话的明证。杰斐逊始终保持同他在独立战争时期的朋友的联系；他经常给他在法国结识的男人女人写信；他继续同欧美一些杰出的思想家和科学家进行热烈的讨论。他一如既往地给麦迪逊和门罗、拉法叶特和科思修斯科写信，与约瑟夫·普里斯特利、托马斯·库珀、本杰明·沃特豪斯和威廉·肖特交换敏锐的哲学观点。他同约翰·亚当斯早期的政治上的不和已经冰释，相互写了不少信——笔调挑衅而富有刺激性，共同探索人类的头脑当时已经解决了的和至今还解决不了的事物的奥秘。杰斐逊经常抱怨他在维持数量日益增多的通信上花费的时间太多了，但是他抗拒不了一次智力上的挑战，也不愿拒绝别人征求他的意见和劝告或请他帮助，继续率直、详尽和明确地讨论像人类学和政治理论、宗教和动物学那样迥然不同的主题。

蒙蒂塞洛有那么多事情占用他的时间，引起他的兴趣，以致日子似乎总是不够长。多年来，他的家庭已经增添了许多新的成员；到1811年他已经做了曾祖父。他曾慷慨给予他的两个女儿的爱和感情现在重新又为他的外孙子、外孙女们欣欣向荣，而外孙子、外孙女们也都尊敬他，把他终身铭记在心。他的庄园需要他亲自照管。直到他去世为止，杰斐逊几乎每天都骑马在他许多英亩的田地上巡行。在他眼里，蒙蒂塞洛还远远称不上完美，总是这里需要稍稍加以改动，那里需要增添一些建筑。客人们也花费了杰斐逊不少时间，客人中有些是杰斐逊乐意招待的朋友，有些仅仅是熟人或熟人的朋友，他们强占了他的时间。偶尔他只好躲到他在林奇堡附近的白杨林庄园去，他在那里的宁静的砖屋里可以潜心读书，并且致力于当时他热衷的某一个规划。

从广泛的意义上说，杰斐逊在这最后几年里主要关心的是教育和教育学。从个人角度说，杰斐逊认为知识不仅仅是一种达到目的的手段，而且本身就是一个目的，为了知识而享受知识。从社会角度说，知识既是获得幸福的关键，也是培养高尚情操的关键。知识是自治的必备条件。自由统治只有靠知识的恩惠，并通过其习惯性行为才能存在。在更早的时候，杰斐逊就曾捍卫人们的各项自由，他的一个有充分事实根据的信念是：只有在一个人们不受宗教支配，没有专制政治和人身压迫的环境下，头脑才能自由地促进知识，培养艺术和科学。政治阅历仅仅起到了增强这个信念的作用，并且更加清楚地表明存在着一些滋生恐惧和偏见的陷阱。普通的和专门的教育机构，向所有其天资使他们适合受教育的人一视同仁地开放，就成为一个兴旺发达、组织有方的社会的决定性需要。因此，杰斐逊怀着某种紧迫感重新展开了在弗吉尼亚推行一种全面教育制度的运动——他的“哺育抚养了40年的婴孩”，其顶峰是一所弗吉尼亚州立大学。杰斐逊深信这个独一无二的机构将是他毕生信奉“真理使人们获得自由”这个信念的最伟大的成就。

这个由杰斐逊孕育并催生的“小小的学术村”不仅是南部第一所规模宏伟的大学，而且是第一所不与官方的教会发生关系的美国大学。杰斐逊在他生命最后七年中每天都为弗吉尼亚大学操心。他专门派人到国外去物色能够获得的最杰出的人当教授。他为学校图书馆选择书籍、拟定课程、设计校舍并监督施工。就连那口将在夏洛茨维尔上空响起的钟也不能让一个不负责的、可能没有良心的人去定购！

这种持久不变的忙碌是多么富有特色啊！这所在他的兴趣和责任中毫无疑问占据首位的大学，最后于1825年——杰斐逊去世前的冬天——正式开放。然而，尽管有这件压倒一切的大事，杰斐逊还是继续做其他许多工作。例如，在他80岁那年，他以非凡的干劲写了许多政治论文，寄给门罗总统长篇说明性文章，这些文章后来以门罗的说法作为门罗主义而闻名于世。

在这些兴趣中，有一件事干扰杰斐逊的时间和思想，使他感到无穷无尽的苦恼。他的经济以前往往很拮据，最近几年里，随着国家财政每一个剧烈的动荡，变得越来越不稳定，终于崩溃了。杰斐逊曾经常借钱给一些自以为处境比他更困难的朋友，有时他们的期票到期付不出钱，他还不得不为他们偿付。他在他的藏书和艺术品上面，在蒙蒂塞洛庄园上面，在招待客人上面以及外孙儿女们的教育上面曾大把大把地花钱。他在资助一位邻人或朋友，促进一张有价值的报纸、一本有价值的书或一件有意义的事方面曾经搞过许多规划，因此尽管他非常小心地记账，他的开支仍然十分浩大。他对建筑的强烈爱好也花了他一大笔钱。他不愿让他的工头、雇工和奴隶工作过重又是他的进账的一个无底洞。在经济处于山穷水尽的最后阶段，杰斐逊请求弗吉尼亚议会允许他用抽签方法出售他的蒙蒂塞洛庄园及其农场。纽约、费城和巴尔的摩的老百姓闻讯立即作出反应，捐了1.6万多元帮助那位曾经把他的精力和才略贡献给美国达半个世纪之久的领袖。这种方式的"帮助"令杰斐逊感到苦闷，但是他一听说捐助是自发的，"完全出于老百姓的一片爱心"，这种苦闷心情也就消失了。

就这样，甚至在他漫长而优秀的生命的最后几年、几月、几天也几乎没有时间可以浪费。在他死前不到两个星期，杰斐逊坐在他经常使用的书桌前，给邀请他出席美国独立50周年庆典的人写回信。他比美国任何一个人都更懂得庆典的重要意义。他的一生是丰富多彩的，惊人地复杂，使他的家庭、他的朋友、他的同胞以及在非常真实意义上使整个欧洲文明社会都受益匪浅。他钟爱的不是政治，而是那种赋予希腊人以民主主义、赋予罗马人以共和主义、赋予中世纪以不朽城、赋予充斥暴君的文艺复兴时代以科学乌托邦、赋予18世纪的美国和法国以现代代议民主的精神自由和安宁的概念——这过去一直是、现在依然是他最珍爱的理想。

因此他写信表示他真正失望的心情，说他年老生病，不能参加庆祝那个作出了使全世界发生剧变的选择的日子。在1826年7月4日前10天，也就是在去世前10天，杰斐逊以那种有助于形成他的生平记录的许多信件所特有的感人的真诚写了一段关于美国纪念日的话：

但愿它对全世界成为一个唤醒人们挣脱僧侣式的愚昧和迷信劝服他们套在自己身上的锁链，并接受自治的幸福和安全的信号（我相信它会成为这种信号，有些地方早些，有些地方晚些，但最后对所有地方都会成为这种信号）。我们用来替代的那种制度恢复了无限制地行使理智和言论自由的权利。所有的眼睛都在人的权利面前睁开了，或正在睁开。科学之光的普遍传播已向所有人揭示了一个明显的事实，即人类大众生下来背上并没有装着马鞍，也并没有少数承蒙天恩享有特权的人穿上马靴，装上靴刺，准备心安理得地骑在他们身上驰骋。这对于别人来说是希望之所在。对于我们自己来说，但愿这一年一度的欢庆永远使我们对这些权利的记忆变得新鲜，始终如一地献身于它们。

从那时以来，战争、幻灭、腐败、背叛、不平等已经找到了老的出路和新的公式。如同杰斐逊所预见的，少数享有特权的人穿了马靴，上了靴刺，已经跑得很远，而且还要跑得更远。“自治的幸福和安全”来之不易。但是在南美洲和北美洲，在欧洲、非洲和亚洲，那些热爱杰斐逊为之奋斗的思想的人，总有一天会使那些能够最好地促使其实现的机制臻于完善。

Ⅰ 自　传

绪　言

托马斯·杰斐逊的《自传》是他在77岁高龄开始写的，他写这个自传的目的是供自己参考，并让家人知晓。这部著作忠实、富有启发性并饶有趣味地叙述了杰斐逊的生平经历以及他生活在其中的那个史诗般的时代，从他出生起直到1790年3月他出任乔治·华盛顿的国务卿为止。《自传》是根据笔记和备忘便条（有些几乎是早在半个世纪之前）、回忆、信件以及类似信息来源撰写的，偶然也有前后不一致或失实现象。例如，1787年，杰斐逊说约翰·亚当斯在欧洲时当选为合众国副总统，实际上，亚当斯在当选前已经返回美国。尽管有这些不足之处，《自传》仍有助于我们了解一个伟大的美国人以及美国历史上一个最意义重大的时期。

除个别较不重要的脚注或说明性材料被删去外，《自传》是全文发表的。

托马斯·杰斐逊自传

1821年1月6日

在77岁之际，我开始写备忘录，叙述一些关于我自己的事和这些事发生的日期，供自己参考，也让家人知晓。

据我父亲家里人口头传说，他们的祖先是从威尔士，从英国最高的斯诺登山附近来到这里的。我曾经在判例汇编中看到过威尔士的一个案件，其中一个和我们同姓的人不是原告就是被告；另一个姓同样姓的人是弗吉尼亚公司的一名干事。我在那个地区碰到过这个姓的只有这两次。我在我们的早期档案中也看到过这个姓，但是在我的祖先当中我掌握确切材料的只有我祖父一人，他住在切斯特菲尔德一个叫做奥兹博恩的地方，他拥有的土地后来成为教区教会的附属地。他有三个儿子：托马斯夭折，费尔德定居于罗阿诺克水域，留下许多子孙后代，我父亲彼得则定居于目前仍归我所有的土地，称为沙德韦尔，与我目前的住宅毗连。我父亲生于1707/8年2月29日，1739年娶艾沙姆·伦道夫的19岁女儿简·伦道夫为妻，艾沙姆兄弟7人，定居于古契兰县邓琴奈斯地方。他们的家谱可远溯到英格兰和苏格兰，每个人都把他选择的信仰和价值归因于此。

我父亲幼年失学，但由于意志坚强，判断正确，求知欲强，他读了很多书，大大地提高了自己，以致有关方面聘请他与威廉和玛丽学院数理教授乔舒亚·弗赖伊一起继续进行弗吉尼亚与北卡罗来纳之间边界的勘查工作，这项工作是由伯德上校开始的；后来又与同一位弗赖伊先生一起绘制第一张弗吉尼亚地图，以前由史密斯上尉绘制的地图仅是一张主观臆测的草图而已。他们对蓝岭下游地区拥有丰富的资料，当时对那个山岭以外的地方几乎一无所知。他是我目前居住地的第三个或第四个开拓者，时间大约在1737年。他于1757年8月17日去世，我母亲寡居一直活到1776年，生有6女2子，我是长子。他把他在詹姆斯河畔的地产遗留给我的弟弟，这宗产业以家族假定的出生地斯诺登命名；遗留给我的是我出生并居住在那里的土地。

我5岁那年，父亲把我送进了英语学校，9岁进了拉丁语学校，我在那里就读直至他去世。我的老师道格拉斯先生是一位来自苏格兰的牧师，在我初步掌握拉丁语和希腊语后，教我法语；我父亲去世后，我继续向牧师莫里先生——一位精通古典文学的学者——学了两年；然后，1760年春，又进威廉和玛丽学院读了两年。当时的数理教授是苏格兰的威廉·斯莫尔博士，他对大多数实用科学造诣都很深，有可喜的传授才能，作风正派，心胸豁达，这对我实属万幸，或许决定了我一生的命运。对我来说最幸运的是，他很快就对我产生了好感，学校不上课时，每日与我为伍；从与他的交谈中，我对科学的发展以及我们置身于其中的事物系统有了初步认识。我入学不久，哲学教授席位即告空出，他被委派暂时填补这个空缺；在那所学院中，他是定时讲授伦理、修辞和纯文学的第一人。他于1762年返回欧洲，在此以前他对我宠爱倍加，让他最亲密的朋友乔治·威思接受我作为他指导下的法律学生，并介绍我与总督福基尔相识，和他共同进餐，福基尔是历来担任此职最得力的一位。福基尔、斯莫尔博士和威思先生——他的两个挚友——还有我本人，结成一个四人集团，这些聚会上的习惯性谈话使我得益匪浅。威思先生始终是我青年时期忠实的、受爱戴的导师，也是我毕生最亲密的朋友。1767年，在他的影响下，我在殖民地法院当律师，我在那里一直干到革命爆发，法院关门为止。

1769年，我被我所在的县选举为议会议员，任职至革命关闭议

会为止。我在议会里曾力求通过一项解放黑奴的法案,但遭否决。确实,在帝王政府时期,任何一件开明的事都休想获得成功。我们的思想被禁锢在狭小的圈子里,习惯地认为我们必须在一切有关政权的问题上服从母国,我们的一切工作都必须服从母国的利益,除母国的宗教外对其他一切宗教都应该坚决抵制。我们的议员的麻烦在于习惯和绝望,而不在于思考和信念。经验立即证明,一要求他们进行思考,他们就会把注意力集中到权利问题上。但是作为议会又一个院行动的国王参议会,是靠国王的意志保持他们的席位的,而且最卑贱地服从那个意志;对我们的立法有否决权的总督,也是以同样的条件任职的,对国王的意志更加忠心耿耿;而最最重要的一点是,国王掌握的否决权使每一个改善的希望都成了泡影。

1772 年 1 月 1 日,我和马撒·斯克尔顿结婚,她是巴瑟斯特·斯克尔顿的遗孀、约翰·韦尔斯的女儿,时年 23 岁。韦尔斯先生是个业务繁忙的律师,其所以繁忙,与其说是因为他专业知识出类拔萃,不如说是因为他异常勤奋守时,办事十分麻利。他是个非常讨人喜欢的伴侣,诙谐有趣,脾气也好,在一切社交场合都受欢迎。他积攒了一宗可观的家财,于 1773 年 5 月去世,留下三个女儿,遗留给杰斐逊夫人的那部分财产,在还清巨额债务后,约等于我自己继承的财产,从而使我们富裕安乐程度倍增。

当 1765 年著名的反印花税法决议提出时,我还是威廉斯堡一名攻习法律的学生。不过我在下议院走廊门外旁听了辩论,聆听了亨利先生作为一位天才演说家的精彩发挥。这些演说真的非常了不起,我从任何其他人那里从未听到过。依我看,他的演说就和荷马的著作一样伟大。约翰逊先生——一位律师,来自北奈克的议员——支持了这些决议，这些决议的学识和原理主要是他提供的。我对这些事情的回忆可以在沃特著《帕特里克·亨利传》第60页看到，材料就是我提供的。

1769年5月，总督巴特图特勋爵召开议会会议，我当时已当了议员。会议获知1768—1769年英国议会两院关于马萨诸塞事件的联合决议和给国王的呈文。议会在几乎无人反对的情况下通过了反决议以及给国王的请愿书，清楚地表明把马萨诸塞的利益看作共同的利益。总督将我们解散，但是我们次日在雷利酒店的阿波罗厅集会，志愿成立了一个代表大会，草拟了一个反对使用一切英国进口商品的联合条例，签署了这个条例，并将它推荐给人民，然后返回各自的县，并重新当选为议员，只有极少数人因为不同意我们的做法而落选了。

由于很长时间没有发生特别激动人心的事，我们的同胞们似乎陷入了对我们的处境漠不关心的状态：茶叶税至今未取消，英国议会声明有权使我们在任何情况下都受他们法律束缚的法案仍然对我们起作用。但是，1762年在罗得岛成立的、有权把在这里犯罪的人送往英国受审的调查法庭，在我们1773年春举行的会议上被认为必须予以注意。由于感到我们老一辈起领导作用的议员缺乏时代所要求的热心和干劲，亨利先生、理查德·亨利·李、弗朗西斯·李、卡尔先生和我本人同意晚间在雷利酒店的一个密室开会商讨局势。另外可能还有一二位议员参加，我记不得了。我们大家都认识到，所有措施中最紧要的一条，是与所有其他殖民地达成共识，把对英问题当作所有殖民地的共同事业，并采取一致行动；为了这个目的，每个殖民地成立一个通讯委员会将是相互沟通的最好办法，其首要措施或许是在某一个中心地点召开殖民地代表会议，由会议负责协调所有殖民地应一致采取的措施。因此，我们草拟了一些决议，这些决议见沃特的著作第87页。参加商讨的成员们建议由我提出这些决议，但是我主张让卡尔先生来提出，卡尔先生是我的朋友和连襟，刚当议员不久，我想给他一个机会向议会显示他的超乎寻常的价值和才能。大家同意我的主张，卡尔先生提出了决议，全体议员一致同意，于是任命了一个通讯委员会，议长佩顿·伦道夫任主席。当时的总督邓莫尔勋爵解散了议会，但是委员会于次日开会，写了一封供其他殖民地议长们传阅的信，每封信中附一份决议，由委员会主席负责将信作为快件寄出。

各殖民地间的这些通讯委员会一向被认为是马萨诸塞创始的，马歇尔也犯了这个错误[①]，虽然他引证的附录里的注解表明这些委员会仅仅建立在它们各自的城镇之内。这个问题在1819年4月2日塞缪尔·亚当斯·韦尔斯给我的信中以及5月12日我给他的回信中说得很清楚。韦尔斯先生在信中纠正了我向沃特先生提供的一个信息（见第87页他写的注），即马萨诸塞和弗吉尼亚两位携带同样建议的信使在路上失之交臂；韦尔斯先生说明马萨诸塞并没有提出成立通讯委员会的建议，而只是在收到我们的建议后才在他们下一次会议上提出的。因此他们那封和我们错过的信必定是关于别的事情，因为我清楚地记得佩顿·伦道夫告诉我两位信使在路上错过了。

另外一件引起我们对马萨诸塞同情的事是《波士顿港口法

① 杰斐逊这里指的是约翰·马歇尔写的《华盛顿传》。

案》，按照这个法案，该港口将于 1774 年 6 月 1 日封闭。我们听到这个消息是在同年春天，议会正在开会。由于这些问题在下院不再由老一辈的议员做主，亨利先生、理·亨·李、弗·李、另外三四位议员（名字我忘了）以及我本人一致认为我们必须毫不含糊地大胆和马萨诸塞站在一条阵线上，并决定利用资料馆就设在会议室之便，在会议室开会，就采取适当措施进行磋商。我们深信有必要把我们的人民从对于正在发生的事情漠不关心的麻木状态中唤醒，认为规定一个普遍斋戒和祈祷的日子最有可能引起他们的注意。自从 1755 年战争使我们受尽苦难以来，新的一代人已经成长，而我们还没有过这样隆重庄严的例子。因此，我们从拉什沃思的著作里仔细寻找他所保存的当时清教徒具有革命意义的先例和仪式，写了一个决议，将词句稍稍现代化，规定 6 月 1 日（港口法案将于该日开始生效）为斋戒、蒙耻和祈祷的日子，恳求上帝使我们避免内战灾难，坚定不移地支持我们的权利，并且使国王和英国议会回心转意，公正地对待我们。为了更进一步强调我们的倡议，我们商定翌日早晨去拜访尼古拉斯先生，因为后者庄重和笃信宗教的特性与我们决议的基调较为一致，要求由他来提出这个倡议。于是翌日早晨我们就去见他了。他当天就提出了动议，规定 6 月 1 日为斋戒、蒙耻和祈祷日，这个动议在无人反对的情况下被通过。总督照例又把我们解散了。我们和以前一样又退到阿波罗厅，达成一个协议，指示通讯委员会建议其他各殖民地的通讯委员会派代表每年召开一次会议，地点以便于随时对公共利益所需要的措施进行调度为宜；我们并且宣布，攻击任何一个殖民地应被认为是对全部殖民地的攻击。这是在 5 月。我们还进一步建议各县

选派代表于8月1日在威廉斯堡开会，讨论殖民地的状况，特别是要选派代表出席代表大会，要是召开代表大会的建议被所有通讯委员会一致同意的话。所有通讯委员会都表示同意，开会地点定在费城，日期为9月5日。我们回到家里，在各自县里邀请牧师于6月1日参加人民的集会，主持仪式，并向人民作适合这个特殊场合的讲道。人们都来参加集会，脸色惊慌不安，这一天的效果就像电击似的贯穿整个殖民地，使每一个人奋发起来，昂然屹立在自己岗位上。他们普遍为代表大会推选了代表。我当选为本县代表，写了几点我打算在代表大会上提出的说明，交给将出席代表大会的代表。在这个说明里，我采取我从一开始就认为是唯一正统或站得住脚的立场，即英国与这些殖民地之间的关系应该同詹姆斯即位到英格兰和苏格兰王国政府合并前英格兰与苏格兰之间的关系完全一样，也和她目前与汉诺威王朝的关系一样，尊奉同一个元首，但是没有其他必要的政治联系；此外，并不因为我们是从英国移居来此的，英国对我们享有的权利就比丹麦和撒克逊移民使母国现统治者对英国享有的权利更大。不过，我从未能使任何人对我的这个主张表示同意，表示同意的只有威思先生一人。从“我们与英国之间的政治关系是什么？”这个问题提出伊始，他就赞成我的这种看法。我们的其他几位爱国者：伦道夫、李氏兄弟、尼古拉斯、彭德尔顿都赞成约翰·迪金森的折中办法，承认英国有权管理我们的贸易并对它征税，征税的目的是为了管理而不是为了筹集岁入。但是这个折中办法没有协定根据，不符合公认的移民原则，道理上也讲不通。移居国外是一项天然权利，一切国家在一切时候都奉行不误。我于大会召开前几天动身前往威廉斯堡，但途中突患痢疾，无法继续前进。因此我将我的两份说明草稿寄往威廉斯堡，一份附在信中寄给佩顿·伦道夫，我知道他会担任大会主席，另一份寄给帕特里克·亨利。亨利先生是不赞成我采取的立场呢，还是懒得一读(因为他是我所知道的最懒于阅读的人)，我永远不得而知；但是他没有把它传达给任何一个人。佩顿·伦道夫通知大会他从一位代表那里收到一个文件，这位议员因病不能亲自递交，并把它放在桌上让大家过目。议员们全都看了，不少议员表示赞同，尽管他们认为在目前形势下过于大胆，但是他们还是把它印成小册子，名称就叫《英属美利坚权利概述》。这本书流传到了英国，被反对党看到了，伯克先生把它略加修改，使它符合反对党的目的，以那种形式很快就出了好几版。这个消息我是从赫特牧师那里听到的，当时他正去英国接受圣职；后来佩顿·伦道夫告诉我，这本书使我获得了被列名于一张长长的公敌名单的荣誉，这张名单被列入英国议会一个院提出的剥夺公权法案，但是由于形势发展迅速，警告他们做事要多多小心，结果就被扼杀在娘胎里了。蒙塔古——下议院驻英格兰代表——把法案做了摘录，把名字抄下来寄给了佩顿·伦道夫。名字大约有20个，他逐个念给我听，但我只记得汉考克、亚当斯兄弟、佩顿·伦道夫本人和我本人这几个名字。大会于8月1日召开，重新开始了伙伴关系，指定了出席大陆会议的代表，在方式和内容上给他们作了非常温和而恰当的指示。代表们于指定的日期前往费城。第一届大陆会议的过程极其精彩，已载入史册，尽人皆知，因此这里不再赘述。大陆会议于10月20日结束，定于翌年5月10日复会。代表大会在1775年3月的会议上批准了第一届大陆会议的各项议程，向与会代表

表示感谢，并重新任命同一些人代表这个殖民地出席将于5月召开的会议；由于预料到主席兼下院议长佩顿·伦道夫可能会被召走，他们增补我为代表团成员。

果然不出所料，伦道夫先生因需出席由邓莫尔勋爵召集的、定于1775年6月1日召开的全体会议，不得不辞去大陆会议主席一职。在此之前，诺思勋爵的所谓和解建议已被总督接受，召开这次会议就是为了对这些建议进行讨论。伦道夫先生出席了会议，由于这些建议的要旨已向所有殖民地的总督宣读，尽人皆知，因此他渴望使我们会议的答复(很可能是第一个答复)符合他最近离开的一批人的意见和愿望。他担心尼古拉斯先生(尼古拉斯先生的思想还跟不上时代的节拍)会动手写这个答复，因此坚持要我来写。我写了，并在他帮助下使它在下院获得通过，尼古拉斯先生和詹姆斯·默塞尔顾虑重重，时不时泼上点冷水，多多少少削弱了它的力量，但最后还是以全票或全票只差一票通过。答复通过后，我立即返回费城，将它交给大陆会议，这是大陆会议收到的第一个答复，在那里获得一致同意。我于6月21日与他们一起就座。24日，奉命起草关于武装反抗原因声明的委员会将他们的报告送来了(我相信是J.拉特利奇执笔的)，写得不好，下院于26日要求重写，并增补迪金森先生和我本人为委员。下院散会，委员会尚未开会，我正好来到W.利文斯顿总督身旁，就建议由他来起草文件。他婉言拒绝，并建议由我来写。在我的恳切要求下，他说："先生，你我尚是初次相识，你为何非要我写不可？"我说："因为我听说你起草了告英国人民书，这当然是美国第一大手笔。"他说："先生，这一点可能是传闻失实。"这个消息我是在弗吉尼亚从出席大陆会议

回来的哈里逊上校那里听来的。李、利文斯顿和杰伊三人是起草那个文件的委员会。第一稿是李写的，被否定了，要求重写。第二稿是杰伊写的，但由于稿子是利文斯顿交出去的，致使哈里逊上校搞错了，还以为是利文斯顿写的。第二天早上，我在议会大厅里走，不少议员已经到了，但是人还没有到齐，我看见杰伊先生在同R. H. 李说话，并且抓住李的上衣纽扣把他拖到我跟前。杰伊先生对我说："先生，我知道，这位先生告诉你说，告英国人民书是利文斯顿总督写的。"我马上对他说，这个消息我不是从李先生那里听到的，李先生和我本人没有就这个问题交谈过一句；经过一番解释，这件事也就过去了。这两位先生以前在辩论中有过争执，彼此敌意一直很深。

既然要我写宣言，我就写了一个草稿。它对迪金森先生来说，措词是太强硬了。他仍然抱着与母国和解的希望，不愿让这种希望被一纸攻击性的声明破灭。他为人非常正直，也非常能干，就连那些不能对他的顾虑表示同情的人也对他十分迁就。我们因此要求他把文件拿去，把它改成他能赞同的样子。他做了，写了一个全新的声明，只保留了原稿的最后四段以及前面的半段。我们同意了这个声明，把它提交大陆会议，大陆会议接受了。大陆会议让他按照他自己的想法写了第二封给国王的请愿书，并几乎不加修改就予以通过，这就充分证明大陆会议对迪金森先生很是迁就，并十分希望我们团体里相当一部分人不要操之过急。议员们都对这种卑躬屈节的态度表示反感，唯有迪金森先生对文件获得通过流露的高兴心情才使他们勉为其难。文件被通过后，尽管对它进一步评论是违反议事规则的，迪金森还是情不自禁地站起身来表示满意，最后说："议长先生，文件里只有一个词我不赞成，这个词就是大陆会议，"话音刚落，本·哈里森立刻站起来说："议长先生，文件里只有一个词我赞成，这个词就是大陆会议。"

7月22日，富兰克林博士、亚当斯先生、R. H. 李和我本人被委派成立一个委员会，对诺思勋爵的和解决议进行研究，然后提出报告。弗吉尼亚议会对这个问题的答复被批准后，委员会要求我来写这个报告，两个文件的要点相同的原因就在于此。

1776年5月15日，弗吉尼亚代表大会训令他们在大陆会议的代表向会议提出一个宣布殖民地脱离英国独立的建议，并指定一个委员会来起草一个权利宣言和施政纲领。建议内容如下：

1776年6月7日星期五于大陆会议

弗吉尼亚的代表们遵照其选民的指示提出动议：大陆会议应宣布这些联合起来的殖民地是，而且根据正当权利应该是自由和独立的州，它们解除对英国国王的全部忠诚，它们与英国之间的一切政治上的联系已经而且应该全部取消，应该立即采取措施来获得外国的援助，并成立邦联使各殖民地更加紧密地团结在一起。

当时会议另有要事必须处理，这个动议就放在次日讨论，代表们奉命于上午10时准时出席。

6月8日星期六。代表们开始研究这个动议，将其提交由代表们参加的全体会议，并于该日及10日星期一对问题进行了辩论。

参加辩论的有威尔逊、罗伯特·利文斯顿、拉特利奇、迪金森等人，他们的意见是：

虽然他们对措施本身表示支持，并且认为我们不可能再与英国联合，然而他们反对现在就采取这些措施；

我们过去奉行的在人民的呼声迫使我们采取重大步骤之前暂

不采取这种步骤的方针是明智和恰当的；

人民是我们的力量，没有人民，我们的各项宣言就无法实现；

中部殖民地（马里兰、特拉华、宾夕法尼亚、新泽西和纽约）人民的思想还没有成熟到与英国断绝关系的程度，但是他们正在迅速成熟，在短时期内将会加入到美利坚的普遍呼声中去；

5月15日本议会作出的关于禁止行驶一切从英国国王那里获得的权力的决议，使这些中部殖民地人心浮动，这就证明他们还没有使他们的头脑适应于脱离母国；

这些殖民地中有一些殖民地曾断然禁止其代表对这样一个宣言表示同意，另一些殖民地没有作出指示，因而代表们无权对此表示同意；

如果一个殖民地的代表无权宣布该殖民地独立，其他殖民地当然不能代行其是，因为各殖民地目前尚是彼此完全独立的；

宾夕法尼亚议会目前正在楼上开会，他们的代表大会将于日内召开，纽约代表大会目前正在召开，新泽西和特拉华各县代表大会将于下星期一召开，这些团体或许会讨论独立问题，并向它们的代表宣布各自殖民地的意见；

如果现在就对这样一个宣言表示同意，这些代表必定会退出，他们的殖民地可能会退出联合；

退出联合会削弱我们的力量，这种损失与任何外国结盟都难以补偿；

万一分裂，外国列强会要么拒绝与我们联盟，要么，由于那个不顾死活的宣言会把我们置于它们的控制之下，它们会坚持一些更加苛刻和不利的条件；

我们没有什么理由期望单独与那些我们目前所瞩目的外国结成联盟；

法国和西班牙有理由对那个崛起中的大国怀有戒心，那个大国将来有一天肯定会把它们所有在美洲的属地夺走；

法国和西班牙更有可能与英国宫廷联合，如果法国和西班牙无法摆脱困难，英国宫廷会同意与它们瓜分我们的土地，把加拿大归还法国，佛罗里达归还西班牙，自己则收回这些殖民地；

我们为了探听法国宫廷的意向已派人去巴黎，不久就能从他们那里获得关于这种意向的信息；

如果这种意向对我们有利，由于我们都相信目前的战役会获得胜利，那么，只要静待事态发展，我们就有希望按照较好的条件结成联盟；

事实上不会延迟从联盟获得任何有效援助，因为由于季节的变换和距离遥远，我们在这个战役期间不可能获得任何援助；

我们在宣布无论如何要结成联盟以前，应该先审慎地在我们自己中间规定据以结盟的条件；

如果对以上所述达成一致意见，那么，《独立宣言》延期到我们的大使准备起航时写成就和今天写成一样好。

另一方面，詹·亚当斯、李、威思等人争辩说：没有一个人反对脱离英国的方针或权利，也没有一个人认为我们还有同英国恢复关系的可能，他们只不过是反对现在就公布这个宣言罢了；

问题不在于我们是否应该依靠《独立宣言》使我们自己成为我们所不是的东西，而在于我们是否应该宣布一个业已存在的事实；

至于英国的人民或议会，我们一向是独立于他们之外的，他们限制我们的贸易之所以有效，仅仅是因为我们予以默认，而不是因为他们有任何施加这些限制的权利，迄今为止，我们同他们的关系只是联合的关系，这种关系现在已因战争状态开始而解除了；

至于英国国王，我们过去是对他承担效忠义务的，但是现在这种义务已由于他同意英国议会最近通过的一个法案（按照那个法案他宣布我们不再受他保护）以及他对我们发动战争（这个事实早就证明我们不再受他保护）而解除了；法律明确规定，效忠和保护是互相关联的，取消一个，另一个也就不复存在；

詹姆斯二世从未宣称英国人民不受他保护，但是他的行为证明了这一点，英国议会也宣布了这一点；

因此，没有一个代表能被剥夺宣布一个存在着的事实的权力或缺少这种权力；

特拉华各县的代表已宣布他们的选民准备接受这个方案，只有两个殖民地——宾夕法尼亚和马里兰——的代表受到严格限制，这些代表按照上级的指示只有批准或不批准这个方案的权力；

宾夕法尼亚的指示是将近一年前作出的，从那时以来，形势已完全变了；

在那一年内，英国显然已下定决心只接受独揽一切的权力，四天前接到的国王对伦敦市长、高级市政官和伦敦市议会的答复肯定已使每个人清楚地认识到这一点；

人民在等待我们为他们指路；

他们赞成这个方案，尽管他们的某些代表所下达的指示并不赞成；

代表的意见并不总是和人民的意见一致，这种情况在这些中部殖民地尤为显著；

5 月 15 日决议的反响证明了这一点，决议在宾夕法尼亚和马里兰这两个殖民地引起某些人的怨言，却引起更多人截然相反的意见，这证明他们甚至在这些殖民地里也是多数；

这两个殖民地所以落后，一部分原因也许在于所有权和大家族的影响，一部分原因在于它们尚未受到敌人的攻击；

这些原因未必很快就能消除，因为敌人好像不可能把这两个殖民地中的任何一个作为今夏的主战场；

要等待意见完全一致的话，即使等上几个星期或几个月也是枉然，因为要使所有人在任何问题上都意见完全一致是不可能的；

有几个殖民地从这场斗争开始的所作所为使人有理由相信，它们的既定方针是跟在联盟后头，这样即使在最坏的情况下对它们也较为有利；

因此，那些从一开始就勇往直前，敢冒一切风险的殖民地现在也必须挺身出来，再一次承担风险；

荷兰革命最初只有三个邦结成邦联，这个历史证明少数几个殖民地不参加邦联并不像某些人所担心的那样危险；

只有发表独立宣言才能符合欧洲的微妙形势，使欧洲列强不得不与我们谈判，甚或接待我们派出的大使；

在这以前，欧洲列强不会让我们的船只驶进它们的港口，也不会承认我们的海事法庭在俘获英国船只的情况下作出的判决为合法；

尽管法国和西班牙也许会对我们崛起的力量怀有戒心，但是加上英国的力量，它们必然会觉得更加可怕得多，因此，出于利害关系，它们会阻止两种力量联合起来；如果它们拒绝援助我们，我们反正还是老样子，但如果不试，我们就无从知道他们会不会援助我们；

目前的战役可能会失败，因此我们最好还是趁我们的情况较为乐观时提出联盟的建议；

等待这个战役见分晓肯定会贻误时机，因为在这个夏季法国可以卓有成效地帮助我们，其办法或是切断敌军在这儿所依赖的来自英格兰和爱尔兰的物资供应，或是开动他们在西印度群岛积聚的巨大力量，迫使我们的敌人回过头去保护他们在那儿的领地；

在我们决定结盟之前在拟定结盟条件方面浪费时间是没有意义的；

必须抓紧时间为我国人民开展贸易，人民需要衣服，也需要钱来交税；

唯一不幸的是，我们没有早 6 个月与法国结盟，因为法国除了开放她的港口供我们输出我们去年的产品外，还可能派一支军队进入德国，阻止那里的小王公们出卖他们的不幸的臣民百姓来镇压我们。

从以上辩论过程中可以看出，纽约、新泽西、宾夕法尼亚、特拉华、马里兰和南卡罗来纳这些殖民地还没有成熟到可以脱离母体的地步，但是它们正在迅速向那种成熟的状态迈进，大家认为，最审慎的做法是稍为等它们一些时候，把最后决定推迟到 7 月 1 日；但是，为了尽可能少耽误时间，任命了一个委员会来起草一个独立宣言。委员会的成员是约翰·亚当斯、富兰克林博士、罗杰·谢尔曼、罗伯特·利文斯顿和我本人。同时还成立了一些委员会来起草一个殖民地邦联方案，并拟订一些适合对外国同盟提出的条件。起草独立宣言的委员会希望由我来写。宣言写成后，他们都表示满意，我便于6月28日星期五将它提交大陆会议讨论。7月1日星期一，大陆会议改为全体会议，重新研究弗吉尼亚代表原先提出的主张起草独立宣言的动议，这个动议当天经过重新辩论，被投票通过，投赞成票的有新罕布什尔、康涅狄格、马萨诸塞、罗得岛、新泽西、马里兰、弗吉尼亚、北卡罗来纳和佐治亚。南卡罗来纳和宾夕法尼亚投反对票。特拉华仅有2名代表出席，两人意见不一。纽约代表声称他们本人赞成这个宣言，而且确信他们的选民也赞成，但是给他们的指示是将近一年前作出的，当时总的目标依然是与英国和解，这些指示责成他们不得做任何违反那个目标的事情。因此他们认为自己无论站在哪一方面投票都不合适，要求允许他们暂时不对这个问题投票；他们的要求被同意了。委员会散会，把他们的决议向大陆会议作了汇报。南卡罗来纳的爱德华·拉特利奇先生要求延迟到下一天再作出决定，因为他相信他的同事尽管不赞成决议，但为了一致起见，会投赞成票的。因此，大陆会议是否同意委员会的决议这个根本性问题就被搁置到次日，第二天再进行表决，南卡罗来纳投了赞成票。在这同时，特拉华派来了第三位代表，该殖民地也改投了赞成票。那天早晨另外几位持不同意见的宾夕法尼亚代表也出席了会议，改投了赞成票，因此全部12个受权投票的殖民地都投了赞成票；数天后，纽约代表大会也批准了决议，从而填补了由于她的代表不投票而出现的空白。

同一天，大陆会议开始讨论《独立宣言》，该宣言是上星期五提出，星期一提交全体委员会的。不少人胆小怕事，心中仍萦绕着我们在英国有值得与之保持友好关系的朋友的念头。由于这个原因，宣言中那些谴责英国人民的段落被删去了，唯恐会得罪他们。为了讨好南卡罗来纳和佐治亚，斥责英国使非洲黑人做奴隶的一条也被删除，这两个殖民地从来不想制止奴隶输入，相反仍希望继续下去。我觉得，我们的北方同胞对那些谴责也很敏感，因为虽然他们自己的人民几乎没有奴隶，但是他们却把大量奴隶贩卖给别人。7 月 2 日、3 日和 4 日大部分时间都用来进行辩论，4 日晚辩论结束；委员会把宣言向大陆会议汇报，大陆会议予以批准，每一个与会代表都签了名，只有迪金森先生除外。由于人的思想观点不仅可以根据他们接受什么来了解，也可以根据他们不接受什么来了解，因此我把宣言按照它原来汇报的样子发表出来。被大陆会议删除的部分在下面画黑线标出，[①]大陆会议增加的部分记在页边或并列一栏。[②]

独 立 宣 言

即：美利坚合众国大陆会议宣言

在人类活动过程中，当一群人必须割断使他们与另一群人联结起来的政治纽带，并在世界各国中取得自然法则和造物主赋予他们的独立和平等的地位时，为了尊重人们的意见起见，必须把促使他们独立的原因公之于众。

我们认为下述真理是不言自明的：一切人生来平等；造物主赋予他们以某些〔固有的和〕不可剥夺的权利，其中包括生命、自由和追求幸福；为了巩固这些权利，在人们中建立了政府，政府的正当权力来自被统治者的同意；无论什么时候一个政府破坏了这些目的，人民就有权改变这个政府或把它废除，

① 编者已将被大陆会议删除的部分印成斜体字，并放在括号内。

② 这些增加部分已印成黑体字。

并成立新的政府，这个政府所根据的原则及组织权力的方式在人民看来最可能实现他们的安全和幸福。诚然，为慎重起见，不应该由于一些微小和短暂的原因就把历史悠久的政府予以改变，而且一切经验都表明，当弊端可以忍受的时候，人们宁愿忍受，而不愿通过废除他们已经习惯了的体制来纠正。但是当一连串〔开始于一个特殊时期并〕一成不变地追求同一目的的弊病和篡夺证明有一个使人民受专制暴政压迫的阴谋时，人民就有权利和义务起来推翻这个政府，并为他们未来的安全提供新的保障。这些殖民地长期以来的情况便是如此，这种紧急性迫使他们现在就去改变〔消灭〕他们从前的政体。英国现国王的历史是一部不断〔始终如一的〕伤害和篡夺的历史，一切〔其中似乎没有单独一件事情违反其余事情的一贯不变的主旨，而是所有一切〕都以对这些殖民地实行专制暴政为直接目的。为了证明这点，我们向世人坦陈一些事实〔事实真相保证可靠，未被谎言玷污〕。

他拒不同意一些对公共福利最有益和必要的法律。

他不许他的总督们通过一些具有直接的和紧迫的重要性的法律，除非暂停执行直到获得他同意为止，而暂停执行以后，他却对它们完全不予置理。

他拒不通过其他一些有利于广大地区人民利益的法律，除非那些人民放弃在立法机关的代表权，这种权利对人民万分宝贵，唯有对暴君才极其可怕。

他在一些不平常、不舒服而又远离档案库的地方召开立法会议，其唯一的目的就是使议员们疲于奔命，不得不唯他的命是从。

他一再地〔和不断地〕解散以男子汉的刚毅气魄反对他侵犯人民权利的议会。

他在解散议会后久久不另行选举新的议会，但立法权是消灭不了的，它又回到人民手中由他们行使，在这同时，殖民地始终处于一切外来侵略和内部动乱的危险。

他竭力阻止这些殖民地增加人口，为此目的而阻挠外国人入籍法，拒不批准其他鼓励外国人向这里移居的法律，并提高新拨土地的条件。

他阻挠〔使司法工作受损害〕司法工作，办法是拒不批准〔在某些殖民地里完全停止〕确立司法权力的法律。

他使〔我们的〕法官的任期以及薪俸数额和支付都完全服从他个人的意愿。

他〔以一种独断专行的权力〕设立许多新的官职，并向这里派遣大批新的官员来骚扰我们的人民，搜刮他们的资财。

他在和平时期未经我们立法机关同意就在我们中间维持许多常备军〔及战舰〕。

他使军权独立于民权并凌驾于民权之上。

他和别人勾结起来使我们屈从于一种不符合我们宪法、不为法律承认的管辖权，准许他们擅自制定下列立法：在我们中间驻扎大批军队；搞一些假审判使他们不因谋杀这些殖民地的居民而受到惩罚；切断我们与世界各地的贸易；未经我们同意就擅自对我们征税；在许多案件中剥夺我们受陪审团审判的权利；以莫须有的罪名把我们押送海外受审；在一邻省废除英国法律的自由制度，在那里建立一个专制政府，并扩大其范围，使它既成为把同样的独裁统治引进这些殖民地〔州〕的范例，又成为这样做的合适工具；取消我们的特许状，废除我们最有价值的法律，从根本上改变我们的政府体制；中止我们立法机关的活动，宣称自己有权在任何情况下为我们制定立法。

他废除了这里的政府，宣布我们不受他保护，并对我们发动战争〔召回他的总督，宣布我们不再效忠于他，故而不再受他保护〕。

他掠夺我们的海洋资源，蹂躏我们的海岸，焚烧我们的城市，并杀害我们的人民。

他目前正在运送大批外国雇佣兵来完成屠杀、破坏和倒行逆施的勾当，这种勾当已经开始，其残忍和背信弃义就连最野蛮的时代也几乎无法与之比拟，与一个文明国家元首的地位全不相称。

他强迫我们在公海上被俘的公民拿起武器反对自己的国家，杀害自己的朋友和同胞，或自己被他们杀害。

他在我们中间制造内乱，竭力挑动我们的边境居民——残酷无情的印第安野蛮人，后者的战争准则是将一切年龄、性别和条件的人不分青红皂白，一律斩尽杀绝。

〔他用从我们这里充公没收的财物为诱饵煽动我们的公民同胞进行叛乱。

他发动一场灭绝人性的残酷战争，侵犯一个从未冒犯过他的遥远民族的最神圣的生命和自由的权利，将他们捉住，运往另一个半球当奴隶，或者在运送途中死于非命。这种海盗式的战争，臭名昭彰的异教徒强权，就是英国信基督教的国王发动的战争。他决心继续开放买卖人口的市场，故而滥用他的否决权，将一切试图禁止或限制这种丧尽天良的贸易的立法予以扼杀。这一连串令人发指的恐怖行为犹嫌不足，他眼下正在煽动正是那些人起来武装造反，为了换取被他剥夺的自由而杀害另一些同样被他夺去自由的人，从而以强迫他们危害另一民族的罪行来偿清过去犯下的侵害一个民族的自由的罪行。〕

在遭受这些压迫的每一阶段，我们都最卑躬屈节地请求他改正；我们一再请求的回答仅仅是一再伤害。

一位君主，其一言一行都可以作为暴君的特征，是不配做一个〔希望获得自由的〕自由的民族的统治者的。〔将来的人很难相信，一个铁石心肠的人在短短12年内竟敢冒天下之大不韪，为了对一个孕育在自由原则中的民族实行暴政而打下如此广阔和不加掩饰的基础。〕

我们对我们的英国同胞也没有掉以轻心。我们曾屡次就他们的立法机关企图把一个没有法律依据的司法权强加于我们〔我们的这些州〕而对他们提出警告。我们提醒他们关于我们移居到这里并在这里定居的情况〔没有一种情况能证实这样一个奇怪的借口：这是我们以自己的鲜血和财富实现的，不靠英国的财富或力量支持；在建立我们各自的政府体制时，我们的确承认了一位共同的国王，从而为与他们永久联盟和友好奠定了基础；但是归顺他们的议会不是我们宪法的一个组成部分，连个想法也没有，如果历史是可信的〕；我们曾经向他们的正义感和宽宏大量呼吁，我们曾经恳求他们看在血缘关系份上拒绝承认这些必然会〔可能会〕影响我们的关系和联系的侵权行为。他们对正义和血缘的呼声同样置若罔闻。因此我们必须〔当他们有机会通过正常法律途径把破坏我们友好关系的人从议会中清除出去时，他们却以他们的自由选举使他们重新当权。就在目前这个时候，他们也允许他们的元首不仅派遣和我们血缘相同的兵士而且还派遣苏格兰和外国雇佣军来侵犯并消灭我们。这些事实最后一次刺痛了我们的心，男子汉大丈夫气概命令我们永远与这些无情无义的同胞断绝关系。我们必须竭力忘掉我们从前对他们的爱，像对待其余人类一样对待他们，战是敌，和是友。我们合在一起可能是一个自由和伟大的民族，但是双方之间伟大和自由的交往似乎有损于他们的尊严。既然他们要这样，那就这样吧。通往幸福和荣耀的道路同样对我们开放。我们将撇开他们独自在这条路上走，并且〕承认宣布〔永远〕分离的必要性，像对待其余人类一样对待他们，战是敌，和是友！

因此，我们美利坚合众国大陆会议的代表们集会，以这些州的善良人民的名义和权威〔拒绝和中止对英国国王以及今后可能借助他们、通过他们或以他们的名义提出要求的其他一切人的全部忠诚和服从；完全断绝今后可能继续存在于我们与英国人民或议会之间的一切政治关系；最后，我们确认和宣布这些殖民地为自由和独立的州〕，作为自由和独立的州，它们有全权宣战、媾和、结盟、通商以及从事独立诸州有权从事的其他一切活动。

为了支持这个宣言，我们互相以我们的生命、财产和神圣荣誉保证。

因此，我们美利坚合众国大陆会议的代表们集会，吁请最高审判者裁定我们的意图正确，以这些殖民地的善良人民的名义和权威庄严地宣布：这些联合起来的殖民地是而且理所当然是自由和独立的州；他们取消对英国国王的全部忠诚，完全解除而且也理当解除他们与英国之间的一切政治关系；作为自由独立的州，它们有全权宣战、媾和、结盟、通商以及从事独立诸州有权从事的其他一切活动。

为了支持这个宣言，我们互相以我们的生命、财产和神圣荣誉保证。①

至此，宣言于4日签署，正式写在羊皮纸上，于8月2日再一次签署。

〔近来，有些关于《独立宣言》议程的不实之词传到公众耳中，塞缪尔·威尔斯先生要我说明一下，我在我1819年5月12日给他的信中作了说明，现在再提一下。在会议进行过程中我在我的座位里作了笔记，会议结束后正式写出，并加以校正，前两页1—7是当时写的原文；后两页则是早些时候对邦联进行的辩论，我同样也做了笔记。〕②

① 左面一栏为杰斐逊的原文，右面一栏为最后的定稿。

② 既然如此，括弧里的评论应当是杰斐逊的。

7月12日星期五，奉命拟订邦联条例的委员会将拟就的条例提交大陆会议，22日大陆会议改为委员会，对条例进行研究。同月30日和31日及8月1日，就那些规定每个州应向共同国库交纳款项的比例或份额以及国会投票方式的条款进行了辩论，这两个条款中的第1条原稿是这样的："第Ⅺ条。为共同防御或普遍福利所需并由美利坚合众国国会批准的全部战费及所有其他费用均由共同国库支付，共同国库由各殖民地按各种年龄、性别和身份的居民（惟不纳税的印第安人除外）数目比例提供，每三年结算一次，上报合众国国会。"

蔡斯先生提出一个动议：份额不应按照各种身份的居民数规定，而应按照"白人居民"数规定。他承认税赋应该始终与财产相称，这在理论上是真正的准则，但由于种种困难，这个准则永远也实行不了。每个州的财产的价值决不可能估计得公正而平等。因此，必须提出另一种估量各州财富的方法，一个更简单的标准。他认为人口数是相当好的估量财产的标准，而这个数目总是可以得到的。因此，他认为这是我们能够采用的最好的方法，只有一点例外：他说黑人是财产，作为财产，不能同那些几乎没有奴隶的州所拥有的土地或动产区别开来；一个北方农场主把他的盈余投资于牛、马等牲口，南方农场主则把同样的盈余投资于奴隶。因此，按照南方农场主的人头数和他的奴隶的人头数征收南方诸州的税，就和按照北方农场主的人头数和他的牲口的头数征收北方诸州的税一样，是没有道理的。因此，他建议按照南方诸州的人口数及其财产两者征收南方诸州的税，而对北方诸州则只按照其人口数征税；事实上，黑人不应该被视为州的成员，他们和牲口一样，同州没有利害关系。

约翰·亚当斯先生说,在这个条款里,人口数被当作州的财富的标志,而不是作为征税的对象;对这一点来说,无论你管你的人民叫什么,叫自由民也好,叫奴隶也好,都是无关紧要的。在某些国家,贫穷的劳动者被称为自由民,而在另一些国家则被称为奴隶,但是这种区别对于州来说只是假想的。一个在自己农场上雇用10个劳工的地主,是每年支付他们足以购买生活必需品的钱,还是直接把生活必需品发给他们,这又有什么关系?在无论哪种情况下,10个劳工都给州增加同样多的财富,都给州增加同样多的出口货。500个自由民生产供纳税用的利润,获得的盈余,肯定不比500名奴隶多。因此,对劳动者被称为自由民征的税不应该比对劳动者被称为奴隶的州所征的税多。如果由于大自然或法律的异常作用,一个州的一半劳动者在一夜之间变为奴隶,这个州就会变得更穷或纳税能力更差吗?大多数地区贫穷劳动者的状况,特别是北部诸州渔民的状况,就和奴隶一样悲惨。生产供纳税用的盈余的是劳动者的人数,因此只有人数才是财富的合理标志。毛病是出在"财产"一词的用法以及它之应用于州的某些人。南方农场主是怎样获得奴隶的?不是靠进口,就是靠从邻人那里买进。如果他进口一个奴隶,他就为他的州增添一个劳动者,并相应地增加了州的收益,提高了纳税能力;如果他的奴隶是从他的邻人那里买来的,那只不过是把一个劳动者从一个农场转移到另一个农场,这并不改变州的年产量,因而不应该改变它的税额。如果一个北方农场主在他的农场里使用10个劳动者,他确实能够把10个人的劳动所获得的盈余投资到农场上面去,然而使用10个奴隶的南

方农场主同样也可以这样做。一个有 10 万个自由民的州，并不能比一个有 10 万名奴隶的州饲养更多的牲口，因而他们并没有更多那种财产。一个奴隶由于人们说话的习惯而被称为他的主人的财产，比称自由劳工为他的雇主的财产的确更为恰当，但是对于州来说，两者同样都是它的财富，故而应该同样增加它的税额。

哈里逊先生提出一个折中方法，把两名奴隶当一个自由民计算。他断言奴隶做的工作没有自由民做的工作多，而且怀疑两名奴隶的作用是否比一个自由民的作用大。这一点可以用劳动的价格来证明：在南部殖民地，一个劳动者的工资为 8 镑到 12 镑，而在北部一般为 24 镑。

威尔逊先生说，如果作出这样的修正，南部殖民地将会获得奴隶的一切利益，而北部殖民地将挑起这个重担；奴隶增加一个州的利益，而南部诸州想把这个利益据为己有；奴隶也加重防卫的负担，而这种负担不消说会更沉重地落在南部诸州头上。奴隶抢自由民的位置并且吃自由民的粮食。把你的奴隶打发走，自由民就会顶替他们的位置。我们有责任千方百计阻止奴隶的输入，但是这个修正会使进口奴隶的人享有“三个自由民的权利”。其他各种财产在所有殖民地是分布得相当均匀的，北部的牛马和羊同南部一样多，但是奴隶就不是如此。经验表明，人口最多的殖民地，无论黑人还是白人，纳税能力也最强，而南部殖民地的惯常做法是使每个农场主按照他所有劳工（无论黑人还是白人）的数目缴纳人头税。他承认自由民干活最多，但是他们的消费也最多。他们并没有生产更多的剩余供纳税之用。奴隶的衣食费用不像自由民那样昂贵。再者，白人妇女一般不劳动，黑人妇女却劳动。因此，按照目前的条款，南部诸州占了便宜。人们常说奴隶制是必要的，因为奴隶生产的商品如果让自由民来生产，其市场价格就太昂贵了；然而现在人们却说奴隶的劳动是最昂贵的。

佩恩先生极力主张通过大陆会议原来的决议，把税款按各州的人口摊派。

约翰·威瑟斯庞先生认为，土地和房屋的价值是估计一个国家财富的最好标准，要获得这样一个估价是完全做得到的。这是财富的真正的标记。现在提出来的建议本身是不完善的，在各州之间是不平等的。有人提出反对意见，说黑人吃自由民的粮食，因此应该对黑人征税。可是马也吃自由民的粮食，那就也应该对马征税了。也有人说，在将奴隶列入一州应纳税项概算时，我们所做的只不过就是这些州本身所做的，因为这些州在估计个人应纳税时，向来是把奴隶计算在内的。但是情况并不一样。在南部殖民地，奴隶遍布整个殖民地；但是他们并不遍布整个大陆。至于大陆会议原来的决议（税款按人口摊派），它只是临时性的，与此前发行的货币有关；而现在我们是在订立一个新的契约，因此是站在新的立场上的。

8月1日。问题提出后，修正案被否决，投反对票的为新罕布什尔、马萨诸塞、罗得岛、康涅狄格、纽约、新泽西及宾夕法尼亚，投赞成票的为特拉华、马里兰、弗吉尼亚、北卡罗来纳和南卡罗来纳。佐治亚内部意见不统一。

另一个条款内容如下："第XVII条。在表决问题时，每个殖民地一票。"

7月30日、31日、8月1日。出席代表41人。蔡斯先生说，在我们正在研究的草案的所有条款中，这一条最可能使我们产生分歧。大的殖民地威胁说，如果他们在大陆会议中的重要性不能与其人口数相称，他们决不参加邦联；而小的殖民地则宣布，如果他们不能保持平等的投票权以保护自己的权利，就反对联合。使所有的殖民地联合起来是至关重要的，因为假使我们一盘散沙，其后果要么是没有一个外国会和我们结盟，要么是不同的州结成不同的联盟，这样一来就增加了内战和流血的恐怖，而内战和流血在这种各自为政的情况下会使我们的人民遭殃。我们的重要性、我们的利益、我们的和平要求我们联合起来，互相作出牺牲，以使这个困难问题获得圆满解决。他的意见是：假使在某些情况下不给小殖民地平等投票权，它们就会失去它们的权利，因此，对于大陆会议面临的众多问题应予以区别对待。小州在一切有关生命或自由的问题上应该得到保障，大州则在一切有关财产的问题上得到保障。因此他建议，在就金钱问题进行投票时，每个殖民地的投票数应与其人口数相称。

富兰克林博士认为，在任何情况下，投票数都应与人口数相称。他提到特拉华曾叫他们的代表反对这一条。他认为，对任何一个州说来，除非让他们花我们的钱，就不同我们联合，这真是匪夷所思。如果投票数相等，出钱当然也应该相当，然而小州不大会出钱来购买这种特权。如果他住在一个州里，那里代表权原来平等，后来意外地变为不平等，那他也许会逆来顺受，听其自然，但是在我们能够正确地去做的时候，偏偏不做，那我们就大错特错了。在英格兰与苏格兰合并的时候，苏格兰就像小州现在反对的那样表示反对，但是事实证明，对他们并没有不公正的表现，他们的鼓吹者曾经预言，和从前一样，鲸鱼吞食约拿〔原文如此〕的情况会再次发生，但是他认为这个预言把事实弄颠倒了，事实是约拿吞食了鲸鱼，因为实际上是苏格兰掌握了政权，并且为英格兰人制定法律。他反对大陆会议关于按殖民地投票表决的协议，主张在一切情况下都按照应纳税人的数目投票。

威瑟斯庞博士反对把这一条作任何更改。所有的人都承认邦联是必不可少的。如果我们中间好像联合不起来的消息传出去，将会使人民泄气，影响我们这场斗争的荣誉，并且降低斗争的重要意义，因为它会把战争的前景与我们中间的不和泄露出去。如果平等投票权被拒绝，小州将成为大州的附庸，而一切经验都证明，自由州的附庸和百姓是受奴役最深的。他举斯巴达的奴隶和古罗马的行省为例。他说，外国列强发现了这个污点，就会把它当作把柄，使小州脱离一个如此不平等的邦联。事实上，殖民地应该被看作是很多个体，他们作为个体，在一切争端中都应该有平等的代表权；他们现在作为个体聚合在一起互相订约，当然享有以个体身份投票的权利。东印度公司是按照人而不是按照股票多少投票的。比利时联邦是以省为单位投票的。在战争问题上，小州和大州一样有利害关系，因此应该平等投票，而且事实上，大州更容易给邦联带来战争，因为它们的边境线更长。他承认平等权是一个极好的原则，但它必须是关于同一类别的事情，亦即相似的、性质相同的事情；任何与个人有关的事情绝对不能提到会议上来，提上来的只能是一些与殖民地有关的事情。他把一个合并的联盟与一个联合的联盟两者加以区分。英国联盟是一个合并的联盟，然而苏格兰却深受那个联盟之害，因为它的人民是希望谋求官职和职业而

被吸引的。它也不是一个平等代表权的例子，因为虽然苏格兰享有将近1/13的代表权，但是只需交纳1/40的土地税。他认为，在当今人们思想比较开明的情况下，可望有一个持久的邦联，只要这个邦联是建立在公平原则上的。

约翰·亚当斯赞成按人口比例投票。他说我们作为人民的代表站在这里：某些州人口多，某些州人口少，因此他们在这里的投票数应该与他们所代表的人口数相称。在这个世界上，理性、正义与公平从来没有足够的力量来左右人们的协商，左右人们协商的只能是利益，可以信赖的也只能是利益，因此，室内利益应该是室外利益的确定无疑的代表，殖民地的个体身份只不过是说说罢了。一个殖民地的个体身份增加它的财富或人数吗？如果是这样，那就拿出同样数目的钱来吧。如果它不能在邦联的天平上增加重量，它就不能增加自己的权利，在讨论中也不能具有重要性。在合伙企业中，甲有50镑，乙有500镑，丙有1000镑，合伙企业中的钱由三人平等支配，这公平合理吗？据说我们是一些独立的个体在一起做交易。问题不在于我们现在是什么，而在于我们做成交易后应该是什么。邦联将使我们仅仅成为一个个体，它将把我们像许多分散的金属片一样熔合成整整一大块。我们将不再保留我们各自的个体，而是在提交邦联的一切问题上成为一个单独的个体。因此，所有那些证明在其他会议中实行平等代表权是公正和合宜的论据，在这一点上也适用。有人提出反对意见，说比例投票制会危害小州。我们回答说，平等投票权会危害大州。弗吉尼亚、宾夕法尼亚和马萨诸塞是三个大的殖民地。考虑一下它们的距离，它们在产品、利益及生活方式上的差异，它们显然决不会有联合起来

压迫小州的兴趣或意向。小州在与大州的一切问题上当然会有不同意见。罗得岛,从它的相互关系、相似处及交往来讲,一般地会追求与马萨诸塞相同的目标;新泽西、特拉华及马里兰会追求与宾夕法尼亚相同的目标。

拉什博士说,荷兰共和国各项自由权之所以衰落有三个原因:1.在一切问题上都必须意见完全一致。2.凡事都必须同选民商量。3.按省投票。这最后一个原因消灭了平等代表权,而英国也由于同样的缺点正在丧失自由。我们的一部分权利是寄存在议会手里的。人们承认在议会里代表权应该平等。我们的另一部分权利是寄存在大陆会议手里的,为什么在那里代表权就没有必要同样平等呢?如果有可能把全体人民都召集在一起,他们会按照多数的意见来解决提交给他们的问题的。既然如此,当由他们的代表在这里投票时,为什么就不应该同样按照多数来解决问题呢?大的殖民地在地理位置上凑巧是互相隔离的,因而担心它们联合起来搞阴谋是毫无必要的。它们的利益不同,条件也不一样。它们倒是更有可能成为冤家对头,小州能够趁此机会任意把优势送给他们喜欢的一方。按照自由民的数目投票会产生一个极好的效果,就是诱使殖民地来阻止奴隶制,力求使自由民增加。

霍普金斯先生说,殖民地有四个大的,四个小的,四个中等的。四个最大的殖民地拥有的人口占全邦联一半以上,因而可以随心所欲地统治其余殖民地。历史没有提供过像平等代表权这样的例子。德国联邦是以州为单位投票的。瑞士联邦和比利时联邦也都是这样做的。由于对联邦了解得太少,所以他们的习惯做法究竟是怎么样的也就不得而知。

威尔逊先生认为税应该与财产相称,但是代表权应该与自由民的数目一致。政府是全体人民意志的集中或结果。任何一个政府如果能够表达全体人民的意志,就是完美的,如果违反这个意志,就是不完美的。有人说,大陆会议是代表各州而不是代表个人。我说大陆会议照顾的对象是各州所有的个人。给一万人加上"州"的名称,就能使他们享受与四万人相等的权利,这真是奇怪极了。这一定是变魔术的结果,而不是用头脑思考的结果。就那些提交给大陆会议的问题而言,我们不是许许多多州,而是一个大州。每当我们来到这里,我们总是把个体放在一边。德国人的制度是对政府的嘲弄,他们的习惯做法在任何一点上都充分证明它是错误的。比利时联邦最大的缺点就是以省为单位投票。整体的利益经常成为小省利益的牺牲品。女王安妮在位时期的战争史就充分证明了这一点。有人问:难道应该叫 9 个殖民地把随心所欲地统治他们的权力交给 4 个殖民地吗?我要反问,难道应该叫 200 万人把随心所欲地统治他们的权力交给 100 万人吗?也有人说,小殖民地将受大殖民地之害。说白一点,少数将受多数之害。世界上哪一个议会不存在着这个危险呢?事实是,我们的做法将会与多数人的利益一致,而且也应当如此。大州争吵的可能性要比联合的可能性大得多。人再聪明也未必能想出或提出一种对弗吉尼亚、宾夕法尼亚和马萨诸塞有利而对其他州不是同样有利的事。

这些条例于 1776 年 7 月 12 日被提出,天天讨论,时时讨论达两年之久,1778 年 7 月 9 日始得到 10 个州的批准,同年 11 月 26 日得到新泽西的批准,翌年 2 月 23 日得到特拉华的批准。只有马里兰又拖了两年，直到1781年3月1日才批准，条例至此正式生效。

我们代表团的任期从1776年8月11日起延长一年，但是弗吉尼亚新政府业已成立，议会将于10月召开，我被我所在的县选举为议员。我知道，我们在英王政府时代的立法有很多弊病迫切需要改正，我认为我对于促进那项工作更为有用。因此我于9月2日辞去大陆会议代表职务，于10月7日在我州议会就席。

11日，我要求议会准许我提出一个关于成立最高刑事法院的议案，因为成立这个法院极为重要。我起草了议案，经委员会批准后提交议会，经过适当程序后获得通过。

12日，我获准提出一个法案，规定继承土地可不受特定身份限制。在殖民地早期，土地可以无代价或以很少代价获得，有些有远见的人获得了大量无价赠与的土地，由于想为自己建立一个显赫的家族，便通过限定继承法将土地遗留给他们的后代。这份地产以同一个姓代代相传，建立起了一批独特的家族，它们根据法律享有永久占有财产的特权，从而形成了一个贵族阶级，以他们的宅第的壮丽豪华而显得卓尔不凡。国王习惯地从这个阶级中挑选国务顾问，由于希望获得这个殊遇，这帮人便死心塌地为国王的利益和意志服务。取消这个特权，为德才贵族（大自然英明地提供这样的贵族，并且使他们平均地分布于社会上所有的阶层）创造机会，拿他们来代替对社会弊多利少的财富贵族——这对于一个井然有序的共和国是至关重要的。要做到这点，没有必要使用暴力，也不必剥夺天赋权利，倒不如说应当通过废除该项法律来扩大天赋权利。因为这样一来，现在的财产所有者就可以把财产平均分配给他的子女，犹如把他的慈爱平均分配给子女一样，并且使他们通过自然生殖与同辈公民处于平等的地位。但是此举遭到彭德尔顿先生强烈反对，因为他对于古老的法规情有独钟，而且总的说来，他在我接触的人当中是最能言善辩的。他确实没有亨利先生的诗一般的幻想，没有那种卓越的想象力，那种高超的、势不可当的辩才，但是他头脑冷静，为人圆滑，富有说服本领；他的语言流畅简洁，朴实无华，他的思路敏捷，充满机智，从未被击败过；因为如果他在主要战役中失败，他就伺机向你反扑，收复许多失地，从而造成不分胜负，这里他靠的是巧妙的策略，零星的小接触，借以取得小的优势，这些优势个别看来没有什么了不起，总起来却十分重要。你绝对不知道什么时候能够躲开他，却饱受他的韧劲儿的侵扰，直到所有耐心不如他好的人完全失去耐心为止。除此之外，他还是一位最道德高尚的谦谦君子，是最和善的朋友，最亲切的、令人愉快的同伴，这就使得他无论提出什么意见，人们都乐于接受。他发现限嗣继承的总原则保不牢了，就提议不要把它绝对废除，而改为只要限定继承人愿意，继承人身份可不受限制。他是少数几个投票赞成保全这个古老法律的人之一。但是完全废除限定继承法的议案最后还是通过了。

在要求建立我们司法制度的议案中，有一个是提议成立衡平法院。在这个议案中，我规定在衡平法院中，对一切事实问题都和普通法院一样实行陪审团审判。彭德尔顿先生只加进“如任何一方要求”这几个字就把这个议案否决了。由于没有一个原告会对他的法官说：“先生，我不信任你，请给我一个陪审团，”结果，在那个法庭上很少看到（也可以说绝对看不到）陪审团，除非衡平法院的法官主动把陪审团召来。

弗吉尼亚第一个永久性殖民地是1607年建立的。我发现，直到大约1650年为止，这个殖民地里一直没有提到过黑人。第一批被当作奴隶的黑人是由一艘荷兰船运来的，此后英国人就开始了奴隶贸易，一直延续到独立战争为止。独立战争暂时中断了奴隶输入，而议会也一直为战事所迫，对这个问题不加过问，直到1778年我才提出一个关于制止进一步输入奴隶的法案。这个法案没有遭到反对就通过了，制止了由于进口奴隶所加重的罪恶，留待后人去彻底根除。

这个殖民地的第一批移民是英国人，他们都是国王和教会的忠实臣民，在发给沃尔特·雷利爵士的特许状中就有一个明确的限制性条件，即他们的法律“不得违反英国国教会所明白表示的真正的基督教信条”。殖民地的地位刚被承认，全殖民地就被分成许多教区，每个教区都安置一个英国国教会的牧师，他领取以烟草支付的固定薪金，任职期间还享有一所房子和一块土地以及其他必需品。为了应付这些费用，教区全体居民，无论是否国教徒，一律都得摊派。国教牧师对来到这里的贵格会教徒最不能容忍，用最严酷的刑罚把他们驱逐出殖民地。但是随着时间的推移，其他教派纷至沓来，主要是长老派，而国教牧师终身享有教会免费供给的房屋和土地及薪金，另外一般还有古典学校的酬金，他们每周平常的日子都能在农场及教室里找到足够的工作，星期日才在教区教堂里做礼拜和讲道，开导他们的信徒。他们很少从事牧师的其他职务。与他们无所事事相反，其他教派的传教士热诚而又勤奋，在广大的领域里工作，到独立战争时，大多数居民已成为国教会的反

对者，但还是不得不拿出钱来养活少数派的牧师。早在王政时代，人们就已经对这种被迫出钱养活一批宣讲他们认为是错误信仰的牧师的不合理做法表示不满，但是没有改正的希望。可是1776年召开的共和国成立后的第一届议会收到了大量请愿书，要求废除这种精神上的暴政。这就导致了我迄今参加过的一场最为尖锐的斗争。我们最大的对手是彭德尔顿先生和罗伯特·卡特·尼古拉斯，两人都很正直，但都是狂热的国教徒。这些请愿书都提交关于国内形势的全体委员会，从10月11日到12月15日，委员会内几乎每天都进行剧烈的斗争，斗争结果我们只争取到将规定在宗教上持有不同意见和不上教堂做礼拜或进行任何其他敬神活动均为犯罪的法律予以废除，新教徒可免交资助国教的捐款，在下届议会召开之前暂停向该教会的教徒征税以支付他们自己教区牧师的薪金。因为尽管我们公民中多数是新教徒，议会中多数却是国教徒。但是他们中间也有一些通情达理的开明人士，他们在某些问题上使我们能够获得微弱的多数。但是我们的对手在委员会11月19日的决议中塞进了一个宣言，宣布宗教集会应予以管制，应作出安排使教士代代相传，并对他们的行为进行监督。在通过的法案中又明确地对下述问题予以保留：是应该用法律规定向每个人普遍征税来供养他所选择的牧师，还是一切都应该听任个人自愿捐献。从1776年到1779年，每届议会都对这个问题进行辩论（我们的不顺从国教同盟中的某些人现在已达到他们的个人目的而投到拥护普遍征税的人一边去了），我们只做到使其一届又一届地拖下去，直到1779年反对普遍征税的问题才终于获得解决，英国国教的权威完全被打倒了。为了公平对待那两位被点名的正直而狂热的对手，我必须补充一句：尽管从他们本性来讲，他们一般地更喜欢默认事物的现状而不愿冒革新的风险，然而无论何时，只要公众一作出决断，没有人比他们更忠实或更严格地予以服从了。

我们州首府的所在地原本定在詹姆斯敦半岛，也就是殖民者的第一个居留地，后来内迁数英里到威廉斯堡。但是那个时候我们的居留地还没有扩展到潮水地区以外。现在居留地已越过阿勒格尼山脉，人口中心距原来的地方甚远。然而威廉斯堡依然是我们的档案库所在地、州长及其他许多官员习惯上的居住地、议会固定的开会地以及军用品仓库的所在地，其地势一无遮蔽，在战争中随时都可能被攻陷，特别是眼下，敌军会在夜间溯任何一条河（它处在两条河中间）而上，在上游登陆，迅速占领这个地方，人和物都无法保全。早在1776年10月我就提议迁移，但是直到1779年才被议会批准。

早在1779年5月议会开会之初，我就起草并获准提出一个法案。法案宣布什么人应被认为是公民，维护移居国外的天赋权利，并且规定了行使这种权利的方式方法。6月1日我离开议会时，把这个法案交给乔治·梅森，它于该月26日获得通过。

在叙述我所提议和起草的各项法案时，我决不想把它们获得通过的功劳据为己有。在辩论中我有许多临时的、热心的帮手，其中一位特别坚定、能干和热诚，本人还是一位东道主。他便是乔治·梅森，在革命舞台上演出的众多角色中，他智慧出众、心胸宽阔、见识深邃、议论中肯，对于我们过去的宪法了如指掌，并且真诚希望按照民主原则进行共和主义改革。他的演说并不流畅，但是语言很有力量，态度非常感人，遇到有人挑衅时会毫不客气地予以迎头痛击。

威思先生在1777年两届会议任议长期间，在他从大陆会议回来和被任命为衡平法院大法官之间，在全体委员会处理的所有一切事务中，一直是我的得力的伙伴。他的刚正不阿的品格、正确的判断及推理能力使得他成为一个举足轻重的人物……

1776年，麦迪逊先生进入州议会，他是位新议员，年纪轻，外加为人过分谦虚，致使他在1777年11月被调到州参议会之前不敢大胆参加辩论。从那里他又进入大陆会议，当时大陆会议的代表人数很少。由于连续在这些学校里受到训练，他养成了一种沉着稳健的作风，这就使他能够自由运用他的睿智而敏锐的头脑以及渊博的知识，并且成为后来他参加的每一个会议中的佼佼者。他从不离开主题作无谓的雄辩，而是以纯洁、正统和丰富多彩的语言紧紧围绕主题，自始至终用彬彬有礼的态度及温和的措辞去软化对方的情绪，因而在1787年制宪会议上上升到炙手可热的地位，在随后的弗吉尼亚代表会议上，他支持新宪法的所有条款，面对乔治·梅森的压力和亨利先生的滔滔雄辩而毫不动摇，终于获得了胜利。与这些完美无缺的才能结合在一起的，是他那洁白无瑕的操行，从来没有人想用诽谤来玷污它。关于他文笔的优美和有力以及他担任国家最高职务时发挥的治国安邦之才，是毋庸我置喙的。它们不言自明，而且将永远不言自明。

迄今为止，我们只挑选了几个性质上和原则上突出，并且反映总的改革意向的迫切问题做了一些零星的改革工作。1776年我离开大陆会议时，大家认为必须把我们的全部法典重新予以审查，使其适合我们的共和政体；既然现在已经没有参议会、总督及国王

使用否决权来阻止我们做正当的事，就应该把法典的各部分都加以修改，唯一的着眼点是理智以及人民的利益，法规就是为了治理人民而制定的。因此，在1776年议会开会之初，我就提出了一项关于修改法律的议案，该议案在10月24日获得通过；11月5日，彭德尔顿先生、威思先生、乔治·梅森、托马斯·李和我本人被指派成立一个委员会来执行这项工作。我们同意在弗雷德里克斯堡开会以落实工作计划和分工。我们于1777年1月13日在那里开会。第一个问题是：应该建议废除整个现行法律体系，编纂一整套新的法规，还是保留总的体系，只把它加以修改，使其适应现状？彭德尔顿先生一向是喜爱旧事物的，这次却一反常态，赞成前一个建议，并且得到李先生的支持。可是很多人对此提出异议，认为废除整个体系是个鲁莽的举动，也许远远超出议会的目标；认为议会习惯的做法是随时修改殖民地的法律，删去那些满期的、已废除的和陈旧过时的，只把那些保留下来的加以修正，这也许意味着我们现在应该照同样的方式去做，只是把英国的法规也像我们自己的法规那样包括进去；他们还认为，编纂一部像查士丁尼和布雷克顿或布拉克斯顿那样的新的法典（这是彭德尔顿先生提出的模式）将是一个艰巨的任务，需要做大量调查工作，进行超乎寻常的研究和判断，在归纳成文时，由于人类语言的不完善，不能清楚地表达出每一种概念的精微差别，每一个字都会成为疑问与诡辩的对象，需要以一再的裁决来解决，这会使我们长年累月卷入争论，并且使得财产变成不确定的东西，到最后像旧法规一样，每个字都得靠许多判决，靠大量新的报告和解说来考验和确定；我们中间恐怕没有一个人愿意承担这样的工作，因为这项工作要

是有条不紊,必须由一个人来做。以上是威思先生、梅森先生和我本人的意见。在我们着手分配工作时,梅森先生推说自己不是法学家,不配做这项工作,而且他不久后就辞职了。李先生也以同样理由为自己辩解,而且不久就去世了。因此,另外两位先生和我在我们之间作了分工。到詹姆斯一世在位第 21 年(我们独立的议会于该年成立)为止的习惯法和法规分配给我;从那个时期到今天为止的英国法规分给威思先生;弗吉尼亚的法律分给彭德尔顿先生。由于继承法和刑法属于我的工作范围,我要求委员会确定其主要原则,以便我在制订这些法律时有所遵循。关于继承法,我提议废除长子继承法,动产和不动产一律按照财产分配法由最近的亲属共同继承。彭德尔顿先生希望保存长子继承权,但是由于看到他的意见占不了上风,就建议我们采取希伯来的原则,使长子继承双份财产。我指出:如果长子有双倍食量,或者做双倍工作,那当然证明他有权利领取双份财产,但既然他的能力和需求同他的兄弟姐妹一样,他在分割遗产方面就也应当一样,其他委员也都是这个看法。

在刑法问题上,大家一致认为死刑应当废除,只有叛国罪和谋杀罪除外,其他重罪改为在公共工程中服苦役,在某些情况下则以同态复仇法[①]予以惩罚。最后这个糟透了的原则是怎样获得我们认可的,我已经记不得了。的确,在我们的法律中,唯有奴隶案件中还遗留同态复仇法的一丝痕迹,它是盎格鲁—撒克逊时代的英国法律,很可能是从希伯来人的“以眼还眼,以牙还牙”的法律那里

① 同态复仇法即以牙还牙的治罪法。

抄来的，而且也是几个古代民族的法律；但是近代的思想在前进中已把它远远抛在后面。不管怎样，这几个关键问题解决后，我们就各自回家去着手工作了。

在做我名下的工作时，我认为最重要的一点是不要改动旧法规的文字使之现代化，也不要用新的词语去引起新的问题。这些法规的文字经过许多次判决已获得充分说明和解释，如今在我们法庭上几乎不会出问题。另外，我认为，在一切新的草案中，将较晚的英国法规以及我们自己议会的法令的文体予以改革是有益的，因为它们冗长啰唆，案件套案件，括号里面还有括号，而且还拼命使用上述、前述、或者和以及等字样，目的是使它们明白易懂，实际上反而更加晦涩难懂，不但对普通读者，就是对法学家本人也是如此。从那时起，我们就开始做这个工作，到1779年2月我们在威廉斯堡会面，彭德尔顿先生、威思先生和我天天聚会，仔细检查各部分工作，逐字逐句审查和修改，直到看法基本一致为止。然后我们回家，将稿件誊清，由威思先生和我本人于1779年6月18日提交议会，彭德尔顿先生住得很远，他写信委托我们代他表示同意。在这个工作中，我们把许多被认为有必要修改的习惯法、从《大宪章》到今天为止的全部英国法规，以及我们的州议会从詹姆斯一世在位第21年成立起到今天为止所有我们认为应予以保留的弗吉尼亚法律都收在126个法案内，总共只有90张对开纸。某些法案间或被拿出来讨论，并被通过，但大部分法案直到1785年全面和平后，议会才着手处理，当时法学家及半法学家们无休止地进行诡辩、歪曲、纠缠和拖延，麦迪逊先生力挽狂澜，坚决予以抵制，大部分法案才被议会通过，几乎未作更动。

宗教自由的原则以前在某种程度上已经作过规定，关于确立宗教自由的法案我是在全部理智和正义的范畴内拟定的。它仍然遭到反对，但是除了前言被改得面目全非外，最后还是通过了，而且一个独一无二的提议证明，它本意是想使保护信念成为普遍性的。前言宣称强制信教是背离我们宗教的神圣创始者的意图的，但是有人提出一项修正，把“耶稣基督”这个词加进去，改为“背离耶稣基督——我们宗教的神圣创始者的意图。”这个修正被极大多数人否决，这证明绝大多数人是想把犹太教徒和非犹太教徒、基督教徒和伊斯兰教徒、印度教徒以及各种教派的异教徒都置于法案的保护之下的。

贝卡里亚和其他论述罪与罚的作者们使得世上懂道理的人明白，用死刑去惩罚罪犯是不正当的，也是无济于事的；在道路、运河及其他公共工程中服苦役被认为是代替死刑的适当办法。修订者采纳了这些意见，但是我国一般人的认识还没有达到那个高度。因此，罪罚相当法案在众议院以一票之差被否决。后来我得知某地（我相信是宾夕法尼亚）曾试行过当众服苦役的办法，但是失败了。剃光头，穿着破烂衣服，在众目睽睽下在公路上劳动，这使得罪犯强烈地感到人格扫地，自尊心丧失，结果不是改造他们，反而把他们投入了最不可救药的道德沦亡、人格堕落的境地。还是继续讨论这个法律问题吧。——1785年（当时我在巴黎），奉命在里士满监工建造州议会大厦的几位指挥给我写了一封信，征求我对于该计划以及一所监狱计划的意见。我认为这是把古典建筑范例引进这个州的一个很好的机会，而尼姆的方形大厦——一座古罗马神庙——被视为现存可称之为立方形建筑的最完美典范，我便请求曾经出版过尼姆古迹图的克莱利索先生为我用灰泥制造一个该建筑的模型，只不过把科林斯式柱型改成爱奥尼亚式，这是因为科林斯式柱头很难制造。我勉强地向克莱利索的爱好让步，他喜欢近代的斯卡摩齐柱头，而不喜欢更宏伟壮观的古代柱头。这项工作是由一位艺术家完成的，乔瑟尔·古费尔任驻君士坦丁堡大使期间曾把他带到那里，叫他制造那些将在巴黎看到的美丽的希腊建筑遗迹的模型。为了使外表适合我们的用途，我为内部设计了一张平面图，立法、行政和司法三部门各有其专用房间，其面积和分布与大厦的外形和大小相称。这些东西在1786年提交给工程指挥，并且被付诸实施，略有改动，改得并不好，不过其中最重要的将来还可以改正。关于同时要求我设计的监狱图，我曾听说英国有一个慈善团体曾在政府许可下就单独监禁中从事劳动对于某些罪犯的影响进行过实验，而这个实验获得了意想不到的成功。同样的主张在法国也提出过，里昂的一位建筑师曾根据单独监禁原则精心设计了一张监狱图。我弄到了一份，由于它对于我们的用途来说规模太大了，我绘制了一张规模较小，但必要时可予以扩大的图。我把这张图而不是一张普通监狱的图寄给工程指挥，希望它会启发在单独监禁中劳动的思想而不是我们在修订过的法规中所采取的在公共工程中劳动的思想。结果，拉特罗伯在实行这个计划，指导建造现在所谓的教养所时，采用了它的原则，但不是它的确切形式。在这同时，由于时间的推移，由于思考，也由于宾夕法尼亚的榜样，舆论也成熟了，宾夕法尼亚从1786到1789年试验过在公路上服苦役，但是不受欢迎，后来就改而实行在单独监禁劳动原则上的教养制度，进行得很顺利。1796年，州议会重新考虑

这个问题，并且通过了修改本州刑法的法令。他们实行单独劳动而非当众劳动，建立了刑期的等级制，使法律的文体更接近现代用法，同时取消了我的议案中所保留的由来已久的蓄意谋杀与过失杀人的区别，改而采用一级谋杀和二级谋杀的新名称。这些更改在定义方面产生的问题比从前究竟多还是少，我因为对于执法情况不甚了解，所以说不上来……

议会关于威廉和玛丽学院的各项法案，严格说来是属于彭德尔顿先生工作范围的，但是这些法案大多是关于学院的收入的，学院的章程、组织和学科范围都由特许状规定。我们认为在这个问题上应该提出一个系统的普通教育计划，大家要求我来做这项工作。于是我为这个修改起草了三个法案，建议实行涉及一切阶层的三种不同等级的教育。1. 一切儿童，不分贫富都受的初等教育。2. 对一般生活有用，为一切经济宽裕的人们所向往的中等教育。3. 教授最高级科学的高等学府。第一个法案建议把每个县都划分成百户邑或区，其大小和人口要适合于成立一所教学生读、写和做普通算术的小学；全州应划分 24 个学区，每个学区都应该建立一所教授古典学问、文法、地理及高等算术的学校。第二个法案建议修改威廉和玛丽学院章程，扩大其学科范围，使其成为一所名副其实的大学。第三个法案是建议成立一个图书馆。这些法案直到 1796 年才被付诸实施，而且也只限于第一个关于初等学校的法案。威廉和玛丽学院纯粹是一所英国国教会的学校，督察员必须是该教会的成员，教授必须赞成它的 39 条教规，学生必须学习它的教理问答，它公开宣布的基本目的之一就是为英国国教会培养牧师。由于这个缘故，所有不顺从国教的新教徒出于宗教上的警

惕心理，都惶恐不安，生怕这样会造成英国国教会的统治地位，因此拒绝按照那个法案行事。另外，学院的地方性的怪癖以及秋季有害健康的气候也减少了一般人对它的喜爱。在关于初等学校的法案中，他们加进了一个条款，让每个县的法院自行决定该法令在县里开始执行的时间，从而使这个法案彻底落空。他们还在法案中加进另一个规定：这些学校的经费应由各县居民负担，每个居民负担的数额与他交纳的税款相称。这等于是让富人来负担穷人的教育费，而法官一般出身于富有阶级，不会愿意负担那笔费用，我相信没有一个县肯实行这个措施。我将在我的自传终了时重新提出这个问题，如果我能有那么多的精力，并且有那么强的决心；因为我谈我自己已经感到厌倦了。

关于奴隶问题的法案仅仅是把有关奴隶的现行法律汇编了一下，对于将来普遍解放的计划只字未提。大家认为最好把这个计划予以保留，将来出台时也必须通过修正案的形式。但是，大家对修正的原则表示同意，亦即所有在某一天后出生的人都获得自由，满一定年龄即迁送国外。但是我们感到民众的思想承受不了这个主张，甚至今天也承受不了。然而民众必须在不久的将来承受并且采纳它，否则后果将不堪设想。在命书上，没有比这些人应该获得自由这句话写得更确切了。同样确切的是，这两个同样自由的种族不能生活在同一个政府之下。禀性、习惯和见解已在他们之间划下一条不可磨灭的界线。我们仍有力量指导解放和迁出的过程，这个过程要用和平方法实现，速度要慢，使这个祸害不知不觉地消失，奴隶的位置同样不知不觉地由自由白人劳工填补。相反，如果采用暴力方法，人性必然会对其前景不寒而栗。从西班牙人放逐或消灭摩尔人的做法中寻找榜样是不行的。这个先例绝对不适合我们的情况。

我认为这四个被通过或被提出的法案形成了一个体系,借助这个体系足以根除过去或未来的贵族统治的每一根纤维,并为真正的共和政体奠定基础。废除限定继承法能防止财富集中和永远集中在少数上流家庭里,并且防止国有土地日甚一日地变为私人的永久产业。废除长嗣继承权,平均分配遗产,消除了每个家庭只有一人富其他所有人都穷的封建的、违反人伦的差别,代之以平均分配,一切土地法中最最好的法律。恢复信仰自由权利使人们不必交税来支持一个不是他们自己的宗教,因为国教确实是富人的宗教,异教则完全由不太富有的人组成,这些人靠一个普及教育的法案,将能理解他们的权利,维护这些权利,并且富于才思地去实行自治,而所有这一切都将在不侵犯任何一个公民的任何一项天赋权利的情况下实现。此外,作为进一步的保障措施,又把陪审团审判制引进衡平法院,因为衡平法院已经侵占了如此大的一部分对我们财产的裁判权,而且还在继续侵占。

1779 年 6 月 1 日,我被任命为弗吉尼亚州州长,退出了议会。由于我同时当选为威廉和玛丽学院(一个有自选权的机构)的督察员,我于该年寓居威廉斯堡期间实现了该学院的改组,取消了文法学校以及神学和东方语言学两个教授职位,代之以一个法治课教授职位、一个解剖学、医学和化学教授职位以及一个近代语言学教授职位;由于特许状只许我们有六个教授职位,我们让伦理学教授兼授自然法和国际法及美术,数学和物理学教授兼授博物学。

由于我现在可以说是与州本身融为一体了，因此写我自己这两年当政的历史，就等于是写革命在这个州内的那部分历史。这个工作已经有人做了，尤其是吉拉丁先生，这位先生在寓居毗邻的密尔顿期间写了伯克的《弗吉尼亚史》续编，他在撰写时自由地使用了我所有的文件，而且写得就和我本人所能写的一样忠实可靠。因此我的这一段生活完全可以参考他写的历史。由于相信在敌军入侵的压力下，人民对于一个军事司令官尤为信赖，而司令官由于同时执掌文权，可以更加积极、果断和有效地使用军权和民权两种权力来保卫本州，我便于任职第二年末辞去州长职务，由纳尔逊将军继任。

1776 年 9 月我离开大陆会议后不久，亦即 9 月的最后一天，我奉命与富兰克林博士一同前往法国，以特派员身份与法国政府谈判同盟和通商条约。赛拉斯·迪恩当时正在法国负责采购军需品的工作，他也参加我们的代表团。但是我的家庭情况使我无法脱身，而且我也不能让家人蒙受航海及被当时遍布海上的英国船俘获的危险。另外我也意识到，最繁重的工作是在国内，国内在重新改造我们政府方面有许多涉及长远利益的工作要做，另外还要做许多事情来保卫我们的教堂和家园免遭从四面八方向我们逼近的侵略军的蹂躏。因此，我婉言谢绝了这个任命，李先生被委派代替我的职务。1781 年 6 月 15 日，我和亚当斯先生、富兰克林先生、杰伊先生及劳伦斯先生一同被任命为和谈全权代表，当时正期望通过俄国女皇斡旋来实现和平。由于同样的原因，我还是不得不婉言谢绝，谈判事实上从未进行。但是翌年(1782 年)秋天，国会获得保证，全面和约将在冬季和春季缔结，所以在那年 11 月 13

日重新任命了我。在那以前两个月，我失去了心爱的生活伴侣[①]，正是双方的爱情历久不衰，我过去10年中才能够享受无比幸福的生活。我的心情以及人民的利益都要求我改变一下环境，于是我接受了这个任命，于1782年12月19日离开蒙蒂塞洛，27日抵达费城。法国公使卢塞恩建议我乘坐“罗缪拉斯号”护航舰去法国，我欣然同意，但是这条船当时正停在巴尔的摩下游数英里处，被冰封住了。因此我在费城逗留了一个月，在州政府办公室查阅文件，以了解我国对外关系的概况，然后去巴尔的摩等护航舰冲出冰层。在那里等了将近一个月，我们收到消息，知道我们的代表已在1782年9月3日签署了临时和约，待法国与英国媾和后即成为正式和约。鉴于我现在赴欧对国家已无作用，我立刻返回费城，等待国会指示，国会同意我不再赴欧，我便踏上归途，并于1783年5月15日安抵家中。

下个月6日，我被州议会任命为邦联国会议员，这个任命要到11月1日现任议员任期满后才生效。因此我于10月16日离家，11月3日抵达特伦顿，国会正在那里开会，4日就职，同日邦联国会休会，26日在安纳波利斯复会。

此时邦联国会已成为一个很小的机构，议员们对待职守极不严肃，邦联规定甚至一些小事也必须由多数州进行讨论，而这些州直到12月13日才到齐。

早在1782年1月7日，邦联国会就把注意力集中在各州的流通货币上面，并指示理财家罗伯特·莫里斯提出一张外国货币应据以入库的比率表。那位理财家，或者不如说他的助手古维纳

① 此处杰斐逊当然是指杰斐逊夫人去世。

尔·莫里斯，在15日作了答复，详尽地阐述了各州流通货币的名称以及我们中间流通的主要外国货币的比价。他认为有必要建立一个价值标准，并采用一个货币单位。他建议以少量纯银作为货币单位，使其成为各州使用的辅币的一个除得尽的公约数。他认为这个公约数应是一美元的1440分之一，或一英镑的1600分之一。因此，一美元的价值可以用1440个单位来表示，一英镑的价值可以用1600个单位来表示，每个单位含1/4格令[①]纯银。国会翌年又把注意力集中于这个问题，这位理财家于1783年4月30日写了一封信，对他提议的单位作了进一步解释，力主予以采用，但是以后就没有下文，下一年又提出了这个问题，并把它提交一个委员会，我是该委员会的委员。理财家的总的思路是正确的，他用来建立他的单位的理论也是创造性的，但是平常使用起来太繁琐，无论心算还是笔算都太吃力。1/20美元一个面包的价格将是72个单位。1/5美元一磅的奶油将是288个单位。80美元一匹马或一头牛的价格需要六位数，即115200个单位，而公债假定为8000万美元，将需要12位数，即115200000000个单位。这样一种货币计算方法对于社会上一般用途来说，是绝对行不通的。因此，我主张不用这种单位，而改用美元作为结算和支付单位，角和分一律用10进位。我对这个问题写了几句批语，提请理财家考虑。他回了信，还是坚持他的一套，只是同意把他最初提议的单位除以100，即一美元为14.4单位，一英镑为16单位。对此我作了答复，并把我的批语和答复印成传单，发给国会议员供他们考虑，

① 格令：英美制最小重量单位，等于0.0648克。——译者

国会同意对我的方法提出报告。我的方法在翌年被正式通过，就是现在通用的制度。我把我的批语和答复附在下面，借以说明制定我们的货币制度时所根据的不同观点。[①] 把一美元分成角、分和厘现已为人熟知，类似的度量衡单位都容易采用。我在旅行时使用克拉克发明的里程来计，它把英里分成百分位，我发现，如果用英里和 1/100 英里来表示距离，人人都容易理解，对于英尺和 1/100 英尺，磅和 1/100 磅等等，也同样容易理解。

国会议员们玩忽职守，以及无休止地开会，开始令人感到不安，有些州议会甚至建议他们暂时休会和定期开会。由于邦联没有规定在国会休假期间设置一位有形的政府首脑，而这样一位首脑对于监督行政工作、接见外国公使以及在突然发生非常情况时召集国会是必不可少的，我早在 4 月份就建议设立一个委员会，称为“诸州委员会”，由每个州各派一名代表组成，在国会休会期间继续开会；我还建议将国会的职能分为行政和立法两部分，立法职能保留，行政职能则按照一个总决议委托给诸州委员会。这个建议后来被采纳了，成立了一个委员会，它在国会下次休会时即开始履行职务，但是不久就发生争吵，分裂成两派，放弃了他们的职守，结果直到国会下次开会为止，政府始终没有任何首脑。后来我们看到法国督政府中也发生同样的事情，因此我认为，凡是由许多人组成的行政部门，都永远会发生这种事。我们计划设置许多顾问，但是只设一位裁决人，让他来作最后决断，这样就能最有效地把智慧和可行性集为一体。当我们听到委员会分裂散伙时，我正在法国，

① 附录本书未收录。

我同富兰克林博士议论人的这种爱争吵和分成派别的怪脾气时，他像平常一样用寓言方式发表他的感想。他提到英吉利海峡的埃迪斯顿灯塔，这个灯塔建立在海峡中央一块岩石上，冬季风浪猛烈，绝对进不去，在较暖和的季节到来前无法探望两个灯塔看守人，因此秋季就要给他们送去过冬所需物资，好让他们使灯光久久不熄。春天第一个可以通行的日子，一条船给他们送去新的给养。船夫在门口遇到一个灯塔看守人，就上去跟他搭话："朋友，你好吗？""很好。""你的同伴呢？""我不知道。""不知道？他不在吗？""我说不上来。""你今天没有见到他吗？""没有。""你什么时候见到他的？""从去年冬天到现在一直没有见过。""你把他杀了吗？""哪里。"大家以为他肯定把他的同伴害死了，要把他抓起来，可是他叫他们上楼去亲眼看看。他们上去了，发现另一个看守人好端端在那里。原来两个看守人刚在塔灯里往下就发生口角，分裂成两派，楼下的工作分给一个人做，楼上的工作分给另一个人做，从那时起，两人从未讲过话，也从未见过面。

但是还是回到我们在安纳波利斯的邦联国会来吧。1783 年 9 月 3 日在巴黎签署的正式和约，国会已经收到，但是需经 9 个州同意始能批准。因此，12 月 23 日，我们致函各州州长，说明正式条约已经收到，需 9 个州同意始能批准，但到会的只有 7 个州，敦促他们叫他们的代表立刻出席。26 日，为了节省时间，我建议命令海事专员（罗伯特·莫里斯）在这里、纽约以及东部某个港口各准备一条船，以便条约一获批准，立即把批准了的文本送出。议员们一致同意，只有李博士反对，理由是这会使海事专员为我们承担一笔费用，他说还是立刻批准并把批准了的文本送出为好。在这以前，一些议员曾暗示7个州就有权批准。因此我的建议被搁置，南卡罗来纳的里德先生另外提出一个动议，要求立即批准。26日和27日对这个动议进行了辩论。里德、李、威廉森和杰里迈亚·蔡斯认为批准仅仅是个形式问题，条约从代表们签署那时起就是决定性的；尽管邦联要求一个条约需经9个州同意始能订立，但是条约的缔结不能称为订立；就算9个州是必不可少的，但5个州就能使我们永远处于战争；事实上9个州已经授权批准，因为它们已经批准了临时条约，并已训令他们的代表对同样条款的正式和约表示同意，目前的和约事实上与临时和约大致相同，几乎一字不差；现在离批准并将批准了的文本送往大西洋彼岸交换只剩下67天了；9个州没有希望立刻出席；事实上，这是我们能够大胆等待的时间的极限；如果批准了的条约不在规定时间送到巴黎，条约将会作废；如果由7个州批准，我们将它密封送出，英国不会知道只有7个州表示同意；这是一个英国无权过问的问题，而我们只为它向我们的选民负责；它与英国通过威廉·坦普尔爵士的交涉从荷兰人那里获得的批准相似。

相反，门罗、格里、豪厄尔、艾勒里和我本人认为，按照欧洲近代的习惯，批准被认为是使一项条约生效的行为，在批准之前，条约不是强制性的[①]。授予代表的权力中，批准权是由国会保留的，条约本身规定它必须得到批准；那问题就来了，谁有法定资格批准？邦联条例明文规定缔结任何一项条约需经9个州批准；据此，那个文件的意思必然是：条约从开始到完成都必须获得9个州的

① 此处杰斐逊的脚注从略。

同意，其目的就是在一切涉及9个州利益的重要问题上保护邦联的权利；按照对方的解释，人口不到全部人口1/3的7个州，可以把一个确是受9个州的委托和指示而着手进行、然而是由外交代表在明显违背这些指示、并且直接牺牲如此多的人的利益的情况下签订的条约强加于我们；正式条约并非是临时条约的一字不差的抄本，其更动是否实质性的，这个问题只能由9个州来决定；所谓9个州已经批准临时条约、指令谈判代表制定一个正式条约，以及他们在实质上已达成的协议，这些事情都不能使我们有权在目前情况下予以批准；如果这些事情本身便是批准，那么，除了用验证了的条约抄本去交换英国批准的文本之外，就再没有其他事情必须做了；如果这些事情本身不是批准，那我们还是停留在原来地方，9个州没有批准，我们自己也无权批准；目前在场的7个州一致通过一项致缺席州州长的决议，敦促他们的代表到会，原因是条约必须由9个州批准，这个决议寄出才4天；荷兰批准条约这件事，英国迫切想获得它，所以才情愿原封接受；他们了解我们的宪法，会反对由7个州批准，如果把事实隐瞒起来，以后总会知道的，他们就会有借口否认批准的有效性，说他们对此感到意外，并且是受骗了，而且这样做也会使我们的国家蒙受耻辱；9个州批准还是有希望的；如果条约因未及时批准而失效，那么，手续不完备的批准也无济于事；但事实上它不会失效，反而会更完美无缺，尽管迟了几天，这是客观原因使得我们不能严格准时予以批准；一切国家都会认可，英国也会认可，只要它不决心重新打仗，而它如果决心要打仗，即使没有这个借口，它也决不会缺少借口的。里德先生声明要对他的动议进行表决，那些反对的人则提出一个决议，直截了

当地说明不赞成这个动议的理由。但是里德先生觉得自己的建议不会获得通过，还是不予以表决为好。只有马萨诸塞会投赞成票；罗得岛、宾夕法尼亚和弗吉尼亚会投反对票，特拉华、马里兰和北卡罗来纳意见会有分歧。

我们的机构人数不多，但是非常喜欢争吵，日复一日把大好时光都浪费在最不重要的问题上。很多议员有病态的辩论癖，其中一位情绪热烈，想象丰富，讲话滔滔不绝，对任何不是他自己的道理都没有耐心听。有一次在进行一场无聊然而啰唆的舌战时，他坐在我旁边，问我听到那么多一句话就可以驳倒的谬论时怎能心安理得地坐着一声不吭？我对他说，要驳倒的确很容易，但是要人家当哑巴是不可能的。我在提出议案时担负着最繁重的工作，这是我义不容辞的，但是一般说来，我愿意听人家说；如果每一个合理的论据或反对理由都被众多辩论者中的一个用过了，那就够了；如果不够，我主张不要重复别人已经说过的话，重复别人说过的话是浪费议员们的时间，滥用他们的耐心，这无论如何是说不过去的。我认为，如果全体议员都遵守这个规则，一星期工作一天就能完成；波拿巴的什么也不说却做了许多工作的哑巴议会，是否不比一个说了许多却什么也不做的议会更为可取，这的确比开始时可能认为的更加值得研究。独立战争前，我曾和华盛顿将军一起在弗吉尼亚议会任职，战争期间曾和富兰克林博士在大陆会议共事。我从未听见过他们中的一位一次说上10分钟，而且说的都是对问题有决定意义的要点。他们把全部力量用在大事上，知道大事解决，小事自会迎刃而解。如果本届国会毛病在于说得太多，那么，在一个由150名由人民选送、其看家本领是对什么都怀疑，对什么

也不买账，成小时地说个没完的律师们组成的机构里，又怎么会不这样呢？不能指望150名律师在一起安安静静地工作。但还是再回到正题来吧。

那些认为7个州就有权批准的人由于动议失败而坐立不安，我便在1月3日提议采取折中方法，提出一个决议案，以下述各项为前提：只有7个州出席，他们一致同意批准，但是在权限问题上意见不一；那些持反对意见的人还是愿意用他们自以为有的权力来恢复和平，如果这能做到，既保全他们的善意，又不采用国会关于7个州就有权批准的意见，并决定只要他们有权就把条约批准；应该把条约寄给我们的谈判代表，叫他们不要外传；力争把交换批准的日期延长3个月；通知代表，一俟9个州到会，就把9个州批准的文件寄给他们；如果批准的文件在最后交换期限前送到，他们就应使用这个文件而不是另一个文件；如果没有送到，他们应将7个州批准的文件予以交换，告诉他们条约送到时国会不在开会；目前还只有7个州到会，这7个州一致同意批准。3日和4日对这个决议案进行辩论；5日，有一条船要从本港（安纳波利斯）开往英国，国会责成议长写信给我们的谈判代表说明以上情况。

1月14日。康涅狄格代表昨天到会，南卡罗来纳代表今天抵达，条约在无人反对的情况下获得批准，于是命令将批准了的文件复制3份，其中一份由哈默上校送出，另一份由弗兰克斯上校送出，第三份交给海事专员，叫他一有机会就送出。

邦联国会不久就着手研究对外关系。他们认为必须使我们的贸易处于与其他国家同样有利的地位，为此建议与每一个国家单独签订一项贸易条约。此举也等于是每个国家承认我们独立以及我们被接纳进国际大家庭;虽然我们理当获得承认,却不愿降尊以求,但是愿意提供机会以接受各国的友好问候和款待。我们与法国、尼德兰联邦及瑞典已经订有通商条约,但同时也已经授权那些国家,如有必要可将条约予以修改。建议与之订立条约的国家有英格兰、汉堡、萨克森、普鲁士、丹麦、俄国、奥地利、威尼斯、罗马、那不勒斯、托斯卡纳、撒丁、热那亚、西班牙、葡萄牙、高门、阿尔及尔、的黎波里、突尼斯及摩洛哥。

5月7日,邦联国会决议,除亚当斯先生和富兰克林博士外,增派一名全权公使同外国洽谈通商条约,我被选任此职。我于11日离开安纳波利斯,携我当时正在费城的长女同去(另两个女儿年幼不宜远航),前往波士顿,以便从那里起程。在途经几个州时,我刻意了解每个州的商业状况,抱着同样目的前往新罕布什尔,然后返回波士顿。7月5日,我从波士顿起航,搭乘的是纳撒尼尔·特雷西先生的开往考维斯的"塞雷斯号"商船,特雷西本人也乘坐这条船。经过19天愉快的航程,于26日抵达考维斯。由于我女儿生病,我在那里滞留了数天。30日,我们乘船去勒阿弗尔,31日到达,8月3日离开,6日抵巴黎。我立即去帕苏拜会富兰克林博士,向他传达了我们的任务,然后写信给当时正在海牙的亚当斯先生,要他到巴黎与我们会合。

在我离开美国之前,亦即在1781年,我曾收到法国驻费城公使馆马博瓦先生的一封信,他在信中说,他奉他的政府之命,想获得一些有关我们邦联各州的统计资料,并向我提了一些有关弗吉尼亚州的问题。我以前一有机会获得我们地区的资料,可能对我在任何公私身份中有用,就总是把它记下来。这些资料都写在散页纸上，胡乱捆扎起来，逢到需要一项材料时，查找十分困难。我觉得这是一个体现它们价值的好机会，就按照马博瓦先生提问的次序加以答复，既满足了他的要求，又可以把资料整理归类，供自己使用。某些朋友偶然看到了这些资料，向我索取，但是篇幅太多，手抄太吃力，因此我打算印少数几本来满足他们的要求。但是要价太贵，超过了目的的重要性，因此没有印成。我到巴黎后，发现这里的印费只及美国印刷商向我索取的1/4，我就把书稿内容加以修改和扩充，印了200本，书名就叫《弗吉尼亚笔记》。我把极少数几本送给在欧洲的几个私交，其余都送给我在美国的朋友。在欧洲的一本，由于书的所有者去世，落到一个书贾手里，他雇人把它译成法文，在准备付印时，把他的意向告诉了我，把原稿也交给我，要我加以修改，但是并没有就出版事宜征求我的许可。我从未见过这样恶劣的译文。乱删乱改，颠三倒四，而且往往歪曲原意，错误百出。我改正了几个最重大的错误，法文版就照那个样子问世了。伦敦的一个书商看到那个译本后，要求我允许他把英文原著出版。我认为这样最好，让世人看看它并不真像法译本使人以为的那样糟。这就是那本书的真正来历。

亚当斯先生旋即在巴黎和我们会合，我们第一件工作便是制定一张总表格，交给那些有意与我们商谈的国家。在与英国代表戴维·哈特利和谈期间，我们的代表曾在富兰克林博士授意下建议添加一个条款，规定战时仅仅从事国与国之间贸易的商船及其货物，不在交战双方公、私武装船只捕捉之列。这个条款被英国拒绝了，依我看实属不智。因为，在与我们交战的情况下，英国数量占优势的贸易在海上蒙受的危险要比我们不知大多少；正如猎物多，捕捉猎物的鹰也多，我们的私掠船[①]也随着暴露在它们面前的财富的增多而增多，而英国的私掠船则因缺少捕捉对象而为数甚少。我们把这个条款加进这张表格，另外还规定不得对在不设防地区从事工作的非武装渔民、农民及公民进行骚扰，并要求给战俘人道待遇，彻底废除使商船遭受如此痛苦和灾难性的扣留和虐待的战时禁运品，实行免税货船、免税货物的原则。

在与维尔琴纳伯爵会谈中，我们认为双方应该本着亲睦关系，把商业往来需要修改之处订出立法条例加以管理。我们没有恳求，而是试探欧洲各国驻凡尔赛宫廷使节对通商的意向，并且研究借条约保护来鼓励通商是否得计。普鲁士国王弗雷德里克立即热情友好地接见了我们，并且派他的驻海牙公使杜尔迈耶男爵与我们谈判。我们向他传达了我们的条约草案，国王几乎未作任何更改就迅即签订了条约。丹麦和托斯卡纳也与我们进行谈判。其他国家态度似乎很冷淡，我们认为不宜催促他们。事实上，他们似乎对我们所知甚少，只知道我们是反叛者，成功地挣脱了母国的束缚。他们对我们一向被英国霸占的商业毫不了解，对交换商品对双方都有利也一无所知。因此他们在能够看清与我们建立什么样的关系较为有利之前，宁愿采取不介入立场。所以我们有意把我们与丹麦及托斯卡纳的谈判延长到我们的任期届满为止，而且不再向其他没有殖民地的国家提出新的建议，因为我们的贸易是以原材料交换制成品，这是进入那些拥有制成品的殖民地的足够的代价，但我们要是不要代价而同其他国家签订贸易条约，所有国家

① 私掠船：战时获准攻击并捕捉敌方商船的私有武装船只。——译者

都会要求在最惠国立场上不给代价而与我们订约。

亚当斯先生被任命为合众国驻伦敦全权公使，于6月离开我们，富兰克林博士则于1785年7月返回美国，我奉命接替他在巴黎的职务。1786年2月，亚当斯先生写信给我，叫我速去伦敦与他会晤，因为他认为他在那里发现了某些对我们表示亲善意向的迹象。信是他的公使馆秘书史密斯上校带来的，叫我马上就去。我遂于3月1日离开巴黎。我抵达伦敦后，我们就一份非常简单扼要的条约草案取得一致意见，这个条约建议为我们的公民、我们的船只以及我们的一般产品交换公民身份，只有公职除外。国王和王后在招待会上接见了我和亚当斯先生，态度无礼至极。我立刻明白，对方怀恨在心，我要办之事毫无成功希望。与外交大臣卡玛申侯爵举行第一次会谈时，他言语中流露出冷淡和厌恶之情，回答问题含糊其辞，这使我确信他们不愿同我们打交道。不过我们还是把我们的条约草案交给了他，亚当斯先生并不像我那样对它的效果感到绝望。后来，我们一再对他发出照会，要求他约定一次会谈，他没有直接拒绝，但是借口当时另有要务避而不答。在伦敦停留了七个星期，再过几天委任状即将期满，我就通知大臣我在巴黎的公务需要我返回彼处，他如有命令向他的驻巴黎大使下达，我乐于替他捎带。他回答说没有任何命令，祝我旅途愉快，我乃于26日离开伦敦，4月30日返抵巴黎。

在伦敦期间，我们与葡萄牙驻伦敦大使品托爵士进行了谈判。我们之间唯一的困难在于一个条款：我们制面包的原料应该既以小麦形式又以面粉形式输入葡萄牙。他本人表示同意，但同时又说，几个在宫中势力很大的贵族在里斯本附近拥有风车，主要依靠加工我们的小麦获利，而这个规定会危及整个条约。但他还是签署了条约，其命运果然如他坦诚相告的那样。

我在巴黎的任务只限于少数几个目的：使法国以优惠条件接受我们的鲸、咸鱼和咸肉；让我们的大米以与埃皮蒙特、埃及和黎凡特[①]相同的条件进入法国；减轻“包税人”对我们烟草的垄断以及让我们的产品自由进入他们的岛屿。这些便是我必须全力以赴的主要贸易目标；在这些方面，拉法叶特侯爵以他全部的影响和力量给了我巨大帮助，他对我们两国的友谊和幸福非常热情，而且，说句公道话，法国政府在一切方面都对我们十分友好，只要不有害他们自己，就对我们百依百顺。维尔琴纳伯爵对待外交使团是以谨慎狡猾出名的，他对那些他明知是狡猾和两面派的人也许确是如此。由于他看到我没有虚伪的念头，不耍手段，不参与任何阴谋，不抱任何不可告人的目的，我觉得他比我曾交往过的任何人更加坦率、正直和通情达理；他的继任人蒙穆兰也一样，是个诚实和可敬的人。

我们在地中海的贸易由于我们的两条船及船上人员被巴巴里[②]快船俘获而陷于惊恐。我非常不同意欧洲的那种向那些无法无天的海盗进贡的屈辱做法，试图联合那些经常受海盗蹂躏的国家成立一个联盟。因此，我草拟并且向那些国家驻巴黎的公使们提出了一个特别联盟公约，以便与他们的政府磋商。公约全文如下：

① 黎凡特：指地中海东部诸国及岛屿，即包括叙利亚、黎巴嫩等在内的自希腊至埃及的地区。——译者

② 巴巴里：埃及以西的北非沿海地带，当时为海盗出没之地。——译者

“与巴巴里海盗国家交战各国一致行动建议。

1.与巴巴里海盗国家交战各国，或其中任何两个或更多个国家，自愿缔结一项公约，对那些以阿尔及利亚为首的国家采取一致行动。

2.本公约对在未来任何时候愿意加入公约的任何其他国家继续开放，加入各方保留根据申请加入时的情况规定加入条件的权利。

3.本公约的目的是迫使海盗国家无条件接受永久和平以及互相保证和平。

4.为了获致和平，应以一支将达成协议的海军经常在其沿海地带游弋。这支海军规模不宜过大，以免对任何一方造成不便。据信五六艘快速艇及同样数目的辅助舰或三桅小帆船（其中一半在海上游弋，另一半休整）即可满足要求。

5.达成协议的必要兵力由各缔约国按照行将规定的份额提供，缔约国应按照形势使之成为合理的比例提供兵力。

6.计划失败经常起因于各国官员意见不一，因此缔约各国现在就应当考虑和决定是否以金钱形式提供定额，以便用这些金钱来装备一支舰队，并使其执行任务。

7.这些军事行动如由缔约各国自行管理，由于其宫廷彼此相距甚远，不可能在一起商议，容易发生困难及延误。因此产生一个问题：缔约国应否授权其驻欧洲某一宫廷的大使或公使，由他们组成一个委员会或会议将本公约付诸实施；每个成员国的表决权按各该国限额多少计算，而这样计算出来的多数在本公约范围内的一切问题上均占优势。凡尔赛宫廷靠近地中海，凡可能参加本公约的国家都在那里驻有代表，故提名凡尔赛宫廷为委员会或会议所在地。

8.为了使上述会议避免个人谋求官职所带来的困难，也为了保证缔约国的捐献完全用于既定目的，该会议不设专员、秘书或任何领取薪金或补贴的官员，也不设任何其他有利可图的官职。此类官员的工作由军舰上的人员兼任之。

9.如加入本公约的任何两个国家之间发生战争，不得扩及或干扰本公约，而应像和平时期一样对待。

10.阿尔及利亚被迫议和后，其他海盗国家如拒绝停止其海盗行为，将成为本公约的打击对象，视情况逐个或一起予以解决。

11. 如本公约与实际存在于任何缔约国与巴巴里国之间的条约相抵触，应以条约为准，该缔约国可退出针对该巴巴里国的军事行动。”

西班牙刚以300万美元代价与阿尔及尔缔结一项条约，除非对方违反条约，它是不愿放弃那项条约的利益的。葡萄牙、那不勒斯、两个西西里岛、威尼斯、马耳他、丹麦及瑞典赞成这个联盟，但是他们在巴黎的代表表示担心法国会干涉，公开或私下支持巴巴里国家，故而要求我弄清维尔琴纳伯爵在这个问题上的态度。我以前曾利用机会把我们的计划告诉过他，因此我认为不应该对他的政府的光明正大的行为产生怀疑，但是在陈述我们的建议时，我提到我们担心英国会代表那些海盗国家进行捣乱。他说：“它不敢捣乱的。”我没有再追问下去。其他的代表对他表达的这种观点感到满意。这样，要直接正式地研究这个问题，只须取得我们政府的同意，由政府授权提出正式建议就行了。我向政府陈述了保护我们的贸易不被海盗劫掠的光明前景，说明这将持续很长一段时间，以便把他们逐出大海，改变他们的习性，使他们从掠夺成性的人变成务农的人；然而，为了达到这个目的，希望他们能捐献一艘战舰及其经费，以便在海上进行经常性的游弋。但是他们没有条件作这样的承诺。他们为获得捐款进行的游说被各州当作耳边风，知道难以及时完成，只好婉言谢绝，这个计划也就告吹了。

1786年在巴黎期间，我结识了康涅狄格的约翰·莱迪亚德，一位天赋高、学识广、有无限勇气及进取心的人。他曾随同库克船长作舰行太平洋壮举，多次以坚韧不拔精神闻名，并且出版了一本叙述那次航行的书，书中关于库克对野人恶劣行为的详细描述减

轻了我们对库克命运的惋惜。莱迪亚德来到巴黎是想成立一个公司,从事美国西海岸的毛皮贸易。他的期望落空了,由于没事干,天性又喜动不喜静,我建议他去美洲大陆西部探险,先取道圣彼得堡到堪察加,再从那里乘俄国船到努特卡海峡,从那里他可以穿过大陆到美国,同时我也答应为他请求俄国女王的许可。他欣然接受了我的建议,俄国大使塞莫林先生,特别是女王的特使格里姆男爵恳请女王允许莱迪亚德通过她的领土去美国西海岸。这里我必须纠正我在别处所犯的一个对女王不公的重大错误。在撰写附在刘易斯船长所著《太平洋探险记》卷首有关船长生平的按语中,我说女王发给了许可证,后来又收回了。这个想法隔了26年自动在我脑子里产生,我把它写了下来,毫不怀疑会弄错。然而在重新翻阅那个日期的信件时,我发现事实是这位女王立即拒绝发给许可证,认为这个冒险活动完全是异想天开。但是莱迪亚德不肯罢休,深信他只要到了圣彼得堡就能够使女王相信它是切实可行的,并且获得她的恩准。于是他就去了,但是女王不在,她去境内某个遥远的地方视察了,于是他继续前进,来到距堪察加200英里的地方时,被女王派来追捕的人逮住,押回波兰,在那里获释。因此,为了公正起见,我必须声明,女王从未赞同过这个有意思的冒险计划,哪怕只是允许一个清白无辜的人通过她的领土。

在这一年,法国的财政困难产生了一个两个世纪来从未有过先例的措施,其结果无论好坏,尚无法估计。为了探究其久远的原因,我们必须倒回去一些日子。

法、英两国的著名作家们早已就政府问题阐述过一些好的原则,但是美国革命似乎第一次把法国国民中一部分有思想的人从暴政下的昏睡中唤醒了。到过美国的军官们几乎清一色是青年，受习惯和偏见束缚较少，比其他人更容易接受常识的启示及人权思想。他们带着新的观念和印象回到本国。报纸不顾当局的压制，把它们广为传播。言论有了新的自由：政治成为男女社交活动的主题，而且成立了一个范围非常广泛、情绪极其热烈的政党，名为爱国党，它意识到自己生活在暴政之下，渴望能有机会予以改革。这个政党网罗了王国一切有充分时间进行思考的正直人士——文人、生活优越的中产阶级、年轻的贵族，这些人之所以加入爱国党，一来是出于反思，一来是由于风尚，因为这些思想感情已蔚然成风，并且把大部分年轻妇女吸收到这个党内。对于这个国家幸运的是，在同一时候，王后和宫廷的挥霍、恤金名单的弊端，以及财政各部门管理中的浪费，已耗尽了国库，使其信用扫地，其最重要的机能已陷于瘫痪。革除这些弊端会使内阁垮台，而借国王的权力征收新税又不可能，因为最高法院坚决反对将新税予以登记。当时除了诉诸国民以外，已别无他法。因此，国王建议召开全国显贵会议，希望用许诺对政府体制进行重大改革来诱使他们授权征收新税，抑制最高法院的反对，并把岁入增加到与支出相符。一个由国王提名的大约 150 人的显贵会议乃于 2 月 22 日召开。财政总监（卡龙）在会上说，路易十六即位时，每年财政亏空为 3700 万里弗尔；重建海军借款 4.4 亿里弗尔；对美战争花费 14.4 亿里弗尔（2.56 亿美元），这些款项的利息，再加上其他增加的费用，使年亏空增加 4000 万（但是后来更直率的估计为 5600 万里弗尔）。他表示愿将弊端全部公开，全面予以纠正，并且提出了一些正确的补救办法，由于他用如此重要的目标打掩护，亏空就缩小成为一个次要问题，几乎不引起注意。选中的人都是国内最能干和有主见的杰出人物，如果能够获得他们的支持，对他就足够了。他们利用这个机会来革除弊端，并且同意解除国库的匮乏，但是首先要调查造成匮乏的原因。人们认为卡龙知道他提出的账目经不起调查，而且人们传说并且相信他请求国王把四名成员送进巴士底狱，其中之一是拉法叶特侯爵，另外还要放逐 20 人以及国王的两名大臣。国王觉得还是把卡龙本人放逐更加直截了当。他的继任者与显贵会议通力合作，结果国家岁入增加了，支出可望节省，公账则每年与一个委员会结算，以前审计官是只能与国王本人结算的，不用说从来也没有真正结算过。另外还确认国王不得征收新税，要改革刑法，废除酷刑，禁止徭役，改革盐税，取消内地关卡，粮食国内外自由买卖，以及建立省议会，这些措施综合起来，将使国家状况大为改观。建立省议会本身就是一个极其重要的改进。省议会由人民选出，在那些设有三级会议的省里，亦即王国 3/4 以上地方，每年改选 1/3 议员。省议会部分是行政机关，部分是省长的咨询会议，而在这以前，省的行政权是完全掌握在省长一人手里的。由于代表是人民选出的，他们会缓和苛法的执行，而作为国王的代表，他们会公开谴责坏的法律，提出好的法律，会揭露弊端，代表们如果联合一致，将会博得人民尊敬。另外还有一个好处，就是召集显贵会议这一创举可能发展成为惯例。人们希望国王所许诺的各项改进将获得实现，在现国王统治期间维持下去，在体制中扎下根基，被视为体制的一部分，受民意的保护，垂诸永远。

维尔琴纳伯爵在显贵会议开会前数日去世，蒙穆兰伯爵被任

命为外交大臣接替他的位置。维拉杜尔继卡龙为财政总监,洛梅尼·布里昂(图洛斯大主教,后为森斯大主教,最后为洛梅尼红衣主教)被任命为首席大臣,其他大臣要与他商量他们各部的事务,而迄今为止他们只与国王本人商量。尼弗诺阿公爵和马勒谢尔伯侯爵也奉召入阁。首席大臣被任命后,塞居尔和卡斯特里两位元帅即退出陆军部和海军部,因为他们不愿居于人下,也不愿对不归他们指挥的行为承担责任。他们分别由布里盎伯爵(首相之弟)和卢泽恩侯爵(前驻美公使之弟)继任。

我的一个腕脱臼没有接好,我的外科医生劝我到普罗旺斯的艾克斯去用矿泉水作为补剂进行治疗。我便于 2 月 28 日离开巴黎,溯塞纳河而上,经过香槟和勃贡弟,再沿罗讷河而下,经过里昂附近的博若雷、阿维尼翁、尼姆斯,最后到达艾克斯,在那里试用矿泉水治疗无效,我决定去访问皮蒙特的大米之乡,看看是否可以学到点什么,以便我们卡罗来纳的大米与之竞争,再从那里沿法国的南海岸和西海岸游览海港城市,以了解能否做些事情来促进我们与那些城市的贸易。因此我就从艾克斯取道马赛、士伦、耶尔、尼斯,穿过滕代山口,经过科尼、都灵、韦尔切利、诺瓦拉、米兰、帕维亚、诺维、热那亚,从那里沿着海岸经过萨沃纳、诺利、阿尔本加、奥涅加利亚、摩纳哥、尼斯、昂蒂布、弗雷瑞斯、艾克斯、马赛、阿维尼翁、尼姆斯、蒙彼利埃、弗隆蒂南、塞特、阿哥得,再沿着朗圭多运河,经过贝济耶、纳博讷、卡斯卡松、卡斯特尔瑙达利,经过圣佛利奥尔地下走廊,又经过卡斯特尔瑙达利,返回图卢兹,从那里来到蒙托邦,沿加龙河而下经朗贡到波尔多。再从那里到罗谢福、拉罗谢尔、南特、奥连特,再取道雷恩回到南特,溯卢瓦尔河而上,经过昂热、图尔、安布斯、布卢瓦到奥尔良，从那里直接去巴黎，于6月10日抵达。我旅行回来不久，亦即7月下旬，就接待了我的次女玛丽亚，她是从弗吉尼亚借道伦敦来到的，我的最小的女儿前不久已夭折。

英国因为荷兰联省与美国签订贸易条约而对它发动战争，奥兰治亲王、联省执政者兼最高统帅在战争中的背叛行为是尽人皆知的。他作为联省行政首脑，负有指挥作战的责任，却千方百计阻挠荷兰议会的一切措施，扰乱议会的全部军事计划，并且利用一切机会出卖祖国，帮助英国，确信英国以及他的舅兄普鲁士国王的保护。荷兰议会对这种认贼作父的行为不胜愤慨，乃根据1785年与法国签订的条约，请求法国帮助。法国立即在维尔琴纳伯爵致法国驻海牙大使维拉克侯爵的信中热情诚恳地保证给予他们帮助，信件内容摘录如下：

1786年3月1日维尔琴纳伯爵致法国驻海牙大使维拉克侯爵信件摘录：

“国王愿尽力提供帮助使此事获得成功，并欢迎爱国党人将他们的意见、计划和不满见告。你可以向他们保证，国王真诚关心他们和他们的事业，他们可以依赖国王的帮助。他们对此可给予更大的信赖，因为我们并不隐瞒：如果荷兰的执政者恢复他原有的势力，英国制度很快就会占上风，而我们的联盟也就落空了，爱国党人立刻就会感到这个情况与国王陛下的尊严和重要性不相容。但假使爱国党人的领袖害怕分裂，他们有足够时间去感化那些被亲英分子引入歧途的人们，并以这种方式统筹全局，当问题再次引起激烈争论时，可以按照他们的愿望予以解决。在这种假设的情况下，国王授权你与他们协力行动，按照他们给你的指示去做，并且千方百计增加这个正义事业的支持者的人数。另外我还要一提爱国党人的人身安全。你可以向他们保证，在任何情况下，国王陛下都将把他们置于他的直接保护之下，而且无论何时你认为必要都可以让他们知道：国王陛下将把任何侵犯他们自由的行为看作对他个人的冒犯。这种有力地表达的言词相信会对亲英分子的狂妄自大有所影响，纳塞亲王将会感到他触怒国王陛下要冒很大风险。”①

这封信是1788年我在阿姆斯特丹时由爱国党人交给我的，我在1788年3月16日给杰伊先生的信里抄寄了一份。

爱国党人的目的是成立一个代议制的共和政府。议会多数人同他们站在一起，但是大多数城镇百姓却和奥兰治亲王站在一起；百姓受三巨头富有成效的挑拨……三巨头即英国大使哈利斯，后为马姆斯伯里勋爵；奥兰治亲王，蠢然一物，以及亲王夫人，她在胆大妄为、冒险精神及渴望掌权方面和她的两个同事一样有须眉气概。在三巨头的挑拨下，海牙的暴民起来反对议会，议员们在街上受到人身侮辱，生命堪虑；他们的住宅庇护权受到侵犯；亲王的职责是平息和惩罚此类破坏治安行动，但他却听之任之。因此，议会为了自卫，只好把民兵交给一个委员会来指挥。亲王就这种篡夺他的特权的做法向伦敦和柏林宫廷诉苦，忘记他仅仅是共和国的第一公仆，命令他的正规军向议会正在那里开会的乌得勒支市进发。正规军被民兵击退。就这样，亲王的利益与公敌的利益一致，而与他本国的利益对立。议会乃行使主权，剥夺了他的全部权力。腓特烈大帝已于1786年8月去世。他生前从未打算与法国决裂以支持奥兰治亲王。在他死前卧病期间，他通过不伦瑞克公爵向当时正在柏林的拉法叶特侯爵作如下声明：他不欲支持英国在荷兰的利益；他可以向法国政府保证，他唯一的愿望是在宪法中为执政者及其子孙后代保留一个荣誉的地位；他不愿参加这场争吵，除

① 杰斐逊的原文是法文，英译文由纪念版编辑提供。

非有人企图完全废除执政者这个职位。然而他的王位现在已被他的侄孙腓特烈·威廉继任，此人思维能力低下，性格反复无常，唯我独尊；他的姐姐亲王夫人（尽管她丈夫正在用武力反对国家的合法当局）企图到阿姆斯特丹去煽动那里的暴民，但是途中不准她通过一个军事哨所，他便命令不伦瑞克公爵率领两万人佯作向荷兰进军。法国国王遂即通过他驻荷兰的代办宣称，如果普鲁士军队继续以入侵来威胁荷兰，国王决心以同盟者身份援助该国。作为答复，伊登正式通知蒙穆兰伯爵，说英国必须认为它与法国关于通报其海军武装力量的协议已经终止，英国正在全面武装。战争一触即发，伊登（此前被封为奥克兰勋爵）问我，万一战争爆发，我们和法国缔结的条约将起什么作用，我们的意向如何。我坦率地、毫不犹豫地答称，我们的意向是保持中立，而且我认为我们这样做对英、法两国都有利，因为它会解除两国对于给他们的西印度群岛提供给养的后顾之忧；英国由于我们中立也可避免在我们大陆上进行猛烈的陆地战争，这样的战争将会大大削弱它在别处的行动。我还告诉伊登说，我们与法国缔结的条约确实使得我们有义务接纳法国的武装船只及其战利品进入我们的港口，并且不让她的敌人捕获的法国船只进入，条约还有一条规定我们必须保护法国在美洲的领地，如果这些领地遭到攻击，那我们势必只好参战。"那么战争是非打不可了，"伊登说，"因为它们肯定会受到攻击。"大约同一时候，利斯顿在马德里也向卡迈克尔提出同样的问题。法国政府当即宣布它决定在吉维特建立一个观测营地，开始武装它的海军，并且任命贝利·萨弗林为海军总司令。法国还与俄国、奥地利及西班牙秘密谈判成立四国同盟。此时不伦瑞克公爵率领的军

队已推进到荷兰境内，派了几名军官去吉维特侦察形势，并向他报告。他后来说，“只要那个地方有少数几顶帐篷，他就不会再向前推进，因为国王不会仅仅为了他姐姐的利益而与法国打仗。”但是由于发现那儿没有一兵一卒，他便长驱直入，迅速占领了几座城市，并向乌得勒支推进。荷兰议会已经任命萨姆的莱茵格拉夫为总司令。这是一个无才、无勇，更无原则的亲王，他本可在乌得勒支坚守很长一个时期，却一枪不发就放弃了这个地方，简直是临阵脱逃，并且躲了起来，好几个月不露面。阿姆斯特丹于是被攻打而投降。在这同时，四国同盟的谈判正在顺利进行，但是谈判的秘密被英国驻圣彼得堡代办弗雷泽识破，他立刻报告了他的宫廷，并向普鲁士告急。普鲁士国王立刻明白他在法国、奥地利和俄国的夹攻下会是什么下场。绝望之余，他恳求伦敦宫廷不要抛弃他，并派阿尔文斯莱本去巴黎进行解释和抚慰，英国则通过多塞特公爵和伊登重新开始它的调解谈判。一想到战争就浑身发抖，宁愿和平地放弃权利也不愿用武力维护权利的大主教张开双臂接待了他们，开始了真诚的谈判，一个声明和反声明在凡尔赛炮制出来，并且送往伦敦请求批准。它们在那里获得批准，27 日下午 1 时送回巴黎，当晚就在凡尔赛签字。在巴黎，人们传说并且相信蒙穆兰侯爵在不得不签署这个反声明时，“哭得像个泪人儿，”在如此庄重地向爱国党人保证要保护他们并无保留地鼓励他们之后，竟牺牲了他们，这种不光彩的做法使他痛苦至极。奥兰治亲王又恢复了他的全部权力，现在成为国王了。爱国党人大批出逃，他们全部被解除官职，许多人被流放，财产也被没收。法国收容了他们，他们很长一个时候就靠法国的赏金过活。就这样，荷兰由于其元首的背

叛，从光荣的独立国家沦为英国的一个省，其执政者也从自由共和国第一公民的崇高地位下降为一个听命于外国君主的卑贱的总督。而这仅仅是靠威吓和装模作样实现的，当事各方——法国、英国和普鲁士——没有一方真正想为奥兰治亲王的利益而进行战争。但是它起到了一次真正决定性战争的全部作用。

我们在美国成立联邦政府的初步尝试远远没有达到目的。在独立战争期间，当外部敌人的压力使我们万众一心而他们的冒险活动必然使我们保持警惕的时候，人们被危机激发的锐气对于邦联是一帖强心剂，推动他们作最大的努力，无论这是否出于邦联的要求。但是，当和平与安全已经恢复，人人都忙着做有益和有利可图的工作时，对邦联国会的号召就不那么关心了。邦联的主要缺点是国会无权通过自己的官员直接对人民起作用。国会的权力只限于提要求，这些要求向各州立法机关提出，由它们实施，国会只能从道义责任加以劝告，不能强迫。这事实上就是使每个州的立法机关都对国会所提出的每一个议案有否决权，这个否决权行使得如此频繁，致使邦联政府行动失灵，无法达到它的各项目的，特别是金钱及外交事务方面的目的。此外，立法、行政和司法三权不分立，实际上也产生了有害作用。但是这种状况对邦联今后的发展大有好处，人民有健全的见识和良好的意向，他们发现他们的第一个契约不合适，立刻一致同意选派代表召开制宪会议，共同以和平方式制定一部“能保障和平、正义、自由、共同防御及普遍福利”的宪法，而不是用造反和内战来纠正。

制宪会议于1787年5月25日在费城召开。会议是不公开进行的，会议进程全部保密，直到9月17日会议解散，决议才公开发

表。我在 11 月初收到了一份决议，极其满意地读了它，并对它的条款进行了仔细考虑。正如制宪会议没有一个代表，邦联没有一个公民会赞成它的所有部分，我也发现有些条款是要不得的。缺乏保证宗教自由、言论自由、人身保护法连续不断保护下的人身自由以及刑事案件和民事案件一律实行陪审团审判的明确规定，引起了我的注意，而总统可以终身连选连任，我也极不赞成。我在给友人，特别是给麦迪逊先生和华盛顿将军的信中，直率地说出了我赞成什么，反对什么。难就难在如何把好的东西保留，坏的东西去掉。如果把它重新交给一个新的制宪会议去研究，有全都丧失的危险。我的第一个念头是：首先行动的 9 个州应该无条件接受它，以保证其中好的东西，另外 4 个州接受它要有个先决条件：同意作某些修改。但是后来想出了一个更好的办法：把新宪法全部接受下来，相信我们的人民有良好的判断力和公正的意向，他们会作出必要的修改。因此 13 个州都接受了，6 个州没有反对意见，7 个州提出具体修改意见。对言论、宗教、陪审团以及其他几个重要问题都作了修正，人身保护留待国会决定，反对总统连选连任的修正案则没有提出。我对此条之所以心存忧虑，是因为总统这个职务极其重要，如果终身连任，会在我们中间引起剧烈的斗争，外国会用金钱或武器进行干涉，因为外国对于美国总统的抉择是会感兴趣的。这方面的例子历史上不胜枚举，比如罗马皇帝的例子、教皇当政时期的例子、德意志皇帝的例子、波兰国王的例子以及北非伊斯兰教各国统治者的例子。我从封建历史中，尤其是在晚近荷兰执政者的例子中，也认识到终身官职是多么容易逐渐发展成为世袭。因此，我希望总统任期应为 7 年，期满不再有当选资格。这个任期我认为足可使总统在议会同意下贯彻实现他为全民福利提出的任何一套改善措施。但是我认为后来采取的办法更好:总统可任职8年,4年为试用期,试用不合格应予免职。把总统任期限为7年是制宪会议最初阶段的意见,当时以8票对2票的多数通过了这个任期,并以简单多数赞成总统不能再次当选。这个意见迟至7月26日才被邦联国会确认,提交细节委员会审议,细节委员会提出报告表示赞成,仅在休会前一天的最后表决中才改成目前的形式。对于这个修改,3个州表示反对,纽约州提出一个修正案:总统不得三次连任。弗吉尼亚和北卡罗来纳认为任何16年期内总统任期不得超过8年;尽管这项修正没有正式成文,但是实践却似乎使它得到确认。四位总统在8年任期终了时自动引退的范例以及舆论进步到认为这个原则有益,使它实际上具有先例及惯例的力量,如果一位总统想要第三次当候选人,我相信他将由于这种野心的表现而被人们唾弃。

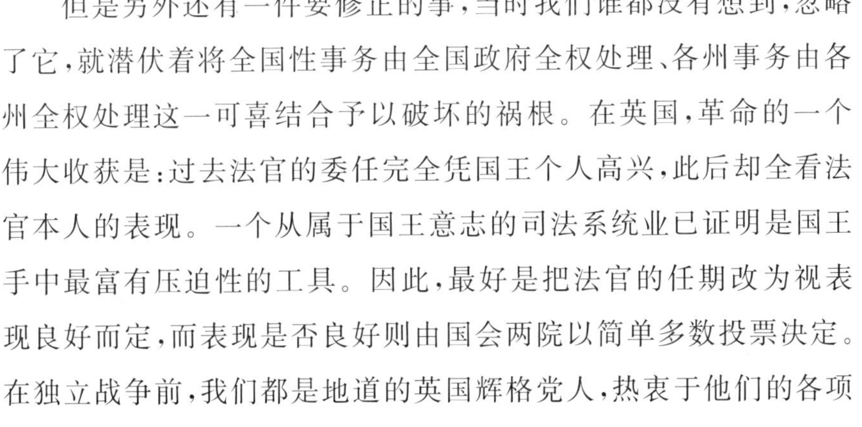

但是另外还有一件要修正的事,当时我们谁都没有想到,忽略了它,就潜伏着将全国性事务由全国政府全权处理、各州事务由各州全权处理这一可喜结合予以破坏的祸根。在英国,革命的一个伟大收获是:过去法官的委任完全凭国王个人高兴,此后却全看法官本人的表现。一个从属于国王意志的司法系统业已证明是国王手中最富有压迫性的工具。因此,最好是把法官的任期改为视表现良好而定,而表现是否良好则由国会两院以简单多数投票决定。在独立战争前,我们都是地道的英国辉格党人,热衷于他们的各项自由原则以及他们对行政首脑的警惕。这种警惕在我们所有的州宪法中都表现得非常明显,在全国政府中甚至超出了英国的警惕程度，规定两院中的一院需 2/3 多数始能将一名法官免职，在多少带些偏见和感情色彩的人面前进行辩护，要获得这样的多数票是不可能的[①]，因此我们的法官几乎是独立于国民之外的。但是不应该有这种情况。确实，我不会让法官像过去在英国那样完全从属于国王，但是我认为，使他们接受某种实际的、不带偏见的控制，对于本政府的继续存在是必不可少的，而要做到这点，州当局和联邦当局必须通力合作。单单任命一些正直的人当法官是不够的。利益对人的头脑的影响以及人的见解如何不自觉地被那种影响歪曲，是尽人皆知的。除这个倾向之外，还有集体精神以及他们特有的格言和信条："一个好法官的职责在于扩大他的管辖范围"，再有就是缺乏责任心；这样一来，我们又如何能指望在全国政府（他们本身是全国政府中极其显赫的一员）与单独一个州（他们对这个州既不抱希望也毫不畏惧）之间作出公正的判决呢？我们也看到，与一切正确的榜样相反，他们习惯于抛开摆在他们面前的问题，未雨绸缪，为今后飞黄腾达找靠山。因此，他们实际上是一支坑道兵和地雷兵，专心致志地破坏各州独立自主的权利，把全部权力都集中在那个他们在其中拥有如此重要的终身产业的政府手里。但是，要实现一个好政府并不依靠权力的巩固或集中，而是要依靠权力的分散。要是这个大国没有划分成许多州，就必须将它划分，使每个州做与它本身直接有关的事以及由它来做远胜于由远处一个权力机构来做的事。每个州再划分成许多县，每个县照料自己境内

---

① 在弹劾新罕布什尔的皮克林法官（一个惯常的大酒鬼）时，没有进行辩护。如果进行辩护，参议院 1/3 以上按照党政策所投的票会宣告他无罪。〔杰斐逊注〕

的事，每个县又划分成许多镇区或选区，处理更细小的事，每个镇区又划分成许多农场，每个农场由其业主管理。如果我们何时播种，何时收获，都要由华盛顿发号施令，那我们很快就会没有饭吃。正是靠这种权力的划分，从一般到个别逐级下放，大量的人类事务才能够处理得最好，为全体人民造福。我再说一遍，我并不指控法官们居心不良，故意犯错误，但是即使老实人犯错误也必须予以制止，因为容忍错误必然会使公众遭殃。正如我们为了社会的安全而把老实的疯子送进疯人院，如果法官错误的倾向使我们走向崩溃，那就也必须把他们解职。这样做确实会损害他们的名誉或财产，但是共和国却保全了，而保全共和国乃是至高无上的法律。

联邦政府的诸多弱点中，最突出或最令人苦恼的一个弱点，是绝对不可能从各州获得为偿还债务或甚至为应付政府日常开支所需的金钱。有的州拿出一点点钱，有的州拿出的更少，有的州一个钱也不出，而一个钱也不出的州还为只拿出一点点钱的州提供同样一个钱也不出的借口。亚当斯先生寓居海牙时享有为日常必要开支借款的大权。公债利息以及驻欧外交机构的经费习惯上都以这个方式筹措。他现在当选为合众国副总统，即将返回美国，嘱咐我们的银行家今后有事跟我商量。但是我当时既无权力，又无训令及资金，而且对金融问题也不熟悉。此事一向是由他一人经管的，只有巴黎的银行家格兰德先生手中偶有少许存款，供特殊的和当地的用途。这些存款已经用完很长时间了，我曾力促财政部予以补充，因为格兰德先生不肯再垫款。财政部坦率地回答说，在新政府上任作出安排之前，弄不到钱。亚当斯先生是在巴黎与富兰克林博士及我本人同法国进行谈判期间接到驻伦敦宫廷任命的。

他从巴黎直接前往伦敦，未返回海牙向海牙政府告别。但是此刻他认为他在离开欧洲之前必须向海牙政府告别，于是就到海牙去了。我是在他预定抵达海牙那天收到亚当斯夫人的信才知道他已经离开伦敦的。趁我们还能利用他的权力之际，同他商量一个，预作准备是必不可少的；因为一旦他没有了权力，我们便一筹莫展了。我天天都被一家公司逼债，这家公司曾借给合众国一小笔钱，其本金现已到期，我们在阿姆斯特丹的银行家通知我说，我们借款的利息将于6月开始支付，如到期不付，将被视为破产，会严重损害合众国的信誉，今后向那里借钱的希望将归于泡影，又说他们授权开立的贷款只有1/3到位，现已停止交付，资源已到了山穷水尽的地步。我觉得事态极其严重，接到亚当斯先生启程的消息后，翌晨即动身前往海牙。我从卢维尔出发，取道森利斯、洛耶、蓬圣马克、波勒杜克、古尔奈、佩罗讷、康布雷、布尚、瓦朗谢讷、蒙斯、布鲁塞尔、马林、安特卫普、莫狄克及鹿特丹，直达海牙，在那里总算见到了亚当斯先生。他立即赞同我的意见，认为必须在没有接到指示的情况下冒险采取措施，以保全合众国的信誉。我们预见到，新政府成立、开会、建立财政制度、将钱入库，并把它汇到欧洲，需要很长一段时间，因此，我们最好立刻为1788、1789及1790年作准备，以便在那个艰难的间隔里让我们政府的日子好过些，使我们的信用得到保障。因此，我们取道莱登前往阿姆斯特丹，于10日抵达。我拟了一张估价单，内容如下：

（单位：弗罗林）

88年所需数	531937-10
89年所需数	538540

90 年所需数 ……………………………………………	473540
总计 …………………………………………………	1544017-10
为满足此数，	
银行家手中有……79268-2-8	
未售出公债………542800	
	622068-2-8
缺额为 ………………………………………………	921949-7-4
建议借入 100 万，实得 …………………………	920000
短缺数仅为 ………………………………………	1949-7-4

于是，亚当斯先生就印了 1000 张债券，每张 1000 弗罗林，把它们交给我们的银行家，但是叫他们在国会批准这项措施前暂勿发行。此事完成后，亚当斯先生返回伦敦，我起程去巴黎，由于没有什么紧急任务需要处理，我决意沿莱茵河岸回到施特拉斯堡，从那儿向巴黎进发。我于 3 月 30 日离开阿姆斯特丹，经过乌得勒支、尼姆根、克利夫、杜斯堡、杜塞尔多夫、科隆、波恩、科布伦兹、拿骚、霍赫姆、法兰克福到哈瑙，从那里到马延，再从那里到吕德斯海姆及约翰斯堡游览，然后到奥彭海姆、沃尔姆斯及曼海姆，游览了海德堡，然后经过斯拜尔、卡尔斯鲁、拉斯塔特和凯尔，4 月 16 日抵达斯特拉斯堡，18 日又从那里出发，经过法尔斯堡、费内斯特兰杰、迪约兹、穆瓦延维克、南锡、图勒、利尼、巴勒迪克、圣迪济耶、维特里、马恩河畔沙隆、埃佩尔奈、蒂耶里堡、莫，于 4 月 23 日抵达巴黎。我满意地感到，此行使我们的信用获得了保障，新政府今后两年日子比较好过，和我一样不会再受债主不断逼债之苦，债主的正当抱怨是无法用我们力所能及的方法使之缄口的。

1784年，富兰克林博士曾与法国政府签订一个领事协定，其中有几个条款与各州法律以及我国公民的心情完全不一致，国会不予批准，将它寄还给我，叫我将那些条款删除，或加以修改，使之与我们的法律吻合。法国外交大臣极其勉强地放弃了那些允许在一个自由国家里行使专横权力的特许权。经过多次商讨后，协定作了很大修改，于1788年11月14日由蒙穆兰伯爵和我本人签署，内容实非我所愿，但出于友情，也只能如此了。

我从荷兰回到巴黎，发现它和我离开时一样，人心依然极其浮动。如果大主教在显贵会议闭幕后立即将拟议的各项措施付诸实施，相信最高法院是会把它们全部予以登记的；但是他动作太慢，将他的敕令一个又一个地颁布，中间相隔时期很长，这样一来，显贵会议所激发的热情就逐渐冷了下去，提出了许多新的要求，并出现一种压力，要求制定一部不随国王意志更动的固定的宪法。如果我们考虑到穷凶极恶地滥用权力把人民压得喘不过气来；如果我们回忆赋税的沉重和分配的不均，回忆独占对贸易的束缚，行会和社团对工业的束缚，审查对信仰自由、思想和言论自由以及出版自由的束缚，密札[①]对人身的束缚；回忆刑法的残酷、肢刑架的残暴、法官的贪赃枉法及包庇富人；贵族的垄断军功章；王后、亲王及宫廷的巨额开支；年金的挥霍以及教士的骄奢淫逸，如果我们考虑和回忆这一切，就不会对出现这种压力感到奇怪了。在如此严重的虐政和压迫下面，人民自然会强烈要求实行彻底的改革，甚至把

① 密札：国王颁发的捕人密令，持有密札可不经审讯即把拘捕之人投入巴士底狱。国王往往出售或赠送密札。——译者

他们的残暴的统治者拉下马，让统治者用自己的双脚走路。有关徭役和粮食贸易自由的敕令首先被提交最高法院并且被登记了，但是稍后提出的那些有关土地税及印花税的敕令却被最高法院驳回，最高法院建议召开三级会议，认为只有三级会议才有资格予以批准。最高法院拒绝批准敕令招致了御前会议，法官们被放逐到特鲁瓦。但是，律师们拒不听命，司法工作因而中止。最高法院坚持了一个时期，但是放逐以及远离巴黎开始使他们感到厌倦，于是产生了妥协的念头。因此，他们同意把从前的一些税予以延长，就被从放逐地召回，1787 年 11 月 19 日，国王在他们开会时与他们会见，答应在 1792 年召开三级会议，多数人表示同意将一项关于从 1788 年到 1792 年连续贷款的敕令予以登记；但是奥尔良公爵表示反对，这就促使其他人想要变卦，国王悍然命令将敕令登记，随即离开了会议。最高法院立刻提出抗议说，对登记进行的投票不合法，无权批准所提议的贷款。这就足够使投票者名声扫地，并且使他们遭到失败。于是国王又颁布敕令，成立一个全权法院，并在王国内中止所有最高法院的活动。这个敕令当然遭到所有最高法院及所有省的反对，国王不得不让步，于 1788 年 7 月 5 日下令撤销全权法院，并答应在翌年 5 月 1 日召开三级会议；大主教发现局势非他所能应付，在答应擢升他为红衣主教后，便退出内阁（1788 年 9 月），内克先生就任财政总监。巴黎人民对这个人事变动欢欣鼓舞，市卫队一个军官横加干涉，下令驱散，人民不服从，他就命令卫队刺刀出鞘，向人民进攻，死二三人，伤多人。群众暂时散去，但是第二天又大批集合，放火焚毁十余所监狱，杀死二三名卫兵，自己损失七八人。于是全市实行戒严，骚乱遂即平息。内阁

易人，并答应早日召开三级会议，使国民平静了下来。但是又遇到两个重大问题。第一，第三等级的代表人数与贵族及教士的代表人数应是什么比例？第二，他们是合厅开会还是分厅开会？内克先生本人希望回避这两个棘手问题，建议再次召开显贵会议，征求他们对这两个问题的意见。显贵会议于 1788 年 11 月 9 日召开，决定采取 1614 年三级会议的形式，那时代表们分厅开会，以等级而不是以人为单位进行表决。但是全国人民立即表示反对，认为第三等级代表人数应为其他两个等级代表人数之和，最高法院也赞同这个比例，乃于 1788 年 12 月 27 日发表公告，作了以上规定。同日，内克先生向国王提出报告，作了另外六个重大让步：1. 国王不得征收新税，也不得延长旧税。2. 同意定期召开三级会议。3. 就必须限制密札一事进行磋商。4. 出版自由应达到什么水准。5. 三级会议享有拨款权。6. 内阁应对政府开支负责。这些让步出自国王本愿。他唯一关心的就是国民的幸福，为此他个人不惜作出任何牺牲；但是他智能低下，性格怯懦，缺乏判断力，甚至没有足够的决心来信守他的诺言。他的王后傲慢自大，不能容忍不同意见，把他牢牢地攥在手心里；在她周围纠合了国王的弟弟亚多瓦、整个宫廷以及内阁中的贵族分子，尤其是布勒特依、布洛利、伏古荣、富隆、卢泽恩，这些人的统治原则就是路易十四时代的那一套。在这一大群对手面前，内克、蒙穆兰、圣普里斯特的正确意见尽管与国王本人的愿望一致，却几乎不起作用。早上在他们劝告下作出的决定，晚上就被王后和宫廷的势力推翻了。但是上苍之手重重地压住了这个小集团的阴谋诡计，制造了一些偶发事件，这些事件并不产生于这个问题，却与它一起有力地推动国民去迫使

政府实行革新，并且困难重重地把扼杀自由者的反抗打垮。因为，政府每天需要 100 万里弗赫开支，却连日常开销的钱也拿不出，同时又被人们普遍要求自由的呼声逼得走投无路，偏偏在这个时候，又逢到一个人们记忆中或档案记录中没有先例的严寒的冬天，气温下降到华氏零下 50°，摄氏零下 22°。户外劳动全部停顿，穷人拿不到工钱，当然既没有面包，也没有燃料。政府必须采办大量木柴，在所有十字路口燃起火堆，供人们围火取暖以免冻死，因而益发困窘不堪。另外还必须购买面包每天免费发放，直到气候回暖，人们能够工作为止，而面粉库存不足，面包价格飞涨。面包的缺乏如此严重，以致市民不论尊贵低贱，面包房只能每人配给少量，哪怕出钱也不例外；最富有的人家请客吃饭，请帖上也通知客人面包自备。为了使人民苟延残喘，每个有钱人都被要求每周捐一笔钱，教区牧师把钱收来，为穷人提供食物，并且竞相设计经济的合成食品，以便以最少的钱养活最多的人。面包的缺少早些时候已经预见到了，蒙穆兰侯爵曾希望我将此事告知美国，并表示对于从美国买来的粮食，除按照市场价格付款外，再酌加补贴。我就发出通知，美国供应了大量面粉。后来的消息表明，在 3、4、5 三个月中，美国运抵法国大西洋港口的面粉约有 2.1 万桶，其他月份运抵其他港口的不计在内，同时我们向他们西印度群岛运去的供应也帮助他们摆脱了饥荒。面包危机一直持续到 7 月为止。

到这时为止，争取政治改革的斗争并没有引起人民的暴力行动。和别的时候一样，在王国各地发生过一些由极其平常的小事酿成的小规模暴乱，在暴乱中约有一二十人丧生；但是在 4 月，巴黎发生了一次较严重的暴乱，它确与革命原则无关，却成为当时历

史的一页。弗克斯堡圣安托万是巴黎一个区，居民全部是各行各业的零散工和短工。他们中间流传一个谣言，说是一个纸厂大老板，名叫雷威永，在某个场合曾提议把他们的工资降低到每天15苏。他们立刻怒火中烧，也不问传言是否属实，大批人就冲进老板家里，把家里以及仓库和车间里的东西全部捣毁，但是没有侵吞一针一线。当正规军开抵时，他们不听劝告，继续进行破坏。军队理所当然向他们开火，一场战斗就开始了，战斗中打死约100人，其余人被驱散。王国各处几乎没有一年不发生这样的暴乱，而这一次仅仅由于与革命同时发生才出了名，尽管它并不是革命引起的。

三级会议于1789年5月5日召开，首先由国王、掌玺大臣拉摩仰和内克先生讲话。人们认为内克先生对于期望中的宪法改革过于轻描淡写，他在讲话里提到的改革还不及他以前给国王的奏折里那样充分。这对他是不利的。但是应该体谅他的处境，当时他是被夹在他自己的顾问与内阁及宫廷党的顾问之间，左右为难。他自己的意见受到压制，不得不发表对手的意见，替他们涂脂抹粉，甚至为他们保守秘密，自己的观点却不能亮出来。

会议的结构尽管与人们预料的基本一致，其成分却有所不同。人们本来认为良好的教育会使相当一部分贵族倒向平民中来。巴黎、巴黎近郊及其他大城市的贵族确是如此，他们与文明社会接触较多，思想开明，能跟上时代的节拍。但是占贵族总数2/3的乡村贵族却远远落在后面。他们一辈子住在祖传封地上，对封建领主的权力和老一套做法习以为常，根本没有感觉到它们是与理性和正义水火不相容的。他们愿意服从纳税平等，但是不愿意放下架子，和第三等级坐在一起开会。另一方面，在教士中间，人们本来担心高级教士依仗他们的财富和地位会取得选举的全面胜利。但结果是，在大多数情况下，低级教士却获得了多数票。他们都是教区牧师，农民的儿子，他们从事堂区所有的繁重工作，一年只挣10、20或30个金路易，而他们的上级却在豪华住宅里挥霍可与王侯俸禄相比的薪金，穷奢极欲，饱食终日无所事事。

召开三级会议的目的具有头等重要意义，我认为，了解与会各方的观点，尤其是在政府组织问题上占优势的观点，是饶有趣味的。因此，我每天从巴黎前往凡尔赛，旁听他们的辩论，一般都到休会为止。贵族的辩论是激烈的，暴风骤雨式的。双方都有一些能干的人，都为同样的热情所驱使。平民的辩论是稳健的，通情达理而又坚定不移。在工作展开之前，发生了一个严重问题：三个等级合厅开会，还是分厅开会？是以人为单位进行表决，还是以等级为单位进行表决？不久就发现教士中的主教级以及2/3的贵族属于反对派，第三等级则团结得像一个人。在各种妥协建议均告失败后，平民开始采取大刀阔斧的手段。西哀士方丈是国内最明辨是非的人(《什么是第三等级》小册子的作者，此书震动法国，就像潘恩的《常识》震动美国一样)，他于6月10日作了一次激动人心的演说之后，建议最后一次邀请贵族和教士以集体资格或个人资格到议会大厅开会，以核实权力范围，这项工作，无论他们到会与否，平民都将立即着手去做。15日，核实工作完成后，提出了一个动议，将会议命名为国民会议，17日，这个动议以4/5多数票通过。在就这个问题进行辩论时，约有20名教区牧师参加，教士院提出全体教士都应参加的建议。这个建议起初仅以微弱多数被否决，但后来稍作修改，以11票的多数通过。19日下午，当这个问

题在宫廷不知道的情况下进行辩论时，在马尔里举行了会议，会上有人提出国王应在御前会议上表明自己态度，进行调解。声明由内克起草，对贵族和平民的做法都进行谴责，并宣布了国王的观点，这些观点与平民的观点大致吻合。声明由内阁通过，御前会议定于22日举行，第三等级的会议暂停，在此期间内一切严守秘密。次日(20日)早晨，代表们照常来到会场时，发现会场大门紧闭，由卫兵把守，门上贴着告示：御前会议定于22日举行，三级会议暂停召开。他们断定自己将被解散，就前往一座称为“网球场”的房子，在那里宣誓，不为国家订出一部扎扎实实的宪法，决不自动分开，如果被用暴力分开，他们将在别处重新集合。翌日，他们在圣路易教堂开会，多数教士参加。贵族领袖们发现大势已去，必须尽力挽回。这时国王仍在马尔里，除亲信外任何人不得接近。他被各种谎言围攻，硬要他相信平民即将解除军队对他的忠诚，并提高他们的薪饷。宫廷党怒不可遏，铤而走险。他们强迫国王和他的大臣们组成一个委员会，指名亚多瓦伯爵参加。在这个委员会上，亚多瓦对内克进行人身攻击，指责他起草的声明，并提出另一个声明，内克先生被吓倒了。国王也受了惊吓，他决定次日对两份声明进行讨论，御前会议延期一天。此举使得人们次日对内克攻击更为猛烈。他起草的声明被彻底推翻，代之以亚多瓦伯爵的声明。内克和蒙穆兰提出辞呈，但被拒绝。亚多瓦伯爵对内克说：“不，先生，我们要把你扣作人质，你要对发生的一切坏事负责。”计划改变的消息立刻传了出去；贵族们弹冠相庆，人民惊慌失措。我对此事非常吃惊。军队尚未就他们支持哪一方表态，而他们支持的一方必胜无疑。我本来认为，法国政府改革成功将会保证欧洲的全面改革，使欧洲人民脱胎换骨，可现在，法国政体的改革却被统治者滥用权力付诸东流了。我和国民会议的爱国党领袖们很熟。由于我来自一个成功地经历了同样的改革的国家，他们愿意同我交往，对我相当信任。我极力主张立即妥协，先把政府现在准备给的拿到手，不给的留待以后再说。人们确信国王此时会答应以下各点：1. 人身保护法下的人身自由；2. 信仰自由；3. 出版自由；4. 陪审团审判；5. 代议制议会；6. 议会年会；7. 法律创始权；8. 征税及拨款权；9. 内阁责任；行使了这些权力，将来就能获得为进一步改善和维护宪法所需要的一切。可是他们却不这么想，而事态的发展证明他们犯了可悲的错误。因为，经过 30 年的内外战争，无数生灵涂炭，个人幸福沦亡，国家一度被外国征服之后，他们却没有获得更多的实惠，就连仅有的一点也不牢靠。他们没有意识到（因为谁能够预见呢？）他们坚持不懈竟会获得如此悲惨的下场，没有意识到他们的体力会被一个暴君用来践踏其他国家的独立甚至生存，没有意识到这种情况会给国王们反对人民的凶恶阴谋树立一个致命的榜样，会导致国王们结成可怕的杀人同盟，用全部力量来粉碎任何一方为了减轻他们的暴政和压迫而作的斗争。

翌日，当国王经过从城堡到国家大厦由人群形成的通道时，四下里死一般寂静。国王在会议厅发表演说和声明，待了大约一个小时。在他出来时，有几个小孩有气无力地喊了几声："国王万岁"，但人民始终紧绷着脸，不出一声。国王在讲话结束时命令代表们跟他走，次日再进行讨论。贵族们跟他走了。教士们也跟他走了，只有大约 30 人不走，他们和第三等级留在会场里开会。他们抗议国王的行为，坚持他们以前的做法，并且作出了他们的人身

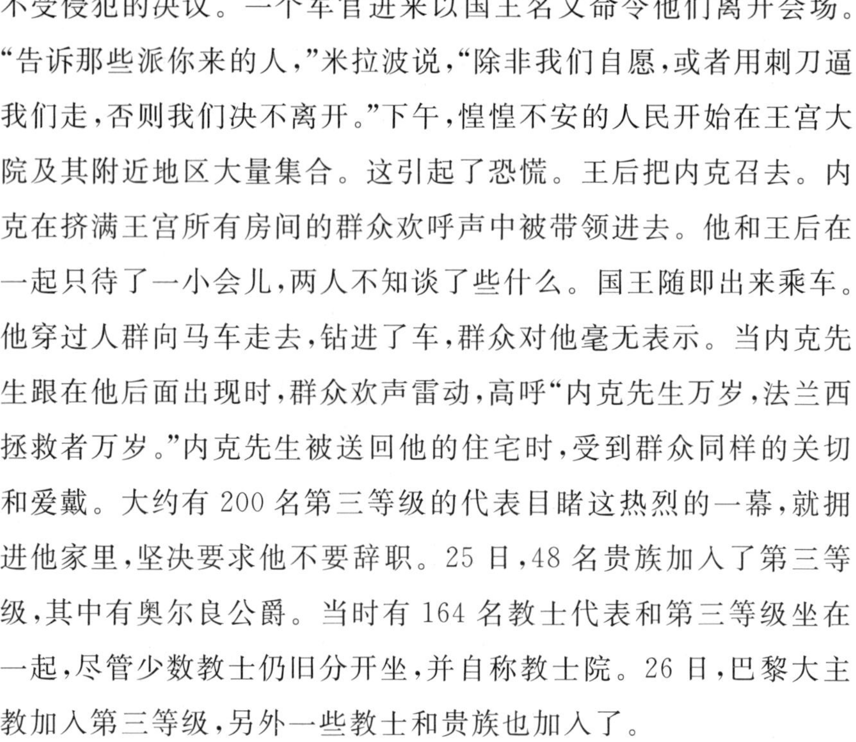

不受侵犯的决议。一个军官进来以国王名义命令他们离开会场。“告诉那些派你来的人，”米拉波说，“除非我们自愿，或者用刺刀逼我们走，否则我们决不离开。”下午，惶惶不安的人民开始在王宫大院及其附近地区大量集合。这引起了恐慌。王后把内克召去。内克在挤满王宫所有房间的群众欢呼声中被带领进去。他和王后在一起只待了一小会儿，两人不知谈了些什么。国王随即出来乘车。他穿过人群向马车走去，钻进了车，群众对他毫无表示。当内克先生跟在他后面出现时，群众欢声雷动，高呼“内克先生万岁，法兰西拯救者万岁。”内克先生被送回他的住宅时，受到群众同样的关切和爱戴。大约有 200 名第三等级的代表目睹这热烈的一幕，就拥进他家里，坚决要求他不要辞职。25 日，48 名贵族加入了第三等级，其中有奥尔良公爵。当时有 164 名教士代表和第三等级坐在一起，尽管少数教士仍旧分开坐，并自称教士院。26 日，巴黎大主教加入第三等级，另外一些教士和贵族也加入了。

这些行动使人民情绪激愤。军队也骚动起来，先是法兰西卫队，然后扩大到除瑞士卫队之外的其他每个部队，甚至扩大到国王的私人卫队。他们开始离开兵营，分小队集合，宣称他们会保护国王的生命，但是不会屠杀他们的公民同胞。他们自称国民军，这样，万一谈判破裂，他们将会站在哪一边已毫无疑问。从王国其他地方的军队也传来类似的报道，使人完全相信他们会站在他们的父老兄弟一边，而不会站在他们的军官一边。这个消息在凡尔赛起的作用既突然，又强烈。惊恐如此之甚，以致国王在 27 日下午亲笔写信给教士和贵族两位议长，叫他们立即与第三等级合厅开会。这两帮人正在争论和犹豫之际，亚多瓦伯爵送来的便条使他们决心遵从。他们集体前往会议厅,与第三等级一起就座,三个等级合厅开会一事乃告圆满解决。

会议随即开始工作,首先安排宪法各要点的讨论次序:

首先,作为全部工作的开端,是起草一个总的《人权宣言》,以下依次是:君主制原则;国民权利;国王权利;公民权利;国民会议的组织和权利;制定法律的必要形式;省议会和市议会的组织和职能;司法权的责任和范围;军权的职能和责任。

于是,作为工作开端的《人权宣言》,就由拉法叶特侯爵起草并提出了。

但是,宁静的工作很快就被一个消息扰乱:军队,尤其是外国军队,正从四面八方向巴黎挺进。国王或许是听了别人劝告才这样做的,其借口是维持巴黎和平。但是劝告者肯定别有用心。布洛利元帅被任命为军队司令,这是一个野心勃勃的贵族,厚颜无耻,神通广大。一些法国卫队很快就以别的借口被逮捕,但实际上是因为他们倾向于支持国民事业。巴黎人民冲进监狱,将他们救出,并派代表请求国民会议对他们实行赦免。国民会议劝告巴黎人民维持和平与秩序,要求国王赦免囚犯,并把军队调走。国王悍然拒绝,说军队如认为合适,会自动转移到努瓦荣或苏瓦松。在这同时,二三万军队已经开抵,部署在巴黎与凡尔赛以及两地之间。桥梁和关口都有重兵把守。7 月 11 日下午 3 时,卢泽恩伯爵被派去通知内克先生,称他已被免职,命令他立刻离开,而且对任何人都不许透露。他回家进了餐,告诉妻子他要去看一个朋友,事实上是去他在圣旺的乡下别墅,午夜动身前往布鲁塞尔。此事直到翌日(12 日)才被人知道,那时整个内阁除内政大臣维尔丢尔和掌玺

大臣巴朗坦外，俱已易人。人事变动如下：

布勒特依男爵，法国财政委员会主席；拉加莱希尔，接替内克任财政总监；布洛利元帅，接替普伊·塞居尔任陆军大臣，富隆任副大臣；沃盖恩公爵接替蒙穆兰伯爵任外交大臣；拉波特接替卢泽恩伯爵任海军大臣；圣普利斯特也被免职。卢泽恩和普伊·塞居尔曾是内阁贵族党强硬分子，但是他们被认为不能胜任现在的工作。国王现在完全被操纵在一小撮人手里，其中一些首要分子毕生以土耳其式暴虐性格出名，他们聚集在国王周围，成为执行暴政的得力工具。内阁更动的消息大约在午夜一二时传到巴黎。下午，一队大约 100 名德国骑兵奉命向前推进，在路易十五广场停住，另外约 200 名瑞士骑兵被部署在他们后面不远的地方。人民被吸引到现场，意外地发现自己就在军队前面。他们起初仅仅驻足旁观，但人数逐渐增加，愤怒情绪也随之高涨。他们向后退了几步，站在大石头堆上面，或者躲在石头堆后面，石头大小不一，是附近造桥临时堆放在那里的。我正好坐车经过，从人群形成的通道中穿过，没有受到阻碍。但是我的车刚刚通过，人民立刻用石头攻击骑兵队伍。骑兵发起冲锋，但是人民占据有利地位，他们雨点般扔去的石头使骑兵不得不后退，全部撤出广场，只留下一个骑兵倒在地上，后面的瑞士队伍也未上去援助。这是全面暴动的信号，这队骑兵为了免遭杀害，向凡尔赛退去。人民用他们在枪械店及私人住宅里找到的武器及大头棒武装了自己，并且彻夜漫无目标地在全市各个地区巡行。翌日（13 日），国民会议敦促国王把军队调走，让巴黎市民武装起来维持全市秩序，并表示愿意派代表去安抚人心，但是他们的建议遭到拒绝。国民会议成立了一个由市行政

官和选举人组成的委员会，由它负责管辖全市。法国卫队公开参加了人民队伍，攻占圣拉札尔监狱，释放全体囚犯，并且夺取了大量粮食，运往粮食市场。他们在粮食市场上用粮食换来一些武器，于是法国卫队开始把人民组织起来加以训练。市委会决定招募4.8万市民，或者不如说，把市民人数限为4.8万人。14日，他们派出一名委员（科尼先生）到残废军人院，为市民卫队索取武器。一大群人跟在他后面。残废军人院院长出来，说没有上级命令不能交出武器。科尼即劝人民退出，自己率先退出，但是人民却夺取了武器。值得注意的是，不但残废军人本身没有抵抗，就连一支驻守在400码内、人数达5000的外国军队也没有动一下。于是科尼先生和另外5个人又被派去向巴士底狱狱长德洛内先生索取武器。他们发现监狱前已聚集了一大群人，立刻竖起一面白旗，大狱胸墙上也升起白旗。代表们说服人民往后退了一些，自己上前去向狱长提要求，就在那一瞬间，巴士底狱里开了枪，打死4个离代表最近的人。代表们退下。科尼先生回家时，我正巧在，他给我详细讲了事情经过。代表们退下后，人民冲上前去，几乎转眼间就占领了一个堡垒，这个堡垒由100人守卫，兵力很强，以前遭受过多次围攻，从未失守过。人民是怎样攻进去的，从未有人解释过。他们夺取了监狱内全部武器，释放了囚犯以及在最初一阵暴怒中没有丧命的驻军，把正副狱长押到市政厅，把他们的头砍下，扬扬得意地穿过市区送往王宫。在差不多同一时刻，从巴黎市商会会长弗莱塞尔身上搜出一封背叛的信，就在他办公的市政厅逮住了他，把他的头砍下。这些事件零零星星地传到凡尔赛，国民会议接连派两个代表团觐见国王，但是国王的答复十分冷淡生硬，因为至今

还没有一个人获准把巴黎发生的事原原本本、实实在在地告诉他。但是当天晚上，利扬库尔公爵闯进国王寝室，把那天巴黎发生的灾难绘声绘色地讲给他听。国王胆战心惊地就寝。德洛内被斩首使整个贵族党彻夜惶悚不安，翌日早晨，那些对亚多瓦伯爵最有影响的人向他说明非让国王向国民会议交出全部权力不可。国王正是这么想的，他在11时左右由他的兄弟们陪同前往国民会议，向代表们讲了话，要求他们出面恢复秩序。虽然措词谨慎，然而讲话的口气清楚地表明它意味着无条件投降。国王在会议代表护送下步行返回城堡。国民会议派了一个代表团去巴黎安抚人心，为首的是拉法叶特侯爵，他在同一天早晨被任命为民兵总司令，三级会议前议长巴依被任命为巴黎市长。此时拆毁巴士底狱的命令已经下达，并已开始执行。文蒂米尔团的一支瑞士卫队和市骑兵队倒向了人民。凡尔赛更为惊恐，下令外国军队立刻撤走。内阁全体辞职。国王批准巴依为巴黎市长，写信召内克先生回来，把信公开送往国民会议由国民会议转交，并且邀请他们次日和他一同去巴黎，以使巴黎市民了解他的意向；而当天夜里和翌日早晨，亚多瓦伯爵和一个与他勾结的代表蒙特松先生、波利尼亚克夫人、吉切夫人、沃德鲁伯爵（他们都是王后的亲信）、听王后忏悔的佛蒙特神父、孔德亲王以及波旁公爵都仓惶出逃。国王来到巴黎，撇下王后一人惊恐地等他回来。国王出行仪仗从简，国王的马车居中，会议代表分列两旁，为首的是拉法叶特侯爵，他作为总司令骑在马上，市民卫队前呼后拥。大约6万名外貌和身份各异的公民用从巴士底狱和残废军人院夺来的武器武装起来，其余的人拿着手枪、刀剑、长矛、钩刀、大镰刀等等，沿队伍经过的所有街道排列成行，到处人们

在街上、门口和窗口高呼“国民万岁”向他们致敬，但是听不到一声“国王万岁”。国王在市政厅停车。在那里，巴依先生把三色革命帽徽插在国王帽子上，向他致词。国王因事先没有准备，答不上来，巴依就走到他跟前，听他随便说了几句，凑成一篇答词，由他代表国王向听众宣读。在他们回去时，人民高呼“国王和国民万岁”。国王在平民卫队护送下回到凡尔赛宫，一次从来没有一位国王做过，也从来没有人接受过的“公开赔礼道歉”就这样结束了。

这样，使法国免受她后来一直遭受的苦难和暴行，使欧洲，最后使美洲免受同样出自这个致命源泉的祸害的一个宝贵机会，就又失去了。国王现在成了国民会议手中一台被动的机器，而当初如果让国王自己去做的话，国民会议无论为这个国家的最大利益制定些什么，他都会心甘情愿地同意的。一部明智的宪法会被制定，他本人会成为世袭元首，权力大得足以使他能做一切与他的地位相符的好事，同时又受到极大限制，使他无法滥用这些权力。这一点他是会老老实实地做到的，但超过这个限度，我就不信他会做了。可是他有一位王后，她完全控制了他那低能和怯懦的性格，而她的天性在一切方面都与他截然相反。这位天使，正如伯克用绚烂狂放的笔调描绘的那样，骄傲自大，不屑受限制，对于妨碍她达到目的的一切都痛恨，醉心于尽欢作乐，坚持要满足自己的欲望，满足不了宁可同归于尽。她嗜赌如命，挥霍无度，加上亚多瓦伯爵和她的小集团中其他人的类似行为，是国库枯竭的一个重要原因。国库枯竭使国内改革派行动起来，而她的反对改革、她的刚愎自用以及天不怕地不怕的性格把她送上了断头台，把国王也一同卷了进去，并且把世界投入罪恶及灾难的深渊，使近代史的篇章永远被

玷污。我始终认为，要是没有王后，就不会有革命。没有一种力量会被激发出来或使用出来。国王会与他的一些头脑比较清醒的顾问共进退，这些顾问在时代积累的见识的指引下，只求以同样的步伐促进他们的社会制度的各项原则。结束这些国王的人生历程的行为，我既不赞成也不反对。我不想说，一国之君不会犯背叛他的国家的罪，或者犯了罪不应该受罚，也不想说，凡是没有成文法、没有正式法庭的地方，我们心中就没有法律，手中就没有正当地用来扶正抑邪的权力。在那些审判国王的人当中，有许多人认为他是蓄意犯罪，许多人认为他的存在会使国民永远处于与一群国王冲突的状态，这些国王会与总有一天会觉悟的一代人对抗，而且认为一人死胜于大家都死。我不赞成议会的这些人的想法。换了我，我会把王后送进修道院，使她再也不能害人，同时把国王安置在原来位置上，给他有限的权力，我确信他会按照他理解的程度老老实实地行使这种权力。这样就不会造成招致一个军事冒险家篡夺权力的空白，也不会引起那些使世界各国陷入混乱、已经毁灭而且还要继续毁灭许许多多生灵的暴行。历史上有三个以道德沦亡闻名的时期。第一个时期是亚历山大大帝的继承人时期，他本人也不排除在外；第二个时期是第一个恺撒的继承人时期；第三个时期就是我们这个时代。我们这个时代是从瓜分波兰开始的，然后是皮尔尼兹条约的瓜分，然后是哥本哈根的战火，然后是恣意瓜分世界并且以火和剑将其破坏的波拿巴的暴行；现在是继承波拿巴的国王们的阴谋，他们恬不知耻地自称神圣同盟，踩着他们那位被幽禁在小岛上的领袖的足迹前进，虽然还没有公开地篡夺其他国家的政权，却用军队控制他们据以统治这些国家的体制，并且对进一步篡夺的次序和程度保守秘密。犯罪的欲望使世界失去了免遭它至今一直遭受着的苦难的良好机会,我由于谴责这些感情而离了题,现在该回到正题上来了。

内克先生在收到国王要他回去复职的信之前已经到达巴塞尔,他立即返回,由于所有其他大臣都已辞职,乃任命了一个新的班子:圣普利斯特和蒙穆兰官复原职;波尔多大主教任掌玺大臣,拉图尔·杜品任陆军大臣,卢泽恩任海军大臣。人们认为卢泽恩所以能膺此职是得力于与蒙穆兰的友谊,因为尽管在政治上有分歧,他们的友谊始终是深厚的,而且卢泽恩虽然并不能干,却被认为是一个正直的人。包沃亲王也入阁。

七位有王家血统的亲王、六位前大臣及许多高级贵族已经逃亡,而现任大臣们,除卢泽恩外,都是爱国党人,所以全体官员暂时还是十分和睦地在一起工作。

8 月 4 日晚,在拉法叶特内兄诺亚依子爵动议下,国民会议废除了一切等级头衔、一切被滥用的封建特权、什一税和教士的临时津贴,地方特权以及封建体制也全部被废除。对于废除教会向居民征收的什一税,西哀士方丈坚决反对,但是他那博学和逻辑性强的论证无人理睬,他的私心(因为他从什一税得到好处)却与会议其他成员慨然放弃权利形成鲜明对比,降低了人们对他的尊敬。为了使革除许多古老弊政具有法律形式,用去了许多天;此事告成后,就着手撰写《人权宣言》。由于对这个文件的基本要素大家认识比较一致,因而宣言写得开明公允,在一片赞扬声中获得通过。会议然后任命了一个委员会来制定一个宪法方案,为首的是波尔多大主教。我收到了他作为委员会主席在 7 月 20 日写给我的信,要求我出席协助他们审议，但是我婉言拒绝，原因很明显，我是被派到作为国家元首的国王这里来的，我的职责只限于与我本国有关的事务，不得干涉我仅仅以特殊身份被接待的那个国家的内政。宪法方案被分段讨论，经委员会同意后随时向议会汇报。第一段是关于政府的总体制，大家一致同意应分为行政、立法和司法三个部门。但是当讨论到次要问题时，许多不同意见开始冲突，严重的分歧把爱国党人分裂成许多个原则截然不同的派别。第一个问题是是否应有一个国王？这个问题没有遭到公开反对，大家一致认为法国应该是世袭君主制。国王对法律有没有否决权？否决权是绝对的抑或仅仅是暂停性的？议会应该有两院抑或仅仅一院？如果应该有两院，其中一院是世袭、终身抑或固定任期？议员由国王任命抑或由人民选举？在这些问题上出现了严重的意见分歧。爱国党人中间产生了相互排斥的派别。贵族被一个维护旧制度或任何最近似旧制度的制度的共同原则团结了起来。他们以此为指针，步伐一致地行动，在每一个问题上都使爱国党内少数派占上风，而且总是使那些主张最小变动的人占上风。就这样，新宪法的形势极其可怕，而爱国党内的这种分歧使党内正直人士忧心忡忡。在这种不稳定的局势下，有一天我收到拉法叶特侯爵的一个便条，通知我翌日他将偕同七八位朋友来我处叨扰一餐。我回信表示欢迎。他们果然来了，来者除拉法叶特本人外，还有杜波尔、巴纳夫、亚历山大·德·拉默、布莱康、穆尼埃、莫布尔和达果特。这些都是爱国党的领袖人物，意见真诚但有分歧，感到有必要互相作出让步来实行联合，他们彼此都很了解，因而不怕互相表明心迹。这最后一点是挑选人的重要原则。正因为考虑到这种情况，侯爵才邀请他们会谈,并且随便定了个令我为难的日子和地点。餐后按照美国方式撤去餐具并把酒摆上后,侯爵就介绍了这次会谈的目的,扼要谈了国民会议的形势,说宪法原则正朝歪路发展,除非爱国党人同心一德予以制止,后果将不堪设想。他表示尽管他也有自己的想法,他还是愿意向共同事业的朋友让步。他说现在必须形成一个共同的观点,否则贵族将大获全胜,又说无论他们现在达成什么协议,他作为国民力量的领袖,一定全力予以支持。讨论从下午4时开始,一直进行到晚上10时,在这个时间里,我沉默无言地目击了一次政见冲突中极不平常的冷静而坦率的辩论;我也亲耳聆听了一次逻辑的推论和朴素的雄辩,它没有被华而不实的词藻或慷慨激昂的话语减色,确可与色诺芬、柏拉图以及西塞罗留传给我们的古代最精彩的对话相比美。讨论结果是:国王对法律有暂停性否决权,立法机关仅由单独一院组成,而且应由人民选出。这个协议决定了宪法的命运。爱国党人都团结在这样确立了的原则下面,每个问题都按照这些原则顺利地获得解决,从而使贵族降低到微不足道和无能为力的地步。但是现在我必须为自己开脱了。次日上午我便去拜会蒙穆兰伯爵,向他开诚布公地说明我的住宅怎样变成了这种性质会谈的场所。他告诉我说,他对于发生的一切都已经知道了,对于利用我的住宅作为会场一事非但不感到不快,反而恳切希望我能够经常帮助举行这种会谈,因为他确信我在节制激昂的情绪,促进有益的、切实可行的改革方面能够发挥作用。我对他说我非常理解我在参加有关他们内政问题的会议时要对国王、对这个国家和对我自己的国家负责,我应该小心翼翼地保持一个中立和冷漠的旁观者的身份,只能极其真诚地希望那些

能够促进这个国家最大幸福的措施获得成功。我确信这次会议事先就通知这位正直的大臣，并且获得他的许可，因为他受爱国党人信任，并与他们互通信息，而且希望将宪法加以合理的修改。

我对法国革命的叙述到此为止。我叙述法国革命的详细程度是与自传的总篇幅不相称的。但是我认为这样做是有道理的，因为全世界都一定会对这次革命感兴趣。至今我们还只不过处在这次革命的初期。在美国进行的诉诸人权的事业，被法国接收了过去，这是这样做的第一个欧洲国家。革命精神已从法国传播到南方国家。北方的暴君们确实已经联合起来反对它，但它是不可抗拒的。暴君们的反抗只会使更多生灵涂炭，他们自己的卫星国将会接过革命，而整个文明世界人民的生活最终将会大大改善。这是小原因酿成大事件的绝好例证。这个世界上的因果关系真是不可思议，不正当地向世界一个边远地区征收二便士茶叶税，竟会使全体居民的状况发生天翻地覆的变化。我之所以较为详尽地叙述这个革新运动早期发生的事情，是因为我当时处在特别容易了解真实情况的环境中。由于得到爱国党领袖们，特别是他们的领袖和巨神拉法叶特侯爵的信任，对我毫不隐瞒，也由于和他们亲密无间，我得以正确地了解那个党的观点和做法，而我与欧洲各国驻巴黎外交使节（他们都与宫廷有关系，并且渴望刺探宫廷的会议和活动）的交往也使我对这些事情有所了解。我每次得到消息，都立即写信告诉杰伊先生，也时常写信告诉我的朋友们，而现在借助这些信函，就保证不会记错。

此时，由于我退出了这个有趣的行动现场，得到信息的机会也不复存在。一年多来，我一直在请求给假回家，以便使我的两个女

儿进入社交界，由她们的朋友们照管，短时期内再回巴黎返任。但是我国政府当时正从胚胎期向成熟期转化，在很大程度上中止了活动，直到8月末我请假才获得批准。在我离开这个伟大和美好的国家时，不能不对它在世界各国中的独一无二的特征抒发一些内心的感受。我从未见过更为善良的人民，也从未遇到过更为温暖、真挚的友情。他们对于异国人的亲切和迁就是举世无双的，而巴黎的好客超过了我认为一个大城市所能达到的程度。他们在科学上的杰出成就，他们科学家喜欢交往的习性，一般人恭谦温良的举止，从容和轻松的谈吐，使他们的社会具有一种其他任何地方都没有的魅力。在把这个国家同别的国家相比较时，我们有证据证明它享有萨拉米海战后赋予地米斯托克利①的卓越地位。每个将军在表决中都把第一个勇敢奖投给自己，把第二个勇敢奖投给地米斯托克利。因此，问随便哪一个国家的见多识广的人，你愿意生活在地球上哪一个国家？——当然生活在我自己的国家，那里有我所有的朋友、亲人以及我一生中最早、最甜蜜的情感和回忆。其次你选择哪一个国家？法国。

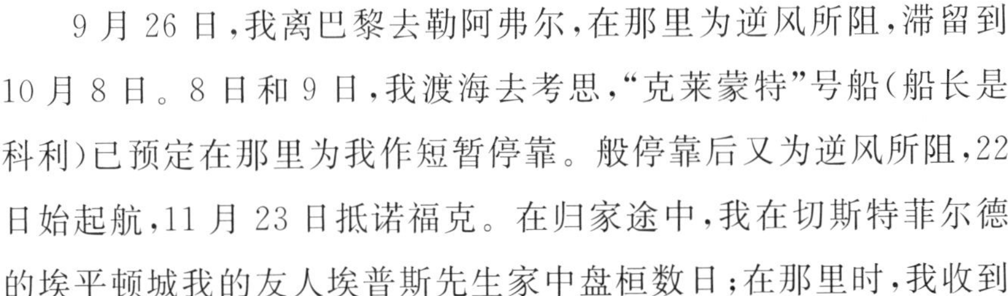

9月26日，我离巴黎去勒阿弗尔，在那里为逆风所阻，滞留到10月8日。8日和9日，我渡海去考思，“克莱蒙特”号船（船长是科利）已预定在那里为我作短暂停靠。般停靠后又为逆风所阻，22日始起航，11月23日抵诺福克。在归家途中，我在切斯特菲尔德的埃平顿城我的友人埃普斯先生家中盘桓数日；在那里时，我收到

① 地米斯托克利（约前528—约前462）：古雅典政治家、统帅，曾潜心建造战船，使雅典跃居海上强国。公元前480年波斯国王率战船千艘进犯希腊，地米斯托克利指挥雅典海军在萨拉米海湾将其击溃，声名大振。——译者

总统华盛顿将军的一封快信，告知已任命我为国务卿。我接到信，确实有点抱憾。我的本愿是返回巴黎，我的家用物件，犹如我本人一样，都留在那里，我想在那里目睹革命结束（我当时认为革命不到一年肯定会圆满结束），然后我打算回家，退出政治生活（我当初是迫于形势才进入政治生活的），投入家人和朋友的怀抱，并且致力于更适合我的志趣的研究工作。在我 12 月 15 日的回信中，我把这些意愿向总统坦诚相告，说我宁愿返回巴黎，但是向他保证，如果认为由我执政更为有益，我将毫不犹豫地放弃我自己的意向，走马上任；我让他去决定。我于 12 月 23 日到达蒙蒂塞洛，在那里收到了总统的第二封信，信中说他仍然希望我接受那个职位，但如果我实在不愿，仍可担任原职无妨。这样我就无话可说了，我就接受了新的任命。

在我居家期间，我的长女与伦道夫家族图卡霍旁支的长子喜结良缘，他是一位卓有才干、心地高尚的年轻人，后来在联邦政府中担任要职，在他本州是最尊贵的。1790 年 3 月 1 日，我离开蒙蒂塞洛去纽约。在费城，我拜访了敬爱的富兰克林。他当时正卧病在床，而且就此一病不起。我刚从一个他在那里有许多朋友的国家回来，这些朋友经历了可怕的动乱，他迫切想了解他们在动乱中扮演了什么角色，做了些什么，命运又如何。他连珠炮似的仔细询问，速度快得和兴奋得几乎非他的病体所能承受。当他所有的询问都得到了回答，停下来歇口气的时候，我告诉他说，我非常高兴地获悉，他自从返美以来，一直在埋头为世人写他自己的传记。他说，关于此事他不能多奉告，但是可以给我一份他将留给后世的文稿的样品，于是他用手指指一张放在桌上的纸，叫站在床边的小孙子(威廉·贝奇)拿给他。孙子把纸拿给了他,博士把它放在我手里,叫我拿走,有暇读一下。那是一张对开的纸,上面写的字很大,是草体,很像他的笔迹。我略微看了一下,就把它合上,说我会按照他的嘱咐去读,并且负责归还。他说,“不,留着。”我不懂他是什么意思,又把它看了一下,然后把它折起来以便放进衣袋,重新又说我阅后一定归还。“不,”他说,“留着。”我把它放进衣袋,随即告辞。下个月(4月)他就与世长辞;我得悉他把他的全部文稿遗赠给他的孙子威廉·坦普尔·富兰克林,就立即给富兰克林先生写信,告诉他我手中有这个文稿,我认为这是他的财产,愿意归还给他。他立即到纽约来取,我把它交给了他。他把它塞进衣袋时随口说了一声他有原稿,或者另有一个抄本,究竟怎么说的,我记不清了。最后这句话深深触动了我,使我恍然大悟富兰克林博士是存心把它交给我叫我保留的,我把它归还是做错了。他出版的富兰克林博士的文集我迄今没有看到,不知这篇稿子有否收进,听说没有收进。这篇文稿叙述富兰克林博士为了竭力防止后来发生的武装冲突而与英国内阁谈判的详细经过。谈判是豪勋爵和他的姐姐(她叫豪女勋爵,但也可能记错她的爵位)从中斡旋进行的。豪勋爵似乎对美国很友好,迫切希望防止双方关系破裂。他同富兰克林博士的亲密关系,还有他在内阁中的地位,导致他在双方之间进行调停,他的姐姐似乎也参与其事。他们两人往返奔走于双方之间,传递种种建议和答复,辅以他们自己的调解意见:为了保持两国间的和平与联系,必须互相作出牺牲。我记得诺思勋爵的回答是冷淡而强硬的,要求对方无条件投降,显示出对于决裂毫不在乎的态度,最后还斩钉截铁地对调停者说:“英国并不祈求避免

一次叛乱，它所招致的没收会为他们的许多朋友提供生计。”这些话都被调停者转告富兰克林博士，表明内阁故意冷落，致使妥协变得毫无希望，谈判终于终止。如果出版的文集中没有这个文件，我们要问它哪里去了？是我亲手把它交在坦普尔·富兰克林手里的。它的确证实英国政府的居心十分险恶，隐瞒它对英国政府是极有好处的。然而富兰克林博士的孙子竟是这样一个扼杀对他那永垂不朽的祖父的记忆的同谋犯吗？遗赠和托付给他的全集拖了20多年没有出版，使人们不得不对他有所怀疑，而如果最后终于没有全部发表，某个人是肯定要永远受到怀疑的。

我于3月21日抵达纽约，国会正在那里开会。

Ⅱ 杂 记

绪 论

杰斐逊的杂记，或笔记，实际上就是从他任国务卿第二年开始到任总统最后一年为止（1791—1809 年）的《自传》的续篇。在这些风云变幻的年代，联邦党兴起而最后又趋没落，杰斐逊习惯于随时将联邦党人与共和党人之间的斗争和纠葛记录下来。这些笔记是在感情强烈的高峰年代写的，数年后由杰斐逊加以修订，目的是把任何一个可能“不正确、可疑或仅仅是个人的或不公开的”资料去掉。下列几篇引自杂录的文字包括杰斐逊 1818 年 2 月 4 日写的长篇说明以及三四则轶事，这些轶事表现了全部杂记的格调和情绪的特色。

杂 记

这三卷中是我任国务卿期间向华盛顿将军提出的书面官方意见，也有一些与此有关的文件。这里面有些是草稿，有些是剪报，有些誊写得很工整。在我担任国务卿初期，我没有对当时发生的事情做笔记，但是不久我就认识到做笔记对于帮助我记忆的重要性。因此，我经常在现场从口袋里掏出一些零散的纸片做记录，然后放在一边等有空闲时间再誊清，但是几乎从来没有空闲时间。因此，我就把一个装订工叫到我屋里，当着我的面把这些破损、起皱、字迹潦草的纸片同另外一些纸装订在一起，没有机会把任何一张再读一遍。今天，事情已匆匆过去 25 年，当时的激情已经消失，对判断起作用的唯有理智，我才冷静地把全部材料重新整理了一遍。有些记录下的资料被删去了，这是因为我觉得它们不正确、有疑问，或者仅仅是个人的或不公开的，与我们无关。要不是因为其余的资料是从真实和没有公开发表的文件汇编的，是那个时期的唯一证据，我很可能认为它们也不值得保存。

但是，只要简单回顾一下事实……就可以证明，当时的斗争是拥护共和政体与拥护君主政体的人们之间的原则斗争，要不是前者作出了努力，我们的政体甚至到今天还会是一种与那些努力的成功结局使之成为的完全不同的东西。

在旧的《邦联条例》下为了对英国的侵略进行共同防御而成立的各州之间的联合就像一般的联盟条约一样，是难以满足彼此的条件的；而这些条件一旦获得满足，联合就自动作废，每个州在一切事情上都变成独立自主了。但是每个人都知道，这些互相独立的州，就像希腊一些小邦一样，会永远互相交战，到头来仅仅成为欧洲列强的附庸和卫星国。因此所有的州必然瞩目于进一步的联合，这种联合能保证持久和平以及我们自己的一种独立于欧洲之外的政治制度。是所有的州合并成为单独一个政府呢，还是每个州在内部事务方面保持独立，所有的州仅仅在对外方面形成单独一个国家，还有全国政府应该是君主国还是共和国，这些问题当然因为每个州的体制、习惯和环境不同而使意见产生分歧。就像人们经常所说并且相信的，有几个军官（斯图本和诺克思被指名为为首分子）过惯军人生活，对君主制情有独钟，据说曾向华盛顿将军提出建议，在军队遣散前让军队来决定这个重大问题，军队保证支持他登基称王。据说华盛顿将军对这个大逆不道的建议深为震怒，这和他的品德和智慧是完全相称的。

第二个尝试（按照同一些人在退伍时提出的建议）是建立一个世袭组织，命名为辛辛那提协会，以那个名称加入未来的政府机构，仍然选举华盛顿将军为总会长。将军就此事写信征求我的意见，当时我正在安纳波利斯的国会开会，我的回信被摘登在马歇尔所著《华盛顿传》第5卷第28页。他后来在去参加协会会议途中到安纳波利斯来看我，和我整整商谈了一个晚上，离去时下定决心要尽一切努力把它彻底取缔。但是他发现协会已深深地在会员心中扎下了根，而且这种感情恰巧被当时的一个偶发事件加强，因此他最多只能做到把协会的世袭原则废除。他在归途中又来看我，向我详细解释了反对意见、法国事件的影响以及将协会存在期限制于目前会员生时的困难。进一步的详细情况可见诸我的文件以及他和我的信，还有一些可见诸《分类百科全书和政治经济学辞典》，这些情况是我向该书作者默斯尼埃先生提供的，默斯尼埃先生在该书中以成立该协会为由对我国进行诽谤。

由于缺少为国债债权人主持公道的权力机关，也由于必须遵守与外国订立的条约，所以不久以后，就在安纳波利斯召开了各州会议。尽管在这个会议上，在成立共和政府还是君主政府问题上

发生了明显的意见分歧，但是，各州赞成共和政府的思想感情是如此普遍，以致赞成君主政府的人只能采取一种阻挠策略，对提出的一切建议都予心拖延；他们希望什么事情也做不成，一切事情从坏变得更坏，这样君主政府就可以乘虚而入，人民会服从这个政府，认为它总比无政府以及内外战争强，无政府以及内外战争是目前缺少一个全国政府的必然结果。他们耍花招的结果，再加上各州代表到会人数不足，导致了一项决议：在费城召开规模更大的代表会议。在这次会议上，同一些人玩弄了同样的手法，目的同样是阻止一个和谐一致的政府（他们预知这个政府是共和的），并且强行通过无政府状态到达君主政府。但是那个会议的大多数代表极其正直、英明和坚定，没有被他们的花招迷惑，没有上当受骗。

其中有一个花招是汉密尔顿上校提出的一种政体，实际上就是君主派和共和派的折中。按照这个方案，行政首脑及议会的一个院如表现良好可终身任职，各州州长由这两个永久性的机关提名。但是这个方案被否决了；汉密尔顿一怒之下退出会议，直到会议快闭幕时才回来。君主制拥护者的这些意见和努力，明的或暗的，引起了各州极大的警惕，正就是这种警惕激起了对老宪法的强烈反对，最后一致决定提出某些修正案，作为对君主政府或联合政府的限制。整个会议期间发生的一切，是那些参加会议的人告诉我的，我自己当时正出使法国，没有参加会议。

我是在新政府成立的第一年从法国回来的，1789 年 12 月在弗吉尼亚登岸，1790 年 3 月前往纽约出任国务卿。在这里，我发现情况完全出乎我意料。我是在法国革命第一年，在天赋权利和改革的热潮中离开法国的。我对这些权利的赤胆忠心是被日常的运用激起的，不能再高了。总统热诚地接待了我，我的同事们以及一些首要公民显然也都很欢迎我。为了欢迎我这个初次来到他们中间的陌生人而举行的宴会使我立即置身于他们的亲密的团体中。但是席间的谈话使我充满惊讶和羞愧，简直无法形容。政治是主要的话题，而宁要君主制不要共和制分明是特别受喜爱的思想感情。我不能做一个背信弃义的人，更不能当一个伪君子，我发现，在极大多数场合，拥护共和制的只有我一个，除非客人中凑巧有国会中属于那一派的人。当时汉密尔顿的财政制度已经获得通过。它有两个目的：第一是作为一个谜，使人民不懂也不敢问；第二是作为一种使议会腐败的手段，因为他公然发表意见说，人只能用两个动机中的一个来统治，要么是暴力，要么是利益；他说，暴力在这个国家是谈不上的，因此，必须让议员得到利益，以使立法机关和行政机关一致。可悲而又可耻的是，必须承认，他的一套不是没有效果的；即使在我们政府的诞生问题上，有些议员也卑鄙至极，他们使自己的责任屈从于利益，追求个人利益而不是公共利益。

众所周知，在战争期间，我们遇到的最大困难是缺少钱或者财力来付给我们在战场上作战的军人以及为军人提供必不可少的食物和衣服的农民、工厂主和商人。在纸币这个应急办法失灵之后，只好给个别的债权人债券，保证合众国一有力量就立即偿还。但是这些人由于穷，常常不得不把债券以面值的一半、1/5 甚至 1/10 抛掉，投机分子用最欺骗的手法，谎称债券决不会偿还，从债券持有人那里把债券骗到手。在关于为债券提供基金和偿还的法案中，汉密尔顿没有把债券的原主与用欺骗手段把债券买进的人加以区别。对两种债权人一刀切的做法引起了极大的反感，人们尽了最大的努力想对前者付给全价，对后者只付给他们拿出的钱，外加利息。但是这样就会使将要玩弄的把戏落空，而贪婪的议员们对这个把戏是早就有心理训练和准备的。当这两种力量的较劲表明法案最后将会以何种形式通过时，内部的人比外部的人先知道，尤其是比联邦边远地区的人先知道，卑鄙的争夺就开始了。陆上的急件信使和驿马，海上的快速引航船，一齐向四面八方出动。在每一个州、市镇和乡村，灵敏的合伙人和代理人忙忙碌碌，在债券所有人知道国会已经决定照票面价偿还之前，每镑债券就以五先令甚至低到二先令的价格被收购一空。就这样，一大宗巨款被从贫穷无知的人手中偷走，那些过去也穷得可以的人却发了大财。人们靠一位领导人的机敏发了财，当然对那个使他们发财的人百依百顺，成了他的一切冒险计划的热心工具。

我到达时，这个花招已经结束，另一个花招正在酝酿中；对于这个花招，我最最莫名其妙地起了为虎作伥的作用。这个财政伎俩以联邦政府“承继”各州在独立战争中所欠债务名义著称。在战争期间，除国会所欠债务外，各州也各自欠下了巨额的债，尤其是马萨诸塞，在它荒谬地袭击英国的佩诺布斯科特要塞这一荒谬企图中欠下了巨额的债；汉密尔顿翻出来的债越多，他手下唯利是图的人侵吞的财物也越多。这些钱，无论花得值还是不值，都被说成是花在国家的用途上的，所以应该由国库来偿还。可是有人反对，说谁也不知道这是些什么债，数额多少，有什么证据。不要紧，可以毛估估嘛，大概是 2000 万吧。可是这 2000 万中，我们不知道应该还给一个州多少，还给另一个州多少呀。不要紧，可以毛估估嘛。于是乎，各州之间又掀起了另一场争夺战，有些州到手多，有些州到手少，有些州一个钱也没到手。但是总的目的是达到了，财政部的队伍被一些新手增强了。此举引起了联邦成立之前或之后国会中从未有过的最激烈的斗争。我是在斗争正酣之际到达的。但是由于我初来乍到，人头不熟，对问题不了解，对它的目的也一无所知，所以我没有参与。

但是，这个重大而令人难堪的问题在众议院被否决了。这个问题所引起的仇恨是如此强烈，它一被否决，工作立刻就停顿了。国会一天天开会又休会，什么事情也不做，双方火气极大，无法在一起工作。东部的议员尤甚，他们同来自南卡罗来纳的史密斯一起，是这些场面里的主要赌徒，威胁要退出联邦，使联邦解体。汉密尔顿十分失望。有一天，我去见总统时在街上碰到了他。他陪我在总统家门前来来回回走了半个小时。他可怜巴巴地向我叙述了议员们激动的情绪，那些被称为债权州的反感，还有他们退出联邦以及联邦分裂的危险。他说政府官员应该采取一致行动，尽管这个问题不是我的部门的，但是共同的责任应该使它成为一件共同关心的事。他又说总统是中心，一切行政上的问题最后都靠这个中心来解决，我们大家都应当团结在他周围，以共同的努力支持他所批准的措施；又说议案仅以微弱的多数被否决，如果我向我的几个朋友说情，也许可以使表决结果颠倒过来，现在中止运转的政府机器就可以重新运转。我对他说，我对整个事情的确一无所知，我本人对所采取的财政制度还不了解，不知道这在什么程度上是必然的结果；我又说，毫无疑问，如果议案被否决使我们的联邦在这个初期阶段有解体的危险，我应当认为那是所有后果中最最不

幸的，为了避免这种后果，一切局部的、暂时的祸害都应该忍受。但是，我建议他翌日和我共进午餐，我将另外邀请一两位朋友，要他们一同来商谈。我认为，明白道理的人，在一起冷静地商讨，互相牺牲己见，是不可能达不成一个保全联邦的妥协方案的。

商讨举行了。由于我对左右商讨的情况不熟悉，因此不能参加商讨，而只能扮演规劝的角色。但是大家最后一致同意，无论否决这个议案是多么重要，维护联邦以及使各州保持一致更为重要，因此最好把否决取消，而要取消否决的话，有些议员必须改变他们所投的票。但是大家看到这颗药丸对南部诸州味道特别苦，必须采取相应的办法使它对他们稍稍甜一点。以前曾有人提出建议，把政府所在地定于费城，或定于波托马克河畔的乔治敦；人们认为，在费城定都10年，然后永远定都乔治敦，这样也许可以作为一种止痛剂，多多少少使单独一种做法可能引起的骚动平息下来。于是，两位波托马克地区的议员（怀特和李，不过怀特性格反复无常，几乎有点神经质）同意改变他们投的票，汉密尔顿也着手实现另一个意图。在这样做的时候，他对东部议员树立的影响，还有罗伯特·莫里斯对中部州议员起的作用，使得他如愿以偿，各州所欠债务由联邦承继这一法案因而获得通过，2000万证券由受惠州分享，作为养料奉送给一群证券投机者。这就使财政部增加了不少追随者，使得财政部头头能够操纵议会每一张可能使政府走适合他的政治见解的路线的票。

我清楚地知道，而且懂得，国会中的多数议员并没有屈从这种营私舞弊的行为。绝对不是的。相反地，国会中称为共和派和联邦派之间，正直的一派中已经出现了并非力量悬殊的分裂。联邦党由于原则上是赞成君主制的，当然拥护汉密尔顿，把他当作那个原则的领袖，现在增加了一支唯利是图的生力军，就保证他在两院永远可以获得多数，因此议会的全部活动现在都听财政部指挥。可是这架机器仍然不完全。提供资金的体系以及各州债款由联邦负担的作用是暂时的，它会随着它使之致富的议员的消失而消失，必须想出一种更持久的施加影响的方法，趁这些仆从还在台上时使它排除一切反对获得通过。这个方法便是合众国银行。那段历史是尽人皆知的，所以我就不说了。当政府仍在费城期间，一些从两院精心挑选出来的议员经常被放在董事的位置上，这些人在每一个对那个机构或联邦首脑的观点有利的问题上都按照那个首脑的意愿投票，他们和拥有证券的议员一起，总是能使联邦党人投的票占多数。依靠这种勾结，对宪法进行了立法上的解释，一切行政法都按照英国的模式制定，而且获得通过。我们一直处在这种影响之下，直到迁出银行势力范围迁到华盛顿才摆脱出来。

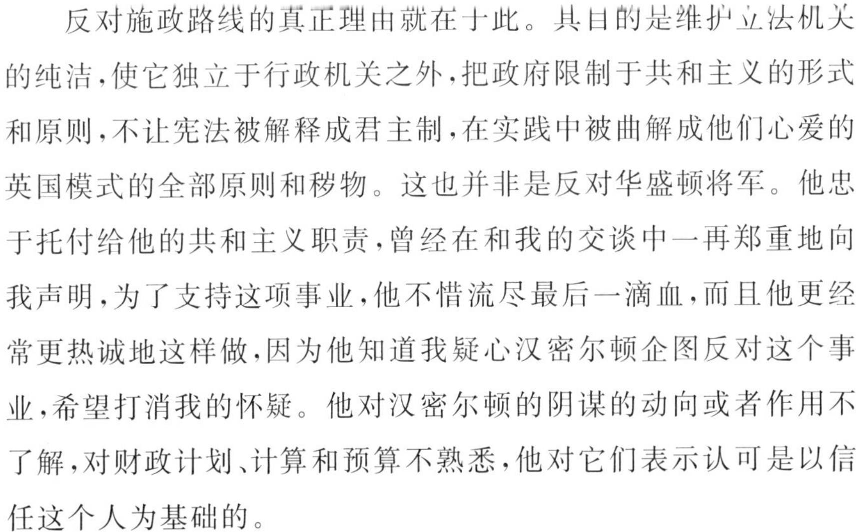

反对施政路线的真正理由就在于此。其目的是维护立法机关的纯洁，使它独立于行政机关之外，把政府限制于共和主义的形式和原则，不让宪法被解释成君主制，在实践中被曲解成他们心爱的英国模式的全部原则和秽物。这也并非是反对华盛顿将军。他忠于托付给他的共和主义职责，曾经在和我的交谈中一再郑重地向我声明，为了支持这项事业，他不惜流尽最后一滴血，而且他更经常更热诚地这样做，因为他知道我疑心汉密尔顿企图反对这个事业，希望打消我的怀疑。他对汉密尔顿的阴谋的动向或者作用不了解，对财政计划、计算和预算不熟悉，他对它们表示认可是以信任这个人为基础的。

但是汉密尔顿不仅是个君主主义者，他还赞成建立在腐败上面的君主制。为了证明这点，我来讲一件轶事，这件轶事的真实性，我让创造我的上帝来作证。1791 年 4 月总统出巡南方之前，于该月 4 日从芒特弗农给国务卿、财政部长和陆军部长写了一封信，说如果他不在时发生任何重大事件，希望他们协商解决。他要求也同副总统商量。这是唯一的一次要求那位官员参加讨论一个内阁问题。后来果然发生了一件需要大家在一起商量的事，我邀请那几位先生（我记得还有司法部长）和我一同进餐，以便对那件事进行商量。餐后，对问题达成一致意见并了结之后，开始对另外一些事谈开了，不知怎的扯到了英国宪法。亚当斯先生说："把那个宪法的腐败清除掉，给人民部门平等代表权，它就是人类的智慧创造出来的最完美的宪法。"汉密尔顿顿了一顿说："把它的腐败清除掉，给人民部门平等代表权，它就会是一个行不通的政府；照它目前的样子，尽管有种种所谓的缺点，它仍然是有史以来最完美的政府。"毫无疑问，把这两位先生的政治信条区分开来的正就是这条线。一个政治信条赞成两个世袭部门和一个诚实地选举出来的部门；另一个政治信条赞成一位世袭的国王以及上议院和下议院，两院处在国王与人民之间，唯国王的命是听。

汉密尔顿的确是个非凡的人物。他悟性强，公正无私，在一切私人事务中光明磊落，待人接物和蔼可亲，私生活中注重道德，然而被英国的榜样迷住了心窍，走上了邪路，竟然完全相信腐败是一个国家的政府绝对不可缺少的。亚当斯先生本来是一位共和主义者，在他出使英国期间，皇家和贵族的威风使他相信他们的魅力是政府中一个必不可少的因素，而谢斯叛乱（他当时在英国对它不太了解)似乎充分证明,没有贫穷和压迫,是不足以保障秩序的。他关于美国宪法的著作显示出他的政治偏见,他在国外时对信奉君主主义的联邦党人发生了兴趣,回到美国后,就在他们影响下相信我国公民的总的意向是赞成君主制的。他在这里写了他的《达维拉》,作为对以前一部著作的补充,而他当选为总统又加重了他的错误。数不清的请愿信,有欺骗的,也有真诚的,雪片般向他飞来,使他误以为自己处在众望所归的顶峰,其实这时他脚下的深渊正在向他张开大口,要把他和欺骗他的人吞没。因为,当华盛顿将军引退时,这些保王主义的狂热信徒们,过去由于惧怕他的正直,他的坚定,他的爱国主义以及他的名声而受到抑制,现在却登上凯旋彩车,逍遥自在,和法厄同[①]登上太阳车一样,疯狂地向前飞驶,既不看右方也不看左方,除了驶向的目标以外,什么也不顾,直到这样充分表演了一番之后,国民的眼睛睁开了,于是便把他们从议会里全部赶出去。

真的,亚当斯先生在执政期间一直被各种背叛行为重重包围,而他对这些行为始终深信不疑。后来他才充分了解到他的选民们是忠于共和政体的,而不管他的判断是否重新确立在从前的基础上,他作为一位优秀公民,总之是顺应了多数人的意志,而且我相信现在他会以他的个性所固有的热情和忠诚去维护它的共和主义结构。因为就连一个敌人也曾说过,"他永远是一个正直的人,而且常常是一个伟人。"但是,在那些把他当做他们的掩护马的人胡

① 法厄同:希腊神话中太阳神的儿子,驾其父的太阳车狂奔,险使整个世界着火焚烧,幸主神宙斯见状用雷将其击毙,使世界免遭此难。——译者

作非为的热潮中，凡是没有亲眼看到过的人绝对无法了解他们的猖獗以及他们所采取的恐怖达到什么程度。当时正在轰轰烈烈地进行的法国革命的惨状大大地帮助了他们，他们利用它作为象征死亡的骷髅头和交叉的腿骨，依靠他们的X·Y·Z策略(其中这位历史家[①]是最重要的江湖骗子)、他们的阴谋诡计、血腥屠杀，以及讲台上的谎言和诽谤，还有他们的加德纳们、奥斯古德们和帕里什们的胡言乱语，把惊慌散布到除最坚定的人以外所有人的心中。他们的司法部长厚颜无耻到这个地步，竟然对一位共和党议员说必须采取流放的办法，并说“你们共和党人已经作出了榜样”；就这样他竟敢把我们同法国杀人不眨眼的雅各宾派混为一谈。

这些事情现在回忆起来就像一场梦，在当时却是可悲的现实；而我们所以能被从他们扼杀自由的作用下拯救出来，只是因为那些无视恐怖、坚守岗位的人进行不屈不挠的反抗，以使他们的公民同胞猛醒，认识自己的危险，并且团结起来维护宪法这面旗帜。这一点是侥幸做到了。联邦主义和君主主义从此一蹶不振，最近战争期间他们与祖国敌人进行的叛国勾结、他们肢解联邦的阴谋以及他们的哈特福德会议终于把他们送进了坟墓。我充满深情地希望，“我们现在可以真正地说，我们都是共和党人，都是联邦党人，”我们国家将永远团结在其下的旗帜的箴言将是“联邦主义的联合和共和主义的政府，”而且我确信我们可以说，我们之所以能够保持团结，应该归功于那个在这段历史中遭到恶意诽谤的反抗斗争。

这个叙述中有许多事情是众所周知的，而且在这些笔记中可

① 即杰斐逊。纪念版中被删掉。

以找到许多直接的证据。从我退出政府那时起，联邦党人顺顺当当地控制了华盛顿将军。由于年老，他的记忆力明显减退，他曾以意志坚决著称，而现在他的意志开始衰退，精力不济，工作无精打采，渴望安静，希望别人为他做事，甚至思考。他和别人一样憎恶法国革命的暴行，对于被当作施暴工具的贱民与他不太信任的稳健而懂道理的美国人民之间的区别不甚了了。共和党人反对英国条约，还有联邦党人热烈支持他们那个不得人心却特别喜爱的措施，使得他完全成为他们的囊中物了。此外，由于知道我不赞成那个条约，也由于我的一个渴望成为他的通讯员的恶毒朋友的挑拨离间，他个人就像和一般共和党人疏远一样，和我也疏远了；他还给亚当斯先生和卡洛尔先生写信，我们忠于他那不朽的名声，必须把这些信作为人类腐朽的标志而永远为它们叹息。

1818 年 2 月 4 日

和华盛顿总统的谈话

1793 年 2 月 7 日

……至于和汉密尔顿先生合作，如果那是指一方对另一方放弃他的总的思想体系，那是不可能的。我们两人的结论无疑都是经过深思熟虑才形成的，而且凡是真心实意采纳的原则，任何一方都是不可能轻易放弃的。我的愿望是看到国会两院把一切与银行或公债有利害关系的人清洗出去，如果能给我们一个纯洁的立法机关，我将永远默然同意他们的决定，即使这些决定与我自己的意见相反，因为我赞成这样一个原则：法律应该脱胎于真诚地表达出来的多数人的意志……

1793年2月16日

伦道夫对麦迪逊和我本人讲了一件他从利尔那里听来的怪事。当总统去纽约时，他接连三星期拒绝了推行接见制的劝说。最后他还是答应了，让汉弗莱斯和另外几个人去确定接见的方式。于是就安排了一个候见室和接见厅，当那些要谒见的人集合以后，总统出来了，前面开道的是汉弗莱斯。穿过候见室后，接见厅的门开了，汉弗莱斯先进去，用响亮的声音叫道："美利坚合众国总统驾到。"此举使总统仓皇失措，在整个接见期间也没有恢复过来，等所有的人都走了以后，他对汉弗莱斯说："哼，你骗了我一次，可是，皇天在上，你休想骗我第二次。"

1793年5月23日

……他〔华盛顿总统〕提到昨天的弗里纽[①]的报纸上的一篇文章。他说他不在乎他们对他进行的一切人身攻击，但是政府做的每一件事，不光是行政方面的，而且是一切方面的，都受到该报的辱骂，这却使他受不了。他还注意到共和主义这个词被用于法兰西共和国……他显然十分恼火，我觉得他是想要我以某种方式对弗里纽进行干预，或许还要我撤销他担任我部门译员的任命。可

① 菲利普·弗里纽主办的反联邦主义的报纸——《国民报》。

是我不会这样做。他主办的报纸拯救了我们的宪法，当时我们的宪法正在迅速滑向君主制，只有那张报纸给了它最强有力的制止。而且众所周知，是那张报纸制止了君主政体支持者的事业，而总统没有认识到那帮人的意图，尽管他一向明辨是非，却没有看清这张自由报纸所作的努力和发挥的作用，没有意识到尽管有些坏事通过它传达给公众，可是好事却占压倒多数。

1800 年 1 月 24 日

史密斯先生——汉堡的一位商人——告诉我下面这件事：纽约的圣安德鲁俱乐部（会员清一色是苏格兰亲英分子）最近举行了一次公开宴会，亚历山大·汉密尔顿是来宾之一。宴会结束后，第一次干杯是为“美利坚合众国总统”。没有什么反应就把酒干了。第二次干杯是为“乔治三世”。汉密尔顿站了起来，坚持要把酒斟满并三呼万岁。所有的人于是都起立，三呼万岁……

Ⅲ 旅行日记

绪　言

杰斐逊在作为驻路易十六宫廷公使寓居巴黎的五年期间，只有少数几次离开首都去外地旅行，一次是 1786 年 3 月和 4 月去英国，在那次旅行中，他觐见了国王，凭吊了莎士比亚墓，让马瑟·布朗给他画了像；一次是翌年 3 月至 6 月去法国南部和意大利北部；再有一次是 1788 年 2 月至 4 月去阿姆斯特丹和斯特拉斯堡。杰斐逊有观察入微的眼力，吃苦耐劳的精神，他习惯于每天做日记，把他看到的景物、到过的地方、他与之交谈过的人以及可供美国借鉴的有用的物产和发明都记录下来。下面几页选自他第二次去法国和意大利旅行的日记以及为两个美国同胞写的有意义的旅游须知。

旅 行 日 记

1787 年从巴黎去法国南部及意大利北部旅行途中所做笔记。

香槟。3 月 3 日。从桑斯到韦尔芒通。这儿的地貌是大山丘，不太陡，有点像弗吉尼亚的埃尔克山和比弗丹山，对耕作无甚妨害。土地一般是黄褐色肥土，混有粗砂和一些散石子。约讷平原也是同样的颜色。平原种谷物，山上种葡萄，但是酿出来的酒不佳。有少数苹果树，但是品种单一，四周未用篱笆围住。没有牛羊或猪。骡品种极佳。

庄园几乎没有，农舍也没有，所有的人都住在村庄里。他们的宗教信条使他们相信，要使造物主对他的创造物感到高兴，就必须每天聚在一起做弥撒，难道就是这种信条使他们集居在一起吗？有一点是肯定的，他们和他们的家庭离群索居在他们耕耘的土地上，会比住在村庄里更快乐，效力也更高。人们衣服穿得很差。可能因为此时正在下雨，他们穿的是最蹩脚的衣服。但是我看到妇女和儿童挑着重担，费力地用锄头松土。这明白无误地说明他们穷到了极点。在一个文明国家里，男人只要自己的劳动能养活他们的妻儿，是绝对不会让他们干超过他们的力量和性别的重活的。乞丐几乎没有看到。这也许是治安起了作用。

勃艮第。3 月 4 日。卢西莱博西，库锡莱福吉斯，罗夫雷，梅森诺维，维捷奥克斯，拉查勒尔，逢塔德潘尼斯，第戎。山更高更陡。土壤是红色的壤土，混有或多或少的砂砾和小石子，有时还有岩石。清一色种玉米。这儿那儿散布着树林，有金雀花、荆豆、冬青，还有用绿篱圈出来的地。偶尔可以看到羊群。

人们衣着整齐，不过那是星期天。他们给人的印象是吃得不错。塞维尼堡是个迷人的地方。在迈松诺维和维蒂奥斯之间，道路从两行树木中笔直穿过，有 8 英里长。这条路使人感到的厌倦是无法用笔墨形容的……

3 月 7 日和 8 日。从巴拉克到沙尼。

……这儿的玉米地租金每阿庞[1]约15里弗赫。目前正在插种和修剪葡萄藤。一个新的葡萄园建成后，把葡萄藤种在沟里，沟距约4英尺。葡萄藤长高后，把它们放倒。葡萄藤发出新芽，把中间空地全部占满，直到乱成一团。每根葡萄藤最后占地约1平方英尺。五六年后开始获得厚利，可以持续100年或150年。沃莱奈一个葡萄种植人带我到他的葡萄园去，这个葡萄园大约有10阿庞。他告诉我说，有些年它为他生产60桶酒，有些年不超过3桶。一年出产3桶是最有利的，因为酒的质量好，由于产量少，价格相应地高，而成本也相应地降低。反之生产得多，成本增加，价格反而下降，质量也不行。在大丰收的年头，他们往往用一半酒换回木桶来装另一半酒。一个装250瓶酒的桶在歉收年值6里弗赫，丰收年值10里弗赫。一福[2]是125瓶，一桶是250瓶，一丘是500瓶。一阿庞租金从20到60里弗赫不等。一个租10阿庞地的农民每年约雇用3名工人。工资每名男工4金路易，女工减半，并且管饭。宰一头猪，用盐腌起来，就是一家人一年吃的肉了。平常的食物是面包和蔬菜。在波马特和沃莱奈，我看到他们吃精白面粉和全麦面粉做的面包，在默尔索吃的是黑麦粉做的面包。我问人家产生这种差别的原因。他们告诉我说，白葡萄酒质量往往比红葡萄酒差，卖不出去。葡萄园主因此没钱让他的工人们吃得好。默尔索只生产白葡萄酒，因为那里石头太多，不能生产红葡萄酒。人的生活条件就决定在这样微小的环境差异上面！使勃艮第闻名遐迩的葡萄酒只产于科特——一块约5里格[3]长、半里格宽的地。

① 阿庞：法国旧土地面积单位，相当于0.84至1.28英亩。——译者

② 这里“福”原文是“Feuillette”，“丘”是“Queue”。——译者

③ 里格：旧时长度单位，约等于5公里。——译者

它起于尚贝丁，经过沃杰、罗曼尼、费奥、纽斯、博尼、波玛特、沃尔耐、默尔苏，止于蒙拉契。其中最后两个地方生产白葡萄酒，其余地方都生产红葡萄酒。尚贝丁、沃杰和费奥生产的酒最浓，经得起长途运输和贮藏。因此当地售价1200里弗赫一丘，即48苏一瓶。其余地方产的红葡萄酒数沃尔耐最好，香味同尚贝丁等地产的差不多，但是浓度低，不易保存，因此售价不超过300里弗赫一丘，12苏一瓶。它成熟比别的地方快，因此，对于那些想喝贮存期一年的酒的人比较合适。白葡萄酒情况也相同。由于同样原因，蒙拉契生产的白葡萄酒1200里弗赫一丘，48苏一瓶，而默尔索质量最好的白葡萄酒，即Goutted'os，只卖150里弗赫一丘，6苏一瓶。值得注意的是，每一种最好的酒，也就是最好的红葡萄酒和白葡萄酒，是在这根线的两头，即尚贝丁和蒙拉契生产的。有人解释说，附近葡萄园生产的酒质量差不多，但由于属于不出名的人，没有名气，所以销路不好。科特居东偏南，西部也布满葡萄园，土壤显然相同，但是生产的酒属于最低劣的一种。平原上生产的酒质量也很差，但是那儿的土壤较肥沃，不那么硬。沃杰是西蒂克斯修道士的财产，年产约200桶。蒙拉契占地约50阿庞，年产量约120桶。它只属于两位业主，一位是克拉蒙特先生，他把地出租给某些酒商，另一位是第戎的萨斯奈特侯爵，他那块地出租给一位图尔先生，这位先生的家族好几代一直承租这个葡萄种植园。最好的酒由陆地运往巴黎。运费每桶36里弗赫。质量较差的酒由水路运输。每瓶运费约4个半苏。……

博若卢，迈松布兰克，圣乔治，拉叶埃皮纳叶堡。

……这儿一个工人的工资是5个金路易，女工减半。女人并不用锄头干活，她们只给葡萄和玉米除草，另外还纺纱。她们说的方言非常难懂。我有一次从拉叶埃皮纳叶堡经过。拉叶先生有一块面积约15000阿庞的领地，包括牧场、玉米地、葡萄园和树林。他照例对这块领地享有某种司法权，无论刑事还是民事。但是这仅限于由他的审判员进行初步审问。案件然后移交给当地正式的法院作终审判决。领主维持他领地内的治安，因此必须负担治安费用。一个罪犯从被起诉到判刑和执行，拉叶先生大约要花费5000里弗赫。这对于领主是个沉重的负担，因此他们对刑事起诉都不很卖力。真是坏事变成了好事。在香槟、勃艮第和博若卢整个地区，土地似乎耕作得不错，只是肥料施得太少。这是因为租借期太短。勃艮第和博若卢的人们衣服穿得很好，看来吃得也不错。但是他们受尽压迫，这些压迫是全国政府的性质以及他们独特的土地使用期和他们隶属的领主政府的特性所造成的。一个富饶的国家却不能长久地成为一个自由的国家，这想起来多么令人痛心啊。拉什先生有一尊黛安娜和恩底弥翁[①]的雕像，是迈克尔·安吉洛·斯洛兹1740年的杰作。野醋栗正在长叶，野梨树和多花蔷薇含苞欲放。

里昂。这儿有一座直径200英尺的圆形剧场和一条砖砌渠道的遗迹。迪艾内桥有9个拱门，从中心到中心有40英尺。桥墩宽6英尺。杏仁树正在开花。

……尼斯。这儿的人用松果点火。人们住在各自的房子里。

---

① 黛安娜是希腊神话中的月亮女神，恩底弥翁是女神所爱的青年牧羊人。——译者

说到橘子,阿尔卑斯山这边的气候似乎不够暖和,没有遮蔽难以存活。奥利莱斯处在两座高山之间;希尔斯北部被一座非常高的山覆盖;昂蒂布和尼斯被群山覆盖,也处在小而高的山包围中。不禁产生一个疑问:要追溯从东到西真正的界线,那种水果的北部天然界限究竟在哪里?在尼斯附近看见一棵接骨木,树身高8英尺,粗15英寸。这儿附近生产的酒质量不错,虽然并不是最上乘的。有1000头骡,驮着货物,每星期来往于尼斯和都灵之间。

……4月14日。辛多拉,泰代。

……泰代是一个毫不足道的村庄,连玻璃窗这种奢侈品也没有;这条通道上的任何一个村庄里都还没有在头发上撒粉的风尚。石头和灰石极其丰富,每层楼房都用石头盖顶,以节约木材。

4月15日。利蒙,康尼。

……在这整条穿越阿尔卑斯山的路上,所有的河边都长着大量金黄色的柳树。法国的南部地区,尤其是穿过阿尔卑斯山的这条路,使人们能对抵抗力较差的植物列一张表,把它们按照各自抗寒的能力排列起来。从三座不同的山——布拉斯山、布劳斯山和泰代山——上去,它们相继消失;从另一边下去,它们又相继出现。从抵抗力最弱到抵抗力最强依次是:续随子、橘子、棕榈、芦荟、橄榄、石榴、胡桃、无花果、杏仁。但这只是对树而言,对果实来说,次序就有所不同。例如,续随子是抵抗力最弱的,但由于最容易保护,果实也结得最牢。杏仁是抵抗力最强的植物,但由于早熟,果实最容易掉落。棕榈抵抗力比续随子和橘子强,在这些地区却从来结不出完美的果实。康尼是一个相当大的市镇,建造得很好,四周用墙围住。

……4月19日。塞蒂莫，吉瓦斯哥，奇利诺，热曼诺，韦尔切利。地势依然平坦，土地肥沃，土壤是黑色的。种植谷物、牧草、玉蜀黍、葡萄、桑树、胡桃及少许柳树和杨树。玉蜀黍在小谷物中只占很小比例。耕地培成一行行的垄，宽3.4英尺，玉蜀黍种在垄的较高部分，把整个表面遮掉1/3或一半。玉蜀黍于5月末播种。这个地方目前供水很充足。大部分水来自山溪水道。这些水道夏季是干涸的，形成大片荒地，上面净是沙和石头。这些荒地有时种上树木，有时一点不加利用。人们用柳树做篱笆，每隔1至3英尺栽一棵。当柳树长高到8至10英尺，把它们弯下来，让它们互相交错。不过我没有看到这种做法，因为它们已经老了。也许正因为这个缘故，它们很快就死掉。这儿的妇女都打铁，用锤子和铲干活。这儿的人穿得比法国人差，未开垦的地触目皆是。这儿的犁是单柄，长12英尺，底部直径6英寸，顶部逐渐变细到2英寸。他们赶牛用棒而不用鞭子。我看见的第一批燕子是今天……

4月21日，22日。米兰。听说这儿生长的无花果和石榴是无遮蔽的。我一棵也没看见，因此认为它们极其稀少。这儿从前有橄榄，但是1709年一场严寒把它们都冻死了，后来就没有补种过。许多房子外面画着画，其中阿比尼画的罗马宅邸和坎迪亚尼宅邸以及马丁画的贝尔乔奥萨宅邸最精妙。坎迪尼亚宅邸里面有一个小房间，天花板是许多小的六角形，每个六角形里面交替画着浮雕和头像，没有一个相同的。贝尔乔奥萨宅邸的客厅装饰之美，为我生平所未见。他们用来做墙壁和地板的混合物叫斯坎沃拉(Scaiola)，和最精致的大理石极其相似，几乎区别不出。本月20日和21日晚，稻田里冰结得有半英寸厚。这里夏季接连干旱两三个月是不稀奇的。大约5年前，一场大冰雹把猫都砸死了。维尔姆伯爵给我讲了一个装在车轮上的扭摆里程计。这儿的租借期大多是9年。小麦价格每140磅1个金路易。一个工人工资60里弗赫，管吃管住。本地的贸易主要是大米、生丝和干酪。

4月23日。卡西诺，距米兰5英里。我细细观察了另一个有6根碾杵的碾米机。碾杵长8英尺9英寸，末端不是一个斜截锥，而是有9个铁牙齿，紧紧连结在一起。每个牙齿是一个双重角锥体，底部连接。当它们合起来时，上端互相咬住，形成一个大圆锥体，下端叉开。上端插进碾杵尽头，下端用钝了，有点像猛犸的下颚牙齿。这儿的人说，装有这些牙齿的碾杵碾米速度快，米粒破损少。

……罗扎诺。帕尔马干酪。据说这种干酪从前是在帕尔马生产的，故名，但现在那儿已不再生产了。米兰以外150英里地方都生产这种干酪……

牛奶……加入一定数量的干胃膜，天冷需加温，约4小时即成糊状。乳清开始分离。取出少许，用一台像巧克力碾磨机那样的机器把凝乳完全打碎。7布伦塔[①]牛奶加1/4盎司番红花，给干酪着色。然后把锅端上炉，用旺火烧到凝乳变硬，不断搅拌使它碎成许多小块。把锅从火上取下，绝大部分乳清已流出，用手把凝乳捏紧成一个球，下面衬块布，在长凳上放一个箍，把包在布里的凝乳放进箍里，用手轻轻挤压，再用箍箍紧，上面放一块2英寸厚的板，板上再压一块约20磅重的石头。一小时后，乳清流尽，干酪就制

① 意大利古时量酒单位，约合50升。——译者

成了。夏季每隔一天在上面撒点盐，冬季每天撒盐，接连6星期。7布伦塔牛奶可制50磅干酪，6个月才能成熟，那时已缩成45磅。当地售价88里弗赫100磅。这个制酪场现有150块干酪。每块干酪直径19英寸，厚6英寸。夏季每天生产一块干酪，冬季每3天生产2块，或每2天生产一块。

……4月26日。热那亚。热那亚出产的草莓。墙的上半部分，比如三楼，有台架，台脚撑在下面一层楼的窗台上。这里的人用石板铺路，做台阶、楼梯（顶和踏步板都一样）及百叶窗。在马采洛杜拉佐邸宅，椅子的腿是直的，椅垫是藤的。在洛美利诺邸宅，一辆四轮轻便马车是有篷的。在前一幢邸宅里，桌子可折成一个平面。在纳维，豌豆、草莓等一年到头都有。杜拉佐伯爵在纳维的花园里，有用而又美观的东西数量之多，令人叹为观止。热那亚近郊全是橄榄树、无花果树、橘树、桑树、玉米和果蔬。许多地方有龙舌兰，但从不开花。

4月28日。诺里。在我看来，亚平宁山脉和阿尔卑斯山脉仿佛是同一座连绵的山脉，把亚得里亚海湾的水域同地中海水域分开。在它形成一个急弯，与地中海接界，就像一个小圆圈与一个大圆圈接界的地方，名字就从阿尔卑斯变成亚平宁了。它是形成热那亚国的亚平宁山脉的起点，那儿的山一般都是光秃的峭壁，陡然落入海中……由于风向变了，我不得不在诺利靠岸。诺利距热那亚40英里，有1200村民，四周散布着许多房屋。一个悬挂在海上的峭壁长满了龙舌兰。但是无论在这儿，还是在我到过的其他任何地方，我都无法获得关于龙舌兰会开花的满意的信息。大量的证据都是相反的。诺利有不少渔民。许多条小径从几个方向伸入山里约3/4英里，但是这些小径只有驴和骡子可以通行。我在居民点没有看见过牛羊。他们生产的酒是白葡萄酒，没有名气。我在这儿看见一个成整块的盛油和醋的调味品瓶，形状很古怪。这儿住着一位主教，年收入2000里弗赫，等于66几尼[①]。这儿我听见一只夜莺歌唱。

4月29日。阿尔本加。沿着海岸从卢安奴步行来到这个地方，我没有看见贝壳。山顶覆盖着雪，山下长着橄榄树。我不记得曾在哪里看见过造成海的表面颜色的原因。海水如果舀起来放在玻璃杯里看，是清澈无色的。地中海的水尤其如此。但是在海里，通过反射，海水呈天空或大气的颜色，黑的、绿的、蓝的，视气候状况而定。如果有谁想离开他的亲朋好友，独自过隔绝人世的生活，但是又要处在自然美景中，那他就应该住在这个海边的一个小村庄里，那儿空气、水和泥土共同贡献出各自最宝贵的东西。这儿有夜莺、园莺、圃鹀、雉鸡、山鹑、鹌鹑，气候极好，任何时候只要登上山，气候就立刻会从冬天变成夏天。土地一年四季提供酒、油、无花果、橘子以及菜园里的每一种产品。海里生产龙虾、蟹、牡蛎、沙丁鱼、鳀鱼等等。

5月15日。贝济耶，阿吉列，莱苏马尔。

……我眼下沿着它旅行的朗格杜克运河底部宽6突阿斯[②]，水面宽10突阿斯，深1突阿斯。在河上航行的小船长70至80英尺，宽17或18英尺。船由一匹马拉，由2个人操作，其中一人通

① 旧时英国金币，合21先令。——译者

② 突阿斯：早期大地测量所用长度单位，约等于1.95米或6.4英尺。——译者

常是女的。船闸多半由女人管理，但是必要的操作对她们来说实在太吃力了。男人侵占了本来应该由女人担任的工作，大大打乱了生活中的常规。男人当鞋匠、裁缝、室内装潢工、胸衣制造工、女衣裁缝、厨子、管家、清洁工，给太太小姐们做头发，伺候她们上床，因此，女人要活命，就只好做男人放弃不做的工作。女人看门、赶马车、收割庄稼、在船上当水手、管理运河闸门、打铁、种田等等。她们中有些人如果稍有姿色，只要美貌保持下去，就宁愿走较容易的谋生之路，这难道有什么奇怪吗？太太小姐们雇用男人做应该让女人来做的工作，她们不就是鸨母吗？她们每雇用一个男人，就有一个女人被夺去工作，只好靠卖淫过活。

……6 月 6 日，7 日，8 日。南特，昂斯尼，昂热，图尔。

……图尔是在第 119 里程碑上。为了想要在这儿弄清伏尔泰在其《百科全书》贝壳条中叙述的一个关于贝壳脱离动物身体生长的事实，我在图尔附近索瓦基尔先生的庄园里访问了省长秘书金特尔先生，省长曾应查斯特洛克侯爵之请，为我给他写过信。我向他讲了伏尔泰提出的事实，发现他是我所能造访的人当中最优秀的一个。他告诉我他曾就这个问题同伏尔泰通过信，同索瓦基尔先生极熟，对那件事发生的地方福伦尼尔也非常了解。它在格里尔蒙庄园，距图尔 6 里格，在去波尔多的路上，现属奥卡先生所有。他说索瓦基尔先生是个老实人，他所叙述的无论哪一件他观察到的事都是可信的；但是他太富幻想，使他在见解和理论问题方面往往言过其实，他个性的这个特点在他所写的图尔古代文物的文章中充分表现出来，不过对于现在这个问题，他是相信他的。他又说他本人并没有像索瓦基尔先生那样对同样的贝壳进行过观察，看它们从小生长到大,但是他经常见到许许多多那种贝壳,从针头那么大直到完全长成,使他深信它们是在生长过程中;他曾经为皇帝的陈列柜收集过贝壳,自己保留了完全一样的一份,它为同一事实提供了证据,他后来把那重复的一份送给了弗盖特先生——图尔的一个医生,学识丰富,正在从事更大规模的收集,观点和索瓦基尔先生完全一致:不仅在福伦尼尔,而且在图尔别的许多地方,都能使任何不抱偏见的观察家相信贝壳是地球上一种天然的产物;他给了我一份索瓦基尔的论文,其中一篇是:"帕拉斯城堡的贝类的自然繁殖",以上是我重复他的说法。我们应该作出什么结论呢?我们还没有掌握充分的材料来作出任何结论。索瓦基尔叙述的事实并不违反任何自然法则,因而是可能有的;但是它同自然的习惯做法大相径庭,即使真实,也是异乎寻常的;因此,要使我们相信,就必须有一系列观察资料,它们的虚假要比它们所确认的事实的存在更加异常。树皮、果壳、兽皮、鸟的羽毛,都从一种汁液获得促进生长的养料,这种汁液在布满个体的血管内循环。因此,我们可以根据类比下结论说,介壳族的贝壳也从同样的内部循环获得生长发育的养料。如果有人硬说,这并不排除一种可能性,就是一个同样的贝壳可以通过一种在周围的物体——无论是泥土、石头或者水——的毛孔里流动的液体而产生,我回答说,为一种产品使用两种生产方法是不在大自然通常的组织系统内的。但是,尽管我不同意这个假设,我也必须否定人们试图用来解释贝壳在高地产生的原因的其他任何一种假设。这些假设中有些是违反自然法则的,因而是不可能的;另外一些是建立在比索瓦基尔的论点更难令人同意的论点上的。它们全都认为贝壳长在海底动物身上,以

此来回答问题。它们是怎么来到海平面15000英尺以上的呢？他们回答这个问题的方法是要求做无法做到的事。因此，一个宁可没有意见而不愿有一个错误意见的人，会认为这个问题是非人类的智慧所能解决的，或者要等到进一步更全面的观察使他能够把它解决。

尚特洛普。今天我在尚特洛普听见一只夜莺在叫。园丁说，雌鸟孵窝时，雄鸟独自叫，小鸟出壳后，雄鸟就不叫了。在尚特洛普边界，看到一个独出心裁的装置，把楼梯突出的梯级隐藏起来。有三级楼梯势必伸进闺房，因此梯级做成三角形，不像通常那样搁在地板上，而是把宽的一头固定在楼梯门上，随着门转进转出。当门关上时，梯级藏在其他梯级下面，门开时梯级转到合适位置。

为拉特利奇先生和希彭先生写的旅游须知

1788年6月3日

一般经验谈——到达一个城市时，第一件事是买一张城市地图以及一本介绍它的名胜古迹的书。有城墙的话，要绕城墙走一圈，到塔楼顶上去眺望城市及其周围地区。

当你们为一样东西是否值得费神去看而犹豫不决时，应该想一想你们今后永远不会再来到这个地方，你们会因为没有看到它而感到后悔，但是决不会因为看到了它而后悔。但是也有另一个极端，那就是看得太多。要有一个明智而审慎的选择，不要因为一时偷懒而影响你们的决断。特别要小心不要让教堂、陈列室等等地方的管理员带你们去参观他们那里的每一样小玩意儿，这样会使你们脑子里装满没有价值的东西，分散你们的注意力，浪费你们的时间。要使这些人只让你们看一些值得看和值得记住的东西是很难的。他们贪图你们的钱，你们钱越是给得爽快，他们就越是对你们介绍得详细。

当你们在客栈里要本地酒的时候，他们给你们的是天然不掺杂的、价格低廉的酒；如果你们要外地酒，这正好给他们一个借口，可以向你们漫天要价，酒的质量却极差，而且往往就是他们自己酿造的。你们接触得最多的自然是客栈老板、仆役和马夫。这些人是来自各个地方的最老于世故的无赖。我们研究民族性时，当然决不应该把他们算进去。

美国人应注意的目标：

1. 农业。每一样属于这门技术的东西以及与它密切相关的一切。可以运往美国的有用或讨人喜欢的动物。各种适合菜园栽培的植物，视各州气候而定。

2. 工业。只要是有关美国所必需而又不便现成运往那儿的东西，例如锻炉、采石场、船、桥等等。

3. 轻工业品。其中有些东西值得随便看看，但是环境使得美国不可能在任何一个现在活着的人在世期间成为一个工业国，因此仔细地研究这些东西将会是浪费时间和精力。

4. 花园特别值得美国人关心，因为别的国家能不花代价建成最高级的花园，而我们只要把过多的花木砍掉就行了。

5. 建筑特别值得注意。由于我们的人口数每20年翻一番，我们的住房也必须翻一番。此外，我们的建筑材料极不经久，以致一半的房屋每隔20年必须重新翻造，因此在那个时期内要为我们3/4人口建造住房。因此建筑业是最重要的行业，必须在一门十分显眼的行业里引进审美风格。

6. 绘画、雕塑。对我们的财政状况来说是太昂贵了。因此，我们成为那些艺术的行家是无用的，也是愚蠢的。它们值得观赏，但不值得研究。

7. 每个国家的政治就其有关内部事务而言很值得研究。要研究它们对人民幸福的影响。要利用一切机会到工人家里去，特别是在他们吃饭的时候；看看他们吃些什么东西，衣服穿得怎样，他们干活是不是必须过分辛劳，政府或地主是不是把他们过多的一份劳动果实取走，他们称之为的私人财产、人身自由等等是立足于什么基础上的。

8. 宫廷。可以看看，就像你们看伦敦塔或饲养有狮子、老虎、鬣狗及其他食肉猛兽的凡尔赛宫动物园一样。只要和他们稍稍熟悉一下就足以向你们表明，在最庄严的外表下，他们是人类中最最孱弱和最最恶劣的一部分。他们的作风，如果你们学得像的话，不会使你们在自己国家里受到爱戴；如果你们能把这种作风推广到美国，而把美国今天流行而且值得爱护的淳朴排除掉，也不会使它有所好转。

Ⅳ 论 文

为促进英语中盎格鲁—撒克逊语和现代语
的教学工作而写，供弗吉尼亚大学使用

绪 言

就对盎格鲁—撒克逊语的兴趣而言，托马斯·杰斐逊是个先驱者和创始人。在盎格鲁—撒克逊语被普遍忽视的年代，他提倡在美国的专科学校和大学里学习它，规定在他创办的弗吉尼亚大学讲授，并就这个问题写了一本书。这本书名叫《论盎格鲁—撒克逊语》，其中一部分刊载于下面数页。杰斐逊最早对盎格鲁—撒克逊语感兴趣是当他在弗吉尼亚州威廉斯堡攻读法律的时候，那时他“用了一些时间来学习它”，试图使语法简化，使拼法现代化，等等。后来，在1798年，他把他的劳动成果寄给英国语言学家赫伯特·克罗夫茨。1818年，他为他创办的弗吉尼亚大学把这一部分重新加工改写。再后，在他去世前不到一年，杰斐逊利用英国人对盎格鲁—撒克逊语的最新研究成果，加了一个很长的附言。这两部分构成杰斐逊的《论盎格鲁—撒克逊语》最后定稿，在1851年他去世25年后初次付梓问世。

致伦敦赫伯特·克罗夫茨法学士先生

1798年10月30日于蒙蒂塞洛

先生：承赐关于英语和德语的印刷信已经收到，不胜感谢。我以极大的兴趣仔细阅读了它，由于长时期来一直意识到了解北方国家的语言对理解英语的重要性，我在这封信中看到它被你对英语和德语的校勘整理和专门例证所证实。我将翘首以待尊编《英德大词典》早日出版。约翰逊主编的词典除定义不够精确，同一个词从一层意义转到另一层意义缺少准确的区别以外，引申最不能令人同意。也许由于对我们自己尚处在盎格鲁—撒克逊语形式和类型阶段的语言以及与它同源的北方国家的语言不够熟悉，他经常喜欢用希腊语和拉丁语作为英语的词根。甚至斯金纳也有这个毛病，他在给一个词以正确的北方来源之后，常常告诉你它可能是那些抱有那种偏心的人从什么希腊和拉丁来源获得的。不过，总的说来，他是我们最杰出的词源专家，除非我们在盎格鲁—撒克逊词汇方面更上一层楼；他还将一个英语的词与好几种北方语言中类似的词加以对照，在这方面树立了良好的榜样，因为这对于弄清一个词的真正意义往往有很大的帮助。

尊见极是：要使词的意义具有权威性，“必须从我们最优秀的作家的著作中选择精彩的片段，使你的词典成为英国文学一个总的索引，从而以葱发的草木和美丽的鲜花点缀语言学荒芜的沙漠。”我和你一样相信，“例句中仿佛无意地撒落在读者面前的智慧、道德和宗教往往会比这些例句在原书中产生更大的作用”；“企

图自杀的懦夫在为他的遗书寻找一个有分量的词时，可能会看到一段话而眼睛一亮，这段话会刺激他，使他因为缺少坚毅精神而脸红，并放弃自杀的意图”；“一部举例说明词的意义的词典，就每一知识部门而言，可能比它所引用的整套书起到更实在的作用。”我自己往往把约翰逊主编的词典当作一个知识宝库，在里面寻找一段我想回忆的喜爱的话，但难得如愿。

当我还是一个法律系学生的时候，我十分重视学习北方国家的语言，特别是学习我们的盎格鲁—撒克逊语言，因为我必须借助那个根源来解释许多法律术语。福蒂斯丘·艾伦在他所著《福蒂斯丘论君主制》一书的序言里阐述了一般英语系学生，尤其是法律系学生从熟悉盎格鲁—撒克逊语得到的好处，并且开列了学生学习语言使用的参考书。我于是用了一些时间来学习它，但是忙碌的生活不允许我专心致志钻研一门对我极有吸引力的学问。但是，在学习的时候，为了便于学习，我产生了一个念头，想简化它的语法，把它的不规则的拼字法的许多差异变成单独和固定的形式，同时按照一个字与英语字母的字体和力度一致来标出它的读法。有些想法我当时写在埃尔斯托布所著《盎格鲁—撒克逊语语法》一书的空白页上，但是我由它去，而且只能由它去，没有进一步研究，尽管我依然认为这些想法是正确和有用的。在我推荐给学习盎格鲁—撒克逊语的人的作品中，你会发现盎格鲁—撒克逊作品的逐字的直译，就和你在你的信中介绍的德国作品的逐字的直译一样。我认为我无法把那些想法交给一个比你更好的鉴定人，如果你认为它们有点价值的话，你可以把它们作为你的词典的心得，或者作其他用途，因此我把它们抄录在这封信后面，无保留地提供给你，

使你对这个问题能有更好的了解。我衷心祝愿尊作词典早日出版，并向你致以崇高的敬意。

论盎格鲁—撒克逊语

盎格鲁—撒克逊语对于充分掌握英语的重要性似乎没有被那些负责教育青年的人给予应有的重视，但是它毫无疑问是我们今天正在使用的语言的基础。它是一种全面形成的语言，它的组织和结构、它的名词和动词的变格，它的句法是北方国家语言所特有的，同南方国家的语言截然不同。它可以恰当地称之为全英格兰的语言，从6世纪撒克逊人占有那个国家到13世纪亨利三世时代都讲这种语言，同其他任何一种语言都不混杂。虽然罗马人从朱利叶斯·恺撒时代起占领那个国家达五个世纪，但那主要是军事上的占领，由他们的军人单独占领，心情是相互妒忌和仇视。罗马人似乎不打算在那里长期定居，不愿同当地英国人亲近。在这种情况下，拉丁语很少和本地语混合，后来罗马人从岛上撤走，拉丁语的痕迹也消失无遗。如果不那样，盎格鲁—撒克逊人入侵并完全占领岛南部其余部分，本地居民被赶到威尔士时，这些革新就会被一起带走。

从那时开始，盎格鲁—撒克逊语成为那个国家的语言达七个世纪，他们对拉丁语几乎一点都不注意，只有少数人作为一个科学问题通晓它，没有机会把它输进乡土语。因此，我们可以有把握地再说一遍：纯粹的盎格鲁—撒克逊语是我们今天正在使用的语言的基础。它的词汇对现存艺术和生活条件下的社会的用途来说，是够丰富的。它的丰富性也大大归功于它能够把原始的词组合起来以产生任何所需要的概念的变化。就这个特征来说，它和希腊语相同，但特别能作为证明的是他们遗留给我们的历史、地理、宗教、法律和诗歌等方面的书籍。尽管自从诺曼征服以来，盎格鲁—撒克逊语从拉丁语、希腊语、法语和意大利语获得了大量补充和修饰，然而这些补充和修饰只是附加在它的成语词干上的，它原来的结构和句法始终不变，纯粹的拉丁语学者只能一知半解。正因为如此，有必要使盎格鲁—撒克逊语成为高等教育的一个正式学科。在16世纪和17世纪，一群学者孜孜不倦地对它进行了研究。兰巴特、帕克、斯佩尔曼、惠洛克、威尔金斯、吉布森、希克斯、思韦茨、萨默纳、本森、马雷沙尔、埃尔斯托布，这些名字值得后人以感激之情永志不忘，因为他们通过印刷机留给我们许多盎格鲁—撒克逊著作，这是保持和推广它们的唯一可靠方法。过去100年里，这项研究工作被大大忽视了。忽视的原因及其补救方法，将是某些解释性评述的题目。这些题目是：1. 字母。2. 拼字法。3. 发音。4. 语法。

1. 字母

盎格鲁—撒克逊语字母，按照我们所知道的印刷体，共有26个，其中约一半是拉丁字母，其余是撒克逊语特有的形式。这些撒克逊字母同其他字母混合起来，在习惯于拉丁字母的浑圆和匀称的人看来，有一种粗糙、笨拙和骇人的外表。这是学古英语的人碰到的第一个难关。其次，学习一个新的字母表的任务，还有学的人要感到容易和熟悉必须花许多时间，往往使学古英语的人决定放弃一项如此明显地令人头痛的工作。

撒克逊著作现存最早的残篇据说是7世纪的，最晚是13世纪的。黑花体字似乎是征服者威廉引进的，他的法律是用诺曼法语并用那种字母写的。整个罗马字母表最初使用大约是在16世纪初。但是同样的音用不同的字母表达并不改变这些音，也不改变它们构成的语言，并不使阿尔弗烈德大帝的语言与皮尔斯·普劳曼、乔叟、道格拉斯、斯宾塞和莎士比亚的语言有所不同，正如用罗马字代替古英语黑花体字的第二次革命并没有使他们的语言与蒲柏和博林布鲁克的语言有所不同，或者使用黑花体字印刷的莎士比亚著作与现在用罗马体印刷的同一些著作有所不同。阿塞尔用拉丁和罗马字母写的《阿尔弗烈德大帝传》被帕克大主教用盎格鲁—撒克逊字母重印，但它仍然是拉丁文，尽管字是用与阿塞尔原来的字母不同的字母表示的。希克斯博士用盎格鲁—撒克逊字母从希腊文的旧圣经[①]做的摘录，仍然是希腊文，尽管希腊音是由别的字体表达的。正因为如此，我要问：罗马字体是我们大家都熟悉的，为什么不用它来代替盎格鲁—撒克逊字体，把已经用后一种字体发表的作品改用前一种字体印刷，尚未发表的原稿也照这个方式做？这可以一个字母对一个字母地做，这样将可以彻底去除一般人学习盎格鲁—撒克逊语遇到的第一个障碍。

2. 拼字法

在盎格鲁—撒克逊字母通用时期，读和写是最难得的技能。

① 希腊文旧圣经是现存最古老的希腊文本，据传系由72位犹太学者在72日内共同译成。——译者

教会地位最高的人不会写自己的名字，只会在文书上画个十字。阿尔弗烈德本人直到36岁（阿塞尔的某几个版本则说39岁）才开始学识字。他在为格雷戈里教皇的公开信写的序中谈到学习时写道：Swa clean hi was oth-fallen on Angelkin that swithe few were on behinan Humber the hior thenung cuthon understandan on Englisc, oth furthon an exrand y-write of Latin. 或者，帕克大主教把它译成稍后的英语是这样的，Soclean was it fallen amongst the English nation, that very few were on this side Humber which their service could understand in English ,or else furthermore an epistle from Latin into English to declare. And I ween that not many beyond Humber were not . So few of them were that I also one only may not remember by South Timise when as I to reign undertook. 在这种极度文盲的愚昧状态下，能读的人很少，能写的人就更少了，写的人没有拼字法范本可以借鉴，认为它们无关紧要，自己爱怎么写就怎么写，尽管写出的字是没有经过反复实践，而且是不明确的。因此，他把那些他认为必然构成他想要表达的音的字母胡乱拼凑起来，甚至不费心思把它们按照组成词的各个音的次序排列。于是，birds 被拼成 brides；grass 被拼成 gaers；run 被拼成 yrnan；cart 被拼成 craett；fresh 被拼成 fersh。再有，他们以为最后一个元音必须给它前面的辅音发音，因此就把每一个元音不加区别乱用一气。于是就出现了 son, suna ,sune , sunu; maera ,maere ,maero ,maeru; fines ,limites; ge ,ye ,y, i 是同一个前缀的各种拼法。英语中末一个 e 不发音就是一种残余，例如在 give ,love ,curse 中。

元音字母也被不加区别地用在每一个元音上面。例如：

比较级的结尾是 ar ,er,ir,or,ur,yr。

最高级的结尾是 ast,est,ist,ost,ust,yst。

现在分词的结尾是 and,end,ind,ond,und,ynd。

过去分词的结尾是 ad,ed,id,od,ud,yd。

其他的例子是：betwixt 被拼成 betweox, betwix, betwox, betwux, betwyx; island 被拼成 egland, igland, ygland。

这种滥用元音字母的做法在现代英语中也仍有大量残余。因为，按照给予我们的字母的力度，我们往往任意为同一个音使用它们，例如在 bulwark、assert、stir、work、lurk、myrtle 中。如希克斯博士所指出的，在盎格鲁—撒克逊语中，单单 many 这个词就有 20 种拼法，即：maenigeo, maenio, maeniu, menio, meniu, maenigo, maenego, manige, menigo, manegeo, maenegeo, menegeo, maenygeo, menigeo, manegu, maenigu, manegu, menego, menigu, manigo. 的确，要证明人人都不顾任何标准而只按照自己的想法来拼写，只要把同一个作品的不同版本对照一下就行了……[①]

这种没有定规的拼字法使字典不得不增加篇幅，一个字有多少种不同拼法，就得按照字母顺序给它多少地位；拼法省略越多，学生找到字的难度也越大。

因此，既然用盎格鲁—撒克逊语书写的人们显然没有确立精密的拼写标准，而是各人随心所欲地按照自己的方法把字母组合

① 这里杰斐逊引用了阿尔弗烈德为格雷戈里教皇的公开信所写的序的各种不同印刷文本。

起来，我们当然可以同样随意地采取任何一种方式，只要这种方式能建立统一，更符合字母的音值，符合目前的语言由习惯用法确定的拼字法。后一种考虑具有更明确地显示两种语言的真正来源的优点。

3. 发音

要确定盎格鲁—撒克逊语的发音，我们使用的方法就像要确定希腊语和拉丁语原来是怎样发音的这个长期争论不休的问题一样地不管用。有一种流行的说法，说什么在希腊和意大利等使用那些语言的国家里，它们的发音是一代代的人口头相传的，而事实恰恰相反，因为未曾有过一个特定的时刻，在那个时刻，那些古老的语言一下子变成了在同一些地方使用的现代语。它们是随着时间的推移以及时尚和环境的变化逐渐演变成目前这个样子的。同样地，盎格鲁—撒克逊语也不是在一个特定的时刻一变而成它目前的英语形式的。欧洲的语言一般也都经历过一个逐渐的变化，有些语言名称上和形式上都变了。因此，我们应当认定，在那些被撒克逊移民占领得最早、最久和最晚的大不列颠国家里，他们的语言的发音比任何其他地方更接近于由一代代人口头相传，应当从那些国家的语言中去探索。但事实是，这些国家的语言已经分化成许多方言，很难断定它们当中哪一种是最纯的。既然有这些疑问，我们倒不如把目前在普遍使用的发音以及最有助于达到推断盎格鲁—撒克逊语发音目的的做法当作合理的标准。的确，这是所有钻研盎格鲁—撒克逊语的发音的人唯一获得成功的希望。因为我们假使只考虑字母的音值的话，没有一种人类的发音器官能

清晰地发出它们那杂乱无章的音。因此，我们应该假定，盎格鲁—撒克逊语字母的音值和当代英语字母的音值大致是一样的；要发同样的音，就应该尽可能按照当代的英语拼字法把它们组合起来。这确实是个最不规范、最不肯定的标准，但是符合这个标准，就可以使两种语言在音和外观上接近统一，有助于使一种语言变成另一种语言，这要比硬性遵照一种凭空推测出来的统一的拼字系统更加便利。

4. 语法

对盎格鲁—撒克逊语语法稍加评论，就可以说明它也可以对学英语的人变得多么容易。希克斯博士当之无愧是现代知识这个部门的奠基人。是他力挽狂澜，把盎格鲁—撒克逊语从它正在迅速跌落进去的湮没状态中拯救了出来。他在它上面花了极大的心血，而他的学识也不亚于他的心血。他的语法书可以说是目前仅有的一本，因为 1711 年牛津大学编纂的那本只不过是从希克斯的著作中摘录下来的，而埃尔斯托布夫人的语法书的主要功绩仅在于它是用英文写的，其中并无任何独到之处。另外也写过并出过几本语法书，几乎清一色是从希克斯那里抄来的。在希克斯时，对希腊语和拉丁语的偏爱极深。它们被认为是完美的标准，一般人只是努力强使其他语言同这些典范相一致而已。但是古代语——南方语和北方语以及希腊语和拉丁语——的构造与哥特语族的构造是截然不同的。哥特语族中有盎格鲁—撒克逊语和英语，要是希克斯博士当年不把目光集中于希腊语和拉丁语，把它们当作他的准则，而是把盎格鲁—撒克逊语从它仅仅与英语一致的角度来看待，他就会大大地扩大我们已对之感激不尽的好处。但是，他的劳动成果使我们在正确的道路上前进了一大步，而继续在这条道路上前进就是对他表示的最大的敬意。

1. 一个名词要按照它的性、格和数来考虑。语法上“性”(gender)这个词实际上是与生理上的性(sex)同义的。大自然赋予动物王国一切生物以性，性只有两种：雄性或雌性，阳性或阴性。植物和矿物没有性的差别，因而语法上也没有性。词和其他无生命的东西一样，没有生理上的性，因而也没有语法上的性。但是在希腊语和拉丁语以及同一语族的现代语的结构中，它们的形容词由于词尾不同，具有独特的动物的性，与动物的名词或名字一致，大自然所确定的两种真正的性在这些语言中显得很突出。但是他们并不到此为止，他们还按照习惯用法把许多没有性别特征的东西列入有性别特征一类，把剩下的许多列入第三类，语法学家称之为中性，也就是说，没有语法上的性或生理上的性；有些拉丁语法学家完全忘掉了真正的和天然的性，竟使拉丁语具有七种性：阳性、阴性、中性、两者共有的性、三者共有的性、不明确的性以及通性，再没有比这个更武断，更无用的了。但是盎格鲁—撒克逊语和英语是以与希腊语和拉丁语完全不同的原则为基础的，是建立在它本身所特有的规律之上的。它的形容词没有性、数或格所产生的词尾变化。每个形容词都适用于每个名词，无论它是一样有性的东西还是一样没有性的东西的名字。在这种情况下，使名词具有性会以一些无意义、无用的差别使学习的人感到为难。

例如，男祭司是一个性，女祭司是另一个性；男诗人是一个性，女诗人是另一个性，等等；因此，指明他们的词必须用不同的性。

我认为完全没有这个必要，因为尽管被指明的东西是有性的，指明它的词，就和别的无生命的东西一样，都是没有性的。我们都知道，在拉丁语中，一样东西可能是一个性，指明这样东西的却是另一个性。（参阅马提雅尔[①]警句诗第7卷第17首）。把它加上性是不自然的、武断的、在英语和盎格鲁—撒克逊语中是绝对没有用处的。因此，劳瑟是我们英语语法学家中最正确的一位，他说得对，在英语的名词中，除天然的差别之外没有其他性的差别，它的形容词除比较级外没有其他变化。我们必须提防希克斯博士下的结论，说什么盎格鲁—撒克逊语中形容词词尾的变化，例如god，gode，是性的标志，这和他举的其他曲折变化的例子一样，仅仅是不规则的拼字法的一个例子罢了。在众所周知给词加上性的语言，如希腊语、拉丁语、意大利语、西班牙语和法语中，它们的字典都标明每个名词的性，但是盎格鲁—撒克逊语和英语字典却没有这种标示，这证明人们普遍认为性不是名词特性的组成部分。因此，我们可以放心地把性从我们的语言中去除，无论是古代语形式还是现代语形式。

2.我们的格的规则是不同的。它们是按照它们述说的意外事情的差异实际存在的。没有一种语言能没有格，说希腊语没有离格是大谬不然的。希腊语的离格确实经常和它的与格一样；但如果单凭这点就否认离格的存在，那我们同样也可以说拉丁语是没有离格复数的，因为在每一种变格的所有名词中，它们的离格复数

---

① 马提雅尔(40？—104?)：古罗马诗人，主要作品为警句诗1500余首，其作品常为后人引用和模仿，成为现代警句诗的鼻祖。——译者

都是和与格一样的。这等于说，到一个地方去(to go to a place)，或从一个地方来(from a place)指的是一回事。因此，波尔罗亚尔女隐修院[①]的语法学家们正确地给希腊语名词恢复了离格。我们的格一般都用介词 of，to，by，from 或 with 来区别，但有时也靠词尾的变化来区分。但是这些变化不太多，也不太难，用不着把它们分为各种变格，事实上这也做不到。但是希克斯博士却参照拉丁语的撒克逊变格以及希腊语的 10 种变格，给盎格鲁—撒克逊语加了 6 种变格，思韦特思则给它加了 7 种。但是，所有这些变格可归纳为下述三个原则：

(1)所有以 um 结尾的名语的与格和离格复数。

(2)其他格，有些名词只使它们的所有格单数发生屈折变化，有些名词也使它们的主格、宾格和呼格多数发生屈折变化，如英语中的 s。

(3)其他格保持主格和呼格单数原来形式，只使 en 中的所有其他格和数发生屈折变化。

3. 数。我认为，每一种语言都如此形成它的名词和动词以便区别事物的单数和复数，据我所知，所有的人都满足于单数和复数这一简单的区别，只有希腊人除外，他们在单数和复数之间加进一个双数，极明显地改变词尾和词形，使它同其他数的真正区别不容置疑。但是希腊人并不一律使用双数来达到它的特定目的。“2”这个数经常用复数表示，有时用一个双数名词和复数名词来表示。

① 波尔罗亚尔女隐修院：法国天主教西多会女隐修院，17 世纪是文学活动中心。——译者

希克斯博士认为盎格鲁—撒克逊语也有一个双数,它不像在希腊语中那样贯穿名词和动词全部词汇,而是只限于两个独特的代名词,即 wit 和 yit,他把它们译成 we two(我们两个)和 ye two (你们两个)。但是本森用 nos 来代替 wit,yit 则根本不用。给二三个或五六个词作出特殊的区别,给语法制造麻烦,这值得吗? wit(我们两个)和 yit(你们两个)为什么不能像"我们三个"或"我们四个"那样当做复数,就像拉丁语中的 duo,ambo 呢? 因此,我们可以肯定地说,无论盎格鲁—撒克逊语还是英语都没有双数。

4. 动词,语气。希克斯博士给盎格鲁—撒克逊语的动词规定6种语气。希腊语除陈述、虚拟、祈使和不定式四大语气外,的确还有一种希求语气,以实际的词尾变化同其他语气相区别。有些拉丁语语法学家,除希求语气外,还在那种语言中增加一种潜在语气;这两种语气都没有用词尾差异或屈折变化区别开来。因此后来的一些见解更正确的语法学家不承认这两种语气;同样地,我们也可以使我们的盎格鲁—撒克逊语和英语免除希克斯博士规定的希求语气和潜在语气。

动　名　词

希克斯博士还认为盎格鲁—撒克逊语的各种变化中有动名词,这肯定是拉丁语动词所特有的。他认为 lufian(to love)是动词不定式,to lufian 是动名词。因此,在他看来,去掉介词 to 是动词不定式,而我们却一向认为 to 是那种语气的主要标志。所有的语法学家迄今都称为动词不定式的他,却认为是动名词……

我们的伟大的盎格鲁—撒克逊语领袖希克斯博士由于过分重

视拉丁语和希腊语的结构,对它们与哥特语族的结构的根本差别太不重视,以致偏离了正道。我们必须使我们的脚步重新回到正道上来,这样我们将会发现我们的道路变得更平坦,更直接地达到利用每种语言投射在另一种语言上的光的目的……

由于我们在美国拥有盎格鲁—撒克逊语著作的一些印刷本,它们给我国提供了一个良好的机会,向那些具有使我们得益匪浅的科学的较老的国家作些回报;在这项任务中,我希望我们的大学有朝一日能发挥光荣的作用。我垂暮之年,已难有所作为,但我斗胆提出这些不成熟的意见,供大家对一门我不敢自命有很深造诣的学问作参考。英国各图书馆保存的那些原稿,有待那个国家的博学之士予以出版。他们学识过人。他们已经做了很多工作,但是还有待于他们作出更大的贡献。他们不会使我们失望。我们的资金目前还很有限,但是仅有的一点钱被虔诚地捐献了出来,而且被好意地接受了。两个国家在互相做好事方面进行兄弟般的竞争,而不是像过去那样双方经常不明智和不公正地恣意谩骂,这对于两国人民的幸福将会有极大帮助。这也是大洋两边的人做的,他们自以为悟性强,他们中有些人的确远远超出人类智慧的一般水平。世界上没有两个民族能在如此大的程度上互相帮助或伤害。因此,让我们共同来拉一辆相互幸福的车,齐心协力争做我们能做的一切好事,尤其要把共同的科学之光以及同一血统的亲切感情投射和倾注在彼此身上。就目前正在考虑的工作而言,我们的任务是把我们已经拥有的东西以更有利的形式重新整理发表,他们的任务则是用已经在他们的库房里埋藏得太久的未出版的瑰宝来充实共同的仓库。

附言。1825 年 1 月。1818 年，经弗吉尼亚议会核准，拟订并通过了一个建立一所大学的计划。在那个计划中，盎格鲁—撒克逊语成为向学生讲授的课程之一，前面几页就是写来供大学使用的。我并不自命为盎格鲁—撒克逊语专家。诚然，从我早年学生时代起，我就认识到使它成为我们青年正规教育的一部分的重要性；在以后各个不同时期，只要时间许可，我自己也相当专心地对它进行了研究。但是我生活中另一种性质的工作太忙，所以在这方面乏善足述。我脑子里很快就产生了一个想法，它在我对这种语言进行研究的过程中始终占据上风，这个想法就是：盎格鲁—撒克逊语无非就是比皮尔斯·普劳曼早几个时代的古英语；我就本着这种观点继续对它进行研究。我明显地感到，希克斯博士和其他一些极有学问的人的工作是在一个极不恰当的方向下进行的，企图使它具有希腊语和拉丁语的复杂结构。我刚刚收到博思沃思先生的一本论盎格鲁—撒克逊语语法基本要素的新著，它引用了特纳和贾米森的另外两本著作，两人都博学多才，但是在这里尚鲜为人知。

博斯沃思先生的著作确是那门古老学问的瑰宝。它证明他钻研这门学问的孜孜不倦的精神，他对这门学问的渊博知识，也证明他在其结构科学方面的造诣远远超过以前所有的语法学家。但是，坦白地说，我失望地发现，尽管他远远超过了他的前辈的步伐，他却模仿希腊语和拉丁语的语法，把许多规则和差别强加于盎格鲁—撒克逊语，使它进一步脱离它的真正的古英语形式，给它加上许许多多新的和精细的规则，增加了它的难度……这导致难以数计的精细的规则和戒律，非任何一个人所能记忆。确实，如果这是盎格鲁—撒克逊语的真正特征，那么，它的难度就超过了它的价值，学习这种语言所花的时间和精力得不偿失，在那种情况下，我将建议在我们的大学里放弃这门学科，因为它是学不会的，学了也没有用处。

但是，如果像我认为的那样，我们把它仅仅看作是我们目前使用的语言的一种古老的形式，如果我们撇开将它的真正性质掩盖起来的困难，把它从这些外来的枷锁下解放出来，并且就像学习皮尔斯·普劳曼、道格拉斯或乔叟一样轻松自在地学习它，那么，我相信，掌握它不需要很多时间或精力，并将从它使我们深入理解我们目前在读和说的语言的真正结构、力量和意义方面获得丰厚的回报。这样，我们就能以最高度的理解力和愉悦的心情阅读莎士比亚和弥尔顿，由于理解同一些词的原来意义而领会其精微的差别，真是其乐无穷。

这种对我们的盎格鲁—撒克逊语大师们的呕心沥血劳动的摒弃可能会被当作对科学的背叛。但是，我希望其结果是一次革命。也许需要两部巨著来实现它的全部优点。1. 一部论述英语语法简单原则的语法书，将两种语言的习惯用法、原理和规则用类比加以说明，指出它们的共同起源，说明它们的结构、规则和成分相同以及它们与希腊语和拉丁语的特征完全不同。2. 一部按照斯蒂芬斯或斯卡普拉的方法编著的字典，其中盎格鲁—撒克逊语的词根应按字母表次序排列，每个撒克逊语和英语词根的派生词都按照它们适当的次序和关系列在下面。这样的两部著作，加上在我斗胆提议的基础上印行的撒克逊语著作的新版本，将能说明盎格鲁—撒克逊的的确确就是古英语，并不比我们所拥有的和正在读的，仍旧称做英语的著作更加难懂。它们将会补充并恢复由于忽视其古老结构和方言而受到严重损害的英语的活力,并将为学生去除追溯英语根源的主要困难,本文的主要目的即在于此。

V　名人生平速写

绪　　言

托马斯·杰斐逊是共和国的开国元勋之一，同大多数与美国早期历史有关的杰出人物关系密切，经常有历史学家和传记作者要求他提供材料，特别是在他的晚年。下面几篇名人生平速写都是应这些人的要求而写的，现予以全文转载。

乔治·华盛顿的个性[①]

……我认为我和华盛顿将军很熟悉，对他十分了解；如果要我来描写他的个性，那将是这样的。

他的智力伟大而有力量，但并不是第一流的；他的洞察力过人，然而不如牛顿、培根或洛克那样敏锐；就他的观察而言，没有一个人的见解比他更正确。它运转得很慢，几乎没有受到创造力或想象力的帮助，但是结论却准确无误。因此他经常在军事

① 引自1814年1月2日杰斐逊给沃尔特·琼斯博士的信。琼斯博士曾给杰斐逊写信，说他正在写一部历史著作，在描述华盛顿在联邦党人与共和党人斗争中所扮演的角色方面遇到了困难。

会议上听取大家的意见，从中挑选最好的，肯定没有一位将军制定战役计划能比他更明智而审慎。但如果在实际作战过程中计划被打乱了，如果他的计划中的任何一部分被突如其来的形势扰乱了，他就迟迟不能重新作出调整。结果是，他在战场上常常吃败仗，很少像在波士顿和约克那样在基地御敌。他不知畏惧，把个人安危置之度外。最大的特点也许是审慎，在对每一种情况、每一件事都作了周密的考虑之前，决不贸然行事；只要有一点点不放心，就按兵不动，但是一旦作了决定，就全力以赴，百折不回。他的刚正不阿是最为纯真，他的正义感是最为坚定不移，没有一种利益的动机或个人恩怨关系能动摇他作出的决断。他名副其实是一个聪明、善良和伟大的人。他的性子当然是暴躁的，但是经过反思，下定决心，总是能够克制。不过要是他真的大发雷霆，他的怒气是最惊人的。他用钱相当大方，但是十分严格，任何事情，只要有造福人民希望，他都鼎力相助，但是对一切不现实的规划，一切要求他施舍的卑鄙企图却横目相对，毫不妥协。他从不感情用事，而是精确地估计每个人的价值，然后相应地对其表示尊重。你知道，他风度很好，他的身材是每个人都向往的，他的举止从容，体态挺直而高雅；他是他那种年龄中最出色的骑手，马背上所能见到的最优美的身影。虽然在朋友圈里，行动可以毫无保留，他可以随意和人交谈，他的会话才能却十分平常，思想既不丰富，语言也不生动。在公开场合，当突然要他表达意见时，他常常措手不及，张口结舌，奇窘不堪。但是他写文章落笔却很快，文笔流畅优美。这得力于他经常同众多的人交谈，因为他受的教育仅限于读、写和一般的算术，后来又加上

了勘查工作。他的时间主要花在实干上，读书甚少，而且只限于农业和英国史。他势必要写大量的信，再加上每天要把他的农业活动记在日记里，这两桩事情占用了他在户内的绝大部分空闲时间。总的说来，他的个性是完美的，没有缺点，有些方面有点冷淡，可以老实地说，大自然和命运之神从未如此完善地同心合力使一个人变得伟大，并把他安放在同一个由于勋功伟绩而被永志不忘的杰出人物的星座里。因为他的命运和功绩是举世无双的，他率领他的国家的军队成功地经历了一次艰难的战争，获得了独立；他领导的议事机构成立了一个其形式和原则都是崭新的政府，直到这个政府安定下来，成为一列有组织、有纪律的列车；在他的全部文人和军人生涯中一丝不苟地服从世界历史上从未有过先例的各项法则。

……使我感到满意的是，绝大多数共和党人对他的想法和我相同。的确，我们也曾因为他批准了对英条约而对他感到不满。但这只是暂时的。我们懂得他的诚实，懂得他被各种诡计团团包围，而且年龄已开始使他的目的的坚定性有所松弛；我确信，他受共和党人的爱戴和感激是远胜于联邦君主主义者对他的假惺惺的效忠。因为从他偏爱的见解看，他不是一个君主主义者。他的合理的判断使他对人的权利有正确的认识，他的强烈的正义感使他专心致志为这些权利服务。他常常对我说，他认为我们的新宪法是对共和政体可行性的一次试验，为了人民本身的幸福可以信托给他们多少自由；他说他下定决心要让这次试验获得公正的磨炼，并不惜为支持它而流尽最后一滴血。

他反复向我说这些话，而且说的次数越来越多，口气越来越尖锐，因为他知道我对汉密尔顿上校的观点心存怀疑，可能从汉密尔顿那里听到我听到过的同样的话，那就是："英国的宪法，连同它的不平等代表权、腐败和其他现存的弊端，是地球上迄今建立过的最完美的政体，把那些弊端改正，它也就变成一个行不通的政体了。"我确信华盛顿将军对我们政体的持久性没有坚强的信心。他天生不信任人，疑心很重；我相信，他认为我们最终必将有一部像英国宪法那样的宪法，这种见解在他制定招待会、诞辰纪念、与国会的盛大会见等仪式时，多多少少起了作用，其目的便是使我们对一种他认为可能的变化逐渐有所准备，让它在公众心理尽可能少震动的情况下实现。

以上就是我对华盛顿将军的看法，我愿意在上帝的法庭上作证。我和华盛顿将军相识已有 30 年，从 1769 年到独立战争为止，我和他一同在弗吉尼亚议会服务，在大陆会议也工作了一个短时期，后来他就离开我们去指挥军队了。在战争期间和战争结束后，我们偶尔通信，在我任国务卿的四年里，我们天天见面，推心置腹而又热诚。我期满离职后，我们的联邦君主主义者们煞费苦心而且并非完全无效地使他把我看作一个理论家，怀有法国政体的原则，这些原则必然会导致淫乱和无政府状态。由于人人知道我不赞成与英国签订的条约，所以这些话他很容易听进去。我后来再也没有见到过他，也不知道这些恶意中伤在他公正的判断前是否已像迷雾在太阳下一样地消散。在他去世时，我和我的同胞们一样地感到："一个真正的伟人与世长辞了。"

本杰明·富兰克林轶事[①]

众所周知,我们的革命过程是从老的大陆会议发出请愿书、抗议书和进谏等等开始的。紧接着我们又提出一个禁止进口的协定,作为一种和平的高压手段。在研究这个协定的时候,会议各方面提出了种种例外,比如武器、弹药等等,那时我正好坐在富兰克林博士旁边,我对他说我认为我们应当把书籍也除外,因为我们不应当把科学拒之门外,即使它是从敌人那里来的。他也这样认为,于是我就提出了这个例外,大家一致同意。很快又有人提出药品应该作为例外,我也对博士讲了同样的意见。他说:"关于这一点,我可以给你讲个故事。某一年我在伦敦的时候,那儿有一个医生俱乐部,每周聚会一次,约翰·普林格尔爵士是主席,我的朋友福瑟吉尔医生邀请我有便去参加。俱乐部的规则是一星期提出一篇论文,下星期对它进行讨论。我去参加的那次,要讨论的问题是:医生究竟是益多还是害多?等大家特别是年轻会员们滔滔不绝地作了精辟的发言以后,已经无话可谈了,其中一位年轻会员对约翰·普林格尔爵士说,尽管主席本人不大参加讨论,他们却很想听听他对这个问题的看法。他回答说,他们必须先告诉他,他们是否把老太婆包括在医生这个称号里,如果包括,他认为医生是益多害少,如果不包括,那就是害多益少。"

① 这些轶事是杰斐逊应新闻工作者和发行人罗伯特·沃尔什之请而写,附在1818年12月4日一封信里寄给他的。

当大陆会议讨论各州组成邦联的问题时，小州竭力反对，因为他们担心他们会被大州吞掉。我们辩论了很久，情绪非常激烈，有些代表出言不逊。最后，富兰克林博士以一个小小的寓言使辩论告一段落。他说："在英格兰和苏格兰合并时，阿盖尔公爵最激烈地反对那个措施，他预言，就像当年鲸鱼吞掉约拿[①]一样，苏格兰也会被英格兰吞掉。"不过，博士说，"当巴特勋爵主持政府时，他马上把他的许多同胞带进了政府，结果倒是约拿把鲸鱼吞掉了。"这个小故事引起哄堂大笑，大家心情好了，这个有争议的条款也就通过了。

当富兰克林博士带着革命任务去法国时，他作为一个哲学家的卓越、他的德高望重的风采以及他肩负的使命，使他非常得人心。那儿各个阶层、各种身份的人都对美国极感兴趣。因此所有的宫廷宴会，他都被邀请参加。在这些宴会上，他经常碰到波旁老公爵夫人，她的棋艺水平和他不相上下，因此两人经常一起下棋。有一次，她的王被吃掉，博士把它拿掉了。"啊"，公爵夫人叫起来，"我们不能这样把王拿掉的"。"我们在美国是这样做的，"博士回答。

在一次这样的宴会上，当时正用福尔肯斯坦伯爵这个假名在巴黎访问的约瑟夫三世皇帝默默地在一旁观棋，这时大家正在就美国问题热烈交谈。公爵夫人说："伯爵，我们大家都对美国的事儿深感兴趣，您为何一言不发？""我是干国王这一行的，"他回答。

当《独立宣言》在大陆会议进行讨论时，其中两三个不恰当的

① 约拿：《圣经·旧约》中人物，因躲避耶和华被抛入大海，被一条大鱼吞没，在鱼腹中待了三天三夜。——译者

措辞使某些代表大为不快。“苏格兰及其他外国雇佣军”这几个字使得该国的一两位先生怒火中烧。在协商中，我们一再要求取消那些允许奴隶输入的法律，对英国国王的行为痛加指责，南方有几位先生对此大为不满，他们的思想还没有成熟到对那个买卖深恶痛绝的地步。尽管这些令人不快的字句立刻就被删去了，这些先生还是对文件的其他部分大肆攻击。我正好坐在富兰克林博士旁边，他意识到我对这些删节并非无动于衷。他说：“我已经养成一个习惯，只要办得到，就决不做将由一个公共机构来审查的文件的起草人。这是我从一件小事得出的教训，我来对你说说吧。当我是一个印刷厂技工时，我的一个朋友——一个制帽学徒工——学徒期已满，打算自己去开店。他第一件事是做一块漂亮的招牌，上面写一行合适的字。他想出了这么几个字：‘约翰·汤普逊，制帽匠，制造并出售帽子，现金交易，’另外又画了一顶帽子。但是他想最好给他的朋友们看看，让他们提点意见。第一个朋友认为‘制帽匠’这个词是多余的，因为后面已经有‘制造帽子’这几个字，说明他是个制帽匠。第二个朋友说‘制造’这个词不妨去掉，因为他的主顾们不会在乎帽子是谁制造的。只要帽子质量好，中他们的意，无论是谁做的他们都会买。于是他把‘制造’这两个字划掉了。第三个朋友说他认为‘现金交易’这几个字没有用处，因为当地并没有赊卖的习惯。每个买东西的人都得付现金。于是他又把这几个字划掉了，招牌上只剩下这几个字：‘约翰·汤普逊出售帽子。’‘出售帽子’！又一个朋友叫了起来。‘没有人会要你白送，这几个字有什么用？’于是‘出售’两个字又被划掉了，后面的‘帽子’两个字也一同划掉了，因为招牌上明明已经画着一顶帽子。这样，招牌上

最后就只剩下'约翰·汤普逊'这个名字,外加一顶画着的帽子。"

博士在巴黎对我讲了雷纳尔神父的下面两件轶事。有一天博士在帕苏请客,客人一半是美国人,另一半是法国人,神父是后者之一。席间,神父谈到了他心爱的动物退化理论,甚至以他惯常的口才谈到了美国人的退化。博士注意到了他的客人们的身材,就说:"这样吧,神父先生,这个问题我们用摆在我们面前的事实来考核一下吧。我们这里一半是美国人,一半是法国人,美国人正巧坐在桌子这一边,我们的法国朋友们坐在另一边。现在请双方都站起来,我们来看看到底是哪一边的人退化了。"正巧他的美国客人是卡迈克尔、哈默、汉弗莱斯,还有其他几位,都是身材最高大优美的人,而另一边的那些法国人个子都十分矮小,神父本人更是个小不点儿。但是,神父对此避而不答,只是客客气气地承认这些人都是例外,而博士本人则是显著的例外。

有一天,博士和赛拉斯·迪恩在帕苏谈话,谈的是神父所著《印第安人史》一书中许许多多的错误,恰好神父进来,寒暄已毕,赛拉斯·迪恩对他说:"神父,博士和我正在谈你写的历史书中的许多事实错误。""啊,不,先生,"神父说,"那决不可能。我在书中叙述的事实,都是有根有据的,没有根据的,我绝对不用。""噢",迪恩说,"那你在书中讲到波利·贝克是怎么回事呢?这个女人因为有个私生子,被马萨诸塞法庭根据你引用的一条法律判了刑,你还慷慨激昂地为她辩护了一番,可我知道马萨诸塞从来没有这样一条法律。""你肯定错了,"神父说,"这件事是千真万确的。这件事我是从哪条消息引用来的,我回想不起来了,但它肯定是有确凿根据的。"富兰克林博士对神父一口咬定那件事有确凿证据笑得前俯后仰，好一会儿才说："神父，我来告诉你这件事的出典吧。当我是一家报纸的排字工和编辑时，我们常常缺少新闻，为了使顾客开心，我常常用一些我自己捏造出来的轶事和故事来填补空白，这个关于波利·贝克的故事就是我捏造出来的。"神父听了一点不动声色，却笑着叫起来："啊，好极了，博士，我宁可讲您捏造出来的故事，也不愿讲别人的真实的故事。"

乔治·威思生平速写[①]

乔治·威思于1727年或1728年出生在切萨皮克湾伊丽莎白城一个有名望的家庭。他从他父亲那里继承了一笔足够他过康乐生活的财产。他没有在学校里受过正规教育，但是不靠别人帮助自学成才，成为州内最优秀的拉丁语和希腊语学者。据说，在读希腊语《圣经》的时候，他母亲拿了一本英语《圣经》帮他对照希腊本阅读。他还通过自学精通了数学以及物理学和伦理学。他在一位名叫刘易斯的专业律师指导下学习法律，很早就当了州议会法庭的律师，那时律师都是由一些有极大的才干和学问、气派不凡的人担任的。他很快就在他们中间崭露头角，以他渊博的知识、流利的口才和合乎逻辑的推理风格成为律师中的佼佼者，因为他在答辩时从来不满足于一个无用的念头或一番夸夸其谈的话，而是由于在工作中廉洁奉公，对聘请他的那些

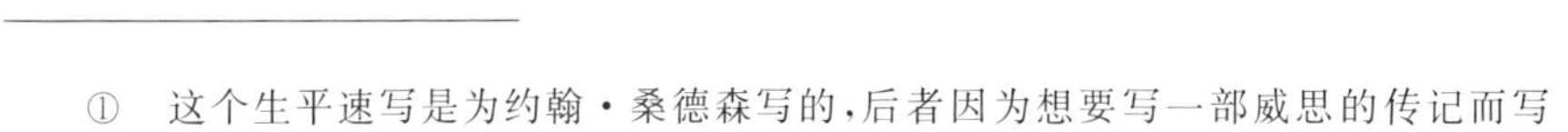
① 这个生平速写是为约翰·桑德森写的，后者因为想要写一部威思的传记而写信给杰斐逊。这篇文章是附在1820年8月31日的信里一并寄给桑德森的。

人克尽厥责而出类拔萃。他很早就被选入众议院，当时称为下议院，在那里一直服务到独立战争为止。在独立战争刚开始时，他不像一些胆小怕事的人那样就一些妥协原则讨价还价，而是抱定一个牢固的原则，即我们和英国之间唯一的政治上的联系是我们有同一个国家元首，英国及其议会对我们没有权力，就像我们对他们没有权力一样，我们和英国及汉诺威王朝是并起并坐的国家。

1774 年，他是下议院一个委员会的委员，这个委员会被指派就印花税法问题起草一封给英国国王的请愿书、一封给上议院的抗议书以及一封给下议院的进谏书。他被指定为最后一个文件的起草人。他本着自己的原则，大大超越了同事们犹豫不决的怯懦心理，以致他的草稿被他们删改得面目皆非；当 1775 年亨利先生提出他的著名决议时，它们之所以遭到威思・伦道夫、彭德尔顿、尼古拉斯、布兰德及其他长久以来一直是下院领袖的知名人士的反对，并不是因为有什么原则上的不同，而是因为上届议会的那些文件已经表达了同样的维护权利的思想感情，还在等待对方的答复。

1775 年 8 月，他被任命为大陆会议代表，1776 年签署了《独立宣言》，在宣言的辩论过程中，他始终是个突出的支持者。同年他被弗吉尼亚议会委任为修订该州法律（英国和殖民地制定的都在内）的委员会委员，将这些法律按照政府体制和原则的改变以及其他环境的需要加以修改，并提出议案将这些法律重新制定。这项工作在从独立战争开始到新政府成立这个时期内完成，只有遗产继承法、宗教自由法以及罪罚相当法除外。1777 年，他由于对议会法及议会事项知识渊博而当选为下议院议长，同年末，新政府成立伊始，他被 任命为衡平法院的三个大法官之一。在随后的法院改组中，他被任命为唯一的一名大法官，任职直到 1806 年 6 月逝世为止。终年 78 或 79 岁。

威思先生结过两次婚，第一次是与刘易斯先生的女儿，他曾从他学过法律，后来又与一位名叫托利弗的小姐结婚，这位小姐出身于威廉斯堡附近一个富有和体面的家庭。两次婚姻都没有留下后嗣。

任何人身后都没有留下比乔治·威思更令人崇敬的英名。他的美德最为白璧无瑕，他的正直坚定不移，他的公正一丝不苟；他有强烈的爱国精神，献身于自由事业以及人的天然权利和平等权利，他堪称他的国家的加图[①]，却没有那个罗马人的贪婪，因为世上从未有过一个比他更大公无私的人。他滴酒不饮，生活起居富有规律，因为健康状况良好，而他的谦虚谨慎的精神和温文尔雅的风度又使他获得每一个人的欢心。他能说善辩，语言简洁，有条有理，讲起来得心应手，辩论时也彬彬有礼；脑子反应不够灵敏，但只要稍花些时间就能深刻理解，并且作出正确的结论。他对自己的人生观是坚定的，不以自己的宗教信条去打扰别人，也不把它信托给别人，而是让大家去亲身领会这个结论：一种能够产生具有如此可资楷模的美德的生命的宗教，必然是好的。

他身材中等，匀称美观，五官富有男子气概，英俊动人。这就是乔治·威思，本时代的光荣，后世的典范。

---

① 加图(公元前 234—前 149)：古罗马政治家、作家，曾任大法官、执政官、监察官等职。——译者

Ⅵ　弗吉尼亚笔记[①]

绪　　言

杰斐逊的《弗吉尼亚笔记》是他唯一的一个长篇专著，写这本书主要是为了回答当时驻费城的法国公使巴尔·马布瓦侯爵向他提出的一些问题。杰斐逊辞去弗吉尼亚州州长职务后，有一次坠马受伤，在这个难得的养伤空闲期间，有机会将他多年来专心收集的关于弗吉尼亚的材料加以整理。这些笔记在1782—1783年冬作了修改和补充，但并未立即在美国出版，这主要是由于经济原因。《弗吉尼亚笔记》由杰斐逊在巴黎自费匿名出版，初版印了200本，时间是1784年（出版日期注明1782年），他刚到那个首都不久。在以后5年内，相继出了法国、英国、德国和美国的版本，有些是作者授权的，有些是作者未授权的。《笔记》对法国政界产生了极大的影响，法国自由主义者们对论述共和政治自由体制的那

① 全名是"弗吉尼亚州笔记"；作于1781年，1782年冬稍加修改和补充，供一位外国名人使用。文章中回答了这位名人提出的一些问题，内容是关于弗吉尼亚州的边界、河流、海港、山脉、瀑布、山洞、矿产、动植物、气候、人口、陆军、海军、土著居民、县和城镇、宪法、法律、大学、建筑、道路、宗教、生活方式、制造品、商品、度量衡、货币、政府收支、历史、纪念物以及州办报纸。

部分特别关心。

这部著作之重要不仅在于它是对美国科学著作的一个杰出贡献（系统地阐述了科学的地理原则，后来由冯·亨博尔特进一步发挥），20世纪著名的科学历史学家还称赞它是一个美国人所写的最有影响的科学著作。《笔记》始终以杰斐逊文章的明晰、力量和美而令人感兴趣。

除一些对重复的细节无关紧要的统计表和技术性的脚注以外，《弗吉尼亚笔记》是全文刊载的。

问　题　一

可否精确地叙述一下弗吉尼亚州的幅员和边界？

弗吉尼亚东临大西洋，北以一条穿越东海岸沃特金斯岬角的纬线为界，约为北纬37°57′；从那里沿一条直线到波托马克河口附近的辛夸克，再从那里沿着弗吉尼亚和马里兰共有的波托马克河到它北部支流的第一个源头，再从那里循着一条子午线穿过那个源头，直到它和一条东西走向的线交叉，这条线在北纬39°43′42.4″，将马里兰州同宾夕法尼亚州分开，即梅森和狄克逊两位先生标出的线；再从那里沿着那条线一直往西到达同一纬度上距宾夕法尼亚东部边界经度5°的地方，再从那里沿着经线通往俄亥俄河，在西部以俄亥俄河及密西西比河为界，往南达到北纬36°30′，在南部以上述纬度线为界……这些边界内包含的地区形成一个三角形，共12.1525万平方英里，其中有7.965万平方英里在阿勒格尼山脉以

西,5.7034 万平方英里在大卡哈威河口子午线以西。因此这个州比大不列颠和爱尔兰岛(总面积为 8.8357 万平方英里)大 1/3。

这些幅员来源于:1. 英国国王颁发的老特许状。2. 马里兰被赠送给巴尔的摩勋爵,随后英国宫廷划定了那个赠送的界限。3. 宾夕法尼亚被赠送给威廉·宾,弗吉尼亚议会与宾夕法尼亚议会就那个赠送的范围订立了协定。4. 卡罗来纳被赠与,并且在双方同意下划定了北部边界的实际位置。5. 1763 年巴黎条约。6. 弗吉尼亚代表会议在成立州时对邻近诸州特许状的认可。7. 弗吉尼亚将他们在俄亥俄河北岸所拥有的全部土地割让给国会。

问　题　二

可否介绍一下它的大小河流以及它们的航行情况?

只要看一下弗吉尼亚的地图,就可以了解它的水文情况,比任何书面叙述更清楚。它们的航行情况大致如下:

罗阿诺克河,它在本州的部分只有独木舟或小船可以通航,而且即使这些小船也只能在一些分离的地段通行,因此居民根本无法利用。

詹姆斯河及其水域通航情况如下:

伊丽莎白河是流入詹姆斯河的那些河中最浅的一条,整条伊丽莎白河是个港口,能容纳 300 多条船。河床宽 150—200 英寻[①],在一般涨潮时,到诺福克为止,水深 18 英尺。有 60 门炮的

① 英寻:长度单位,一英寻合 6 英尺或 1.8288 米。——译者

“斯塔福德号”战舰曾减轻负担，穿过索韦尔岬角到达那里。可装 64 门炮，实装 50 门的“菲耶尔·罗德里格号”战舰未减轻负担就驶到了那里。位于这条河口的克兰尼岛很好地控制着它的水道。

南塞蒙河可供 250 吨的船通航到斯利皮霍尔，100 吨的船通航到萨福克，25 吨的船通航到米尔纳。

帕甘支流到斯密斯费尔德为止水深 8—10 英尺，可供 20 吨的船通行。

奇克哈默尼河口有一个沙洲，涨潮时水深仅 12 英尺。船经过时可向上游航行 8 英里，吃水 10 英尺的船可再往前 4 英里，6 吨的船还可再往前 20 英里。

阿波马托克斯河可供任何一条在詹姆斯河上越过哈里森沙洲的船航行至百老汇；它到费歇尔沙洲为止水深 8—10 英尺，到彼得斯堡为止水深 4 英尺，那里一切航行都停止。

詹姆斯河本身可供任何大小的船停泊，但是在整个冬季并不安全：可以航行至马尔伯里岛。装备 40 门大炮的战舰直航至詹姆斯敦，减轻船载后可以通过哈里森沙洲，那儿水深仅 15 英尺。250 吨的船可驶抵沃威克，125 吨的船可驶抵里士满下游一英里处的罗克特，从那儿到里士满水深为 7 英尺，在该城中心处为 4.5 英尺，那儿的航行为瀑布所阻，瀑布绵延 6 英里，从 88 英尺高处垂直落下。在瀑布上游可以重新乘小舟，在距青岭 10 英里内可以安全有效地航行，载重 1 吨的小船甚至可以穿过蓝岭开辟一条溯杰克河和卡本特支流到格林布赖尔的霍华德支流 25 英里之内地方的差强人意的航路，与其目的相比，费用并不太大，这两条河都有足够的水供船漂流进大卡哈威河。考虑到未来的人口状况，我认为可以使它的航行与波托马克河的航行连接起来，并且通过短程水陆联运与俄亥俄河连接。必须指出的是，这条河在地图上称为詹姆斯河的只有到与里瓦诺河汇合的一段，从那里到蓝岭为止称为弗卢万纳河，从那里到它的源头称为杰克逊河。但是在一般谈话中到源头为止都称为詹姆斯河。

里瓦纳河是詹姆斯河的一个支流，可供小舟航行至与西南诸山相交处，全长约22英里，通过这些山可以很容易地开辟一条到夏洛茨维尔以北分流处的航路……

密西西比河将是今后与阿勒格尼山脉以西地区通商的主要航路之一。从这条河的河口到它接纳俄亥俄河的地方为止，水路有1000英里，但陆路穿过奇克索地区仅有500英里。从俄亥俄河口到密苏里河口，水路为230英里，陆路为140英里，从那里到伊利诺伊河口约为25英里。密苏里河口下游的密西西比河常年泥泞，充满沙洲，这些沙洲经常改变位置。但是，它到俄亥俄河口为止水深达15英尺，宽1.5—2英里，从那里到卡斯卡斯基亚宽1英里到1 1/4英里。水流十分湍急，单靠风帆的力量无法逆流而行，但是划桨的船任何时候都可以借风力逆流而上。一艘平底船可以在三个星期内从俄亥俄河口到达密西西比河口，回程则需二三个月。在河水泛滥（和尼罗河一样定期发生）期间，如舵效安全有保证，最大的船也可顺流而下。泛滥从4月开始，8月初河水即可退回堤岸。洪水向西边比向东边泛滥得更远，有些被淹没的地方离岸达50英里。在密苏里河口，它变成一条和俄亥俄河一样的河，水流一样地清澈和缓，没那么宽，泛滥期几乎相同，但是水涨得没那么高。科霍斯村庄的街道高出水面不超过10英尺，但从未被淹过。它的河床每年加深。在如今在世的许多人的记忆中，科霍斯从前在河的每次泛滥中都成为泽国。过去的东部水道，如今成了一个湖，长9英里，宽1英里，河水从不流进这个湖。这条河出产一种与众不同的龟，还出产河鲈、鲑鱼、雀鳝、梭鱼、鲻鱼、鲱鱼、鲤鱼、50磅重的刮刀鱼、100磅重的鲇鱼、牛鱼及鲟鱼。上游远至阿坎萨斯还发现过鳄鱼。河里还盛产鹭、鹤、鸭、黑雁、鹅和天鹅。由该州修筑的一个要塞(在俄亥俄河口下游5英里、卡罗来纳边界往北10英里处)控制了这条水道。

密苏里河自从巴黎条约签订以来，伊利诺伊河和俄亥俄河的北部支流自从割让给国会以来，都不再在我们的境界之内。然而它们过去向我们开放了与西部及西北地区的广阔交通渠道，现在仍然如此，因此应当依次予以介绍。[①]

问 题 三

可否说明一下弗吉尼亚州最好的海港以及泊船的吨位？

我们除了大小河流外，别无港口，这个问题已经在上一个问题中回答过了。

① 这个问题的剩余部分介绍了以下各条河流：密苏里河、伊利诺伊河、卡斯卡斯基亚河、俄亥俄河、田纳西河、坎伯兰河、瓦伯什河、格林河、肯塔基河、大迈阿密河、盐河、小迈阿密河、苏托河、大桑迪河、圭亚多特河、大卡哈威河、霍克霍金河、小卡哈威河、马斯格姆河、莫农加希拉河及阿勒格尼河。

问　题　四

可否介绍一下它的山脉?

关于本州山脉的特殊地理状况,请参阅弗赖伊和杰斐逊两人绘制的弗吉尼亚地图,并请参阅伊文斯对这张美国地图的分析,因为他对它们的描述比其他任何著作更加翔实。值得注意的是,本州的山脉并不是孤独地、杂乱无章地散布在地面上,而是从距海岸约150英里处开始,呈脊状隆起,一个山脊处在另一个后面,几乎与海岸平行,尽管它们越是往东北方向延伸,反而越接近海岸。海岸和密西西比河之间的一大块地在西南方越来越窄,许多座山会聚成一条山脉,这条山脉接近墨西哥湾时,凹陷下去变为平原,并且产生了几条流入墨西哥湾的河,特别是一条称为阿巴拉契科拉的河,这个名称大概来源于阿巴拉契——从前住在此地的印第安人的一个民族。这座产生那条河,而且从河的任何一处都可以看到的山脉称为阿巴拉契山脉,实际上只是贯穿大陆的几条大山脉的终端。但是,欧洲地理学家们把这个名字应用的范围扩大到山脉向北延伸所及的地方,有些地理学家用它来称呼山脉已经分成不同山岭的蓝岭,有些地理学家用它来称呼北山,有些地理学家用它来称呼阿勒格尼山脉,也有些地理学家用它来称呼劳里尔山脉,这可以在他们不同的地图上看到。但是,事实是,当地居民(无论是土著还是移民)没有一个知道这些山是叫那个名字的,除非在欧洲地图上看到这样称呼它们。迄今为止,所发现的石灰石、煤及其

他矿物的矿脉一般都处于同一方位，而且我们的几条大河的落差也是那样排列的。但是，大河的流向与这些成直角。詹姆斯河和波托马克河贯穿阿勒格尼山脉以东的一切山岭；也就是说，没有被任何水道切断。事实上它是大西洋为一方，密西西比河和圣劳伦斯河为另一方，两方之间地面上的隆起地带。波托马克河穿过蓝岭也许是自然界最瑰丽的景观之一。你站在高处极目望去，在你的右边，谢南多厄河沿着山脚奔流 100 英里前来寻找一个出口，在你的左边，波托马克河奔流而来，也寻求一个通道。两条河一汇合，就一起冲击这座大山，把它劈成两半，然后从中间穿过流入大海。第一眼看见这个景观，我们立刻会产生一个想法：这个地方产生得恰逢其时，山首先形成，然后河开始流动，偏偏在这个地方被蓝岭阻止，形成一片汪洋，弥漫整个山谷，水继续上升，终于在这个地方打开一个缺口，把这座山从山顶到山脚撕裂了。岩石堆积在每一面，特别是堆积在谢南多厄河谷一面，它们在最强大的自然力的作用下被从山上撕裂下来的明显标志证实了上述想法。但是大自然对这幅画的最后的润饰具有截然不同的特点。它与前景形成了鲜明的对比。一个是苍莽雄伟，另一个是宁静和令人赏心悦目。由于大山被劈成两半，通过裂口可以看见一小段蓝色的地平线，出现在无边无际的平原上，仿佛在邀请你摆脱周围的喧嚣和嘈杂，穿过裂口，走向下面静谧的世界。这里，目光终于安顿下来，而路恰恰也往那个方向通去。你在河的合流处渡过波托马克河，沿河边山麓走 3 英里，你头上就是悬崖峭壁，分成许多碎片，摇摇欲坠，再走不到 20 英里就到了弗雷德里克敦，周围是一片美丽的乡村。这个风景是值得横渡大西洋来观赏的。然而这里，正如在天然桥村

一带，人们在方圆 5—6 英里范围内度过一生，从未去眺望过这些河与山之间一场必然震撼大地的战争的遗迹……

我们的山脉的高度从未被相当精确地测量过。阿勒格尼山是把大西洋的水域与密西西比河的水域分开的大山脉，它的峰顶无疑比任何其他山更高地耸立在海面上。但是，与它的底部相比，它的相对高度不及其他几座山，因为山后面的地像阶梯一样越升越高。蓝岭山脉及其中的奥特峰，从底部量起，被认为比我国以及恐怕北美的任何其他山更高。根据有相当猜测成分的材料，我们设想最高峰为大约 4000 英尺(垂直)，而这个高度还不到南美山脉高度的 1/5，也不到在我们纬度上保持户外积冰终年不化所必需的高度的 1/3。蓝岭远处的一座山，我们称为北山，面积最大，因而被印第安人称为无垠山。

密西西比河上发现漂浮着一种被认为是浮岩的物质，这就引起一种猜测：密西西比河的某个水域有一座火山。但是因为这些水域，除密苏里河外，到其源头为止都为大家熟悉，要使这个猜测获得证实，自然就会想到把墨西哥湾的水域与南海的水域分开的那些山，但是在离海这个距离内从未知道有火山，因此我们应该认为这种漂浮的物质是被误认为浮岩的。

问　题　五

它的瀑布和山洞呢？

本州唯一值得一提的瀑布是奥古斯塔的落泉。它是詹姆斯河被称为杰克逊河的那一段水域，发源于温泉西南20英里处的温泉山脉，流进那个山谷。它在距它的源头大约3/4英里处从一块200英尺高的岩石落进下面的山谷。广阔的水帘在两三个地方被岩石切断，但是高度毫不受影响。在底部，你可以从水帘与岩石之间穿过而不会被水打湿。这个瀑布就其水量来说是无法与尼亚加拉瀑布比拟的，水帘上部只有12或15英尺宽，下部稍宽些，但是高度却比尼亚加拉瀑布高出一半，后者奉加拿大总督沃德鲁尔先生命令测量只有156英尺高，而根据最近的一次测量仅为130英尺。

在石灰石地区，有许多面积很大的山洞。其中最著名的一个叫麦迪逊洞[①]，在蓝岭北侧，接近罗金厄姆和奥古斯塔线与谢南多厄河南面一条支流的交叉处。它在一座垂直高度约200英尺的山里，山一侧极其陡峭，你可以从山顶把一块饼干扔进一条从山脚下流过的河里。这个山洞的入口在这一侧往上2/3高的地方，深入地下约300英尺，分出许多附属的洞，有的稍稍升高，但一般是下降，最后在两个不同的地方终止，成为两个水潭，大小不明，估计与河差不多处于同一水平面，但是我不认为它们是那条河回流的水形成的，因为它们从不浑浊，河水泛滥时或干旱时不跟着一同涨落，也因为水永远是凉的。它可能是地下大量存在的许多贮水池之一，由它向水潭供水，这个洞与其他洞不同仅仅在于可以进入。这个洞的拱顶是坚实的石灰石，高20—40或50英尺，水不断从它

① 杰斐逊附了一张麦迪逊洞图，本书从略。

里面渗出来。水沿着洞的四壁滴落，壁上结着一层硬壳，宛如一张优美的帷幕，滴水在拱顶上面以及下面地上生成许多圆锥形的钟乳石，其中有些连接起来，形成巨大的圆柱。

另一个洞靠近北山，在弗雷德里克县赞恩先生的土地上。洞的入口是在一个广阔的山脊上。你往下走 30 或 40 英尺，好像进入一口井，洞从这里差不多水平地伸进地里 400 英尺，宽度保持在 20 至 50 英尺，高度 5 至 12 英尺。进洞数英尺后，温度从洞外华氏 50°上升至 57°，即列氏 11°，一直到洞的最远部分都保持这个温度。巴黎气象台地下室深 90 英尺，没有任何化学作用会产生虚假热，这个地下室测得的标准温度是列氏 10°，即华氏 54.5°。上面提到的洞的温度几乎与这个标准温度完全吻合，细微的差别可归因于使用的仪器有所不同。

在把克劳牧场的水域与卡尔夫牧场的水域分开的山脊里的潘瑟隘口，有一个洞，叫吹气洞。它在一座山的一侧，直径约 100 英尺，不断喷出一股气流，力量大得使 20 码开外的杂草也倒伏在地。这股气流在干燥霜冻天气最强，长期下雨天气最弱。山洞和裂缝的吸气和呼气也许可以归因于它们与断断续续的喷泉结合在一起、因为当它们的贮水池排空时当然要吸气，灌满时当然要重新放出。但是经常不断地吹气，仅仅因天气干燥或潮湿而强度有所不同，却需要有一种新的假设。在坎伯兰山，距它与卡罗来纳交界约一英里处，另外还有一个吹气洞。关于这个洞，我们只知道它不是经常喷气，一股泉水从里面流出。

天然桥是大自然最鬼斧神工的作品，虽然不在本题范围之内，却不能对它置之不问。它是在一座小山的斜坡上，这座小山似乎被剧烈的震动从横里劈开。桥所在处裂缝的深度有人测量为270英尺，而另一些人测量仅为205英尺。它底部宽约45英尺，顶部约90英尺，这当然决定了桥的长度以及它距水面的高度。桥中央的宽度约为60英尺，但两端更宽些，圆拱最高处厚度约为40英尺。这个厚度的一部分是一层土，长出许多大树。山两侧是结实的石灰石岩。拱形近似半椭圆形，但是椭圆的较大的轴(它也许是拱形的棱)要比这个横轴长出许多倍。尽管这座桥的两侧某几处用岩石筑起一道低矮的护墙，但是很少有人敢走近护墙窥望下面的无底深渊。你身不由主地要手脚着地爬到护墙边往下看。我从这个高度往下看了一小会儿，头就剧烈地痛起来。如果从上往下看使人胆战心惊，难以忍受，那么，从下往上看会使人赏心悦目，同样达到无以复加的地步。如果不身临其境，是不可能体会到那种崇高庄严的心境的；拱形那么美，那么高，那么轻，宛如横空出世！观者似醉如痴的心情非笔墨所能形容！裂缝在桥上和桥下很长一段距离始终是又窄又深，始终是直的，在一边展现北山那短促然而非常悦目的风景，另一边是蓝岭，两边的距离各为5英里。这座桥是在岩桥县(县因桥而得名)，它为公众提供了一个通过河谷的方便通道，这个河谷在很长距离内在别处是不能通行的。流经桥下的溪称为雪松溪。它是詹姆斯河的一条支流，在最干旱的季节也足够转动一个磨坊的磨，尽管它的源头在上游不超过二英里[①]。

① 此处杰斐逊一个很长的注被略去。

问　题　六

请介绍一下矿山及其他地下资源；它的树木、植物、水果等等。

我知道本州发现黄金的一个例子。它呈微粒散布在一块重约4磅的矿石里，从中提炼出17本尼威特[①]可锻性极强的黄金。这块矿石是在拉帕汉诺克河北面，瀑布下游约4英里处发现的。我从未听说过在它附近有任何其他黄金的迹象……

在北山东面山脚附近有巨大的片岩，上面有各种贝壳形状的痕迹。我从肯塔基河的主源头获得过许多截然不同种类的化成石的贝壳，它们同我在滨海地区见到的任何一种贝壳都不相似。据说在海拔15000英尺的南美安第斯山脉发现过贝壳。许多人（包括有学问和没有学问的）认为这是一次全球性大洪水的证明。在反对这种意见的许多理由中，还可以增加下面一种：大气及其一切内含物，无论是水、空气或其他物质，都受地球引力作用，也就是说，它们是有重量的。经验告诉我们，所有这些物质的重量加在一起，绝对不会超过一根31英寸高的水银柱，这等于一根35英尺高的水柱。因此，如果大气的全部内容都是水而不是现在的那些东西，那么水盖没地球只有35英尺深，而这些水落下时会流入大海，大海与陆地是2与1之比，海面只会比目前的水平高出52.5英尺，它淹没陆地当然也只有这么高。在弗吉尼亚，这只会占平原很小一个比

① 本尼威特：英美金衡单位，1本尼威特等于0.05盎司，合公制1.555克。——译者

例，因为我们滨海地区的岸往往（如果不是永远）要高得多。那么，洪水要超出这个范围，比如泛滥到北山或肯塔基，似乎是违反自然规律的。但是在自然规律范围内，却可以按照被推测为促成它们发生的自然界多种原因的结合在或大或小的程度上发生。历史上，地中海周围地区有可能发生过局部洪水。时常有人设想①，地中海曾经是个湖，而那也不是不可能，在这种情况下，我们姑且承认，大气中的水被从地球上其他地方积聚起来，排放进那个湖及其周围地区。或者不设想它是一个湖，而是承认这样惊人数量的水集中起来，在长期不断的西风的影响下从大西洋涌进。那个湖，或那个海，大大升高了，水溢出来把附近的低地，如埃及和阿美尼亚的那些低地淹没，而根据埃及人和希伯来人的传说，这两块低地在纪元前 2300 年曾被淹没；阿提卡的低地在大约 500 年后奥奇其斯时代曾被淹没，而塞萨里的低地又在 300 年后丢卡利翁时代曾被淹没。但是像这样的洪水泛滥并不能说明在高地发现贝壳的事实。也有人提出第二种见解，那就是，在有历史记载或传说以前，贝壳族主要居住地的海底，由于自然界剧烈的震动，被提升到我们现在发现贝壳及其他海洋动物的高度。持这种见解的人最好假定作为见解根据的大事发生在一切历史时代之前，因为在这些历史时代内肯定找不到任何这种事，而且我们可以大胆地进一步说，无论是在我们这个时代，还是在有历史记载的数千年里，都没有发生过一件事，证明地球内部或外部有一种自然因素，其力量足以把像

① 布丰，《自然史》，96 页。〔杰斐逊注〕杰斐逊显然是指法国博物学家布丰所著《自然史》第 2 卷。

安第斯山这样的庞然大物抬到15000英尺的高度。产生这样一个结果所必需的力量，以及今天把卡拉布里亚的各部分搞乱的力量，两种力量的差别是如此悬殊，以致我们不能仅仅因为后者存在就猜想前者也存在。

伏尔泰先生对这个难题提出第三种答案。（查考百科全书·贝壳类）他引证图赖讷地区的一件事，那儿有一个地方的泥在80年间曾两度变成软的石头，可用它来造房子时又变成硬石头了。这块石头里生出了许多不同种类的贝壳，起初只有用显微镜才看得见，后来却跟着石头一起长大。我想，他引用这个例子，是想使我们推断说，除了在动物脉管内靠土和水的同化作用产生贝壳这个通常的工序外，大自然也可以使同样物质通过石灰质泥土和石头的毛孔提供相同的工序，就像我们看到水渗透石灰石天天都在产生石灰质滴石，大理石矿中老的大理石被取出，新的大理石又不断形成。可能有人会问：大自然把石灰质液汁注射进贝壳脉管内，是否比按照液汁所通过的脉管的构造把其他液汁注射进水晶、植物、动物体内更难？这里确实有点令人迷惑不解。是第一种关于存在一种我们在任何其他情况下都没有证据的力量的假设更难叫人相信呢，还是另一种要求我们相信地球上洪水泛滥后又消退的假设更难叫人相信？伏尔泰先生所举的贝壳脱离动物躯体生长的例子是他的理论。但是他没有证实这个理论。他甚至没有把它置在相当牢固的基础上，以使它成为他本国的学者们研究的对象。因此，抛开这个论据，这三个假设都是不能令人满意的。我们必须承认，这个异乎寻常的现象至今尚未得到解决。无知比错误好，什么都不相信的人比相信错误的人离真理更近。

……我们的农田生产小麦、裸麦、燕麦、荞麦、高粱和玉蜀黍。凡是土质好的地方，气候十分适宜种大米。烟草、大麻、亚麻和棉花是主要产品。靛青一年可收割两次。蚕是当地生的，蚕吃的桑生长良好。

我们也种植马铃薯（长的和圆的都种）、芜菁、胡萝卜、欧洲萝卜、南瓜和落花生。我们的禾本科植物有苜蓿、驴食草、地榆、猫尾草、伞形花序枝和鸭茅；红三叶草、白三叶草和黄三叶草；草皮、青草和马唐草。

菜园生产香瓜、西瓜、番茄、黄秋葵、石榴、无花果以及各种欧洲蔬菜。

果园生产苹果、梨、樱桃、榅桲、桃、油桃、杏、扁桃和李。

我们的四足动物差不多都已被林奈[①]和布丰两位先生描述过了。在这些四足动物中，猛犸（印第安人称之为大野牛）当然是最大的。他们传说它是食肉的，至今仍生活在美洲北部。在独立战争期间，特拉华部落的一个印第安斗士代表团曾就贸易问题访问了弗吉尼亚州州长，会谈结束后，州长向他们提了一些关于他们地区的问题，其中一个问题是：在俄亥俄河盐碱地发现过这种动物的骨头，他们对这种动物知道些什么或听到些什么。他们的主要发言人立即摆出一副演讲的姿势，以一种适合于他认为是一个高尚的题目的炫耀口气对州长讲了一个他们祖先流传下来的故事：“在古时候，一群这种巨兽来到大骨盐碱地，开始大举扑灭熊、鹿、驼鹿、野牛和其他被创造出来供印第安人食用的动物。神在天上俯

① 林奈（1707—1778）瑞典博物学家。——译者

观下界，看到了这一幕，大为震怒，便抓住一个闪电，下降到人间，坐在邻近山上一块岩石上(他屁股坐的印子和脚印至今仍清晰可见)，向它们发射弩箭，直到所有的野兽都被杀死，只剩下一头大野牛。大野牛用前额挡住纷纷射来的箭，把它们抖落在地上，但是终于漏掉了一支，这支箭射进它腰里，痛得它四处蹦跳，跳过俄亥俄河，跳过沃巴什河，跳过伊利诺伊河，最后跳过大湖，在那里一直活到今天。”大家都知道，在俄亥俄河，还有在美洲北面不少地方，发现了大量其大无比的长牙、臼齿和骨骼，有的在地面，有的在地面稍下一些的地方。一位名叫斯丹莱的先生曾在田纳西河口附近被印第安人俘获，他说他被从一个部落转到另一个部落，转了好几个部落，最后经过密苏里河以西的山脉来到一条向西流去的河，他说那儿遍地都是这种骨头，当地的土著向他描述了这种他们认为至今仍生存在他们北部地区的野兽，从那种描述他判断那是一头象。同样的骨头晚近在北霍尔斯顿河盐沼地下几英尺处也发现过，这条河是田纳西河的一条支流，在北纬 36.5°。根据欧洲发表的报道，我认为可以断定这些骨头和那些在西伯利亚发现的骨头是同一种类的。报道中提到在两个半球更南面的气候区也发现过同样的动物遗骸，但是要么含糊其辞，使人对事实本身产生怀疑，或者描写得极不精确，无法将它们与北部地区发现的巨大骨骼合为一类，要么把它们形容得那么稀少，使人怀疑它们是被人当作珍品从北部地区带到那儿的。因此，总地说来，在比上面提到的盐碱滩更南的地方，似乎没有这种动物存在的迹象。值得注意的是，这些长牙和骨骼被欧洲的博物学家们认为是象的，臼齿则被认为是河马的。但是一致公认长牙和骨骼要比象的长牙和骨骼大得多，臼齿

更比河马的臼齿大好几倍，形状也截然不同。在发现这些臼齿的地方，也发现长牙和骨骼，但是既没有发现河马的骨骼，也没有发现象的臼齿。不能说河马和象总是来到同一个地方，河马留下它的臼齿，象留下它的长牙和骨骼。因为没有留下的部分到哪儿去了呢？因此，我们必须承认，这些遗骨是属于同一种动物的。这种动物不是河马，因为河马没有长牙，也没有这种骨骼，也因为臼齿的大小及数目和尖端的形状都不相同。这种动物也不是象，我想这是被同样确凿的证据确定的。我不愿意利用那位著名解剖学家[①]的权威，他检查了长牙的形状和结构，宣称它们与象的长牙截然不同，因为另一位同样著名的解剖学家[②]做了类似的检查，宣称它们是完全一样的。在这样两位权威之间，我认为结论是靠不住的。第一，猛犸（因为这个匿名者就是被这样称呼的）的骨骼证明它是一种比象的体积大五六倍的动物，这是布丰先生承认的。第二，臼齿比象的臼齿大5倍，它们是方的，咀嚼面有四五排钝的尖头，而象的臼齿又宽又薄，咀嚼面是平的。第三，我从未听说在美国曾经有一次（也许一次也没有）发现过象的臼齿。第四，从已知象的体温和体质来说，它决不可能存在于发现猛犸遗骸的那些地区。象是一种只生活在热带及其附近地区的动物，即使曾经依靠温暖的房间和温暖的覆盖物在欧洲温带气候条件下存活下来，也只能活它的天然寿命的一小部分，而且也从未听说它在那里繁殖过。但是，上面说过，在霍尔斯顿河盐碱滩更南的地方从未发现过

① 亨特。〔杰斐逊注〕

② 都本顿。〔杰斐逊注〕

猛犸的骨头，而北面则远至北极圈却都发现过。因此，那些认为象和猛犸是同一样东西的人必须认为：一、我们所熟知的象能够在寒带生存和繁殖；或者二、一股永远不灭的火曾一度使那些地区变得温暖，后来却丢弃了它们，但是关于这一点，地球并没有显示明确的迹象；或者三、当这些象存在的时候，黄赤交角非常大，把发现骨头的所有那些地区都包括在热带之内；上面说过，热带是象的天然居住范围。但如果承认黄赤交角确实是缩小了，我们采用最高的缩小率，即每 100 年 1 分，把北部热带地区转移到北极圈，那就会将这些所谓的象的存在推前 25 万年，这个时期是远远超出我们对于在露天的动物骨头的保存时间的概念的。此外，尽管这些地区被设想处在热带地区以内，但是它们的冬天对于敏感的象来说是过于严酷了。而那里一年里只会有一个白天一个晚上，我们没有理由认为象的天性能够适应这种环境。然而，实验已经证明，如果黄赤交角果真发生了变化，它变化也是振动性的，绝对不会超过 9°范围，这是不足以把这些骨头带到热带地区以内的。要支持这些骨头是象的骨头的见解，就必须采取这些假设中的一个，或采取其他同样随意的、为严谨的科学所不许的假设。就我个人来说，我认为不妨假定有过这样一种动物，它的长牙和一般结构与象相似，而其他方面的性质截然不同。从南纬 30°到北纬 30°，大致是大自然为我们所熟知的象的生存和繁殖规定的范围。从那儿向北至36.5°，就进入为猛犸划定的范围。我们向北走得越远，那边的土地被勘探得多，猛犸的遗迹也越多；这种情况可以一直延伸到北极，要是土地能延伸得那么远。这样，寒带的中心将会是猛犸活动的顶点，就像热带的中心是象的活动的顶点一样。因此，大自然似乎在这两种巨兽之间划了一条隔离带，这条带的精确的宽度确实不得而知，但我们目前可假定它在北纬6.5°，这个纬度以南地区划归大象，以北地区划归猛犸，大象生存在最热的地方，猛犸生存在最冷的地方。因此，既然造物主尽这个行星上动物生活范围之能将它们的特征作了区分，由于它们的长牙和骨头有些相似，就断言它们是同一样东西，这似乎是有悖常情的。但是无论我们把这些遗骸归属于什么动物，这种动物肯定在美国生存过，而且是地球上一切生物中最大的。这足以使它所居住的土地和所呼吸的空气免除关于它们没有力量大规模地孕育和抚养动物的非难，也足以把动物史方面最有学问的一位作者的见解扼杀在娘胎里，这个见解是："大自然在地球的一半不如在另一半活跃和积极。"[①]好像地球的两半不是被同一个宜人的太阳晒暖；好像一块同样化学成分的土地合成动物养料的能力比另一块差；好像在那块土地上和那个太阳下结出的果实和谷物提供的乳糜不够丰富，身体内固体和液体发展差，或者软骨、隔膜及纤维更快地僵化，限制进一步发展，并使动物停止发育。事实上，一个侏儒和一个巴塔哥尼亚人[②]，一只老鼠和一头猛犸，他们身体的大小都来自同一种营养液。增长的差异取决于非人类智能所能探究的环境。每一种动物在其形成时似乎都从造物主那里接受了某种生长规律。它们的精细的器官就是为了这个需要而制造出来的，而一些合适的障碍则阻止它们进一步发育。它们不能低于这个限度，也不能高于这个限度。它们将

① 布丰全集第18卷，第112页，巴黎，1764年版。

② 巴塔哥尼亚人：阿根廷南部巴塔哥尼亚地方的一个印第安种族，是全世界身材最高的人。——译者

获得什么样的中间地位，取决于土地、气候、食物以及饲养者的精心选择。但是任何一种圣餐都不能使老鼠长得像猛犸那样大。

布丰伯爵提出的见解[①]是：第一，就旧世界和新世界所共有的动物而言，新世界的动物个儿比较小；第二，新世界所特有的动物个儿都比较小；第三，就新旧两个世界驯化了的动物而言，美洲的动物已经退化；第四，总的说来，美洲动物的种类比较少。其理由他认为是美洲热的程度较低，大自然把更多的水散布在它的地面上，而被人手排去的较少。换言之，高温对大型哺乳动物的生产和发展有利，湿度则对它们的生产和发展不利。我不打算就第一个可疑的根据即美洲的气候到底是不是比较潮湿来反驳这个假设。因为我们还没有获得足以解决这个问题的观察材料。尽管在问题得到解决之前，我们完全可以像别人肯定这个事实一样地否定这个事实，但是眼下就由它去吧。经过这番推测，这个假设就进展到另一个假设：潮湿对动物生长不利。这种靠先验的推理得出的真理对我们来说是不可思议的。大自然把它的行为方法向我们保密。在这类问题上我们只能求助于经验，我认为经验是反对这个假设的。依靠热和潮湿，蔬菜才从泥土、空气、水和火等元素中生长出来。因此我们看到，气候越潮湿，蔬菜产量越高。蔬菜间接地或直接地是每一种动物的食物，按照食物的数量，我们看到动物不仅数量增加，体积也在它们的自然规律所允许的范围内增大。这也是布丰伯爵本人的见解，他在他的著作的另一个地方[②]这样说："一般说来，倒是气

① 《布丰全集》第 18 卷，第 100，156 页。〔杰斐逊注〕

② 第 8 卷第 134 页。〔杰斐逊注〕

候寒冷的地方比气候温暖的地方更适合我们的牛，气候越潮湿，牧草越丰盛，牛的身体也越大，体重也越重……”[①]那么，这里有一种动物，而且也是最大的一种动物，由于寒冷和潮湿而增加了体积，这是与那种认为这两个条件缩小动物的体积、使动物体积增大的是其对立面热和干燥的假设直接对立的。但是当我们诉诸经验时，我们不能满足于单独一个事实。因此，让我们在更全面的基础上解决我们的问题吧。让我们拿地球两个部分——欧洲和美洲——作为例子，因为这两大洲幅员辽阔，可供所有的原因全面运作；让我们考虑每个洲所特有的环境，并且观察它们对于动物特性所发生的影响。美洲地处温带和热带，温度总的来说高于欧洲。但是按照我们的假设，欧洲是最干燥的。那么，欧洲同样也适宜于动物的生长，每个洲都具有两种有利于动物生长的因素中的一种，而另一种则与之对立。如果认为美洲比欧洲大得多，把两个洲作比较不相配，那我回答说，不会比把美洲同全世界相比更不相配吧。此外，比较的目的是考验一种认为动物体积的大小取决于气候的温度和湿度的假设。因此，如果我们举出一个地区，面积大得把各种明显不同的气候都包含在内，而且各种地方因素或动物在其边界上交配都不会显著影响在其内地的那些动物的大小，那么，我们就符合这个假说所合理地要求的那些条件了。在目前的事例中，反对理由是更加软弱无力的，因为在欧洲及亚洲边界上发生的动物的任何交配，都是有利于欧洲的，因为亚洲的确生产比欧洲更大的动物。那么，我们就来把欧洲和美洲的哺乳动物作一比较，把

① 杰斐逊原文是法文。

它们列入三张不同的表,第一张表列举那些在两个洲都发现的动物,第二张表列举那些只有在一个洲发现的动物,第三张表列举那些在两个洲都已经驯化的动物[①]。为了便于比较,每张表中的动物都按它们的体积大小分等级排列,从最大到最小,只要它们的大小能够推测出来,大动物的重量用英国常衡磅及其小数表示,小动物的重量用盎司及其小数表示……美洲的白熊和欧洲的白熊一样大。在美洲发现的猛犸的骨头和在旧世界发现的一样大。有人也许会问:为什么我把猛犸也列入表里,好像它今天依然存在似的?我反问,为什么不应当列入,好像它从来没有存在过似的?自然界的秩序是这样的:从未有过她听任她创造的任何一种动物消亡的例子,也从未有过她在其伟大工作中创造的任何一个环节由于太不牢固而断掉的例子。此外,印第安人关于这种动物在美国北部和西部依然存在的传说,会给正午的太阳增添一丝微弱的光。那些地区依然保持着原始状态,没有被我们勘探和打扰过,也没有别人为我们这样做过。猛犸今天很可能仍旧生存在我们发现它的骨头的那些地方。如果它像某些解剖学家所推测以及印第安人所断言的那样,是一种食肉动物,那么,它过早灭绝可能是由于印第安人大肆捕杀野兽,这种捕杀行为从他们一和我们接触就开始了,目的是用兽皮交换火柴、短柄小斧和火枪。如今那儿剩下的只有野牛、赤鹿、黇鹿、狼、獐、狼獾、野猫、犎牛、猬、岩燕及麝鼠,关于它们身体的大小我们没有充分的证据。看来布丰和达本顿两位先生都

① 这三张表在本书中略去。

没有把美洲的那些动物量过尺寸，称过体重，甚至没有看到过。有些旅行者说它们中有几种比欧洲的要小。可是这些旅行者是些什么人？他们难道不是一种与那些向我们开放另外 3/4 世界的人截然不同的人吗？博物学是他们旅行的目的吗？他们量过他们说起的动物的尺寸或称过它们的重量吗？他们难道不是凭目测或甚至仅仅道听途说吗？他们熟悉他们本国的动物，拿它们同美洲的动物作过比较吗？他们不是如此无知以致经常把种类搞错吗？对这些问题的真实回答也许会降低他们的威信，使它不足以构成一种假说。要正确地将两大洲的动物作比较为时尚早，这可以从布丰先生的著作看出。我们从他早期著作的描述中形成的关于某些动物体型大小的概念，同他后期的著作给我们的概念是大不相同的。确实，他在这方面的坦率是怎么称赞也不会过分的。他书中的一句话应该使他万世流芳："我喜欢向我指出错误的人，就像喜欢教我真理的人，因为，实际上，改正了的错误就是真理。"[①]……

迄今为止，我认为这个假说仅适用于野兽，而并不适用于美洲人，无论土著还是移民。布丰先生认为前者没有提供任何例外……[②]

这真是个使人痛苦的景象，为了顾全人性的面子，我乐于相信它没有原型。关于南美印第安人，我一无所知，因为我不愿把我从书中看到的有关印第安人的无稽之谈称之为知识。这些东西我认为就和伊索寓言一样地不真实。这个想法是以我所看到的人——白人、红人和黑人——以及开明的作者在开明的人中间就印第安

① 在杰斐逊的原文中，这句话是法文。
② 此处杰斐逊引用了布丰的论文。

人所写的东西为根据的。北美的印第安人是在我们比较容易接近的范围之内,我多少能根据我自己的了解来写他,但更多是根据其他对他更了解,而且其真实性和判断能为我信赖的人提供的资料。根据这些资料,我能够说,与上述说法相反,印第安人在情欲方面既不比被迫和他进同样饮食、从事同样活动的白人差,性行为的能力也并不比这些白人弱;在做一件需要勇气的事情的时候他是勇敢的;他受的教育在于以计谋消灭敌人,并保护自己的人身不受伤害;或者,这也许是天性,正是受到的教育教我们把暴力看得比计谋重;[①]他会为了自卫而与一群敌人作战,总是宁死而不愿屈膝投降,[②]即使是对白人,他明知道白人会优待他;在其他情况下,他也是视死如归,忍受酷刑的坚定性连我们中间的宗教狂热分子也望尘莫及;他对待子女是充满感情的,关怀他们,并且慈爱至极,他的感情扩及他的其他各种关系,而且和我们一样,随着关系一层又一层地远离核心而逐渐减弱;他的友情强烈和忠诚到无以复加的地步[③];他多愁善感,甚至战士在失去他们的子女时也哭得最为伤心,尽管总的说来,他们竭力想表现得超然物外;在相同环境下,他们的思想活动和我们是一样的,因此他们渴望打猎,渴望靠碰运气决定胜负的游戏。妇女被迫从事繁重的劳动。我相信每一个野蛮民族都是这样的。对于这些人来说,强权就是法律。男性压迫女性。惟有文明才能使妇女重新享有她们天赋的平等权利。文明首

① 杰斐逊的脚注略。

② 杰斐逊的脚注略。

③ 杰斐逊的脚注略。

先教导我们要克服自私心理，我们珍视自己享有的权利，也要尊重别人享有这些权利。如果我们处于同样野蛮状态，我们的妇女同样也会做苦工。他们的男子不及我们的男子强壮，但是他们的女子比我们的女子强壮，两者都有一个同样明显的原因，因为我们的男子和他们的女子都习惯于劳动，从劳动中得到了锻炼。就这两个人种来说，养尊处优的性别体格都欠强壮。印第安男子的手和腕很小，这同水手的胳膊和肩膀粗壮，脚夫的腿和大腿粗壮，原因是一样的。他们生的孩子比我们少，其中的原因不在于天性的差异而在于环境的差异。妇女经常在男人打仗和狩猎时随侍在侧，生小孩对她们来说是最最碍事的。因此，据说她们学会了用某种植物进行堕胎的方法，这种方法甚至能在以后很长时间内防止怀孕。在打仗和狩猎这些活动中，她们面临许多危险，要花费很大力量，要忍受剧烈的饥饿。即使在家里的时候，她们一年中也有一部分时候得依靠从树林里拾来的零星食物为生，也就是说，她们每年要挨一次饿。和一切动物一样，如果女性吃得差，或者根本没有东西吃，婴儿就会夭折；如果男人女人都缺食，生殖力就会减弱。大自然为了防止野兽过分繁殖，将它们的数量限制在一定范围内，设置了食物缺少和意外危险两种障碍，而印第安人除了这两种障碍外，还得增加劳动和自愿堕胎两种障碍。这就难怪他们的人口不及我们繁殖得快了。在食物正常供应情况下，单独一个农场的牛比整个森林地区的野牛还多。同一些印第安妇女，如果嫁给白人商人，白人商人经常给她们和她们的孩子吃充足的食物，不让她们干过重的活，让她们待在家里，不遭受意外不测，那她们就会生育和抚养和白人妇女一样多的孩子。在这种情况下，她们有过不少

生育十多个孩子的例子。此地曾一度流行一种使印第安人当奴隶的不人道做法。我们大家都熟知一个事实:做奴隶的印第安妇女生育和抚养的孩子就和与她们生活在一起的白人或黑人生育和抚养的孩子一样多。据说印第安人除头发外,身上的毛比白人少。但是这一点简直找不到有力的证据。印第安人认为身上长毛是丢脸的,他们说那会使他们像猪。因此毛一长出来他们就把它拔掉。但是娶印第安女人为妻,并劝她们停止这种做法的商人们却说大自然对她们和对白人是一视同仁的。而且,即使印第安人身上的毛少是事实,从它得出的结论也是没有必要的……

在我们宣称这个大陆的印第安人缺少天资之前,我们必须考虑到他们中间还没有引进文字。如果我们拿处于目前状况的印第安去与罗马的武器和艺术初次越过阿尔卑斯山时山以北的欧洲人相比较,这种比较是不合适的,因为,在那个时候,欧洲的那些地区人口多,人多就产生竞争,从而增加了改进的机会,一个改进招致另一个改进。但是我可以有把握地问,当时阿尔卑斯山以北的欧洲产生了多少优秀的诗人、多少杰出的数学家、多少有创造性的艺术家或科学家?只是在16个世纪以后才出了一个牛顿。我并不是想否认人类中存在着多样性,由他们的肉体和精神的能力区分出来。我相信有这种多样性,正如我认为其他种类动物的情况就是如此。我只是想提出一个疑问:动物的体积和功能是否取决于大西洋一侧,它们的食物恰恰在这一侧生长,或者它们赖以组成的要素恰恰由这一侧提供?是否大自然偏袒大西洋的这一侧或那一侧?我不得不怀疑,为了支持这个理论而表现出来的雄辩多于正确的推理，它是判断力被生花妙笔诱入歧途的例证之一；虽然我向这位著名动物学家表示极大的敬意，因为他给科学的宝库增添了许多珍贵的东西，而且正在继续增添，我还是要怀疑他在这件事上是否犯了错误，因为他给她增添了生动的想象和迷人的语言……

布丰伯爵至今一直持有这种新理论：大自然倾向于使她在大西洋这一边所创造的东西相形见绌。雷纳尔神父则把这个理论应用于从欧洲移居的白人。他说：“令人吃惊的是，美国至今尚未产生过一个优秀的诗人、一个杰出的数学家，一个在单独一门艺术或单独一门科学中的天才”[①]，如果当我们作为一个民族已经存在得像希腊人产生一个荷马之前那么久，或者像罗马人产生一个维吉尔、法国人产生一个拉辛和一个伏尔泰、英国人产生一个莎士比亚和一个弥尔顿之前那么久，而这个指责依然真实，我们就会问：欧洲其他国家及世界上其他地区没有在诗人花名册上记下任何名字究竟出于什么样的不利因素[②]。但是美国也没有产生过“一个杰出的数学家，一个在单独一门艺术或单独一门科学中的天才”。在战争中我们出了一个华盛顿，只要自由拥有信徒，他就永远为人们所怀念和崇敬，他的英名将永垂不朽，在未来世界最杰出人物中占有应有的位置，而那时那种把他归入自然退化者之列的可恶的哲学却已被人们遗忘了。在物理学方面，我们出了一个富兰克林，当

① 杰斐逊原文是法文。

② 世界产生过为一切国家公认的两个以上的诗人吗？弥尔顿只有英国人爱读，塔索只有意大利人爱读，亨里埃得只有法国人爱读，卡蒙斯只有葡萄牙人爱读，但是荷马和维尔吉却是一切时代、一切国家都热爱的诗人，懂原文的人热心地读原文，不懂原文的人读译文。〔杰斐逊脚注〕

代没有一个人比他有更多的重大创造发明，没有一个人比他更多地充实和加深了哲学，或者对自然现象作出更富有创造性的解释。我们认为里顿豪斯[①]先生不比当今任何一位天文学家差，在天才方面他应该是首屈一指，因为他是自学成才的。作为一个大师，他在机械天才方面显示了世界上从未提出过的强有力的证据。他确实没有创造出一个世界，但是他通过模仿比开天辟地以来任何一个人都更接近世界的创造者[②]。和在哲学和军事方面一样，在政治、讲演、绘画、造型艺术等方面也可以看出，美国虽然还很幼稚，但是已经证明很有希望产生天才，不但有希望产生仅仅供人们娱乐的次要作品，而且也有希望产生可以激发人的最美好的情操、号召他去行动、加强他的自由并把他引向幸福的更加伟大的作品。所以我们认为这个谴责既苛刻又不公平，在使当代生色的天才中，美国提供了最大的一份。因为在把它与像法国和英国那样的国家（在那里天才人物受到最精心的培养，那里有最优秀的艺术典范及获得科学造诣的基础）相比时，我是这样估计的：美国有 300 万人口，法国有 2000 万人口，英国则有 1000 万人口。我们产生了一个华盛顿、一个富兰克林、一个里顿豪斯。这样，法国就应当在每一个这些方面产生 6 个同样杰出的人物，英国减半。可能法国确实已经产生了，我们只不过刚刚与她相识，而且我们对她的认识使我

① 里顿豪斯（1732—1796）：美国天文学家、发明家，观察金星凌日并发现金星大气，制作美国第一架望远镜。——译者

② 掩盖真相有各种各样的方法。里顿豪斯先生的行星系模型被说成是剽窃英国的太阳系仪，戈弗雷（也是个美国人）发明的象限仪（欧洲人靠这个仪器周游世界）被称为哈德利的象限仪。〔杰斐逊注〕

们对于她的人民的天资有很高的估价。单单提出伏尔泰、布丰——百科全书派成员中心一颗彗星——雷纳尔神父等名字，会亏待许多人。因此，我们有理由相信法国是能够产生她的全部定额的天才的。当前的战争在如此长的时期内切断了我们与英国的联系，以致我们无法对那个国家的科学状况作出公正的估计。她发动战争的态度是我们眼前唯一的实例，而且这似乎不是科学或文明的正常合法的产物。她的太阳般光辉夺目的荣耀正在迅速向地平线坠落。她的哲学已经越过海峡，她的自由已经越过大西洋，而她本身似乎正在走向可怕的解体，其后果是非人类所能预见的[①]。

问　题　七

可否介绍一下所有一切能够促进人类知识的东西？

〔这部分分析了当地的水土状况，本书从略。〕

问　题　八

它的人口有多少？

……在殖民地早期，人口少，战争、输入及其他意外情况使得人口增长波动，没有规律。但是，到1654年，它变得相当有规律，输入因公司解散而多半停止，人口多得没有受到对印第安人战争

① 杰斐逊的脚注略。

的明显影响。因此，从那时起，到1772年为止，我们交什一税的人从7209人增加到15.3万人。整个时期为118年，在这个时期内，人口每27.25年翻一番。1700年、1748年和1759年进行的人口调查证明，人口增长是始终如一的，如果这个增长率继续保持下去，那么，95年内，我们的人口将增至600万至700万。如果将来有一天我们的州以大卡哈威河口的子午线为界(曾有人估计这个地区面积为6.4461万平方英里)，那么，每平方英里将有100居民，这种人口状况与英伦三岛相近。

这里恕我提出一个疑问。美国目前是想靠尽可能多地输入外国人来迅速增加人口。但是这个办法好吗？据说其好处是使人口成倍增加。现在让我们假定(仅作为例子)，在这个州里，我们可以通过输入外国人在一年内使我们的人口增加一倍，这个增加数比主张移民的最乐观的人所能指望的更大。这样，如果我们的人口按双倍人口数增加，要比按现有人口数增加提前27年零3个月达到一个特定人口数。如果我们把450万人口作为本州的合适人口，要是我们能够立刻使我们的人口增加一倍，只要54年就能达到那个数目，而假使依靠自然繁殖，就得81.75年，这从下表可以看出：

	从现有人口数出发	从双倍人口数出发
1781	567614	1135228
1808 $\frac{1}{4}$	1135228	2270456
1835 $\frac{1}{2}$	2270456	4540912
1862 $\frac{3}{4}$	4540912	

第一栏是每隔27.25年的年份时期；第二栏是从现有人口数

出发每个时期能达到的人口数；第三栏是从双倍人口数出发同一时期能达到的人口数。450 万这个人口数只是举例而已。但是我相信这个数目是大大超过该地区所能供养的人口数的，因为这个地区有大量不适于耕种的土地，管这么多人吃和穿，就势必会降低他们的食物质量。靠移入外国人增加人口带来好处，难道就没有坏处吗？为了那些联合起来组成社会的人们的幸福，应该尽可能使他们在他们必须在一起办的事情上协调一致。文官政府是组成社会的唯一目的，它的管理必须靠人民同意来进行。每一类政府都有它独特的原则。我们政府的原则恐怕比世界上任何其他政府的原则更加特殊。它是英国宪法最自由的原则以及来源于天赋权利和天理的其他原则所合成的。专制君主国的准则与它们最势不两立。然而我们却巴望从这样的君主国移来最大数目的居民。他们将带来他们离开的政府的各项他们从小就接受的原则；或者，如果能够把这些原则甩掉的话，换来的却是肆无忌惮，不受约束，照例从一个极端走向另一个极端。要他们恰好在有节制自由这个关口停住，那可真是奇迹。他们会把这些原则连同他们的专门用语传给他们的后代。他们会按照他们的人数比例与我们分担立法责任。他们会把他们的目的意图注入立法，歪曲和转移它的方向，使它变成一个乱七八糟的大杂烩。为了证实这些猜想，我可以引证当前斗争中的经验。但是，即使这些猜想不确切，难道就没有可能吗？耐心再等待 27 年零 3 个月，以达到所企求或期望的人口数，岂不是更安全吗？我们的政府岂不是性质更纯、更和平、更持久吗？要是把 2000 万信奉共和主义的美国人一下子全都关进法国，那个王国将会是什么样子？要是它会变得更加动荡、更不幸福、更

欠强大,那么,在我们现有人口上增加50万外国人,相信也会产生类似的结果。如果他们自己主动来到这里,他们就有资格享受一切公民权利;但要是靠特殊的鼓励吸引他们来,恐怕就不得当了。我并不是说输入有用的技工也不得当。采取那个措施是出于非常不同的考虑。要不惜一切代价去获得技工。他们过了一些时候可以去种田,但是眼下可以教我们做一些我们不会做的事。可是农业方面情况并非如此。我们对农业漠不关心并不仅仅由于缺少知识,而是由于我们有那么多的土地可以任意浪费。欧洲劳动力很丰富,他们的目的是充分利用他们的土地;这儿土地十分丰富,我们的目的是充分利用我们的劳动力……

在王政期间,我们在某个时候曾争取到一项法律,对输入奴隶征税,税金重得等于禁止,但是一届不负责任的议会在特殊形势下,把那项法律废除了。当时在位的国王高兴地予以批准,以后各届议会想尽办法都无法使国王同意重新恢复这项法律。在共和政府第一届议会开会时,通过了一项法令,永远禁止奴隶输入。这将会在一定程度上制止这个巨大的政治和道德祸害的扩大,我们公民的思想将逐步成熟,以使人性获得彻底的解放。

问　题　九

民兵及正规部队的人数和状况以及他们的薪金如何?

……

每一个体格健全、年龄在16到50岁之间的自由民都必须参加民兵。每个县的民兵都编成若干连，而这些连又根据该县的人口数编成一个或更多个营。民兵由上校及其他下级军官指挥，和正规军一样。每一个县有一个县军官，由他指挥本县的全体民兵，但是他在战场上的级别仅是上校。我们没有常设的军官，这些军官在逢到外敌入侵或发生叛乱时临时任命，其职务视情况而定。州长既是行政长官又是军事长官。法律要求每一个民兵自备正规军中常用的武器。但是这个规定总是被等闲视之，他们所有的武器经常被拿去武装正规军，以致在州南部地区他们完全没有武装。在中部地区，1/4 或 1/5 民兵持有的武器可能是他们用来消灭成群出没在他们农场里的害兽的火枪；在蓝岭西面地区他们一般用来复枪武装。我们的民兵，和我们的正规军一样，拿的是大陆正规军的薪金。我们的正规军以及州部队部分营的状况经常发生变化，今天这样，一个月以后就不是这样了。它与众所周知的其他大陆军的状况大致相同。

问　题　十

海军呢？

在英军此次在菲利普将军指挥下入侵本州之前，我们有三艘 16 门炮的战舰、一艘有 14 门炮的战舰、五艘小战艇以及两三艘武装艇。它们人员配备严重不足，难得符合使用条件。由于敌人完全占领了我们的河流，我相信我们只剩下一艘战舰了。

问 题 十 一

请谈谈定居在该州的印第安人的情况好吗?

当我们殖民地的第一个居民点在1607年开始建立时,这个从海岸到山脉,从波托马克河到詹姆斯河最南面水域的地区,被40多个不同的印第安人部落占据着。在这40多个部落中,最强大的是波瓦坦部落、马纳霍克部落和莫纳卡部落。在海岸与河流之间的那些部落,彼此和睦相处,并且附属于波瓦坦部落,作为它们之间联盟的纽带。在河流与大山之间的那些部落则分成两个联盟,居住在波托马克河和拉帕汉诺克河源头的部落附属于马纳霍克部落,那些居住在詹姆斯河上游一带的部落则附属于莫纳卡部落。然而莫纳卡部落及其友好部落与马纳霍克部落及其友好部落和睦相处,并且联合起来同波瓦坦部落进行无休止的战争。据说波瓦坦人、马纳霍克人及莫纳卡人语言截然不同,谈判时必须有人翻译。由此我们可以猜测所有部落之间都是这种情况,也许每个部落都讲它所隶属的部落的语言,我们知道在许多特殊情况下都是这样的。很可能古时候有三个不同的种族,每个种族在长期繁殖过程中都分化为许多小的群落。造成这种结果是因为他们从不服从任何法律、任何强权、任何政府。唯一控制他们行为的只是他们的生活方式以及那种像味觉和感觉一样构成每个人本性一部分的是非感。违反这些要受到惩罚,惩罚的方法是团体对他轻视,逐出团体,或者,在例如谋杀等严重情况下则由有关之人来惩罚。这种

强制的方法好像很不完善，但他们当中犯罪是罕见的，少到如果提出一个问题：没有法律（如在未开化的美洲人中）或者太多法律（如在开化的欧洲人中）究竟哪一种情况给人带来最大的祸害，了解两种生存情况的人会说是后一种；羊自己生活，要比在狼的照料下生活幸福。可以说，大的社会没有政府不能生存，因此野蛮人把大的社会分成许多小的社会。

波托马克河以南的波瓦坦联盟包括大约8000平方英里土地、30个部落以及2400名战士。史密斯上尉告诉我们说，在詹姆斯敦60英里内有5000人，其中1500人是战士。由此我们发现战士与全部人口的比例是3比10。这样，波瓦坦联盟大约有8000人，每平方英里一人，是同一地区我们现有人口的1/20，英伦三岛人口的1/100。

除了这些之外，还有诺托韦人，生活在诺托韦河畔；梅赫林人和吐代洛人，生活在梅赫林河畔，他们与卡罗来纳的印第安人有血统关系，也可能与巧瓦诺人有血统关系……

我不知道有印第安文物这回事，因为我不愿把箭头、石斧、石烟斗及半成形的偶像冠上那个美称。关于大规模工程，我认为最可观的遗迹是用于土地排水的公共沟渠，其他要么就是古坟，古坟在这个地区倒有许多。这些古坟大小不一，其中有些是泥土堆成，有些是石块堆成。谁都知道它们是死人的墓，但是在什么情况下造的，却众说纷纭。有人认为它们里面是那些在葬地进行的战役中阵亡的人的尸骸。有人把它们归因于印第安人的习俗，每过一定时候要把所有死者的遗骸（不管死时存放在何处）都集中安葬在一个地方。还有人推测它们是为附近村庄建造的群葬地，这个见解的依据是那些坟所在处土地的质量(那些用泥土造的坟一般都在河畔最软、最肥沃的草地里)以及一个据说是印第安土著传下来的说法:当他们在村里定居时,第一个死去的人的遗体被竖放着,四周堆上土,把他埋没,同时不使他倒下去;当另一个人死去时,掘一个狭窄的通道通往第一个尸体,第二个尸体靠在第一个尸体上,再用土埋没,就这样一直进行下去。由于我家附近有这样一个坟地,我想弄清楚这些见解中究竟哪一个正确。为了这个目的,我决心把坟掘开,对它进行彻底考察。它坐落在里瓦纳河的低地上,在它的主支流上游 2 英里处,在一些小山对面,那些小山上曾经有一个印第安人的村庄。坟是扁圆形的,基底直径约 40 英尺,曾经有 12 英尺高,不过由于十多年来用犁耕作,现在只剩下 7 英尺半了。坟前长满直径 12 英寸的树木,基底有一个深、宽各 5 英尺的坑,坟就是从这个坑里取土堆成的。我先随便挖掘了几个地方,在不同的深度——离地面 6 英寸到 3 英尺——掘出了一些人骨。这些人骨杂乱无章,有些是竖的,有些是斜的,有些是横的,朝向四面八方,一簇一簇地被泥土聚在一起。身体上相距最远部分的骨头被发现在一起,例如,一些小的趾骨在一个头盖骨的空洞里发现;许多头盖骨常常拢在一起,有的面朝上,有的面朝下,有的侧放,有的正放,有的倒放,使人感到这些骨头是被从一个袋或篓里胡乱地倒出来,然后用土掩上,一点不注意它们的次序。骨头数目最多的是头骨、髎骨、牙齿、臂骨、大腿骨、腿骨、脚骨和手骨。骨头中还有少许肋骨,一些颈椎和脊椎,但是没有隆起,只有一根支承脊柱的骨头[①]。头盖骨脆

① 骶骨。〔杰斐逊注〕

极了，手一碰就碎。其他的骨头比较硬。有些牙齿看来比成年人的牙齿小；有一个头盖骨乍一看仿佛是婴孩的，但一拿出来就碎成许多块，无法辨认；有一根肋骨，以及一个少年的下颌骨碎片；另一根婴孩的肋骨，以及一个尚未长牙的婴儿的部分颌骨。最后一根骨头最有力地证明这里埋葬着儿童，我对它特别注意。它是下颌骨的右半部分。它赖以与颞骨接合的隆起完整无缺，断裂处骨头十分坚固，这个地方据我判断是上犬牙处。它的上端即齿槽十分光滑。用成年人的下颌来比较，把它们的后隆起放在一起，它的断掉的一头伸展到成年人的倒数第二枚臼齿。这块骨头是白色的，所有其他骨头都是灰黄色的。婴儿的骨头是软的，烂得快，在这里发现得那么少的原因也许就在于此。然后我着手把这个古坟从纵里掘开，以观察它的内部结构。在掘到离坟中心 3 英尺处就到达原来的地面，掘开的通道可容一人通过，并检查它的两侧。在基部，亦即和周围地方同一平面，我发现了一些尸骨；尸骨上面有少数石头，是从$\frac{1}{4}$英里外的一个悬崖运来的，再上面是厚厚一层土，再上面又是一层尸骨，这样一层层排列下去。在断面的一端有 4 层清晰可辨的尸骨，在另一端有 3 层尸骨，一个部分的层面并不与另一个部分的层面对称。最靠近地面的尸骨烂得最少。在任何一块尸骨里都没有发现仿佛枪弹、箭或其他武器打穿的洞眼。我推测在这个古坟里可能有过 1000 具骸骨。每个人立刻就会明白上述情况是不利于那种认为它里面只埋葬战斗中丧生者遗体的见解的，它同样也不利于下述传说：这个古坟是一个村庄的公共坟地，坟中尸体竖放，互相接触。表面迹象清楚地表明它起源于把尸

骨收集起来放在一起的风俗,第一批收集的尸骨放在地面,上面压些石头盖一层土,再放第二批尸骨,再盖一层土,如此等等。所以形成这个样子有下述原因:1.大量尸骨。2.尸骨放得杂乱无章。3.它们在不同的层面。4.一个地方的层面与另一个地方的层面不对称。5.层面上尸骨的腐烂状况各不相同,这似乎表明埋葬的时间有所不同。6.尸骨中有婴孩的尸骨。

但是,不管古坟是在什么情况下造的,它们在印第安人中间却是名声远扬;大约30年前,有一群人从这个古坟所在地经过,他们既没有任何指令,也没有向任何人询问,便径自穿过森林向它走去,在那儿停留了一些时候,并且作出了被解释为悲伤的表情后,便回上大路继续赶路去了,他们离开大路走了大约五六英里就是为了凭吊这座古坟。在谢南多厄河南面一条支流低洼地,亦即从罗克费什隘口到斯汤顿去的路与这个支流交叉处也有一个和它十分相似的古坟。这两个古坟上的树木在10多年间都被砍掉,辟为耕地,犁地的结果,坟的高度大大降低,宽度大大加大,总有一天会被夷为平地。在乌兹隘口以北数英里,蓝岭的一座小山上,还有一个古坟,它是由小石头堆成的。这个古坟曾被掘开,里面和其他古坟一样有人骨,本州其他地方也有许多古坟。

这就产生了一个重要问题:美洲的这些土著到底是从什么地方来的?很久以前的一个重大发现足以证明从欧洲到美洲的通道始终是可以通行的,哪怕古代的航海术不完善。从挪威到冰岛,从冰岛到格陵兰,从格陵兰到拉布拉多,这第一条通道是最宽阔的;从地球上那个地区最早有记载时期起,这条通道就被利用,不难设想后来也有人从别的通道通过。再有,库克船长最近作了从堪察加到加利福尼亚的沿岸航行，他获得的发现已经证明，如果亚洲和美洲两个大陆分开的话，它只是被一个狭窄的海峡分开。因此，人们也许会从这一边来到美洲，而且美洲印第安人和亚洲东部居民十分相似，会使我们猜想前者是后者的后裔，或者后者是前者的后裔，只有爱斯基摩人是例外。爱斯基摩人由于外表相似，语言相同，肯定起源于格陵兰人，而这些人很可能来自旧大陆的北部地区。了解他们各自的语言将会是他们起源的最确凿证据。事实上，语言是民族之间密切关系的最好证据。英国人、荷兰人、德国人、瑞士人、挪威人、丹麦人和瑞典人从他们共同的祖先分开到现在已经过去多少个世纪了？然而到存在于他们各自语言中的他们的共同起源的证据消失还得再过去多少个世纪？因此，我们已经听任那么多的印第安部落消灭掉，甚至没有把他们讲的语言的基本原理收集起来，储存在文献资料中，真是可惜，太可惜了。要是北美和南美讲的一切语言的词汇都被编印出来，保留自然界最常见的东西的名称，保留每一个野蛮民族或文明民族都必然有的那些东西的名称，还有名词和动词的曲折变化、支配关系和一致原则，把所有这一切都存放在公共图书馆里，那就会向那些精通旧世界语言的人提供机会，现在或将来任何时候去把它们与这些语言相比较，从而建立人类中这部分人的起源的最好证据。

但是，尽管我们对于美洲各种语言的知识还不完善，但已足以发现下面一个值得注意的事实。把这些语言排列在可以明显地看出是它们的来源的主要语言项目下，把亚洲红种人的语言也同样排列，就可以发现美洲有 20 种左右的主要语言，亚洲有一种主要语言，之所以称为主要语言，是因为如果它们曾经是同一种语言，

却已失去一切类似之处。一种语言分成许多种方言也许只要几个世代就行了，但是两种方言背道而驰直至失去共同起源的一切痕迹，却需要一个漫长的时期，可能不少于许多人为地球估算的年龄。美洲红种人中间发生的语言的剧烈变化为数更多，这证明它们比亚洲的语言更为古老……

问题十二

请介绍一下县、市、镇和村好吗？

在问题九中已列举了所有的县。它们一共有 74 个，大小不一，人口也极不平均。其中 35 个在东部地区，或者在那根平行线上，23 个在中部地区，介于东部地区和蓝岭山脉之间；8 个在蓝岭与阿勒格尼山之间，8 个在阿勒格尼山以西。

本州也按照另一种划分分成教区，其中许多教区和县等同，但往往一个县有不止一个教区，一个教区有不止一个县。这种划分与州的宗教有关，迄今为止，每个教区都建立了英国国教会，领取固定薪金。划分教区的另外一个目的是照顾穷人。

我们没有集镇。我们这个地区纵横交错都是可航行的河流，生意一般都做到家门口，不必自己去找，这也许是我们没有重要集镇的原因之一。到 1780 年为止，威廉斯堡一直是政府所在地，人口从未超过 1800 人，诺福克是我们人口最多的镇，也只有 6000 人……

另外还有些地方和上述有些地方一样，法律规定应当设镇，但是大自然却不允许，因而不值得一一列举。诺福克恐怕是切萨皮克湾及其水域的全部贸易中心，而一条8—10英里长的运河把阿尔伯马尔湾及其水域的全部贸易同诺福克连结起来。次于这个地方的是东部地区上游的各个市镇，即阿波马托克斯河畔的彼得斯堡、詹姆斯河畔的里士满、约克河畔的纽卡斯尔、波托马克河畔的亚历山德里亚及帕塔普斯科河畔的巴尔的摩。货物从这些地方发运到州内各次要地点。但是，意外情况会左右大自然的指示，而这种现象在市镇的兴衰中最为常见。

问 题 十 三

州宪法及其特许状呢？

伊丽莎白女王以她的一纸日期为1584年3月25日的特许状准许沃尔特·雷利爵士去遥远地方寻找没有基督徒居住的异教徒土地，并且答应把他的人民定居6年内的200里格以内的全部土地赠送给他，由他全权处置，仅为她本人和她的继承人保留他们的效忠以及他们所获得的金银矿的1/5。沃尔特爵士立即派出两条船，考察了北卡罗来纳的沃科康岛，翌年又派出七条船运送107人定居于大约在北纬35°50′的罗阿诺克岛。这里，韦波梅奥克国王奥基斯科和他的人民充分磋商后，承认自己臣服于英国女王，女王死后则向沃尔特·雷利爵士效忠。1586年运去50人，1587年又运去150人。随同这150人，雷利爵士又派了一名总督，给他指定了12名助手，向他们颁发了一个公司特许状，指示他们在切萨皮克湾定居。但是，他们却在阿托拉斯克登陆。1588年，当一支舰队载运一批新的殖民者及必需品准备启航时，他们被女王扣留，要求他们协助抵御西班牙无敌舰队。沃尔特爵士已经在殖民地这个冒险事业上花掉4万英镑，经常受女王阻挠，一分钱资助都没拿到，不得不让别人拿出钱来冒险。因此他以一纸日期为1589年3月7日的契约，以阿萨马科摩克（可能是阿科马克）总督沃尔特·雷利爵士（别名温盖达科亚，别名弗吉尼亚）的名义授予托马斯·史密斯等人（因为考虑到他们要冒一定数额金钱的险）到这个新的国度进行贸易的特许权，7年内免除一切关税和赋税，但1/5的金、银矿除外，并与他们及当时在弗吉尼亚的其他助手约定他将确认他在1857年颁发的公司特许状连同女王授予他的一切特权和管辖权。沃尔特爵士曾在不同时候向那里派遣了另外五名冒险家，其中最后一名是在1602年；因为在1603年，他被剥夺财产和公民权利，并且锒铛入狱，他对他的新生殖民地的关照也就此结束。他以前派遣并安置的殖民者的命运究竟如何，是被杀害了呢，还是和野蛮人合为一体，永远不得而知。

有几位绅士和商人认为，沃尔特·雷利爵士既然被褫夺了公权，授予他的一切特权也就随之丧失，他们没有仔细查问一下一个英国法院的判决是否能影响不在该法院管辖范围之内的土地，就请求詹姆斯国王重新把弗吉尼亚赠与他们。詹姆斯国王乃于1607年3月9日向托马斯·盖茨爵士等人颁发赠与证书，根据该证书，同年在詹姆斯敦建立了一个居民点，而且保持至今。但是，对于这个赠与不用多加注意，因为它被1609年5月23日同一个国王发给萨里斯伯利伯爵等人的特许状所取代，该特许状允许他们以“伦敦市冒险家与殖民者第一块弗吉尼亚殖民地司库及公司”

的名义注册,向他们及他们的继承人赠与从波因特康福特起沿海岸向北200英里,以及从同一地点起沿海岸向南200英里的全部弗吉尼亚土地,以及从海岸该地区向西及西北陆地延伸的所有空间,包括距海岸100英里的岛屿在内,以及同一地区内的一切管辖权、王权、特权、豁免权以及陆上和海上属于这个地区的一切。这次赠与规模之大,是前所未有的。采取租佃形式,向国王及其继承者交纳在上述地区内开采的金银矿产量的1/5,以代替一切形式的劳役。该特许状还规定在英国成立一个委员会来领导这个冒险事业,委员由公司及冒险家以多数票任免,委员会有权任命和撤换他们认为殖民地必需的总督、官员及牧师,有权建立不仅在殖民地内而且在往来于该殖民地的海上也有约束力的法律、政府及地方行政官。特许状还授权该公司把任何愿意去殖民地的人运送到那里,永远豁免他们的一切赋税以及对殖民地输入或输出的任何货物或商品所征收的税,唯有向输入英国领地内的一切商品征收的5%关税除外,这是以往商人的惯例,只要缴纳5%的关税,即可在13个月内把同一商品再向外国输出,而不必向国王或他的任何官员或代理人缴纳任何关税或其他税。特许状还授权公司对那些滋扰他们的人进行战争,授予殖民地居民以本土子民的一切权利,就像他们出生和居住在英国一样,并且宣布这些特许状如有疑问,应按照最有利于被授予者的方式予以解释。

后来,在1612年3月12日,国王又颁发另一个特许状,在他过去的赠与外,又把位于北纬30°与41°之间及距过去赠与司库和公司的任何地区300里格以内,不为任何其他基督教君主或国家所占有或居住,也不在北部殖民地界限内的大洋上的一切岛屿赠

与该公司。

根据这些特许状授予公司的权力，特别是根据1609年特许状中关于授权他们成立政府的那部分规定，他们于1621年6月24日以盖有他们公章的证书宣布，从今以后，弗吉尼亚应该有两个最高议事机构，一个称为参议会，由司库、在英国的委员会及公司随时任免，其职责是协助总督，为总督出谋划策；另一个称为殖民地议会，由总督每年召开一次或更多次，它由参议会和殖民地议员组成，每一个镇、百户邑或种植场各2名议员，由居民选出。在殖民地议会上，一切问题都由多数票决定，总督有否决权；议员有权处理、商议和决定有关公共福利的一切紧急事务，并为殖民地的利益及管理制定法律，这方面要尽可能仿效和遵循英国的法律及政策，这些法律在英国的公司董事会批准并盖章寄还之前不能生效。公司还宣称：殖民地政府成立后，在英国的委员会的任何命令除非为上述议会批准，对殖民地都没有约束力。国王与公司发生了争吵，靠法律和暴力的混合运用，公司被剥夺了一切权利，而得不到任何补偿，公司建立殖民地花了10万英镑，没有得到政府丝毫帮助。国王詹姆斯于1624年2月15日发布公告中止了公司的权力，查理一世则把对殖民地的管理抓在自己手中。双方在殖民地都有热情的支持者，但是事实上，殖民地人民普遍认为自己同争端没有什么关系。有三方同这些特许状有利害关系，人们认为第一方和第二方之间发生的事不会影响第三方。如果国王夺取了公司的权力，这些权力只不过是转移到另外一些人手中，既不增加也不减少，而人民的权利还是和过去一样。但是这个状况没有维持多久。他们地区的北部地区被赠送给了巴尔的摩和费尔法克斯两位勋

爵，巴尔的摩勋爵还获得了单独的司法权和统治权。1650 年，英国议会自以为替代了被废黜的国王的位置，继承了国王对内和对外的全部权力，便开始接收对殖民地的权力，通过了一个禁止殖民地和外国通商的法令。这种继承国王权力的行为是议会干预殖民地的第一步，并且开了一个致命的先例，当议会在其他方面退回到他们原有的职能范围之后，仍继续仿效这个先例。因此，当这块仍然反对克伦威尔及议会的殖民地在 1651 年被说服放下武器后，他们先期通过一个庄严的协定将他们最基本的权利予以保证。由于这个协定从未印行过，我根据档案把它全文照录如下：

"为了把本殖民地交由英伦三岛共和国管辖，州务会议的委员们奉英国议会及殖民地总督、参议会和议院组成的殖民地议会之命，于弗吉尼亚詹姆斯市一致同意并缔结下列条款：

第一，兹约定，弗吉尼亚殖民地及其全体居民应按照已定法律继续归顺英国，这种归顺关系被承认为一种自愿的行动，而非靠征服强加，他们应享有英国生来自由的人们所享有的自由和特权，从前由委任状和命令成立的政府无效。

第二，殖民地议会应和过去一样定期开会，处理弗吉尼亚的事务，但其任何作为都不得违反英国政府及英国政府所制定的法律。

第三，充分和全部宽恕和赦免一切反对英国议会的行为、言论或著作。

第四，弗吉尼亚应享有前国王们颁发的特许状所规定的老的边界和幅员，为此目的，我们将请求英国议会颁发一个新的特许状，以防止任何人侵犯该项权利。

第五，以前任何一个总督以殖民地印章授予的一切土地特权应继续充分有效。

第六，被运送到本殖民地的每一个人所享受的拥有 50 英亩土地的特权应继续有效。

第七，弗吉尼亚人民享有英国人民所享有的按照英国法律到一切地方与一切国家进行贸易的自由，弗吉尼亚还应享有与英国在美洲任何一个殖民地相同的一切特权。

第八，弗吉尼亚人民应豁免一切税、关税及无论何种赋税，未经殖民地议会同意不得向他们征收任何税，因此，未经他们同意，不得建立任何要塞或城堡，不得驻扎任何军队。

第九，对于现有这支舰队，不得要求本殖民地负担费用。

第十，为了使本殖民地今后建立的居民点遵守法律，应按照英国议会为了该目的而制定的法令向全体居民发给保证书，一切拒绝在保证书上签名的人，如愿意携带财产迁出弗吉尼亚，可有一年期限，在这一年里可和过去一样享受公正待遇。

第十一，如获过半数教区同意，在此后一年内可继续使用英国国教的祈祷书，唯与国王或政府有关的那些祈祷书不得公开使用，牧师只要无不法行为可继续留职，支付给他们的薪金以及与他们分别订立的契约在此一年内保持不变。

第十二，任何人的牲口都不得被怀疑为公司所有，未经授权拥有或出让者不在此例。

第十三，凡非私人使用的一切弹药、火药和武器均应交出，并发给证券作为补偿。

第十四，荷兰人或其他人带到这里并已上岸的一切货物均不受突然袭击。

第十五，前国王授予我们的代役税应在 7 年期内被确认有效。

第十六，签署本条款的英国议会特派员们愿以他们本人和英国议会的荣誉保证充分履行这些条款，现任总督、参议会和殖民地议会也签名并保证全殖民地履行之。

理查德·贝内特——签字盖章
威　廉·克莱本——签字盖章
埃德蒙·柯蒂斯——签字盖章

"以上条款由英国议会特派员们代表英国于 1651 年 3 月 12 日签字盖章。"

殖民地认为，按照他们手持武器达成的这个庄严协定，他们已经保证了他们地区的旧的边界和自由贸易，豁免了除他们自己议会征收的税以外的一切捐税，并且从他们中间排除了军事力量。

然而这个协定的每一条都被后来的国王和议会破坏，他们的宪法也遭到了同样严重的破坏。他们的议会（由参议会和下议院组成，在一起开会，以过半数票裁决）分裂为两个院，参议会由此单独获得了对法律的否决权。最高法院的上诉，过去按照法律是由殖民地议会决定的，现在被专横地转移到英国，由国王和委员会开审。海岸线原长400英里，在30年间被缩短到100英里。与外国的贸易完全被禁止，货物运到英国时，在那里被课以重税。但是，搜集美、英历史上这些使我们受到损害的例子是不必要的，特别是因为现在这位国王即位后，我们发现所有这些例子在很短时期内都加剧了，成倍地增加了，从而暴露出一个把我们天赋的、传统的和特许的权利视为子虚乌有的固定不变的图谋。下面便是他在位头16年的具体表现：殖民地内外都被课税；他们的基本利益牺牲给了个别的英国人；他们的议会被中止工作；特许状被废除；陪审团审判被取消；他们本人经常被押送到大西洋彼岸，在那里接受外国法院的审判；他们要求昭雪的请愿被认为不值得答复，他们本人在母国及欧洲法庭中被宣布为懦夫；军队被派遣到他们中间以强迫他们服从这些暴力行为，而且实际上已经对他们采取战争行动。要么反抗，要么无条件投降，两者之间不能踌躇不决。他们最后选择了武力。他们宣称自己为一些独立的州。他们联合成为一个伟大的共和国，从而使每一个州都获得把全部力量联合起来的好处。在每个州分别建立了新的政府体制。我们的政府体制大致如下：行政权掌握在州长手中。州长每年改选一次，七年内不得任职三年以上。他由一个有八名成员的参议会协助。司法权由若干法院分掌，下文将加以说明。立法权由议会两院行使，其中一个院叫众

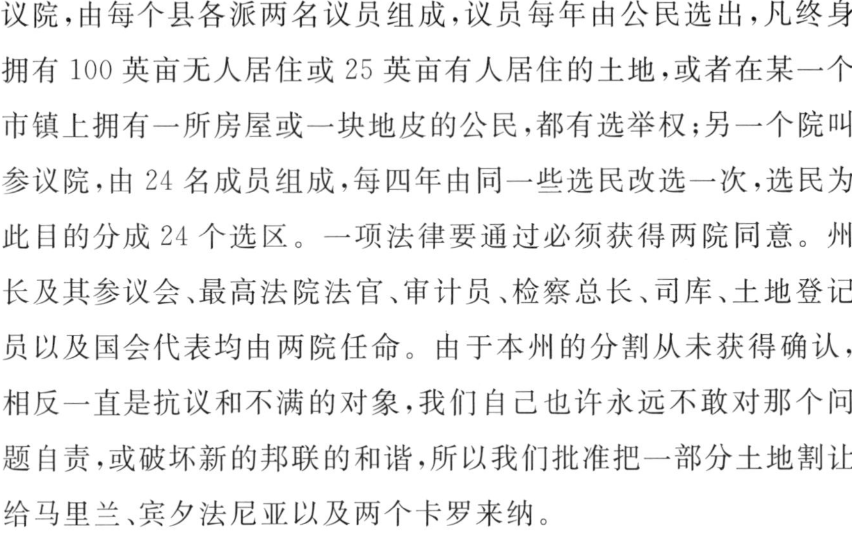

议院，由每个县各派两名议员组成，议员每年由公民选出，凡终身拥有100英亩无人居住或25英亩有人居住的土地，或者在某一个市镇上拥有一所房屋或一块地皮的公民，都有选举权；另一个院叫参议院，由24名成员组成，每四年由同一些选民改选一次，选民为此目的分成24个选区。一项法律要通过必须获得两院同意。州长及其参议会、最高法院法官、审计员、检察总长、司库、土地登记员以及国会代表均由两院任命。由于本州的分割从未获得确认，相反一直是抗议和不满的对象，我们自己也许永远不敢对那个问题自责，或破坏新的邦联的和谐，所以我们批准把一部分土地割让给马里兰、宾夕法尼亚以及两个卡罗来纳。

这部宪法是在我们对政体学毫无经验的情况下制定的。它也是全合众国制定的第一部宪法。难怪经过一段时间试用后，会发现里面有许多严重的缺点。

一、这个州内曾为它出钱和战斗的人中间，大多数在立法机关里没有代表。有投票权的终身保有不动产者的人数一般都不到民兵或纳税人人数的一半。

二、在那些分享代表权的人中间，分享的份额很不平等。比如沃威克县只有100名军人，却与有1746名军人的劳登县享有同样的代表权。因此，沃威克每个人在政府中的影响就和劳登县17个人的影响一样大。但是，为了不使人们认为只要在全州范围内把小县平均散布在大县之间就能防止损害州内特殊地区利益的危险，我们将把州分为选区，并表明每个选区的土地、军人、代表的比例……①

① 此处杰斐逊编制的一张表从略。

三、参议院就其体制来说，和众议院十分相似。由于参议员是由同一些选举人，在同一时候，从同一些对象中选出的，当选的当然是同一类人。立法机关成立两院的目的就是使不同的利益或不同的原则发生影响。以英国为例，据说英国的宪法在诚实方面依靠下议院，智慧方面依靠上议院；如果诚实可以用金钱买到，而智慧是世袭的，那么，这种依靠就是合理的。在美国的某几个州，众议员和参议员是按照前者代表人，后者代表州的财产的方式选出的。但是对我们来说，财产和智慧同样都有机会进入议会的两个院。因此，我们把立法机关分成两个院，并不从中获得那些使原则适当复杂化所能产生的利益以及那些只有它们才能抵消因意见分歧而产生的弊病的利益。

四、政府的全部立法权、行政权和司法权都归结到立法机关。把这些权力集中在同一些人手里正是专制统治的真谛。这些权力由多数人行使而不是由单独一个人行使并不能使情况有所好转。173 个暴君肯定和一个暴君一样地富于压迫性。那些怀疑这一点的人只要看看威尼斯共和国就行了。议员是我们自己选举的对我们也没有什么帮助。**选举产生的专制政府**并不是我们所争取的政府，我们争取的政府不仅仅要建立在自由原则上，而且政府的各项权力必须平均分配给几个政府部门，每个政府部门都由其他部门有效地遏制和限制，无法超越其合法范围。由于这个原因，通过政府条例的那个代表大会把政府建立在这样一个基础上，即立法、行政和司法三个部门应当分立，任何人在同一时候不得行使一种以上的权力。但是这几种权力之间并没有设置任何障碍。司法和行政部门成员的任职，有些成员的继续任职，都得立法部门来决定。

因此，如果立法部门掌握行政权和司法权，就不大会有人反对，即使反对，也不会有什么效果，因为在那种情况下，他们可以把他们的做法制成法令，另外两个部门必须遵守。因此，他们曾多次擅自决定一些本来应该由司法部门根据事实证据来决定的权利问题，而在立法机关整个开会期间，对行政部门发号施令也已经司空见惯了。这样做并不抱有不良意图。现在一些议员为人是十分正直的。他们之所以越出他们正常的职权范围，是由于别人玩弄诡计及他们自己疏忽大意。今后一段时间也许还会这样。但是这个时候不会很长。人们很快就学会行使他们所拥有或窃取的每一种权利和权力来满足他们的个人利益。公款和公众的特权，本来应该存储在政府三个部门里的，却并非故意地落在仅仅一个部门里，这很快就成为保管那些公款和特权的人发财和掌权之本，也由于这个令人垂涎的情况，它们既是获得的目的，又是获得的工具。恺撒说过，有了钱就有人，有了人就有钱。我们的议员也不应当被他们自己的目的光明正大所骗，由于自己不想滥用这些不受限制的权力，就断言它们决不会被滥用。他们应该预料会有一天，而这一天并不遥远，那时，在这个国家，就像在我们所源出的那个国家一样，政府首脑们会腐败堕落，而且还会让这种腐败蔓延到人民中去；那时他们将会收买人民的选票，让他们付出代价。人的本性在大西洋两岸都是一样的，同样都会受同一些原因的影响。防止腐败和暴政的时机是在它们抓住我们之前。把狼拒之于羊栏门外，要比狼进了羊栏再去拔它的牙和爪为好。为了使这些想法更有说服力，我们必须进一步指出：

五、常任立法机关可将宪法本身予以修改。议会中止工作时，必须代之以另一个机构，这个机构能够处理政府日常事务，并能发动州的力量来支持我们反对英国。为此召开了代表会议，会议由每县各派代表两人组成，按照过去的众议院体制成立一个院在一起议事。最初每次会议都要重新推选代表。但是1775年3月，他们向人民提议推选一个任期一年的代表会议。1775年4月就照这样做了，7月该代表会议通过一个法令，规定每年4月选举代表。大家知道，在1775年7月，任何人都还没有脱离英国和建立共和政府的念头。因此，根据那个法令选出的代表会议不能说是为了肯定不存在于那些通过法令的人心中的目的而当选的。在1776年4月的年度选举中，按照这个法令，选出了该年的代表会议。独立以及建立一个新政府甚至尚不是一般人民的目的。2月，弗吉尼亚报纸上摘登了一个称为《常识》的小册子，少数人有了这个小册子。但是到4月为止，这个想法还没有向人民群众公开，更别说他们决心去拥护它了。

因此，1776年4月的选民和1775年7月的立法者一样，并没有想到独立和一个永久性的共和国，因而不可能打算授予这些代表以宣布独立及建立这样的共和国的权力，或者除了一般立法权力以外的任何其他权力。组建临时政府对于使抗英斗争积极展开必要到什么程度，组建工作也有效到什么程度。他们在组建政府时，除了过去和以后被授予每一个立法机关的权力以外，并没有获得其他任何权力。因此，他们不能通过一个超越其他立法机关的权力的法令。如果现在的议会通过一个法令，宣称它是以后各届议会不可废止的，这个宣言不过是一纸空文，法令就和其他法令一样是可以废止的。因此，他们就凭这些权力，没有任何其他权力，按照被称为宪法或政体的法令组织了政府。它并不自诩比同一届会议的其他法令更富权威，它没有说它应该是永久性的，其他立法机关不得予以更改，没有说它凌驾在那些他们知道和他们自己享有同样权力的人的权力之上。不仅这个文件的无声无息证明他们认为它是可以更改的，他们自己的实践也是如此；因为正是这个代表会议同年秋天作为众议院在议会和参议院一起开会时，通过了许多与他们的政府法令相抵触的法案，而从那时到现在的每一届议会都是这样做的。因此，我可以有把握地说，宪法本身是可以被常任立法机关更改的。尽管这个见解似乎是建立在最起码的常识之上的，有些人却不以为然。第一，他们说，这是因为这些代表会议具有有效地反抗英国所必不可少的权力。但是，要完成这个论据，他们必须更进一步说，不建立一种永久性的、非立法机关所能更改的政府体制，就无法有效地反抗英国。这种说法是错误的。反抗到一定时候总是要结束的，不需要一个永久性的机构使它继续进行下去；一个政府发现缺点后能够改正，就和一错到底的政府一样可以进行有效的反抗。此外，历届议会都和代表会议一样具有进行抵抗所必不可少的权力。因此，如果这些权力包括在一种情况下组织政府的权力，它们在另一种情况下也包括这样的权力。因此，议会和代表会议一样可以组织政府，也就是说，可以改变政府的法令。第二，他们硬说，如果代表会议认为这个文件是可以更改的，就和他们的其他法令可以更改一样，那么，他们就会管它叫法令(Ordinance)，但是他们却偏偏把它叫宪法，(Constitution)，亦即“一个凌驾于平常立法机关权力之上的文件”。我回答说，Constitutio，Constitutium，statutum，lex，都是可转换的名词……

例如在法规25Hen. Ⅷ. C19 § 1中，“宪法和法令”被当作同义词使用。Constitution这个词在物理学和政治学中有别的许多含义；但是在法学中，如果应用于立法机关的法案，就必然意味着一项法规、法律，或者目前情况下的法令。从这个名称的采用中不能引申出一个不同的意义；相反，从他们给它加上一个与法令或法规同义的名词，我们可以断定这一点。但是他们的权力被否定，它们的意义又有什么重要呢？如果他们想要做比他们有权做的更多的事，难道这就给他们权力了吗？使一个法案成为强制性的不是名称而是权力……为了消除“宪法”这个词中的假想的魔法，我们不妨把它译成那些为它凌驾于法律的权力之上的人给它下的定义，而且要假定代表会议没有说，“我们常设立法机关制定了一部宪法，”而是说，“我们常设立法机关制定了一项凌驾于常设立法机关的权力之上的法案。”这样一来，这个企图的荒谬性不是昭然若揭了吗？第三，但是，他们说人民已经默认了，而这就赋予了它一种高于法律的权力。的确，人民是没有反对，这难道那是人民起来反对的时候吗？难道应该把一种在危急时刻的审慎的默认解释成对那个时期里做的每一件非法事情的批准吗？再说，人民干吗要反对呢？人民在年度选举中已经选出了该年度的代表，由他们来行使一般的立法权力，并处理那场他们置身其中的伟大斗争。这些代表们认为这场斗争由一个有组织的政府来处理是再好不过了。正因为如此，他们除了其他许多事情外，还通过一个关于组织政府的法令。他们并没有自作主张把这个法令称为永久性的和不可更改的。他们明知道他们没有权力使它成为这样的东西，明知道我们选举他们当代表不是为了这个目的，而且那时我们也不可能有这

种意图。如果我们真的考虑到了一个不可更改的政府体制，恐怕就会选择另一些人做代表了。因此，人民根本没有起来反抗的理由。可是这个论据会达到什么样危险的地步呢？在我们殖民地创建时期，英国实行了许多强权主义的法令，殖民地人民予以默认，难道默认就等于确认这些法令，赋予它们以人民的权威，使它们成为不可更改，而我们目前的反抗都错了吗？难道立法机关每次擅自行使权力，人民都必须起来造反，否则就必须把他们的沉默说成是把那种权力拱手交给立法机关吗？如果真是这样，那我们该有过多少次造反了？每届议会肯定有一次。联邦其他州认为，要使政府体制不可能被一般的议会法令所更改，就必须委派一些具有特别权力的人做代表。他们因而推选了一些特别代表会议来组建他们的政府。既然如此，我们这个州里持相反意见的人就应该老老实实地承认自己可能是错了，而联邦其余各州是对的。但是如果他们错只有一个可能，对政府法令的有效性只有一丝怀疑，那么，通过把它放在没有人会争辩的基础上来消除怀疑岂不是更好吗？如果他们是错的，他们就会使我们遭受完全失去基本权利的危险。的确，现在不是商讨政府体制的时候。当敌人在我们腹地的时候，当务之急是把他赶出去。但是当敌人被赶走，和平建立，我们有工夫来保卫我们为之浴血奋斗的权利时，千万不要有一个人懒到这个地步，竟然不肯花一点点气力来使它们处于固若金汤的地位。如果要使人相信在适当时候必须召开一个会议来确定我们的政体还需要一样东西，那就是进行反思。

六、议会行使一种确定可为我们制定法律的自身机构法定人数的权力。在建立新的政体之后，他们遵守习惯法和公民权所建立的“多数裁定原则”。它是其人数未被任何其他法律规定的每一个人类集会的天然法则。他们在一段时期内始终要求多数议员出席以通过一个法案。但是英国议会规定它自己的法定人数；我们从前的几届议会也规定他们自己的法定人数；一个赞成权力的先例胜于100个反对权力的先例。因此，众议院最近表决，在目前危险的入侵期间，出席人数满40人即可着手进行工作。他们提出这个动议，是担心议会达不到法定人数。但是这个危险并不能允许他们把不是议会的东西称为议会。如果他们能够规定一个数目，就也可以规定另一个数目，直到它最后失去作为一个代表机构的重要特征。当这个表决因目前的入侵消失而随之失效后，老一套很可能会重新搬出来，因为目前没有怀恶意。但是，规定自己法定人数的权力已经公开宣布，一个先例已经定下了。可以从40个人减为4个人，再从4个人减为1个人；可以从议会缩小到委员会，再从委员会缩小到一位主席或议长，这样，寡头政治或君主政治就有可能冒充正规的体制登堂入室。“一切坏的先例都起源于好的先例；但如果权力落入愚昧或平庸的人之手，那个新的先例也就从高尚、合适变成不高尚、不合适。”①

因此，考虑到对于议会包揽全部立法、行政和司法大权没有任何法律限制，而且这些大权会落入极少数代表手里，人民肯定会说，而他们的代表（如果他们还有正直的代表）也会劝他们说，任何未经大多数代表研究和同意的法案，他们将不承认是法律。

在列举宪法的缺点时，把仅仅是个别人的错误也算进去是不

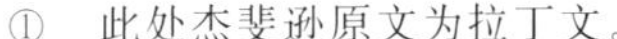

①　此处杰斐逊原文为拉丁文。

对的。1776年12月,我们的处境十分艰难,众议院有人建议拥立一个独裁者,由他掌握立法、行政和司法大权,民政和军政大权以及对我们人身财产的生杀大权;1781年6月,又是在困难情况下,又提出了同样的建议,而且只差几票就被通过。一个人要是纯粹出于热爱自由,感到权利被损害而参加这场斗争,决心作出一切牺牲,面对一切危险,把那些权利重新建立在牢固的基础上,不打算把他的鲜血和生命花在偷天换日的可恶意图上,而是打算把统治他的权力交给他自己选择的多数人手里,以便今后不会有一个道德败坏的人对他进行压迫,那么,当人家对他说,那多数人中有很大一部分人曾进行斡旋,以便把那些权力交给单独一个人,不是把他交给有限的君主统治,而是把他交给一个专制暴君,那他一定会茫然若失,不知所措!如果单独一张票就使他匍匐在一个人脚下,那他的努力和牺牲必将受到挫折,付诸流水!天哪,他们是从哪里获得这种权力的呢?它来源于我们的老法律吗?老法律不会产生这种权力。它来源于我们新宪法中任何明的或暗的原则吗?每一种明的或暗的原则都是完全与它对立的。新宪法的基本原则是,州应被作为一个共和国来治理。它规定一个共和组织;禁止以特权名义行使一切未经法律明确规定的权力;整个法律系统都立足于这个基础;把这些法律合并起来,要么全部有效,要么全部无效,决不规定一种情况,也不承认会出现一种情况,在那种情况下,法律可以暂时中止;不,一刻也不能中止。我们的老法律明确宣布,那些本身是代表的人,不得将需要判断和廉正来行使的权力授予他人。或者提出这个建议是因为提议者在危难时刻有权放弃其职守吗?同一法律禁止甚至在一般情况下放弃职守,更别说不与人

民商量就把他们的权力移交给别人了。人民决不承认这样一个主张:这些权力可以像牛羊一样不问问它们自己的意愿就把它们在别人手里转来转去。这是万不得已吗?万不得已可以解散政府,但不能把政府的权力移交给寡头政治或君主政治。万不得已可以把人民委托的权力交还人民,让他们作为个人自己去设法应付。一个领袖可以提出意见,但是不可以把自己的意见强加于人,更不能让人们伸出脖子任他宰割,或者听任他作威作福而大气也不出。引起这些可怕的后果的头等大事至少应该是明显的和不可抗拒的。但是无论是害怕还是弄虚作假,都是违背事实的。它也被我们姐妹州过去的经历证明是错误的,因为有好几个姐妹州曾与更大的困难作斗争而并没有放弃它们的政体。当这个建议最初被提出时,马萨诸塞发现甚至委员会形式的政府也足以帮助他们渡过入侵的难关。但是当那个建议提出时我们并没有处在入侵之下。当第二个建议被提出时,除马萨诸塞外又增加了罗得岛、纽约、新泽西和宾夕法尼亚等好几个州,在所有那些州中,他们发现共和政体能使他们渡过最严重的考验。难道只有这个州如此寡廉鲜耻,人民内心恐惧如此严重,以致成了他们努力的动机和统治的原则?单单这个想法就是背叛人民,背叛全人类,永远让枷锁压弯他们的脖子,并且给压迫者们提供一个他们将会在全世界大肆宣扬的证据,证明共和政体没有能力在危急时刻保护人民免受伤害。那些擅用权力把统治权拱手送给别人的人必然以为,他们把人民交给了独裁者的棍棒和斧头,独裁者只要向人民点点头,人民就会乖乖地把头伸到砧板上去。如果我们的议会认为人民真会那样俯首帖耳,我想他们是把人民的性格估计错了。依我之见,不应该在他们

遇到困难时给政府打气，使它使出更大的劲，而应该使政府用过去县委员会的一套办法进行管理，直到代表会议能够召开，使其轮子重新正常转动。制造这样一个难堪局面，使我们的同胞对于共和政府的感情经受考验，这是多么残忍啊！那些拥护这个措施的好心人（他们中间绝大多数人用心都很好，因为我和他们有私交，和他们在共同事业中一起出过力，事实证明他们的信念是纯洁的），是被一个其构造和环境截然不同的古代共和国的例子迷住了心窍。他们从罗马历史中寻找先例，只有在罗马历史中找得到，也只有在罗马历史中证明它是致命的。他们从一个被最剧烈的内讧和骚动所撕裂的共和国里找到了先例，在这个共和国里，政府是一个残酷无情的贵族政府，他们统治下的人民被贫困和悲惨生活变得不顾死活，在最艰难的环境里，除非靠一个暴君的无所不能的手，无法使骚动平息。正因为如此，他们的宪法允许拥立一个临时的暴君，称之为执政官，那个临时的暴君，七变八变，变成终身任职了。他们把这个先例误用到一种性情温和，能耐心地接受考验，为公众自由联合一致，并且对他们的领袖们怀有深厚感情的人民身上。但是，即使罗马政府的宪法使他们的元老院具有一种使他们所有的权利都服从一个人的意志的权力，弗吉尼亚议会是不是就此也有同样的权力呢？我们宪法中有哪一条规定要用罗马的宪法来代替一切没有另作规定的情况呢？或者，如果他们可以随心所欲地从任何其他政府体制中寻找先例来统治我们，那么，在这个“一切人对一切人的战争”的世界上，什么样的压迫会找不到一个先例呢？在寻找这个建议的根据时，我找不到任何一个自命带点正义或理性色彩的根据，只找到上文阐述过的缺点，即立法、行政

和司法三个部门之间没有界限，立法机关可将全部权力攫为己有。立法机关一旦攫取了权力，又有规定自己法定人数的权力，就可以把那个法定人数减少到一人，他们可以管这个人叫主席、议长、独裁者或者爱叫什么就叫什么。我们的情况的确很危险，希望同胞们明察，在适当的时候采取适当的补救办法；这就是召开一个代表会议来修改宪法，纠正它的缺点，用法律使几个政府部门各司其职，如果哪个部门超越职权范围，他们的法令就宣告无效；代表会议还要使诉诸人民成为不必要，也就是说，逢到人民的权利受侵犯，他们的默认有被解释成愿意放弃那些权利的危险时，人民没有必要起来造反。

问　题　十　四

请说明一下审判和法律工作好吗？

本州划分为若干县。每个县都有委派的地方行政官，称为治安官，数目通常是从 8 个到 30 个或 40 个，视县的大小而定。治安官都是些最言行谨慎，品格正直的居民，由同事提名，但是由州长委任，工作没有报酬。这些治安官掌握刑事及民事裁判权。如果他们遇到的问题只是法律问题，就由他们自行判决，但如果是事实问题，或事实问题和法律问题相结合，就必须让陪审团来裁决。在后一种情况下，即法律问题和事实问题相结合的情况下，通常由陪审团来裁判事实问题，由此产生的法律问题则由法官裁决。但是问题的这种划分只是由他们任意决定的。如果问题关系到公众自由，或者如果是属于法官有偏袒嫌疑的问题，那么法律问题和事实问题就都由陪审团判决。如果陪审团判错了，那只是偶然的，它对于州的危害和败诉者受的痛苦也比构成一种正规的、划一的制度要小。事实上，一个案子让一个其思想被任何动机歪曲的法官去裁决，还不如采取掷硬币猜正反面的办法来解决，12 个正直的人的常识要比掷硬币更有机会作出公正的判决。这些法官依靠县治安官或验尸官或他们自己任命的警察来履行工作。任何自由民犯了触犯州法律的罪行，如果够不上重罪，法官就令他出庭针对控告或检举进行答辩。如果够得上重罪，他就被关进监狱，法官开庭审理，如果法官经过审讯认为他有罪，就把他送进州法院的监狱，先由州法院 24 人组成的大陪审团对他进行审理，其中 13 人必须意见一致；如果他们认为他有罪，就再在罪行发生县由 12 人组成的陪审团对他进行审讯，按照陪审团的判决（判决必须全体一致）要么无罪释放，要么判罪，不得上诉。如果罪犯是奴隶，县法院的判决就是终审判决。但是，任何一个案件，除叛国罪外，州长都有赦免权。对于叛国罪，只有州议会能予以赦免。在民事案件中，法官对于一切不属于海事法范围的任何价值的案件都有裁判权。这种裁判权是双重的。如果诉讼的问题价值在 $4\frac{1}{6}$ 美元以下，单独一名法官可在任何时间在县内任何地点进行审判，并将败诉一方的私人财产判给胜诉一方。如果诉讼问题价值超过那个数目，则由县法院裁决，县法院至少由 4 名法官组成，每月的某一天在县政府大楼开庭。如果价值超过 10 英镑，或涉及土地所有权或地界，不服裁决可向最高法院上诉。

……英国的法律似乎被殖民者同意采用，由于当时殖民者数目少，又都集中居住在一起，这样做是十分容易的。但是，关于采用英国法律一事，直到1661年才有了证据，那年议会以一个法令明确宣布采用英国法律，除非“情况不同”使这些法律不能适用。在采用英国法律时，我们法院的准则是：英国的习惯法，以及詹姆斯在位第四年以前的一般法规在这里生效，但是以后的法规无效，除非其中指出我们的名字，法官和其他国王的支持者这样说，但是那些有自由思想的人却说，指出或不指出一律无效。描述英国的法律是不必要的，因为那可以在英国出版物中看到。除了立法机关制定的法律以外，后来还增加了君主国时期议会通过的许多法令以及共和国成立以来大陆会议与议会制定的法令。下列同英国模式的差异也许值得详加说明：

债务人无力偿还债务，如老实交出他们的全部家财，可免予监禁，其人身可永免因过去欠下的债务而受监禁，但他们以后获得的任何财产均应归债权人所有。

贫民不能自食其力者，由向他们教区内什一税缴纳者征税来养活。这笔税由每个教区12人征收和管理，这12人称为教区委员，本来是由教区主妇们推选的，但后来由委员自行选择人来补缺。这些人通常都是些言行谨慎的农民，分散在教区的各个地方，因此每个地方都在其中一个的眼皮底下。他们熟悉私人生活的细枝末节和经济状况，他们的博爱精神、邻人的称赞以及由此获得的美誉足以推动他们克尽厥责。既无财产、朋友，又无劳动力的贫民在善良的农民家中膳宿，每年照规定付给他们一笔钱。那些勉强能够自立，或者可以从朋友那里获得一些救济（尽管不够维持全部生活）的人可以得到补助金，这笔补助金使他们能够在自己家里或朋友家里过舒适的生活。没有财产或职业的流浪汉被安置在济贫院，他们在那里丰衣足食，住得很好，但必须劳动。我们所有的州几乎都实行同样的救济贫民的方法，从萨凡纳到朴次茅斯几乎碰不到一个乞丐。大城市确实有乞丐，他们一般都是外国人，从未在一个教区获得过合法居留权。我从未看见过一个土生美国人在街上或公路上行乞。在这里维持生活是很容易的；如果遭到厄运，可以靠救济金过活，那些靠救济金过活的人生活得十分舒适安定，决不会想放弃这种待遇而去做到处流浪的乞丐。当他们在善良的农民家中生病时，该家的每个人都给他们亲切的照料，邻居也都来看望，给他们带来病人想吃的美味食品，如果病情需要，还轮流值夜班看护，他们受到的待遇要比综合性医院不知好多少，那里病人、垂死的人和死人都挤在同一些房里，常常在同一些床上。综合性医院难免有诸多不便，医药和疗程再正规也绝对补偿不了。按照我们朴素的方式进行自然和亲切的护理，救活的人要多得多，而费用却较少，弊病也较少。我们只缺少一个医疗部门，亦即为那些被外科顽症所苦的人们设置的机构。这种专门性的帮助是无可置疑的。但并不是每个教区都能有一个够格的外科医生。因此，应该为那些病人提供这样一个收容所，但是其他人不得收治。

婚礼必须按宗教仪式举行，要么按照县首席行政官根据双方未成年当事人的父母或监护人的同意颁发特别许可证举行，要么在当事人居住的教区内某一教堂三个礼拜日公开庄重宣布结婚之后举行。婚礼宗教仪式可由县法院为此目的而事先核准的任何一个基督徒协会的牧师主持。但是教友会派教徒及门诺派教徒可免除所有这些条件，他们结婚由教会自己举行婚礼。

任何一个不公开同我们进行战争的国家的外国人，只要移居我国并宣誓效忠，即可加入我国国籍，从而获得当地公民的一切权利；同样，美国公民只要按照正式证书，或在公开法庭上宣布他们打算放弃国籍，不再是这个国家的公民，即可放弃那种身份。

土地转让必须在土地所在县的法院或州法院进行登记，否则对债权人及随后的买主俱属无效。

奴隶和土地一样可以作为遗产和嫁妆继承。如奴隶是从父母那儿继承的，继承人必须将奴隶折价分给他们的兄弟姐妹每人一份。

在王政期间，奴隶和土地一样是可以限嗣继承的，但是按照共和国第一届议会的法令，现在和将来的一切限定继承人都被授予对限定继承物的绝对支配权。

票据被拒付后，从拒付之日起必须支付10%利息。

在任何其他情况下，任何人都不得对贷款收取5%以上的年单利。

赌债属于无效，为偿还此项债务付出的钱（如超过40先令）付款人可在3个月内予以追回，或以后由任何其他人追回。

烟草、面粉、牛肉、猪肉、柏油、沥青和松脂在出口前必须由公开任命之人加以检查。

政府曾以多种特权鼓励建造钢铁厂和磨坊，但必须慎防其水坝影响航行。州议会曾多次表示鼓励开发詹姆斯河和波托马克河大瀑布的强烈愿望，但目前两者均尚未实现。

法律致力于维护和改进有益动物的品种，如马、牛、鹿，消灭那些有害的动物，如狼、松鼠、乌鸦、黑鸟；法律还致力于保护公民免遭传染病的侵袭，其办法是强迫进入本州的可疑船只接受检疫，并对州内患有此类疾病的人的行为予以管制。

在我们殖民地最早时候，获得土地的方法是向殖民地议会提出申请。如提出申请的土地已不属印第安人所有，议会认为要求是合理的，他们就通过表决把地产授予申请人。但如果这些土地尚未被印第安人转让，申请人就必须事先向他们购买土地权。议会询问印第安业主，核实这宗购买，确信它真实和公平无欺，便进一步审查申请是否合理和符合政策，并根据审查结果要么同意，要么不同意。公司有时（尽管极其难得）也撇开议会而自行赠与土地。随着殖民地的扩张，个人申请土地倍增，人们认为每次申请都得议会去调查和核准，工作负担太重了。因此他们认为最好是制订一些规则，一切土地赠与都按章办理，最后由总督签名盖章使之生效。为此他们制定了通称的土地法，发现缺点后，随时加以修改。按照这些法律，一个人想要获得一块不属于任何人的土地，应该聘请一位专职公务员确定土地的位置，并予以测量，土地的宽度应与长度成一定比例；赠与手续由总督执行，土地应在一定时期内在一定程度上予以改良。由于这些规则，殖民地当局成了转让印第安人土地权的唯一独占的权力机构，因为按照这些规则，仅仅印第安人让与不能给个人以法律所承认的权力。从那以后，殖民地或国王不时从印第安人那里大批购进土地，总督再按照上述规则（这些规则无论总督还是国王都无权废除）以特别赠与方式将土地分配出去。不符合法律手续的赠与经常被法院的财物扣押令或起诉书宣布无效。自从新政府成立以来，这种状况没有多大改变。一个人想要占有尚未被任何他人占有的土地，先按照他想

要的土地的数量向司库交一笔钱。他将司库的收据呈交审计员，审计员把这笔钱记入司库账内，同时命令土地管理局的登记员给当事人发一张土地证。当事人拿了登记员发给他的土地证去找他看中的土地所在县的测量员。测量员为他把土地划出界线，给他一张证书，上面有这块地的精确说明，他再把证书退回土地管理局，土地管理局发给土地赠与证书，由州长签字。这样，当事人就取得对土地的完全支配权，他可以通过证书或遗嘱把土地转让给任何一个他所喜欢的人，如果他死时没有留下遗嘱，可由他的后代继承。

许多在君主政体时期实施的法律仅与那种政体有关，或者灌输与共和主义不相容的原则，共和国成立后召开的第一届议会成立了一个专门委员会来修改全部法典，把它压缩成合适的形式和数量，交议会辩论表决。这项工作已由三位先生完成[①]，并向议会提出报告，但是恐怕要等到恢复和平，议会有暇进行这种工作时才会进行。

修改办法是这样的。英国的习惯法是这项工作的基础，习惯法指的是现存最老的法规制定以前的那部分英国法律。试图把它简化为一个文本是危险的，因此还是从通常的记录中去收集。对习惯法作了必要的改动，全部英国法规及议会法令中被认为应予以保留的，总共分为 126 个新的法令，文体力求简明准确。下面是拟议中的最重大的改动：

修改遗产继承的法律原则，任何一个死时没有留下遗嘱的人

① 修改工作是由杰斐逊、威思和彭德尔顿完成的。

的土地应平均分配给他的全部子女或其他继承人。

奴隶和其他动产一样可在最近的亲属中分配。

全部公共开支，无论是政府开支还是教区或县的开支（例如救济贫民、修建桥梁和法院大楼等等），都按照公民财产进行摊派。

雇用工人保养公路，新辟道路经过的土地要给土地所有人赔偿。

精确制定外国人入籍和公民入外国籍的规则。

在最广泛基础上建立宗教自由。

解放所有在法案通过后出生的奴隶。修订者汇报的法案并不含有这个建议，但是他们起草了一个包含这个建议的修正案，准备一俟立法机关开始讨论法案就向立法机关提出。修正案还进一步指明，奴隶将继续和他们的父母共同生活到一定年龄，然后由公家出资按照他们的天赋教他们学习耕种、艺术或科学，直到女性年满18岁，男性年满21岁，再送他们移居于当时情况认为最合适的地方，去时随身携带武器、家具及工具、种子、家畜等等，宣布他们是自由和独立的人，并对他们扩大我们的联盟和保护，直到他们有了力量为止；与此同时，还派船到世界其他地方运进同样数目的白人，给他们适当的赞助以诱使他们移居此地。或许有人会问：为什么不留住黑人，使他们和州融为一体，从而省下输入白人移民填补黑人留下的空缺所花费的钱财？白人根深蒂固的偏见；黑人关于他们所受伤害的无数记忆；新的挑衅行为；大自然所创造的真正的差异以及其他许许多多情况会使我们分裂成许多派别，制造动乱，这些动乱除非一个或另一个种族灭绝恐怕永远不会停止。这些障碍是政治上的，除此之外还得加上其他生理上和道德上的障碍。第一个给我们深刻印象的差异是肤色。黑人的黑存在于皮肤与表

皮之间的网膜也好，存在于表皮本身也好；起因于血液的颜色也好，胆汁的颜色也好或其他某种分泌物的颜色也好，这种差异反正是天生就有的，就像它的来源已为我们熟知一样地真实。这种差异难道不重要吗？它难道不是两个人种当中美或不美的基础吗？一个人种白里泛红的肤色、靠血色衬托出来的各种各样表情，岂不是比另一个人种脸上永远蒙着黑面纱，把一切感情都掩盖住，缺乏变化更可取吗？除此之外，还有飘逸的长发，优美匀称的体形，这是黑人自己所作的有利于白人的判断，他们对于白人的这种偏爱，就和奥伦努坦人喜欢黑人妇女而不喜欢本种族的妇女一样不变。在我们的马、狗及其他家畜的繁殖中，超凡的美值得注意，为什么在人的繁殖中就不值得注意呢？除了肤色、身材和头发的差异外，还有其他许多生理上的差异证实了人种的差异。黑人脸上和身上的毛较少。他们的肾的分泌较少，皮肤的腺的分泌较多，这使他们身上有一种非常强烈的、难闻的气味。这种更大程度的出汗使他们比白人耐热而不耐寒。还有，一位已故的天才实验家发现肺器官是动物的热的主要调节器，也许正是这种肺器官组织的差异使黑人在吸气动作中不能把那么多的汗水从外部空气中化散，或者只好在呼气动作中排出更多的汗水。他们似乎只需要少量的睡眠。一个黑人白天干了一天重活以后，只要拿一点点娱乐来引诱他，就会熬到深更半夜，尽管他明知道天一亮就得出外干活。他们至少和我们一样地勇敢，而且更富于冒险精神。但是这也许是由于缺乏先见，在危险来临前看不到危险。当危险来临时，他们不能比白人更冷静或坚定地去应付。他们对他们的女性有更炽热的追求，但是爱情对他们来说似乎更多是一种强烈的肉欲，而不是感情

和欲望的微妙的混合。他们的悲伤是转瞬即逝的。那些数不清的苦难使人怀疑上帝给我们生命到底是出于慈悲还是惩罚，但是黑人却不大感觉到，很快就把它们忘得干干净净。总的说来，他们生命中多的是感觉，少的是思考。他们在不做工作又没有消遣的时候喜欢睡觉，原因就在于此。身体在休息，又不开动脑筋，当然只好睡觉了。从记忆、推理和想象方面拿黑人同白人进行比较，我觉得在记忆方面黑人和白人相等，在推理方面黑人要差得多，几乎没有一个黑人能够探索和理解欧几里得的数学定理；而在想象方面，黑人是迟钝的、低级的、反常的。为了这个问题到非洲去跟踪调查是不公平的。我们要在这里研究他们，这里他们同白人是在同一个舞台上，要据以作出判断的事实并不是捏造的。应当充分考虑到条件、教育、谈话以及活动范围的差异。千千万万的黑人被带到美国，在美国出生。其中绝大多数人局限于耕作，局限于他们自己的家和他们自己的社会；但是也有不少人的处境使他们能够从与主人的交谈中获得好处；许多人学会了手艺，从而永远和白人交往。有些人受过充分的教育，他们全都生活在艺术和科学高度发达的地区，他们看到的都是国外进口的最精美的作品。印第安人虽然没有这种有利条件，却常常雕刻一些不乏匠心和美感的图形。他们会用炭笔画出一只动物、一株植物或一片田野，这证明他们心有灵犀，只要精心培育就会蓬勃生长。他们会用最出色的演说使你吃惊，这证明他们的思维和感情是健全的，他们的想象力是丰富的。但是我还从未发现一个黑人发表过一种超出简单叙述水平的见解，从未看到过哪怕最起码的绘画或雕刻的苗子。在音乐方面，他们的天赋一般地说高于白人，听觉灵敏，能准确地辨别曲调和节奏，而且能编造小段轮唱[①]。他们是否能创作出一段更全面的曲调或复杂的和声，则尚待证实。苦难往往是诗歌中最感人的笔触之源。黑人中苦难是够多了，但偏偏没有诗歌。爱情是诗人的特殊的刺激。黑人的爱情是炽热的，但是它只产生感觉，激发不起想象。宗教的确产生了一个菲利斯·惠特利[②]；但是它产生不出一个诗人。以她的名字发表的作品简直不值一评。邓查特的英雄们对于她，就像大力神之对于那首诗的作者。伊格内修斯·桑乔[③]的作品略胜一筹，但是他的信给心灵增光，胜于给头脑带来荣誉。它们洋溢着最纯粹的友谊和慈善，并且显示慈善在多大程度上能与强烈的宗教感情融为一体。他措辞的特点是赞美；他的文体流畅亲切，除非是模仿项狄[④]的词语结构。但是他的想象力是狂放的，不断地摆脱理性和趣味的约束，在异想天开的过程中，留下一束思想，奇突而又不连贯，犹如天空划过一个流星。按说他的主题应当经常带他进入一个清醒的推理过程，然而我们却发现他总是用感情来代替论证。总之，虽然我们承认他在获得公众好评的与他同肤色的人当中名居首位，但是我们若把他与他生活于其中的那个人种的作家们，特别是与他已在其中站稳脚跟的书信体作家们相比，就不得不把他排在末位。这个评价是假定以他的名字发

① 他们用的乐器是班卓琴，这是他们从非洲带来的，它是吉他的原型，它的弦和吉他的四根下面的弦完全一样。〔杰斐逊原注〕

② 菲利斯·惠特利的诗集于1773年在伦敦出版。

③ 桑乔，1729年出生于一条奴隶船上，长期居住于英国；他的信，包括他的自传，于1782年出版。

④ 指英国小说家劳伦斯·斯特恩所著小说《特利斯特拉姆·项狄》的结构严谨。——译者

表的书信真是他写的，没有经过别人修改；这些关键问题是不容易查清楚的。黑人和白人混合后，他们在身心方面的提高是有目共睹的，这证明他们的低劣并不单纯是他们的生活状况造成的。我们知道，在古罗马人中间，尤其是在奥古斯都时代，他们的奴隶的状况要比美洲大陆的黑人的状况悲惨得多。男女奴隶被关在隔离的房子里，因为对奴隶主来说，抚养一个孩子要比买一个奴隶花费更大。在这方面，加图[①]对他的奴隶作了极有限的宽容，向他们收一点钱就让他们住在一起[②]。但是在这个国家里，奴隶繁殖得和自由民一样快。他们的处境和生活方式使得男女间的交合几乎不受限制。同一个加图，本着节约原则，总是把他的生病和年老体弱的奴隶卖掉。他养成一个老规矩，每当一个奴隶主到他的农场作客时，总是把他的老牛、旧运货马车、旧工具、老而生病的奴隶及其他一切无用的东西卖给对方……美国的奴隶不能把这一点算在他们蒙受的损害和侮辱的账上。古罗马人惯常的做法是把一些患病难以治愈的奴隶扔弃在泰柏河的埃斯库拉皮斯岛上，使他们冻饿而死。罗马皇帝克劳狄曾颁布一道敕令，给居然病愈的奴隶自由，而且第一个宣布，任何人如把患病的奴隶杀死而不是把他们弃之户外，不应该被认为是杀人。扔弃奴隶是犯罪，这种行为在我们中间是没有先例的，如果将奴隶杀死，那是要被处以极刑的。我们曾听说有一个名叫维迪乌斯·波利奥的人，他曾因为他的奴隶打碎了一个玻璃杯而当着奥古都斯的面把这个奴隶喂鱼。在古罗马人

① 加图：古罗马政治家。——译者

② 杰斐逊的脚注略。

那里，向奴隶取证的惯常做法是严刑拷打。就取证而言，人们认为最好是不要采用奴隶提供的证据。当一个奴隶主被谋害时，所有他的奴隶，在同一个屋子里的，或者在听得见的距离内的，都被处死。在我们这里，只有犯罪的奴隶才受惩罚，而且对他就像对一个自由民一样要有确凿的证据。但是，尽管古罗马人那里有凡此种种令人发指的事，他们的奴隶却往往是最难能可贵的艺术家。奴隶在学问方面也出类拔萃，以致经常受雇于主人做其子女的家庭教师。爱比克泰德、泰伦斯和费德鲁斯①都是奴隶。但是他们都是白种人。因此，造成差别的不是他们所处的条件，而是天性。不管进一步观察是否能证实在头脑天赋方面造化对他们不够慷慨这一推测，我认为就感情的天赋而言，造化对他们是公正的。他们一贯被加上爱偷东西的污名，但这必须归因于他们的处境，而不应该归因于道德意识的堕落。不能从财产法得到好处的人，也许会感到自己大可不必去尊重那些为了别人的利益而制定的法律。当我们在为我们自己的法律进行辩论时，我们曾立下一个基本原则：法律要做到公正，就必须给双方对等的权利，不然法律就仅仅是些专横的行为准则，建立在暴力而不是良心之上。我要请奴隶主回答一个问题：反对侵犯财产的宗教戒律是否不是为他，同样也不是为他的奴隶制定的？一个人把奴隶的东西统统拿走，奴隶是不是也可以情有可原地从这个人那里拿走一点点东西，就好比人家要杀他，他也可以杀人家？人所处的关系改变，他的是非感也随之改变，这个道理既不是新的，也不是为黑人的肤色所特有的。荷马在

① 此三人分别是古罗马的哲学家、喜剧家和寓言作家，出身都是奴隶。——译者

2600年前就告诉我们：

朱庇特[1]规定：哪一天使人当奴隶
哪一天他就失去一半价值。

但是荷马所说的奴隶是白人。尽管这些看法必然会削弱黑人对财产法的尊重，我们却在他们当中发现许多最正直不阿的例子，他们的仁爱、感恩及忠贞不渝就和他们那受过良好教养的主人一样多。所谓他们的推理力和想象力差，这种见解显然缺乏根据。要证明一个结论有道理，需要进行许多观察，甚至要把对象用解剖刀解剖、放在显微镜下检查、用火或溶剂分析。既然如此，如果我们研究的是一种机能而不是一样东西，如果所有各种官能还没有研究出来，如果它存在的条件是多种多样并且是多种多样结合在一起的，如果那些条件的效果是无法计算的，更甚者，如果我们下的结论会把整个人种的人从造物主为他们排定的等级表上的名次降下来，更需要进行多少观察啊。可耻的是，我们必须说，虽然一个半世纪以来，黑种人和红种人一直在我们眼皮底下，我们却从来没有把他们当作博物学的对象看待。因此，我只是提出一个模糊的想法：黑人，不管生来就是一个独特的人种，抑或由于时间和环境使然而成为一个独特的人种，肉体和精神的天赋都比白人差。认为同一个属下面的不同的种，或者同一个种下面的不同的品种可以有不同的特性，这并不违反经验。那么，一个爱好博物学的人，一个用哲学目光看

① 朱庇特：罗马神话中统治诸神、主宰一切的主神。——译者

待一切种类动物划分等级的人，对于使那些人如同大自然创造的那样处于截然不同的地位所作的努力，难道不会谅解吗？这种肤色上以及也许机能上的不幸的差别，对于这些人的解放是一个巨大的障碍。许多拥护黑人的人，尽管愿意为人的自由辩论，也渴望保持它的尊严和美，其中有些人对"下一步拿他们怎么办？"这个问题感到为难，便与那些只是为卑鄙的贪婪驱使的人一同唱起了反调。在古罗马人那里，解放奴隶只需要作一次努力。奴隶获得自由后可与主人通婚而不至于玷污主人的血。但是我们这里却需要作第二次努力，这是历史上所没有的。在获得自由后，他将被迁送到不至于发生混血的地方……

修改法律的另一个目的是在人民大众中更广泛地传播知识。这个法案提议把每个县划分为五六英里见方的小区，称为百户邑，每个百户邑都设立一所学校，教学生读、写和算术。教师由百户邑供养，百户邑内每个人都可以送子女免费入学三年，以后只要出钱，愿意读多少年都可以。这些学校由督察员监督，督察员每年从各自学校里挑选一名其父母由于穷而无力供其继续上学的天分最高的学生，把他送进文法学校，这种学校计划在全州各地建立 20 个，教授希腊文、拉丁文、地理和高等数学。文法学校每隔一两年对选送的学生进行考核，从所有学生中选出一名最有天才的学生，让他们继续就读 6 年，其余的人退学。用这种方法，每年从垃圾中捡出 20 个智商最高的人，在文法学校公费就读。六年学习期满，有一半要中止学习（文法学校未来的师资可能就从这些人当中供应），另一半则由于才能及素质优越而被保送威廉和玛丽学院，在那儿继续攻读三年他们挑选的学科，学院的计划将被扩大到一切实用科学，其理

由下文将加以说明。整个教育方案的最终结果将是教全州所有的儿童读、写和普通算术，每年造就10个希腊文、拉丁文、地理及高等算术方面学有所成的杰出天才，另外每年还培养出10名更优秀的学生，他们除了那些学科外，还要学习他们的天才导致他们学习的那些科目。另外一个最终结果是向人民中比较富有的一部分人提供合宜的学校，他们的子女可自费在那里受教育。这个方案的总的目的是提供适合每个人的年龄、才能及条件的教育，使他们获得自由和幸福。具体细节不在法律范围之内，而必须是负责执行的督察员的任务。这个教育方案的第一个阶段是建立百户邑学校，人民大众将在那儿获得教育，未来秩序的主要基础将在此奠定。因此，不是在儿童的判断力还不够成熟到进行宗教探索的时候把《圣经》和《圣约》书放在他们手里，而是要让他们记住希腊、罗马、欧洲和美洲历史上最有用的事实。另外也可以把道德的基本原理灌输进他们的头脑；例如，当他们进一步成长，判断力加强的时候，可以教他们如何去努力实现他们自己最大的幸福，向他们证明，幸福并不取决于命运为他们安排的生活条件，而始终是善良的心地、良好的健康、职业以及自由进行一切正当追求的结果。那些由于父母富有或州的选拔而注定要获得深造的人，将进入文法学校学习语言，这是第二个阶段。据说学习希腊文和拉丁文在欧洲不吃香了。我不知道欧洲的生活方式和职业所要求的是什么，但是我们如果在这件事上学他们的样，将会在判断上铸成大错。人生中有某个阶段，比方从8岁到15岁或16岁，头脑和身体一样还没有健全到能够从事深入细致的活动。如果勉为其难，就会过早地成为过分劳累的牺牲品。在这些年轻柔嫩的人身上，最初的确显示出少年老成的喜人样子，但是结果他们应该成年了,却仍旧是孩子。儿童时代的记忆力最强,留下的印象最深,而学习语言主要靠记忆,所以它似乎正好适合这个时期的能力,而这个时期也相当长,足以学会最有用的古代和近代的语言。我并不想说语言是科学。它只不过是一样获得科学造诣的工具。但是用来为今后的活动提供工具的时间不能丧失,特别是因为就这一点来说,为了学习语言而要少年读的书同时也可以把有用的事实和良好的原则印在他们的头脑里。如果听任这个时期在懒散中度过,头脑就会变得迟钝无力,头脑寓于其中的身体如果不同时进行锻炼,也会变成这样。肉体与精神在其发展和衰退过程中的感应力是非常严密和明显的,不会在我们从一个推论到另一个的同时使我们不得要领。他们一到合格的年龄就立即被从文法学校送进大学(这是第三个阶段也是最后一个阶段),在大学里学习适合他们志向的学科。依靠从穷人中挑选天才少年的那部分规划,我们希望使州得以利用人才,大自然不但把那些人才撒播在富人中间,同样也把他们撒播在穷人中间,但是,如果不把他们发掘出来,予以精心培养,就会被埋没掉。但是这个法案的所有观点中,最重要、最合理的一个观点是使人民成为他们本身自由的可靠的、而且是最终的保卫者。为了这个目的,接受全面教育的第一阶段主要是让学生读历史。他们读了历史,对过去事情作出了评价,就能判断未来,就能利用其他时代和其他国家的经验,并且鉴别人们的行为和意图,识破用一切伪装隐藏起来的野心,识破它,然后挫败它的阴谋。世界上每一个政府中都有人类弱点的痕迹,都有腐败蜕化的苗子,聪明人能一眼识破,恶人则慢慢地予以培养和助长。一个政府如果仅仅委托给人民的统治者,必然会蜕化变质。因此,人民本身

才是政府唯一安全可靠的保管者。为了使人民自身也安全可靠，必须使他们的思想提高到一定的高度。这的确并不是所需要的一切，尽管它是十二万分的必要。就这一点来说，必须修改我们的宪法来帮助公共教育。必须使全体人民对政府发挥影响。如果人民大众中每一个人都参与根本的权力，政体就会安全可靠，因为要向全体人民行贿，不是任何私人资财负担得了的，而公共资财只有通过向人民征税才能够到手。在这方面，每个人都得付出他自己的代价。英国政府已经被收买了，这是因为10人中只有1人有权选举议员。因此，出卖政府的人净得卖价的9/10。有人以为，使选举权局限于人民中少数较富有的人能够限制行贿舞弊，但是，只有把选举权扩大到反对行贿的人，行贿才会受到更有效的限制。

最后，在这次修改工作中提出了一个法案，建议成立公共图书馆和美术馆，每年拿出一定数额的钱来购买书籍、绘画作品及雕像。

问 题 十 五

高等院校和公共机构及公路、建筑物等等。

威廉和玛丽学院是本州唯一的一所公立高等学府。它是威廉国王和玛丽女王在位时创建的，他们夫妇赐给学院2万英亩土地，并按照Car Ⅱ第25条法令从弗吉尼亚和马里兰出口的某些烟草每磅征收一便士的税。议会还制定一些临时法令，对进口的酒及出口的毛皮征税赠给学院。学院从这些财源每年收入3000多英镑。校舍是砖砌的，可供大约100名学生住宿。按照特许状，学院由20名督察员管理，他们是学院的立法者，有1名院长和6名教授。学院在议会有1名代表。按照特许状，共设立一个希腊语和拉丁语教授职位、一个数学教授职位、一个伦理学教授职位、两个神学教授职位。除了这5个教授职位以外，还有第6个教授职位，是英国的博伊尔先生出巨资捐赠的，目的是使印第安人受教育，并使他们皈依基督教。这个教授职位称为布雷弗顿，来自用捐赠的钱在英国购置的一家地产的名称。招收学习拉丁文和希腊文的学生使学院里全是儿童，这使得已经准备入院学习的年轻绅士们感到不快和丢脸，不愿入学，这样，本来大有可为的数理系和伦理系的用处就变得很小了。另外，钱也在供那些仅仅来此学习一些基本知识的学生的膳宿方面用完了。督察员们无权改变学院章程中由特许状规定的那些情况，教授职位只能限于原定的数目。但是独立革命后，督察员们就着手改变教授职位。他们取消了两个神学教授职位和一个希腊文及拉丁文教授职位，代之以其他科目，因此目前教授职位的设置是这样的：

法律和治安教授职位；

解剖和医学教授职位；

物理学和数学教授职位；

伦理学、自然法和民族法、美术教授职位；

现代语言教授职位；

布雷弗顿教授职位。

另外还建议，一俟立法机关有暇处理这个问题，就应授权增加教授职位，既要增加其他学科职位，又要把已有职位予以细分。除了欧洲各大学通常设立的教授职位以外，似乎还应该增加一个北方国家古代语言和文学教授职位，因为它们与我们自己的语言、法律、风俗和历史有关。为了更好地达到设立布雷弗顿教授职位的目的，应在印第安部落中建立一个永久性的传教团，其目的除了按照创始人的要求教他们学习基督教的各项原则之外，还在于搜集他们的各种传说、法律、风俗、语言及其他能据以发现他们相互间的关系或来源于其他部落的情况。这些目的在一个部落中达到后，传教士可以转移到另一个部落。

公路由县法院管理，但是受州法院控制。他们认为什么地方必须开辟新的公路，就下令开辟。县的居民划分成许多管区，每个管区负责保养一部分公路。无需技术人员协助修建的桥梁由管区修建。如果水流湍急，需要一条由能工巧匠造的桥，法院就雇用工匠来造，费用由县负担。如果费用太大，县负担不起，可向州议会提出申请，州议会授权个人建造，向所有过桥人收取固定的过桥费，或者批准实行他们认为合理的其他措施。

渡口只准在法律特别指定的地点设立，摆渡费由法律规定。

旅馆由法院颁发许可证，收费由法院随时调整。

私人房屋很少用石头或砖建造，大多数是用小块木材和木板造的，外面抹上灰泥。再也不可能设计出更难看、更不舒服和幸而更容易毁坏的东西了。房屋一共只有两三种式样，州内大多数房屋都是根据其中一种式样，按照它的尺寸建造的。最贫穷的人用原木搭建简陋的小屋，横向搭成一个个小间，缝隙用泥填没。这些小屋冬暖夏凉，胜于造价更贵的用小块木材和木板建造的房子。有钱人专心种蔬菜，但是不大关心种水果。穷人两者都不关心，主要靠吃牛奶和肉食为生。这是不可原谅的，因为气候环境要求多吃素，这既是为了舒适，也是为了健康，而且气候也非常适宜种植水果。

唯一值得一提的公共建筑是州议会大厦、王宫、学院以及疯人院，它们都在威廉斯堡——我们过去的政府所在地。州议会大厦是一座小巧玲珑的建筑物，两种柱型前面有一个门廊，下边一个是多利斯柱型，大小比例和装饰还过得去，只是柱距太大。上边的柱型是爱奥尼亚柱型，与它的底座相比是太小了。它的装饰对柱型不合适，本身也不协调。它的顶上是座人字墙，与它的广度相比是太高了。但是，总地说来，它是我们所有建筑物中最惹人喜爱的一座。王宫外观不漂亮，但是内部宽敞舒适，环境幽雅，同周围的场地一起，成为一个优美的场所。学院和医院是些简陋的建筑物，要不是有屋顶，会把它们当做砖窑。其他公共建筑物只有教堂和法院大楼，压根儿不讲究美观。要讲究美观确实也不容易，因为几乎找不到一个会打样的工人。天才的建筑师似乎对这个地方深恶痛绝，避之不及。个人往往花大钱造房子。把房子造得整齐美观并不需要多花钱，只要把材料重新安排一下，把部件的形状和配合改变一下就行了。这样花的钱往往比这些房子用在粗俗的装饰上面的钱还少。但是艺术的基本原则无人懂，我们中间几乎没有一个建筑物高雅得使人对那些原则有所领悟。建筑是一门美的艺术，按照新的编制，属于学院一个教授的知识范围，也许一个火花会落在某些天生有审美力的年轻人身上，点燃他们的天才之火，并且在这门高雅而有用的艺术中产生一次革新。但是，当砖房或石房不如木房有益健康的偏见不幸盛行之际，我们在这方面所做的一切并不能使我们这个州获得永久性的改进。在雨天，砖房或石房的墙上常常可以看到水珠，最容易的解答是，雨水渗进墙里去了。但

是，下述事实足以证明这个解答是错误的：一、如果空气潮湿，即使不下雨墙上也会出现水珠。二、外墙出现水珠，隔墙同样也出现水珠。三、砖砌路面或石头路面也有水珠。四、墙壁越厚，水珠也越多；如果这个假设是正确的，那么，墙壁越薄，水珠就应当越少。如果把冷水倒进一个石头容器或玻璃容器，容器外面立刻会结上一层水珠，但如果把冷水倒进一个木头容器，就没有这种现象。在第一种情况下，不能认为水从玻璃里渗出，而是周围空气中的水汽凝结成水滴；就好比蒸馏器锅炉里冒出的蒸气的湿的粒子通过冷却器，凝结成水珠，悬浮在冷却器内部表面一样。砖墙和石墙在这个事例中就扮演了冷却器的角色。它们很冷，足以使悬浮在室内空气中的水分达到饱和时就浓缩和凝结成水珠。但是木墙不一样。于是问题就来了：是水蒸气悬浮在空中最有益健康，还是空气中没有水蒸气最有益健康？这两种情况都很容易解决。空气潮湿时，在室内生一个小火，就能防止墙上结水珠。这个做法在最冷和最热的季节都是有益健康的，在石房或砖房内和木房内都很必要。我并不是说雨水决不会渗进砖墙。相反，我看到过这种例子。但是只有在来自东北方的暴风雨侵袭之后，北墙和东墙才会渗水，只有这种暴风雨持续时间长得足以穿过墙壁。但是这种情况极难得发生，无法用它来证明这种房子不利于健康。在一所用烧得很结实的砖和上好灰泥砌墙壁的房子里，在12—15年间我只有两次看到过雨水渗透。欧洲人住的主要是石房或砖房，他们肯定和住木房的弗吉尼亚人一样地健康。这些房屋较之木屋还有冬暖夏凉，造价便宜，以及更坚固耐用的优点。为了从我们同胞头脑中消除这个偏见，最后一点是非常重要的。一个其建筑物都是木造的地区，房屋决不会有重大的改进。它们的使用期最高不超过50年。这样，每半个世纪我们的地区就成为一片空白，必须从头做起，就像开始定居时一样。反过来，如果房屋是用耐久性材料造的，那么，每一所新的大厦对于我州都是一个实际的、永久性的贡献，既增添它的装饰美，又提高它的价值。

问 题 十 六

对于通称“亲英分子”的叛徒的地产和财产采取什么措施？

一个亲英分子被正确地定性为思想上而不是行动上的卖国贼。法律要打击的唯一的一类人是拒绝宣誓效忠者，或拒绝宣誓效忠本州的人。这类人一个时候必须交双倍税，另一个时候必须交三倍税，最后多收的钱却都退还他们，使他们与好公民处于平等的地位。这既证明我们政府宽大为怀，又证明人民万众一心，尽管这场战争已进行了将近7年，却没有一个人因叛国罪被处死。

借这个问题之便，我将叙述一下对英国财产采取的措施，英国财产所有人受到的待遇要比亲英分子好得多。按照我们的法律（这方面和英国法律一样），任何外国人不得拥有土地，任何外国敌人不得对金钱或其他动产提起诉讼。外国人拥有或占有的土地被收归州有，当一个外国敌人提出诉讼要求收回金钱或其他动产时，被告人可以抗辩说他是个外国敌人，这就使他失去了对在债务人或持有人手里的他的动产的权利。由于我们脱离英国独立，英国人成了外国人，而由于正在进行战争，他们就成了外国敌人。他们的土地当然被没收，他们借出去的债也收不回来了。但是议会在各个时期通过许多法律来保护他们的财产。议会首先把他们的土地、奴隶和他们农场上的其他财产从委托人（委托人多半是业主的亲密朋友或代理人）手里接收过来，并命令把纯收益入库，而且允许所有欠英国人债的人把债款也缴纳入库。这样收进来的钱被宣布仍属英国人所有，州如果使用必须归还，除非英国的不当行为使扣押这些钱成为合理。当时通货已开始轻微贬值，尽管辉格党人不承认，也没有注意。债务人上交了一大笔钱。在稍后一个时期，议会坚持禁止外国人在州内拥有土地的政治原则，命令将全部英国财产出售；而且，由于感觉到通货正在迅速贬值，如果不采取对策将会蒙受巨大损失，乃命令将出售财产所得转变成当时等价的烟草，听候议会进一步指示。这个法令使偿还问题更加突出。1780年5月，另一个法令撤销了将欠英国人的钱上交州库的规定。

问 题 十 七

请介绍一下该州接受的各种宗教好吗？

本州的第一批定居者是来自英国的移民，信英国国教，当时这个教正因为对其他一切教派取得全面胜利而扬扬得意。由于掌握了制定、管理和执行法律的大权，他们在此地同样表现得对他们移入北部地区的长老会教友不能容忍。可怜的贵格会教徒正在迫害下从英国仓皇出逃。他们把目光投向这些新的国土，把它们看作公民自由和宗教自由的避难所，但是他们发现这些国土只是对掌权的教派来说才是自由的。弗吉尼亚议会于1659年、1662年和1663年通过好几个法令，规定父母如拒绝让他们的子女受洗礼应受处罚；禁止贵格教徒非法集会；任何一条船的主人将一个贵格教徒运入本州应受处罚；已经在这里和今后来到这里的贵格教徒被关起来直到他们宣誓不再回来；第一次和第二次回来予以较轻的惩罚，但第三次回来就要处死；任何人不得允许贵格教徒在他们家里或者住家附近集会，不得以个人身份招待他们，或者散发支持他们的教义的书籍。如果新英格兰处死人的情况这里没有出现，这并不是因为教会克制，或者立法机关的态度（这可以从法律本身推论出来），而是由于历史环境不一样。英国国教徒完全掌握这个地区大约一个世纪，后来其他教派逐渐出现。由于政府一味包庇自己的教会，同样养成了神职人员好逸恶劳的习气，在目前这场革命开始时，2/3的人民已成为反对国教的新教徒。法律对他们确实仍有压迫性，但是一方的态度已变得温和，另一方的态度则更加坚决，博得了人们的尊重。

在宗教问题上，我们法律的现状是这样的。1776年5月的大陆会议在其权利宣言中宣称信教自由是真理和天赋权利，但是当他们按照那个宣言制定政府法令时，并没有奉行权利宣言中宣布的原则，用立法条款予以维护，相反却忽略了维护宗教权利，听之任之。但是，同一个大陆会议在1776年10月作为议会一个成员在开会时废除了英国议会制定的一切使得在宗教问题上持其他见解、不上教堂和进行其他礼拜方式俱为犯罪的法令，并且暂时停止向教士发薪金的法律，1779年10月又把暂时停止改为永久停止。法令对宗教的压迫就这样被取消了，目前我们依然保留的只是那些由习惯法或者我们自己议会制定的法令所施加的压迫。按照习惯法,信奉异教是死罪,应处火刑。异教的定义由教会法官解释,在IEL.C.I法令颁布以前一直如此,该法令对异教作了如下规定:除了根据教会法规的权威,或者由四大基督教会议之一,或其他会议按照圣经明白无误的语言判定为异教之外,任何一切都不得被认为是异教。就这样,异教被界定为违反习惯法的罪行,1777年10月我们议会通过C.17法案,把它的审判权交给州法院,宣称一切有关习惯法的问题皆由该法院裁决。执行是按照异教徒火刑令进行的。按照1705年我们自己议会C.30法令,如果一个受过基督教教育的人否认上帝或三位一体的存在,或断言上帝不止一个,或不承认基督教是真理或圣经具有神的权威,如初犯将被处以不能担任神职或任何军政职务的惩罚,再犯将被处以无资格起诉、接受任何赠与或遗产,无资格担任监护人、遗嘱执行人或遗产管理人,并处以三年徒刑,不准保释。在法律上,一个父亲照管自己子女的权利是建立在他的监护权之上的,如果丧失了这种权利,他的子女当然同他脱离关系,被法院交给更正宗的人照管。这就是一些曾经为了争取公民自由而不惜抛弃生命和财产的人甘愿生活在其下的那个宗教奴隶制的大致情形。所谓人的头脑的活动和身体的活动一样必须受法律强制,这种错误认识[①]似乎尚未完全根除。但是我们的统治者对这种天赋权利,除了我们交给他们的那些权力之外,并没有其他权力。信仰的权利我们从来没有交出

① 杰斐逊注略。

过,也不能交出。我们要为它对上帝负责。政府的正当权力只涉及那些损害别人的行为。但是我的邻居宣称有20个上帝,或者一个上帝也没有,对我却并没有损害。它既不偷走我的钱包,也不打断我的腿,如果说他在法庭上的证言不可信,那就驳斥它,让他留下污名好了。强迫他徒然使他变得更坏,使他变成一个伪君子,却绝对不会使他变成一个更诚实的人。它只会使他顽固地犯错误,却不会纠正这些错误。理智和自由探讨是防止错误的唯一有效手段。如果让它们自由发挥,它们就会使每一种骗人的宗教经受它们的判断和考察,从而使真正的宗教获得支持它们是错误的天敌,而且只是和错误为敌。要是罗马政府不允许自由探讨,基督教决不会传入。要是宗教改革时代人们不热衷于自由探讨,基督教的腐败决不可能肃清。要是现在对自由探讨施加限制,目前的腐败就会得到保护,新的腐败就会受到鼓励。要是政府对我们吃的药和日常饮食都作出硬性规定,我们的肉体就会受到控制,就像我们的灵魂现在受到控制一样。例如在法国,催吐剂曾一度被禁止作为药物,土豆曾被禁止作为食物。政府如果给物理学体系作出规定,它也是一贯正确的。伽利略由于断言地球是圆的而被送上宗教法庭受审判,政府硬说地球就像一块木板一样平,伽利略不得不宣誓放弃他的错误想法。但是,这个错误想法最后却占了上风,地球终于被证明是圆的,笛卡尔宣称它绕着它的轴旋转。笛卡尔生活在其下的政府很聪明,懂得这不是一个民事审判权问题,否则我们就都被卷进旋涡中去了。事实上,这些旋涡已经爆炸了,牛顿的引力原理如今已在理性基础上更加牢固地建立起来,而政府当时如果插手,使它成为一个必要的信条,它就不会这样牢固。理性和

实验自由发挥，谬误就望风而逃。只有谬误的东西才需要政府撑腰。真理自己能够站得住脚。思想受高压统治，谁是你的审判官呢？一些难免犯错误的人，这些人被坏的感情控制，既受公家动机支配，又受私人动机支配。为什么要让思想受高压统治呢？为了造成统一局面。但是思想统一值得向往吗？就同面孔和身高划一一样地不值得向往。把普罗克拉斯提斯的床[①]搬来，由于存在着大个儿打小个儿的危险，就把长人砍短，把短人拉长，使我们都变得一样大小。实际上，不同的思想对宗教是有益的。几个不同的教派可以起互相监督的作用。思想能做到统一吗？自从基督教传入以来，已经有无数无辜的男人、女人和儿童被烧死、被毒刑拷打、被罚款、被监禁，但是我们并没有向思想统一迈进一步。高压的结果是什么？是使世上的一半人成为傻瓜，另一半人成为伪君子。是在全世界支持欺骗和谬误。我们要想一想，这个世界上居住着10亿人。这10亿人信仰的宗教恐怕有1000种。我们的宗教只不过是1000种中的一种。如果1000种宗教中只有一种是正确的，而那一种便是我们的宗教，我们就愿意看到那999种迷途的宗教集合到真理的怀抱中来。但是这么多的宗教是不能靠暴力合并为一种的。理喻和劝告是唯一切实可行的办法。为了给理喻和劝告开路，必须放手让人们自由探索，如果我们自己不肯放手，又怎么能希望别人放手呢？但是，一个调查者说，每个州都已建立了某种宗教。我回答说，没有两个州建立了同样的宗教。这是官方宗

① 普罗克拉斯提斯是希腊神话中的巨人，常把旅客缚在床上，体长者截其下肢，体短者拉长其身使之与床同长。——译者

教绝对不会犯错误的证据吗？但是，我们的姐妹州宾夕法尼亚和纽约没有任何官方宗教照样存在下去。他们进行的实验是新的和难以预测的。它意想不到地成功了。这两个州欣欣向荣。宗教受到了有力的支持；宗教的确是五花八门的，但是都很好，都能维持和平与秩序；或者，如果一个教派兴起，其教义会败坏道德，那么，明智之士就会公正地予以处理，并且通过讲理，一笑把它逐出门外，不让州受到麻烦。他们绞死的坏分子不比我们多，宗教上的不同意见也并不使他们比我们更苦恼。相反，他们是无比融洽，这只能归因于他们极其宽容，因为他们的处境没有一点与其他国家不同。他们幸运地发现，平息宗教争端的方法是对它们不予理会。我们也应该公正地对待这个实验，尽可能把那些专横的法律去掉。的确，时势使得这些法律对我们还没有什么危险。我不相信本州人民会任凭一个异教徒被处死，或者一个人由于不理解三位一体的奥妙而被判三年徒刑。但是，人民的态度永远绝对可靠吗？政府永远绝对可靠吗？这是我们由于放弃权利而获得的保护吗？再说，时势是会改变的，而且一定会改变。我们的统治者会变得腐败堕落，我们的人民会变得漫不经心。一个狂热者会变成迫害者，好人就做了他的牺牲品。把每一项基本权利置于法律基础之上的最好时机是当我们的统治者真诚老实而我们自己团结一致的时候，这句话怎么重复也不会过分。从这场战争结束之日起，我们将开始走下坡路。那时将不再有必要随时请求人民支持。人民将被忽视，他们的权利将被置之脑后。人民也将忘掉自己，一心一意只顾赚钱，决不会想到要团结起来，使统治者对他们的权利给予应有的尊重。因此，在这场战争结束时没有打碎的镣铐将会长久地套在

我们身上，越来越沉重，直至我们的各项权利在一次动乱中要么恢复，要么全部丧失。

问 题 十 八

该州的特殊风俗习惯和生活方式如何？

要确定一个民族的生活方式据以考验的标准，无论普遍还是特殊，都是困难的。而一个土生土长的白人要用那个标准去衡量由于习惯而为他熟悉的本民族的生活方式，就更加困难了。我们当中存在着的奴隶制肯定对人民的生活方式产生了不良影响。奴隶主和奴隶之间的全部关系是一方永远颐指气使，作威作福，另一方低声下气，逆来顺受。我们的子孙看了就会学样，因为人是一种爱学样的动物。这种特征是他所受的一切教育的起源。一个人从呱呱坠地到入土为安，都在学做他看到别人在做的事情。如果一个做父亲的无法从博爱或自爱方面找到理由来制止对奴隶大发雷霆，那么，他孩子在场应该是个充分的理由。但通常并不是这样。父亲暴跳如雷，孩子在旁边看着，领会了愤怒行为的特征，在小奴隶那里也同样做出不可一世的样子，放纵最恶劣的感情，这样被教养出来，天天称王称霸的孩子，必然表现出丑恶的特性。一个人非得是个奇才，才能使他的行为和道德不被这种环境所败坏。一个政治家如果让一半人这样地践踏另一半人的权利，把一半人变为暴君，另一半人变为敌人，败坏一部分人的道德，消除另一部分人的爱国心，他将受到什么样的咒骂啊。因为，如果一个奴隶在这个

世界上能有一个祖国的话，那必定是另一个比他出生在其中并为别人劳动的国家更美好的国家，在目前这个国家中，他必须把他天生的机能锁起来，要么以他自己的努力促使人类灭亡，要么把他自己悲惨的处境遗留给他的子孙后代。人的道德沦亡了，勤勉精神也就没有了。因为在炎热的气候下，一个人要是能让别人为他劳动，自己是决不会劳动的。在奴隶主当中，只有极小一部分人参加劳动，这一点不假。一个民族的自由的唯一牢固基础，是坚信这些自由是上帝赐予的，如果去掉这个基础，这个民族的自由能被认为安全吗？侵犯这些自由能不受上帝惩罚吗？上帝是公正的，他的公正不能永远睡大觉，要是仅仅考虑到人数、天性及活路，什么事情都可能发生，命运可能发生剧变，奴隶主和奴隶可能交换位置，这一切可能会鬼使神差般地做到，每念及此，我就为我的国家忧心如焚！在这样一场斗争中，全能的上帝不会偏袒我们。但是要想心平气和地通过政策、道德、自然史和文明史来研究这个问题是不可能的。我们只能希望它们会强行进入每个人的头脑。我认为自从目前的革命开始以来，已经可以察觉到一种变化。奴隶主的锐气在低落，奴隶的锐气在上升，他的状况在改善，我希望在上帝保佑下，正在为全面解放作准备，而且这将按部就班地在奴隶主的同意下做到，而不是把奴隶主彻底消灭掉。

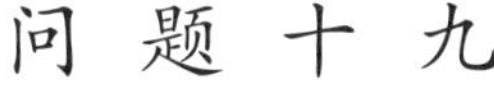

问题十九

制造业、商业、内贸和外贸现状如何？

我们从未有过任何值得重视的国内贸易。对外贸易从目前的战争开始以来遭受了严重损失。在这个时期内,我们在家庭里生产最必要的衣着用品。其中棉织品堪与欧洲的同类产品比美,但是羊毛、亚麻和大麻织品非常粗糙难看,不讨人喜欢。我们极其重视农业,偏爱外国制造品,无论明智与否,我们的人民肯定会尽早重新生产原料,拿它们来交换比他们自己所能制造的更为精美的产品。

欧洲的政治经济学家把每一个国家应该努力为本国制造产品确立为一个原则,而这个原则像其他许多原则一样被我们搬到美国,而不考虑不同的环境常常会产生不同的结果。在欧洲,土地要么已经耕作,要么对耕作者封闭,因此必须依靠制造业来养活过剩的人口,这是出于不得已,而不是出于选择。但是我们有无限的土地需要农民来辛勤耕耘。因此,是让全体人民都致力于改进土地好呢,还是让一半人离开土地去为另一半人制造产品或手工艺品好?那些在地里劳动的人是上帝的选民,如果上帝曾经有过选民,使他们的胸膛成为贮藏真正的美德的地方。这里是上帝使圣火熊熊燃烧的中心,不然圣火就会从地球表面消失。农民大众道德败坏这种现象是任何时代、任何国家都举不出一个例子的。道德败坏是这样一些人的标志,这些人不是像农民那样仰望上苍,依靠自己的土地和勤劳来过活,而是依赖意外事故和顾客的变化无常来从中获利。依赖心会产生奴性及唯利是图,扼杀美德的萌芽,为野心家的阴谋提供合适的工具。这是工艺的天然发展和结果,有时可能被意外的情况阻止,但是,一般说来,在任何一个国家,其他各阶级公民总数与农民总数之比,就是不健康部分与健康部分之比,并且是反映腐化程度的理想的指标。因此,当我们有地可以耕种

的时候，决不希望看到我们的人民在操作机器或纺纱。木匠、石匠、铁匠在农业中是短缺的；但是，就制造业的全面运转来说，还是让我们的工场留在欧洲吧。把粮食和原料运给欧洲的工人，要胜于把欧洲工人带到这里来吃粮食和使用原料，把他们的生活习惯和行为准则也一并带来。横渡大西洋运输货物的损失，可以从人民幸福和政府永世长存获得补偿。大城市乱民对于完美政府的帮助，犹如溃疡之于人的肌体。使一个共和国永葆青春的是人民的行为举止和精神。这方面的蜕化是个恶疽，很快就侵蚀到它的法律和宪法的核心中去。

问题二十

可否介绍一下本州的特产以及居民不得不从欧洲和世界其他地方获得的商品？

……

1758年，我们出口了7万大桶烟草，这是本州一年内生产的最高数量。但是，这次战争开始后，烟草被小麦取代，生产直线下降，和平恢复后肯定还会继续下降。我认为那种作物对气温的变化十分敏感，要获得高产，需要非常高的温度。但是更不可缺少的是土壤的肥力，而烟草的市价使种植者无法多施肥料。如果烟草始终单单依靠弗吉尼亚和马里兰供应，由于栽培变得更加困难，价格将会上扬，种植者就能够克服困难并生存下去。但是密西西比河的西部地区以及佐治亚的中部地区有大量肥沃的土地，阳光也更灼热，将能够以低于这两个州的价格出售烟草，使两州不得不完全放弃烟草的种植。而这对于两州将是莫大的恩惠。烟草种植是件极其令人苦恼的事。种烟草的人永远处于非自然力所能忍受的紧张状态。他们几乎什么粮食也不种，因此这些农场上的人畜都吃得很差，土壤很快变得贫瘠。种小麦的情况正好相反。除了给土壤盖上草，保持它的肥力，工人只需要付出适度的劳力（收获季节除外）就能获得丰收，还可以饲养大量动物供肉食和劳役，给所有人带来丰衣足食和幸福。我们发现，生产100蒲式耳小麦比生产1000重量单位烟草容易，生产出来后价值也更高。谷象虫（weavil）的确是我们种植小麦的一大障碍。但是原理已经查明，从中必然可以得出一个根除办法。比方，夏季一定的温度是虫卵孵化的必要条件。因此，只要能设计出低于那个温度的地下谷仓，虫害就可以用冷来消除。我们知道，超过孵卵所需要的温度会把虫卵杀死。但是，在这样做的时候，很容易造成腐烂。但是，造成腐烂有三个必备条件：温度、湿度和外部空气。三个必备条件中只要缺少一个，另外两个条件就不成问题。温度是我们所需要的。那么，湿度或外部空气就必须去除。去除湿气的办法是把谷物放在窑里用火烘，火产生热，同时把湿气吸掉。去除外部空气的办法是把小麦放在大木桶里，铺一层石灰，再盖上盖。在这种情况下，谷物产生的热足以把虫卵杀死，湿气的确还存在，但是外部空气却被排除了。另外还试行过一种更好的办法，那就是制造一种介于杀死虫卵的温度与引起腐烂的温度之间的温度。小麦一割下立刻脱粒，然后连壳堆成一大堆一大堆，这时它的温度非常接近这个中介温度，虽然不完全一样，也不是永远如此。堆积产生的热足以杀死大多数虫卵，而谷壳一般能阻止热度升高到造成腐烂。但是所有这些方法大大减少了农民所能处理的数量，使得其他国家能以比他们低的价格出售没有受过这种虫害的谷物。还有一个迫切需要使农业这个部门彻底战胜了烟草部门。种植小麦扩大了我们的牧场，能使阿拉伯马成为一样赚大钱的商品。经验表明，在美洲唯有我们的气候适合饲养阿拉伯马，不会退化。向南，太阳的热造成牧场不足，向北，冬天过于寒冷，对那种毛短而细、体质特别敏感的马不合适。被迁移到不利气候条件下的动物，要么改变它们的天性，养成克服它们置身其中的新困难的本领，要么繁殖力极低，终于灭种。在这里，由于我们已经拥有大量那种血统的马，人们对它们极其欣赏，钟爱倍加，已经为它们的繁殖打下了良好的基础。它们能安然无恙地耐高温，呼吸能力又特别强，因而更适合于在这里和更南面的气候条件下生活，哪怕是干耕地和拉车的苦活。向北，它们将仅仅被有审美力和有钱的人饲养，供他们骑和拉轻便马车。由于那些用处，它们跑得快，长得漂亮，必将获得他们的欢心。除此以外，在烟草停止种植以后，还会有其他宝贵的代替品，例如州东部地区的棉花，西部地区的大麻和亚麻。

很难说哪些必需品、奢侈品或生活舒适品我们不能栽培，必须从外国进口，因为所有一切比橄榄更耐寒，和无花果一样抵抗力强的东西都可以在这里露天栽种。糖、咖啡和茶的确不在此例，习惯已使它们成为富人的生活必需品，只要这种习惯

存在下去，我们就必须向能够供应那些东西的国家购买。

问题二十一

度量衡和硬通货如何？可否叙述一些与欧洲汇兑有关的情况？

我们的度量衡与英国议会法令所规定的相同。在本州以及美国其他州，硬币的票面价值与我们脱离的那个国家不同，我们自己内部也不同，其中原因我无法说清楚……

当前纸币贬值的第一个征兆是银圆每枚售价 6 先令，而从前只值 5 先令 9 便士。议会乃通过法令把银圆提高到 6 先令。由于银圆现在很可能成为美国的货币单位，由于它在我们的几个姐妹州以这个价格流通，由于它容易以英镑和先令计算，这似乎比以前使用的货币单位方便。但是由于这种硬币现在比任何其他硬币价格更贵，其比例为 133.5∶125，或 16∶15，因此有必要将其他硬币相应提高。

问题二十二

政府的收支情况如何？

……

除了对我们的〔财政〕能力作以上估计外，我还要对运用这些能力说几句。如果目前的战争结束，战争带给我们的债务还清后，我们将同任何一个欧洲强国较量的话，但愿这种事情不要发生。我们还很年轻，要使这样一个国家人丁兴旺，充满幸福，我们就应该朝那个方向发挥自然的全部生殖力，不能在互相残杀中浪费一点点。我们要努力发展与每一个国家的和平友谊，哪怕是使我们受到最大损害的国家，当我们达到反对它的目的后，也要同它发展友谊。我们的利益所在是敞开贸易的大门，砸碎它的全部桎梏，让一切人完全自由地把他们愿意输出的任何东西运进我们的港口，而对他们也提出同样的要求。有人宣扬战争对国家有利，再没有比这个估计更错误的了。假使把在一次长期战争结束时为了占领一个小镇或一小块土地，或者为了获得在这里砍伐木材或在那里捕鱼的权利而花费的钱用来改善它们的现状，用来修筑道路、开辟运河、建造港口、提高技术，以及为闲散的穷人谋求职业，将会使国家更加强大、更加富裕和幸福。我希望这就是我们的看法。再者，为了消除尽可能多的战争起因，我们最好把海洋完全放弃，因为海洋是我们容易同其他国家角逐的自然环境。让别人把我们需要的东西送来，把我们多余的东西运去，这样我们就不会受欧洲攻击，因为我们在海上没有东西好让他们掠夺，我们全体公民可以致力于耕种土地；我再说一遍，耕种土地的人是最道德高尚、最独立自主的公民。到土地不再为他们提供生计，必须到海上去谋生时，还得很长一段时间呢。但是，我们同胞的实际习惯使他们喜欢商业。他们将亲自去经商。这样，有时难免就会发生战争，而聪明人所能做的一切，便是防止我们自己的愚行及我们自己的不公正行为所引起的一半战争，并为另一半战争作好最充分的准备。这些准备应该是什么性质的呢？陆军对于进攻是毫无用处的，它也不是最

好和最可靠的防御工具。对于这两个目的中的任何一个来说,海洋是我们和欧洲敌人接触的场所。在那个场所我们必须拥有某种力量。指望建立一支像欧洲一些强国所拥有的那样的海军,将会是浪费我们同胞的精力,这种做法愚蠢而又罪恶。那等于把使欧洲的劳动者饿着肚子上床、用额上的汗水沾湿面包的巨额军费负担加在我们自己头上。我们只要能够抵挡得住欧洲那些海军力量薄弱的国家的攻击就够了,因为地理情况使得最强的国家对我们来说也成为弱国。老天把它们最富饶、最无防御的领地放在我们门口,使它们最宝贵的贸易必须在我们面前通过,仿佛列队经过接受我们检阅似的。为了保护这些领地,或者为了攻击,他们只有一小部分海军会冒险渡过大西洋。自然力使他们遭受的危险是尽人皆知的,而假使一场大灾难把他们的全部舰队都卷了进去,他们将会在国内遭受更大的危险。他们只能派分遣队来攻打我们,而这就使我们足以与他们派遣的兵力相抗衡。甚至一支比他们派遣的兵力小的兵力就可以与他们势均力敌或者占优势,因为我们受到的任何挫折很快就可以恢复,而他们遭受的损失等到弥补过来,为时已晚了。因此,我们只要有一支小规模的海军就绰绰有余,而一支小规模的海军是必不可少的。至于这应该是什么规模,我不打算说。我只想说,它决不应该像我们力量够得到的那样大。假定我们拿弗吉尼亚每年可以轻而易举地节省下来的 100 万美元或 30 万英镑去建设一支海军。单单一年的捐献就能建造和装备一支有 300 门大炮的海军,配置兵员并派遣出海,邦联其他各州以同样的比例集资,在同一时期能再配备 1500 门大炮。因此,一年的捐献就能建立一支拥有 1800 门大炮的海军。英国的舰队平均每艘战舰装备76门大炮，每艘快速艇装备38门大炮。这样，1800门大炮能编成一支30艘兵舰的舰队，其中18艘战舰，12艘快速艇。英国每门大炮平均配备8人，他们每年的开支，包括给养、服装、饷金及正常维修为每门大炮约1280美元，或全部大炮230.4万美元。我说的这些只是一年内尽全力可能达到之数，并没有决定到底应该多于一年还是少于一年。

问题二十三

可否谈谈州的历史、在其殖民地时期以其名义出版的年表以及与它的现在或过去内外事务有关的小册子？

史密斯船长可被视为我们殖民地的创建人，仅次于沃尔特·雷利爵士，他曾写过弗吉尼亚史，从第一次冒险来到这个地方到1624年为止。他是参议会成员之一，后为殖民地总督；殖民地能在印第安人反对下存在下去，主要应归功于他的努力。他为人正直，聪明，见多识广，但是作风粗野残暴。不过他写的历史几乎是了解本州初期情况的唯一原始资料。

威廉·斯太茨牧师是弗吉尼亚土生土长的白人，弗吉尼亚学院院长，他也写过同一时期的历史，是小号印刷字体，大八开本。他是个古典学者，文体非常严谨，但是缺少雅趣。因此文笔很粗俗，描写往往过于琐细，令人无法容忍，哪怕写的就是他们历史的本地人也受不了。

贝弗利也是本地出生的白人，他走另一个极端。他写的历史从沃尔特·雷利爵士最初提出建议起到1700年为止，篇幅只及斯太茨写第四个时期所用篇幅的1%。

沃尔特·基思爵士从殖民地最早时期写到1725年为止。他的文笔相当优美，无甚重要的事都略而不谈。不用说他写得很简短扼要，外国人爱读。

在王权时期，丁威迪总督强征一笔非法费用激起了斗争，当然也有眼下记不得的其他原因引起的斗争。人们认为外国人对这些事情不感兴趣，不值得细写。

1764年弗吉尼亚议事会和议会给国王的请愿书、给英国上议院的备忘录以及给下议院的进谏书揭开了当前的斗争；事实证明所有这些对于阻止印花税法通过并没有起到作用，弗吉尼亚议会乃于1765年通过决议，宣布弗吉尼亚人民在征税问题上不受英国议会控制。从那时起到1776年大陆会议发表《独立宣言》为止，议会议事录充满了关于人民权利的强硬声明。本州就这个有争议问题出版的小册子计有：

1766年，《英国殖民地权利探讨》，理查德·布兰德著。

1769年，《诫谕信》，亚瑟·李博士著。

1774年，《英属美利坚权利概观》[①]。

1774年，《多思集》，罗伯特·卡特·尼古拉斯著。

自从《独立宣言》发表以来，本州未同任何其他州有过争论，只有在共同边界问题上同宾夕法尼亚闹过纠纷。两州行政机关和立法机关就此事有一些公文往来，其结果是它们的权利获得了可喜

① 本文作者著。〔杰斐逊注〕

的调解。

除了这些历史著作、备忘录和小册子以外，还可以加上我所能搜集到的美国政府文件的编年目录[①]。它远非完备，也不尽准确。有些文件如果我看到的只是题目，而不是文件本身，我就不能为日期的准确性负责。有时候我根本找不到任何日期，有时候根本不相信有这样一个文件。广泛搜集此类文件的工作已由一位完全胜任这项任务的先生[②]进行了一段时间，相信不久就能完成。暂时请接受我的这个劳动成果，从而结束你无意中自己招来的啰唆的叙述。

① 杰斐逊是搜集和保存美国早期文稿和法律的第一人。此处附录的详尽文件目录本书中从略。

② 埃比尼泽·哈泽德。〔杰斐逊注〕

Ⅶ　政府文件

绪　言

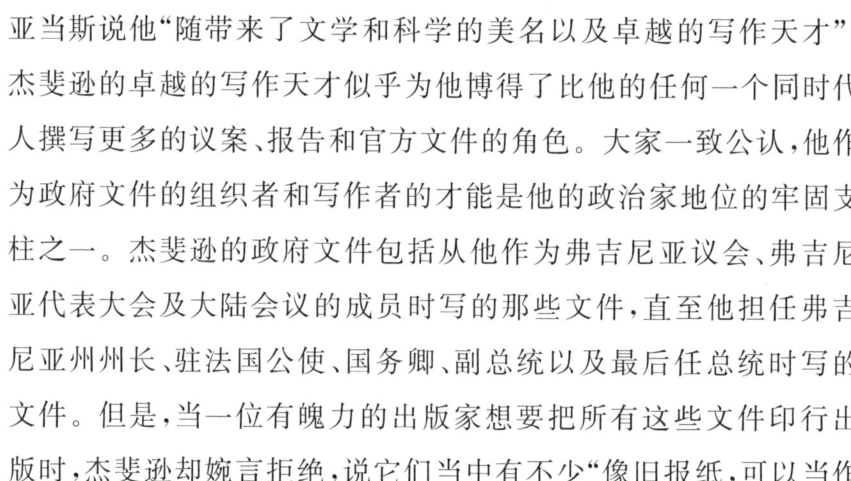

当杰斐逊于值得大书特书的1775年进入大陆会议时，约翰·亚当斯说他“随带来了文学和科学的美名以及卓越的写作天才”。杰斐逊的卓越的写作天才似乎为他博得了比他的任何一个同时代人撰写更多的议案、报告和官方文件的角色。大家一致公认，他作为政府文件的组织者和写作者的才能是他的政治家地位的牢固支柱之一。杰斐逊的政府文件包括从他作为弗吉尼亚议会、弗吉尼亚代表大会及大陆会议的成员时写的那些文件，直至他担任弗吉尼亚州州长、驻法国公使、国务卿、副总统以及最后任总统时写的文件。但是，当一位有魄力的出版家想要把所有这些文件印行出版时，杰斐逊却婉言拒绝，说它们当中有不少“像旧报纸，可以当作材料供将来的历史学家使用，但是今天的读者不会对它们感兴趣”。

编者以杰斐逊的标准为指针，选择了一些其非凡重要性或趣味未被技术性阐述所遮掩的文件。杰斐逊的文体杰作《独立宣言》已在他的《自传》中刊登，因此本部分未收进。另外一个著作，知名度差得多，但是对于美国革命几乎是同样伟大的文学上的贡献，这里全文收录。这个著作,《英属美利坚权利概观》,是杰斐逊对出席第一次殖民地代表大会的弗吉尼亚代表的训令。它提出一个毫不妥协的论据,即天赋的移居和征服权利使得美国殖民地不受英国议会管辖,它们唯一的联系是殖民地自愿服从“同一个共同的最高统治者”——英国国王。这些决议没有被通过。多年后,杰斐逊评论道:“那时人们宁愿俯首帖耳。”但是,不少人赞赏这份生气勃勃的宣言,他们捐了一笔钱把它付印,加上了现在这个标题,把它作为“一个弗吉尼亚本地人”的作品予以出版(威廉斯堡,1774 年)。

《建立宗教自由法案》在 1779 年 6 月 13 日由约翰·哈维向弗吉尼亚议会提出,遭到了反对派猛烈反对。杰斐逊把这个法案看作是他对人性的最真诚的贡献。它宣告每个人在宗教上独立,具体表达了杰斐逊对思想自由的信念。1786 年,杰斐逊在巴黎获悉议会终于通过了这个议案,立刻叫人在那里印了一版。此书后来又在美国重印。

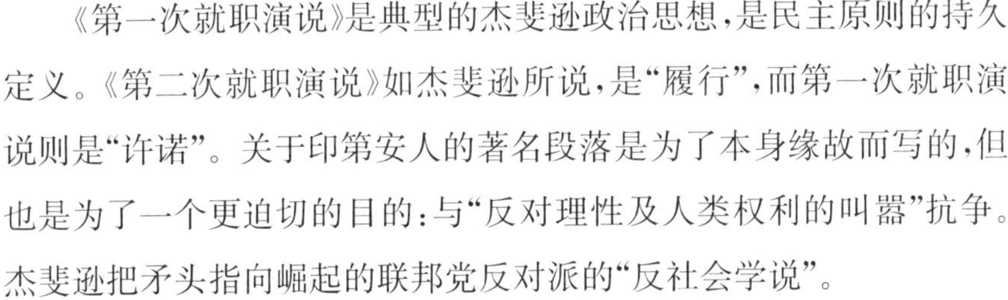

《第一次就职演说》是典型的杰斐逊政治思想,是民主原则的持久定义。《第二次就职演说》如杰斐逊所说,是“履行”,而第一次就职演说则是“许诺”。关于印第安人的著名段落是为了本身缘故而写的,但也是为了一个更迫切的目的:与“反对理性及人类权利的叫嚣”抗争。杰斐逊把矛头指向崛起的联邦党反对派的“反社会学说”。

本部分还选登了其他一些文件以及文件的摘录。

英属美利坚权利概观,1774 年

决议:这是给本殖民地代表的训令,责成他们在和英属美利坚其他殖民地代表一起在大陆会议开会时，向该会议提出建议，向国王陛下恭恭敬敬地呈交一个出自责任感的请愿，恳请俯允向作为大英帝国元首的他倾吐国王陛下在美利坚的臣民的一致的不满，这些不满是帝国立法机关对上帝以及法律平等地和独立地赋予一切人的权利的许多无法律依据的侵犯和篡夺所引起的。责成他们向国王陛下陈述，他的这些殖民地经常个别地向他提出谦恭的申请，希望通过他的干预使他们受损害的权利获得矫正，但是他甚至不屑屈尊予以答复。谦卑地希望他们的这个出乎肺腑之言的共同的请愿，其中摒弃了那些会使陛下相信我们在乞求恩赐而不是要求权利的奴颜婢膝的措词，将会获得国王陛下的更有礼貌的承认。国王陛下只不过是人民的最高长官，由法律任命，给他一定的权力来协助使巨大的统治机器运转，这台机器为人民的使用而建立，因而必须受人民的监督，国王陛下如果考虑及此，就会认为我们有理由翘首以待。为了使国王陛下更充分地了解我们的这些权利，以及对这些权利的侵犯，有必要把这些殖民地的起源和第一批殖民情况作一概述。

必须提醒他说，我们的祖先在移居美洲之前，是英国在欧洲领地的自由居民，享有大自然赋予一切人的权利：离开那个是机缘而不是选择使他们置身其中的国家，去寻找新的住所，并在那里按照在他们看来最有可能促进公众幸福的法律和规章建立新社会。他们的撒克逊祖先，按照这个普遍规律，当年也以同样方式离开了他们在北欧的荒野和丛林，占有了当时人口稀少的大不列颠岛，在那儿建立了长久以来一直是那个国家的光荣和保护的法律系统。他们从那儿移出的那个母国从未对他们提出过任何比他们优越或要求他们依附的要求，真要是提出这种要求，陛下的英国臣民具有他们的祖先遗传给他们的强烈的权利感，决不会让他们国家的主权向如此狂妄的要求低头。我们认为，没有一种情况使英国移民和撒克逊移民有很大的不同。美洲之被征服，它的居留地之建立和牢固地确立，是由个人付出代价，而不是由英国公众付出代价。在获取供他们居住的土地时，他们流了自己的血，为了在那里安居乐业，他们耗尽了自己的资财。他们为自己而斗争，为自己而征服，因此也有权仅仅为自己保留。陛下或其祖先没有从国库里拿出一分钱资助他们，直到很晚的时候，殖民地已经在牢固和永久的基础上建立起来，才拿了一点钱出来。那时殖民地对于英国的商业已变得十分宝贵，英国议会愿意给他们援助以反对一个敌人，这个敌人想要获得他们的贸易的利益，自己兴旺发达，英国则岌岌可危。这种情况下的这种援助，他们以前经常提供给葡萄牙和其他有贸易来往的盟国。但是这些国家从来没有认为，由于得到它的援助，它们就必须拜倒在它的脚下。如果真的提出了这样的条件，它们肯定会毅然予以拒绝，相信通过敌人态度的缓和，或者尽力发挥自己的力量，情况会有所好转。但是我们并不想低估那些援助，在我们看来，那些援助无论按照什么样的原则给予，都是宝贵的。但是我们认为，那些援助并不使英国议会有资格对我们称王称霸，我们给英国居民对他们有利，而对我们限制性不太重的贸易上的特殊优惠来报答这些援助，已经足够了。居留地已在美洲蛮荒之地建立起来，移民们认为应该采用他们从前在母国时一直生活在其下的那套法律体系，并继续同母国联盟，拥戴一位共同的国王，使这位国王成为联结新近扩大的帝国各部分的主要环节。

但是,无论他们认为自己离压迫之手多远,他们被允许安然拥有以他们的生命和财产换来的权利的日子并不长久。当时一个君主的家族正占据着英国王位,他们背叛人民的罪行使他们得以行使那些实施惩罚的神圣权力,这些权力本来掌握在人民手中,在万不得已的情况下才能使用,从宪法角度判断,是委托给任何其他法官都不安全的。每天都对大洋彼岸的臣民行使新的和无理的权力,当时这里的人反抗暴政阴谋的力量要薄弱得多,当然就更难幸免了。结果,这块被个别冒险家以生命、劳力和大笔金钱换来的国土,就被这些君主多次分割,赏赐给他们的宠臣和亲信,并且凭借国王的僭越的权力成立了独立的政府;人们相信,陛下英明颖悟,不会在今天模仿这个做法,因为在陛下的英格兰王国内从未行使过这种瓜分国土的权力,尽管英国现在已是一个古老的国家,而且这种做法在陛下的帝国任何一个地方都不能被认为是合理或勉强同意。

美洲殖民地人民与世界各地自由通商的权利(这种权利是他们作为天赋权利而拥有的,从未被他们自己的法律取消或剥夺)是下一个被非法侵害的目标。某些殖民地认为应该继续以查理一世国王陛下的名义和权威统治他们的政府,尽管查理一世已被英伦三岛共和国废黜,仍把他奉为殖民地最高统治者。共和国议会视此举为大逆不道,乃僭取权力,禁止殖民地与世界一切地方通商,只有大不列颠岛除外。但是,议会很快就撤销了这个专横的法令,1651 年 3 月 12 日,该共和国专员与弗吉尼亚殖民地议会缔结了一个庄严条约,该条约第 8 条明确规定他们应享有“和英国人民一样按照该共和国的法律与一切地方、一切国家自由通商之权”。但是，查理二世国王陛下复辟后，殖民地的自由通商权利又一次成为专横权力的牺牲品，按照查理二世在位时的几个法令以及他的继任者的某些法令，殖民地的贸易受到如此严格的限制，以致表明，如果允许英国议会对这些殖民地行使不受限制的权力，殖民地对议会的公正还能有什么期望呢？历史告诉我们，集体和个人一样，都容易染上暴虐的恶习。如果撇开所有其他证据，只检查一下英国议会的这些“管制”（它就是这样装模作样地称呼的）美洲贸易的法令，就能无可争辩地表明这个意见的正确性。除了对我们的进出口商品征税以外，他们还禁止我们向西班牙王国菲尼斯泰拉角以北任何市场销售英国不愿向我们买的商品和购买英国不能供应我们的商品。这样做无非是为了一个自私目的：靠牺牲我们的权利和利益为他们自己与一个盟国的贸易中捞到某些好处，这个盟国相信只要英国议会的原则和权力不变，他们与美利坚的独占贸易将继续进行下去，因而尽他们的贪婪心所能索取或我们的迫切需要所能要求的限度向我们漫天要价，把美洲需要的他们的商品的价格提高到原价或其他地方更好的同类商品价格的两倍到三倍，与此同时，给我们运到那里去的商品的钱要比我们可能在更为方便的口岸获得的钱少得多。这些法令禁止我们寻求其他买主，把供英国消费后剩余的烟草运走，因此我们必须把烟草留在英国商人那里，他高兴给我们多少钱就给多少，由他把烟草重新装船运往外国市场，在那里以最高价格出售，从中获取暴利。为了加深对英国议会公正的认识，并且为了表明他们如何狂妄地行使权力，自己对其影响却毫无感觉，我们冒昧向陛下提及英国议会的另一些法令，根据这些法令，他们禁止我们在自己土地上用自己劳动生产

商品,供我们自己使用。按照已故国王乔治二世在位第5年通过的一项法令,一个美国国民不得用他或许在自己土地上获得的毛皮为自己制造帽子,这个霸道的例子是英国历史上最专制的时代都无法与之比拟的。根据他在位第23年通过的另一个法令,我们不得用我们生产的铁制造铁器,尽管那样东西很重,每个农业部门都需要,可是我们除了手续费和保险费之外,还要支付运费把它运到英国,再付运费把制成品运回,目的不是为了养活英国的人,而是为了养活英国的机器。他在位第5年通过的议会法令也应当按照同样平等、公正的立法精神来观察。根据该项法令,美利坚的土地必须被用来满足英国债权人的要求,而他们自己的土地则仍然不能用来抵偿他们的债务。从这里必然得出一个结论:要么公正在美国和在英国不是同一个概念,要么英国议会对它在这里不如在那里来得关心。但是,我们向陛下指出这些法令不公正,并不是想把法令无效归因于此,而是为了表明,经验证实那些使我们不受英国议会管辖的政治原则是正确的。我们宣布这些法令无效的确凿根据是英国议会无权对我们行使权力。

这些篡夺的权力不仅使用于与他们自己有利害关系的事,而且也用来干预殖民地的内部事务。安妮女王在位第9年关于在美洲建立邮政局的法令,似乎与英国的便利没有多大关系,除非是为了照顾陛下的大臣及亲信,使他们有机会出售有利可图和不费力的官职。

以上我们匆匆叙述了陛下即位前几位国王在位期间的情况,在那个时期内,对我们权利的侵犯还不太吓人,因为它们是隔开较长时间才发生的,而现在则接二连三地发生,来势凶猛,这很可能是目前这个时期和美洲历史上其他一切时期不同之处。我们的神志还没有能够从英国议会给我们的打击所造成的惊恐中恢复过来，另一个更沉重、更吓人的打击又落在我们头上了。个别的暴虐行为或许可以归因于一时间的怪念头，但是一连串开始于一个特殊时期，并为历届内阁一成不变地推行的压迫行为则再清楚不过地证明是一个处心积虑要使我们当奴隶的计划。[①]

陛下在位第4年通过一个名为《英属美洲殖民地征税法案》的法案。

陛下在位第5年通过另一个名为《英属美洲殖民地征收印花税及其他税法案》的法案。

陛下在位第6年通过又一个名为《关于切实保证国王陛下在美洲的殖民地从属于国王及英国议会法案》的法案。

陛下在位第7年又通过一个名为《对纸张、茶叶等等征税法案》的法案。

这些法案构成英国议会的一连串篡权行为，它已经成为经常向陛下及英国上、下两院请愿的缘由，而这些请愿没有一次获得过答复，我们将不再重复它们包含的问题来打扰陛下。

但是同样在陛下在位第7年通过的又一个法案由于是一个罕见的企图，特别需要一提。这个法案的标题是：《中止纽约立法机关活动法案》[②]。

① 下面列举暴虐法案的几段引自福特的著作。〔《托马斯·杰斐逊文选》，保罗·莱斯特·福特编，12卷，普特南父子出版公司，纽约和伦敦，1904—1905年。〕纪念版不易理解。

② 引自福特著作的材料到此为止。

一个自由独立的立法机关竟敢用这种方式剥夺另一个和它一样自由独立的立法机关的权力。这就显示了自然界一个无人知晓的现象:创造者和它自身力量的创造物。要说服陛下在这里的臣民,使他们相信他们的政治存在取决于英国议会的意志,不仅必须放弃各种常识原则,而且人性的共同感情也必须放弃。难道就凭一帮他们从未见过、从未信任过、其反对美洲人民的罪行再大他们也无权予以惩罚或撤换的人的一句蛮不讲理的话,这些政府就应该被解散,它们的财产就应该被没收,它们的人民就应该被贬低到原始状态?大不列颠岛 16 万选民,居然为美洲殖民地 400 万人(其中每一个人在德行上、悟性上和体力上都同他们不相上下)制定法律,能举出哪怕一个理由说明这是为什么吗?如果我们允许他们这样做,那我们就不再是自由人民(我们至今一直认为自己是自由人民,而且打算继续是自由人民),就会突然发现自己成了不是一个,而是 16 万个暴君的奴隶,这 16 万个暴君和其他暴君之不同,就在于情况特殊,可以放手干而不用害怕,而害怕是唯一的一个使暴君住手的制约因素。

英国议会上届会议通过一项法案,以所规定的方式,在规定的时间内停止在北美马萨诸塞湾波士顿市和港口装卸和运送货物及商品,按照这个法案,一个完全依靠贸易为生的人口众多的大城市被剥夺了该项贸易,陷入了彻底毁灭的境地。让我们暂且撇开是非问题,只按照公正原则来考查一下这个法案。英国议会曾通过一个法案,对茶叶征税,在美洲交纳,美洲人认为议会无权这样做,对之提出抗议。到那时为止,东印度公司从未自行向美洲运送过一磅茶叶,这时却以议会权力维护者自居,向这里运送了好几船那种可憎的商品。不过,这几条船的船长抵达北美后,明智地接受了忠告,把货运了回去。只是在新英格兰殖民地人民的抗议被置若罔闻,人民顺从地等了好几天后,却遭到悍然拒绝。这到底是因为船长顽固成性,还是上命不容违抗,这一点让知情者去回答吧。非常的形势需要非常的干预。被激怒了的、感到自己有力量的人民,是不会轻易就范的。不少人麇集在波士顿市,把茶叶倒在海里,然后散去,没有干任何其他暴力行为。如果在倒茶叶这件事上他们是做错了,他们还是知法遵法的,他们从未离开正途,从不赞成违法乱纪。因此,这一次也不能对他们产生怀疑。但是那个倒霉的殖民地从前曾斗胆与斯图亚特王朝怀有敌意,现在注定要被那只操纵着这个大帝国的重大事件的无形的手毁掉。按照少数卑鄙的内阁侍从(他们的一贯任务就是使政府陷于混乱,想借助他们的奸诈行为获得英国爵士身份的荣誉)的片面陈述,不召唤被指控的一方,不要求任何证据,也不试图将有罪和无罪予以区别,那整个古老而富饶的城市顷刻间就从富裕变成赤贫。那些把毕生精力用来扩大英国贸易,把他们靠诚实劳动挣来的钱投资于那个地方的人,发现他们自己和他们的家属立刻一贫如洗,只能靠赈济过活。那个城市参加那次被控告的行为的居民还不到1%,其中不少人是在英国和海外其他地方;但是所有的人,不分青红皂白,都被一种到当时为止尚未听说过的英国议会的新的执行权弄得倾家荡产。为了报复而不是为了偿还区区几千元的损失,价值好几百万元的财产被付诸流水。这真是强盗主持公道!这场大风暴要到什么时候才能平息呢?两个码头将在陛下认为合适的时候重新开放,波士顿湾广阔海岸其余的码头永远禁止贸易。实行这个小小的例外

目的无非是为授予陛下立法权开创一个先例。如果经过这次试验，他的人民的脉搏照样平静地跳动，就会一次又一次地进行试验，直到暴政措施爆满为止。说什么实行这个例外是为了恢复与那个大城市的贸易，这是对常识的侮辱。单单两个码头容纳不下的货物势必要被转移到另一个地方；那个地方容纳不下的货物又必然会再转移到别的地方。从这个角度考虑，那将是对波士顿市灭亡的一个傲慢和无情的嘲笑。根据同样也在英国议会上届会议通过的镇压波士顿市暴动和骚乱的法案，在波士顿犯的凶杀案，如总督愿意的话，将在大不列颠岛上的王室法庭，由米德尔塞克斯郡陪审团审理。证人在交了总督认为他们应交的一笔钱以后，应具结保证随传随到。换言之，这就是强迫他们交保证金，保证金多少完全由总督个人决定。因为陛下试想，有谁愿意仅仅为了对一个犯罪事实提供证据而远渡大西洋呢？的确，他的费用将由总督估算后由公家负担，但是他的妻儿老小除了靠他每天劳动外别无生路，他走了以后又由谁来抚养他们呢？还有，流行病在异国气候下是极其可怕的，治病的费用应否算在支出项下，它们的危险应否由议会的无限权力来避免？而那个可怜的罪犯，如果他恰巧在美洲这边犯了罪，就被剥夺了由他附近地区同等的人审判的特权，离开只有在那里才能获得充分证据的地方，没有钱、没有法律顾问、没有朋友、没有申明无罪的证据，在预先就决定要判他有罪的法官面前受审。任凭一个同胞被从他们的社会里夺走，成为议会暴政牺牲品的懦夫们将和法案炮制者一样遗臭万年！为了同样目的，陛下在位第12年通过的一个名为《更切实地保障和维护国王陛下的船坞、仓库、船只、军火及储存品法案》里又加进了一个条款，这个

条款同样应予以谴责，各殖民地已就此提出抗议。

以上便是一小撮敌视我们宪法、不被我们法律承认的人所制定的强权法案，对此，我们代表英属美利坚人民提出严重和坚决的抗议。我们恳请作为英帝国各殖民地之间唯一调停力量的陛下劝说他的英国议会完全撤销这些法案，因为这些法案尽管绝对无效，仍然是我们当中进一步不满与猜忌的起因。

陛下掌握这些殖民地法律的执行权，我们接下来就要研究陛下的行为，指出他在哪些地方越出了职权范围。根据英国宪法以及美利坚各殖民地宪法，陛下拥有拒绝将任何一项已由议会两院通过的法案制定为法律的权力。但是，陛下和他的祖先们自知以他们个人的见解来反对议会两院的集体智慧（如果议会的做法是公正的、不受利害关系影响）是不合适的，因此长时期以来都谨慎地拒绝在他的帝国内称为大不列颠的地域里行使这种权力。但是，随着形势的变化，除公正的原则以外，其他一些原则对议会的决定发生了影响。大英帝国增加了不少新的殖民地，也增加了不少新的、往往是对立的利益。因此，陛下现在的重大任务便是恢复行使他的否决权，阻止帝国任何一个立法机关通过可能损害另一个立法机关的权利和利益的法律。但是这并不能成为陛下对美利坚立法机关的法律恣意行使这种权力的正当理由。出于最微不足道的理由，有时根本想不出什么理由，陛下就把一些最有益的法律否决了。在有些殖民地初创时期，不幸就引进了奴隶制，殖民地最大的目标，就是把它废除。但是在解放我们的奴隶之前，必须禁止奴隶继续从非洲输入。我们一再努力想通过禁令、通过征收等于禁令的重税来做到这点，可是迄今为止，我们的努力都被陛下的否

决挫败，这说明陛下宁爱少数英国海盗的眼前利益，而不顾美利坚各殖民地的长远利益，不顾被这种不光彩做法严重损害的人性的权利。不仅如此，一个有利害关系的人对法律的干预几乎没有不成功的，哪怕天平的对面放着整个国家的利益。这是对托付给陛下供其他目的使用的权力的可耻的滥用，必须加以改革，从法律上予以限制。

由于同样地不关心这里人民的疾苦，陛下让我们的法令在英国一搁就是许多年，既不以他的同意予以批准，也不以他的否决使之无效。因此，对于那些没有搁置条款的法令，我们只能听天由命，唯陛下的意志是从；对于那些可搁置到获得陛下同意为止的法令，我们又担心等到遥远的将来实施时，已经时过境迁，给这里的人民造成灾害。使这个委屈更难以忍受的是：陛下颁布敕令，使他的殖民地总督们受到严格限制，一项法律，除非具有此种搁置条款，就无法通过，结果，不管对立法干预的要求是多么迫切，法律在横渡大西洋两次之前不能付诸实施，而到实施之时，祸害恐怕已经登峰造极了。

前不久，陛下给弗吉尼亚殖民地总督下了一个敕令，禁止他批准建立县的法案，除非这个新建立的县同意在议会中没有代表。关于这个敕令，我们如何来谈论它，才能既符合陛下的意志，又不违反事实真相呢？那个殖民地西面的边界尚未划定。因此，西部各县的幅员是不确定的。其中有些县的位置距其东部边界有好几百英里。人民受了伤害（无论大小），为了求得公道，按照该殖民地的法律，就必须带了他们的全部证据，每个月路远迢迢地赶去县法院上诉，直到官司有了定局为止，对于这种苦处，陛下难道有过一点点考虑吗？难道陛下当真希望并且昭告天下，他的臣民应当放弃光荣的代表权以及来自这种权力的全部利益，当他的最高意志的绝对奴隶？或者他是否想把立法机关限制在目前的人数，将来有一天需要收买他们时，价钱可以便宜些？

查理二世在位时，特里西林及威斯敏斯特会堂其他法官因叛国罪遭到弹劾而被处死，其罪状之一是他们曾向国王提供意见，说他随时可以解散议会，后来继位的几位国王都接受了这些不忠的法官的意见。但是，自从光荣革命后，根据自由而古老的原则制定英国宪法以来，陛下或其祖先都未曾在大不列颠岛行使过这种解散议会的权力①；当英国人民一致请求陛下解散已被他们深恶痛绝的本届议会时，他的大臣们在议会公然宣称，按照宪法，陛下不拥有这种权力。但是，在这个问题上，他们的说法和他的做法是何其不同啊！按照他们的责任的要求，宣布他们国家的众所周知的权利、反对一切外国司法机关篡权、无视一位大臣或总督的专横的命令，这些便是公开宣布的解散美利坚殖民地议会的原因。但是，如果陛下真正拥有这种权力，他能认为它是用来吓唬议员，使他们不敢抱有这些目的吗？如果代表机构失去了选民的信任，如果他们臭名昭著地出卖了他们最宝贵的权力，如果他们僭取了人民从未授予他们的权力，那么，他们继续留任肯定对国家有危险，必须行使解散的权力。既然议会应否解散的原因就在于此，英国的议会没有被解散，殖民地的议会却屡次遭到那种判决，这在一个公正

①　在进一步调查时，我发现有两个议会在任期届满前被解散，即1698年8月24日召开的议会在1700年12月9日被威廉国王解散；1701年2月6日召开的新议会又于1701年11月11日被解散，新的议会于1701年12月30日召开。〔杰斐逊注〕

的观察者看来,岂不是咄咄怪事吗?

但是,陛下或陛下的总督们却使这种权力越出了一切已知的或法律规定的范围。解散了议会之后,他们拒不召开另一个议会,结果,在很长一段时间内,法律规定的立法机关不复存在了。每个社会无论何时理应拥有最高的立法权力。说什么一个国家处于这样一种地位,它在任何紧急情况下都无需对可能招致立即毁灭的危险预作准备,这种说法是违反人性的。当存在这种机构,人民把立法权授予它们时,只有它们才拥有这种权力并予以行使。但是通过砍掉它们的一个或更多个部门把它们解散时,权力就回到人民手里,人民可以无限制地行使它,要么亲自集会,要么选派代表,要么采取他们认为合适的任何其他方式。我们不打算进一步追究其后果,这个做法充满了危险,这是十分明显的。

同时我们也要注意我们土地所有制中的一个错误,这个错误在我们殖民地很早时期就已经悄然发生了。封建保有权引进英格兰王国,尽管历史悠久,但是被充分领会,从而有助于把这个问题放在一个正确的角度上。在撒克逊人移居早期,封建保有权当然完全不为人知,在诺曼征服时期几乎绝无仅有。我们的撒克逊祖先把他们的土地就像私人财产一样绝对占有,不受任何约束,其性质与封建主义者使用的“Allodial”[①]这个词近似。诺曼底公爵威廉第一次全面引进了那个制度。黑斯廷斯战役[②]中阵亡者的土地

① Allodial:保有绝对所有权的土地,与“封地”相对,不必负担租金、劳役或其他义务。——译者

② 1066年,法国诺曼底公爵威廉在黑斯廷斯打败英格兰国王哈罗德二世,自立为王,引进封建主义和诺曼人习俗。——译者

以及随后在他在位时期发生的暴乱中死亡者的土地，占全王国土地很大一部分。他把这些土地分赠出去，但必须负担封建义务，另外也把他的许多新臣民的土地分赠出去，这些新臣民在劝说或威胁之下，只好让出自己的土地供他分赠之用。但是仍有不少土地留在他的撒克逊臣民手中，不受任何约束，也无需尽封建义务。因此，按照为了使军事防御制度统一而制定的法律，持有这些土地的人就像持有封地一样必须服兵役；诺曼法学家很快就想出办法，把其他封建负担强加于他们。但是这些土地仍然没有交给国王，它们不是他赠送的，因此不属于他所有。当时奉行一个总的原则："英国的一切土地都直接或间接归国王所有，"但是这个原则是从那些真正是封建的所有地那里借用的，只是为了例证的目的应用于其他所有地。因此，封建所有地只是撒克逊财产法中的例外，而根据撒克逊财产法，一切土地的所有权都是绝对的。因此，这些仍然构成习惯法的基础，在没有发生例外的地方盛行。北美洲没有被诺曼底人威廉征服过，它的土地也没有交给他或他的任何一个继承人。毫无疑问，北美洲的土地所有权是"保有绝对所有权"性质的。但是，移居到这里的我们的祖先是劳动者，不是法学家。他们一开始就把"一切土地原本都归国王所有"这个虚假的原则信以为真，结果他们就以为自己的土地也是国王赠与的了。当国王继续以少许钱和低廉租金把土地分赠出去，就没有人想要制止这个错误并把它公之于众。但是陛下最近竟擅自把购买的价格提高到原来的两倍，这样一来，要获得土地就变得十分困难，殖民地人口的增长可能受到抑制。因此，现在我们应该向陛下提出这个问题，并且宣布他没有权利由他本人来分赠土地。从公民制度的性质和

目的来讲，任何社会在其周围划定的界线内的全部土地都归该社会所有，并应由他们来分配。这个分配工作可以由他们集体来做，也可以由他们授予最高权力的立法机关来做。如果土地不是照这两种方式分配的，社会里的每一个人都可以把无人占有的土地占为己有，他占有了土地，也就有了所有权。

为了强制执行上述遭到我们抗议的专横措施，陛下不时派遣大批军队到我们这里，这些军队不是这里的人民组成的，也不是按照我们的法律招募的。如果陛下拥有这样一种权力，任何时候都可以把我们所有的其他权利吞没。但是陛下没有权利派哪怕一个军人登上我们的海岸，他派到这里来的那些军人都必须服从我们关于镇压和惩罚暴乱、聚众闹事和非法集会的法律，否则就是无视法律入侵我们的敌军。在上次战争过程中，当形势紧急，必须派一支汉诺威军队来保卫大不列颠时，陛下的祖父、我们已故国王，并不妄自按照他拥有的任何权力把军队派来。这样一种做法势必会使他的英国臣民发生恐慌，如果另一个国家的军队可以不获他们立法机关同意随时开进境内，他们的自由也就无安全可言了。因此他向议会提出申请，议会为此而通过一个法案，把进驻军队的人数及留驻时间予以限制。同样地，陛下在帝国所有地方也受到限制。他的确拥有在每一个殖民地执行法律的权力，但是他应该执行的是该殖民地的法律，而不是在一个殖民地里执行另一个殖民地的法律。每一个殖民地都必须自己来判断，在他们境内派驻多少军队可以让他们放心，以及军队应当受什么限制。更加恶劣的是，陛下不是让军权服从文权，而是明确地使文权服从军权。但是陛下这样就能把一切法律都践踏在他的脚下吗？他能树立一种高

于树立他本人的权力的权力吗？他的确用暴力做了，但是他必须记住，暴力是产生不了权利的。

以上就是我们向陛下吐露的我们的冤屈，我们使用的自由的语言和感情适合于一种认为自己的权利源于自然法则而非出于国王恩赐的自由人民。让那些胆小的人去奉承吧，奉承不是美利坚人的特长。唯利是图的人尽可以不顾事实大肆吹捧，但是那些维护人权的人是不会这样做的。他们懂得，因此会说：国王是人民的公仆，不是人民的主人。陛下，敞开你的胸怀去接受自由和开明的思想吧。不要让乔治三世这个名字成为历史篇章的一个污点。你被英国顾问们团团包围，但是要记住他们是党棍。你没有管理美利坚事务的大臣，因为没有一个大臣是从我们中间选出来的，为你当法律顾问的人，自己却不对法律负责。因此，你应该为你自己和你的人民思考和行动。是非大原则是每一个人都懂的，奉行这些原则不需要许多顾问的帮助。治理国家的全部艺术就在于诚实。只要尽到你的本分，即使失败了人民也会赞扬你。不要再坚持为了帝国一部分的过分要求而牺牲另一部分的权利，而要把平等和公正的权利分配给大家。不要让任何一个立法机关通过侵犯另一个立法机关的权利和自由的法案。命运之神给你安排了一个重要的职务：保持一个伟大的，即使不是井然有序的帝国的平衡。陛下，这就是你的伟大美利坚参议会给你的忠告，你的幸福和未来的名声或许就取决于是否履行这个忠告，而只有保持和睦才能给英美关系带来相互的好处。脱离英国既不是我们的愿望，也不符合我们的利益。在我们这方面，为了恢复一切人都祈求的安宁，我们愿意牺牲理智要求我们牺牲的一切。在他们方面，让他们准备好

在宽大的基础上建立同盟。让他们提出条件,但这些条件必须是公正的。对于我们生产出来供他们使用或他们生产出来供我们使用的商品,只要我们能够给的贸易优惠,他们都拿去吧。但是他们休想禁止我们到别的市场去销售他们不能使用的那些商品或供应他们不能供应的那些商品。更不要想让世界上除我们自己以外的任何强国向我们领土内的我们的财产征税或加以管制。上帝赋予我们生命,同时也赋予我们自由,暴力可以摧毁它们,却不能拆散它们。陛下,这便是我们最后的、坚定的决心。你将欣然以你最大的努力所能保证的效力来洗雪我们的这些重大冤屈,抚慰你的英属美利坚臣民,使他们不再担心今后发生侵权行为,在整个帝国建立兄弟情谊和融洽,使之传诸永远,这便是英属美利坚全体人民馨香祷祝的。

建立宗教自由法案〔1779 年〕,1786 年初在弗吉尼亚议会通过

我们深知全能的神所创造的心灵是自由的;一切用世俗的惩罚或负担或剥夺公民资格来影响心灵的企图,只会养成虚伪和卑鄙的恶习,是违反我们宗教的神圣创造者的意图的,宗教的神圣创造者作为肉体和心灵的主宰,不喜欢使用压迫两者之一的手段来传播宗教,尽管无所不能的他完全有能力这样做;那些教会的和非教会的立法者和统治者,本身只是些容易犯错误和未得灵感启迪之徒,却对别人的信仰握有生杀大权,把他们自己的见解和思想方式作为唯一正确的和绝对不会错的,竭力把它们强加于人,就是这

些人自行其是,在世界上大多数地方建立并维持了骗人的宗教;强迫一个人捐钱来传播他不信的见解是罪恶和专横的;就连强迫他供养他自己教派内的这个或那个牧师,也等于是剥夺他把钱捐给那个在道德上为其表率、其力量他认为最能劝人归正的牧师的自由,等于是从牧师那里收回给他们的世俗的酬报,这些酬报出之于对他们个人行为的嘉奖,是对教育人类进行不懈努力的额外鼓励;我们的公民权利不依靠我们的宗教见解,就像不依靠我们的物理学或几何学见解一样;因此,一个公民除非表明信仰或不信仰这种或那种宗教,否则就被剥夺公民权,宣称他不值得公众信任,没有资格担任有报酬的公职,这种做法等于是剥夺他和他的公民同胞一样生而具有的特权和利益;用垄断世上的荣誉和报酬的办法来贿赂那些表面上信仰和遵奉一种宗教的人,实际上是败坏本来想予以发展的那种宗教的原则;虽然这些经不起诱惑的人是罪犯,但是那些引诱他们犯罪的人也并非清白;听任行政长官在信仰领域内滥用权力,随便假定一些原则倾向不良就不准信仰或传播,这是一种危险的错误,会立即把全部宗教自由毁掉,因为他既然是那种倾向的裁判,他的见解当然就成为裁判规则,仅仅根据别人的见解与他自己的见解一致或不一致来认可或谴责别人的思想;当一些原则突然变成公然破坏和平与秩序的行为时,公民政府为了其正当目的应要求其官员进行干涉;最后,真理是伟大的,如果听其自然,它终将占上风,真理是错误的有力的反对者,对斗争毫不畏惧,除非被人为的干预解除了她的天然武器——自由辩论——如果允许人们自由地批驳错误,错误也就没有什么危险。

综上所述,州议会兹规定,不得强迫任何人举行任何宗教礼拜

仪式,或资助任何圣地或牧师,也不得由于其宗教见解或信仰而对其人身或财产施加限制、强制或折磨,一切人均可自由表明并通过说理坚持其宗教见解,决不可因此而缩小、扩大或影响其公民权。

虽然我们深知这个议会是人民仅仅为了一般立法目的而选举出来的,无权限制与我们有同等权力的以后各届议会的行为,因此要宣布这个法案不可撤销在法律上是没有效力的,但是我们有权宣布,并且就此宣布,这里维护的权利乃是人类的天赋权利,如果今后将通过任何一个法案来撤销本法案或限制其有效范围,那么,此类法案将是对天赋权利的侵犯。

关于西部土地组建的报告[①]

1784 年 3 月 22 日

奉命草拟西部土地临时组建规划报告的委员会一致同意下列决议:

决议,由各州已从印第安人手中购得或行将购得,并由国会建议出售让与或行将让与合众国的土地应分成若干州……

凡以此种方式购得并供出售的土地上的移民,经本人申请或奉国会命令,应得到国会授权,并按指定时间和地点由其成年自由男子在本州范围内开会,以便成立临时政府,采用任何一个老州的宪法和法律(但这些法律可由立法机关修改)并成立县或镇以便为

① 这个报告之所以收入本书,是因为它含有一个关于限制奴隶制在合众国西部领土扩展的重要建议。〔全文引自福特版〕

其立法机关选举成员。

任何一州的此类临时政府只能维持到该州的自由民达到2万为止，当自由民达到2万后，在向国会提供充分证据后，将从国会获得权力，在指定的时间和地点召开代表会议，以便为自己制定一部永久性的宪法和成立一个永久性的政府。临时政府和永久政府应建立在下列原则基础之上。1.它们应当永远是美利坚合众国邦联的一部分。2.凡老州在人身、财产和领土方面服从美利坚合众国政府及邦联条例者，它们也都应该服从。3.它们应偿付一部分由国会分摊给它们的邦联所欠或将欠的债务，在偿付此项债务时，应遵守其他各州所遵守的分摊原则和标准。4.各政府都应当奉行共和制，任何拥有世袭头衔者不得成为公民。5.公元1800年后，任何上述州内不得有奴隶或强迫奴役，但因犯罪而被依法判刑者不在此例。

当上述任何一州自由民数与当时13个老州中人口最少的一个州相等时，该州可派代表进入合众国国会，并享有与上述老州平等的地位，其条件是有9个州按照邦联条例第11条规定同意接纳，在他们的代表通过此种方式进入国会之前，上述任何一州在成立临时政府之后应有权向国会派出一名列席议员，该列席议员有辩论权，但无表决权……

上述各条应制成合约，由美利坚合众国国会议长签字盖章，公布于众，作为13个老州与每一个新州之间的根本法，非经合众国国会和提议修改之州双方同意，不得更改。

凡符合邦联[①]原则，为在上述任何一新州成立临时政府之前

① 美国在1789年前称邦联，1789年后称联邦。——译者

在移民中维持治安与良好秩序所必需之议案，美利坚合众国国会得随时制定之。

关于总统应否否决宣布政府所在地将于1790年迁往波托马克议案问题的意见

1790年7月15日

……

世界上每一个人和每一个集体都有自治的权利。他们的这种权利是与生俱来的。个人通过独自一人的意志行使这种权利，集体通过多数的意志行使这种权利；因为多数裁定原则是每一个人类社会的自然法。当某一类人在一起商量一件事情时，他们开会和散会的时间及地点取决于他们自己的意志；他们是在行使一种天赋的自治权利。这种权利和所有其他天赋权利一样，可以在他们自己同意下予以剥夺或限制，也可以由他们委派合法的代表以法律予以剥夺或限制。但是只要这种权利没有被剥夺或限制，他们就可以把它当作一种天赋权利予以保留，可以用他们喜欢的任何形式行使，或者完全由他们自己行使，或者与他人一同行使，或者在他们同意下完全由别人行使。

关于密西西比河航行权的文件

1792年3月18日

……

但是我们的权利是建立在更广泛、更无可非议的基础上的，也就是建立在自然法和国际法的基础上的。

我们觉得它是写在人的心上的，如果我们求助于它，还有哪一种思想比海洋对一切人开放、江河对其一切居民开放的思想更值得大书特书呢？哪一个没有偏见的人，无论野蛮人还是文明人，会不感受并且证明这个真理呢？因此，在同一个政治社会里团结起来的全部国土上，我们发现这个天赋权利获得一致公认和保护，办法就是把可航行的河流向全体居民开放。当他们的河流进入另一个社会的境界时，如果住在上游的人沿河而下的权利受到任何方式的阻挠，这就是一个较强的社会对一个较弱的社会的暴力行为，应该受到人类法庭的谴责。前不久发生的安特卫普和斯海尔德河事件就是一个明证，证明人们在这个问题上看法完全一致；阿姆斯特丹在荷兰境外几乎没有一个支持者，即使在境内，人们支持它的要求也只是根据条约而不是根据天赋权利……合众国在密西西比河及其支流有60万平方英里可居住土地，这条河及其支流提供好几千英里贯穿这整块土地的可航行水域。在我们边界下游并和这条河接界的西班牙的可居住土地，能借口我们使用那条河会给它带来不便的，还不到那个面积的1‰。合众国的这一大片土地没有其他渠道供其产品出口，这些产品数量是极其庞大的。事实上，这些产品顺流而下运送对住在河畔的西班牙人没有丝毫损害，反而会使他们比目前更加富裕。因此，事实上，上游和下游全体居民真正的利益是和他们的权利一致的。

……

关于合众国是否有权废除与法国签订的条约或暂停执行这些条约直至该国政府成立为止问题的意见

1793 年 4 月 28 日

……

我认为，组成一个社会或国家的人民是那个国家的全部权力的来源；他们可以自由地让任何一些他们认为合适的代理人来处理他们的共同事务，可以随意将这些代理人个别予以撤换，或者把他们的组织从形式上或功能上加以改变；这些代理人以国家的权力所做的一切行为都是国家的行为，它们是强制性的，有法律效用的，绝对不能因为政府体制或主持政府的人改变而被废除或受影响；因此，合众国与法国之间的条约并不是合众国与路易·卡佩之间的条约，而是美、法两国之间的条约；尽管从那时以来，两个国家都已改变了政府体制，国家却依然存在，条约并没有被这些改变废除。这个问题要根据国际法来解决，而国际法是由三个部分组成的：1. 道德律。2. 各国的惯例。3. 各国的特别协定。只有第一部分涉及这一问题，亦即造物主要求人遵守的道德律，这一道德律的证据是造物主赋予他的感情（有时称为良心）。自然状态下存在于个人与个人之间的道德责任伴随他们进入社会状态，组成社会的所有个人总合起来的责任构成那个社会对其他任何社会的责任；所以，社会与社会之间，就像非社会状态下个人与个人之间一样，存在着道德责任，并不因为他们组成了国家就解除了他们的这些责任。因此，同一个要求个人遵守他们之间的合约的道德律，对国与国之间的条约也是强制性的。但是在有些情况下，人与人之间的合约可以不履行，国与国之间的条约同样也可以不履行。例如，当履行条约变得不可能时，不履行条约并非不道德；因此，如果履行条约对一方具有自我毁灭性质，自我保存法则就压倒对另一方尽义务的法则。为了实现这些原则，我求助于证据的真正源泉，即每一个有理性的和诚实的人的头脑和良心。大自然把她的道德律写在那里，每个人都可以去读。他决不会在那里读到这样一个规定：当他的义务变成危险、无用或讨厌时，可以暂时或永久地把它们取消，当然不可以仅仅因为无用或讨厌就不履行义务……尽管他在某种危险下可以不履行，但是这种危险必须是迫切的，极其严重的。确实，这一切应该由各国自己来判断，因为没有一个国家有权去判断另一个国家，但是我们的良心法庭依然存在，舆论法庭也依然存在，这些法庭将修正我们对自己的案件所作的判决，而且由于我们尊重这些法庭，我们必须注意在判断自己的时候，必须老老实实地扮演公正而严格的法官的角色。

……天赋权利问题可以拿它是否与人的道德观和理智相符合来考验。那些撰写自然法论文的人只能在他们所列举的案例中说明他们自己的道德感和理智是如何指示他们的。他们中间有些人的感觉和理智如果与人类中那部分聪明正直的人的感觉和理智符合，就会受到尊重，在具体案例中被当作道德上正确或错误的证据加以引用。格劳秀斯、普芬多夫、沃尔夫和瓦特尔就属于这类人。在符合的那一点上，他们的权威性很高。但是，如果在哪一点上不符合（他们常常不符合），我们就必须运用我们自己的感情和理智，在它们之间作出抉择……

关于合众国贸易在外国所获优惠和所受限制的报告

1793年12月16日

……关于贸易，有两个方法。1.与实施这些限制的国家进行友好协商；或者，2.由我们的立法机关单方面制定立法来抵消它们的影响。

这两个方法中，友好协商无疑是最合适的。这个方法不用成堆的法规、关税和禁令去妨碍贸易，就能使贸易从它在世界各地的桎梏中解脱出来，让每一个国家去生产自然环境使它最适宜生产的东西，每一个国家都可以自由地与其他国家交换剩余的东西来满足相互的需要。这样，对人类生活和人类幸福有利的东西就能尽可能多地生产出来，人口会增加，生活条件会得到改善……

但是，如果任何国家违背我们的愿望，认为继续实行它的一套禁令、关税和限制对它更加有利，那我们也就只好用反禁令、反关税和反限制来保护我们的公民，保护他们的贸易及航运。自由贸易和航运不能被用来换取限制和烦恼，它们也不大可能导致它们的放松……

如果一个国家对我们的产品征收重税或完全予以禁止，我们应该对他们的产品采取以牙还牙的措施；首先对他们运到这里与我们自己的同类产品进行竞争的那些产品征收重税或不许进口；其次选择一些我们从他们那里大量进口而我们又能在最短时间内实现自给或从其他国家获得的制造品，先对其征收较轻的税，以后随着其他供应渠道的开放，征收越来越重的税。此类税有间接鼓励国内同类产品生产的作用，能引诱制造商自行到这些州来，那里生活费便宜，法律平等，产品有销路又不用交税，能保证他们靠技艺和勤劳获得最高利润。在这方面，各州政府能够进行实质性的合作。州政府可以开放它们控制下的鼓励性的资源，把它们慷慨地提供给特殊制造部门的能工巧匠，它们的土壤、气候、人口和其他条件使他们技艺臻于成熟，并且扶植家用制造业的可贵的努力和进步，办法是采取某些适合于其特性的保护措施，但是这些措施应以他们所掌握的地方信息为指导，并且要以他们到场和关切防止弊病。这样，我们的农产品在外国港口受到的压迫就会化为一种动力，摆脱对别人行为的依赖，促进国内工艺和制造业，并且促使人口增长……

第一次就职演说

1801 年 3 月 4 日

朋友们和公民同胞们：

我受命担任我们国家的最高行政职务，趁我的一部分同胞在这里集会之便，对他们对我抱的殷切期望表示深切的谢意。我真正意识到这个任务是我的才能所不及的，我是带着焦虑和惶恐的心情接受这一任务的，责任如此重大而我能力如此薄弱，自然会使这些心情油然而生。一个新兴的国家横亘在广大而富饶的土地上，带着他们的勤劳所获得的丰富的产品越过所有的海洋，与那些自以为强大而忽视正义的国家通商，正在迅速地向非凡人的眼睛所能见的命运迈进——当我默想这些崇高的目标，看到这个被深爱的国家的荣誉、幸福和希望都系于今天所发生的争端和预兆时，我便不敢再想下去，而是在如此宏伟的事业前悚然不安。要不是我在这里看到的许多人使我想起我能在我们的宪法所建立的其他高级权力机关里找到在任何困难时刻都可以依赖的智慧、美德和热情的源泉，那我就真的要心灰意冷了。因此，先生们，我满怀勇气地向肩负着最高立法职责的你们，向那些与你们在一起的人们，寻求指导和支持，以便使我们能够平安地驾驶我们大家乘坐的航船在一个动荡的世界的惊涛骇浪中航行。

我们经历了一个时期的争论，在那个时期中，辩论之热烈以及情绪之激昂，往往使得不习惯于自由思考，不习惯于说出和写出自己想法的局外人相顾失色；但现在既然民意对此已作出决定，并已根据宪法规定公之于众，大家当然都会遵照法律的意志妥为安排，团结一致为共同的利益而共同奋斗。大家也都会牢记这一神圣的原则：虽然在任何情况下都应该以多数人的意志为重，但是那个意志必须是合理的才能站得住脚，而且少数人也享有同样的权利，必须受平等的法律保护，如果加以侵犯就是压迫。因此，同胞们，让我们全心全意地团结起来吧。让我们在社交中恢复和睦与友爱，因为，如果没有和睦友爱，自由，甚至生活本身，只不过是枯燥乏味的东西。我们还应该思考，既然我们已经把长时期来使人类流血和受苦的宗教上的不容异说逐出国土之外，如果我们纵容一种同样专横、同样邪恶、并且能够进行同样残酷和血腥的迫害的政治上的不容异说，那我们所获依然甚少。在旧世界经历剧痛和震动期间，当怒不可遏的人们苦不堪言，企图通过流血和屠杀来恢复丧失已久的自由时，滚滚巨浪甚至波及这个遥远而宁静的海岸，而各人对此的感受和恐惧的程度各不相同，对安全措施发生意见分歧，那是不足为奇的。但是，并不是每一种意见分歧都是原则分歧。我们就曾经用不同的名称去称呼相同原则的兄弟。我们都是共和党人，我们都是联邦党人。如果我们当中有人想要解散这个联邦，或改变它的共和体制，那就随他们去，让他们作为安全的标志，表明只要理性能够自由地与错误观点对抗，即使错误观点也是可以容忍的。当然，我知道有些诚实的人担心共和政府不会强有力，担心这个政府不够强有力。但是当这个举世瞩目的政府正处于成功试验高潮之际，一个诚实的爱国者仅仅因为脑子里存在一种不切实际的空想，担心这个政府不能自立，就会放弃这个迄今一直使我们保持自由和安全的政府吗？我相信不会的。相反，我相信这个政府是世界上最强有力的政府。我相信这是唯一的一个政府，每个人一经法律召唤，就会飞奔到法律的旗帜下，对付破坏公共秩序的行为，如同处理个人的事情一样。人们常说，让一个人管自己是不行的。难道让他去管别人就行了吗？我们见过以国王身份出现的天使管人吗？让历史来回答这个问题吧。

因此，让我们怀着勇气和信心奉行我们自己的联邦和共和原则，坚持我们对联邦和代议政体的忠诚吧。自然环境和大洋把我们同地球上 1/4 地区的毁灭性浩劫隔开；我们情操高尚，不能容忍别人堕落；我们拥有一片上帝垂爱的国土，其地域足以容纳子孙万代；我们充分意识到我们享有平等权利来发挥我们自

己的才能，获取我们自己的劳动果实，博得同胞们对我们的尊重和信任，这种尊重和信任不是出于门第，而是来源于我们的行为以及他们对这些行为的感受；我们受一种仁慈的宗教的启发，虽然教派种类繁多，但是所有这些教派都诲人以诚实、节制、感恩和仁爱；我们承认和崇拜主宰一切的上帝，上帝以其所行之道证明他乐于看到人们现世的幸福和来世更大的幸福——有了所有这些神恩，还需要什么才能使我们成为一个繁荣昌盛的民族呢？还需要一样东西，同胞们，那就是一个明智和节俭的政府，它应防止人们互相伤害，让他们自由地辛勤劳动，改善生活，而不应夺取人们的劳动所得。这便是好政府的要旨，是使我们的幸福臻于圆满所必不可少的。

同胞们，在即将履行包含对你们无限珍贵的一切东西的职责之际，应当让你们了解我所认为的我们政府的基本原则以及构成我们施政方针的要素。我将把它们压缩在最狭小的范围内，只讲大的原则而不说它的全部细节。平等公正地对待一切人，而不问其地位或宗教信仰或政治信仰；与所有国家保持和平、通商和真挚的友谊，但不与任何国家结盟；支持州政府的一切权利，把州政府当作管理我们内部事务最有效的行政机关以及抵制反共和倾向的最牢固屏障；保持全国政府的全部宪法效力，作为我们国内和平与对外安全的最后依靠；小心维护人民的选举权——一种温和而又安全的矫正弊端的手段，如果没有和平的矫正手段，这些弊端就得用革命的利剑来砍掉；绝对服从多数的决定，这是共和政府的主要原则，离开这一原则就只能诉诸武力，而武力是专制的主要原则和直接起源；纪律严明的民兵——和平时期及战争初期正规军接替之前我们主要的靠山；文权高于军权；节省国帑以减轻人民负担；诚实地清偿债务，郑重地维护公众信心；鼓励农业并扶助商业为农业服务；传播知识并在公众理智法庭上审讯一切坏事；保障宗教自由和新闻出版自由，并按照人身保护法令保障人身自由；由公正地选出的陪审团进行审判——这些原则构成走在我们前面并在革命年代和改革年代指引我们步伐的灿烂星座。为了实现这些原则，我们的先哲们献出了智慧，我们的英雄们洒尽了鲜血。这些原则应当是我们的政治信条，公民教育的课本，检验我们信托的那些人的工作的标准；如果我们在错误或惊慌的时刻偏离了这些原则，就应当迷途知返，回到这条唯一通往和平、自由和安全的康庄大道上来。

同胞们，我就要履行你们委派给我的职务了。我在低级职位上已有足够的经验，充分认识到这个最高级职务的困难，能够预料到，一个不完美的人，当他卸任时，极难有幸获得使他就任的那种声望和厚爱。我不敢奢望享有给予我们第一位伟大革命家的那样高的信任，他的杰出的贡献使他深受全国人民爱戴，载入史册中最光辉的一页。我只要求你们给我恰如其分的信任，使我能坚定而有效地依法对你们的事务进行管理。由于判断不当，我难免会经常犯错误。当我做得对的时候，那些其处境使他们不可能综观全局的人也经常会认为我做得不对。我请求你们宽恕我犯的错误，那绝对不会是有意的，我还请求你们支持我纠正其他人犯的错误，他们只要综观全局，就不会对一些事妄加非议。你们所投的票表示对我过去行为的赞许，使我深感欣慰。我今后最关心的是保持这些预先给我的好评，并尽力为其他人做好事来博得他们的好评，并为所有人的自由和幸福贡献力量。

因此，我将依靠你们的支持克尽厥职，任何时候你们认为能够作出更好选择，我将欣然引退。愿主宰宇宙命运的上帝指引我们作出最好的决策，并使这些决策结出丰硕果实，让大家共享和平与繁荣。

第一个年度咨文

1801 年 12 月 8 日

参、众两院的同胞们：

在参加我们国家的这个重要会议时，使我由衷地感到高兴的是，我能以合理的事实为依据，向大家宣布，多年来折磨着我们姊妹国家的战争和动乱终于结束了，它们之间又恢复了和平与贸易的往来。当我们衷心感谢仁慈的上帝欣然将和解与宽恕的精神灌输给姊妹国家的时候，我们应该特别感谢上帝，在这样一个可怕的时期中，我们自己的和平得以保全，我们自己得以安定地耕种，从事那些能增加我们生活乐趣的技艺并予以改进。的确，所有同我们有重要关系的大国都向我们保证了友好的意向，这就使我们相信，我们与他们的和平不会受到干扰。而那些曾经影响中立国贸易的不正当行为以及它们所产生的刺激和伤害终于停止，必然会增强这种信心，同时加强一种希望：在环境压力下对一些无罪的朋友做的坏事现在将公正地予以检讨，而且将被看作是为惩前毖后奠定基础。

在我们的印第安邻居中，和平与友好的精神也普遍占了上风，我很高兴地告诉大家，在他们中间引进农业以及家庭手工业工具和技术的不懈努力并不是没有成效，他们现在越来越认识到，依靠农业和手工业来解决衣食问题，要比依靠狩猎和捕鱼这种不稳定办法好得多，而且我们已经能够宣布，他们的人口过去因为战争和缺衣少食不断减少，而现在已有所增加。

我们有幸得到的这种全面和平中只存在一个例外情况。北非伊斯兰国家中最不足取的的黎波里向我们提出了既没有权利根据也没有条约根据的要求，由于我们没有在指定的日子前答复，便悍然向我们宣战。对于那种无理要求只能有一个答复。我派一小支舰队开进地中海，向那个国家保证我们真诚希望维持和平，同时又命令舰队保护我们的贸易，防止对方扬言要进行的攻击。这个举措是及时和有益的。当时大公已经正式宣战，他的军舰已经驶出，其中两艘已经驶抵直布罗陀。我们在地中海的贸易已被封锁，大西洋的贸易也岌岌可危。我们舰队开抵后，危险就消除了。一艘的黎波里军舰与我们的舰队遭遇，同斯特雷特中尉指挥的“企业号”双桅纵帆船——我们大型船的供应船——交火后被俘获，敌船人员伤亡惨重，而我方一无损失。我相信，我们的公民在该战役中表现的勇敢精神足可向全世界证明，我们向他们谋求和平不是因为我们缺少那种美德，而是因为我们衷心希望把我们国家的力量用于人类的繁衍，而不是毁灭。由于宪法没有授权，国会也未批准越出自卫的范围，这艘船既然已经失去战斗力，无法进一步从事敌对行动，我们便把它连同船员一起释放了。国会肯定会考虑是否也授权采取进攻措施，使我们的武装力量与敌人的武装力量处于

同等的地位。我传达了关于这个问题的全部重要信息，以便国会在履行宪法授予它的重要职责时，可以在了解和考虑到每一种重要情况的基础上作出判断……

我向你们提出最近举行的我国人口调查结果，我们将按照这个结果来降低以后的代表率和税率。你们知道，过去 10 年内，人口呈几何级数增加，有望在仅仅 22 年时间内翻一番。对于这种迅速的增长以及它展示的前景，我们不是从将来有一天我们能伤害别人的角度来考虑，而是着眼于使这个至今仍人烟稀少的辽阔地方有人定居，着眼于使懂得热爱秩序、惯于自治并视自治为无价之宝、理当享受幸福的人成倍增加。

其他情况与人口增加结合起来，使消费增加，财政收入也随之增加，其增长率远远超过单纯的人口增加。尽管对外关系正在发生合乎世人理想的变化，在一段时间内可能影响我国的财政收入，但是，衡量一下收支的全部可能性，我们还是有充分理由相信：我们现在可以放心地取消所有的国内税，包括消费税、印花税、拍卖税、执照税、运输税、精炼糖税，报纸邮费或许也可以取消，以促进信息的传播，剩下的财政来源足够维持政府开支、支付公债利息，并且在比法律或一般人考虑的还要短的时期内偿还本金。的确，战争和各种不幸的事件会改变这一前景，要求单单进口税难以负担的开支，但是这些合理的原因并不证明可以向我们勤劳的同胞征税，为战争积聚金钱，这个战争不知道什么时候会发生，而且要不是受那笔钱的诱惑也许根本不会发生。

然而，这些减轻人民负担的观点，是在期望我们的习惯性开支能有相当大而又有利的削减的基础上形成的。为了这个目的，政府以及陆海军的开支必须予以调整。

当我们考虑到本政府的职责仅在于维持这些州的对外关系和相互关系，构成人类事务巨大领域的人身财产和名誉主要由各州自己负责，我们就会怀疑我们的组织是否太繁复了，花钱是否太多了，官职和官员是否不必要地成倍增加了，有时损害了应由他们促进的工作……

陆军部长经过深思熟虑，已就所有必须驻防的驻地和基地以及每个驻地应有的兵员人数提出了一个报告。总数大大少于现有的军事编制。多余的人没有特别的用处。就防卫入侵来说，他们的数量微不足道；在和平时期为防卫目的维持一支常备军似乎也没有必要，也不安全。我们永远也无法确知敌人会选择我们周围的哪一个地方入侵，唯一能在每一个地方作好准备并且给予敌人迎头痛击的力量，就是由附近公民组成的民兵。这些从最方便的地方召集起来、人数与入侵之敌相当的民兵是最可依靠的，不但可以迎击第一次进攻，而且如果进攻有长期化之虞，还可以坚守阵地，直到正规军前来接应。有鉴于此，国会每届会议都必须不断把民兵管理法中随时暴露出来的缺点予以纠正，直到十二万分完善为止。我们任何时候都不应该稍有懈怠，直到我们能够说我们已为民兵做了就像大敌压境时我们所能做的一切。

现有军需品储备情况将提交你们，以便你们判断还应该增加些什么。

关于我们海军的建设规模，预计会出现意见分歧，但是只要适当注意一下联邦每一地区的形势，无疑就能使意见一致。或许我们将继续需要一小支兵力在地中海执行任务。每年超出你们认为应该拨给海军建设数额的款项，最好用来购买那些不会浪费或消耗，而逢到紧急关头立刻可以使用的物品。从现在提交你们的文件可以看出，在依法为74艘炮舰提供物资方面已获得进展……

农业、制造业、商业和航运业是我国繁荣的四大支柱，当放手由私人经营时最为兴旺发达。然而，为了克服偶然遇到的困难，有时也应及时予以干预。如果你们在观察或调查过程中发现它们需要任何宪法权力范围内的帮助，那么，你们意识到它们的重要性就足以保证它们会获得你们的重视。的确，我们的航运业很快就会遇到困难，对此我们大家不能不深为忧虑。航运业在多大程度上能及时摆脱困难，这是一个要郑重考虑的问题。

合众国的司法制度，特别是最近建立的那一部分，国会当然会加以研究。为了使国会能够鉴定这个机构与它要履行的工作是否相称，我向各州索取了一份自从法院建立以来所有已决案件以及那些悬而不决，需要别的法院和法官协助解决的案件的精确报告，提交国会讨论。

谈到司法组织，一个值得你们考虑的问题是，陪审团这一非常宝贵的制度的保护作用是否已经扩大到所有涉及人身财产安全的案件。公正地选择陪审员对其价值也很重要，但是在有些州里，陪审员是由市司法官按照行政意志任命的，或者是由法院或从属于法院的官员任命的，在那些州里，我们必须进一步研究，公正地挑选陪审员这一点是否已有充分保证。

我不能不建议将有关归化问题的法律予以修改。考虑到人的一生中机会难得，如果拒绝给居住不满 14 年的人国籍，就等于将一大部分申请公民身份的人拒之门外，并且抑制了一项许多州从第一批移民来到就开始奉行而且至今仍被认为对它们繁荣昌盛有重要影响的政策。我们的祖先来到这块土地时，蛮荒之地里的野人亲切地接待了他们，难道我们就不应当同样亲切地接待这些不幸的亡命者吗？难道不应当让被压迫的人们在这个地球上找到一个避难所吗？的确，宪法英明地规定，要担任某些重要官职，必须有一个足以培养品格和志向的居住期。但是，无论什么人，只要表现出愿意永远和我们同呼吸共命运的诚意，不是就可以确实无疑地获得一个公民的一般品质和能力吗？可能要实行某些限制以防止冒用我们的旗帜；这种弊病给真诚的公民带来诸多困难，蒙受很大损失，并使国家有卷入战争的危险，所以应该不遗余力地识破它并予以镇压。

公民同胞们，以上便是有关国家状况的问题，我认为至关重要，必须及时提交你们考虑。另外一些较不重要，或者来不及传达的问题，以后将以单独咨文形式提出。我很高兴有这个机会把政府的艰巨事务托付给联邦的集体智慧。就我个人而言，我将不遗余力地向立法机关通报情况，供你们判断，并将尽力把你们的决断付诸实施。你们的审慎而稳健的讨论将会在你们内部促进那种大大有助于合理结论的和解，并将以此为榜样，在我们选民中鼓励那种促使他们在目的上和意志上团结一致的意见的进步。我们不能指望所有人都满足于一种常规，但是我深信我们的大部分公民会精诚团结，诚实无私地力求保持宪法规定的全国政府和州政府的形式和平衡，对外维持和平，对内维持秩序和法纪，树立有利于巩固自由和财产的执政原则和实践，并把开支减少到为实现政府的有益目的所必需的程度。

致康涅狄格州丹伯里洗礼派协会尼希米·道奇、伊弗雷姆·罗宾斯和斯蒂芬·纳尔逊诸先生

1802 年 1 月 1 日于华盛顿

先生们：承蒙你们代表丹伯里洗礼派协会向我表达敬意和赞许之情，使我不胜欣慰之至。我的职责要求我忠实热诚地为选民的利益服务，选民们越是相信我忠于这些职责，履行这些职责就越是愉快。

我和你们都相信，宗教完全是一种存在于人和他的上帝之间的事情，人不为他的信仰或崇拜对任何其他人负责，政府的立法权力仅仅对行为有效，对思想无效；因此，我怀着最崇高的敬意思考全体美国人民的那个宣称立法机关“不得制订有关建立官方宗教或禁止自由信仰宗教的法律”，从而在教会与国家之间建起一重隔离墙的法令。我拥护人民的最高意志对于信仰权利的这一表示，将以真正满意的心情看到那些有助于恢复人的全部天赋权利的思想感情发扬光大，深信没有一种天赋权利是与他的社会责任对立的。

你们恳切地祈祷人类共同的上帝和造物主赐福和保佑，我也回报你们同样的祈祷，并向你们表达我对你们本人以及你们宗教协会的崇高敬意。

致迈阿密、波特沃坦米和韦奥克印第安部落

1802年1月7日于华盛顿

迈阿密、波特沃坦米和韦奥克印第安部落的兄弟们和朋友们：

我极其高兴地接受你们光临此间对我们进行友好访问，我感谢大神[①]把你们安然无恙地护送到我们这里。朋友们应该经常会面，互相敞开心扉，更新感情的纽带。红人是由同一个大神创造，与我们的兄弟们居住在同一块土地上的，我们把他们视为同胞手足；我们希望与他们作为一个民族生活在一起，把他们的利益当做我们自己的利益一样珍重。人生必然会碰到的灾难是够多的了，为什么还要通过故意相互残杀来增加这些灾难呢？兄弟们，和平比战争好。在一次长期的血腥战争中，我们失去许多朋友，却什么也得不到。那就让我们共同生活在和平与友谊中，尽我们所能互相修善积德吧。双方聪明善良的人们都希望做到这一点，我们一定要多加小心，不要让我们中间的愚蠢和邪恶的人进行破坏。就我们而言，我们将竭力在一切事情中对你们做到公正大度，并且帮助你们克服那些因为环境改变而产生的困难。我们将非常高兴地看到你们的人民愿意为他们的衣食而耕种土地、饲养家畜、纺纱织布。这些方法是可靠的，它们决不会使你们失望，而狩猎的办法可能会失败，使你们的妻儿遭受饥寒之苦。我们将乐于为你们提供

① 大神：北美某些印第安部落崇拜的神。——译者

最必要的技艺和工具，同时派人去教你们怎样制造和使用它们。

第二个年度咨文

1802 年 12 月 15 日

……

在他们所有的合法企业中谋求和平、维持贸易和航行；发展我们的渔场和动物养殖场供给人们营养食物；保护适合我们环境的制造业；清偿欠国民的债务、履行与他们的契约以维护国民的信心；花国家的钱要像花自己的钱一样地精打细算，厉行节约，不使我们的公民增加不必要的负担；把一切事情都控制在宪法权力范围内，把联邦当作唯一的安全的磐石加以珍视——公民同胞们，这些便是我们将在我们的一切工作中作为指针的目标。我们将继续使它们成为我们的行为准则，这样就能使宪法的真正原则受同胞们喜爱，并促进对他们的幸福和安全同样重要的思想和行为的一致。就我个人而言，你们可以指望我在每一个有关公众利益的措施上都和你们一致，同样也可以指望我拥有的一切知识能使你们履行你们的国家赋予你们的崇高职责。

第三个年度咨文

1803 年 10 月 17 日

致合众国参、众两院：

公民同胞们，在上届国会法令规定的日子前召集你们开会，这种突然改变日程的做法必然给你们个人带来不便，这我并不是不知道的。但是对公众至关重要的事情使这次会议必须召开，而你们对这些事情的关切将会除去你们心中所有一切个人的杂念。

在上届会议上，国会注意到我们在新奥尔良港的货物寄存权被中止，又未按条约规定另选一个地方，因而人民情绪极其激昂。他们感到，这个权利如果继续被剥夺，它对我国的损害要比任何补救方式所产生的后果更大，但是，他们对其官员犯了这个错误的政府的真诚怀有信心，提出了友好而合理的抗议，货物寄存权终于恢复了。

然而，在这个时期之前，我们并非没有注意到，对于西部地区贸易如此重要的一个关键地点如处于外国势力控制之下，我们的和平就会永远面临危险。发源于我国领土内但流经邻国领土的其他河流的航行也发生了困难。因此，我们已经批准以合理条件购买新奥尔良以及该地区其他一些对我们安宁有利的领土。作为一部分价款的200万美元临时拨款，将由合众国总统使用和说明用途，被认为是国会对拟议中的购买的认可。开明的法国政府目光远大，懂得这种公允的安排对两国极其重要，能够最好地、持久地促进两国的和平、友谊和利益，因此，根据今年4月30日签署的文件，全部路易斯安那的所有权和主权已经按照某些条件转让给合众国。这些文件经参议院按宪法规定批准后，也将被立即送交众议院，由他们按照宪法授予国会的权力进行审议。我们获得了密西西比河及其水系的所有权和主权，一方面能为西部诸州产品取得一个独立的出口和一条贯穿全程的航路，这条航路不受控制，可以避免与其他强国冲突以及由此产生的对和平的威胁；另一方面，

这个地区土地肥沃，气候适宜，幅域广阔，到时候对国库肯定有巨大好处，并将为我们子孙后代供应充足的物资，为实现自由平等法律的幸福提供一个广阔的场地。

我们要靠国会的智慧采取措施，立即接收这个地区并成立临时政府；将它并入我们的联邦；使政府的更迭为我们新收养的兄弟造福；使他们获得信仰权和财产权；确认印第安人的居住权和自治权，与他们建立友好通商关系，并摸清这块新获得的土地的地理情况。我将尽我在如此短时间内之所能收集有关该地区的资料，送上供你们考虑。

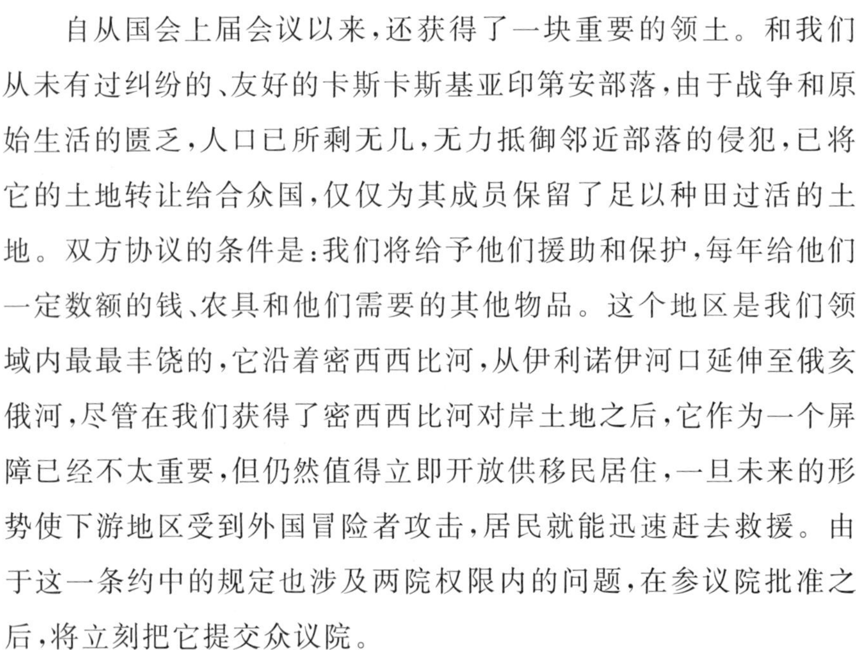

自从国会上届会议以来，还获得了一块重要的领土。和我们从未有过纠纷的、友好的卡斯卡斯基亚印第安部落，由于战争和原始生活的匮乏，人口已所剩无几，无力抵御邻近部落的侵犯，已将它的土地转让给合众国，仅仅为其成员保留了足以种田过活的土地。双方协议的条件是：我们将给予他们援助和保护，每年给他们一定数额的钱、农具和他们需要的其他物品。这个地区是我们领域内最最丰饶的，它沿着密西西比河，从伊利诺伊河口延伸至俄亥俄河，尽管在我们获得了密西西比河对岸土地之后，它作为一个屏障已经不太重要，但仍然值得立即开放供移民居住，一旦未来的形势使下游地区受到外国冒险者攻击，居民就能迅速赶去救援。由于这一条约中的规定也涉及两院权限内的问题，在参议院批准之后，将立刻把它提交众议院。

其他许多印第安部落在农业和家庭手工业方面正在取得进展，我们已同所有的印第安部落在比迄今为止更加巩固的基础上建立了和平与友谊。我们在他们中间建立了贸易站，以既不赢利也不亏本的适中价格向他们提供生活必需品来交换他们的商品，这种方法对他们产生了最安抚而有益的影响，最有助于获得他们的和平与亲善……

如果路易斯安那的购买按照宪法获得批准并付诸实施，我们的公债将会增加近1300万美元，其中大部分可在15年后偿还；在这个期限之前，现存借款将靠已经建立的偿债基金还清。由于人口和财富增加，税收也逐年增加，同一收入还因为扩及新获得的领土而有所增加，另外我们的公共支出仍厉行节约，当我考虑到这些时，我不能不希望国会在审查财政收入时会找到办法支付这笔额外债务的利息，不征收新税，而只把增收的税金用于这一目的。在外国战争时期，税收反常增加将是战争情况使得处于中立地位的我们所必不可少的用于任何安全或预防措施的适当和充足的基金。

我们对战火在欧洲重新燃起深为关切，一些我们与之有最友好和有益关系的国家正在互相厮杀。在我们为别人遭受的苦难感到惋惜之际，让我们向仁慈的上帝俯首致谢，感谢他赋予当时正处在最大的邪恶所造成的紧急状态下的我们的国会，以智慧和克制使我们免于轻率地卷入血腥的战争，仅仅在一旁注视和怜悯战争的破坏。直接交战国所受的损失最为惨重。但是奉行和平政策的国家也难以幸免。在这个战争过程中，让我们尽一切努力（因为那是我们的利益所在和愿望）以公正和仁爱的举动加强与交战国的友谊，以殷勤好客的态度接待它们遭遇海难的武装舰船，但是要谨慎为之，不能触怒任何一方；在我们的各个港口建立警察部队，以维持法律与秩序；禁止我们的公民个人投入国家没有参加的战争；

严惩那些盗用我国国旗为没有资格使用它的船只掩护的人、公民或外国人，因为这种行为使真正的美国船只受到怀疑，并且把我们牵扯到使我们遭受不白之冤的纠纷中去；强迫每一个国家对我们的船只和公民奉行全体文明人一致承认的那些原则和做法；要无愧于一个正义国家的品格，保持一个独立国家的骨气，宁愿承担任何风险也不接受侮辱和冤屈……辽阔的海洋把我们与欧洲国家分隔开来，与使它们乱成一团的政治利益分隔开来，而我们的产品和需要使我们的贸易与友谊对它们有用，它们的贸易与友谊也对我们有用，因此，攻击我们不符合任何国家的利益，我们去打扰它们也不符合我们的利益。如果我们放弃得天独厚的地理位置这一天大的福气，放弃上帝赐予我们的远离国外争斗，走勤奋、和平与幸福之路的机会，放弃发展广泛友谊，将利益冲突交给理智而不是武力去公断的机会，那我们就是最为愚不可及……

第四个年度咨文

1804 年 11 月 8 日

……

当我们注意到其他国家在海上的不法行为时，我们自己的不法行为也不应该被忽视或听之任之。我们接到过许多申诉，说是一些居住在美利坚合众国的人用武器装备商船，强行把商品运进某些港口和国家，而置那些国家的法律于不顾。个别的人竟不顾他们国家的威信发动未经政府允许的对外国人的战争，这在一个秩序井然的社会里是不能容许的。它侵犯其他国家的法律和权利，危及我们自己的和平，其倾向如此明显，我相信你们会采取措施有效地予以制止……

第二次就职演说

1805 年 3 月 4 日

公民同胞们：在我再度担任授予我的职务，履行宪法所规定的条件之前，我必须表达我对于广大同胞再度给予我信任的深刻感受以及它在我心中激起的热情，并且以实际行动最大限度地满足他们的正当期望。

在上次担任这个职位的时候，我宣布了几条我认为必须据以管理我们共和国事务的原则。扪心自问，我在任何情况下都是遵守那些原则，按照它们的明确含义，按照每一个正直的人的认识去做的。

在外交事务中，我们已竭尽全力发展与一切国家的友谊，特别是与那些同我们有最重要关系的国家的友谊。在任何情况下，我们都公正地对待它们，只要合法就给它们优惠，并在公正和平等基础上珍视相互的利益和交往。我们坚信，国家交往就同个人交往一样，我们的正当利益是与我们的道德义务密不可分的，历史证明，一个正义的国家为了约束别的国家而不得不求助于武力和战争，它的话是会得到信任的。我们将本着这个信念去做。

公民同胞们，在国内，我们的政绩是好是坏，你们是最清楚的。裁减冗员，压缩无用的机构和开支，使我们可以不再征收国内税。这些税使我们的国土上遍布收税员，按家按户索取，使人民深受其

害，而且征税一开始，就很难阻止它相继扩展到每一种产品和财产。如果这些税中的一些小税被取消了而并没有造成任何不便，那是因为它们的总额不足以支付收税员的工资，而且也因为如果它们有什么价值的话，州当局可以采用，以代替其他人们不大满意的税。

剩下的财政收入是对外国货征收的消费税，这是那些买得起外国奢侈品来增加家庭舒适的人乐于支付的，它仅仅在沿海地区及边境征收，而且与我们商人的交易合并在一起。因此，一个美国人可以愉快并自豪地问：哪个农民，哪个技工，哪个工人曾看到过一个美利坚合众国的收税人？这些税收使我们能够维持政府目前的开支，履行与外国订立的合约，废除我们境界内土著的土地权，扩大边界，并用剩余的钱在短期内还清公债，一旦还清了公债，腾出的收入通过在各州之间进行公平分配和相应地修改宪法，在和平时期就可以用于各州的河流、运河、道路、行业、制造业、教育及其他宏伟目标。在战争时期（我们自己或别人的不公正行为有时难免会导致战争），同一收入由于人口和消费增加而增加，剩余也会增加，再加上为那个危机保留的其他财力，可以应付当年的全部开支，而不必让后代人负担上一代人的债务，侵犯他们的权利。这样，战争不过是暂时停止有益的工作，一旦恢复和平状态，建设也就可以继续发展。

同胞们，我已经说过，储备的收入使我们得以扩大我们的边界；但是那个扩大了的领土，在求助我们之前，很可能已经能自己支付开支，同时降低自然增加的利息；无论如何，它能够偿还我们预付的线。我知道，有些人不赞成购买路易斯安那，因为他们担心

领土的扩大会危及联合。但是谁能限制联合原则可以有效地发挥作用的范围呢？我们的联合范围越大，它被地方主义情绪动摇的可能性就越小；无论从哪方面看，密西西比河对岸由我们自己的同胞和子孙定居，岂不是比让另一个家族的陌生人定居更好吗？我们跟哪些人最有可能和睦相处和友好交往呢？

在宗教问题上，我认为宪法已使宗教信仰自由独立于全国政府权力之外。所以我从未规定一套合乎全国政府心意的宗教仪式，而是按照宪法规定将宗教仪式留给各宗教团体所承认的州当局或教会当局去指导和管理。

这些地区的土著居民的经历激起了我的同情。他们天生具有人的才能和权利，热爱自由和独立，占据着一片土地，他们一无所求，只求安静地生活，不受干扰，然而其他地区过剩的人口涌到了这些海岸，他们无力使它改变方向，也不习惯于反抗，结果他们被这个人流压倒了，或者说被赶走了；现在他们局促在极其狭窄的天地里，难以靠打猎为生，人道主义要求我们教会他们种田和从事家庭手工业，鼓励他们勤奋劳动，只有劳动才能使他们生存下去，并且让他们及时对那种除了增加肉体享受之外还能提高智力和道德水平的社会状态作好准备。所以，我们已经向他们提供了大量农具和家用工具，派了许多人到他们那里去传授制造生活必需品的技术。我们还给他们法律保护，不让他们受到我们这里的人的侵犯。

我们努力启发他们领悟等待着他们目前的生活进程的命运，诱导他们运用他们的理智，按照理智的指示办事，并且随着环境的改变而改变他们的追求。但是所有这些努力都遭到了强大的阻

力：他们受到他们身体的习惯、内心的偏见、无知、傲慢以及他们中间一些自私狡猾的人的影响，这些人在目前状况下自以为了不起，惟恐在其他情况下变得微不足道，因此就假仁假义地鼓吹要尊重祖先的风俗习惯，凡是祖先做过的事必须永远做下去；说什么理智是一个错误的向导，在他们的物质、道德或政治条件下按理智办事是一种危险的创新；说什么他们的责任是保持造物主把他们创造出来的那个样子，无知就是安全，知识充满危险；简言之，朋友们，在他们中间可以看到良知和偏见的作用和反作用；他们也有他们的伪哲学家，这些伪哲学家热衷于保持事物的现状，害怕改革，竭尽全力维持习惯的优势，反对运用理智并按照理智的指示办事。

公民同胞们，我概述这些情况时，并不想把这些措施的功劳归于自己。那首先应该归功于我们广大的人民善于思考的特性，他们以舆论的力量影响和加强了这些措施；应该归功于他们慎重地从他们自己中间挑选出一些人委以立法重任；应该归功于被挑选出来的人的热情和智慧，他们把公众幸福建立在健全的法律的基础上，而法律则由别人来执行。同样也应该归功于那些聪明能干而又忠心耿耿的助手，他们以他们的爱国精神和我一起履行行政职能。

在本届政府施政期间，报界为了干扰施政，一直把炮口对准我们，肆无忌惮地把他们所能编造或敢于编造的一切罪名强加于我们。一个对自由和科学如此重要的机构如此被滥用，令人不胜扼腕，因为它们会降低报纸的效用，破坏它的可靠性。的确，本来只要按照各州反虚假和诽谤的法律所规定的惩罚就可以把它们纠正过来，但是公仆们因更加紧迫的公务需要处理而无暇顾及，只好让这些违法乱纪者在公众的愤怒中受到惩罚了。

应当光明正大认认真真地做一个实验，看看自由讨论如果不用强权撑腰，是否不足以传播和保护真理——一个热情而廉洁地按照宪法的真正精神行事、不做任何见不得人的事情的政府，是否能被虚假和诽谤贬低。这个实验已经做了，你们已经亲眼看见了这一幕，我们的同胞们也镇定自如地在一旁观看，他们领悟了这些严重违法行为的潜在根源，他们集合在他们的公务员周围，当宪法要求他们投票作出决定时，他们宣布了他们的决定，这个决定使那些为他们服务的人感到光荣，使相信可以把自身事务交托给他们管理的人感到安慰。

不能根据以上所述得出结论，说州制订的反对造谣诽谤出版物的法律不应当执行；有暇顾及此事的人强制执行这项法律来纠正这些滥用，是为公共道德和安定作了贡献；但是，提到这个实验是为了证明，既然真理和理智已站稳立场，反对假观点与假事实沆瀣一气，受制于真理的报界就不需要其他法律上的限制；公众在充分听取各方意见后，会自己作出判断，纠正错误的论据和意见；无限宝贵的新闻自由与其败坏道德的无耻行为之间是无法另外划一条明确的界线的。如果还有这个规则所难以制约的不正当行为，那就应该从舆论的审查中谋求补充。

考虑到现在人民的思想感情表现得如此一致，预示着我们未来进程的和谐与幸福，我谨向我们的国家表示真挚的祝贺。至于那些还没有站到同一立场上来的人，这样做的意向也正在加强；事实正在戳穿他们脸上遮着的一层面纱；我们心存疑虑的兄弟们终将明白，他们现在还下不了决心与之在原则和措施上共同行动的广大同胞是和他们有着同样的想法，怀着同样的愿望；我们同他们一样希望政府致力于为公众谋福利，发展和平，使公民自由和宗教自由不受侵犯，维护法律秩序及平等权利，使每个人由于他或他的祖先的勤劳而挣到的财产，无论平等或不平等，都得到保护。如果他们对这些观点感到满意，却不予以赞许和支持，那是违反人之常情的。在这同时，让我们耐心地关心爱护他们，在所有的利益竞争中公正地对待他们而且还不止于公正；我们没有必要怀疑，真理、理智和他们本身的利益最终会占上风，将把他们团结在祖国的怀抱里，将使他们意见完全一致，而这种一致将会使国家享受和谐的幸福及其全部力量所产生的利益。

我即将履行我的同胞们再次要求我履行的职责，并将按照他们已经认可的那些原则精神行事。我不怕任何利益动机使我误入歧途，没有一种强烈的感情会使我故意离开公正之路；但是人性的弱点，加上我自己学识有限，有时难免会造成判断错误，以致损害你们的利益。因此，我需要获得迄今为止我所获得过的全部的宽容——随着岁月的增加，对它的需要肯定不会减少。我也需要掌握我们命运的上帝的恩典，他像引导古代希伯来人一样引导我们的祖先离开故土，将他们安置在一片充满全部生活必需品和舒适用品的国土上；他保佑了我们的童年，在我们长大成人后又把他的智慧和力量赐给了我们。我请你们和我一道祈求他的仁慈，祈求他如此地启迪你们公仆的心灵，引导他们的议事机构，使他们的措施获得成功，以便他们无论做什么，都会增进你们的幸福，给你们带来和平、友谊和所有国家的赞许。

致北卡罗来纳州议会

1808年1月10日于华盛顿

公民同胞们，造物主在人类心中灌输了一些道德准则，作为自然法来指引人类的集体行为或个别行为，由于违反这些道德准则而使我国遭受的冤屈，理所当然地使你们义愤填膺，对于威胁着要在国与国的交往中用强权代替公理的征兆更是深恶痛绝。同样理当使你们感到愤怒的是，叛国者要弄阴谋诡计力图使这些州的联合遭受危险，并且为了满足过分膨胀的野心，力图颠覆那个建立在公民意志之上、其唯一目的是谋求人民幸福的政府。

我以最大的感激和尊敬之情获悉你们对我履行我们国家历来委托给我的各种职务谬加赞许，尤其是我就任国家元首以来，主持政务差强人意，本届任期满后继续任职合乎你们心意。但是在适当的时候辞去职务，犹如忠实地就任职务一样，乃是我的责任。如果宪法没有规定行政首脑停止履职的时间，实践也未作出规定，那么，他的任期，名义上是数年，实际上将成为终身，而历史表明，从终身变成世袭是多么容易。我认为，在当选的短时期内承担责任的代议政府能为人类造就最大的幸福，因此我感到有责任不做任何一件将大大损害那个原则的事情；我不愿无视一位杰出前任开创的良好先例，提供在担任两届总统后延长任期的第一个范例。

事实也使我不能不补充说，我已经感觉到随年老而来的那种衰退，既然身体受到影响，脑力上的影响自然也在所难免。幸亏我第一个察觉到并且服从生理机能向我提出的这个警告，并要求摆脱对于老人衰退的功能过于沉重的操劳。

根据大家不得不赞成的理由谢绝连任，把全体公民同胞乐于给我的赞许和良好的意愿带进我的退休生活，这将是我未来岁月的无限安慰，也是我40年鞠躬尽瘁的喜人酬报。我祈求掌握我们命运的上帝维护我们国家的自由和独立，赐予你们以他的恩惠。

致纽约市坦慕尼协会或美国兄弟会

1808年2月29日于华盛顿

公民同胞们，你们给我的呈文已经收到，不胜欣慰，我以极其满意的心情思考它对我们的国家表达的热爱以及对其自由和独立的忠诚。国家正处于危急关头，这肯定是那些热爱和平而不愿向恶势力低头的人所不希望的。我们有幸远离欧洲冲突的场所，在小心翼翼地避免卷入的同时，有权指望免受交战各国所遭受的苦难，循着勤劳与和平的道路前进。

海洋和空气一样，是人类共同的、与生俱来的权利，却被任意从我们这里剥夺了，一些被时间、惯例以及是非感奉为神圣的行为准则被优势的兵力踩在脚下。这个败坏道德的风暴要有一定时间才能过去，只有一个办法能保护我们心爱的祖国免于它的淫威，那就是求助于我们同胞的觉悟，中止与交战国一切交往，直到它在一种重新回来的、对个人及国家都构成法律的道德责任感的保护下得以恢复为止。在真正美国人的心目中，是让我们的公民和财产被俘获，然后发动战争把他们夺回，还是让他们待在家里，认真地执行那项使制造商和农民并肩站着，并在各人门口交换我们一向在遥远地区冒着永远与他们争吵的危险寻求的劳力和生活用品的政策，两者孰优孰劣，这是没有怀疑余地的。

第八个年度咨文

1808年11月8日

……

考虑到我们生活的这个时代的非常性质，我们应该坚持不懈地把注意力集中在我们国家的安全上。对于自由而且想要保持自由的人民来说，一支组织良好的武装民兵是他们最好的保障。因此，我们有责任在每次会议上改善民兵的条件，并且查明民兵是否已作好万全准备，给敢于侵犯我国领土每一个地方的强大的敌人以迎头痛击。一些州已经注意到这个问题，值得称赞，但是其他州都存在不同程度的疏忽。只有国会有权使这个重要的防卫机构统一作好准备，他们深切关心他们自己和他们国家的安全，会把这一点作为他们必须考虑的最重要问题……

交战国的不义行为导致我国对外贸易停顿，使我国公民遭受巨大损失，对于这些问题，我们应予以密切关注。这种处境迫使我们把我们的一部分劳力和资本转移到国内制造业和内部改进中去。这个转变的范围日益扩大，在低廉的材料费和生活费、劳动免税以及保护性关税和各种禁令的保护下，已经建立和正在建立的企业无疑将永远存在下去……

借立法机关两院开会最后一次向他们讲话的机会，我要对我当政以来他们本人以及他们的前任对我屡屡表现的信任以及宽容表示衷心的感谢。同样对我的公民同胞也要表示感谢,他们给我的支持帮助我克服了种种困难。在处理他们的事务时,我难免要犯错误。我们天性不完善使我们必然会犯错误。但是我可以真心实意地说,我的错误是理解不够而不是故意,促进他们的权利和利益始终是我采取的每一个措施的动机。基于这些考虑,我恳求他们原谅。在以焦虑的心情展望他们未来的命运时,我相信他们不畏困难、坚定不屈的性格,他们热爱自由、遵纪守法、拥护政府的行为,是我们共和国垂诸永远的可靠保障;在即将辞去处理他们事务的职责之际,我以欣慰的心情坚信上帝将使我们这个被热爱的国家永享繁荣和幸福。

Ⅷ 书 信

绪 言

杰斐逊在回顾他的漫长而活跃的一生时说"……一个人写的信……构成他一生唯一完备而真实的记录"。这句话对杰斐逊本人特别来得确切，因为他毕生写下了多得惊人的信，总数恐在5万封到7.5万封之间。虽然许多信已经公开发表，但仍有不少未发表的信由公家或私人收藏着。这些信题材极其广泛，不仅再现了他那个时代一位最多才多艺的美国人的风采，而且也再现了他生活在其中的那个时代的面貌。

这些信多半录自20卷的纪念版，其中拼法和标点符号已改为今天通用的模式。本书初次发表的信收自所收藏的原稿或其他出版物，绝大多数都保留了杰斐逊的拼法和标点符号。纪念版包含很多原文差错。在下面精选的信中，只有那些妨害读者理解的差错才被引用和纠正。

致约翰·哈维[1]

沙德威尔　1760年1月14日

先生：

大约两星期前，我去彼得·伦道夫上校处，在谈及我的学业时，他说他认为我去学院[2]攻读对我有好处，希望我去，而我本人确实也认为应该去，理由有几个。第一，要是我留在山区，朋友来访会影响我学习，我将不可避免地损失1/4的时间，而我不在山区，就不会有那么多来客，从而减少家常开支。另一方面，如果进学院，我将能结识更多人，今后会对我有用。我想我在那儿能和在这儿一样学习希腊文和拉丁文，同时学一些数学。我乐于听取你的意见。

致约翰·佩奇[3]

费尔菲尔德　1762年12月25日

亲爱的佩奇：

今天这个日子对于别人来说，是最快乐逍遥的一天，我却肯定被比几千年来亚当的一个后代所遭受过的更多、更大的厄运压倒了，说不定，自从开天辟地以来，只有约伯[4]比我还要倒霉；因为，

① 约翰·哈维：彼得·杰斐逊去世后，他是托马斯·杰斐逊的保护人之一。

② 弗吉尼亚州威廉斯堡市威廉和玛丽学院。

③ 约翰·佩奇，后为弗吉尼亚州州长，是杰斐逊在威廉和玛丽学院最亲密的朋友。

④ 约伯：《圣经》故事人物，历尽磨难，仍坚信上帝。——译者

虽然我们在其他方面可能扯平，但是，感谢上帝，撒旦还没有伸出魔掌使我受到肉体上的痛苦，在这一点我总算比约伯兄弟占了便宜。亲爱的佩奇，你必须知道，我住的房子被敌人重重包围了，他们串通起来和我作对；当我躺下休息时，他们窃窃私议说，咱们去把他干了吧。如果这个世界上真有魔鬼这样东西，他昨天晚上肯定到这里来过，参与策划了发生在我身上的事。该死的老鼠（我想八成是受了他的唆使）把我的皮夹子吃掉了，皮夹子就在我口袋里，离开我的头不到一英尺。老鼠吃掉我的皮夹犹不满足，还叼走了我的丝吊袜带，还有好几样我刚买来的小东西，我猜老鼠是准备用它们来作为过冬粮食的。不过要是仅此一端，我是不会指控魔鬼的（因为老鼠总是老鼠，只要肚子饿，即使不受魔鬼唆使，它们也会这样干的）。我指控魔鬼，是因为另外还发生了一件更糟的事。你知道，昨天晚上下了雨，要是你不知道，我肯定知道的。当我上床睡觉时，我把挂表放在老地方，今天早晨起床拿表的时候，它还在原处，但却“完全变样了”！表整个泡在水里，水是从屋顶一个洞里漏下来的，表就和吃掉我的皮夹子的老鼠一样肃静无声，一动不动了。要是这是碰巧，那么，有无数的地方可以漏水，怎么偏偏笔直漏在我的表上？我告诉你，我认为是魔鬼来了，故意在表上面的屋顶里凿了个洞。哎，我刚才说，我那可怜的表不走了。这件事我本来不该在意的，可是附带还发生了一件更糟糕的事。表壳里浸满了水，大大降低了纸的黏度，我那宝贵的相片[①]是和表壳里衬的纸粘在一起的，我想把它们拿出来晾干，结果，老天啊，“回想起来

① 指丽贝卡·伯韦尔的肖像，她哥哥和杰斐逊是威廉和玛丽学院的同班同学。

心里害怕!”我那该死的手指把相片撕破了,我怕我永远不能原谅自己。我喊叫起来,这是撒旦给我的最后一个打击;他知道我对他能对我干的其他一切都不会在乎,所以决心试试他最致命的一着。“饱经命运创伤的我,觉得经不起这个创伤,整个地垮了!”我本来会这样痛苦地叫出来的,但是我认为这有损于男子汉大丈夫的气概……不过,无论相片或情人遭到什么样的厄运,我衷心祝愿上帝所能赐予的一切健康和幸福是天数,好人将会体验到今世最美好的事物,我确信来世肯定是这样的。现在,尽管相片是损坏了,她的形象却如此鲜明地铭刻在我心里,我将经常地想起她,心情恐怕永远平静不了;另外,老柯克[①]今年冬天肯定也读不完了,因为自从我在威廉斯堡把他装进衣箱到现在还没有把他拿出来读过。哎,佩奇,我真希望魔鬼把老柯克吃掉,因为我确信我一生从未这样对一个索然寡味的老流氓感到厌烦。什么!我们短暂的生命中揪心事儿还嫌太少,还得加上许多许多?或者,如约伯兄弟所说(顺便说说,我认为他吃足苦头,开始哭诉了),“我的日子不是不多了吗?那就高抬贵手吧,让我在去那个我将一去不返的地方,也就是黑暗和死亡的地方之前,可以稍得畅快。”[②]可是老人们说,我们必须读书以获得知识,获得知识以使我们幸福和受人赞美。胡说!这个世界上真有幸福这回事吗?没有。至于说到赞美,我确信,谁粉搽得最多,香水洒得最多,谁最会花言巧语,最会胡说八道,谁就最受赞美。虽然坦白地说,有些人辨别

① 当指17世纪英国法学家曼德华·柯克,他的著作是后世攻习法律者的必读书。——译者

② 见《圣经·旧约》《约伯记》第10章第20节。——译者

力强，不会器重这些猴子似的畜生（俗话说得好，在制造这些畜生时，裁缝和理发师同万能上帝平分秋色），由于唯有这些人的器重值得向往，因而总的来说，我认为这些老人的忠告是值得听从的。

你想象不出，你的来信会使我多么高兴。请写信把婚礼上发生的一切详详细细告诉我。她去了吗？因为要是她去了而我没有去，那我真是该死。如果城里或乡下我的熟人中有什么诸如去世、求婚或结婚之类的消息，请告知。请代向我认识的所有各位小姐致意，尤其是伯韦尔小姐和波特小姐，请告诉她们说，虽然我那尘世的部分——我的肉体——不在，我的更好的部分——我的灵魂——却永远和她们同在，我将永远向她们表达最美好的祝愿。请告诉艾丽斯·科尔宾小姐，我确信老鼠们知道她将送我一副吊袜带，要不然它们决不会那么狠心，竟然把我的吊袜带叼走了。这个想法使我确信不疑，我要问那里的每一个人，哪一位白马王子正在向她献殷勤。我欣然要求丽贝卡·伯韦尔小姐再惠赐一张她亲手裁剪的肖像，让我把它嵌在表壳里，即使是一张普通的圆肖像，我也将把它看得比世界上别人裁剪的最好的肖像更珍贵。不过，在听任另一张肖像被老鼠糟蹋后，她恐怕会认为这个要求无礼。如果你能为此替我向她作些解释，我将十分高兴。请告诉苏基·波特小姐，我在离城前听说有一件事使她对我不满，什么事我不知道，不过有一点我知道，就是我一生从未对她有过丝毫失敬，无论是言还是行。我猜想我们下次见面时，她会竭力用一个真正的侮辱来报复一个想象的侮辱，不过她可以省这个力，因为她无论对我说什么或做什么，都不会减少我对她的尊敬，我决心永远把她看作

一位心地善良、脾气好、讨人喜欢的小姐。告诉——告诉——总而言之，请把你我现在或有生之年所能想起的更多得多的事儿告诉她们。

我心中一直惦念着我的知心朋友们，以致到此刻为止，我几乎想象自己是在威廉斯堡以我们一贯无保留的方式和你们交谈，直到翻过纸页，才猛然发觉这封信已经写得太长了。为了不用更多的话使你感到厌烦，我只再说一句：亲爱的佩奇，我是你最真挚和亲密的朋友和仆人。

又及：我现在离沙德威尔不到一天乘骑路程，我将于两三天内前往该地。

致约翰·佩奇

沙德威尔　1763 年 7 月 15 日

……在我们的人生旅程中，最幸运的人也经常会遇到灾难和厄运，使我们备受折磨，增强我们的意志来抵御这些灾难和厄运的侵袭，应该是我们生活中主要的学习和努力目标之一。要做到这点，唯一的方法就是服从上帝的意志，无论发生什么事，都把它看成非发生不可；打击来到之前，由于我们的脆弱，我们是无法阻止的，但是打击来了以后，我们却可能会增强它的力量。这些见解，还有其他类似的见解，能使我们在一定程度上克服我们前进道路上遇到的困难，以坚忍不拔的精神承受生活的这个压力，并以虔诚和坚定的决心前进，直至抵达旅程的终点，那时我们将把我们受到的信托交还给予这种信托的上帝，并获得在上帝看来与我们的功德相称的奖赏。亲爱的佩奇，这就是考虑他在人世间处境的人的立场，也应该是每一个想要使那种处境变得其特性所能容许的那样安逸的人的立场。很少事情会使他烦恼，没有一件事会使他深深烦恼……

致约翰·佩奇

威廉斯堡 1763 年 10 月 7 日

亲爱的佩奇：

在任何一个可怜人都未曾有过的最最优郁的心情中，我坐下给你写信。昨天晚上，我还和比琳达在阿波罗跳舞，快乐逍遥，决没有想到第二天会变得这样倒霉！我本想讲好多好多，我在自己脑子里以我所能想出的动人语言修饰了各种各样的念头，想把它们说得头头是道。可是，天啊！我刚有机会把它们说出来，几句乱七八糟的话，伴随着长得出奇的停顿，是我再明显不过的慌张的标志！等我见到你，但愿我能早日见到你，我会把全部谈话内容逐字逐句讲给你听。威廉和玛丽学院的情况一团糟。沃尔克·麦克卢格和沃特·琼斯暂时被除名，或者，照霍罗克斯婉转的说法，被勒令停学一个月。刘易斯·伯韦尔、沃纳·刘易斯，还有一个名叫汤普森的，为了免遭鞭笞已经出逃。我认为沃纳·刘易斯应该除外，因为他是主动退出的。杰克·沃尔克将于星斯一离城。法院即将开庭，我必须连续不断地出庭，因此除非你到城里来，我不大可能在任何其他地方与你见面。看在上帝分上，来吧。亲爱的朋友，我是你真挚的朋友。

致罗伯特·斯基普威思[①]

蒙蒂塞洛　1771年8月3日

……然而，对人的头脑的特性稍加注意就可以看出，小说的消遣是既令人愉快又有益处的。精彩的小说令人愉快是每一个人阅读时都体会到的。可是德高望重的长者认为，除了他脑子里储藏着的希腊和罗马读物之外，任何一切都没有用处，因而他问：小说的效益何在？

我回答：任何一件事，只要有助于确定美德的原则和实践，就是有益的。例如，当一个慈善或恩惠的创举呈现在我们眼前或想象中时，我们都被它的美深深地感动，我们内心有一种强烈的欲望，也想行善或感恩图报。相反，当我们看到或读到一个骇人听闻的暴行时，我们对它的丑恶十分反感，对道德败坏深恶痛绝。每一种这样的感情都是我们道德品质的运用，而精神的品质，就和身体的四肢一样，是靠运用获得力量的。但是运用日久会养成习惯，在我们谈到的事例中，运用既然是道德感情的运用，就会养成一种从道德角度来思考和行动的习惯。我们从来不去过问我们读的故事究竟是真实的还是虚构的，只要描写得生动，人物性格刻画得栩栩如生，我们就坠入了白日梦，如果我们从梦中醒来，那是作者的失误。我要请问每一位有思想感情的读者，莎士比亚悲剧中麦克佩斯暗害邓肯的虚构故事是否激

① 罗伯特·斯基普威思是弗吉尼亚一个富家子弟，杰斐逊的姻亲。

起他一种嫉恶若仇的感情，就像达维拉叙述的亨利四世被拉维拉克杀害的真实故事所激起的一样？马蒙泰尔[①]故事中纳尔逊的忠实和布兰福德的宽宏是否扩大他的胸襟，提高他的情操，就像真实的历史所能提供的任何类似事情所做到的一样？事实上，他在读小说的时候，不是感到自己成了一个更好的人，心中暗暗起誓要仿效这个美好的榜样吗？我们不知道也不在乎劳伦斯·斯特恩是否真的去了法国，他在那里是否真的和灰衣修士搭识，灰衣修士先是不客气地把他训斥了一顿，然后又提议跟他言归于好；或者整件事到底是不是捏造出来的。无论是哪种情况，我们都对训斥感到难过，暗暗地下决心不这样做；我们对随后的和解感到高兴，并以仿效的心情看待一个坦率承认错误并作出公正补偿的人。把历史视为一种道德的运用，它的教训如果只限于真实生活，那未免太少了。在那些被历史学家记录下来的事件中，很少事件附有能高度激发这种同情美德的细节。因此，人的头脑结构非常合理，既能对一个真实的人物深感兴趣，同样也能对一个虚构的人物深感兴趣。就这样，我们眼前展现了一片想象的天地供我们驰骋，从中吸取教训来说明生活的每一个道德准则，并使人彻底领悟。因此，一个儿子或女儿阅读《李尔王》在心中留下的持久生动的尽孝义务感，要比阅读古往今来一切枯燥乏味的伦理道德书和神学书所产生的这种感情强烈得多。这便是我对写得好的浪漫故事、悲剧、喜剧和叙事诗的看法……

① 马蒙泰尔(1723—1799)：法国诗人、剧作家、评论家。——译者

致威廉·斯莫尔博士[1]

1775 年 5 月 7 日

亲爱的先生：本周内，我们收到了一个不幸的消息，即国王的军队与我们波士顿兄弟之间发生了一次大规模的战斗，在这次战斗中，据说有 500 名国王的士兵与珀西伯爵一起丧生。发生了这样一次战斗是不容置疑的，尽管我们听到的细枝末节也许不尽真实。这个意外事件已使我们的最后一丝的和解希望归于泡影，狂热的复仇心理似乎支配了各个阶层的人们。可悲的是，唯一的一个为双方承认的掌握实权的调解人，不致力于使其分裂的人民和解，反而追求把火烧得更旺的煽动性目的，他在每一篇演说和每一个公告中就是不断这样做的。这样做也许是为了胁迫人们服从，但效果不幸适得其反。只要对人性稍有了解，对其正常作用稍加留意，就不难预知这里的人民处于这样一种心态，傲慢自大很可能会激怒他们，却不会把他们吓倒。为了使愤怒达到顶点，对个别人不是进行公正的审判，而是将他们的公权予以剥夺。将一些其唯一罪名是发扬和维护自己权利的人处以极刑，而感恩的人们听之任之，这能相信吗？如果英国议会有一点点反省能力，他们就会摒弃一项既无作用又使人激愤的措施。当我看到查塔姆勋爵的议案时，曾满怀希望它能带来和解。他的条件与我们大陆会议提出的条件之间的分歧可由双方

① 威廉·斯莫尔博士是威廉和玛丽学院的苏格兰教授，杰斐逊在学院求学期间对其思想上影响最大。

调和，只要双方有调和的意向。但是英国议会的尊严似乎不容人们反对它的权力。奇怪，一些人已经向这位大臣出卖了贞操，却还侈谈保持尊严！在我是在谈政治了，尽管我写此信只是为了请你接受我送你的酒，并一如既往地祝你生活美满幸福。

致约翰·伦道夫①

费城 1775年11月29日

……今天接到可靠消息，知道我们的蒙哥马利将军已占领蒙特利尔，魁北克每时每刻都会向阿诺德上校张开双臂。阿诺德将军率领1100人从波士顿出发，溯肯纳尼贝克河而上，再顺绍迪耶尔河而下，前往该地，可望于本月初到达。蒙特利尔于13日向我们投降，卡尔顿率少许残兵败将已向魁北克溃退，相信他在那儿会遭到阿诺德迎头痛击。我们有理由相信加拿大代表不久就会参加大陆会议，从而在我们希望完成的程度上完成美利坚联盟。我们听说英国的一条运输船已驶抵波士顿，其余的运输船由于气候极其恶劣，正在撤离沿岸地带。你在收到此信之前可能已经获悉邓莫尔勋爵已在弗吉尼亚开始战争行动。人民起初对一切都忍耐，但是他企图焚毁汉普顿城却使他们忍无可忍。他们奋起反抗，将他击退，使对方遭受巨大损失，而我方一无损失。此事使我们的同胞们群情振奋。对整个帝国来说，在这种时刻有一位这种素质的国王，实属不幸至极。

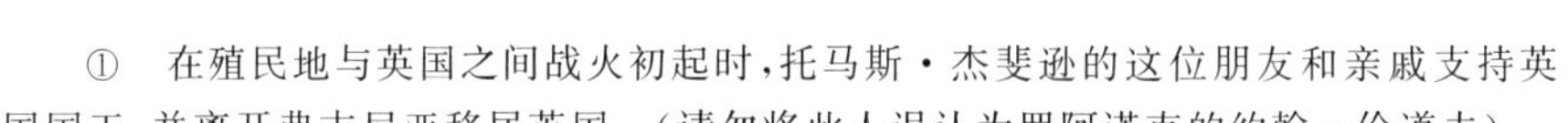

① 在殖民地与英国之间战火初起时，托马斯·杰斐逊的这位朋友和亲戚支持英国国王，并离开弗吉尼亚移居英国。（请勿将此人误认为罗阿诺克的约翰·伦道夫）

人们说他是我们最凶恶的敌人，而一切事情都证明这种说法丝毫不错。他的大臣是聪明能干的，我确信他是被愚昧或邪恶迷住心窍了。在这次斗争的早期，我们曾多次向国王请愿，声明我们对他只有一个要求。这个忠告被置若罔闻，还向我们反咬一口。要毁掉他的帝国的前程，他只需要再认识一个事实：殖民地在决心以武力反抗后，只有一条路可走。现在他们通过他们采取的措施把这条路强加于我们，好像他们生怕我们不走这条路似的。相信我的话，亲爱的先生，大英帝国没有一个人比我更真心诚意地赞成与大不列颠联合。但是我对天起誓，如果我同意按照英国议会提出的条件进行联合，我就不复是我了，在这一点上，我认为我说出了美国人的心声。我们不需要诱因，也不需要强力来宣布和维护独立。唯一需要的是意愿，而它在我们国王的抚育下正在迅速增强。一场血战可能永远决定我们未来的道路，我遗憾地发现血战已在所难免。如果我们的风和水不能联合起来使它们的海岸免遭奴役，而豪将军的增援部队安全到达，我们相信他会悍然从波士顿出来再打一场硬仗；而我们必须予以迎头痛击，让掌握王权的暴君知道我们并非奴才，会跪在他面前，吻他打算用来抽打我们的鞭子。

致弗朗西斯·埃泼斯[①]

费城　1776 年 7 月 15 日

……豪海军上将本人已抵纽约，两三条据说属于他的舰队的

① 弗朗西斯·埃泼斯出身弗吉尼亚望族，娶杰斐逊的妻子马撒·斯克尔顿姐妹中的一个为妻。

船正在驶来。整个舰队每天都有可能到达。

华盛顿的兵力已大大增加，但确切数目不详。我估计他此时必已有3万到3.5万之众。日前敌人命令他们的两艘军舰起锚，在我们排炮轰击下沿哈得孙河而上。风和潮水都很顺，他们顺利地通过了所有的炮台，据我所知没有遭受重大损失，尽管炮火不停地向他们轰击。我认为，他们的这次尝试是整支舰队通过的前奏，似乎表明他们想要在纽约上游地带登陆。我猜想，华盛顿将军发觉他无力阻止他们顺河而上，会作好准备，他们到哪里就在哪里迎击他们。我们来自加拿大的军队目前在克朗波因特，但仍有半数战士因患天花病倒了。你问起阿诺德在锡达城的表现。情况是这样的。巴特菲尔德少校这个无赖虽然有390人，要塞里有20或30天的粮食，弹药供应充分，未损一兵一卒，却向大约40个正规军、100个加拿大人和500个印第安人投降了——舍伯恩少校率领100人前往救援，与敌人英勇作战1小时40分，歼敌20名，自己损失12人，被敌人包围被俘。就在这种情况下，阿诺德将军在河对岸出现，准备向敌人进攻。他有多少人我不得而知，但相信和敌军人数相当。国王军队司令福斯特上尉送来一面白旗，建议和他交换战俘，而且告诉阿诺德，如果他进攻，印第安人将把战俘全部杀死。阿诺德拒绝了这个建议，召开了一次军事会议，由于此时已是黑夜，决定次晨发动进攻。敌人第二次送来白旗，他又加以拒绝，尽管形势极度紧张，因为他看出敌人当真要杀死俘虏。他的部下也迫切要求救出他们的战友。第三次又送来了白旗，战士更加吵吵嚷嚷，阿诺德此时几乎怒不可遏，又对俘虏充满同情，只得同意交换战俘，并休战6天，因为福斯特宣称他没有船在更短时间内

把他们送还。但是，他确实在短得多的时间内就把他们送还了，因为不到6天，他本人和他的部下已逃之夭夭。阿诺德随即撤退到蒙特利尔。你早在此前已听到汤普森将军战败的消息。那件事的真相直到最近才大白于天下。你可以在政府文件中看到。天下没有人表现得比我们的人更好。敌人表现得十分卑怯。艾伦上校（他参加了战斗）今天向我保证说，我们的人处境十分艰难，在齐腰深的泥里待了好几个钟头，局面需要500名骁勇的战士才能应付，但敌人却多次被击退，我们的人得以安全撤退。据信敌人遭受了巨大损失。上述关于阿诺德事件的叙述是可信的，因为我是奉命调查此事的委员会委员之一，从那些参与战斗并被俘的人那里了解到的。

请代向埃泼斯夫人致以亲切的问候，再会。

致弗朗西斯·艾伯蒂[①]

威廉斯堡，弗吉尼亚　1778年6月8日

……如果这个世界上有一样好东西，我为之而妒忌世上任何一国的人民，那就是贵国的音乐。我酷爱音乐，可是命运偏偏使我降生于一个其音乐处于可悲的落后状态的国家。从你的生活遭遇来看，我久已失去在这里看到你的希望。如果情况确是如此，我想请你协助物色一个替补，要擅长唱歌弹琴。我将乐于在两三年后接待这样一个人，相信那时他能更安全地来到这里，并在这里发现

① 弗朗西斯·艾伯蒂是一位意大利音乐家，曾教过杰斐逊和杰斐逊夫人音乐。

只有通过交往才能提供的更多有用的东西。

一个美国人的财力不足以置备一个家庭乐队，但是我认为，对音乐的强烈爱好能够与我们不得不实行的节约相一致。我在我的家奴中保留了园丁、织工、细木工和石工各一名，另外还打算雇一名葡萄种植工。在一个像贵国那样各阶层人都培养音乐兴趣并演奏音乐的国家里，我想也许能找到一些会吹奏法国号、单簧管或双簧管和低音管的人，因而能拥有一个由两支法国管、两支单簧号、两支双簧管和一支低音管组成的乐队而不会增加家庭开支。雇用期五六年，期满如要回国保证送他们回去，这两个条件加上过得去的工资，可能会吸引他们到这里来。我不想给你添麻烦，切实可行的办法也许是你在和你本国人日常交往中了解一下有没有这种人愿意到美国来。他们的性格最好稳健持重，随和大方。如果你认为这个计划切实可行，并慨然告知我这方面应该做些什么，我将尽力为之。所需费用一俟赐知，当立即汇至法国任何一个港口，我们只有同这个国家可以安全通信。先生，我是你的忠诚的仆人。

致詹姆斯·门罗上校[①]

蒙蒂塞洛　1782 年 5 月 20 日

……如果我们在一定程度上是为别人而生，我们在更大程度上却是为自己而生。认为一个人本身应有的权利少，邻人或全体

① 詹姆斯·门罗，后为美国第五任总统，在杰斐逊生前一直是他的密友和追随者。

邻人应有的权利多，这种想法是荒谬的，也是违反人情的。这是奴役，而不是《人权法案》使之成为不可侵犯、我们的政府必须予以维护的那种自由。要彻底剥夺那种自由，最有效莫过于确立一种舆论，认为国家永远有权让所有人为它服务。这对于某种思想方式的人来说，无异是消灭生存的幸福，反对造物主，因为造物主创造生命是为了享乐而不是为了吃苦。当然，对这种人来说，他们最好从未出生。尽管如此，我认为公共服务和个人痛苦是密不可分的。我不敢妄自尊大，自视为国家认为应该使其永远为它服务的那些人当中的一个。我已经有了相当多完全相反的记忆。我相信，既然迄今为止，我已经把我一生中整个积极和有用的部分贡献给了国家，就应当允许我悠闲自在地度过余生。另外，我也希望，如果我宁愿简单地宣布辞去职位，而不愿借口种种不合格来逃避(这些不合格其实是法律为其他各种目的制定的，但同样也为疲劳者提供休养所)，我这样做并没有误解时下的风气，犹如我没有误解权利问题一样。你大概没有料到你就放弃职位的权利问题信口所说的几句话会引出这样一封长信，有劳清神，但我希望你明白，如果我做错了，我至少是被一种权利的假象引入了歧途……

致弗朗科斯·琼、薛瓦利埃·德·查斯特罗[①]

安特希尔　1782 年 11 月 26 日

……你的来信使我稍稍摆脱了心情麻木状态，那种状态使我

① 查斯特罗侯爵是法国著名军人和作家，曾于 1782 年春在蒙蒂塞洛访问过杰斐逊。他的印象记录在他的《北美游记》一书中。

与世隔绝，就像她的死[1]造成的那样。你的来信使我想起依然有许多在世的人对我弥足珍贵。如果你认为我粗心大意，没有及早向你证明我在有幸与你相处的短暂时间里对你的价值留下了何等深刻的印象，我确信你会将它归于它的真实原因：整个夏天我所处的可怕的焦虑状态以及结束这种状态的灾难。在那个变故以前，我的人生计划是定了的。现在我已置身于隐居生活，把全部未来幸福寄托在家庭和文学上面。单独一件事就打消了我的全部计划，留下了一片我没有情绪予以填补的空白。在这种心境中，国会给了我一个任命，要我横渡大西洋……

致马撒·杰斐逊[2]

1783 年 12 月 22 日于安纳波利斯

……我忘了在穿衣问题上向你提些忠告，这个问题我认为是容易被你忽视的。我不希望你在这个年龄穿得花里胡哨，但是你穿的衣服质地应该上乘。最最重要的是，无论什么时候，你的衣服都应该整洁，千万不要把它们穿到看得出脏为止。你是最后一个看出脏的人。有些女士认为她们有穿着便服的特权，早上穿衣可以随便些。但是你从早上起床直到晚上睡觉，都应当和进餐或饮茶时一样地穿得整洁得体。一位女士，如果早上衣衫凌乱，邋里邋遢，被人看在眼里，那么，无论她以后穿得多么漂亮，多么光艳照

① 此处杰斐逊是指他妻子去世。杰斐逊丧偶后几乎有一年时间未写信。

② 马撒·杰斐逊是杰斐逊的长女。

人,也不能消除她先前给人留下的坏印象。我们男人最反感的,莫过于你们女人不清洁和不高雅。因此,我希望你每天早上起身,第一件事便是精心打扮,使任何一位男士见了你都无法发现丝毫缺点或不整洁……

致门罗上校

巴黎　1785 年 6 月 17 日

……我衷心希望你有暇来此一游:旅行不会如你想象的那样愉快,但是用处很大。它会使你喜欢你自己的国家,喜欢它的土地,它的气候,它的自由、平等、法律,人民以及风俗习惯。天啊!我的同胞们对他们拥有的,世界上没有其他人民能享有的幸福了解得多么少啊。我承认我自己以前也不了解。我们看见无数欧洲人移居美国,但是我敢说,没有一个在世的人会看到一个美国人移居欧洲并在那儿住下去。所以来吧,请来看看这方面的证据,因去时用你的证言来补充每一个有思想的美国人的证言,使我们的同胞们相信,维护他们的政府和生活方式的那些特点对他们的利益是多么重要,因为他们享受的幸福都应当归功于这些没有受到污染的特点……

致普赖斯博士①

巴黎　1785 年 8 月 7 日

先生:7 月 2 日大函敬悉。你在信中对大作在美国产生的影响表

① 里查德·普赖斯,英国伦理学家和政治学家,曾在英国捍卫美国独立事业。

示的关切，使我不禁要对那个问题作些评论，有渎清神，殊为歉疚。

就我了解美国的情况而言，我认为我能够相当有把握地判断尊作将在我国被接受的方式。在切萨皮克以南，只有少数读者会在奴隶制问题上对它产生共鸣。从切萨皮克河口到上游地带，多数人会在理论上对它表示赞同，只有少数人准备在实践上加以接受，这少数人在重要性和个人价值方面优于多数人，后者没有勇气使他们的家庭放弃一笔财产，但是良心深感不安。在切萨皮克以北，你偶然会发现有人反对你的学说，就像你偶然会发现一个强盗和杀人犯一样，但是数目不会更多。在美国的那个地区，奴隶为数很少，他们能容易地将他们摆脱掉，解放奴隶将按部就班进行，要不了几年工夫，马里兰以北就没有奴隶了。在马里兰，我没有像在弗吉尼亚那样发现一种要纠正这个凶残行为的意愿。这是下一个我们可以观望正义与贪欲和压迫作战这一有趣景象的州，在这场战斗里，正义的一方每天都因长大了的以及正在长大的年轻人走上工作岗位而得到补充。这些人可以说从他们母亲的乳汁里吸取了自由的原则，我以焦急的心情期待他们来解决这个问题。因此，请千万不要泄气，你的著作将会功德无量，你如仍愿为我们的幸福操心，那就再没有一个人更能给受煎熬的一方以帮助。威廉斯堡的威廉和玛丽学院自从改制以来，又已成为弗吉尼亚所有准备担任公职的青年人的汇合地。他们绝大多数人在那里聆听威思先生的教诲，威思先生德高望重，对奴隶制问题的态度极其鲜明。你如能以你擅长的辩才对那些青年人进行规劝，我确信它对今后解决这个重大问题的影响将会是巨大的，甚至是决定性的。因此你明白，我绝对不认为你有理由对你做的事感到后悔，而是希望你做得

更多，而且是在确信它的效果的基础上表示希望的。我从美国获得的关于大作在各州的反应的情报是与我预期的估计符合的。

我国正处于针对贵国的动乱之中，或者不如说，我国的动乱是贵国造成的。天知道这将如何收场，但肯定不是这个极端就是那个极端。在那些充满爱心的人之间是没有中间路线的。我认为作决定的权力还掌握在你们手里，但不会太久的。

先生，请相信我对你的尊敬的一片至诚，我荣幸地怀着这种敬意成为你的最恭顺的仆人。

致德·维尔琴纳伯爵[①]

巴黎　1785 年 8 月 15 日

……烟草在法国的专卖使法国和美国的商人难以将烟草运到此地，并以法国的工业品作为交换。把一项商品运到一个市场，那里只有一个人被允许购买，价格当然得由那个人定，而卖主必须要么接受，要么在损失运费的情况下把他的商品重新出口，这种做法是违反贸易精神以及商人的意向的。经验表明，商人因而将烟草运往其他市场，并以交货地出产的商品作为交换。自从和平以来，法国一直向一个邻国购买大量烟草，而且不得不用硬币支付（如果法国和美国商人把烟草直接运来，这本来是可以用工业品支付的），如果不是这样，那我一定是信息失灵。我还猜想，法国包税人在美国购买的烟草，主要是以硬币支付的，这些硬币也直接从这里

---

① 德·维尔琴纳伯爵系路易十六的外交大臣，皇家财政总监。

汇往英国,成为据称造成英国顺差而法国逆差的主要原因。如果为了赔偿政府在这方面的损失,包税人自己,或者他们委托从美国购买烟草的公司,必须出口一定数量的商品作为交换,这个办法也不一定奏效。这只会把法、美之间的出口货就像进口货一样,交给一个垄断企业,这个垄断企业由于在销售法国商品方面没有竞争对手,不大可能以鼓励消费并使它能与其他国家的同类商品竞争的低廉价格出售。我相信,只要把进出口业务交给法国和美国的商人而不是交给法国的包税人,硬币的流出就能制止,商品就能顺利输出。如果允许他们在销售中完全自由,他们就会进口足够数量的烟草,而以酒、油类、白兰地和其他各种商品代替硬币支付,而且在竞争的压力下,不得不运来质量最好的烟草;法国制造商将从他们的产品获得充分的利益,并以他们能够承担的最低价格将商品卖给美国消费者,从而鼓励消费者使用这个国家的商品……

废止烟草专卖对法国有许多好处,例如增加国库收入、减轻人民进口税负担、以商品而不是以硬币支付,我们方面同样也有希望获得一些好处,惟有这个希望能证明我有理由进行这次详谈。我并不期望这个好处会是提高烟草价格。其他欧洲市场对这个商品影响太大,使提价难以实现。我主要期望的好处是增加消费。这将使我们有更多的烟草出口,从而使更多的农民获得就业机会,我们烟草的生产提高到什么程度,法国的商品也在什么程度上得到更多出口,并使工人就业。我还预料,通过把我们的商人带到这里,他们将会生产许多价廉物美的商品作为交换。我还要真心实意地补充说,更有一个希望使我热情高涨,这就是两个国家在利益上结合起来,将会使它们的友谊更加深厚。说实话,没有两个国家比贵我两国更适合进行易货贸易。法国需要大米、烟草、钾碱、裘皮和造船的木材。我们需要酒、白兰地、油类和其他各种工业品。两国人民之间也素有感情，彼此优礼有加。因此如果他们不一起在他们自己的港口进行贸易，那说明贸易一定遇到了巨大的障碍。国王陛下对美国的友好感情，我们深有体会，同时也熟知他对自己臣民备加关怀，如能将这些障碍明确指出，他必会欣然予以去除。此信所述专卖问题是否作为主要障碍，应由国王明断。另外使我深为欣慰的是，在将此事提请国王明鉴时，如我对事实了解不够，以致产生错误想法，阁下会予以纠正；同时，国王及人民的利益是你首先关注的对象，而一贯对我国友好的那些意向将是你关注的又一对象。

趁此机会，我重申我对阁下的崇高敬意，怀着这种敬意，我荣幸地是阁下最恭顺的仆人。

致特里斯特夫人[1]

巴黎　1785 年 8 月 18 日

亲爱的夫人：我对这个国家的人民十分喜爱。人心的险恶已从他们身上完全消失，你仿佛可以在他们中间平安地度过一生而不会有一点龃龉和倾轧。他们的生活方式也许最适合一种处于他们那种境地的人的幸福，但是我确信他们远远没有实现一种如同我们普遍享受的那样适中、那样划一、那样持久的幸福。家庭的束

① 特里斯特夫人在费城逗留期间曾照管过杰斐逊的长女马撒。她的孙子尼古拉斯·特里斯特娶杰斐逊的外孙女弗吉尼亚·杰斐逊·伦道夫为妻。

缚是彻底打破了，但是补偿又何在呢？也许他们能获得片刻的狂喜，程度超过我们日常感受的悠闲自在的欢乐，但是这种狂喜间隔很久，在这些间隔期内，所有的感情都没有方向，也没有头绪。但是，尽管追求幸福是渺茫的，宛若置身在汪洋大海里，他们对政府的苛刻却好像全不在意。的确，很难想象，这样好的人民，有一位这样好的国王，这样善良的统治者，这样宜人的气候，这样肥沃的土地，竟会由于单独一个祸害——恶劣的政体——而难以给人民带来幸福。但事实是，尽管他们的统治者慈悲为怀，人民却被政体的种种恶行磨成了粉末。在法国2000万人口中，我认为有1900万人处境比合众国最最不幸的人更加不幸，更加悲惨。我要请你原谅，因为我是在谈政治了。我只再表示一个政治性质的意见，那就是，要发扬与他们的和平，但是要抵制他们的生活方式。我们每朝采纳他们的生活方式前进一步，都是向彻底苦难跨前一步。我恳求你经常给我写信。不是要你也成为政治家；但是请写信把所有的小新闻——关于人和事的新闻告诉我；告诉我谁去世了，这样我就可以逐个面对这些不愉快的事情，而不是等我回来时一下子统统说给我听；谁结婚了，谁因为结不了婚而上吊了，等等……

致彼得·卡尔①

巴黎　1785年8月19日

亲爱的彼得：我从梅兹先生那里收到了你4月20日的来信。

① 彼得·卡尔是杰斐逊钟爱的外甥之一，杰斐逊小学同学达布尼·卡尔和他的第四个妹妹马撒·杰斐逊的儿子。

我十分痛心地听说你浪费了许多时间，你到威廉斯堡后，较之离开蒙蒂塞洛时丝毫没有长进。时间现在对你来说是十分珍贵了。你每失去一天，就晚一天登上公共舞台，你将在那个舞台上变得对你自己有用。可是，弥补损失的办法，就是好好利用今后的时间。我相信，就你的性格而言，甚至学知识也是件愉快的事。我可以向你保证，有了知识（仅次于有一颗诚实的心），将会使你的朋友们敬爱你，使你在你自己的国家里获得名誉和晋升。当你的头脑被知识增进后，就不需要任何东西来使你具有最远大的目光，你就会以最纯洁的正直，最崇高的名誉来谋求你国家的利益，你朋友的利益，还有你自己的利益。这些美德的欠缺，是肉体和灵魂其他一切收获都弥补不了的。所以，使这些美德成为你的首要目标吧。宁可放弃金钱，放弃名声，放弃知识，放弃地球本身以及地球所包含的一切，也不要做一件不道德的事。千万不要认为，在某种情况下，或者在无论什么情况下，你可以做一件不名誉的事，无论这件事在你看来是多么微不足道。你每做一件事，即使这件事只有你一个人知道，也要问问自己，假如世界上所有的人都在看着你，你应该怎样做，然后就照着去做。要鼓励你的一切善良的意向，一有机会就身体力行；要确信美德通过身体力行会获得力量，就像身体的四肢一样，身体力行久了，德行就会变成习惯。从最纯粹的美德的实践中，你肯定会在人生的每一刻，直至死的一刻，都获得最大的安慰。如果你一旦发觉自己陷入了困境，不知如何自拔，那你就应当好自为之，要相信这能最成功地把你从最恶劣的境遇中解救出来。当你往前走一步的时候，尽管你不知道下一步会怎样，但是你要跟着真理、正义和坦诚一步一个脚印地走，决不要担心它们不会最最

容易地领你走出迷宫。你认为最难解决的问题会在你面前迎刃而解。认为一个人遇到困难可以用阴谋、用诡计、用矫作、用欺骗、用不老实、不公正来摆脱，那是大错特错。这只会使困难增加10倍，采取这些办法的人最后只落得个身败名裂，遗臭万年。最要紧是要下定决心，决不动摇，决不说谎。再没有一种恶行比说谎更卑鄙，更可耻，更叫人看不起，谁要是说了一次谎，第二次、第三次说起谎来就容易多了，直到最后说谎就会成为习惯；谁说谎不动脑筋，再说真话就没人相信了。舌头的虚假导致心地的虚假，到头来就会使所有好的品质都败坏。

在人的福分中，第一是心地诚实，第二就是博学多才。现在是你选择读物的时候了，阅读要有的放矢，不能乱读一气，忽左忽右，偏离正途。我许久前曾为你制定了一个读书计划，这个计划适合你今后所处的环境。我将随着你学识的增进随时向你详细说明。眼下我劝你读古代史，要读原本而不要读译本。先读哥尔德斯密斯的《希腊史》。这本书会使你对那个领域有一个系统的认识。然后再细读古代史，按下列次序读下面这些书：希罗多德、修昔底德、色诺芬的《长征记》、阿林恩、昆特斯·柯西斯、狄奥多鲁斯·赛柯洛斯、贾斯廷。这些将是你读历史的第一阶段，现在我列出这些书就足够了。下一阶段是读罗马史[①]，从罗马史再进一步读现代史。在希腊和拉丁诗方面，你在学校里已经读过或将要读维吉尔、泰伦斯、贺拉斯、阿拉克里翁、忒奥克里托斯、荷马、欧里庇得斯、索福克

① 李维、萨卢斯特、恺撒、西塞罗的书信、苏埃托尼乌斯、塔西佗、吉本。〔杰斐逊注〕

勒斯。另外还应该读弥尔顿的《失乐园》、莎士比亚、奥西恩、蒲柏和斯威夫特的作品，以便形成你自己的语言风格。在哲学方面，要读爱比克泰德、色诺芬的《回忆录》、柏拉图的《苏格拉底对话》、西赛罗、安东尼厄斯以及塞内加。为了保证在读这些书方面获得进步，要考虑哪些时候你不必上学也没有作业。每天要抽出大约两小时锻炼身体，因为不能为了学习而牺牲健康。有了健全的体格才会有健全的头脑。至于锻炼的项目，我建议用枪打猎，它使身体有适当的运动，同时使头脑果敢，奋发向上。球类运动以及类似性质的运动对身体过分剧烈，对头脑也不留下烙印。因此，让你的枪在你散步时永远陪伴着你。千万不要想随身带一本书。散步的目的是使头脑得到休息。因此你散步时甚至不许动脑筋，而要从周围的事物得到娱乐。散步是最好的运动。要养成走得很远的习惯。欧洲人因为驯服了马供人使用而扬扬自得，但是我怀疑我们使用这种动物是否得不偿失。马使人体的功能大大退化。一个印第安人长途跋涉，一天用两条腿走的路几乎就和一个衰弱的白人骑马走的路一样多，他会使最好的马感到累。走许多路而不觉得累是最宝贵的习惯。我劝你在下午进行锻炼，倒不是因为下午是进行锻炼的最佳时间（这肯定不是的），而是因为下午是从学习中抽出来的最合适的时间，习惯很快会使它有利于健康，几乎就像你使用一天中更为宝贵的时间同样有用。早晨起身后散半小时步也是可取的。它驱散睡意，在人体组织中产生其他良好效果。要早起早睡，时间要固定。熬夜对健康有害，对头脑也没有好处。规定了适当的运动时间后，把剩下的时间（我是指你的空闲时间）分成三份。把主要一份时间用来读历史，另外两份时间短一点，用来读哲学和诗歌。每一两个月给我写封信，让我知道你取得的进步。告诉我你是怎样使用一天中每一个小时的。我为你提出的计划仅仅适合你目前的情况，情况改变后，我将把计划也作相应的改变。我已向伦敦定购了下面这些书托麦迪逊先生转交给你：希罗多德、修昔底德、色诺芬的《希腊史》、《长征记》和《回忆录》、西塞罗的著作、贝赖蒂的《西英辞典》、马丁的《哲学入门》以及马丁的《不列颠哲学》。我将从这里给你寄下面这些书：贝佐的《数学》、德·拉·兰德的《天文学》、马斯切尼布洛克的《物理学》、昆塔斯·柯蒂斯、贾斯廷、一本西班牙语法以及几本西班牙著作。你会发现，马丁、贝佐、德·拉·兰德和马斯切尼布洛克是不在前一个计划中的，这些书你进大学之前不必看。你目前大概在学法文。你必须下苦功学，因为当你进而学数学、物理学、博物学等等时将要接触的那些书绝大多数都是法文的，这些学科法国作家讲述得比英国作家好。我们将来同西班牙的关系使得西班牙语成为法语之后最最重要的现代语言。当你进入政界以后，你或许需要那种语言，而你掌握了它，就会比其他候选人占便宜。眼下我没有别的话要说了，只有一句话，你要好好利用你的时间，尊敬你的老师，努力同一切人交朋友，要切记，亲爱的彼得，没有一件事比你获得成功更令我高兴了。

致约翰·杰伊[①]（保密）

1785 年 8 月 23 日于巴黎

……我们现在有足够的土地可供无数人耕种。耕种者是最有

① 约翰·杰伊：美国政治家和外交家，后为最高法院首席法官。

价值的公民。他们是最沃跃、最独立、最道德高尚的，他们被最耐久的纽带同他们的国家连接在一起，并且与国家的自由和利益融为一体。因此，只要他们能在农业中找到工作，我就不会把他们变成海员、工匠或任何其他人。但是我们的公民会在农业中找到工作，直至他们的数目，当然还有他们的产品，无论对内和对外，都供过于求。目前还没有出现这种情况，相当长的时期内恐怕也不会。一旦出现这种情况，多余的人必须转业。那时我或许会让他们转向海洋而不是转向工业；因为，将两类人的特征相比较，我觉得前者是最有价值的公民。我认为工匠是助长罪恶的人，是被用来全面颠覆国家一切自由的工具。但是，我们不能单单根据理论原则来解决这个问题。我们的人民坚决认为我们必须在海洋中占有一份，他们的牢固的习惯促使他们要求把海洋向他们开放，所奉行的政策必须在尽可能大的程度上使他们利用那个因素。我认为那些受托为选民办事的人有责任遵从他们的意愿；因此，我们必须在商品运输方面，在捕鱼权利方面以及海洋的其他利用方面不遗余力地为他们维护平等的权利。

但是结果会如何呢？毫无疑问会经常发生战争。在海上，他们的财产会遭到侵犯；在外国港口，他们的人身会被莫须有的债务、契约、犯罪、走私等等借口受到攻击，遭到关押，等等。即使我们铁石心肠，也必然对这些伤害感到愤怒，不让它们一再发生；或者，换句话说，我们在海上与其他国家的贸易必须以经常的战争为代价。我们自己所具有的最公正的品质并不能保证我们免于战争。所有其他国家也必须公正。诚然，我们这方面公正会使我们免于不公正的品质所引起的战争。但是我们如何能防止其他国家的不公正所引起的战争呢？唯一的办法就是使我们自己有力量惩罚他们。软弱只会招致攻击和伤害，而有了惩罚力量就能防止。为此我们必须拥有海军；海军是我们迎击敌人的唯一武器。我认为，惩罚第一次袭击是符合我们的利益的，因为一次不受到惩罚的袭击会产生许多次袭击。我们暂时还没有力量这样做，但是我们应该尽早做到这一点……

致盖斯默男爵[①]

巴黎 1785 年 9 月 7 日

亲爱的先生：你 3 月 28 日的来信已于一个月后收到，它使我感到非常高兴，因为它使我确信有一个人还活在人世，这个人是我所重视的，而且一直怀疑他是否还在世。你现在离美国过于遥远，不会对那里正在发生的事感兴趣。伦敦公报以及照抄那些公报的报纸使你以为那里是一片混乱、不满和内战。但是，再没有比这更不真实的了。世界上没有一个政府比我们的政府更稳定，也没有一种人民比我们更幸福、更满足。他们的贸易还没有找到他们与世界的新关系将会提供的最有利的渠道，而老的渠道则至今未被新的协定开放。这造成他们产品的滞销，关于他们各种情况的报道中，只有这件事是真实的。他们对英国的仇恨，由于最近从那个国家获得新的根据和新的养料，又重新燃起……目前我在这里的身份把我禁闭在这个地方，只要我继续待在欧洲，就会一直禁闭下

① 盖斯默男爵是美国独立战争中的德国副旅长，曾在弗吉尼亚被俘。

去。到底要多久，我说不上来。我这种年龄不容易适应新的风尚和新的生活方式，我的思想又相当落后，宁爱蒙蒂塞洛的树林、荒野和逍遥，而不喜这个繁华首都的纸醉金迷。因此，我将怀着新的爱慕之情，以及对它的诸多优点的过多的敬重，返回我的祖国；因为尽管那儿比较贫穷，却有更多的自由、更多的安乐和较少的苦难。但是，如果它能引诱你再次来访，那我将对它更加喜爱，不过这是无法指望的。无论怎样，不管命运是否赐予我跟你重新见面的快乐，请相信，产生我的情感并仍然赋予它生命的价值，在我们有生之年将继续使它保持下去。亲爱的先生，我真心实意地做你的朋友和仆人。

致詹姆斯·麦迪逊[①]

巴黎　1785年9月20日

……今年夏天，我收到公共建筑主管布坎南和哈伊两位先生的一封信，希望我为他们绘制各种建筑图样，首先是设计一座州政府大厦。[②] 他们规定交稿期为我收到他们信后约六个星期。我聘请了一位在这方面本领高强的建筑师。就外观取得一致意见后，需要许多时间搞内部分布，使三个政府部门都感到方便。这个时间由于我其他许多事务缠身而大大延长了。但是，设计最后还是定稿了。两位先生曾寄给我一张他们自己设计的图样。但是在这

① 詹姆斯·麦迪逊：美国第四任总统，在杰斐逊生前一直是他最亲密的朋友和最坚定的追随者。

② 在弗吉尼亚州的里士满。

儿取得一致意见的设计更方便，更美观，空间更大，而造价不到他们造价的2/3。我们的设计是模仿尼姆的方屋——古代遗留下来的最美丽、如果不算是最美丽和最精雕细琢的建筑物之一。它是卡尤斯和卢修斯恺撒建造的，路易十四予以重修，凡是看到过它的建筑高手无不为之赞叹，认为不逊于任何一座希腊、罗马、巴尔迈拉和巴尔贝克的美丽建筑艺术的典范，这个评价是前不久旅行者们传达给我们的。它造型非常简单，但壮丽得无法形容，会给我们的国家增光，因为它将给旅游者提供我们幼年期审美力的一个标本，这种审美力在我们成年后将更加大放异彩。谁知两天前我痛心地收到一个来自弗吉尼亚的消息，说是政府大厦将按照两位先生的设计于日内奠基。但是，这座大厦推迟一个夏天再造带来的损失，单单这儿设计的图样节省下来的钱就能弥补，即使其他许多优越性都不算进去。再说，除非我们利用每一个建造公共建筑物的机会向国民提供样板，供他们学习和模仿，我们又如何在他们中间培养对这门美丽艺术的情趣呢？请尽量发挥你的影响使这项工程停下来……

损失仅仅是已经砌的砖或其中的一部分。砖本身可以重新用来建造内墙，侧面的墙和最里面的墙可以保留，因为它们同样符合我们的设计要求。这个损失不能与节省下来的钱相比，不能与把公款用在一个高雅项目上带给人们的安慰相比，看到一样象征国民高尚情趣的东西和证据令人满足，而建造一所象征我们愚昧落后的房子只要存在一天就遭万众唾骂一天，令人遗憾和痛心。整个设计工作进展顺利，三四星期内即可完成。现在无法停下来，除非全部费用照付，这将是一个很大的数字。如果承办者不敢把已建的部分拆掉，可请议会出面叫他们拆掉。你知道我是个热心艺术的人，但是我并不以这种热心为耻，因为它的目的是提高国民的素质，增强他们的威望，使他们无愧于全世界人民的尊敬和赞美……

致贝林尼先生[①]

巴黎　1785 年 9 月 30 日

……我终于来到了欧洲这个被捧上天的地方！我用不着向你详细描述。但是你也许感到好奇，想知道这个新的景象如何打动了美国崇山峻岭中一个野人的心。没有用处，我向你保证。我发现这儿一般人的命运是最悲惨的。伏尔泰说这里每个人不是铁锤就是铁砧，这句话是绝对不错的。这是人们说我们今后将转化的那个国家的真实写照，我们将在那儿既看到显赫的上帝和他的天使，也看到被践踏在他们脚下的被罚入地狱的劳苦大众。当绝大多数人民在忍受肉体上和精神上的压迫时，我力图深入地调查大人物的状况，了解他们生活中那些使旁观者眼花缭乱的排场的真正价值，特别是拿它与美国各阶层人民享有的那种程度的幸福作比较。大人物中，年轻人的心被不正常的爱情关系占据，年长者则被野心占据。夫妇之爱在他们中是不存在的，以夫妇之爱为基础的家庭幸福是完全不知道的。代替夫妇之爱的是寻欢作乐，它们

① 查尔斯·贝林尼是弗吉尼亚的一个移民，后来成为威廉和玛丽学院第一位现代语言教授。

助长和激发所有一切恶劣的感情，在动荡和痛苦的岁月里，只提供一些瞬息即逝的狂喜。这种情况比美国大多数家庭里那种温馨、持久的幸福要差，而且差得多，美国家庭的幸福使绝大多数人一贯从事健康和理智所赞许的那些工作，使工作的间歇变得真正美妙怡人。

在知识方面，人民大众比我们落后两个世纪；他们的知识分子却比我们领先五六年。真正的好书在那段时间里获得了应有的名声，因而为我们所知，把他们在知识方面的进步全都传播给了我们。这段耽搁的时间不是因为我们置身事外，接触不到几千家出版社每天出版而几乎一出版就寿终正寝的大批毫无意义的出版物而抵消了吗？至于说到所谓的举止文雅，我希望我的同胞们要好好学习欧洲人的礼貌，准备作出所有那些小小的自我牺牲，它们的的确确使欧洲人风度翩翩，和蔼可亲，而且帮助社会摆脱粗鲁无礼往往使之发生的那些难堪的场面。在这里，一个人似乎终其一生也不会碰到一件粗鲁无礼的事。在饮食口福方面，他们远远跑在我们前面，因为他们使节酒同好的口味合为一体。他们从不喝得烂醉如泥，使一个最最社交性的饭局不欢而散。我至今还没有在法国见到过一个喝醉的人，哪怕是在最底层的百姓中。如果要我告诉你我对他们的建筑、雕塑、绘画、音乐欣赏到什么地步，那我的文字就不够用了。正是在这些艺术方面他们光芒四射。特别最后一项音乐更是一种享受，失去音乐给我们造成的损失是难以估计的。我甚至想要说，唯有这样东西使我打从心底里妒忌他们，置十诫的全部威力于不顾，渴望得到它。可我是在喋喋不休地谈论一些你比我熟悉多多的事情，只会使你确信我身上带着乡土、习俗和时代的种种偏见。但是不管在哪件事上指控我有偏见，我至少有

一种感情是真实的，那就是你和贝林尼夫人的优良品质使我产生的无限尊敬之情，这种感情使我永远能向你保证我对你的真诚关切。亲爱的先生，我永远是你的朋友和仆人。

致霍金杜普[①]

巴黎　1785年10月13日

……你问我对鼓励我们各州经商是否合宜有何看法？要是容许我发表自己的看法，我希望他们既不经商，也不从事航运，而是就欧洲而言，严格地站在中立国的立场上。这样我们就能避免战争，我们的全体公民都将成为农民。的确，什么时候我们的人口大大增加，以致我们的农产品使那些向我们购买的国家的市场存货过多，农民就必须要么把他们过剩的时间用来制造工业品，要么把过剩的人手用在工业或航运业上。但是我认为那一天将是十分遥远的，我们应该长久地把我们的工人留在欧洲，而欧洲则应该从美国输入原材料和甚至生活必需品。不过这只是我个人的意见，这种意见美国的公仆们是不能随意采纳的。我国人民对航运和贸易情有独钟，这种爱好是从他们的母国那里接收过来的，公仆们必须根据下述事实考虑他们所采取的一切措施：我们希望打开所有的通商门户，消除一切阻挠。但是由于这件事我们不能为别人做，除非他们愿意为我们做，而欧洲不大可能这样做，我认为我们不得不采取一种措施在我们的港口对他们施加限制，就像他们在他们的

① 查尔斯·范·霍金杜普是一位荷兰商人。

港口对我们施加限制一样。

关于出售我们的土地一事，在很大一部分土地未被查勘前是不能开始进行的。今秋之前不能开始查勘，明春之前恐怕也不能出售。因此尚需一年时间才能对我们的土地管理局出售土地以偿还国债的功效作出判断。一条重要原则是，出售土地所得应全部作为偿债基金。

弗吉尼亚生产的烟草确实几乎全部销往英国，原因是该州人民欠英国一大笔钱，正在尽可能快地偿还。我想我现在已经回答了你提出的几个问题，我将乐于听取你对同一些问题的意见。希望你生意兴隆，并致敬意。你的最恭顺的仆人敬上。

致小班尼斯特[1]

巴黎　1785年10月15日

亲爱的先生：你9月19日来信问及欧洲对青年施教的学院何者为佳，本应早日答复，但我必须对这个问题进行调查，因此迟复为歉。调查结果是，要考虑日内瓦和罗马之间的竞争。它们收费同样低廉，所遵循的教育方针也相仿。日内瓦的优点是学生在那儿能养成说法语的习惯。罗马的优点是能够就地获得关于一个如此正统而著名的地方的知识；学会拉丁文的正确发音；养成对美术，特别是对绘画、雕刻、建筑和音乐的情趣；熟悉经验表明最适合

① 这位青年因健康不佳被送往国外，在法国求学，在那里他被托付给杰斐逊照管。

我们这样的气候的农作物和耕作方法；最后还有一个优点是气候有益健康。再者，如果在一个法国家庭搭伙并寄宿，还可以养成说法语的习惯。我并不指望因为熟悉日内瓦政府的基本原则而获得任何利益。新近的革命已使它成为一个专制的贵族统治国家，给一个美国人的很可能是坏思想而不是好思想。两者相比，我认为还是罗马比较好。常有人说比萨是个求学的好地方。但是它不具备罗马的第一个和第三个优点。但是为什么要送一个美国青年去欧洲求学？有用的美国教育的目标是什么？古典知识、现代语言（主要是法语、西班牙语和意大利语）、数学、自然科学、博物学、人文学和伦理学。自然科学应包括化学和农学，博物学应包括植物学以及植物学的那些分支。的确，在美国是难以养成说现代语的习惯的，但是任何其他学科在欧洲任何一个地方能学到的，在威廉和玛丽学院同样也能学到。当一个青年读完大学准备投身公共生活时，他必须瞩目于法学或医学。对于法学，他到什么地方去学比向威思先生学更有利呢？对于医学，他必须去欧洲，因此只有学医的学生才需要去欧洲。让我们来研究一下把一个青年送往欧洲求学的不利之处吧。要一一列举的话，可以写一大本书，我只举出少数几个。如果他去英国，他就会学会喝酒、赛马和拳击。这些是英国教育的特点。下述情况对于在英国以及其他欧洲国家读书是很普遍的。他会喜欢欧洲人奢侈和放荡的生活，轻视本国的勤俭朴素；他会深深迷恋欧洲贵族的特权，对本国贫富一律平等的喜人现象深恶痛绝；他会对贵族政治或君主政治特别喜爱；他会结交许多永远不会对他有用的外国朋友，而失去在本国缔交最忠诚持久的友谊的大好时机；他被人类各种感情中最最强烈的一种引入一种

喜欢玩弄女性的习气，破坏他自己和他人的幸福，要么就是宿娼嫖妓，损害自己健康，而在两种情况下都学会把忠于婚姻生活看作一种缺乏绅士风度、与幸福不相容的行为；他醉心欧洲妇女的妖艳打扮和搔首弄姿的本领，对本国妇女的朴素大方感到可怜，嗤之以鼻；他毕生都会钟爱地保留他对那些他初次寻欢作乐和初次发生两性关系的地方的回忆，对之念念不忘；他回到自己国家活脱是个外国人，对于保护他不致破产的勤俭持家的做法一无所知，对于本国的语言不会说也不会写，因此没有资格获得一个自由国家里能说会写所能保证的那些荣誉；因为我要向你指出，写作或说话的所谓“风格”是生活中很早就形成的，那时想象最丰富，印象最持久。我认为，一个人如果从 15 岁到 20 岁不在本国，那他就决不能流利地写或说他自己本国的语言。因此，没有一个人能完美地用两种语言写作。写出来的总是像他本国的语言，因为那种语言在他年轻时最熟悉。因此，我觉得，一个到欧洲去求学的美国人在知识上、道德上、健康上、习俗上和幸福上都会遭受损失。我来欧洲之前，只不过对此抱有怀疑，自从来到这里以后，所见所闻，证明比我当初怀疑的更有过之而无不及。请放眼看看美国：学问最渊博、口才最出众、最受同胞爱戴、最受他们信任和支持的是哪些人？是那些在他们中受教育，其生活方式、道德作风与他们完全一样的人。

你曾否料到这样一个简单的问题竟会招来这样一番对你的长篇说教？我想你绝对没有料到。但是出国求学的结果，我作为美国人十分担心。因此每当我谈起这个问题，由于感情冲动，就会出言不逊。你是个地道的美国人，一定会原谅我的。祝你健康，并致敬意。你的朋友和仆人上。

致詹姆斯·麦迪逊[①]

枫丹白露　1785年10月28日

亲爱的先生:此刻是晚上七时,我公毕坐在炉边,决定开始与你交谈。这是一个村庄,王上不在时居民约1.5万人,王上在时居民约2万人,它坐落在一个山谷里,有一条小溪从中间穿过,两旁是小山脊,大部分是裸露的岩石。国王每年秋天都到这里来打猎,朝臣随侍在侧,外国外交使团也同来;但是由于并不是非来不可,何况我的经济也负担不起在这里久住的费用,我打算偶尔来此参加国王的接见,然后再返回距这里40英里的巴黎。由于这是第一次旅行,我昨晨出去观看一下这个地方。为了这个目的,我朝前面一座山的最高处走去,到山顶大约有3英里路。

我刚走出镇,就碰到一个衣衫褴褛的女人,她走得和我一样快,而且走的也是同一条路。因为我想了解劳苦大众的状况,就同她谈开了。我先问她上山的路怎么走,然后问她的职业和生活状况。她告诉我说,她是个临时工,一天工资8个苏或4便士;她要抚养两个孩子,还要付30里弗赫房租(这等于75天的工资),她常常找不到工作,当然就没有饭吃了。由于我们一同走了将近一英里路,她又给我当向导,分手时我给了她24个苏。她感激得放声大哭起来,我知道这决不是做作,因为她哽咽得连一句话也说不出来。她恐怕从来

① 大主教麦迪逊(不可和他作为政治家的同名堂兄弟相混)是威廉和玛丽学院院长,弗吉尼亚美国圣公会第一位大主教。

没有到手过这样一大笔外快。这个小小的插曲，加上我单身行路，使我不由地对财富分配不均陷入了思索，财富分配不均造成了我在这个国家看到的而且将在全欧洲看到的无数苦难的例子。

这个国家的财富完全集中在极少数人手里，这些人一年收入高达50万几尼。这些人雇用脂粉气的男子做仆人，有些人雇用的家仆多达200人，都不从事劳动。他们还雇用大批手艺人和技工，当然还少不了种田的农夫。但是除这一切之外，还有各阶级中人数最多的一类人，那就是找不到工作的穷人。我问我自己，这个国家有很大一部分土地没有开垦过，为什么偏偏让那么多愿意工作的人去行乞？这些土地闲置着只是为了供打猎用。因此这必然是因为地主们富可敌国，不屑耕种这些土地来增加收入。我知道把财产平均分配是想入非非，但是这种严重不均使绝大多数人堕入苦海，立法者想不出办法来再分配财富，只能设法使再分配的部分与人的天然感情同时并进。因此，让每一种财产由全体子女继承，或者让所有的兄弟姐妹或辈分相同的其他亲属继承，不失是一种可行的政治举措。另外一种逐渐缩小财富不均的办法是在某一个征税点下全部免税，超出征税点按几何级数征税，收入越高，税也越重。哪一个国家有未开垦的土地和失业的穷人，就清楚地表明那个国家的财产法侵犯了天赋权利。土地是作为一个共同的仓库供人们劳动和生活的。如果为了鼓励有组织的劳动而容许它被占有，就必须为那些被排除在分配之外的人提供其他工作。如果不提供工作，就应当恢复失业者种地的基本权利。说我们国家里任何人找不到工作但能找到未开垦的土地，只要付少许租金就可以自由地去耕作，这还言之过早。但是用一切办法使尽可能多的人拥有一小块地，却并不言之

过早。小地主是一个国家中最宝贵的一部分……

致阿·斯图尔特先生[①]

巴黎 1786年1月25日

……眼下欧洲风平浪静，几乎没有什么事情可以引起你注意。那种平静也不会很快就被扰乱，至少今年不会。也许这取决于普鲁士国王的生命，而他的生命真是岌岌可危。美国在欧洲的声誉是不值得它的公民夸耀的。两种情况特别对我们不利：我们欠债不还以及我们的政府缺少活力。这两种情况使人家不愿与我们建立关系。我认为，我们信用扫地对我们有好处。我看不出另外还有什么办法可以制止我们奢侈的倾向，实行那些唯有它们才能维护共和政体的措施。不借债是不可能的，最好的办法是消除借债的不良后果，立即向债权人提供补偿，也就是改赊买为现金购买。这样，一个人就会看到在每一样他想买却拿不出现金去买的东西上画着一个牢笼。

你信中有一段话使我担心肯塔基人民不仅想要脱离弗吉尼亚（这一点他们是对的），而且还想脱离邦联。我认为这是一件最不幸的事，每一个好公民都应该挺身出来反对。邦联目前的幅域对良好的治理来说并不太大，而国会议员数目增加也不会产生任何不良影响。相反，它能消除目前存在着的一些小小的分歧。我们的邦联应

① 斯图尔特在独立战争时期作为军人战功卓著，战后成为一名议会议员和法学家，多年来一直在弗吉尼亚领导杰斐逊民主党中的保守派。

该被视为一个家，整个美国，北部和南部，都应该有人居住。我们也要小心谨慎，不要为了那个大陆的利益而过早地对西班牙人施加压力。那些地区掌握在西班牙人手里是再好不过了。我担心的是，西班牙人太软弱，支撑不到我们的人口能大大增加到把那些地方逐个接收过来。我们必须控制密西西比河的航运。我们目前想要的仅止于此。我在这里认得一位非常懂事和直率的先生，当我们的革命正在进行，南美发生反叛时，他正在那里。他说那些骚乱（关于这些骚乱我们几乎一无所知）使双方损失了10万条生命。

我在这儿有幸结识了布封先生，很想把我对我们的麋鹿的最好的想法告诉他。也许你的处境使你能在这方面助我一臂之力。你能帮我的最大的忙，就是弄一只麋鹿的角、骨架和皮给我寄来。最好是从下巴破开，沿着腹部一直破到尾巴，再从大腿破到膝盖，把肉取出，让腿和蹄、头和角连在皮上，皮里填塞些东西，再把腹部缝上，这样就能保持野兽的外形。但是，由于这样做的机会难得，你也可以把它们分开装箱，寄里士满柯里博士代收。这里任何这类东西都十分珍贵……

致詹姆斯·麦迪逊

巴黎　1786年2月8日

……我相信，由弗吉尼亚州出面，向拉法叶特侯爵赠送土地，会使这里的人对我们的品格产生好感，同时也会给侯爵带来荣誉。我还认为，说不定有一天，这块地会成为他有用的避难所。他访问美国的年龄非常适合他产生良好而持久的印象，以致无法适应君主政治的原则；但是需要他本人和他的朋友们郑重考虑才能使这个国家成为他的安全居所。为他准备一个庇护所，作为不时之需，这是何等光荣，何等令人感到安慰啊。再者，他可以让来自这个国家最自由地区——布列塔尼——的佃户在那里安家落户。此事我从未向他作过丝毫暗示，因为这应该先用书面通知。如果州无权把公家的土地赠送给他，可以低价购买他人的地……

致约翰·佩奇

巴黎　1786 年 5 月 4 日

……我去英国旅行了两个月，三四天前才回来。我足迹遍及该国许多地方，觉得无论城市还是农村都和我的期望相距甚远。拿它和这儿相比，我发觉荒地面积大得多，土壤天赋条件不及这里，耕作也不见佳，但是施肥较充足，因此产量也较高。原因是那里土地租期长，这里租期短。这儿的农民比英国的农民穷。他们把大约一半产品用来交租，英国大致是 1/3。英国的园艺胜过世界上所有国家。我指的是他们以娱乐为主的园艺。这确实大大出乎我的意料。伦敦这座城市尽管比巴黎漂亮，却不及费城漂亮。他们的建筑风格是我生平所见最差的，我并没有把美国除外，美国的建筑也很差，甚至弗吉尼亚也不例外，弗吉尼亚的建筑比我看到过的美国任何其他地方都差。伦敦的机械技术已达到一个出神入化的境地，但是这方面不必我多说，因为我的同胞们面前不幸已有太多的榜样。我认为这种醉心奢华的倾向比战争时期的亲英分子为害更大。由于榜样是我们中间最优秀出色的人树立的，因此危害就更大。假使有一个传教士把俭朴作为他的宗教体系的基础，并走遍全国把它作为唯一的超度途径广为宣传，那我就愿意入他的教，尽管一般地说，我并不愿意在我自己的理智以及自己内心的感觉之外寻求我的宗教。这些想法被我在英国的所见所闻更深地印入我的心中。那个国家恨我们，他们的大臣恨我们，他们的国王比所有其他人更恨我们。他们对此直言不讳，虽然他们承认我们的贸易对他们十分重要。但是他们认为我们无法阻止我们的同胞把生意交给他们去做。由于坚信这一点，他们决心不跟我们达成贸易协议。他们说他们可以操纵我们的运输业就像操纵他们自己的一样。我们主动提出的贸易协议受他们嘲笑，这说明他们坚信我们决不会联合起来取消他们的贸易或哪怕稍加限制。我认为他们目前对我们的敌意要比战争期间更深。在技术方面，我在那儿看到的一样最惹人注目的新发明，是把蒸汽机原理应用于磨坊。我看到8对磨石靠蒸汽动力运转，同一个磨坊里将安装30对磨石。目前每天耗煤100蒲式耳。更多的设备安装后耗煤不知将增加多少……

致威思先生[①]

巴黎　1786年8月13日

……如果欧洲所有的君主都下决心把他们臣民的思想从目前

① 杰斐逊从威廉和玛丽学院毕业后，在乔治·威思指导下攻习法律，威思是当时最著名的法学家，后来成为杰斐逊的挚友。

的愚昧和偏执状态解放出来，而且就像他们目前朝相反方向做的那样卖力，他们即使干上1000年也休想使他们的臣民处于我们一般人民目前所处的高度。我们的人民如果没有同他们的母国脱离，没有如此辽阔的海洋使他们不受母国或旧世界其他国家人民的污染，就不会在常识的控制下处于这样美好的地位。要认识这种情况的价值，必须懂得这里缺乏这种价值。我认为我们全部法规中最重要的一条，就是在人民中间普及知识。这是维护自由和幸福的最扎实基础。如果有谁认为国王、贵族或教士是人民幸福最好的保护者，那就把他送到这里来吧。这里是普天下纠正他的这种愚蠢念头的最佳学校。他会在这里亲眼看到这帮人是沆瀣一气，专门和人民大众的幸福作对的。他们的作用无所不及，最好的证据见诸这个国家。在这里，尽管它的土壤是世界上最肥沃的，气候是天下最好的，人民的性格是全世界人类最善良、最快乐和可爱的，这样一种人民，具有那么多天赐的恩惠，却被国王、贵族和教士，而且仅仅是他们这些人折磨得奄奄一息。亲爱的先生，打一场反愚昧的圣战吧，建立和改进教育普通人民的法律吧。让我们的同胞知道，唯有人民才能保护我们免于这些祸害，为此而付的税只不过是付给国王、教士和贵族的1‰，如果我们让人民处于愚昧状态，这些人就会气焰嚣张。我认为，英国人民受的压迫比这儿少。但是置身在他们中间时，一眼就可以看出，他们已奠定了倾向于建立专制主义的基础。贵族、财富和浮华壮观是他们崇拜的对象。我们美国人以为他们没有精神负担，其实决不是。他们有学问的人为数也很少，文化水平比较低，受偏见束缚的程度也远比这里深……

致科斯韦夫人[①]

巴黎 1786年10月12日

亲爱的夫人:完成了在圣丹尼斯驿亭扶你坐进马车这最后一个伤心的任务,看到车轮开始转动以后,我有气无力地转过身,向对面门口走去,我自己的马车正在那儿等着我。丹奎维尔先生不见了。到处找他,总算找到了,把他拖下楼。我们像巴士底狱新囚犯一样被塞进马车,没有精力向马车夫下命令,马车夫断定我们的目的地是巴黎,就驱车走了。过了好一会儿,静默被"这些好人走了我真感到难过"[②]这句话打破了,这是我们俩人相互承认内心痛苦的信号。我们立刻开始谈论科斯韦先生和夫人,谈起他们的善良,他们的才华,他们的可爱;虽然我们其他什么也没谈,好像还没有谈到点子上,马车夫已经喊圣丹尼斯路到了,我们是在丹奎维尔先生家门口。他硬要在那儿下车,穿过一条短径到他的寓所。车送我回家。我在炉边坐下,孤独而忧伤,于是我的头和我的心之间进行了下面的对话。

头:哎,朋友,你穿着得好像很整齐。

心:我其实是天底下所有人当中最最不幸的。我伤心已极,身体的每一根神经纤维都膨胀到非它的天然力所能承受。我宁愿有一种飞来横祸,使我再也没有感觉,没有恐惧。

① 玛丽亚·科斯韦是著名的意大利—英国混血美女,有造诣的画家,杰斐逊在巴黎居留期间曾对她着迷。

② 这句话杰斐逊用的是拉丁语。——译者

头：这些是你的热情和轻率的永远不变的结果。你总是使我们左右为难。你承认自己干了傻事，可你仍然钟爱它们；犯了错误不感到后悔，就永远不会改过自新。

心：啊，我的朋友！现在不是责备我的弱点的时候。我被我的悲伤的力量撕得粉碎了！你要是有什么止痛药，就把它敷在我的伤口上吧；要是没有，请不要用新的痛苦折磨我。在这个非常时刻，饶了我吧！任何其他时候我都愿意耐心听你劝告。

头：可我从未发觉你在得意的时候会听我劝告。当你做了傻事而吃苦的时候，你也许会明白我的苦心，但是痛苦一过去，你就以为它永远不会再来。因此，药的味道也许是苦的，我却有责任给你服药。你记得，我们的朋友特朗布尔经常对我们讲这些好人的优良品质和才能，在他讲的时候，我总是小声对你说我们没有必要去结识一些新朋友，他们的品质越好，才能越大，他们的友谊对我们的安宁也越危险，因为分别时越是依依不舍。

心：先生，这次相识并不是我的社交活动的结果。使我们相识的是你的规划之一。要记住，想要在勒格兰德和莫蒂诺见面的是你而不是我。我从未对圆屋顶和拱门发生过兴趣。小麦市场等我去看的时候恐怕已经倒坍了。可是真的，你总是拿你的图样和怪想使我昏昏欲睡，你一定要去看看这个奇妙的建筑。当你看到以后，啊！那真是天底下最叹为观止的东西！你在那儿看到的抵得上你在巴黎看到的一切！我也这样想。但是我指的是我们被引见的夫人和先生，而不是一批凑合在一起的木条木档。因此，先生，造成目前的痛苦的是你而不是我。

头：你说我的图样和怪念头总是使你昏昏欲睡，要是那天你真的睡着了，那对你倒是件好事。我去参观勒格兰德和莫蒂诺是为了公共用途的目的。里士满要造一个市场。勒格兰德和莫蒂诺的设计非常宽敞便利，特别如果我们把小麦市场的宏伟华美的圆屋顶安装在它上面。如果能在费城斯库尔基尔河上架起一座像他们给我们看的那样的桥，把浮桥拆掉，把那条河上的航运开放，那将能增加多少木料和粮食，给那座城市的穷人取暖，为他们提供食物？当我在为这些目的奔忙时，你却在和你的两个新朋友大谈特谈，盘算怎样可以不同他们分离。那天有许多约会。可你为了和他们共餐，把这一切都放弃了。你派人到市内每一个地方，为你的违约道歉。尤其是，你厚颜无耻到这个地步，居然传话给丹维尔公爵夫人，说我们正打算动身去她那里和她一同进餐，忽然接到急件需要立刻处理。你要我找一个更巧妙的借口，但是我知道你正在左右为难，我不愿介入。唉，饭后到圣克卢，从圣克卢到鲁格里，从鲁格里到克鲁姆福茨；如果白天像北欧拉普兰的夏天一样长，你还会想出种种花样来使它更加充实呢。

心：啊！亲爱的朋友，你通过使我回忆起那天做的事使我恢复了多大的生机啊！所有那些事我记得多么清楚啊，当我晚上回到家，回顾白天发生的一切时，好像那是一个月以前的事。那就请你像一个好心的安慰者那样讲下去，把我们去圣日耳曼那天的光景向我描绘一下吧。一切都是那么美！讷伊港、塞纳河畔的高地、马尔利的五花八门的机器、圣日耳曼的阳台、马尔利的城堡、花园、雕塑、卢辛尼的楼台亭阁。另外也请你描绘一下马德里、巴盖泰莱、国王的花园。这些遗迹激起的思绪是多么伟大。螺旋形楼梯也很美。每一分钟都充满了某种惹人喜爱的东西。时间的车轮转动之快是我们的马车望尘莫及的。可到了晚上，当你回想一天的经历时，我们体会了多大的快乐呀。我的好朋友，你要是把所有那些情景让我从头至尾再看一遍，我就原谅你不客气地骂我。我们去圣日耳曼的那天，我想天是太热了，不是吗？

头：在所有犯过失的人当中，你是最无可救药的一个！我提醒你头天做的蠢事，是想使你从中吸取一些有益的教训，可是你非但不听教训，反而被回忆激动起来，津津有味地回顾全部经过，这说明你什么都不想，只想有机会再从头做起。我常常对你说，你这样滥用感情，必然会遭受莫大的痛苦；那些人的确是最优秀的，他们善解人意，心地正直，风度翩翩，在一门可爱的艺术中声誉卓著；那位夫人更有她的性别所特有的品质和才华，值得大书特书，比如音乐鉴赏力、端庄、美丽以及性格温柔，这为她的性别增添光彩，令我们陶醉。可是所有这些只会增加别离的痛苦，他们在这儿的逗留是短暂的，你同你心爱的那些人离别时，将抱怨这种分离比死还痛苦，因为死使我们的苦难终止，而分离仅仅使苦难开始；这一次，由于你永远再也见不到他们，离别的痛苦将会更加剧烈。

心：可是他们告诉我说他们明年还会来的啊。

头：可是瞧你这个失魂落魄的样子。再说，他们来要具备许多条件，你要是有一点点头脑，就不会当真。总而言之，他们不大会来，所以你应该死了再一次看到他们的心。

心：我要是死了心就天诛地灭！

头：很好。就算他们会来。他们来住两个月，住满两个月，以后又怎样？你八成以为他们会来美国吧？

心：天知道以后会怎样。我认为一切都有可能；有时候，为了使我们快乐，什么稀奇古怪的事都会发生。他们在什么地方能像在美国一样找到这种景物来发挥他们迷人的艺术呢？特别是夫人，她画的风景画举世无双。她只需要一些值得永垂不朽的东西使她的画笔成为不朽。落泉、尼亚加拉瀑布、流经青山的波托马克河、天然桥，它们值得你横渡大西洋来欣赏，画更多的画，使它们，从而也使我们留名千古。还有我们自己可爱的蒙蒂塞洛，大自然在哪里展示过如此丰富多彩的山峦、森林、岩石和河流？我们在那风暴中驰骋是何等威风？俯视大自然的工厂，看她的云、雹、雪、雨、雷全都在我们脚下制造出来，是何等宏伟壮观？还有光芒万丈的太阳，它仿佛从遥远的大海中升起，把山峰染成金色，使整个自然界生气勃勃！我祈求任何人无论如何不要到上帝那里去寻求躲避忧愁的庇护所。我以最真挚的同情敞开我身上的每一个细胞来接受他们倾吐的不幸！我要把我的眼泪洒在他们的伤口上；如果科迪勒拉斯山的峰顶或者密苏里河最遥远的源头能找到一滴镇痛的香油，我将亲自前去寻找并把它带回。我一生饱经忧患，没有一种欢乐我没有失去过，没有一种忧伤我没有饱尝过！命运再也不能把一种我没有体验过的忧伤给予我！因此，谁包扎别人的伤口能像本身也受过同样创伤的人那样温柔？但愿他们永远不再忧伤！我们换个话题吧，因为我走神了。

头：好吧，那就让我们从另一个角度来考验这个可能性吧。考虑到伦敦造谣的报纸以及他们在其他国家里因轻信而产生的应声

虫给我们国家作的鉴定，考虑到全欧洲都相信我们是些无法无天的强盗恶棍，尔虞我诈，巧取豪夺，你又如何能盼望一个明白事理的人敢来到我们中间呢？

心：可是你我都知道所有这一切都是无中生有。世界上没有一个国家比我们的国家更稳定，没有一个国家的法律比我们的法律更宽大，或者遵守得更彻底。在我们国家里，每个人都专心做自己的事情，不干涉别人的事情，陌生人都受到更好的款待，更大的尊重。

头：不错，这些你我都知道，可是你的朋友不知道啊。

心：可他们是聪明人，自己会思考。他们会问生活在我们中间的一些光明正大的外国人，是不是亲眼看到或听到过哪怕一桩无法无天的事。他们也会判断，一个国家的人民，像我们一样致力于开辟河流、开凿运河、修筑道路、建造公办学校、设立专科院校、为我们的伟人立半身像和塑像、保护宗教自由、废除酷刑、改革法律；我说，他们自己会判断，所有这一切到底是不是一个心情舒畅的人民所做的工作，到底是不是比伦敦报纸所报道的我们的真实情况更有力的证据，伦敦报纸是专门被雇用来撒谎的，从它们那里听不到一句真话，每句话都得从反面来理解。

头：我的朋友，我讲这番话的目的不是为了向你了解美国正在做些什么。所以，我们还是回到正题上来吧。我想让你明白，把你的感情无保留地用在你肯定很快就会失去、而一旦失去肯定会使你遭受剧烈痛苦的人身上是多么考虑欠周。回想一下最后一个晚上吧。你明知道你的两位朋友今天要离开巴黎。这就足够使你痛苦了。整个晚上，你在床上翻来覆去，不睡，也不休息。那个伤残的腕子[①]没有一分钟处在同一个位置,一会儿举起,一会儿放下,一会儿放在这儿,一会儿放在那儿,要是它又痛了,这有什么好奇怪的吗?这样就又得去请外科医生,把医生当作笨蛋,因为他怎么也弄不懂这个突如其来的变化是出于什么原因。总而言之,我的朋友,你必须改变态度。这个世界上是不能像你那样乱来的。你老是使我们痛苦,要避免那些痛苦的话,你在每做一件可能影响我们内心安宁的事情之前,必须学会思考。这个世界上每件事都要郑重思考。所以,要小心翼翼地走路,要保持平衡。天平一头放一样东西所能提供的快乐,另一头放随之而来的痛苦,看哪一头重。交朋友不是桩小事。当人们向你介绍一位新朋友时,一定要全面考虑。要考虑它会给你什么好处,又会使你遭受哪些麻烦。在知道快乐的诱饵下面没有钓钩之前,千万别去咬它。生活的诀窍就是避免痛苦的诀窍;人生的汪洋大海中布满礁石和浅滩,谁最擅长驾船绕过它们,谁就是最好的舵手。欢乐总是在我们前面,但是灾难就在我们身旁,我们追求欢乐,却被灾难抓住。最有效的防止痛苦的办法,就是只身独处,自得其乐。那些属于我们自己的快乐是哲人唯一指望的快乐;因为凡是可能被别人夺去的东西,都不是我们的。因此智力上的快乐是无价之宝,它永远在我们的掌握之中,永远把我们引向一个新的目标,从不厌倦,我们安详而豪迈地凌驾在尘世的忧患之上,思索真理和自然、物质和运动,思索把它们的存在结合起来的法则以及那个创造它们并以那些法则保证它们存在的上帝。让我们这样去做吧。把社会的喧嚣留给那些不喧嚣就

① 杰斐逊曾于1781年从马上坠下,右腕骨折。——译者

活不下去的人吧。友谊只是与他人的愚行和不幸结盟的另一个名称。我们自己份下的烦恼已经够多了,何苦还要分担别人的烦恼呢?难道注入我们杯中的苦水还不够多,非得去喝邻居杯子里的?一个朋友死了,或离开了,我们仿佛觉得被砍掉了一只手或一条腿。他病了,我们必须守在他身边,分担他的痛苦。他的财产因为船失事损失了,我们必须把我们的财产捐一部分给他。他失去一个孩子、一个父母或一个合伙人,我们必须对这个损失表示哀悼,就像是我们自己的损失一样。

心:把我们的眼泪同那个遭到上苍打击的人的眼泪混合起来,守在病榻旁,使冗长和痛苦的时光过得愉快,同那个穷得没饭吃的人分食我们的面包,还有哪一种快乐比这个更崇高呢?这个世界的确是充满痛苦的;要减轻它的负担,就必须大家来分摊。但是现在让我们来试验一下你的数学平衡的效力吧。由于你在天平的一头放上友谊的重负,那就让我在另一头放上友谊的愉快。当我们生病躺在床上时,朋友们的安慰是多么令人感激啊!我们身上浸透了多少他们的殷勤和关怀啊!他们的鼓励和亲切使我们获得多少支撑啊!当上帝从我们这里夺走一个我们深爱的人时,要是有一个胸膛让我们把头靠在它上面,让眼泪滚滚地落下,那是多么令人愉快啊!有了这样一种安慰,悲哀简直就是享受!在一个我们永远遭受匮乏和不测的生活中,你这个离群索居、谢绝一切帮助、用自给自足的外衣把自己包起来的建议真了不起!因为一个谁都不关心的人,肯定也没有人会关心他。但是友谊不仅在生活的阴暗里珍贵,在生活的阳光下也同样珍贵;由于上帝对事物的仁慈安排,大部分生活是阳光。

作为证据，我要重提一下我们最近度过的日子。在那些日子里，阳光灿烂，大自然是多么容光焕发！山啊、河啊、溪谷啊、城堡啊、花园啊，万物都染上最鲜艳的色彩！这种色彩是哪儿来的？是因为我们迷人的伴侣在场。它们令人愉快，是因为她感到愉快。只身一人，景色是单调乏味的，与她共赏，景色才饶有风味。让与世隔绝、郁郁寡欢的和尚在他的单人小房里寻找乐趣吧！让心灵净化的哲学家在追逐披着真理外衣的幽灵的同时领会幻想的快乐吧！他们最大的智慧其实是最大的愚蠢；他们误以为只要没有痛苦就是快乐。要是他们曾经感受过心灵的强烈颤动带给他们的巨大快乐，他们就会用他们生命中所有平淡无味的思考来交换这种快乐，而你一直以如此漂亮的话语吹嘘这种思考。因此，我的朋友，请相信，把友谊看作微不足道，或者比微不足道更差的算法是蹩脚算法。因为尊重你，我才和你进行了这场讨论，听你讲了一番我所厌恶和敬谢不敏的道理。现在，因为尊重自己，我不得不要求你管好你分内的事。当大自然分配给我们同一个住所时，她给了我们不同的统治权。她分配给你的是科学的领域，分配给我的是道德的领域。当我们求一个圆的面积，画一颗彗星的轨道，研究强度最大的拱或阻力最小的立体时，处理这些问题吧，这个任务是你的，大自然没有赋予我这方面的管辖权。同样地，大自然没有赋予你同情、慈爱、感激、公正、爱情和友谊等等感情，她没有使你受这些感情的控制。她使心的结构适合这些感情。道德对于人的幸福太重要了，不能冒险把它交给头的变化无常的组合。因此，她把道德的基础建立在感情上，而不是建立在科学上。她把感情给予所有人，因为那

是人人都需要的，她把科学只给予少数人，因为少数人就足够了。的确，我知道你自以为对控制我们一切行为握有至高无上的权力；只因为尊重你的那些正儿八经的谚语和格言，想把事情做得对头，我才经常对你言听计从。但是，我只要使你回想少数几件事，就足以向你证明，大自然并没有给你能力做我们道德上的指导。当我们的马车在奇克哈默尼从一个可怜的兵士身旁经过，他背着包，疲累不堪，要求坐在我们的马车后面时，你开始算计：路上触目皆是兵，要是让他们都上来，我们的马就要走不动了。因此我们就自顾自往前走了。但是，我很快就明白你让我犯了错误，就是说，尽管我们救济不了所有受苦的人，我们也应该救济尽可能多的人。于是我就回转去叫那个兵士上车，可他已经走进一条小路，无影无踪了；从那时到现在，我始终未能找到他，请求他宽恕。再有，在费城的时候，一个穷女人向我要求施舍，你小声说她像个酒鬼，半个美元足够她到酒店去喝个痛快了。不愿施舍的人要找到不施舍的理由是很容易的。当我后来找到她，做了我一开始就应该做的事以后，她马上用这些钱送她的孩子上了学。当我们的国家在刺刀尖下被种种侵权行为逼得走投无路时，如果不是被它的心支配而是被它的头支配，那我们现在将会如何？肯定是被吊在像哈曼[①]的绞架那样高的吊架上。你开始算计，将双方的财富和人数作对比，而我们则加快了我们血脉的跳动，以满腔热情与财富和人数对抗；我们在似乎不利的

---

① 哈曼：基督教《圣经》故事人物，波斯王的宰相，施阴谋欲杀绝犹太人，后阴谋败露，被悬于75英尺高的木架上绞死。——译者

形势下不顾生命危险，奋力拼搏，终于保住了我们的国家，同时又证明上帝的方法是正确的，上帝的教导是：永远做正当的事，把问题留给他去解决。总之，我的朋友，在我的记忆里，我从来没有听你的话做过一件好事，也从来没有不听你的话做过一件坏事。因此，我坚决拒绝你干预我分内的事。你尽可以在纸上画满三角形和正方形，试验有多少方法可以把它们形成一体。我决不会羡慕或抑制你的最大的快乐。可是关于什么时候和什么地方建立友谊，你应该让我自己作主。你说我滥交朋友，管费城那个女人叫酒鬼。我在知道他们值得敬重之前，对谁都不敬重。财产、头衔、官职，这些都不是和我交朋友的优越条件。相反，他们拥有了财产、头衔和官职就必须以非常优秀的品质来补偿。你承认，就目前这件事来说，我选中的人是最最出色的。你所以反对，只是因为我马上就会失去他们。我的朋友，我们自己并不是永远不死的，又怎么能指望我们的快乐垂诸永远呢？没有一朵玫瑰花是没有刺的，没有一种快乐是不含杂质的。这是我们存在的法则，必须默从。这是附加给我们一切快乐的条件，对于获得快乐的人如此，对于给予这些快乐的人同样也如此。的确，这个条件此刻正在残酷地折磨我。我感到活着还不如死掉。但是，当我追想随之而来的快乐时，我明白它值得我为之付出代价。而且尽管你拼命向我的希望泼冷水，我还是怀着他们答应回来的种种期望聊以自慰。希望比失望好；他们太善良了，决不会存心骗我。“夏天来”，先生说：“不，春天来”，夫人说；仅仅为了这句话，我也要永远爱她！所以，我的朋友，你要知道，我已经把这些好人当作我的知心朋友；我已经把他们安置在我所

能找到的最最温暖的小屋里；我爱他们，而且将终我一生爱他们；如果命运使他们处在地球的一方，我处在另一方，我的感情将穿越整个大地——直达他们身边。所以，知道了我的决心，就不要再从中作梗吧。如果你能够，请随时为他们提供一些娱乐的材料，这是一个好邻居应尽的义务。同样地，我将会抓住每一个机会对你做同样的好事，以康多塞、里顿豪斯、麦迪逊、拉·克里特里或任何其他你给予公正评价的科学骄子来报答你。

我认为这是一个好的建议，让对话到此为止。因此我叫人把我临睡前喝的酒拿来，以结束这个对话。你大概希望我早一点叫，这样你就可以不必听这番说教，感到厌倦。我没有早一点打住，是因为我想要听说教。你也是主题，对于这样一个论题，我决不认为议论太长，即使由我像现在这样用左手慢慢地、吃力地写，也不觉得太长。但是，为了使你不至于被如此冗长地开始的信吓退，我以名誉担保，我以后的信将不长也不短，恰恰正好。我甚至愿意只表达我对你的一半的敬意，惟恐量太大了会使你倒胃口。但是，就你来说，你却不能偷工减料。即使你的信写得像《圣经》一样长，对我来说依然很短。只是要让它们充满感情。我将以阿尔金在《两封短笺》中拼写“我爱你”这三个字，并希望全部真情都体现在其中的心情读你的信。

自从你离去后，这儿雨一直下个不停。这使我担心你的健康，也担心你旅途不适。下雨也使我无法向你报道你在这儿的朋友的情况。这次去枫丹白露的航行可能会把穆捷伯爵和布雷汉侯爵送往美国。丹奎维尔答应来看我，但至今未来。德·拉·图特偶尔来我家做客，给我讲述他 35 年牢狱生活的趣闻。人的想象力多么丰富，它能使巴士底狱和温森斯地牢产生多少趣闻轶事！你知道关于蓬巴杜夫人[①]的四句诗就是在这种情况下写成的。我记得你对我说过你不知道这几句诗。它们是这样的："没有才智，没有高尚的感情，既不美丽，又不年轻，在法国照样可以得到第一流情夫，蓬巴杜夫人就是例证。"我读过他三次越狱的回忆录。至于我自己，我身体不错，只是手腕复原很慢。我的心情则根本没有复原，而是因为你离去而经常郁郁寡欢。气候转凉使我不得不放弃法国南部之行。请代我以最友好的语言向科斯威先生问候，并且以不是与我的不足道的优点相称而是与真挚的感情和尊敬相称的偏爱和热情，将我保留在你的记忆之中。亲爱的夫人，我荣幸地是你最恭顺卑贱的仆人。

致詹姆斯·麦迪逊

巴黎　1786 年 12 月 16 日

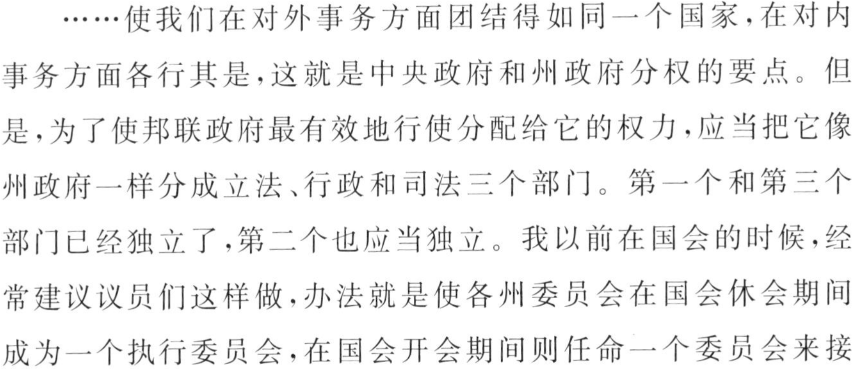

……使我们在对外事务方面团结得如同一个国家，在对内事务方面各行其是，这就是中央政府和州政府分权的要点。但是，为了使邦联政府最有效地行使分配给它的权力，应当把它像州政府一样分成立法、行政和司法三个部门。第一个和第三个部门已经独立了，第二个也应当独立。我以前在国会的时候，经常建议议员们这样做，办法就是使各州委员会在国会休会期间成为一个执行委员会，在国会开会期间则任命一个委员会来接

① 蓬巴杜夫人(1721—1764)：法王路易十五的情妇和密友。——译者

受和分派一切行政事务，国会本身只处理立法事务。但是我怀疑任何一届国会是否能有足够的忘我精神来把这种分权进行到底，要所有各届国会相继这样去做就更难了。因此，必须强制实行分权。我发现国会已经撤销了西部诸州的划分计划，打算使州的数目少些，地域大些。这是把自然的规律颠倒过来了。驯良的人民可以分成大的团体来治理，但是，驯良的特性越差，治理的区域也应该越小。我们都了解印第安人不得不把他们的社会缩小到极小的范围。这种意欲把密西西比河封锁起来的措施使我对邦联的东部和西部脱离邦联深为忧虑。我们应该很好地照顾西部诸州的利益，使他们感到继续和我们联合对他们有好处。但是，一旦我们让他们为我们的利益而牺牲自己的利益，他们就会觉得还是实行自治为好。一旦他们下决心这样做，大局就定了。强制联合既非我们的利益所在，也不是我们力量所能做得到的。

弗吉尼亚制定的宗教自由法案在欧洲获得高度赞许，被热情地予以宣传。我不是指欧洲各国政府，而是指组成欧洲各国政府的个别的人。它已被译成法文和意大利文，已被寄往大多数欧洲宫廷，最有力地证明那些说我们处于无政府状态的报告的虚假和谬误。它已被收进新的《百科全书》，而且还刊登在大多数介绍美国情况的出版物上。事实上，人类的头脑被国王、教士和贵族禁锢了那么长的时期，现在终于看到理性的大旗高高竖起，这是令人欣慰的；我们由于创造了第一个敢于宣布可以借助人的理性来形成他自己的见解的立法机关而感到无上光荣……

致约翰·杰伊

巴黎 1787年1月9日

……你可能已在政府文件中看到国王召开了这个国家的名流会议。这种会议已有160年没有召开了,它当然引起了人民的密切关注。这次会议的目的没有说明,但估计有下列这些:容忍新教;将所有设在内地的海关迁至边境;在全王国统一盐税;出售国王的领地以筹集款项,或者,最后,用其他方法达到这个必要的目的。但事实上大家对会议情况是一无所知。这个政府一贯严守秘密,决不过早或过于全面地公开它的意图或措施,一切以必要为限。我给你寄上一个小册子,它叙述了上次名流会议的情况,从中或可对目前这次会议有所认识……

致克里弗·科尔先生[①]

巴黎 1787年1月15日

亲爱的先生:我在今天的报纸上看到他们在篡夺我们的又一项发明,把它说成是英国人的发明。确实,作者只承认他们更新了一样他认为是希腊人所熟知的东西,亦即用一整块材料制造的车轮。其实它是新泽西农民第一个做的,而且做得极其普

① 这位著名的法国大革命时代的逃亡贵族和杰斐逊相识,著有《一个美国农民的信》一书。

遍。富兰克林博士在一次去伦敦的途中曾向目前在伦敦的那个已经获得车轮制造专利权的人提到这个做法,那人对这个做法很感兴趣。博士答应去他的工场,帮他制造整块材料做的车轮。新泽西农民的做法是砍下一株小树,趁它鲜嫩多汁的当口把它弯成一个圆圈,然后放在那里让它风干。可是伦敦没有小树。因此困难就在于要使老的木头具有小树的韧性。博士和工人一同劳动了好几个星期,终于获得了成功;那人获得了专利权,从而发了财。我去过他的伦敦的工场,是他亲口把这件事告诉我的,他不仅承认了这个想法的由来,而且还承认富兰克林博士的协助大大有助于完成用干木头做的试验。他是以爱戴和感激的心情谈到博士的。我想富兰克林博士也对我讲过同样的事,但是不能完全肯定。首批专利车轮从伦敦运抵费城时,我正在那里,那位运车轮的先生(一个英国人)把它说成是一个了不起的发明,费城人对新发明这种说法捧腹大笑,因为他们在特拉华河对岸参加星期日社交聚会时,亲眼看到每一个农民的小车都装着这种车轮。报纸上的作者认为那位英国工匠是从荷马那里获得启发的。但更可能是新泽西的农民从荷马那里获得启发,因为只有我们的农民才能读荷马的著作,也因为新泽西的制法和荷马叙述的一模一样,而英国人的制法则大不一样。荷马的原文(把一个被埃阿斯[①]杀死的小英雄比作一棵被工人砍倒的白杨树)是这样的:“他倒在地上,像西面大草地里一棵鲜嫩的白杨树,树枝从顶上伸出。但是造战车的人用利斧把它砍倒,为一辆

① 埃阿斯:特洛伊围攻战中的希腊英雄,以力大骁勇著称。——译者

漂亮的战车弯成一个车轮，放在河岸上晒干。”请注意它同新泽西制法相似处。1.那是一棵生长在潮湿地方的树，鲜嫩多汁，容易弯曲。2.它是趁它幼小时砍倒的。3.它被弯成一个车轮的圆形。4.它就以那种形状被晒干。你用法文写作得心应手，应该为报纸写篇文章，为我们的农民恢复荣誉。再见。你亲爱的杰斐逊敬上。

致爱德华·卡林顿上校①

巴黎　1787年1月16日

……我本来以为美国发生的骚乱会使欧洲对我们的政治情况产生不良看法。但是并没有。相反，这些骚乱的微小影响似乎使人对我们政府的稳定更加深信不疑。人民起来对政府进行干预对这儿的舆论有很大影响。我本人相信人民的良知永远是最强大的军队。他们可能会暂时被引入歧途，但很快就会迷途知返。人民是统治者唯一的审查者；甚至他们的错误也有助于使统治者遵守其体制的真正原则。过分严厉地惩罚这些错误就等于镇压公众自由的唯一保障。防止人民进行这些不正当干预的办法，是通过报纸渠道让他们充分了解国家大事，并努力使报纸进入千家万户。由于我们政府的基础是人民的舆论，首先就应当使舆论保持正确；如果让我来决定，到底应该有政府而没有报纸，还是应该有报纸而

① 卡林顿出身弗吉尼亚一个显赫家族，独立战争时曾在军队服役，是大陆会议成员之一。

没有政府，我将毫不犹豫地选择后者。但是我真正的意思是每个人都应该收到报纸，而且能够阅读报纸。我确信，在那些没有政府而存在的社会里（例如印第安人社会），人民大众享有的幸福要比那些生活在欧洲政府下的社会不知高出多少倍。在前一种社会里，公共舆论代替了法律，就像任何地方的法律一样有力地控制着道德。在后一种社会里，他们借口统治，把人民分成两大类：狼和羊。我并没有夸张。这是欧洲的真实写照。因此，要珍视我们人民的精神，使他们继续保持警惕。对他们犯的错误处分不能过严，而要教育开导他们，使他们改正。如果一旦他们对国家大事变得漠不关心，你和我、国会和州议会、法官和州长，就都会变成狼。这似乎是人性的普遍法则，尽管有个别例外。经验告诉我们，人是唯一的一种吞食同类的动物；因为我无法用更温和的词语来形容欧洲政府，来形容富人掠夺穷人……

致詹姆斯·麦迪逊

巴黎　1787年1月30日

……我切望知道你对东部诸州新近发生的骚乱的意见。据我所知，它们似乎并没有产生严重的后果。那些州由于贸易通道受阻而遭到损失，至今尚未找到其他出路。这必然会使人民的收入减少，生活发生困难。这种困难导致了许多绝对说不过去的行为；但是我希望他们不至于受到政府的严厉惩罚。那些自以为主持公务一贯正直的当权者或许会过于愤怒；那些恐惧心理压倒希望的人则可能会被这些不法行为吓破了胆。他们可能会过于仓促地作出结论,认为大自然创造的人只配用暴力来统治。这个结论不是建立在事实或经验基础上的。人类社会存在于三种大相径庭的形式下。1.存在于没有政府的状态下,例如在我们的印第安人中间。2.存在于有政府的状态下,其中每个人的意志都有一定影响,例如较小程度在英国,较大程度在我们的州。3.存在于强权政府下,例如在其他一切君主国以及大多数共和国。要了解生活在最后一种形式下的痛苦,就必须把它们予以揭露。这是狼对羊的统治。我不知道第一种形式是不是最好的,但是我认为它和较多的人口是不相容的。第二种形式有很多好处。在那种形式下,多数人享受很大程度的自由和幸福。它也有弊病,其中最大的弊病是容易发生骚乱。但是拿它来同君主国的压迫相比就微不足道了。我宁爱有危险的自由也不愿自由自在地做奴隶。就连这个弊病也有好处。它能防止政府蜕化堕落,促进人民对国家大事的关心。我认为时不时发生一次小规模的叛乱是件好事,它在政治界就像暴风雨在自然界一样地必不可少。不成功的叛乱确实常常会引起对制造叛乱的人民的权利的侵犯。有鉴于此,正直的共和党统治者们应该对叛乱者进行最轻的惩罚,不要使他们泄气。造反是对于政府的健康必不可少的良药。

……拉法叶特侯爵是我的一个最有价值的助手。他非常热情,对当权者影响极大。他仅仅受过军事方面的教育,对贸易完全外行。但是他很聪明,任何事情只要解释给他听,他都能充分领会,他的能动性是极有效验的。他才华过人,国王对他十分赏识,声誉蒸蒸日上。他对国王并不反对,只是对共和原则心存疑惧。我认为他总有一天会入阁的。他的缺点在于过于追求名利,但是他会超乎其上的。维尔琴纳伯爵病了。他的康复的可能性使我们不应对他的康复表示怀疑;但是他正处在危险中。他精通欧洲事务,但是对我们的体制不甚了了,对它不信任。他热衷于专制原则,因而对我们的政体缺乏感情。但是他对英国的恐惧使他对我们十分重视,把我们当作一种起平衡作用的力量。他在政治会谈中冷静沉着,有所保留,但是谈其他问题时随和洒脱,不拘俗套,与人交往时非常专注、讨人喜欢。不可能有比他更清醒、更有条理的头脑,但是年龄已使他的性情变得冷漠……

致苔丝侯爵夫人[①]

尼姆　1787 年 3 月 20 日

夫人,我在这里接连几个小时出神地凝视方形大厦,就像一个陷入爱河的男人凝视他的情妇。周围一些织袜和纺丝女工还以为我是一个患忧郁症的英国人,正打算拿一支手枪写下他生命的最后一章。这是我自从离开巴黎后第二次谈恋爱。第一次是在博若莱同莱伊·埃皮纳叶庄园的黛安娜,M. A. 斯洛茨创作的一尊美妙的小雕像。你会说,这总算是爱上一个美女,可是爱上一所房子!这却是史无前例的。不,夫人,这在我自己历史上并不是没有前例的。在巴黎的时候,我曾深深地迷上了萨姆大厦,几乎每天都去观赏……

从里昂到尼姆的路上,我饱览了具有罗马宏伟气概的遗迹风光。它们总是使我想起你,因为我知道你对任何一样罗马的和高贵的东西都十分爱好。在维也纳,我也曾想起你。可是幸亏你不

① 苔丝夫人是拉法叶特的堂姐,杰斐逊对她十分敬爱,在巴黎时经常去看望她。

在那里，因为你要是在的话，会看到我的怒气比任何时候都大。古罗马行政长官宫（它是被这样称呼的）就其匀称的比例而言，堪与方形大厦比美，却被那些野蛮人为了改作它目前的用途而破坏得面目全非，它那美丽的、有凹槽的科林斯式柱子被砍掉了一部分，为哥特式窗子留出空间，残余的部分被削平到建筑物的平面，你必须承认，这就足够扰乱我内心的平静，使我沉不住气了。在奥兰治，我也曾想起你。你一定高兴地在城门口看到过那座巍峨的马略凯旋门。我去了角斗场。夫人，你能相信吗，在当今18世纪，在法国，在路易十六统治下，他们此刻正在把这个壮丽遗迹的环形墙拆掉，以便铺一条路？……

我离开巴黎已有三周，对那儿发生的事一无所知。我想我在艾克斯可以了解一切，已关照把我的信寄往那里存局待领。我的旅程使我有暇思考这个名流会议。在目前这位年轻、善良的国王的统治下，我认为大有可为。换了我，我会千方百计让代表们行为得体，以鼓励国王再次召开这个会议。他们第一步应该是把他们自己分成两个院而不是七个院：贵族和平民各一个院。第二步是说服国王，不要由他本人来挑选平民院代表，而是由他来召集那些由人民选出的代表来主持省政府。由于贵族人数过多，不可能都参加名流会议，所以第三步便是争取国王许可，让那个机构选择它自己的代表。这样选出的两个院将包含一批能人贤士，将会使人民幸福，使国王伟大，使他在历史上处于任何其他行为都不能使他处的地位。这样他们就能紧跟他们所能有的最好的领路人，而且很快就能超过他，反过来成为他的领路人，进行一些那个模式所缺少的，为成立一个合理政府所必需的有益的改革。如果他们想做超出人民觉悟程度的事，他们可能会失去一切，他们的最终目标将无限期地延迟。夫人，这便是我的见解，但是我想要听取你的见解，我确信你的见解会更高明。

从这封寄自尼姆的信中，你不会听到新闻。如果我想要告诉你新闻，就会给你讲有1000年历史的故事。我会详详细细给你讲恺撒宫廷的阴谋，它们如何影响我们这儿，讲他们的执政官、长官等等的压迫。我从早到夜钻在古人堆里。对我来说，罗马城实际上是存在于它的帝国的全部辉煌之中的。哥特人、西哥特人、东哥特人、汪达尔人天天都在对我们虎视眈眈，这使我忧心忡忡，惟恐他们重新征服我们，使我们返回原来的野蛮状态。如果我偶尔也身不由主地展望18世纪，那只是因为你的美德和友谊以及真挚的情意使我想起那个时代。夫人，我荣幸地是你最恭顺和卑贱的仆人。

致马撒·杰斐逊[①]

普罗旺斯地区艾克斯　1787年3月28日

亲爱的佩西，我很高兴在抵达此间时收到你的信，你在信中告诉我你身体健康以及日常起居状况。我没有及早回信，是因为我几乎一直在路上。迄今为止，我的旅程非常愉快。这次旅行的目的是希望这里的矿泉水能治好我的手腕，使它恢复力量。同时还有其他一些目的，比如讲学、娱乐和暂时放开工作，我在巴黎工作

① 马撒是杰斐逊的长女，曾随父亲前往法国上任。写此信时她15岁。

实在太忙了。我很高兴地得知你在做一些新的和有益的事情，就是音乐和绘画。我过去有个时候一直很担心——担心你不像我希望的那样投入。你曾经向我保证要更加刻苦地学习，我对你的保证深信不疑。我关心的是你未来的幸福，任何东西都不及养成一种勤奋向上的习惯（高尚情操永远除外）更有助于这种幸福。在破坏人类幸福的一切因素中，没有一个因素像懒惰那样危害巨大，懒惰能悄悄地而又致命地使牙齿烂掉。身体和头脑都不活动，人就变成一个包袱，周围的一切都变得讨厌，甚至最宝贵的东西也变得讨厌。懒惰招致无聊，无聊招致消沉，结果身体就会害病。勤劳的人绝对不会患歇斯底里。运动和勤勉使我们处事井井有条，身体健康，情绪愉快，而这一切使我们对朋友们变得宝贵。勤奋的习惯是在年轻时养成的。如果年轻时不养成，以后就永远养不成了。因此，人生的成功就取决于充分利用短暂的青春期。亲爱的女儿，如果任何时候你发现自己懒惰，你就应该像站在万丈深渊边上一样赶快回头。不过，你在运动的时候不应该把它当作游手好闲。运动对你的健康是必不可少的，而健康是人生的首要目标。因为这个缘故，你如果夏天不学习舞蹈，就必须增加其他运动项目。

你说你一定要老师帮助，否则就读不了古版的李维[①]，我不喜欢你这样说。天下无难事，只怕有心人。你只要稍微下点决心，就一定能把李维的著作读懂。如果你一味依赖老师，那你没有他将寸步难行。美国人的一部分天性是无所畏惧——用决心和聪明才智克服一切困难。欧洲商店里供应的东西应有尽有，因此欧洲人

① 李维：古罗马历史学家，著有罗马史 142 卷。——译者

不懂得他们的需要能够用其他方式来满足。我们没有其他一切帮助，只好去创造发明，脚踏实地去干，要自己想办法，而不依靠别人。因此，你要把读懂李维作为行使克服困难的习惯，这个习惯在你将生活在其中的国家里对于你是必不可少的，没有它，你将会被当作一个完全不能自立的人，不会受人尊重。音乐、绘画、书籍、发明和运动是你防止厌倦的好办法。但是还有其他办法能提高效用。这便是刺绣和家政。家政你在这儿没法学，但是刺绣可以学。在美国的乡村生活中，有许多时候一个女人除了刺绣是无事可做的。例如，在恶劣天气，和一些乏味的人待在一起时，看书是不礼貌的，离开他们也是不礼貌的——上等人不玩牌，玩牌的只有下等人。在这种时候，刺绣就是一个宝贵的应急办法。再说，一个家庭的女主人如果不懂刺绣，又怎么能指挥她的仆人干活呢？

你要我给你写长信。亲爱的，我会的，条件是你要经常把信拿出来读，并且照信中的谆谆教诲去做。信中的许多规诫都出之于经验，出之于充分了解你将置身其中的环境，出之于对你的最深切的爱。正因为深切地爱你，我才想使你具备比一般人更优越的条件。我对你的期望是高的——不过并非高不可攀。唯一需要的就是勤奋和决心。这个世界上没有一个人能够像你那样使我最最快乐，也没有一个人能够像你那样使我最最不快乐。我不久就必须从政治舞台上退下来，就指望你和你妹妹使我的晚年过得安定而满足。我的早年生活是坎坷的，一个打击接着一个打击，直至除了你们两个以外一无所有。我对你的感情或意向并不怀疑。但是发愤图强是必不可少的，而你要这样做的话，剩下的时间已经不多了。因此，亲爱的孩子，千万要勤奋。只要有决心和脚踏实地去做，任何困难都可以克服，明白了这点，你就是我希望你成为的最完美的人了。

……我以全部的热情深深地爱你，希望你也继续以这种热情深深地爱我……亲爱的佩西……

致马撒·杰斐逊

土伦 1787年4月7日

亲爱的佩西：

昨天我在马赛收到你3月25日的来信，知道你身体甚好，殊为欣慰。阅世的经验教我们永远为我们所爱的那些人的健康担心。我没有能够像我预期的那样经常给你写信，因为我大部分时间都在路上；当我到了一个地方，我又忙着看一切要看的东西。现在我要过一段时间，可能三星期，才能再给你写信。但是这并不是说你可以给我少写信，因为你有的是时间，你应该按时给我写信。我已经收到你的几封信，知道我们亲爱的波利[①]今夏肯定上我们这儿来。当我旅行回来，她也正好要来了。她来了以后，要由你来照管。你们两人年龄的差别，还有你们共同失去了母亲，使你不得不挑起那副担子。要教她永远要诚实，没有一种恶习像不诚实那样恶劣，同时又那样无益。要教她永远不要发怒，发怒只会使我们自己痛苦，使别人分心，而且失去他们的尊敬。要教她勤奋向上，做一些有用的事。我敢向你保证，如果你把这些灌输进她的头脑，你就会使她成为一个快乐的人，你的一个最最宝贵的朋友，并且获得所

① 玛丽亚·杰斐逊，马撒的妹妹。

有其他人的重视。在教她养成这些品质时，它们在你自己身上也会变得更加牢固，并使你为所有认识你的人钟爱。因此，亲爱的，要不停地身体力行。如果你遇到困难，不知如何摆脱，那就照正确的方式去做，你会发现它是克服困难的最容易的方法。你这样做还有另外一个目的，就是增加那个无限地爱你的人的快乐……

致拉法叶特侯爵[①]

尼斯　1787 年 4 月 11 日

亲爱的朋友，你满脑子国家大事，外加公务繁忙，所以我并不期望你给我写信。我不断地四处漫游，看我以前从未看到过的，而且将来再也看不到的东西。在大城市里，我去看只有旅行者认为值得看的东西，但是我把它当作一个任务，而且往往一天之内就走马看花地把所有的东西都看完。另一方面，我不知满足地在野外和田间漫步，审视作物和耕作者，好奇的程度使某些人把我当作傻子，认为另一些人比我聪明得多。我很高兴地发现人民不像我想象的那样穷苦。他们一般都穿得很好，食物很充足，当然不是肉，而是蔬菜，蔬菜同样也有益于健康。他们工作也许过于劳累，地主收的高额租金使他们不得不干许多小时的活，以便交租并为自己提供衣食。香槟和勃艮第的土壤比我预料的好得多，由于我情不自禁要把它们同英国相比较，我发现比较结果要比通常认为真实

① 拉法叶特是争取美国自由的杰出的志愿战士，是杰斐逊长达半个世纪的最亲密的朋友。在杰斐逊任法国公使时，他是杰斐逊的政治联络员。

而接受的更加对英国不利。土壤、气候和产量都优于英国，耕作也不错。只有肥料是例外。在英国，租期长达21年或三生，亦即农民一生、农民的妻子一生和儿子一生，儿子一继承了田，立即和地主重订租约，由他本人、他的妻子和长子终生承租，这样一直下去，使得那儿的农田几乎成为世袭的，农民值得给土地施浓肥，地主也有机会随着土地情况的改善而随时提高租金。这里法国的租期要么由地主自由决定，要么定为三年、六年或九年，农民施浓肥付出的高成本来不及收回，因此只施很少肥或根本不施肥。我认为，如果在全王国推行“三生”租期，就能在你有生之年使农产品产量提高50%；或者，如果任何一个地主对他自己的土地实行这个办法，在25年内就能使他的租金增加50%。但是据说法律不允许这样做。因此，就这件事而言，法律是不明智和不公正的，应当允许这样做。在南部诸省，那儿土壤贫瘠，气候酷热干燥，家畜稀少，他们应该学习在英国行之有效的制造植物肥的技术，从而使那些省内大自然对他们最不仁慈的这个项目得到改善。的确，这些省提供了一大奇观。仅仅从土壤的贫瘠以及所处纬度的气候来看，它们应当是法国最穷的。相反，一个意外的情况却使它们成为法国最富的。从阿尔卑斯山脉迤逦而下的高山的尖坡或分支，就像一张网把这些省罩住，给每个谷地围墙似的保护，并且享受全面挡住北风的好处，等于纬度南移了几度。从皮埃尔拉特第一块橄榄地到耶尔的柑橘园，我心情始终狂喜不已。我时常想念你。我想你没有作过这个旅行。你去那儿看看对你是种乐趣，你作出的许多改善中又可以增加一个。从你亲自进行的考察中了解本国所有各省的情况，对你将是一个莫大的安慰，你了解到的情况将来也会对它

们有利。这也许是你毕生唯一能获得那种知识的机会。要最有效地做到这点，你必须绝对隐姓埋名，必须像我所做的那样把人们从他们的茅屋里搜出来，看看他们锅里有些什么，尝尝他们的面包，在他们床上躺一会儿，表面上是休息，实际上是试试床垫软不软。在调查过程中，你会感到极大的乐趣，以后，当你能够用你获得的知识使他们的床变软，或者在他们的蔬菜锅里投进一块肉，那就更加其乐无穷了。

你不会对我每封信的主题感到奇怪，它们都是前些时候我脑子里唯一在思考的东西。水必定永远从源头流出，饮水思源，我应该自始至终表达我对你的温暖的友情。但是，按照我国的习惯，任何话只要有一点点恭维的味道，哪怕是事实也不许说。因此，我只好用一句话来概括：我爱你，爱你的妻子和儿女。请如实转告。再会。你的亲爱的杰斐逊敬上。

致詹姆斯·麦迪逊

巴黎　1787 年 6 月 20 日

……将邦联的行政事务同国会分开，就像司法事务在某种程度上已经同国会分开一样，这种想法是正当而又必要的。我在国会的时候，经常敦促各个议员这样做，办法就是让国会通过一项决议，成立一个行政委员会在国会休会期间办公，就像州委员会在州议会休会期间办公一样。但是将全部行政事务都交给这个委员会去处理，是需要很大的自我牺牲精神的，我想国会未必会有这种雅量。最好还是用邦联的一个法令来实行那种分离。有人建议给国会对各州议会的法案以否决权，这个建议现在第一次出现在我心中。不用说，我不喜欢这个建议。它缺少一个重要特征：破洞和补丁大小应当一致。可是这个建议却为了补一个小洞而把整件衣服都遮住了。100 个州法令里与邦联有关的最多不超过一个。因此，这个建议为了给他们一份他们应有的权力，却多给了他们 99 份不应有的权力，理由是他们不会行使这 99 份权力。但是，每个法令都有一个初步准备问题：这个法令与邦联有关吗？几曾有过一个提案如此简单清楚，不经过国会辩论就获得通过？他们的决定几乎永远是明智的，就像纯金。但是你知道这要剔掉多少渣滓才换来这个结果？在一切其争论点受邦联法令控制的案件中，州法院向邦联法院上诉，不就是有效的补救方法，使补丁和破洞完全一致吗？比方说，一个英国债权人就他在弗吉尼亚的一笔债务提起诉讼，被告援引州的一项使他免受他们的法院审判的法令为自己辩护，原告坚决认为州法令应受邦联及与邦联签订的条约控制，法官们太不中用，不敢按照他们的立法机关的意见作出裁决。这时只要向邦联法院上诉，问题就迎刃而解了。也许有人会说这个法院会侵犯州法院的裁判权。可能会的。但是有一种权力，亦即国会，会对他们进行监视并加以约束。但是把同一权力交给国会本身，就再没有一种凌驾在他们之上的权力来履行同一职责了。他们会把其他法院行使的裁判权限制在规定范围内，其严厉程度远远超过由他们自己来行使……

前不久这儿内阁人事的更迭引起了相当大的期望。我想我们能从中得益。马勒谢尔伯重新入阁使我特别高兴。他的学识和正直使他具有极大价值，而对我则更是珍贵，因为在他赋闲之时，我们已成了莫逆之交。迄今为止，我对蒙穆兰也很有好感。他的诚实来源于头脑，也发自内心，因此更可信赖。国王喜欢做事、俭朴、秩序和公正，真诚地希望人民幸福；但是他性情暴躁，举止粗鲁，缺乏同情心，而且笃信宗教，迹近偏执。他没有情妇，爱他的王后，过分受她支配。她和她哥哥一样任性，受他牵制，耽于享乐和奢华，其他没有什么特别的缺点或优点。不幸的是，国王表现出一种喜欢赌博的倾向，近来更喜欢喝酒，此事至少已广为人知……

致小伦道夫[①]

巴黎　1787 年 7 月 6 日

……我很高兴地知道，在所有出现在你脑际的学科中，你决定把政治学作为你的主攻目标。你的国家将会从中获得更直接和明显的好处。她有许多事情需要你去做。因为，虽然我们可以有把握地说，美国最坏的宪法也胜于过去任何其他国家最好的宪法，它们作为初次尝试是完美得难以置信的，但是每一种人类的试验都肯定有缺点。因此，还得靠那些行将登上政治舞台的人去完成那些即将离开舞台的人如此良好地开始的工作。数学、自然哲学、自然史、解剖学、化学、生物学将成为你休息时间的消遣，主要学科的辅助。它们将会是宝贵而又令人愉快的。等你在这方面打下这样一个基础，我认为你应该进一步攻读你的主科：政治、法律、修辞和历史。对于这些学科，你在什么地方学是完全无关紧要的。修辞是例外，修辞作为它们当中非常重要的一门课，我认为在你现在所

① 伦道夫是杰斐逊的外甥，后娶他的远房表妹、托马斯·杰斐逊的长女马撒·杰斐逊为妻。

在的地方学习比较有利。因此，你读这门课应该多做作业，而且要特别用功。这门课学完以后，问题就来了：上哪儿去学政治、法律和历史？我将毫不犹豫地选择法国，因为你在法国同时还可以学那个国家的语言，在我们目前的形势下，法语是非常重要的。这样做的最好办法是去寄宿在帕苏、欧特伊或巴黎附近其他小城市一个有女人和孩子的家庭里。一天的主要时间用来学习，休息时间跟那家人打成一片。你跟女人和孩子学三个月法语，要比跟男人学一年还顶用。这样一种环境还能使你更容易注意节约时间和金钱。在这儿学了大约两年主课，并且能讲一口流利的法语以后，花四五个月周游法国和意大利，然后回弗吉尼亚，在威廉斯堡住上一年，由威思先生照顾；那时你就具备优越的条件，可以踏上政治舞台了。我曾建议你在学习政治和历史的同时学习法律。每一项政治措施都永远与该国的法律有密切关系，对法律一窍不通的人总是茫然无措，往往被那些对他占有精通法律优势的对手挫败。此外，想到在每一个命运的机缘下，我们有一种本领，靠了这种本领可以过体面的生活，那也将是一种莫大的安慰。因此，我不但建议你学法律，而且还要建议你做一段时间开业律师，以养成当众发言的习惯。关于现代语言，如我上面所说，法语是必不可少的。其次是西班牙语，它对于一个美国人来说是最重要的。我们同西班牙的关系已经很重要，而且重要性还会与日俱增。此外，美洲早期的历史主要是用西班牙文写的。对于一个立志要学会读和说法语和西班牙语的人来说，再学一门意大利语的效用是大有可疑的。这三种语言都是从拉丁语退化而来的，彼此十分相似，我觉得不大可能在头脑里把所有三种语言都牢牢记住。我认为，三种语言都学，

会把它们搅和起来，结果哪一种都学不好。我向你建议的方法不用花太多钱，却非常有用。有了你的天资和勤勉，有了学问，再加上那种不计后果、一心追求正义的诚实，你就万事俱备——另外当然还要有健康，没有健康就无幸福可言。因此，注意健康应高于其他一切目标。必须用一定时间进行锻炼，保证身体健康，这些时间应该完全用在锻炼上而不是其他活动上。我知道，要一个好学的人在一天中任何一个指定的时候扔掉手中的学习是很难的。但是他的幸福以及他的家庭的幸福都取决于此。最无知识而身体健康的人，也比最聪明但体弱多病的人来得幸福。我用不着告诉你，在任何这方面，或你将制定的任何计划中，如果我能对你有所帮助，你要求我效劳，我将感到非常快乐……

致爱德华·卡林顿

巴黎　1787 年 8 月 4 日

亲爱的先生：1 月 16 日奉上一信后，接连收到了你 4 月 24 日和 6 月 9 日的两封大函。我高兴地得知各州一致赞成有关邦联会议的计划，我可以肯定地说，我们将从那个会议看到许多明智的建议。我承认，对于那些被认为必要的改革，我并不像在美国和我通信的某些人那样表示热烈赞成；但如果会议通过这些建议，我将认为它们是必要的。我的大致设想是，使各州在一切与外国有关的事务上一致行动，在一切纯粹内部事务上各行其是。我们目前的政府尽管有种种不足，但它是现存一切政府中最最好的，也是过去一切政府中最最好的。它最大的缺点是处理贸易问题的方式不够完善。经常有人说，而且说得多了一般人也信以为真，即联邦没有授予国会以强制执行任何事情的权力，例如征税的权力。当时没有必要明确地给他们那种权力，因为他们理所当然有这种权力。当双方订立一个合约时，每一方必然有权强迫对方履行合约。在当时我们的情况下，强迫最最容易，仅仅造一条战舰就立刻要对各州的贸易征税以弥补捐献的不足，在国会手里也最最安全，国会一贯向大家表明它非万不得已决不会行使它的令人不快的权力。我认为，把国会手中的行政权和立法权分开，如同司法权在某种程度上已经分开一样，是非常重要的。我希望能做到这一点。缺少这一点使我们遭受的祸害，比任何其他原因使我们遭受过的祸害更大。在一个大规模议会里，最令人尴尬或头痛的莫过于工作的繁琐细节。最无关紧要的事情占用的时间就和最重要的立法一样多，并取代了其他一切事情。任何人不妨回忆或翻阅一下国会的档案，就会发现最重要的提案一星期又一星期、一个月又一个月地拖延下去，直至最后事过境迁，不了了之。我一向把行政上的繁文缛节看作我们最大祸害的根源，因为它们事实上使我们处于仿佛没有联邦领导的境地，把领导的注意力从大事转移到小事上；如果会议不提出这个分权问题，我认为国会应该自己来提出，办法是成立一个行政委员会……

致门罗上校

巴黎　1787年8月5日

亲爱的先生：我去法国南部和意大利北部旅行了三四个月，因而无暇握笔给你写信。在这同时，你已经改弦易辙，从事其他工作，因此我不知道大洋这边的消息甚至会不会使你感兴趣。但是，我能告诉你的只有这些。布拉班特突然掀起的风暴或许会平息的。皇帝一回到维也纳就扬言要撤销他的总督们对他的布拉班特臣民作出的一切让步；但同时又叫他们派代表来商议。他会利用他们的作用使自己摆脱困境，我认为那儿的事态会平静下来。荷兰偶尔会发生敌对行为。法国赞助爱国者的事业，英国和普鲁士则支持执政者的利益。法国和英国都不愿打仗，但是普鲁士国王的一个仓促举动会使它们茫然不知所措。他认为打败他的妹妹是使他的数千臣民以及同样多的荷兰人和法国人丧生的充分理由。因此，他没有和法国甚至没有和他自己的内阁商量就命令 2 万军人出征。这样他可能把英国拉入战争，当然也把这个国家拉入战争，尽管这是违反他们本意的。但是他们肯定会尽一切可能来防止战争，至少在这一点上他们是意见一致的。虽然这样一次战争也许对我们有利，但是我们目前应竭力反对。对于这样一场从海上和陆上进行的战争，法国很可能力不胜任，法国国力被削弱不符合我们的利益，甚至对我们不安全。名流会议把他们的体制作了很大改进，你想必已经知道了，其中主要的一项就是把全国分成若干下级政府，由人民选举的省议会管理。但是，正当人民对这些改进欢欣鼓舞之际，心情却忽然发生了彻底的改变。财政亏空被揭露出来了，数字是惊人的。但是有一种愿意实行节约、减少政府支出的意向。然而支出仍然非常浩大，这方面所有的改革都以失败告终。政府的信誉受到了影响；产生了前所未有的不满情绪。巴黎最高法院拒绝将征收印花税的敕令予以登记，对其他任何税也都拒绝登记，并要求召开三级会议，说只有三级会议有权征收一项新税。高等法院说话口气之壮是空前的。国王已召唤他们明天前来凡尔赛，他在那里将主持一个御前会议，强迫他们把税予以登记。下文究竟如何，尚需拭目以待……

致彼得·卡尔

巴黎 1787年8月10日

亲爱的彼得：12月30日及4月18日两封来信均已收到，从你以及威思先生的信中，我高兴地得知你已经十分幸运地得到了他的青睐。我确信你会发现这是你一生中最幸运的一件大事，同样也是我一生中最幸运的一件大事。随信附上学科大纲一份，请征求威思先生的意见，按照他规定的次序去读。我还开列了一个值得你一读的书目，亦一并请他指正。其中许多书是你父亲的，你应该带在身边。由于我记不清哪些书不在他图书室里，你必须写信告诉我，就你认为从写信日起18个月内可能需要的书开一个目录，并且就此事征求威思先生的意见。对于这个大纲，我还要补充说明几点：

1. 意大利语。我担心学这种语言会与学法语及西班牙语混淆。由于三种语言都是从拉丁语蜕变而来的，在谈话中容易弄混。我从未见过一个人说这三种语言而不把它们弄混。意大利语是种喜人的语言，但是晚近的事态已使西班牙语变得更加有用，所以还是舍意大利语而学西班牙语吧。

2. 西班牙语。要对这种语言多加注意，下工夫精通它。我们今后同西班牙和西属美洲的关系将会使那种语言成为一样宝贵的技艺。美洲那个部分的古代史也是用西班牙语写的。我给你寄上一本西班牙语词典。

3.伦理学。我认为听这门课是白白浪费时间。创造我们的人如果使我们的道德行为准则成为一个科学问题,那他就是一个可怜的笨蛋。几千个人中只有一个是科学家。这另外几千个怎么办呢？人是注定要在社会里生活的,因此他的道德必须按照这个目标形成。他天生具有是非感,仅仅与这个目标有关。这种是非感就与听觉和视觉一样,是他天性的一部分,它是道德的真正基础,而并非像充满幻想的作家们所想象的那样,是真、善、美等等。道德感,或良心,就像腿或臂一样,是人的一部分。一切人都有道德感,有的人强些,有的人弱些,就和他们身体各部分有强有弱一样。道德感可以通过锻炼而加强,就好比身体四肢任何一肢都可以通过锻炼加强。的确,这种感觉多少是受理性指导的,但是只需要少许,甚至比我们称之为常识的更少。把一宗有关道德的案件讲给一个农夫和一位教授听,农夫也能很好地对案件作出判断,而且往往比教授判断得好,因为他没有被一些人为的规则引入歧途。因此,在这门学科方面,要读一些好书,因为好书能指导你的感情,也能激发你的感情。斯特恩[①]的著作尤其是迄今为止最好的道德课程。除了这些书之外,还要读附纸上开列的那些书;最最重要的是,你要不失时机地培养你的品德,要学会感恩、慷慨、仁爱、正直、

① 劳伦斯·斯特恩(1713—1768):美国小说家,当过圣公会牧师,作品写法奇特怪诞,被认为是小说的意识流手法之先驱。——译者

公正、坚定、勇敢、守法等等。要把每一种这类行为当做将会增强你的道德机能、提高你的价值的锻炼。

4.宗教。你的理智现已相当成熟,可以用来研究这个问题了。首先,你要摒弃所有那些喜欢标新立异的偏向。任何其他问题上都可以标新立异,就是宗教问题上不可以。宗教问题太重要了,如果出了错,后果不堪设想。其次,你要摆脱一切恐惧和奴性的偏见,意志薄弱的人总是向它们屈服。要让理智坐稳江山,每件事、每个见解都要让理智来裁决。要大胆地甚至怀疑上帝的存在,因为,如果真有一位上帝,他一定更赞成理智的崇敬而不赞成盲目的恐惧。你当然要先着手研究本国的宗教。因此,你要读《圣经》,就像你要读李维或塔西佗的著作一样。那些按正常自然规律发生的事情,你凭作者的权威自会相信,就像你相信李维和塔西佗著作中那些相同的事情。作者的记述增加它们的重量,对它们有利,而它们不违反自然规律同样也对它们有利。但是《圣经》中那些违反自然规律的细节必须更小心地加以研究,而且要按照各种不同的外表来研究。在这一点上,你必须考虑作者自命受上帝感应。要研究他自命受上帝感应是以什么证据为基础的,那些证据是否如此有力,以致在他叙述的那件事上,说它虚假,要比改变自然规律更不可能。例如,在《约书亚记》中,我们被告知太阳静止不动好几个小时。如果我们在李维或塔西佗的著作中读到那件事,我们将会把它同他们在谈到塑像、野兽等等时说它们血流如注归为一类。但是据说那本书的作者是受上帝感应的。因此就要细心研究他受上帝感应到底有什么证据。受上帝感应这个借口之所以值得你研究,是因为无数人相信它。另一方面,你已经有足够的天文知识,

知道一个像地球那样绕自己轴旋转的行星竟会突然停转，而那次停转并没有使动物、树木、房屋倒下，过了一些时候，地球重新旋转，还是没有使动物、树木和房屋全部倒下，这是完全违反自然规律的。这种地球停转，或者确认地球停转的证据，难道是可能的吗？其次你要读《新约》。它是一个名叫耶稣的人的个人经历。你要注意两个相反的说法。1. 说他是上帝所生，母亲是处女，任意中止和颠倒自然规律，最后肉身升天；2. 说他是个私生子，心地仁慈，充满热情，起初不自命神，终于信神，因煽动叛乱罪被处以极刑，按照罗马法钉在十字架上，罗马法规定初犯予以鞭刑，重犯处以流放或绞刑……

不要因为怕这种探索带来的后果而不去探索。如果探索结果证明没有上帝，你会从行善中感到慰藉和愉悦，从而获得行善的激励以及它带给你的别人对你的爱。如果你找到理由相信确实有一位上帝，意识到你是在上帝注视下行事，意识到他对你表示赞许，这就是又一种巨大的激励；如果有来世，希望来世过幸福生活的念头就会增强有资格过那种生活的欲望；如果耶稣也是一个神，你就会因为得到他的爱和帮助而感到安慰。总之，我再说一遍，你必须摒弃任何一方面的偏见，既不要因为别人或别的类型的人相信一件事，你就也相信这件事，也不要因为别人或别的类型的人不相信一件事，你也就不相信这件事。你自己的理智是上苍给你的唯一启示，你不是对决定的正确性负责，而是对决定的正直性负责。我在谈《新约》时忘了指出，你应该读关于基督的全部著述，既要读那些被一些基督教传教士断定为福音传道者的著述，也要读那些被他们称为伪福音传道者的著述。因为这些伪福音传道者和其他人一样自命受神灵感应,你要用你自己的理智而不是用那些传教士的理智来判断他们的口实。这些著述大半已佚失。不过有些还存在,由法布里修斯汇编成书,我将设法弄一本给你寄上。

5.旅行。旅行使人更聪明,但是不太快乐。年长者出国旅行时尽量积累知识,今后可能把它有效地应用于他们的国家,但是他们以后将永远陷入掺和着遗憾的回忆,他们的感情由于扩及更多的对象而变得软弱,他们养成一些新的习惯,但是回家后这些习惯却难以获得满足。年轻人出国旅行在更大程度上蒙受所有这些不便,另一些不便更加严重,并不能获得那种必须具有以前在国内反复进行观察所打下的基础的知识。浮华和享乐的强光犹如血液的流动,吸引了他们的全部感情和注意力,把它当作世上唯一的好东西,他们回到家就仿佛回到一个流放和服刑的地方。他们的目光永远回望他们失去的东西,对这种东西的回忆毒害了他们的余生。他们最初和最敏锐的感情被滥用在外国一些没有价值的东西上,带回家的只是一些糟粕,不足以使他们自己或任何其他人幸福。除此以外,他们还养成了懒惰的习惯,不能献身于事业,使他们变得对他们自己和他们的国家都没有用处。这些看法是建立在经验基础上的。没有一个地方能像在你自己国家那样求学而不受外界事物的干扰,也没有一个地方能像在你自己国家那样内心的感情不会过分暴露以致变得软弱。只要良心好,有文化,而且勤勉,你就不需要出国旅行来帮助你成为国家宝贵的人才,使你被你的朋友们所爱,并且内心感到幸福。我再重复一次我的忠告:要进行大量运动锻炼,而且要多用两条腿走路。健康是仅次于道德的必要条件。请经常给我写信,请相信我对你成功的关切以及对你

的热烈感情。亲爱的彼得，我是你亲密的朋友。

致约翰·亚当斯[①]

巴黎　1787年8月30日

……巴黎（据说在全法国）所有的人都在任意说话，从未有过一张反政府言论许可证在伦敦实行得比这里更加自由或更加普遍。漫画、海报、标语被各阶层的人们肆意使用，我没有听说有哪一个人曾因此而受到惩罚。一些时候以来，每天有多达一万、二万、三万群众集合起来，把议会大厦团团围住，向议员们欢呼，甚至登堂入室，检查他们的行为，把那些表现不错的议员的马车上的马卸下来，亲自拉车送他们回家。政府预作防范，在附近驻了几团兵，增加了卫队数目，街上经常有重兵巡逻，关闭了许多特许自由发表言论的地点，禁止一切集会，等等。暴民已经散去，这或许是因为议会不在开会。被派往救济院去主持审判的亚多瓦伯爵引起了群众一片嘘声；身穿王后待从服装的某夫人（名字我忘了）的马车被群众拦住，因为大家误认为她是波利尼亚克夫人，要对她凌辱；王后和波利尼亚克夫人在去凡尔赛剧院途中也遭到一片嘘声。国王长期来习惯于借酒浇愁，现在越陷越深。王后痛哭流涕，但继续作恶。亚多瓦伯爵遭万众唾骂，而大亲王则特别受喜爱……

① 杰斐逊和亚当斯的友谊和敬重曾因政治上的不同意见以及个人误会而中断了几年，但是在他们晚年变得特别深厚。他们的通信以其充满哲理和生气勃勃而著称。

致约翰·亚当斯

巴黎 1787年11月13日

……你觉得我们的新宪法怎样？我承认，它里面有些东西使我对制宪会议所提出的文件不以为然。联邦众议院无论管理对外事务还是联邦事务都不合适。他们的总统似乎是波兰国王的蹩脚翻版。他可以每四年当选一次，终身连任。理智和经验告诉我们，可以多次连任的行政首脑等于是终身任职。当一两代人证明这是一个终身职位以后，在任何情况下都值得为它要阴谋、行贿、使用暴力，甚至值得外国进行干涉。美国由一个亲法或亲英的人统治将会对法国和英国产生巨大影响。一旦上了台，掌握了联邦军权，没有议会的帮助或制约，就很难把他撵下台，哪怕你能说服人民不投他的票。我但愿总统四年任期满后永远无资格第二次连任。确实，我认为新宪法的全部优点可用三四条新的条款表达出来，附加在珍贵的老宪法后面，老宪法甚至应该作为一种宗教遗物予以保留……

致史密斯上校[①]

1787年11月13日于巴黎

……历史能提供一次进行得如此体面的叛乱[②]的例子吗？对

① 威廉·斯蒂芬斯·史密斯上校是一位美国外交官，约翰·亚当斯的女婿。

② 这里杰斐逊是在论述马萨诸塞州发生的谢司起义。

它的动机我不去说它。动机是出于无知，而不是出于罪恶。20年不发生这样一次叛乱是不可能的。人民不能全都消息灵通，也不能永远消息灵通。传闻失实会引起不满，误解的事情越重要，不满程度也越严重。如果他们有这种误解而仍无动于衷，这是麻木，而麻木乃是公众自由死亡的前兆。我们13个州独立已有11年。11年里发生一次叛乱，等于每个州一个半世纪发生一次。哪一个国家历经一个半世纪风云变幻而没有发生过一次叛乱？哪一个国家能维护其各项自由，如果它的统治者不经常受到警告，知道人民保持着反抗精神？让他们拿起武器好了。纠正办法是使他们认清事实，赦免他们并使他们安定下来。一两个世纪内丧失几条生命意味着什么？它意味着自由之树必须经常用爱国者和暴君的鲜血来灌浇，使之鲜绿常青。鲜血是自由之树的天然肥料……

致詹姆斯·麦迪逊

巴黎　1787年12月20日

……我非常赞成成立一个自行和平地运转、不必频频诉诸州立法机关的政府这个总的想法。我赞成把政府分成立法、司法和行政三个部门。我赞成赋予立法机关以征税的权力，而仅仅是出于那个原因，我赞成由人民直接选举产生规模更大的众议院。因为虽然我认为一个这样选出的众议院远逊于目前的国会，难以胜任为联邦、为外国等等制定立法的工作，但是这个缺点并不抵消它维护基本原则、使之不受侵犯的优点，这个基本原则就是：除人民自己直接选出的代表外，任何人不得对人民征税。大州要求实行比例代表制，小州要求实行平等代表制，现在对两种截然相反的要求作了折中，对此我深为赞赏。同样，取消按州投票方法而改为按人投票方法，我也十分满意；给总统（会同任何一院 1/3 议员）否决权，我也十分赞成，尽管要是为了那个目的把司法部也加进去，或单独给司法部同样的权力，我将更加赞成。另外还有几个比较不重要的优点。现在我来告诉你哪些事情是我不喜欢的。第一，缺少一个权利法案，它明确无误地规定信仰自由、言论自由、防止常备军、限制垄断、永远不间断地实施人身保护法、一切应由本国法律而不应由国际法审判的事实问题都由陪审团审判。威尔逊先生说，权利法案没有必要，因为就邦联政府而言，凡是未给州政府的都保留了，而就州政府而言，凡是未保留的都给联邦政府了，这样说对作为讲话对象的听众也许是可以的，但它肯定是空话，反过对来同样也可以说；它不但受到文件本文有力推论的反对，同样也受到遗漏我们目前的邦联的目标的反对，邦联以明确措辞规定了各项保留权利。我们不应该下结论说，由于各州之间对应由陪审团审判的案件缺乏一致，由于有些州极其轻率，在某些案件中不采取这种审判方式，所以一些比较审慎的州将被降低到同一灾难性的水平。另一个结论要公正和明智很多，那就是，由于大多数州极其警惕地保留了这个神圣的自由的保障，那些偏离正道的州应该被领回到正道上来，应该让大家都做得对，而不应该让大家都做得不对。因为我认为一切可以查明的弊病都已经查明。我对别人有权拿走的东西没有权利，而国会将有权在一切民事案件中取消陪审制。让我补充一句，人民有权用权利法案来对抗世界上无论哪个政府——全国政府或地方政府，任何一个公正的政府都不应予

以拒绝或停留在推理上。

我不喜欢而且非常不喜欢的第二点，是在一切情况下放弃官职轮换的原则，尤其是总统一职。理智和经验告诉我们，总统如果可以重新当选，他就一定永远会重新当选。这样他就成了一位终身总统。一旦出现这种情况，某些国家在我们领导部门有一个朋友或敌人对他们就至关重要，他们会用金钱和军队来进行干预。一个亲法分子或亲英分子会受到他善待的国家的支持。如果第一次当选了，第二次或第三次当选差一两票，他就会造假选票、耍阴谋、牢牢地控制政权，得到投他票的州的支持，尤其如果它们是些主要的州，本身紧密团结，将反对者各个击破；它们还会获得欧洲一个国家的帮助，而大多数州则受另一个国家帮助。若干年后，选举一位美国总统，对于某些欧洲国家来说，将会比选举一位波兰国王意义重大得多。回想一下古代和近代史上所有选举产生的君主的例子，还能说我的顾虑没有道理吗？历代罗马皇帝、大权在握时的历任教皇、成为世袭之前的历代德国皇帝、历代波兰国王，还有奥斯曼帝国在北非的总督，这些都是例子。可以说，如果选举将伴随着这些不正当行为，那么，选举的次数越少越好。但是经验证明，要使选举避免这些不正当行为，就必须用轮换的方法使大家不再对选举感兴趣。哪一个外国列强或本国的政党都不会浪费他们的鲜血和金钱来选举一个在短期任职后必须下台的人。每第四年由人民投票撤换总统的权力人民是不会行使的，如果他们想要行使的话，也不会允许他们行使。波兰国王任何一天都可以被议会黜免。但是他们从不将他黜免。俄国、皇帝等等也不会允许他们这样做。小一点的反对意见是：就事实问题及法律问题上诉，通过

使全体立法、行政官员和司法宣誓维护宪法来约束他们。我不敢自作主张来断言什么是保留这部宪法的众多优点并去除缺点的最好方法。无论是先把它通过，期待他日予以修正，还是等人民了解了他们喜欢哪些部分，不喜欢哪些部分，对它们进行认真研究和权衡轻重之后再通过，我们总之要对他们说："我们现在知道你们的愿望了。你们愿意给你们的联邦政府这样那样的权力，同时又希望保证给你们这样那样的基本权利，并且把某些引起动乱的根子挖掉。就那样吧。请再派一些有雄才大略的代表来。让他们以一纸神圣宣言确定你们的基本权利，让他们把宪法中你们赞同的那些部分予以通过。这将给你们的联邦政府以足够使你们幸福的权力。"

这就是我要说的话，它或许会迅速产生一种更完善、更持久的政体。无论如何，如果目前的试验失败，我希望你不要泄气，以致不再进行其他试验。我们决不可对共和国失去信心。我已经坦率向你说明了我喜欢什么，不喜欢什么，这仅仅是出于好奇，因为我知道我没有能力提出意见供你参考，这些意见是在听取和权衡了人的智慧对这些问题所能提供的一切以后才形成的。我承认，我对一个军事力量非常强大的政府没有好感。它总是压迫性的。它使统治者逍遥自在，而人民却饱受苦难。马萨诸塞最近发生的叛乱引起的恐慌比我认为它应该引起的还要大。11 年内 13 个州发生一次叛乱，只等于每个州一个半世纪内发生一次。任何一个国家都不应该在那么长时期内不发生一次叛乱。政府军事力量再大也防止不了叛乱。英国的军队比我们多，却几乎每五六年就发生一次叛乱。法国的军队更多(但是如孟德斯鸠所说，不及其他国家霸道），总是有二三十万人整装待命，准备镇压叛乱，可是在我在这儿的三年间却发生了三次叛乱，其中每一次叛乱参加的人数都比马萨诸塞多，流的血也多得多。在土耳其，那儿的暴君杀人如麻，可叛乱却几乎天天发生。再把他们叛乱者疯狂的烧杀掳掠同我们叛乱者的文明、克制和几乎自我灭绝的精神比较一下，然后回答：给政府军队，或者给人民知识，究竟何者能最好地维护和平。后者是最可靠、最正当的统治手段。要教育全体人民大众，使他们了解情况，让他们懂得维护和平与秩序对他们有利，这样他们就会维护。要使他们相信这点，并不需要很高的教育程度。人民是维护我们自由的唯一靠山。总之，我的原则是：多数人的意志应该占上风。如果多数人对新宪法的一切部分都表示同意，那我也将欣然同意，期望他们一旦发现它效果不好，就会对它进行修正。只要我们始终保持高尚道德，这个靠山就不会欺骗我们，而我认为，只要我们把农业当作主要目标（只要美国任何地方还有未被占有或使用的土地，就一定会这样），我们就一定能够保持高尚道德。一旦我们大城市里像欧洲一样人满为患，我们就会变得像欧洲一样腐化堕落，像欧洲一样人吃人。我已经用我的专题讨论使你感到厌烦了。因为你已经听人家反复说过无数次；因此，我只向你保证我对你的崇敬和爱慕之情，怀着这种感情，先生，我永远是你亲爱的朋友和仆人。

又及：我们的法律不稳定的确为害极大。我认为应该在宪法里作出规定：一个法案正式写成和通过应该间隔 12 个月，满 12 个月再一字不易地提供通过，如果迫于形势，必须尽快通过，就应该获得两院 2/3 议员而不是简单多数的同意。

致E.卡林顿

巴黎　1787年12月21日

……我常常怀疑我是否应当用欧洲政治的琐碎事情来打扰国会或我的朋友。我知道这儿任何一个人都不可能不对它们表示关切，但是在美国却不会引起兴趣。我也知道，我们有一句格言，而且我认为是一句明智的格言，那就是：不要卷入欧洲事务。但我还是认为我们应该对欧洲事务有所了解。土耳其也同样奉行不干涉本大陆错综复杂的争斗的格言。但是他们不明智地决定对这些争斗不闻不问，就是这种对欧洲以及欧洲的联合和动向一无所知可能使他们走向毁灭。当欧洲有些强国惧怕我们的看法，或者对我们有看法，我们就应当密切注意它们，注意它们同哪些国家勾结，同哪些国家对抗，这样在必要时我们就可以利用他们对别的国家和对我们自己的弱点，并揣测它们的意图和动向。因此，虽然我相信不少人在报上读到这些事情时对它们漫不经心，我却认为自己有责任研究这些事情，宁可冒信息太多的危险，也不冒信息太少的危险……

致亚·唐纳德先生[①]

1788年2月7日于巴黎

……我衷心希望九个最早的批准宪法的会议接受新宪法，因

① 亚历山大·唐纳德是杰斐逊的朋友，在弗吉尼亚州里士满做烟草生意。

为这能使我们获得它包含的好处,我认为好处是巨大而重要的。但是我同样也希望四个最晚的批准宪法的会议在新宪法附加一个权利宣言之前不要接受它。这样也许会争取到一个更好的宣言,从而使整部宪法达到任何一部宪法所从未达到过的完善。所谓权利宣言,我指的是这样一个宣言,它保证信仰自由、言论自由、反垄断的贸易自由、一切案件由陪审团审判、人身保护法不中止执行、不设常备军。这些是防止做坏事的手段,任何一个正直的政府都不应当拒绝。新宪法还有一个要点我非常不赞成,那就是总统永远有资格重新当选。这一点我想目前不会改正,因为我看不出你们那里有任何人对它表示反对。但是甚至在你我有生之年,它将会使我们国家处于极其危险的境地。让我们的政府掌握在法国或英国的朋友或敌人手里,对法国和英国至关重要,因此它们会用金钱甚至武力来进行干涉。我们的总统对他们的影响要比波兰国王对他们的影响大得多。但是我们必须小心,决不能让这个或任何其他一个反对新宪法的意见使我们的联邦发生分裂。这将会是一个无可补救的灾难,因为亲密的朋友一旦翻脸,就再也不能由衷地重归于好,而大家团结一心,就肯定能在新宪法的弊病酿成大害之前把它们改正……眼下我还看不出任何强烈地表明要发生战争的迹象。的确,凡尔赛和伦敦两个宫廷之间的不信任是如此强烈,以致它们几乎不能在一起办事。但是,筹款的困难使两个国家哪一个也不敢贸然发动战争。我们所看到的少许备战活动是猜疑的结果,而不是想要打仗的结果。你知道,在这种心态下,一些鸡毛蒜皮的事也会引起决裂,因此尽管和平很有希望,战争也是非常可能的。

你的信激起了我对往事的一切美好的回忆，对我来说，这些回忆比我以后经历的任何一切都更珍贵。有些人只有荣耀和升官发财才能使他们高兴，但是我在他们中看到的只是嫉妒和仇恨。只要有了它们，就能知道它们是如何无助于幸福，或者不如说它们与幸福是如何格格不入。没有一种感情能像早期生活中养成的那些感情抚慰人的心灵，我也回想不起哪一个社交活动能比你我一同参与的那些活动带给我更大的欢乐。我宁愿隐居在一所非常简陋的农舍里，粗茶淡饭，与我的书、我的家人及少数老友为伍，让世人随他们高兴地去生活，而不愿担任任何人类力量所能提供的最显赫的职务……

致穆斯捷侯爵[①]

1788年5月17日于巴黎

亲爱的先生：我终于有机会告知你2月和3月14日两封大函已经收到，并祝贺你死而复生，巴黎的报纸经售人已坚信无疑地把你和其他死者一同埋葬了。我很抱歉，你的最初印象受到了一些礼节问题的影响，这些问题在那儿肯定是最不应该发生的。这些争论最不容易裁定，因为它们没有理性作为基础。它们的本质是专断和无意义的，由每个国家任意决定。这些决定的目的是要防止争论，但是防止一个，却产生10个。因此，在一个新的国家里，最好是完全把礼节免掉，或者，如果必须以这种或那种形式存在，

① 穆斯捷是一位法国将军和外交官，1787年任法国驻美公使。

就应该使它取决于某种天然条件，比方当事人的年龄或身份。不过你已经适应了所有这一切，而且，我希望，已经形成了一个适合你个性的社交圈子。你的处境无疑会因新宪法通过而得到改善，我希望宪法在你收到这封信之前已经通过。我在这个文件里看到许多好处。宪法将使我们获得巩固的政府、公正的代表权、永久性的行政机关以及其他具有重大价值的特点。新宪法确也有一些缺点，起初很使我反感；但是我们必须满足于逐步走向完善。我们必须满足于这部宪法将会使我们获得一个基础，等有利时机到来时再来纠正其中的不足。我也从同样的角度看待这里正在进行的改革。司法部改组无疑是在朝好的方向发展。刑法的改革是朝好的方向跨了一大步。全体法院的组成确实是错误到了极点，但是那个法院的基础可以保留，只要把组成成分加以改变即可。法院应由各地方议会派来的代表组成，使它成为人民的一个代表，它就是宪法宝贵的一部分了。但是据说宫廷不同意这样做；不过宫廷已经同意召开三级会议，后者将把全体法院仅仅当作供他们在其上工作的背景。公众的心理明显是反对统治者滥用特权，要把它们打倒。归根到底，政府中没有一种力量能顶得住。朝臣们是宁可放弃权力也不愿放弃享乐的，因此他们会用国王篡夺的权力来交换人民的金钱。这是现代国家的人民赖以恢复他们各项权利的动力。我衷心希望在这个国家里，他们会满足于实行一种和平的、消极的反抗。目前我们对这一点还没有把握，虽然至今还很难说他们会采取何种形式的反抗。幸好与他们为邻的敌人是处在一个想要维持和平的大臣的治理下。谁要打仗就打吧，但愿我的国家长时期地继续成为你的和平的居所，值得你对那个国家尽心尽职。

致威廉·卡迈克尔[1]

1788 年 5 月 27 日于巴黎

……纽约最近发生了一次骚乱,我将根据一个目击证人的口述向你叙述。长久以来,该城外科医生们的习惯做法是从坟墓里偷取刚下葬的尸体。一个公民的妻子去世了,在葬礼举行后的第一天或第二天傍晚,他到她的坟上去看看。他发现坟已经被掘过,而且猜到是什么人掘的。他设法去旁听当天的解剖课,他一踏进房里就看见他妻子的尸体,衣服剥光,正在进行解剖。他马上叫了一帮人。在这同时,尸体已被隐藏起来。他们搜查了最受他们怀疑的医生们的家,但是一无所获。但是其中一个医生比其他医生更内疚或更胆小,他到监狱里去躲了起来。暴民认为这是承认有罪,便向监狱发动进攻。州长命令民兵保护被控犯罪的人,把暴民镇压下去。民兵们认为暴民情有可原,拒绝出动。一些更有头脑的人认为即使一个人有罪,不经过法律手续便予以惩罚,要比让他逃走更加危险,于是他们便武装起来,去保护那个医生。他们受到暴民雨点般的石子的攻击,好几个人受了伤。他们便对暴民开枪,杀死了 4 人。此时,他们获得了其他民兵骑兵的增援,危急时刻骑兵一出现,暴民顿作鸟兽散。这一幕就这样结束了。我不厌其烦地讲给你听,是因为它可能被当作一个政治上的暴动事件提出来,而实际上它却与政治毫不相干。杰伊先生和巴伦·斯图本头部被

① 卡迈克尔是一位美国外交官,此时是驻西班牙宫廷的代办。

石子击中,受了重伤。当 4 月 24 日定期邮船开出时,前者仍卧床不起,后者仍不能出房……

致卡林顿上校

1788 年 5 月 27 日于巴黎

我非常高兴地获知新宪法有了进展。实际上,我早就相信它会获得人民的好感,因为我承认它获得了我的好感。起初,虽然我认为新宪法的主要部分和基础是好的,有许多附加的东西我却不喜欢。经过思考和讨论,绝大多数问题已经解决了。我曾就直接税的权力问题向你请教,现在我已经清楚了。我本来希望九个州通过宪法,以确保宪法中的好东西,另外几个州则暂时不通过,以争取必要的修正。但是马萨诸塞的方案更为可取,我相信那些尚未作出决定的州将会予以仿效。我迫切希望的修正只有两个。第一是一个权利法案,它对所有人都有利,我认为非答应不可。马萨诸塞提出的第一个修正案多少符合这个目的,但是不太好。它在有些方面做得很多,但在其他方面却做得太少。有些事情联邦政府应该自由行动的,却被缚住了手脚,而另一些事情应该限制的却不予限制。第二个我认为必不可少的修正是恢复轮换任职的原则,特别是参议员和总统,但最最重要的是总统。重新当选使总统成为终身官员,带来与选举产生的君主分不开的祸患,如果我们不能改变那个做法,倒不如一往直前,躲到世袭君主怀抱里去。但是对于纠正这一条,目前我不抱希望,因为我发现它在美国几乎没有遭到反对。如果短时期内无人反对,那就肯定永远没有人会反对。

最后的结果就是自由屈服，政府称霸。目前我们的精神还是自由的。只因为我们大家对那个被我们视为总统的人无限信任，我们的警惕性才睡大觉了。他卸任以后，水平差的人可能会接替他任总统，使我们认识到他的功绩把我们引入的危险。但是目前宪法还有待各州一致通过，我正以极其焦急的心情等待马里兰和南卡罗来纳的消息，他们在此前已作出决定。弗吉尼亚目前正在开会，可能成为批准宪法的第九个州。九个州批准后，北卡罗来纳、纽约和新罕布什尔就不成问题了。但是你认为对罗德岛应该怎么办？只要有希望，我们就应该给它时间。我相信它最后一定会改正的。无论哪种形式的暴力都会是一个危险的先例……

致艾泽德先生[①]

1788 年 7 月 17 日于巴黎

……欧洲的战争有扩大之势。瑞典已对俄国开战，尽管还没有确实消息。我本来希望法国能够妥善解决它的内部纠纷，不要流血。至今还没有流过血，虽然英国的报纸宣传使人感到即将发生全面内战。我本来以为国王和议会将会失去权力，国民通过其三级会议和省议会会获得权力，但是两天前布列塔尼的代表们被捕可能会引起一场内战。其后果取决于两个问题：1. 其他省会不会闻风而起？2. 军队如何行动？这两个问题外人是无法预料的。幸运的是，弊端还没有成为传统，每一种利益都

① 拉尔夫·艾泽德是一个南卡罗来纳人、爱国者和外交官。

赞成全国性的和稳健的政府；我们还可以派我们的聪明优秀的人去和他们共同议论我们的政体，就像讨论一个农业问题那样镇定沉着地讨论它的缺点，并确定纠正办法。我们向全世界提供的范例是独一无二的，就是光凭理性、以不流血的方式改变我们的政体……

致爱·拉特利奇[1]

1788 年 7 月 18 日于巴黎

……我们当然可以自诩已经为全世界树立了一个只靠理性而不经过流血革新了政府的完美范例。但是世界人民备受压迫，难以从这个范例获益。在大西洋这边，人民流血已成为传统，那些吸人民的血自肥的人是不会轻易歇手不干的。眼下，这个国家的斗争结局如何还很难预料。事实上，它是君主制与议会之间的斗争。国民唯一担心的是双方可能会被说服放弃它的某些弊端以博取公众的欢心。危险在于人民受虚伪的自由呼声蒙骗，可能会偏袒其中一方，从而给另一方以进一步把他们全部摧毁的借口。如果他们能避免诉诸武力，国民肯定能从这场论争获益匪浅。但如果诉诸武力，那就完全要看军队的态度，到底是支持自由还是支持专制。军队的态度目前还不得而知。在这同时，东方爆发的战争很可能会从一个国家扩展到另一个国家，

① 爱德华·拉特利奇是南卡罗来纳律师和政治家，是和杰斐逊共同签署《独立宣言》的人士之一。

最后成为一场全面的大战……

致卡廷先生[①]

1788年7月24日于巴黎

……这儿的内政问题还没有解决。最近实行的革新多数都起到很大作用，只有两个革新措施必须受到严厉谴责：在很大程度上废除省议会以及代之以一个像全体法院这样组织不完善的机构。如果国王有权这样做，这个国家的政府就是一个地道的专制政府了。我认为它在理论上是一个地道的专制政府，但是实际上被舆论博得的尊敬减轻了。孟德斯鸠说官吏、僧侣和贵族等机构是国王与人民之间的障碍，国民也跟着这样说。这些障碍只能诉诸舆论，无论这些机构，还是人民，都不能对国王的意志施加任何法律上的抑制，要证明这一点是很容易的。但是他们显然正在向一部宪法迅速迈进。已经取得了巨大的进展。省议会是人民的非常杰出的代表，将对抗国王的权力，为人民争取到许多利益。政府最近公开承认它不能征收一项新税，是件了不起的大事，三级会议的召开势在必行，将会产生一个国民议会，它定期开会，起初也许只拥有对法案的否决权，但是会逐渐发展成为制定原始立法、并对国王的开支施加限制的权力。这些改进是肯定会发生的，它将给这个国家灌输一种前所未有的活力。三级会议可望大有作为，因为国

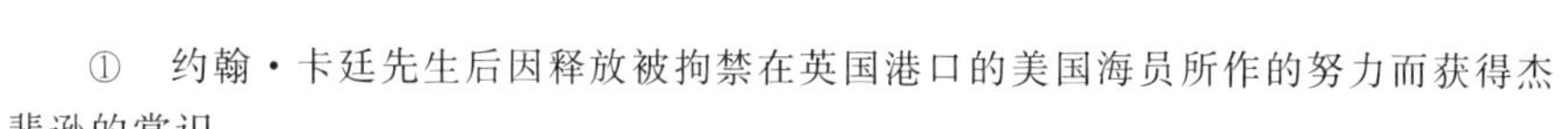

① 约翰·卡廷先生后因释放被拘禁在英国港口的美国海员所作的努力而获得杰斐逊的赏识。

王的品性很不错，肯作巨大的牺牲，要他做一件事，只要保证这件事对国民有益，他就愿意做。他很可能会相信三级会议将要对他说的话，然后依言而行。据说他们将把高等法院降为仅仅是一个司法部。但愿所有这一切不经过动乱就能实现……

致詹姆斯·麦迪逊

1788年7月31日于巴黎

我对我们的新宪法被九个州通过感到由衷的高兴。这是一张好画，只有几个地方需要润色。至于哪些地方需要润色，我认为它已经被从北到南普遍要求有一个权利法案的呼声充分说明了。大家几乎一致认为，权利法案应当涉及陪审团审判、人身保护、常备军、出版自由、信仰自由以及取消垄断等方面。我懂得，要进行全面的修改，使这些东西适合所有各州的习惯也许是困难的。但如果做不到的话，不妨先确定在一切情况下实行陪审团审判、人身保护权、出版自由和信仰自由以及在和平时期废除常备军，另外，在一切情况下废除垄断，总比在任何情况下都不废除为好。在少数情况下，这些东西可能会产生祸害，但是多数情况下，如果缺少它们就会产生祸害，不能因为前者的缘故而连后者一起反对。在一个外国人和一个本地人的争端中，由陪审团审判也许是不恰当的。但如果对这个例外情况不能达成一致意见，补救办法就是改变陪审团，在民事案件和刑事案件中都实行居间调和。暴动和叛乱时期为什么要暂停执行人身保护呢？被逮捕的当事人可能会立刻被指控一项明确的罪行，法官当然会允许他们交保候审。在非常时

刻，如果政府出于国家安全原因，必须根据不太确凿的证据将一个人关押起来，当必要性继续的时候尽可以把他捉起来审讯，重新捉起来重新审讯，只要政府对他受到的损害给予补偿即可。我们来考察一下英国的历史，发觉暂停执行人身保护令的案件中几乎没有一个案件是应该暂停执行的。这些案件要么是真正的叛国，当事人本应立即受到控诉，要么就是欺诈的阴谋，对当事人表示怀疑真是可耻。但是，对于暂停执行人身保护令真正起到良好作用的少数案件，那种做法现已习以为常，国民对它经常被暂停执行几乎都已经有心理准备。宣告联邦政府决不限制出版机构出版他们喜欢的任何东西，并不消除出版者对出版虚假报道应负的责任。宣告宗教自由不受惩罚并不使宗教谬误引起的犯罪行为不受惩罚。有人说，没有垄断，创新才能的刺激就会减少，因为创新的才能是受在一个有限时期(例如 14 年)内获得垄断的希望鼓励的；但是即使有限垄断的利益也大成问题，不能使之与全面禁止垄断对抗。如果找不到制约办法把常备军数目控制在安全范围之内，而是尽量予以容忍，那就应该完全放弃常备军，妥善训练民兵，让民兵来守卫军火库。假使超出军火库卫兵数目，超出少许没有用处，超出很多就危险了。没有一个欧洲国家能派遣一支使我们感到害怕的常备军来攻击我们，但如果我们的民兵比不上加拿大或佛罗里达的民兵，那就严重了。因此，我的意见是，尽管对这些一般规则的例外是可取的，也许是行得通的，但如果对例外不能达成一致意见，建立这些规则在少数情况下会有害处。因此，我希望制定一个权利法案来保护人民，防止邦联政府的侵犯，就像他们在大多数情况下已受到保护，防止州政府的侵犯一样。我了解，许多人不赞成

放弃参议员必须轮换的原则，而总统轮换原则则没有一个人赞成。因此，在前一种情况下被多数人反对，在后一种情况下被所有人反对，我认为我的意见是错了。但是，在这个问题上，如果我们都从同一立场考虑，我将会做得更加令人满意……

致詹姆斯·麦迪逊

1788年11月18日于巴黎

……关于联邦党人的文章，我已被告知三位作者的名字。我仔细地津津有味地阅读了它，感到获益匪浅，并且确信其中一位根本不值一提，第二位也乏善足述。只有第三位最最出色，因为依我看，这是有史以来对政府原则所作的最好的评论。在某些部分，能看出作者只不过想说些在保护舆论方面最动听的话，而他本人其实并不同意。但是总的说来，它牢固地确定了政府的规划。我承认，它在好几个问题上矫正了我的看法。但是，对于权利法案，我仍然认为应该把它加在宪法里面；我高兴地看到，三个州终于认为总统可终身连任这一条应予以修正……

致普赖斯博士

1789年1月8日于巴黎

亲爱的先生：10月26日大函敬悉，我非但不觉得信中有哪一个话题像你担心的那样乏味，反而觉得所有的话题都和来自你的一切事情一样，既令人愉快，又富有教益。你对于无神论和魔鬼信仰相对优劣的见解，我完全同意，的确，在许多自以为是基督徒的人崇拜的上帝中，除了魔鬼以外什么都没有。你的见解和著作将会起到使其他人在这个问题上服从理智的作用。你在信中也谈到我们的新宪法，这部宪法获得了出乎我意外的成功。我最初并不以为13个州中会有11个对一个把他们联合为一体的计划表示同意。自从我离开后，他们的意向变了，这种改变使联合成为必要，也就是说，要求成立一个能靠自己的两条腿走路，而不用州议会搀扶的联邦政府。在我看来，一种迫切感，以及服从这种迫切感，乃是一个新的和令人安慰的证据，它证明，当人民对情况有很好的了解时，就可以把他们自己的政府委托给他们；而当事态恶劣得引起他们注意时，就可以依靠他们将事态纠正。你说你对这里目前的斗争的性质和形势不太了解。我从斗争一开始就在场，以一个没有利害关系、除了热爱人民之外没有任何其他偏见的旁观者的身份目击了它的过程，可以向你谈谈我的看法。尽管这个国家和其他国家的一些著名作者已就政府问题阐述了一些良好的原则，但是美国独立战争似乎破天荒第一次把这个国家的一部分有思考力的人从他们陷入的专制主义的睡梦中唤醒了。曾经去过美国的军官绝大多数都是青年人，受习惯和偏见束缚较少，更容易受常识和公民权的支配。他们回来后脑子里充满了这些印象。出版机构尽管受束缚，还是开始把它们广为传播。谈话也有了新的自由；政治成了所有男女社交界的主题，一个影响非常广泛和热心的党成立了，可称之为爱国党，它意识到他们生活在其下的政府的腐败，渴望有机会将它改造。这个党网罗了王国全部有暇进行充分思考的精英：文人学士、生活舒适的中产阶级、青年贵族，他们加入党一部

分是出于深思，一部分是出于风尚，因为那些思想感情已经成为一种风尚，作为一种风尚把绝大多数青年妇女吸收进了党。对国家幸运的是，此时宫廷肆意挥霍，耗尽了国家的资财和信用，财政大臣卡龙先生发觉他自己不得不求助国民，把财政崩溃一事公之于众。他不懂得厉行节约来弥补赤字，除了征收新税不知有他法。为了诱使国民对这些新税表示同意，给他们一些甜头是必不可少的。1787年召开了显贵会议。会上婉转地概述了宪法和政府的一些主要缺点，提出了一些好的补救方法，然后在冠冕堂皇的建议的掩饰下，提出了筹集更多钱款的要求。显贵会议同意大臣关于改革的必要性，巧妙地避开了钱的要求，将他免职，由另一个要人取代。图卢大主教凭借人们对他所抱的希望，总算借到了点线，并且把宫廷开支作了很大的削减。尽管自那时以来对他抱有种种偏见，他给我的印象是尽这样一个人之所能进行了法律和宪法的改革，这个人必须把朝臣们拉着跟他跑，甚至必须把他正在领他们进行的那些措施的后果向他们隐瞒。在他施政期间，刑法作了改革，绝大多数省成立了省议会，还答应召开三级会议，国王还正式确认不得国民同意不征收新税。诚然，他不断被民众吵吵闹闹的呼声驱赶向前，这些呼声由于爱国党人的著作和行为的刺激而更加高昂，爱国党人能够使民众的骚动恰恰停留在接近反抗而又不真正反抗的界限上。爱国党人还与高等法院结成了联盟，高等法院在非常形势的驱使下，破天荒第一次表示拥护国民的权利。省高等法院由于一些老的原因同卡龙积怨甚深，他们拒绝登记他提出的法案或税，甚至扬言他们没有权这样做。他们对他的继任者也坚持这样做，后者因此把他们流放了。他们发觉国民对把他们召回并不很感兴趣，就开始担心拟议中的新的立法机关将会成立以取代他们，他们自己将永世不得翻身。简言之，他们发现他们自己的力量不足以与国王对抗。因此他们坚持召开三级会议。在这一点上，他们和爱国党人联合起来，并且得到爱国党人的支持，他们的联合力量足以使国王答应召开那个会议。我一向认为大主教们对他们把国王置于其下的这种力量没有反对意见。但是爱国党人和高等法院坚称是他们的努力才迫使国王作出违反他意愿的承诺。高等法院重新成立是爱国党人与高等法院同一联合的结果，但是，高等法院一重新成立，就在那种力量——三级会议——中看到了危险，三级会议是他们在万般无奈的情况下要求召开的，但是他们现在预感到三级会议很可能会剥夺他们的权力。于是他们开始找一些借口来对三级会议的合法性提出异议，作为对三级会议的当头一棒，如果三级会议真的把改革扩充到他们头上，就把它为一个逃脱困境的招数。内克先生就在这个时候上台，非常巧妙地使当局摆脱了这些争端，他采取的办法就是召集知名人士，叫他们就三级会议的召开和组成方式提意见。宫廷对人民十分客气，这并不是出于公正或爱民原则，而是因为需要钱。从人民那里弄不到更多的钱，因为他们已经被榨干了。教士和贵族由于享有特权和势力，大部分财产至今不纳税。因此现在要钱就只能向他们索取，而这方面最得力的助手便是人民。因此宫廷必须同人民联合起来。但是显贵会议的成员多半是特权人物，曾提出一个三级会议的组成方法，这个方法会使人民或第三等级在三级会议里的呼声达不到宫廷的目的。宫廷于是和爱国党人携手合作，与高等法院密谋投有利于人民权利的一票。这一票抵消了贵族的一票，使宫廷得

以自由地照自己的意思去做，他们决定第三等级在三级会议里的票数将等于教士和贵族的票数的总和。但还有一个重大的问题要解决，那就是，三级会议应该按等级投票还是按人投票？过去的例子是两者都有。教士会竭尽全力争取按等级投票，因为这样就能躲开迄今为人民所做的一切的影响。人民可能会明确地指示他们的代表反对任何一项税或公债，除非国家的一部分没有特权的人享有与有特权的人一样的发言权；也就是说，除非第三等级的发言权同教士和贵族的发言权相等。青年贵族一般会站在人民一边，国王和宫廷也会站在人民一边。反对人民的将是老年贵族和教士。因此，总的说来，我相信，到开会时，多数贵族将会赞成第三等级。以上谈的都是过去的事，现在要来预测一下，因为你会问：所有这一切会导致什么结局？我回答，如果三级会议开始时在上述问题上不出岔子（这个问题必须在着手工作之前予以解决），那么，他们在第一次会议上将很容易地达到以下目的：1.将来定期召开三级会议。2.筹集和拨付款项，包括确定王室费用的专有权。3.参与立法工作，开头也许只是把目前由高等法院行使的那部分权力，亦即提出修正案和行使否决权的权力移交给他们，但最后肯定是掌握创始权。4.他们可能会草拟一个权利法案，至少会试图这样做。他们还会争取达到另外两个目的，即人身保护法和言论出版自由。但是这几条在第一次会议上可能不会获得成功，也可能要作修改，必须让国民更加成熟起来以使它们无条件通过。总之，我认为，目前这场斗争的基础是人民对自己的权利有了认识，一些幸运的事件也有所帮助，我还认为他们决不能后退，而是必须勇往直前，争取制定一部能保证给他们在很大程度自由的宪法。他们

自信能制订出一部比英国宪法更好的宪法。我认为它在某些方面会更好,其他方面更差。在代表权方面会更好,代表权将更加平等。在常备军方面会更差,因为他们的处境使他们不得不保持常备军这部危险的机器。我也怀疑他们是否能实行陪审团审判,因为他们没有认识到它的价值。

我确信这封长信此时已使你感到厌烦,你会乐于看到它结束。亲爱的先生,请接受我对你满怀崇敬之情。你的最恭顺的仆人敬上。

致约翰·杰伊

1789 年 1 月 11 日于巴黎

……人们对威尔士亲王的人品很感兴趣,我力图了解他真正的人品。了解他的为人,要比了解其他和他同样显贵的人更容易些,因为他没有煞费苦心地向外界隐瞒。最可靠的消息我是从这儿的一个熟人那里听来的,此人生在英国,为人正直、聪明,富有科学头脑,他一半时候居住在巴黎,另外一半时候居住在伦敦。在伦敦的时候,他置身的社交圈子使他有很好的机会认识亲王;但是他本人还有特殊机会可以通过亲身的观察来核实听来的消息。他上次在伦敦时被邀请参加了一个三人宴会。亲王碰巧也来了,成了第四位。亲王吃了半只羊腿,小冷盆一动不动,因为量太少了;他吃饭时喝香槟和勃艮第葡萄酒,就像喝啤酒一样,饭后和大家一样喝波尔多葡萄酒。总之,他一个人吃的和其余三个人一样多,而且喝了大约两瓶酒,好像一点没有感觉。那个给我提供消息的人正好坐在亲王旁边，由于以前和亲王素不相识，又是刚从法国来的，亲王几乎只同他一个人交谈。他发现亲王说法语一点不带外国腔，亲王告诉他说，在他很小的时候，他父亲在他身边只安插法国仆人，他就是在那种情况下学会发音的。我的朋友趁机要求亲王谈谈他受的教育。全部教育仅仅是学了一点点拉丁文。他对数学、自然哲学或道德哲学或其他任何学科一窍不通，与他结交的人都是些蠢材，无法弥补教育方面的这个空白。他结交的是全王国最下流、最无知识、最荒淫无耻的人，不计地位或才智，同他们谈话的主题只是赛马、酗酒、逛窑子，语言是最粗俗的。和他结交的青年贵族们讨厌他那帮人的难以忍受的荒淫无耻，很快就离开了他，而被认为是他的宠儿、对择友不甚严格的福克斯先生也不愿经常与他为伍。事实上，他从来不与一个懂道理的人交往。他没有一丝正义、道德或宗教感，对人权毫无认识，也从来不把旁人对他的看法放在心上。他至今对名声也完全无动于衷，要是他丢了王位，只要保证他永远有肉吃，有酒喝，有马骑，有女人玩，他恐怕也不会感到痛心。但是，就女人而言，自从他接触了菲茨赫伯特夫人——她是个正派和值得敬重的女人——，已经有所收敛，甚至不像以前那样狂饮暴食了。他相貌本来不错，但如今已变粗俗了。他有充足的当地人的常识，和蔼可亲，彬彬有礼，谈吐也很幽默。另外有一次，他对我的熟人说："你的朋友某某昨天跟我一块儿吃饭，我把他灌得烂醉如泥。"熟人回答道："对不起，我听说殿下已经戒酒了呀。"亲王哈哈大笑，非常好脾气地拍拍他肩膀，二话没说，以后也从未表示不快……

致弗朗西斯·霍普金森[1]

1789 年 3 月 13 日于巴黎

亲爱的先生:12 月 21 日奉上一信后,接连收到你 12 月 9 日和 21 日的两封来信。请接受我对附寄的报纸和小册子以及我和我的女儿对歌曲集的谢意。我不说它们多么使我们高兴,也不说歌曲集哀婉动人的词句多么值得称赞,而是只告诉你一件事:当我的大女儿在羽管键琴上弹奏它的时候,我正好向炉火望去,只见小女儿泪流满面。我问她是不是病了,她说,“不,可是曲调太忧伤了。”

《百科全书》的编者对他今后要出的几卷定价之高,听说使订户大惊失色。这个消息登在一张我没有订阅的报纸上,所以我还没有看到,说不出一个所以然。我希望你现在不再对你的醋做鬼脸,已经泰然处之。你说我一向以反联邦主义者的姿态出现在你面前,问我这样是不是合适。我的意见向来没有价值,不值得引证,但是既然你问起,我就来告诉你吧。我不是一个联邦主义者,因为无论在宗教上、哲学上、政治上或者任何其他思想上,只要我能够进行独立思考,我从来不使我的见解受任何一帮人的信条的支配。这样一种癖好最不可能使自由意志衰退。如果我除非加入一个党就进不了天堂,那我宁可不进天堂。因此,我不是联邦党人。但是我也决不是反联邦党人。我从一开始就赞成新宪法的大

① 弗朗西斯·霍普金森是位有才能的政治家、音乐家和作家,经常和杰斐逊通信。

部分条款：巩固政府；行政、立法和司法三权分立，立法部门再分成两院；两院以不同的表决方式使大州和小州的利益调和起来；按人而不是按州投票；总统享有对法案的有限制的否决权，但如果像纽约州那样和司法部联合起来就更好；最后还有征税的权力。我最初认为征税权应受限制，但稍加思考后认为不应受限制。我从一开始就不赞成的是宪法中缺少一个权利法案。应该用一个权利法案来保障自由，防止政府的行政部门和立法部门侵犯自由；也就是说，保障宗教信仰自由、言论出版自由、免于垄断的自由、免于非法拘禁的自由、免于一支常备军的自由以及一切可由国家法律裁决的案件均由陪审团审判。我同样也不赞成总统可以永远连选连任。对于我不赞成的这些我坚持不放。我本来希望九个最早的批准宪法的会议会接受宪法，以使我们获得宪法里面包含的巨大好处，而四个后来的批准宪法的会议则不接受宪法，以争取各项修正。但是我一看到马萨诸塞那个比我高明多多，而且我从未想到过的方案，就立刻改变了态度。在权利宣言问题上，我认为美国大多数人是和我意见相同的，因为我明白，所有反联邦党人和很大一部分联邦党人都认为宪法应该加上这样一个宣言。欧洲一些开明的国家因为我们首创了保障人民权利的文件而给了我们最大的荣誉，现在看见我们那么快地放弃它感到十分震惊。在总统可连选连任问题上，我发现自己的看法和大多数同胞不同；因为 11 个州里只有 3 个州表示希望更改这一条。确实，既然事情已经定局，我希望在我们伟大领袖有生之日不要更改，我认为他的施政才能比世界上任何一个人都强，只有他凭借他的声望以及人们对他廉正的信任，完全能够领导新政府冲破一切阻力向前发展。但是，从我们的错误中汲取了所有好的东西以后，一旦这个人不再能为我们掌舵，我希望就把错误予以纠正。

亲爱的朋友，这些便是我的看法，由此可见，我说我既不是联邦党人，也不是反联邦党人是对的；我不属于其中任何一个党，也不是两个党之间的骑墙派。我读了宪法没过几个小时，就把我的这些意见写信告诉了我在美国的一两位朋友。当时报纸上还没有就这个问题登过片言只语。我从来没有一个政治观点或宗教观点不敢公开承认。对这些问题持保留态度可能会使我从某些人那里获得更多的尊敬，但却不能获得我自己的尊敬。我最大的愿望是严格地然而不声不响地履行我的职责，避免引人注意，不使我的名字在报上出现，因为我感到，小小的责难（即使它是没有事实根据的）带来的痛苦，也比大受赞扬带来的快乐更加强烈。我目前职位的特点是可以履行我的职务而我为之履职的那些人却看不见。你没有想到，你信中短短一句话竟会引起我这样以自我为中心的长篇大论。为此我请你原谅，并将竭力以始终如一的尊敬和爱慕之情使我值得你原谅。怀着这种感情，亲爱的先生，我是你真挚的朋友和仆人。

致詹姆斯·麦迪逊

1789 年 3 月 15 日于巴黎

……我以极其满意的心情仔细考虑了你在 10 月 17 日来信中对权利宣言问题表述的意见。有些意见是我以前没有想到过的，但是一出现在我头脑里，立刻就获得了赞同。在赞成权利宣言的各种论据中,你漏掉了一个我认为极其重要的论据:它就是司法部手里的合法制约。司法部这个机构,如果让它独立自主,严格履行本部门的职责,就能因其博学和廉正而值得极大的信任。事实上,对于一个由诸如威思、布莱尔和彭德尔顿这样的人组成的机构,哪种程度的信任算是过分呢?对于这样的一些人,"居于统治地位的公民刚愎自用"这句话是不起作用的。我高兴地发现,总的说来,你是赞成这个修正的。权利宣言和所有其他人类的福祉一样,是掺杂着一些不便的,使它的目的难以充分实现。但是在这件事上,利大大超过了弊。我忍不住要对你信中列举的各种反对意见作一个简短的回答。1.讨论中的权利是按照联邦权力被授予的方式保留的。回答:一部有制定权的宪法当然可以这样构成,用不着权利宣言。宪法本身具有宣言的力量,如果把一切实质性的问题都包罗在内,就不再需要别的什么。我曾经草拟过一个宪法,打算在弗吉尼亚提出,后来把它印了出来。在这个宪法里,我竭力使它包含公民自由的一切重要目标,而没有想要加上一个权利宣言。目标也许表达得不完善,但是缺点会在讨论过程中被别人改正。但是在一部漏掉某些重要条款,另一些条款有各种含义的有制定权的宪法中,权利宣言就成为必不可少的,必须以增补方式予以补充。我们的新联邦宪法情况就是如此。这个文件在某些目标方面把我们组成一个国家,并为这些目标给我们一个立法机关和一个行政机关。因此它必须保卫我们,防止他们在提供给他们的权利范围内滥用权力。2.有些基本权利是无法在必要范围内阐明的。回答:半个面包总比没有面包好。如果我们不能保证我们所有的权利,那就让我们保证我们所能保证的吧。3.联邦政府的权力受宪法限制以及各下级政府的警戒提供一种任何其他情况下都没有的安全。回答:这句话的上半部分似乎可归入上述第一个反对意见。下级政府的警戒确是一个宝贵的依靠。但是请注意,那些政府只不过是代理人。必须给他们提供原则,让他们根据那些原则来反抗联邦政府。权利宣言是一个蓝本,他们可以根据这个蓝本来检验联邦政府的全部作为。按照这个观点,权利宣言对联邦政府也是必不可少的,因为他们可以根据同一个蓝本来检验下级政府的反抗。4.经验证明权利宣言是没有效果的。不错。但是,尽管它不是在任何情况下都绝对有效,它却永远具有巨大的潜力,而且难得没有效果。多一个支柱往往能使要坍倒的房子不坍倒,而少一个支柱,房子就往往会坍倒。权利宣言带来的不便与缺少权利宣言带来的不便,两者之间有着显著的本质上的不同。权利宣言带来的不便是,它可能会阻碍政府有效地执行其任务。但是这种不便的坏处是暂时性的、有限度的和可以补救的,而缺少权利宣言所造成的不便却是永久性的、强烈的和不可补救的。它们不断从坏发展到更坏。在我们州政府中,行政部门不是独揽一切的,它不是需要我警惕的主要对象。立法机关的专横是目前最令人担忧的,而且这种情况将会持续许多年。行政部门也会残暴专横,但那是遥远将来的事。我知道我们当中有些人巴不得现在就成立一个君主国。但是他们的数目和重要性都微不足道。新的一代人都是共和主义者。我们受的是君主主义教育,我们当中有些人仍然保持那种偶像崇拜是不奇怪的。我们的年轻人受的是共和主义教育,放弃共和主义而改信君主主义是没有先例的,也是不可能的。宪法有可能加上一个权利宣言,对此我感到十分高兴;我希望它能以

这种方式实现，既不会使政府整个框架发生危险，也不会使它的任何主要部分发生危险……

致汉弗莱斯上校[①]

1789 年 3 月 18 日于巴黎

这个国家自从你离开后所发生的变化是你难以想象的。原本轻薄无聊的谈话现在完全让位给政治了。男人、妇女和儿童只谈政治不谈别的，而你知道，所有的人都大谈特谈。报纸上每天刊登各种各样的言论，其大胆程度使至今自以为是天下最大胆的英国人目瞪口呆。这个政府的一场彻底的革命在短短两年内（因为革命是从 1787 年的显贵会议开始的）之所以能够实现，靠的仅仅是舆论的力量，的确也得力于宫廷的挥霍所造成的财政困难。这场革命没有丧失一条生命，除非我们把前不久在布列塔尼发生的一次小规模暴乱算在它账上，这次暴乱是面包价格暴涨引起的，后来发展成为政治性的，最后死了四五个人告终。三级会议于 4 月 27 日开幕。人民的代表数应该说是合乎理想的，但是受到同样数目的贵族和教士的影响。会议要解决的第一个重大问题是，到底按等级投票还是按人投票。多数贵族已经愿意和第三等级联合起来，决定应该按人投票。这是目前符合时尚的看法，而时尚在目前这件事情中起了极大作用。例如，所有漂亮的年轻女子都支持第三等级，这在法国是一

① 戴维·汉弗莱斯是著名的独立战争军人、政治家和诗人，在杰斐逊在巴黎的最初几年里曾在那个首都充当一名美国外交官。

支比国王的20万军队更加强大的军队。除此以外，宫廷本身也赞成第三等级，把它看作能解救他们燃眉之急的唯一力量；不是让第三等级自己拿出钱来(他们的血汁已被榨干)，而是通过它强迫不纳税的等级拿出钱来。国王答应不再滥用征税权，不再继续征税或挪用税款，保证定期召开三级会议，使密札受法律限制，保证言论出版自由；所有这一切都由宪法予以规定，他的各位继任者都将受宪法约束。国王没有提议参与立法机关，但是对这一点肯定会坚持的。对所有这些问题，人民的思想已完全成熟，看法好像已完全一致。教士以及老年贵族的想法确实有所不同，但是他们的意见被国民完全一致的意见压倒了。针对这件大事出版了许多书刊，其中有些是非常宝贵的；因为，它们不受英国人深受其害的偏见的束缚，给理智充分发挥的余地，并且列举出许多海峡对岸迄今还不了解和承认的事实。一个正在一种半改革状态下昏睡的英国人，是不会被这些惊天动地的大事惊醒，想要盯住一个法国人的脸，看看他到底朝哪里看，是朝王位看，还是朝祭坛看的。总之，我相信，在本年内，这个国家将被分配到国民目前所能承受的那么多的一份自由，考虑到他们的绝大多数人民是多么无知……

有些权利上交给政府是无益的，而政府至今一直在对这些权利进行侵犯。这些便是思想权利和以说或写方式把思想表达出来的权利、自由贸易权利以及人身自由权利。有些手段对管制政府特别可靠，决不能让立法机关随意改变。新宪法在行政部门和立法部门为这些工具提供了保证，但是没有在司法部门提供保证。它应该规定由人民自己，也就是由陪审团来审判案件。有些工具对于国民的权利极其危险，使它们任凭统治者摆布，那些统治者，无论是立法的还是行政的，都应当加以约束，不让他们随意使用这些工具，而只能在明确规定的情况下使用。其中之一就是常备军。现在我们可以说，这样一个使我们在这些方面得到保证的权利宣言，作为宪法的补充，尚付诸阙如。舆论宣布这个反对意见是合法的。但是舆论没有批准我把总统永远可以连选连任当作一个真正的缺点，而我过去认为现在依然认为这是一个真正的缺点。但是既然 11 个州只有 3 个州反对总统连选连任，那么根据每一个社会的根本法——少数服从多数——我们必须认为我们是错了。如果多数人改变他们的意见，认识到他们宪法中的这一点是错的，我还是希望把它保留，不要改掉，只要我们能够利用我们的伟大领袖的服务，我认为他的才能以及他的高尚品德对于使政府运转是特别必不可少的，以后可以让一些次要的人物来继续进行下去……

致威拉德博士[①]

1789 年 3 月 24 日于巴黎

……在技术方面，我认为我们的两位同胞提供了最重要的发明。《常识》的作者潘恩先生发明了一座铁桥，造价比石桥便宜得多，而且桥拱也大得多。他表示桥拱可达 500 英尺。他在英国获得了铁桥的专利，目前正在进行第一个 90 到 100 英尺桥拱的试验。拉姆齐先生靠蒸汽力航行的发明也在英国获得了专利，而且正在这里申请专利。他的主要功绩在于改进锅炉，他不像别人那

① 约瑟夫·威拉德博士当时是哈佛大学校长。

样主张用复杂的桨和叶轮机械，而是使用一种非常简单的东西，让一股水流对他的船起反作用。眼下他正在英国建造一艘海轮，5月份可落成试航。他在各部门提出过许多机械方面的改进，总的说来，是我有生以来看到过的最有独创性、最伟大的机械天才。拉·普罗斯归来（无论什么时候归来）会增加我们在地理、植物和动物方面的知识。我们前面有一块多大的天地可供我们一显身手啊。美国的植物资源远远没有被详尽无遗地研究过。它的矿物还没有被开发过，它的动物完全被误解和报道失实。就我所知，没有一种陆栖鸟是欧洲和美洲所共有的，四足动物恐怕也未必有（家畜是例外）。先生，正是像你主持得那样出色的学府应该公平地对待我们的国家，对待它的生产和它的天才。这方面的工作应当由你正在培养的年轻人来做。我们已用我们一生中最好的时光为他们争取到了宝贵的自由。他们应该用他们一生中最好的时光来表明自由是科学和美德之源，一个国家总是要按照它自由的程度在两方面都成为伟大。先生，没有人比我更热切地祝愿你在这方面花的心血取得成功，我怀着无限尊敬之情永远是你最忠诚和卑贱的仆人。

致华盛顿将军[①]

1789年5月10日于巴黎

……我为拉法叶特侯爵深感忧虑。你知道，他的信条显然是

① 杰斐逊放弃了他驻巴黎公使生涯，接受华盛顿私人邀请出任第一位国务卿。尽管联邦党与共和党斗争偶尔引起政治上的争执，到华盛顿去世为止，华盛顿和杰斐逊始终保持着真挚投契的关系。

和人民站在一起的，但是他当选为奥弗涅贵族的代表，获得明确指示，要赞成按等级投票而不是按人投票。这样一来就会断送他和第三等级的关系，而他也不可能长时期使贵族感到满意。我毫不犹豫地逼他把指示烧掉，要他凭良心行事，因为良心是唯一可靠的指针，永远能引导人排除一切顾虑和不一致。如果他不能实行一个和解方案，他肯定会立刻果断地和第三等级站在一起。在那种情况下，他就会合乎他们的心意，我相信那个基础十分稳固，站上去不会发生危险……

致圣埃蒂尼先生[①]

1789 年 6 月 3 日于巴黎

先生：昨晚你走了以后，我们（拉法叶特先生、肖特先生和我本人）继续就你所遇到的困难问题进行交谈。由于理想的目的是把国王提出的好处拿到手，把似将发生的坏事避免掉，我出了个主意，这个主意似乎打动了拉法叶特先生，他鼓励我回巴黎后把它形诸笔墨，寄给你和他。这个主意是这样的：国王应在御前会议上拿出一份权利宪章，由他本人和三个等级的每位代表签字。这个宪章应包含 12 月决议代表国王提出的五个要点，即废除特权等级的金钱上的特权、举借国债以及国民对要求他们提供的钱额表示同意。最后一项对于前几项来说，代价是极小的。同一法令还应宣布三级会议立即休会，明年 11 月复会。你们带给选民的好处将远

① 拉鲍特·圣埃蒂尼是抗议运动的一个著名鼓吹者。

胜于以前在不使用暴力下获得的好处，而你们要恰恰在否则就会使用暴力的关口住手。这样将赢得时间，人民的思想将继续成熟，继续增加知识，人民本身奠定一个牢固的基础，将想出各种对策，以便你们在下次会议上赢得更多东西，重新在刚要使用暴力的关口住手。我已冒昧给你本人和拉法叶特先生寄上一个我设想的提纲，简单地说明这个行动应包含些什么，而不至于有引起任何争端的危险。但这仅仅是供你参考，如果它值得参考的话。我对这个题目所知甚少，你所知甚多，因此我只能出些点子。而且这个提纲是匆忙中写的，写就以后，我觉得第 5 条也许会使人惊慌，其实它在很大程度上已经包含在第 4 条里，因而是不必惊慌的。但是说到底，先生，对于这种自行其是，我能作什么辩解呢？我无非是对你的国家无限热爱，惟恐专制主义缚住自己手脚的提议未被接受，又以十倍的疯狂重新逮住你们。请允许我非常郑重地保证我对你的尊敬之情。先生，怀着这种感情，我荣幸地成为你的最恭顺、最卑贱的仆人。

〔下面是附在前两封信里的权利宪章。〕

权利宪章，国王与国民郑重制定。

1. 三级会议应于每年 11 月 1 日召开，会期长短视必要而定。选举和议事项目由会议自行规定，除非另作规定，选举应按今年方式进行，每三年选举一次。

2. 只有三级会议有权对国民征税并拨款。

3. 只有三级会议有权制定法律，但必须征得国王同意。

4. 除非按照由法律授权的法院的正式程序，任何人的自由不受限制。（只是法院可以按照一名贵族的几位近亲的请求下令将他监禁。)任何一位法官如被控进行非法监禁,如确为非法,应立即将犯人当众释放。羁押犯人的官员应服从法官的指令。法官和官员都应在民事上和刑事上对失职负责。

5. 军权应服从文权。

6. 印刷商印行虚假事实致使起诉一方受到损害者应负法律责任,但不受其他限制。

7. 任何人享受的一切金钱上的特权和豁免权一律废除。

8. 国王过去所欠全部债务成为国民的债务,国民保证如期偿还。

9. 赠与国王 8000 万里弗赫,此款由贷款筹措,由国民偿还;在此以前交纳的税将继续交纳至本年底,以后不再交纳。

10. 三级会议应立即休会,明年 11 月 1 日复会。

本宪章于 1789 年 6 月　日由国王及国民在三级会议的代表在凡尔赛制定。

本宪章由国王以及每位代表在国王面前签署。

致约翰·杰伊

1789 年 6 月 24 日于巴黎

先生:我本月 17 日和 18 日的信向你介绍了三级会议到 17 日为止的进展情况,17 日第三等级宣布现行一切税均为非法,俟目前会议结束后即予以废除。次日是节日,要举行圣体宗教仪式,三级会议休会,无法说明该表决可能对政府产生什么影响。19 日下午,在马尔利宫举行了会议。会上提议国王应在御前会议上发表声明，阐述他本人的意见。这个声明由内克先生撰写，对贵族和平民的做法都进行了谴责，宣布了国王的意见，国王的意见和平民大致相符。内阁会议同意这个声明，而且也同意御前会议在22日召开，在那以前，三级会议暂停举行。当内阁会议在马尔利宫就此事进行磋商时，教士院也就是否接受第三等级关于与他们在平民院联合的邀请进行辩论。第一个问题——无条件联合——被极微弱的多数否决。但是，人们知道，有几个议员虽然投了反对票，但是只要将议题稍加修正，他们就会投赞成票，因此有关这些修正的问题就提出来了，并以11票的多数决定和第三等级联合。教士的这些做法，马尔利宫会议是不知道的，而马尔利宫会议的议程是向所有人保密的。第二天（20日）早晨，代表们照常来到会场，发现大门紧闭，由卫兵把守，门上贴着一张布告，宣布御前会议于22日召开，22日前，他们的会议暂停。他们第一个念头就是他们已被解散，就到另一个地方去着手工作。他们在那儿相互宣誓，在他们为国民制定一部基础扎实的宪法之前，决不自动解散，如果被武力解散，他们将易地重新集合。但是，当天有人私下向他们透露，御前会议的措施对他们有利。次日，他们在一个教堂里开会，多数教士参加。贵族的领袖们知道大势已去，必须作殊死努力以求挽回。国王仍在马尔利宫，除自己人外任何人不得接近。他受到各种各样谎言的困扰。他听信谗言，以为平民将解除军队对他的宣誓效忠，并增加薪饷……他们成立了一个委员会，成员包括国王及其内阁大臣，大亲王和阿图瓦伯爵也参加。在这个委员会上，后者对内克先生进行人身攻击，批评他的方案，并提出了一个他的手下替他炮制的方案。内克先生的特点是缺乏坚定性，他受到威吓，惊恐万

分。国王也受了惊吓，决定次日对两个方案同时进行讨论，御前会议推迟一天举行。国王的决定助长了反对派的气焰，下一天更加猛烈地对内克先生进行攻击，他的方案被整个推翻，由阿图瓦伯爵的方案取代。内克先生和蒙穆兰先生提出辞呈，但被拒绝。阿图瓦伯爵对内克先生说："不，先生，你必须被扣作人质；你要对行将发生的一切坏事负责。"计划的这种变动立刻传了出去。贵族趾高气扬，人民惊恐失色。次日，当国王穿过他们形成的甬道从王宫到三级会议厅（大约半英里路程）去时，周围死一般的寂静。国王在会议厅停留了大约一小时，讲了话，又宣读了声明（现将讲话和声明抄本附上）。国王从会议厅出来时，几个孩子有气无力地喊了声"国王万岁"，但人们依然保持沉默，脸露愠色。但是，当跟在后面的奥尔良公爵出来时，欢呼声震耳欲聋。这一点国王必然感觉到了。国王在讲话结束时，命令代表们跟他去，次日继续开会讨论。贵族跟他去了，教士也跟他去了，只有大约 30 个教士不去，他们和第三等级继续留在室内进行讨论。他们对国王的做法提出抗议，坚持他们以前所做的一切，宣布他们自己人身不可侵犯。一个军官两次进来以国王名义命令他们出去，但他们拒不服从。下午，不安的人民开始在王宫和王宫附近大批集合。王后惊恐万状，派人去请内克先生。内克先生被人领着从挤满王宫所有房间的群众的叫喊和欢呼声中进去。他和王后在一起只待了几分钟，和国王在一起待了大约三刻钟。接见中到底谈了些什么，只字未透露。国王打算坐车走。他穿过人群向他的马车走去，钻进马车，根本无人理睬他。当走在后面的内克先生出现时，欢声雷动，人们高呼"内克先生万岁"，"被压迫的法兰西的救星万岁"。他被人们以同样的爱戴和焦虑的心情送回他的住所。大约200名第三等级的代表趁当时群情激愤的机会，前往他的住所，逼他作出了不辞职的保证。这些情况必然伤了国王的心，因为他是渴望受到他的臣民的爱戴的。凡尔赛发生的事情一传到巴黎，人们开始向银行挤兑存款，这永远是人民缺乏自信和恐慌的第一个迹象。可是内克先生已被迫把银行所有的钱都拿出来维持政府的日常开支，更加无法应付挤兑的局面。这是到目前为止我能确实无疑地报道的最新情况。由于我的信要到明晚才能寄出，我明天将去凡尔赛，以便把今天和明天发生的事补充进去。

6月25日。我刚从凡尔赛回来，可以接着讲了。24日没有发生什么了不起的事情，除非是凡尔赛一群暴民袭击了巴黎大主教，后者是宫廷唆使御前会议进行活动的人之一。暴民向他的马车扔掷泥土和石块，击碎了马车的窗子，他在惊骇中答应加入第三等级。

今天(25日)有48个贵族加入了第三等级，其中有奥尔良公爵。拉法叶特侯爵受贵族给他的指示的约束，无法加入。他已写信给贵族院，要求改变给他的指示，否则就接受他的辞呈。现在已有164名教士代表加入了第三等级，因此平民院已有800多名代表。但是，少数教士自称教士院，妄想继续胡作非为。我发现凡尔赛的各个街道触目皆是军队。三级会议厅前有一支大约100人的骑兵，所有的通道和门户都有兵士把守，除代表外，任何人不得入内，而这是奉国王的命令；因为迄今为止，平民院的门一直是敞开着的，至少有2000人经常旁听他们的辩论。平民院已派一个代表团谒见国王，要求撤去守在他们门前的兵士，而且似乎已下定决心，万一不成功，就搬到别的地方去继续开会。

他们没有因为发生的事而心灰意懒，反而提出更高要求，其中有些人甚至认为，消除等级差别的一切痕迹对于制定和维持一部好宪法是必不可少的。我明白，在这个想法中，胆识多于算计。我推测，他们看到内克先生和他们自己被怀恨在心的贵族当作共同的敌人，就会愿意和内克先生合作，并希望他继续任职，而内克先生看到他对宫廷和贵族使用的一切手段都无济于事，就会全心全意地投入人民一方，认为自己只有在那种情况下才能得救。人民对他的信任似乎也值得注意。但是，平民院大多数人对内克先生继续任职全然不感兴趣。他们认为他的才智不能胜任制定一部好的宪法，而且态度也不够坚决，难以和他们共同实现这部宪法。他今天被免职要比昨天免职给他带来更大的荣誉。如果他被免职，他将会继续在国民中保持他的声望，因为三级会议的代表们认为没有必要反对他，而相反会愿意让他在下台后继续站在他们一边。向银行挤兑存款在继续进行。三级会议代表承认内克先生离职会引起银行止付，但是他们向人民保证他们不会受损失，并立即采取措施继续支付，想借以防止任何严重的后果。他们可能会把这些措施同他们自己的生存结合起来，以便引起人民对任何一个旨在使他们遭受灾难的行为的关注。法国和莱登的报纸都刊登了这个消息。在这场危机持续以及我在此逗留期间，我将利用一切私人渠道让你了解这里所发生的一切。先生，我怀着最大的敬意有幸成为你最忠诚、最卑贱的仆人。

致约翰·杰伊

1789年6月29日于巴黎

先生：我在我25日的信中向你报道了截至该日下午为止的三级会议的情况。翌日，巴黎大主教加入了第三等级，另外几个教士和贵族也加入了。27日发生了圣多米戈代表团的问题，后来决定应予以接纳。我在前信中曾向你谈到23日御前会议的活动引起人民骚动。军队也受到影响。从法国卫队开始，逐渐扩及其他每一个部队（瑞士部队除外），甚至扩及国王的私人卫队。他们纷纷离开兵营，成小队集合，宣布他们将保卫国王的生命，但不愿残杀自己的同胞。他们受到人民的亲切款待，被喜气洋洋地抬起来在街上游行，他们自称国民军，不让人有丝毫怀疑，万一关系破裂他们将站在哪一边。从王国其他地区军队那里也传来类似的报道，听到御前会议的和没有听到御前会议的都一样，这就使人有充分理由相信军队总的说来会和他们的父兄而不是和他们的长官站在一起。这个消息对凡尔赛的作用既突然又强烈。那儿的惊恐是如此之甚，以致27日下午，国王给教士主席罗什福考特红衣主教写了一封信，内容如下①：

“爱卿如晤：我倾全力于促进王国人民的普遍幸福，切盼三级会议致力于全民利益的目标，在贵等级自愿接受我本月23日的声明之后，我传言对我忠心的神职人员立即与另外两个等级联合，以加速实现我的意愿。那些权力过于有限的人在获得新的权力之前可拒绝投票。这将是我的神职人员对我的

① 下面是国王的信的直译。——纪念版编者注

爱戴的新的标志。我祈求上帝保佑爱卿。

路易。”

给贵族院主席卢森堡公爵也写了一封内容相同的信。两院对应否服从国王的信的问题展开了辩论。相当多的人表示反对。当阿图瓦伯爵写给各种各样代表的便条在其余代表中传阅以后，问题便解决了，他们集体前往第三等级处与第三等级一起入座，从而使三个等级合为一院。凡尔赛人民听到这个消息后，立刻集合在王宫周围，要求见国王和王后。国王和王后在阳台上露面。“国王万岁”，“王后万岁”的呼声响彻云霄。人民要求见王太子，王太子也出来了，成了新的欢呼的对象。人民在和王室尽情享受这种喧嚣的和解之后，前往内克先生和蒙穆兰先生的住宅，向他们高声欢呼表示感谢和爱戴。巴黎也发生同样的万众欢腾场面，此刻人们认为第三等级已获得完全彻底的胜利。明天他们将重新开始工作，对所有的问题按人投票，在辩论中，无论教士和贵族中的不满分子如何作梗，一切问题最后都必然要按第三等级的愿望来解决。至于他们给贵族除了挂名的称号之外还会留下什么，尚须拭目以待。我猜想他们不会给他们留下什么。内克先生或许会留职。他会试图把内阁中的敌对分子清除掉，这似乎是理所当然的，但是我怀疑他的意志是否坚定得能够这样做。全心全意与第三等级合作将是他最明智的选择。现在这场巨大的危机已经过去，我就不再像最近一个时期那样不断有值得注意的事情来打扰你了。欧洲任何其他地方没有发生引人注目的事。先生，请接受我最大的敬意，我有幸是你最忠顺和卑贱的仆人。

致托马斯·潘恩[①]

1789年7月11日于巴黎

……国民议会(因为这就是他们取的名字)在这些事情的每一个阶段表现出冷静、睿智和在王国各地放火的决心,宁愿和它同归于尽,也不愿对他们全面改变政府体制的计划作丝毫让步,现在已完全地、无可争辩地掌握了大权。行政官和贵族已匍匐在他们脚下;大多数国民,大多数教士及军队都支持他们;他们已经推翻了旧政府,正在开始重建一个新政府。两天前,一个负责处理他们事务的委员会提出了下述各点:

1.一切政府的唯一目的是维护人的权利;为了不断提醒政府这个目的,宪法一开始应有一个关于人的天赋的、不可剥夺的权利的宣言。

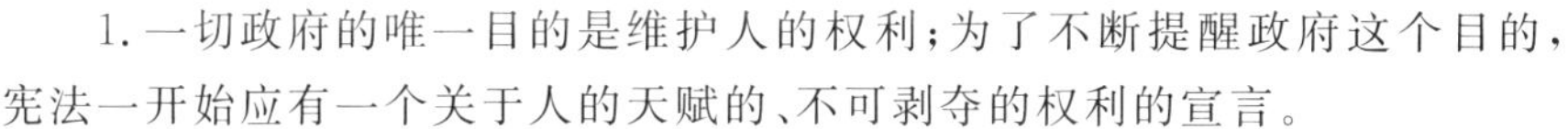

2.由于君主政体适合维护那些权利,法国国民决定实行这种政体。君主政体特别适合一个大的社会,它是法国的幸福所必不可少的。因此,在宣告人的权利以后,应紧接着宣告君主政体的各项原则。

3.由于实行君主政体,国民为了保证自身的权利需将某些权利让与君主;因此,宪法应明确宣告双方的权利。它应该先宣布法国国民的权利,然后宣布国王的权利。

4.国王和国民的权利仅为组成国家的个人的幸福而存在,故公民的各项权利应予以审查。

5.法国国民无法个别地集合起来以行使其全部权力,需由代表代为其行使。因此,必须公开宣布其代表权的形式以及代表的权利。

6.法律的制定和执行来源于国民和国王的权利的结合,因此应当先确定法律应如何制定,然后再考虑它们应如何执行。

① 杰斐逊对潘恩的革命性政治著作以及创造性才能的钦佩导致他在潘恩被驱逐出英国的艰难岁月里对潘恩予以资助。

7. 法律的目的是全面管理王国以及公民的财产和行为。有关全面管理的法律应由省议会和市议会执行。因此,必须对省议会以及市议会的组织进行研究和考察。

8. 有关公民的财产和行为的法律的执行要求有一个司法部。应当确定如何将权力托付给司法部,然后决定司法部的责任和范围。

9. 执行法律及保卫王国需要有一支军队。因此必须确定军队的领导原则以及如何使用这支军队。

概　　括

人权宣言。君主政体原则。国民权利。国王权利。公民权利。

国民议会的组织和权利。制定法律的必要方式。省议会和市议会的组织和职责。司法部的责任和范围。军队的职责。

你明白,以上便是建造一座宏伟大厦的材料,制造这些材料的人完全能够把它们装配起来,完全能够完成这些仅仅是其轮廓的工作。尽管他们当中只有少数人具有非常杰出的才能,但是大多数人头脑都很健全,能够很好地作出决断。我一直担心他们人数太多,会导致混乱。1200 个人待在一个房里实在太多了。我现在仍然担心。另外一件担心的事是说服不了多数人实行陪审团审判;而我认为陪审团审判是人类有史以来所构思出来的唯一的一个精神支柱,政府依靠这个支柱就可以恪守其宪法的各项原则……

致约翰·杰伊

1789 年 7 月 19 日于巴黎

……我 6 月 29 日的信给你讲了三级会议和政府发生的事情,

一直讲到27日各等级重新联合为止。国民议会内部事情进展得很顺利。但是很快就发现,军队,尤其是外国军队,正从四面八方向巴黎挺进,这是违反内克先生的本意的。国王也许已经接受调动军队的劝告,其借口是维持巴黎和凡尔赛的秩序,他在这个举措中没有看出别的意图。很可能国王的顾问们是想调军队来保护国王的安全,让他振奋起来,然后抓住某一有利时机,出其不意地使他同意下令确认6月23日的声明,甚或解散国民议会。布洛格利元帅被任命统率法兰西岛内全部军队,他是个野心勃勃的贵族,头脑冷静,无所不能。有些法国卫队很快就以其他借口被捕,但实际上是因为他们拥护国民事业。巴黎人民攻占监狱,把他们放了出来,并且派代表到国民议会要求对他们实行赦免。三级会议以一个最温和谨慎的决议把这些犯人交给国王,并向巴黎人民建议和平。许多大城市给国民议会送来了陈情书,向国王表达真挚的效忠,但同时又表示支持国民议会的决心。7月8日,他们投票通过一封给国王的信,要求他撤走军队。这封出诸米拉波先生手笔的气势磅礴的信,以其表达和揭露重大问题而值得注意。国王拒绝撤走军队,说军队如果愿意可以自行撤到怒瓦永或苏瓦松。三级会议开始规定研究未来宪法各部分的顺序,从这个顺序可以看出,他们打算从头做起,除保留一位国王外,不受旧体制的任何限制。于是,一个构成宪法第一章的权利宣言,就由拉法叶特侯爵提出了。那是在11日。在这同时,约2.5万或3万军队已经开抵,部署在巴黎和凡尔赛以及两地之间。桥梁和关口都有重兵把守。下午三时,吕兹恩伯爵被派去通知内克先生他已被解职,命令他立即离开,而且不许向任何人吐露。他回到家中,吃了饭,对妻子说去

看一个朋友，实际上却去了他在圣旺的庄宅，午夜时按预定计划前往布鲁塞尔。此事直到次日方为人知，其时内阁已全部易人，只有内政大臣维勒迪尔和掌玺大臣巴朗坦除外。人事更动如下：财政委员会主席布勒特依男爵；财政总监加拉塞尔，接替内克先生；国防大臣布罗格利元帅及他属下的富隆，接替皮塞古；外交大臣沃吉扬先生接替蒙穆兰先生；海军大臣拉波特接替吕兹恩伯爵；圣普列斯特也被调离内阁。必须指出，吕兹恩和皮塞古曾是内阁中强硬的贵族派，但是他们被认为不胜任现在他们应负担的那部分工作。因为，这个人事更动无论对国王是多么突然，但是在他的顾问们看来，仅仅是一个重大计划的第一步，第一件事就是把外国军队集中起来。国王现在完全被掌握在一些人手里，其中几个为首分子毕生以其土耳其式专制暴虐的性格著称，他们作为将要干的事的合适工具在国王周围集合起来。大约一两点钟，人事更动的消息开始在巴黎传播。下午，一支约100人的德国骑兵向前推进，在路易十五广场前停住，另有大约200名瑞士军队驻守在他们后面稍远一点的地方。此举把人们吸引到那个地方，他们自然而然在军队前面聚集起来，起初只是想看看，但是随着人数增多，怒气越来越大；他们向后退了几步，有的站在大石堆上面，有的躲在石堆后面，这些石子是因为附近造桥而堆放在那里的。人们用石子攻击骑兵。骑兵发动冲锋，但是人民占据有利位置，石子像雨点般掷去，使他们不得不后退，甚至完全放弃了阵地，留下一名骑兵倒卧在地上。他们后面的瑞士人自始至终没有动一动。掷石子是普遍暴动的信号，这支骑兵为了保全性命，向凡尔赛退去。于是人民就以他们在枪械店和私人住宅找到的各种武器以及棍棒把自己武装起来，彻夜在全市各地区漫无目的地行走。次日，国民议会要求国王把军队调走，允许巴黎中产阶级武装起来维持市内秩序，并提议由他们派一个代表团去安抚人民。国王拒绝了所有这一切建议。市的官员和选举人组成一个常务委员会进行管理。法国卫队公开加入暴民队伍，他们攻占了圣拉扎尔监狱，释放了所有的犯人，抢走了大批粮食，运往粮食市场。他们在监狱里弄到一些武器，法国卫队开始把他们编队，对他们进行训练。委员会决定召募4.8万名国民自卫军，或不如说把他们的数目限制为4.8万。14日，他们派了一名委员（科尼先生，我们在美国认识的）去残废军人院，为国民自卫军索取武器。他后面跟着一大群暴民，或者不如说，他在那儿发现了一大群暴民。残废军人院院长出来，谓没有上级命令不能将武器交出。于是科尼劝人民离开，他自己也离开，但是人民强行夺取了武器。值得注意的是，不仅残废军人本身没有抵抗，就连一支驻扎在400码以内的5000名外国军队也自始至终没有动一动。然后科尼先生和另外五人被派去向巴士底狱狱长劳奈先生索取武器。他们发现那儿已聚集着一大群人，立即竖起一面白旗，狱方也在挡墙上升起一面白旗作为回答。代表们劝说人民稍稍向后退了一些，自己上前去向狱长提出要求。就在那一刹那间，从巴士底狱放出一阵排枪，打死了四个离代表最近的人。代表们后撤，人民冲向前，几乎顷刻间就占领了一个堡垒，这个堡垒由100人守卫，兵力强大，以前曾多次被围攻，从未被占领过。人民到底怎样冲进去的，至今尚无从知道。那些自称参与其事的人各有各的说法，以致所有的说法都不可信。他们抢走了全部武器，释放了囚犯以及在第一个狂怒时刻没有送命的警卫，将狱长和副狱长押往刑

场，把他们的头砍下，得意扬扬地穿过市区送往王宫。大约在同一时候，从巴黎市长弗莱塞尔先生那里搜出一封告密信，人民在市政厅把正在那里履职的他抓住，把他的头砍掉。这些事件断断续续地传往凡尔赛，是国民议会接连派到国王那里去的两个代表团的主题，国王给予代表团十分冷淡生硬的回答，因为据悉内阁中有人提议将国民议会的主要议员予以逮捕，将全部军队派往巴黎用武力镇压骚乱。但是当天晚上，利扬库尔公爵闯进国王寝室，把巴黎当天发生的灾难原原本本、有声有色地讲给他听。国王就寝时内心忐忑不安。整个晚上，劳奈被斩首一事对整个贵族党起了如此强烈的作用，以致次日早晨，那些对阿图瓦伯爵影响最大的人向他说明了国王将全部权力交给国民议会的绝对必要性。这正合国王心意，他于 11 时仅仅由他的弟弟陪同前往国民议会，在那里宣读一篇讲话，要求他们斡旋以恢复秩序。尽管措词相当谨慎，但是讲话的方式却清楚地表明这意味着无条件投降。国王在议员们陪同下步行回到行宫。他们派出一个以拉法叶特侯爵为首的代表团，前往巴黎安抚民心。同日早晨，他已被任命为巴黎国民自卫军总司令，前三级会议主席巴依先生被任命为巴黎市长。下令将巴士底狱拆毁，并开始执行。一支属于文蒂米利团的瑞士卫兵和市骑兵队投向了人民。凡尔赛的恐慌不是减轻而是加剧了。他们相信巴黎的贵族正遭到抢劫和残杀，15 万武装人民正浩浩荡荡前来凡尔赛，要将王室、宫廷、大臣以及一切与他们以及他们的行为和原则有关的人斩尽杀绝。国民议会的贵族和教士中主张贵族统治者争相宣称他们是多么真挚地弃恶从善，转而支持按人投票，多么坚决地与国民同生共死。外国军队被命令立即撤退。内阁全体辞职。国王批准巴依为巴黎市长，写信给内克先生恢复他的职务，将信交给国民议会由他们转交，并且邀请他们次日与他一同前往巴黎，使市民了解国王的意图。当天晚上和次日早晨，阿图瓦伯爵和蒙蒂桑先生（一个与他有关系的代表）、波利尼夫人、吉尚夫人、沃德鲁伯爵（他们都是王后的亲信）、王后的告解神父佛蒙特神父、康德亲王和波音公爵都仓皇出逃，去向不明。国王来到巴黎，让王后惶惶不安地等待他归来。行列中比较不重要的人物略去不谈，我只说国王的马车居中，国民议会议员排列马车两旁，为首的是拉法叶特侯爵，以总司令身份骑在马上，巴黎国民自卫军前呼后拥，队伍经过的所有街道两旁，站立着大约6万名各种体型和肤色的公民，一部分人拿着从巴士底狱和残废军人院抢来的火枪，其余人用手枪、刀剑、长矛、整枝钩刀、镰刀等等武装起来。他们和街上、门内和窗内的人群一起，向他们欢呼"国民万岁"，但是没有听见一个人喊"国王万岁"。国王在市政厅停下。巴依先生在那里向他献了一枚三色革命帽徽，并且把它佩在他的帽子上，然后向他致了词。国王由于事先没有准备，不知如何回答，巴依走到他跟前，和他交谈了几句，拼凑成了一个答词，把它当作国王的答词向听众宣读。在他们回来时，人民高呼"国王和国民万岁"。国王由国民自卫军护送到凡尔赛宫，从而结束了一次从未有一位国王作过，也从未有人接受过的公开赔礼道歉。国王给拉法叶特侯爵写的亲笔信消除了对他职位的一切顾虑。首都现在重又恢复平静，商店重新开门营业，人们重新开始正常劳动，如果不是因为面包的缺乏扰乱了和平，和平可望继续下去。巴士底狱在继续拆毁，国民自卫军在继续组织和训练。巴黎市的老的治安组织已被人民废除，国王的军队

可能被撤销，由巡夜队或市卫队代替，完全听命于市领导。但是我们不能认为这个突发措施仅限于巴黎一地。全国各地必须相继实行，如果它们完成得像巴黎一样又快又好，那将是万幸。

昨天我去凡尔赛进行实地观察，因为任何事情除非亲眼目睹，或从目击者那里获知，就不足凭信。凡尔赛那里依然相信巴黎动乱中有3000人丧生。肖特先生和我本人每天都待在他们中间，以确切了解所发生的事。我们无法肯定有人丧生，除非就是前面提到的三个人以及那些在巴士底狱攻防战中死去的人。卫兵死了多少，谁也不知道。至于攻击者死掉多少，说法从6人到600人不等。最普遍的看法是死了大约30人。有好多关于暴民有偷窃抢劫行为的被发现后立即就地处决的报道，其中有些可能属实。然而所看到的正直诚实是史无前例的。有好多次，有人出于恐惧和负疚心理，拿出成袋的钱，都被群众严词拒绝。教堂里现在忙着唱《圣经》诗篇第130篇和安魂曲，“愿那些以鲜血为国民换来自由的英勇无畏公民的灵魂安息”。蒙穆兰先生今天在外交部官复原职，圣普列斯特先生被指名进内政部。法国和莱登的报纸刊登了这个消息。我另外寄上一份报纸(名叫《黎明报》)，让你对国民议会的情况有所了解。它不过是一般性的，但却是最令人满意的……

致詹姆斯·麦迪逊

1789年9月6日于巴黎

亲爱的先生：我坐下给你写信，却不知如何把信寄出。我写此信是因为我脑中萌生了一个念头，我想在处理公务的百忙中尽可能详细地把它阐述一下。

一代人是否有权约束下一代人，这个问题似乎在大洋两岸都从未有人提出过。但这却是一个极其重要的问题，不仅值得对它作出决定，而且必须把它列为每一个政府的基本原则。我们这里就社会的基本原则专门进行研究，我在思考过程中想到了这个问题。这种责任不能留传给下代，我认为这是非常容易证明的。我的出发点是（我认为这是不言而喻的）：地球根据用益权是属于活人的，死人对地球既没有权力，也没有权利。任何一个人占有的一份土地，他本人死后就不再属于他，而应归还给社会。如果社会没有订出规章制度将土地供个人占用，这块地会被最先的占用者占有，这些人一般都是死者的妻子和子女。如果社会订出了规章制度，这些规章制度会把土地给予妻子和子女，或者给他们当中的一个，或者给死者的遗产承受人。他们也可能把土地给债权人。但是子女、遗产承受人或债权人获得土地并不是根据天赋权利，而是根据社会的法律，他是社会的一份子，隶属于社会。因此，任何人都不能根据天赋权利强行以他占有的土地来偿还他欠的债，或者强迫接替他占有土地的人来还债。因为，如果他能够这样做，他在他自己有生之年就可能把以后几代的土地收益权用完，这样土地将属于死者而不属于生者，这就把我们的原则颠倒过来了。

由于全体的权利只是个人的权利的总和，因此对社会每一个成员是个别适用的，对社会成员集体同样也适用。在把我们的概念应用到众多的人时，为了清晰起见，不妨假定整整一代人在同一天出生，同一天成年，同一天去世，而且一成年就同时都留下后代。假定成年是 21 岁，还可以再活 34 年，那是伦敦地区出生与死亡周

报表给 21 岁的人规定的平均寿命。每一代人都像现在这代人那样按照这种方式在一个固定时候登上和离开人生舞台。因此我说，地球是属于这许多代人中的每一代人的，每一代人都完全凭本身的权利行事。第二代接替时完全摆脱第一代的债务和负担，第三代完全摆脱第二代的债务和负担，就这样一直下去。因为如果第一代人可以欠下一笔债，那么，地球就会是属于死去的一代人而不是属于活着的一代人。因此，任何一代人欠的债都不能超过它自己存在期间所能偿付之数。他们在 21 岁时可以使他们自己和他们的土地受 34 年约束，22 岁时可以受 33 年约束，23 岁时可以受 32 年约束，54 岁时只能受 1 年约束，因为这是他们在各个时期剩下的寿命。但是我们必须注意单独一个人的接替和整整一代人的接替之间的巨大差别。个人仅仅是社会的一分子，受全体的法律的约束。这些法律可能把一个死者所占有的土地判给他的债权人，而不是判给任何其他人，也可能把土地判给死者的儿子，条件是他必须偿还欠债权人的债。但是，如同在我们假设的情况下，当整个一代人，亦即整个社会死去，另一代人或另一个社会接替，就形成了一个整体，没有一个大人物能把他们的土地给予第三个社会，这个社会可能借钱给他们的前一代人，而前一代人无力偿还。

对于在固定时期相互接替的一代代人（为了有个更明确的概念而这样假定）适用的，对于实际过程中天天更新的人同样也适用。由于老的一代借债的人中的多数将继续活 34 年，新的一代人中的多数会开始继承，前者可以把他们的债务延长到那个期限，不能更长。因此，结论是：无论是国民的代表，还是全体国民本身，他们借债都不能超过他们能在自己生时偿还的期限，也就是说，不能超过 34 年。

为了使这个结论明白易懂，我们姑且假定路易十四和路易十五以法国的名义向荷兰借了十万亿。贷款利息为 5000 亿，这是法国全国租金总收入或净收入。现在的一代人非得把大自然为他们生产的东西拱手送给荷兰债权人吗？不，他们对他们土地上生产的东西和上一代人一样享有同样的权利。他们的这些权利不是得之于前几代人，而是得之于大自然。因此，他们和他们的土地天生就不受他们前辈欠的债的影响。换一个方式说，假定路易十五和他的同代人向荷兰的贷款人说，请借钱给我们，供我们在有生之年吃喝玩乐，条件是你们在 34 年之前不要利息，34 年后，你们可以每年拿 15%的利息，而且永远拿下去。钱就以这个条件借到了，被分掉了，吃掉了，挥霍掉了。现在的一代人应该用他们的土地和他们的劳力所生产的东西来偿还被路易十五他们挥霍掉的钱吗？当然不应该。

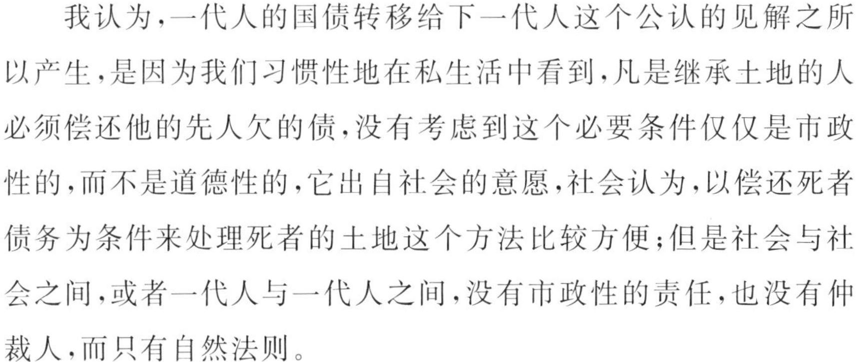

我认为，一代人的国债转移给下一代人这个公认的见解之所以产生，是因为我们习惯性地在私生活中看到，凡是继承土地的人必须偿还他的先人欠的债，没有考虑到这个必要条件仅仅是市政性的，而不是道德性的，它出自社会的意愿，社会认为，以偿还死者债务为条件来处理死者的土地这个方法比较方便；但是社会与社会之间，或者一代人与一代人之间，没有市政性的责任，也没有仲裁人，而只有自然法则。

事实上，法国国债的利息仅为其租金收入总额的千分之二，付利息是轻而易举的，因此这仅仅是个荣誉问题或是否合宜的问题。但是关于今后借的债，由那个国家在他们正在拟订的宪法中宣布，无论立法机关还是国家本身所借的债，都不得超过在他们自己生时或34年内能够偿还之数，违者应被视为无法律效力，这岂不是明智和公正吗？还有，今后借的一切债，凡从借贷日起34年终了时未偿还的，应一律视为无效，这将会使借贷双方都提高警惕。同样地，削减在其有生之年借款的权力，就能煞住战争的气焰。贷款都忽视后代不应为上代负责这个自然法则，酿成了多少次战争啊。

根据同样的道理可以证明，没有一个社会可以制定一部永久性的宪法甚或一条永久性的法律。地球永远属于活着的一代人；他们可以在他们的收益权期限内任意处理地球以及从地球所获得的一切。他们也是他们自己的主人，因而可以随心所欲地支配自己。但是人和财产构成政府对象的总和。他们的前辈的宪法和法律在其自然过程中同制定它们的人一起消亡。它们可以维持到消亡为止，不能更长。因此，每一部宪法，每一条法律，过34年就自然期满失效。如果强制更长久地执行下去，这就是暴力行为，而不是权利行为。有人会说，下一代人不是可以行使废止权吗？这种权力使他们行动自由，就像宪法或法律的有效期被明确限定为仅仅34年一样。首先，这个反对意见承认提出一个相等物的权利。但是废止权并不是一个相等物。的确，如果每个政府体制都设计得非常完善，以致多数人的意愿总是能够公正地、毫无阻碍地获得实现，那么，这也许是个相等物。但是没有一种政府体制是完善的。人民不能自行集会，他们的代表权是不平等的、有缺点的。每一个立法提案都受到百般阻挠。党派控制了人民的议会，用贿赂腐蚀议员，个人利益使议员们脱离选民的普遍利益；其他还有许许

多多障碍向每一个有见识的人证明,有效期加以规定的法律要比一条需要废止权予以废止的法律好办得多。

这个原则,即地球属于活人而不属于死人,在每一个国家都有极其广泛的应用和影响,尤其是在法国。这个原则有助于解决下述问题:国家可否改变土地的限嗣继承权;可否改变从前赠给教会、医院、大学、骑士团的土地的归属,否则这些土地将永远归他们所有;可否废除附属于土地的费用和特权,教会的和封建的都包括在内。这个原则还适用于世袭的官职、权力和管辖权,适用于世袭的等级、荣誉和称号,适用于贸易、艺术或科学的永久性独占,以及一长串其他问题。总之,这个原则使偿还问题成为一个慷慨问题而不是权利问题。在所有这些事情上,当前的立法机关有权决定这种归属,时间以他们自己有生之年为准,但不能更长,而目前的土地所有人,即使他们或他们的祖先出资购买,实际上是购买了卖主无权转让的东西。

亲爱的先生,请考虑一下这个问题,尤其是关于借债的权力问题,并以你所擅长的有说服力的推理方法加以发挥。你在我们国家议会里的地位使你有机会把它提供公众考虑,使大家对它展开讨论。乍一看,人们可能会发笑,把它当作一个理论家的空想,但是只要稍加思考,就能证明它是严肃而且有益的。它能为我们第一个国家岁入拨款法案提供一个良好开端,并且在新政府成立之际排除地球上这个地区破坏性的和传染性的错误,这些错误使暴君们能够用大自然所不许的办法将他们的同胞捆绑起来。我们已经对战争浩劫实行有效的制约,办法就是把宣战的权力从总统手里转移到立法机关手里,从那些花钱的人手里转移到那些出钱的人手里。我将乐于看到这第二个障碍也首先被我们去除。没有一个国家能像我们那样无私地宣布反对长期债务的有效性，因为我们欠的每一个先令债都将按照你采取的措施在我们有生之年连本带利一并偿还。我不给你写新闻，因为一有新闻发生，我将另外写信奉告。

亲爱的先生，我怀着无限尊敬爱戴之情永远是你的忠诚的朋友和仆人。

致亚历山大市长威廉·亨特先生

1790 年 3 月 11 日于亚历山德里亚

……确信共和制是唯一的一种不是永远同人类的权利公开或秘密地进行战争的政体，我将热诚地为我们如此有幸地建立的制度祈祷，并尽力拥护。我们在巩固我们自己和子孙后代的权利时，同样也为许多像我们一样希望摆脱暴政的正在斗争的国家指引道路，这确是个令人鼓舞的想法。愿上帝帮助他们的斗争，并且像过去引导我们一样地引导他们走向胜利……

致拉法叶特侯爵

1790 年 4 月 2 日于纽约

亲爱的朋友，瞧，我已经当了国务卿，而没有回到那个使我每天都能体会你的友谊的舒服得多的岗位上去。我是在抵达弗吉尼亚的当天从报纸上看到这个任命的。确实，当我在法国的时候，总统曾经问我是否愿意接受在国内的任何职务,我回信说,我不打算长时期留在我现在的职位上,而是打算把它作为我毕生担任的最后一个职务。不幸的是,这封信没有在新政府成立的时候寄到。我曾向总统恳切表示回家的愿望。他让我自己决定,但仍然表示了他自己的愿望。总统的愿望,还有其他人(人数多得出乎我意料)的关怀,使我深为感动,经过三个月的谈判,终于使我放弃了自己的意向。因此,我在这里新上任已经10天。无论我在什么地方,或今后将会在什么地方,我对你和贵国的真挚友谊始终不渝。我和大家一样相信,国家应该根据其本身利益来统治,但是我认为,即使在最恶劣的环境下也信守诺言,永远保持尊严和宽大,最终还是对它们有利的。要不是我知道我们的政府首脑持有这种观点,他对公对私的道德规范都是一样的,我就决不会到这里来。我很遗憾地告诉你,他的健康状况已大不如前,不过没有什么需要担心的。对我们新宪法的反对意见已几乎一扫而空。有少数人在公然表示反对方面走得如此之远,如今要改变立场感到很尴尬,但是国会提出的修正已几乎把所有追随他们的人都争取过来了。如果总统能再健在几年,权威和服从的习惯得以普遍养成,那我们就什么都不用怕了。罗得岛再过些时候就会改变立场[①]。我们得到的巴黎的最新消息是1月8日。迄今为止,你们的革命似乎正在稳步前进,的确偶尔还遇到困难和危险,但是我们不能指望舒舒服服地从专制一变而为自由。我从未

① 罗得岛一直拒绝批准宪法,直到1790年5月29日才批准,是13个州中最后的一个。——译者

为最终结局担心，尽管我曾经为你个人担心。的确，我希望你永远不会再看见另一个 10 月 5—6 日[①]。亲爱的朋友，请多珍重，因为尽管我认为你的国家无论如何会努力独立自救，但是我相信，要是失去了你，将会使它遭受血流成河的损失，并且经历许多年的混乱和无政府状态。请代我亲吻你的可爱的孩子们，并为他们祝福。要把他们培养成为像你一样的人，我们两国之间起巩固作用的纽带。我另外写信给拉法叶特夫人，因此这里只向你表达拳拳之意。你的忠诚的朋友和卑贱的仆人敬上。

致玛丽亚·杰斐逊

1790 年 4 月 11 日于纽约

亲爱的玛丽亚，你在哪里？你好吗？你在做些什么？请你立刻给我写信，回答所有这些问题。告诉我你是不是每天看太阳升起？你一天读几页《堂吉诃德》？你对他已有多少了解？你每天是不是背一课语法？另外还读些什么？你一天做几个小时针线活？你有没有机会继续学音乐？你有没有学会做布丁，切牛排，种菠菜或者使母鸡孵卵？亲爱的，要学好样，我觉得你向来是好样的；决不要跟任何人发怒，也不要说他们坏话；要尽量忘掉每一个人的过失，就像你希望别人忘掉你的过失一样；要把最好的东西给别人，比给自己还要快乐，这样所有的人都会爱你，而我比所有的人都更爱你。如果你的妹妹在你旁边，请代我吻她，告诉她我也多么爱

① 指 1789 年 10 月 5—6 日巴黎人民因面包涨价冲进凡尔赛宫示威。——译者

她。请代向伦道夫先生致意。你的叔叔和婶婶待你好，你要爱他们，听他们话，你要是没有他们，只有我这个四海为家的父亲，又怎么办呢？请为我对他们说一千句好话；再见，亲爱的玛丽亚。

致托马斯·曼·伦道夫先生

1790年5月30日于纽约

……你决心攻习法律，我认为这是明智的，但同时也要对农场多加注意。两者可以互相调剂。学法律从许多方面看都有好处。它使一个人对自己有用，对邻居和公众也都有用。它是在政界崭露头角的最可靠方法。在政治经济学方面，我认为斯密的《国富论》是现存最优秀的一本书；在政治学方面，孟德斯鸠的《论法的精神》普遍受人推崇。它确实包含许多政治上的真理，但是也包含同样多的异端邪说，因此读者必须经常保持警惕。最近发表了一封爱尔维修的信，此人是孟德斯鸠的挚友，孟德斯鸠在出版其著作前向他征求过意见。爱尔维修劝他不要出版。在这封给一个友人的信里，爱尔维修为这本书中真理和谬误混杂给我们作了解答。他说孟德斯鸠博览群书，读过的书都做摘记，目的是把摘记簿的全部内容分门别类，使它提供的各种矛盾的事实调和一致，从而显示他的智巧才能。洛克的《政府论》这本小书就其本身而言是绝对正确的。从理论转而谈实践，没有一本书比《联邦党人文集》更胜一筹。伯格的《政治专题论文》也很不错，特别是在读过德洛美的著作之后。休谟的政治论文有几篇也相当不错。杜尔哥和法国经济学家们写的几本理论书也都很精彩。对于议会知识，《议会法》是最好

的一本书……

致约翰·加兰·杰斐逊[①]

1790 年 6 月 11 日于纽约

亲爱的先生：你的叔父加兰先生告诉我，你的学业已经完成，你想在政府里谋一个文书或其他职位，以便施展你的才能，有所建树，他认为我也许能向你提供这样的职位。他对你的赞扬使我真心地希望为你效劳。但是我可以处置的空缺一个也没有，而且以前也从未有过。再说，我作为你的朋友，也不愿让你在机关里当一名小小的文书，一辈子做枯燥乏味的例行公事，工资少得可怜，而且永远没有改善处境的希望。但是他告诉我说，你也有意攻读法律。这方面我倒可以助你一臂之力。要读法律的话，你就必须去阿尔伯马尔住在我家附近。附上一信是给夏洛茨维尔附近的刘易斯上校的，信中向你说明，那里可以做哪些我认为对你最有利的事。一般的做法是在某个律师的事务所里学法律。这确实能使学生获得受律师指导的好处。但是我也明白，学生作为回报为律师做的工作的价值往往要超过指导的价值。学法律的人唯一必不可少的是进入一个图书馆的机会以及按什么顺序读书的指示。这个我斗胆向你建议，但是先要说明，其他学科，特别是历史，对于培养一名律师是必不可少的，必须同时进修。我把要读的书排列成三栏，建议你每天 12 点钟以前读第一栏的书，12 点到 2 点读第 2 栏的

① 约翰·加兰·杰斐逊是乔治·杰斐逊的儿子，托马斯·杰斐逊的堂兄弟。

书，晚上读第3栏的书，整个下午都进行体育锻炼和娱乐。体育锻炼及娱乐和读书同样重要，不如说更重要，因为健康比学问更有价值。

第一栏	第二栏	第三栏
柯克的《论利特尔顿》	达尔林普尔《论封建制》	马利特的《古代北方》
柯克的《第二、第三和第四法规汇编》	海尔的《普通法律史》	《英国史》三卷，肯尼特编
柯克的《判例汇编》	吉尔伯特《论遗赠》	勒德洛的《回忆录》
沃恩的《判例汇编》	论《保有权》	伯内特的历史著作
索尔基特的《判例汇编》	论《地租》	奥雷里的历史著作
雷蒙特的《判例汇编》	论《扣押财物》	伯克的《乔治三世》
斯特兰奇的《判例汇编》	论《剥夺租用权》	罗伯逊的《苏格兰史》
伯罗斯的《判例汇编》	论《执行》	罗伯逊的《美洲史》
凯姆的《衡平法原理》	论《证据》	其他美洲史
弗农的《判例汇编》	塞耶的《诉讼费用法》	伏尔泰的历史著作
皮尔·威廉斯的《衡平法院判例》	兰巴特的《论出身》	
特雷西·艾辛斯维里、霍金斯的《王室申诉》	培根的《诉讼和答辩》	
布莱克斯通的《弗吉尼亚法律》	卡明汉姆的《申诉法》	
	莫莱的《海事法》	
	洛克《政府论》	
	孟德斯鸠的《论法的精神》	
	斯密的《国富论》	
	贝卡里亚·卡姆的《道德论文》	
	沃特尔的《国际法》	

要是一天中有少许闲暇，没有其他事情，可以读读劳瑟的语法、布莱尔的修辞学、梅森论诗和散文的文章、博林布罗克论风格的著作以及英国诗人也是关于风格的论述。

古奇兰特的彼得·卡尔先生也在攻读法律，为此向我借了许多书，因此你必须到卡尔夫人那里去，把他已经用过的书取回，并且同他订个计划，叫他把上述的书一读完立刻交还给你。我借书给人家遭到过不少损失，因此你要格外小心，借的书一读完立刻放顺书橱，不要借给任何其他人，也不要让任何人以你的名义从书房里把书拿走。你到了那里以后，就会明白我有理由提出这个严格的要求。

你要预先下定决心做一个彻头彻尾的律师，而不要满足于做一个一知半解的半瓶子醋。只有超凡的学问才能使你高出在你的竞争对手之上，保证你获得成功。因此，我认为你必须花两三年工夫进修这门专业，两三年后才能考虑开业。业务一开始，书也就读不成了。

我将乐于经常听到你的消息，并希望秋天在阿尔伯马尔和你见面，因为我将于秋天去那个地方访问。在此期间，我希望你能刻苦学习，因为这门学科就是需要刻苦。亲爱的先生，我是你最恭顺的朋友和仆人。

致玛丽亚·杰斐逊

1790 年 6 月 13 日于纽约

亲爱的玛丽亚：你 5 月 23 日的来信已经收到，这封信是答复我 5 月 2 日的信的，但是我 5 月 23 日也给你写过一封信，所以你还欠我一封信，我希望它正在邮寄途中。在信和钱的问题上，你永远不可欠债。我非常高兴地看了你关于日常起居的报道，做布丁这个项目比任何其他项目更精彩。等我来弗吉尼亚时，一定要吃你亲手做的布丁，也要尝尝你的其他手艺。你有一个这样好的婶婶，什么事情都教你，你一定要好好利用你的每一分钟时间。我们这里豌豆和草莓本月 8 日才上市。同一天我听见了第一只鹞鹰的鸣声。燕子和圣马丁鸟4月21日就在这儿出现了。它们在你们那儿是什么时候出现的？弗吉尼亚豌豆和草莓什么时候上市，鹞鹰什么时候出现？以后要留心观察鹞鹰是不是总是与草莓和豌豆同时出现。请把我上次给你的格言抄寄我一份，另外还要一张我答应给你的书单。我的头痛老毛病又犯了，不过痛得不厉害，现在还没有全好。再见，亲爱的，要爱你的叔叔、婶婶和堂兄弟姐妹们，尤其要爱我。

致穆斯捷伯爵

1790年12月3日于费城

……政府征税的能力就目前试验的情况来看，是十分不错的。这迄今为止仅仅是消费税。由于消费税主要是向富人征收的，大家希望如果可能的话，就让消费税来提供我们所需要的全部的钱。消费税可望提供足够的钱来支付政府开支以及全部内外债务的利息。如果目前能做到这一点，那么，消费税因人口和消费增加而增加（增加率每年5%），由于复利的缘故，将能在13年或14年内偿还本金。前景是美好的，但是，我们不应依赖这个前景，而是应该使我们的农产品以及其他几样商品成为本金的偿还基金……

致马撒·杰斐逊·伦道夫

1790年12月23日于费城

亲爱的女儿：这是一封责骂你们大家的信。自从我离家到现在，没有收到过家里一封信。我认为，你们每星期给我写一封信是再便当不过了，你们每个人三星期只轮到一次，而我却每星期都给你们写一封信，每星期从第一天到最后一天都公务缠身，没有片刻空闲。

也许你们以为没有什么好对我说的，所以不写信。说说你们身体很好，或者一个患了感冒，另一个发过烧，等等，这些不都是大事情吗？除此以外，还有一根发芽的草是我不感兴趣的，从你们直到伯格和格里泽[①]为止，凡是会动的东西我都感兴趣。所以，亲爱的女儿，你一定要在规定的日子准时给我写信，伦道夫先生和波利在他们规定的日子给我写信。我猜想你可能有最令我感兴趣的关于你自己的新鲜事儿要讲给我听。既然如此，干吗不写呢？

致哈泽德先生[②]

1791年2月18日于费城

先生：我将两卷档案奉还给你，并为有机会过目深表谢意。它们是我国初创阶段的珍贵纪念物。我极其满意地获悉，你准备将你长时期来孜孜不倦地搜集的珍贵历史文件和国家文件付印出版。时光和不测事件每天都对存放在政府机关里的原件造成巨大的破坏，最近的战争更是使它们损失惨重。失去的已无法挽回，但是留下的应当保全，不是把它们锁在保险库里，公众看不到，使用不到，白白地浪费掉，而是要大量印行，使意外事件无法破坏它们。这是你的工作的方向，请相信没有一个人比我更衷心地祝愿你获

---

① 伯格和格里泽是杰斐逊从法国带回的两条牧羊犬。

② 埃比尼泽·哈泽德当时正在收集早期的弗吉尼亚和美国的文件，准备印刷出版。

得成功。你的最恭顺和卑贱的仆人杰斐逊敬上。

致伦范少校①

1791年4月10日于费城

先生：本月4日大函收到，应你所请，我查找了资料，找到了美因河畔法兰克福、卡尔斯鲁厄、阿姆斯特丹、斯特拉斯堡、巴黎、奥尔良、波尔多、里昂、蒙彼利埃、马赛、都灵和米兰等城市的设计图，现将它们卷成一卷寄上。这些设计图比例大而精确，是我每到一个城市时亲自收集的。由于它们与我在旅行时做的笔记有关，随时需要参考，请你多加爱护，用毕即归还，但只要你需要，借多久都可以。总统把城市的设计工作托付给像你这样的好手，我很高兴，并深信它会完成得使大家都感到满意。考虑到留作公用的土地将按英亩付价，我认为应当留出大量专用地；如果专用地在泰伯河附近，城市后面，对当地的商业就不会有影响，商业中心毫无疑问要建立在罗克河东面的支流和河口的深水上，泰伯河河口的水一点不深。那些与政府有关的人会喜欢住在接近市中心的地方，从城市的南部或北部步行前往也很方便。我在总统临行前曾把我关于城市问题的大致意见对他讲过，我确信，他在对你阐述他本人对这个问题的看法时，必然把他所赞同的我的看法也穿插进去。因此，为了避免重复他所不赞同的意见，而且深信他的心态比我更公正无私，他可能已向你说过的，我就不多说了。每逢人们建

① 皮埃尔·查尔斯·伦范是巴黎出生的战士、艺术家和工程师，此时正在设计后来成为华盛顿哥伦比亚特区的新联邦城。

议为国会大厦提出设计图，我总是主张采用几千年来一直博得赞许的古代的某种模式。至于总统府，我主张采取已经获得所有优秀鉴赏家一致好评的一些现代建筑物的著名正面，例如，罗浮宫画廊、王室家具储藏室以及萨姆宫的两个正面。不过这一点还有充分时间可以考虑。先生，我是你最恭顺卑下的仆人。

致托马斯·曼·伦道夫

1791 年 6 月 5 日于佛蒙特州本宁顿

亲爱的先生：麦迪逊先生和我本人迄今为止一直在进行我们所计划的旅游，在旅游过程中，我们已经凭吊了伯戈因将军蒙难的主要地点，亦即斯蒂尔沃特战场，那儿曾进行过以那个名字命名的战役，特别是看了使双方流了那么多血的胸墙、萨拉吐加的营地、英国人堆放武器的地方以及距这个地方约 9 英里的本宁顿战役的战场。我们还参观了威廉、亨利和乔治、提康德罗加、克朗波因特等要塞，这些就是我们早期历史中进行血战的地点。但是，更令我们欣喜的是那些不断在眼前呈现的植物。弗吉尼亚所没有或罕见的糖槭这里大量生长，另外还有银冷杉、白松、油松、云杉、茎干匍匐的灌木，当地人称为杜松，一种和裸茎植物完全不同的楤木，枝上开着大簇的花，颜色深红，香味馥郁。这是我生平所见最茂盛的灌木。花园里种植的忍冬花野生在乔治湖的湖岸上，纸皮桦，一种长着天鹅绒叶子的山杨，一种长着毛茸茸的柔荑花序的灌木柳，野生醋栗，只有一粒果的野樱桃（不是成串的樱桃）、草莓遍地皆是……

致托马斯·曼·伦道夫

1791 年 7 月 3 日于费城

从附寄的以及前次寄奉的报纸上，你可以看到潘恩的《人权论》提到了我，你还会看到书前有一封我写的短信，人们因而断言这本书是我提供给出版商印行的。这是不正确的。事实是这样的：这本书全市只有贝克利先生有一本。他把它借给麦迪逊先生，麦迪逊先生又把它借给了我，叫我当天就归还给贝克利先生。我还没有读完，贝克利先生就来讨了，他要我一读完就立刻把它寄给一位乔纳森·史密斯先生，此君的兄弟将把它重印出版。由于我跟乔·史密斯先生素昧平生，就给他写了封短信，说明我奉贝克利先生之命把书寄给他，为了使信不至于太枯燥乏味，我还附带说了几句诸如我很高兴书将在这里重印出版的话，就是你在印在书前的短信里看到的。我没有把这封短信当一回事，甚至没有留底稿，绝对没有人通知我，我也绝对没有料到它会公开发表，而过了一个星期，它就在书前印出来了。我立刻知道这会使政府里的一些要人深为不快，因为他们对柏克有好感，对潘恩则反感至极。

我无法否认我的短信，因为它明明是我写的。我无法否认我对这本小书的赞许，因为我完全同意书中所说的一切，仅仅将赞许小书的短信的发表予以否定是没有意义的。因此我除了口头上作一些解释外，决定完全保持沉默。

副总统眼下在波士顿，他化名 Paleicola，正在抡起大棒挥舞。他反过来也受到一群共和党斗士的攻击。我想他的同伙也许会帮他一把，但是他们比他更火烛小心，会把自己隐蔽得更好。就我而言，我决心让他们去写和吵个痛快，不以言语和行动加以干涉。

我去弗吉尼亚的日期还没有定。这必须视总统的行动而定。我没有在公共事务中预见到任何引起麻烦的事。请代向我的两个女儿问好，并请相信，亲爱的先生，我是你真挚的朋友。

致约翰·亚当斯

1791 年 7 月 17 日于费城

亲爱的先生：我十几次拿起笔给你写信，十几次重新把笔放下，因为一种矛盾的心理使我犹豫不决。但是，我相信在坦率的人中间，讲事实决不会有什么害处，因此我决定给你写信。这里的第一本潘恩的《论人权》小册子是贝克利先生的。他把它借给了麦迪逊先生，麦迪逊先生又把它借给了我；我正在看的时候，贝克利先生就来向我讨还了，由于我还没有看完，他要求我一看完立刻把它寄给乔纳森·史密斯先生，此人的兄弟打算把它重印出版。我把书看完后，由于我不认识乔纳森·史密斯先生，出于礼貌，理当向他解释为什么我这个和他素昧平生的人寄这本书给他。因此我就给他写了一封问候信，告诉他说我是受贝克利先生之嘱把书寄给他的，并且，为了使信不至于太枯燥，我还附加说，书将在这里重印出版我很高兴，必须公开说几句话来反对我们中间发生的政治异端，等等。我对这封短信毫不在意，连底稿也未留，以后也再也没听人说起它，直到下一个星期，我看见它在书的卷首登出来了，使我大吃一惊。我起初还希望它不会引起注意。但是，当我旅行一月归来时，却发现有一个署名 Publicola 的人跳了出来，不仅攻击小册子的作者和各项原则，而且还一口咬定我是此书的赞助人，对我进行攻击。很快地，另外许多人也出来为小册子辩护，并且指名攻击你就是 Publicola。这样，我们两个人的名字就被公之于众，当做公开的敌手。你我在最佳政体问题上意见不合，这我们两人都很清楚。但是我们两人是像朋友那样意见不合，尊重各自动机的纯洁，并且把意见分歧限制在私人谈话中。我可以在上帝面前真心实意地宣布，这次让我或你的名字公之于众绝对不是出于我的意愿或期望。我们之间悠久的友谊和信任要求我作出这个解释，我对你非常了解，不必担心你会误解我的用意。这里有些人希望我有行为不端的过失，暗示我是阿格里科拉[①]，我是布鲁图[②]，等等，等等。我毕生从未在报纸上发表过一句不署名的话，无论是我自己，还是通过任何其他人；我相信我今后也永远不会这样做。

致威廉·肖特[③]

1791 年 7 月 28 日于费城

每当人们就我们对西印度群岛统治问题的所谓的观点表示猜忌时，你不能不实事求是地断言我们没有任何观点。如果美国人头脑里有一个原则比任何其他原则更加根深蒂固，那个原则就是：我们决不应该同征服有任何关系。至于通商，我们确实非常想通

---

① 阿格里科拉：古罗马将领，早年曾出征不列颠，后任不列颠总督。——译者

② 布鲁图：古罗马贵族派政治家，刺杀恺撒的主谋者。——译者

③ 威廉·肖特，外交家，杰斐逊的门生和挚友，曾任杰斐逊在巴黎的私人秘书，写这封信时是美国驻巴黎代办。

商。在展望世界时，我们看不到一个国家像我们那样被外国列强禁止同邻国通商，而且不得不和邻国一起到另一个半球去进行为满足相互需要所必不可少的相互供应。这不仅仅是一个外国强国与我们的邻国之间的问题。我们同邻国一样对它表示关心，而只有节制（至少就我们而言）才能使我们对其持续不予计较。按照道德法则，邻国之间交换剩余产品和需求既是一种权利，也是一种责任，反对这种权利和责任的措施如果想要扩大到最大程度，就必须限制其实施。有时候迫于形势，最无可置疑的权利也得小心对待。现在谈到的这种权利似乎只需简单地提一下，任何不抱偏见的人都会对它表示同意，但是就美国而言，欧洲人把武力和权利混同起来这种习惯做法是太悠久了。拉法叶特侯爵在两国之间处于这样一种关系，我认为他完全能够了解对两国都公平合理的是什么。说不定哪一天，在闲谈中，你可以找机会把这些事实印在他头脑里，而在适当的时候，当他们为我们的邻国制定宪法时，他会把这些事实当作值得研究的重要事实提出来。即使不是在正义上，至少在政策上，他们应当愿意避免压迫，这种压迫落在他们的殖民地头上，就像落在我们头上一样，将会促使我们共同行动……

致本杰明·贝内格[①]

1791 年 8 月 30 日于费城

先生：我衷心感谢你本月 19 日的来信以及信中附寄的历书。

---

① 本杰明·贝内格是个黑人，出生于马里兰州巴尔的摩县；虽然没有受过任何正式教育，却发明了许多东西，其中包括一只钟，并且出了一本可供许多年用的历书。

没有人比我更迫切地希望看到你提出的证据，就是大自然赋予我们黑人兄弟的才能是和赋予其他肤色人们的才能一样的，黑人兄弟表面上似乎缺少才能，实际上仅仅是因为他们生存环境恶劣，无论是在非洲还是美国。我还可以实事求是地补充说，没有人比我更强烈地希望看到一种良好的制度开始实行，以黑人目前所处的低能状态以及其他不容忽视的条件所允许的速度尽快把黑人的身心素质提高到应有的水平。我已冒昧地把你的历书寄给巴黎科学院干事、慈善协会会员孔多塞先生，因为我把它看作一个证据，你有权用这个证据来消除人们对你的肤色所持的怀疑。先生，怀着对你的无限敬意，我是你最恭顺和卑下的仆人。

致马撒·杰斐逊·伦道夫

1792 年 1 月 15 日于费城

亲爱的马撒：这封信没有什么特别的事情可写，我觉得最令我快慰的莫过于尽情抒发我对你的爱以及回忆我们在周游世界时共同经历的种种情景所带给我的喜悦。这些冥想减轻了我目前处境的劳累和焦虑，使我总是想再一次回到家里，想把工作、忌妒和怨恨变成安宁、家务劳动和天伦之乐，在家里我可以再次快乐地和你，和伦道夫先生，和亲爱的小安妮在一起，跟小安妮在一起，甚至苏格拉底拿根竹竿当马骑也不会被人嘲笑。对一切与我本人和其他人有关的情况作了郑重考虑之后，我断定放弃我的职位是合适的，但是目前还存在不少问题，要解决的确是很困难的。实现我的愿望为时虽然不太远，可也不太近。但是，如果我认为回到家时没人理睬我，这些热情是会减退的。我希望伦道夫先生抽暇作些适当安排，我将能使你们两人比在蒙蒂塞洛时更加快活，并且消除你们两人的争吵，我知道你们经常争吵，但是这除非我在场是无法防止的。请向伦道夫先生致意，并保证你们对我的爱。

致美利坚合众国总统[①]

1792年5月23日于费城

亲爱的先生：我决定拿一件事作为这封信的主题，这件事前些时候一直使我内心焦虑不安，而那时你公务缠身，我始终找不到一个合适的谈话机会，向你一吐为快。也许你在目前情况下或者正在旅途中，可以比在这里时有更多时间对它进行思考。

当你最初向我提及你意欲退出政界时，尽管我感到此事关系重大，我在很大程度上未置一词。我知道，对于一个像你这样的人，劝说是无益而且无礼的，你在作出决定以前，已经权衡过所有正反两面的理由，你下决心是经过深思熟虑的，要改变这个结果是不大可能的。另外，我在进行思考时，也懂得我们总有一天要试着独自走路，如果这个试验在你健在时在你关怀下进行，我们将会获得信心，假如试验失败，也能取得经验。当时公众的心理也十分平静和充满自信，因而对进行试验很有利。要不是情况有了变化，我现在决不会冒昧地要求你改变初衷，即使要求了也不会有成功希望。但是人民的心理已不再平静和充满自

---

① 乔治·华盛顿。

信，而那是由于各种与你本人无关的原因。尽管这些原因在报纸上已经频繁报道，变成老调，但为了估计它们所能产生的影响，把它们全面研究一下，给每一种理由以它们借以提出的真实或假想的形式，恐怕不为过吧。

人们强调说，一笔数额大得非我们力量所能偿还的国债，在对它增加新债的其他各种正当理由产生之前，已经人为地欠下了，其办法是把借贷双方的账目总额加在一起，而不是仅仅取它们短期内就可以偿清的差额；这种债务的积累总是从我们手中夺去那些容易获得的财源，这些财源通常都能解决政府的一般需要和迫切需要，使我们免遭习惯性的对于税和收税人的非议，而把非常的措施保留给那些能激励人民起来响应的非常需要。人们还强调说，虽然对金钱的需要不比同样的或相等的紧急状态所需要的来得大，我们却已经不得不拼命征税，乃至引起民愤，而且还会引起逃税，为了征税而向我们自己人民开战，甚至不惜征收可恶的消费税，这种税不公平，而且没有成效，除非用专横无理的手段强制征收，并在某些地区行使强权，在那些地区，反抗是极可能的，高压则最要不得。他们引证国会的各种提案，并猜想其他使债务总数进一步增加的方案将陆续出台。他们说，如果我们以2/3的利息借款，我们在2/3时间内就可以把本金还清，但由于规定除非是小额长期借款不能兑取硬币，致使这一点无法做到，而作出这种不能兑取硬币的规定，明明是为了想要把它转移到国外。他们预言，本金的这种转移完成后，将造成每年300万美元的利息外流，使硬币枯竭，由于这方面没有先例，对其后果无法作出估计，但是硬币的枯竭将导致发行1000万美元正进入流通的银行钞票形式的纸币，

从而使情况更加复杂。他们认为，支付给出借这种纸币的人的10％或12％的年利是从人民口袋里拿出来的，人民本来可以不付利息而获得被纸币清除的硬币；所有在纸币投机中使用的资本都是空的和无益的，像在赌桌上一样不会自然增益，而且被从商业和农业领域中收回，它在商业和农业领域中本来会产生利益；它使我们的公民养成道德败坏和游手好闲的习惯，而不是勤劳和道德高尚的习惯；它提供有效的手段来腐蚀议会很大一部分人，致使诚实的选举人之间的天平偏向它所指引的任何方向。他们说，这支决定立法机关愿望的腐败的队伍明白表示要去除宪法对联邦立法机关施加的限制，而各州正是因为相信这些限制才接受宪法的；所有这一切的最终目的是为把目前的共和政体变成以英国宪法为楷模的君主政体铺平道路；代表会议有这种想法不是什么秘密，因为它的党徒们表现得更充分。这个目的是达不到的，但是他们仍在全力以赴，为最后达到目的作准备。他们有好些人进了立法机关，在忠于他们的纸币贩子腐败队伍的帮助下，在两院都占多数。共和党希望保持政府现状，他们的人数较少，即使二三个或五六个反联邦党人加入，人数还是少，这些反联邦党人虽然不敢明言，仍然反对任何性质的全国政府；但是由于共和政体害处比君主政体小，他们自然要与他们认为在追求害处较小的政体的那些人联合起来。

在上述一系列措施所带来的危害中，最使正直人士苦恼和痛心的莫过于立法机关的腐败。由于它是这些措施中最早的一个，它就成为制造危机的工具，而且将来也会成为制造国王、贵族和平民或那些指挥立法机关的人想要的任何其他东西的工具。离选民的眼睛如此之远，而且选民又如此分散，对情况特别是对自己代表的行为毫不了解，因此，如果对造成代表腐败的手段不加以防止，他们将成为世界上最腐败的政府。现在，唯一解救的希望就寄托在明年将产生的为数众多的议员身上。有些新议员可能在原则上或利益上与目前的多数议员一致，但是大多数新议员可望加入共和党。他们没有能力取消前两届国会、特别是第一届国会所做的一切。公众的信仰和权利不允许这样做。但是制度的某些部分也许可合法地予以改革，并以权力所允许的速度尽快摆脱其余部分，今后将杜绝类似行为。如果下届国会采取这个方针，整个君主制和纸币的利益会起来反对他们；但是我认为后者不会永远跟前者一起走，因为债主绝对不会出于自愿地完全离开他们的债务人；因此，这是一种最不可能引起震动的办法。但是，如果多数新议员仍采取和目前的多数议员一样的原则，让我们感到除了继续进行同样的习惯做法外别无他望，那后果如何就难以逆料，用什么手段来纠正弊端也很难设想。从真正明智的观点看，这些手段应当是稳健的和温和的，但是观点和利益的分歧不幸是非常地区性的，无人能说最明智和稳健的必将战胜最容易和明显的。我简直想不出哪一种祸害比将联邦分裂成两个或几个部分更大。但是，当我们考虑到人民大众反对原先的联合；考虑到反对的主要是南部；考虑到国会非但没有利用一切机会减轻这种反对，相反，每当北部和南部的偏见发生冲突时，总是牺牲南部，迁就北部；考虑到债主都在南部，债务人都在北部；考虑到反联邦主义的战士们现在因为预言实现而更加振振有词；考虑到这是赞成君主政体的联邦主义者本身造成的，这些人仅仅把新政府当作通向君主政体的

踏脚石，自己接受了对宪法的解释，在人民的法庭前主张接受宪法，却宣称宪法不容易被接受；考虑到因政府本质的优点而拥护同一个政府的共和联邦党人被解除了武装；考虑到被他们当做预言摒弃的东西现在已成为历史现实；考虑到所有这一切，谁能保证这些事情不会使少数人改变意见，使另一方成为多数呢？这是一件令我不寒而栗的事，为了防止这件事发生，我认为你继续担任行政首脑是十二万分重要的。全联邦的信任都集中在你一人身上。你掌权将不只是对每一个能被用来恐吓人民，并诱使人民使用暴力和脱离联邦的论点的回答。北部和南部如果有你做靠山就会团结一致；如果第一个多数代表权纠正办法失败，你在位就能提供时间来试验其他与各州的团结与和平不相矛盾的办法。

我完全明白你现在的职务对你心理的压力，以及你渴望过家庭生活的迫切心情。但是社会上往往有一个出类拔萃的人，人们对他有如此独特的要求，以致他不得不为了他人的幸福而抑制自己的爱好，把全部力量用来谋求人类现在和未来的幸福。你的情况似乎便是如此，上帝在塑造你的品格，并制造各种供你的品格对之发挥作用的事件时，赋予你权威；正是由于这些原因，而不是由于我或者其他无权要求你作出牺牲的人的个人的忧虑，我才本着改变局面的理由，请求你改变主意。如果新的和扩大了的代表产生一个诚实的多数，如果他们的原则或利益能被承认，那么，你一旦表示有意退休，你的愿望就会获得实现，不必等第二个四年任期届满，也不会有太大危险。一届或两届会期就能解决危机；你为了造福人类已经献出那么多年，我不得不希望你下决心再增加几年。

为了怕我的这个请求会使人怀疑，我有想继续留职的自私动机，我不得不郑重声明没有这种动机。我是保留还是放弃随着政府第一次定期革新而结束任期的意图，对于公众是无关紧要的。我对我自己的本分了解得非常清楚，不会认为我的服务对公众的信任或公共事业有什么贡献。你给我安排的职务许多人都能胜任，既对他们有利，又能使他们满意。因此，我除了自己的意向外别无他求，我的意向便是安静地享受我的家庭、我的农场和我的书籍。确实，要是我知道你留守在岗位上，我就能更加放心地在它们中间休息；而我希望会是如此。除了有关我们国内事务的陈述之外，我还要简单地提一下（确实只要简单提一下即可）：我们的对外事务方面有要求你继续留任的重大理由。我认为，与西班牙和英国的谈判如果在你退休的意图被人知道以前尚未完成，那么，意图一让人知道，谈判就会中断，而英国就会加倍努力地挑起印第安战争。除了对未来的祝愿外，我还要对过去表示感谢，至少是对我曾参与的部分，并请允许我怀着爱慕和尊敬之情，无论在公共生活中抑或私生活中都接受你的领导。亲爱的先生，我怀着这些感情，永远是你真挚和卑下的仆人。

致托马斯·潘恩

1792 年 6 月 19 日于费城

亲爱的先生：惠赠大作收到，非常高兴，既是为大作本身，也是由于它是你心境平静的证据。在这个国家里，有一些显要人物，他们需要你关于共和主义的教导，却对它们不屑一顾，你相信这是可能的吗？事实再清楚也没有，我们这里有一帮人拼命鼓吹和宣扬关于国王、贵族和平民的英国宪法，渴望戴上王冠、小冠冕和主教冠。但是，我的好朋友，我们的人民却一致同意共和主义的原则，对它坚定不移，最好的证据便是他们喜欢你的著作，津津有味地阅读。每张报纸都摘登你的《论人权》的最后一部分，就像以前摘登《论人权》第一部分一样。它们既起了分辨糟粕的精华的作用，又证明糟粕虽然浮在面上，却只能在面上。底下的大块东西是健全纯正的。所以请继续用你的笔做其他时候要用刀剑做的事情，说明要实行改造的话，对头脑动手术比对肉体动手术更加灵验。请相信没有一个人比我更愿为它献身，也没有一个人比我更热诚地祝愿你万事顺遂。

致美利坚合众国总统

1792 年 9 月 9 日于蒙蒂塞洛

……我现在冒昧地来谈谈你信中关于我们政府内部发生倾轧以及它们对政府工作造成不良影响的那一部分。发生倾轧是确凿无疑的，甚至政府中和你最接近的那些人之间也闹意见。对于这种情况，没有人比我更为关切，由于我也是政府一员，因此内心更加不安。虽然我只承担你信中所说关于我的那部分的责任，但是我迫切希望你了解全部事实真相，而且只相信事实真相，因此我乐于抓住一切机会向你详细说明我对政府的想法以及所做的事情，并请允许这封信比情况所需要的写得更长些。

当我初次进入政府时，我下决心绝对不干涉立法部门，对各并列部门也尽可能少干涉。我第一次也是唯一的一次违反不干涉立法部门的决心是受了财政部长的骗，成了推销他的方案的工具，当时我对他的方案不甚了解；在我政治生涯所犯的一切错误中，这个错误最使我追悔莫及。我一直想等我们从舞台上的演员变成仅仅是没有利害关系的观众以后，再把这件事向你作一番解释。我的尽可能少干涉各并列部门的决心，就国防部而言，是信守不渝的，就财政部而言，违反的程度绝对不超过我仅仅在谈话中发表我自己的意见，主要是在与一些人的交谈中，他们在表达同样的意见时，把我的意见当做了他们的。如果认为我在议员中要弄诡计，以挫败财政部长的计划，这是完全违背事实的。我从来没有想过要收买议员，所以除了友谊之外没有任何其他手段，我对友谊十分重视，决不会斗胆篡夺他们的判断自由，不让他们认真履行他们的职责。说我曾经在私人谈话中表示绝对不同意财政部长的方案，我直认不讳，而这并不仅仅是一种纯粹理论上的分歧。他的方案来源于一些不利于自由的原则，目的是制造一种影响，让他的部门支配国会议员，借以挖共和国的墙脚，把共和国颠覆。我看到这种影响已经产生，其第一个成果便是以一些人投的票确立了他的方案的梗概，这些人吞下了他的诱饵，竭力想从他的方案得到利益，如果这些人退出投票，就像与一个问题有利害关系的人应当退出投票一样，那么，没有利害关系的多数人投的票显然会把他们的投票结果颠倒过来。这些票已经不再是人民代表投的票，而是背叛人民的权利和利益的人投的票，他们作出这个决定仅仅是为了使自己发财致富，因此不能把它看成是光明正大的多数人的措施，永远

应该受到尊重。如果实际上正在做的事使得那些希望有一个有效率政府的人感到不安，那么，进一步提议的事对支持宪法的人的威胁同样也很大。因为，在一份关于制造品问题的报告中，曾明确断言全国政府有权行使一切有关普遍幸福的权力，也就是说，有权行使政府的一切正当权力，因为没有一个政府有正当权力去做与被统治者的幸福无关的事情。诚然，在有关使用金钱的事情上，对这种权力的普遍性有一种装模作样的限制。但是什么事情是不使用金钱的呢？因此，这些计划总起来，其目的就是要把政府的全部权力集中在国会手里，想出一些办法来腐蚀国会里相当多的人，分化诚实的议员的票，同时以他们自己投的票使天平的一头下沉，并使那些被腐蚀的人听命于财政部长，其目的便是逐步颠覆宪法的各项原则，他经常宣称宪法一文不值，必须予以改变。这种情况也许能够证明我可以采取不只是仅仅表示不同意的做法，尽管如此，我从来没有超出过这个限度。这主管的部门实行克制，他也同样实行克制吗？其他尽人皆知的干预姑置不论，就拿两个我们与之最密切相关的国家法国和英国来说，我的意见是给法国一些优待，我们花费不大，但可借以报答他们给我们的巨大好处，对英国则施加某些限制，以促使他们减轻对我们贸易的严厉制裁。我始终认为这是和你的观点一致的。可是，财政部长却和一些国会议员上下其手，并借助他在其他场合唱的高调，强制执行他自己正好相反的一套。他自作主张与两个国家的公使会谈，每次会谈前都给他准备一份这个或那个国家适合他的观点的谈话报告。这些占上风的观点当然得由我来实行。你是看过我所有的信和记录的，我可以有把握地问你，我有没有真心实意地把它们付诸实施，就像它们是

我自己的观点一样？尽管我始终认为它们是与我们国家的荣誉和利益不一致的。说它们与我们的利益不一致，法国破坏我们的航运就是明证。因此，要问汉密尔顿上校和我本人合不来是谁的错，答案要看对另外两个问题的回答：谁的施政原则被其纯洁性证明更值得认真奉行？我们两人中谁在最大程度上插手控制另一个人的部门？……

当我就任这个职务时，我曾经下定决心一旦能够体面地引退就立刻引退。我很早就觉得合适的引退时机是宪法打算将公仆定期予以改换或更新的那些时期中的第一个时期。你关于在同一时期引退的决定坚定了我的这个想法；然而，我却希望你已经改变了决定。我以一个饱经风霜的水手的迫切心情期待着这个时刻的到来，我最后终于望见了陆地，将掐指计算仍存在于它与我之间的日子和钟点。在这同时，我的主要目的是结束我的部门的事务，尽可能避免一切新的事务。对于立法机关的事务，我以前从未干涉过，现在当然不会干涉。我想为行将隐退其中的宁静生活做好准备，不愿让它受报纸争论的打扰。但是，如果这些事情不能完全避免，关心你的安宁就是一个充分的动机使我把引退推迟到我成为仅仅一个小小老百姓，那时我的言行正确与否完全由我一个人来负责。那样，我也可以避免滥用时间的罪名，这段时间现在是属于那些雇用我的人的，应该完全用来为他们服务。如果我的正当理由或共和国的利益需要的话，我保留向国民申诉的权利，无论写什么东西都署上我的名字，直率和老实地使用将真相向那个法庭和盘托出所必不可少的事实和姓名。完全置官职的荣誉和利益于不顾，我非常重视我的同胞们对我的尊重，我以无可指摘的正直，并无限忠于他们的权利和自由，值得他们尊重，我不能容忍我的退休被一个

人的诽谤蒙上阴影，这个人的历史，从历史肯屈尊对他垂青那时起，就是一连串反对国家的自由的阴谋诡计，这个国家不但接纳和养活了他，而且还给了他数不清的荣誉。但是，我仍然要重复说一句，我希望没有必要作这个申诉。尽管美国人民不大了解我，但是，我相信，就被了解的来说，我不是共和国的敌人，不是反对共和国的阴谋家，不是浪费它的大宗收入的人，也不是为了腐蚀国家而滥用资财的人，像“美国人”把我形容的那样；而我相信，你本人也清楚，就报纸的争论来说，没有一个字是我说出去的，国会的那些分歧也不是我的阴谋或密谋造成的，我希望我能向你和向我自己保证，在我短暂的留任期间，在结束目前的部门工作时，有那么多事情要做，我决不会对任何一种分歧推波助澜。

致威廉·肖特

1793 年 1 月 3 日于费城

……你的几封信的语调使我痛苦良久，因为它们极其激烈地批评了法国雅各宾派的作为。我把这个派别看成是共和爱国者，而把福扬派看成是君主爱国者，这两个派别在革命早期享有盛名，两派的观点没有什么不同，目的都在于制定一部自由宪法，仅仅在国家元首应否世袭问题上意见有所不同。雅各宾派（一直是这样称呼他们的）向福扬派让步，进行了保留世袭国家元首的试验。试验彻底失败了，如果继续进行下去，将会使专制主义复辟。雅各宾派认识到这一点，认识到废除这个世袭职位是绝对必要的。国民赞同他们的意见，因为无论国民从前是多么支持第一个制宪会议所制定的宪法，他们已经对它失去了希望，现在普遍都成为雅各宾派了。在这场必不可少的斗争中，许多有罪的人未经审判就被处死，有些无辜的人也和他们一起丧失了生命。对于这些人，我和大家一样深表哀悼，其中有几个人我将一直哀悼到我死。但是我哀悼他们就像他们在战斗中倒下一样。有必要使用人民这种武器，这种武器不如枪弹和炮弹那样盲目，但还是相当盲目的。他们的少数热诚的朋友在他们手中遭到了敌人的命运。但是时间和真理会挽救他们，使他们永远被铭记在人民心中，而他们的子孙后代将能享受他们会毫不迟疑地为之献出生命的那种自由。全世界的自由都取决于这场斗争的结果，世界上曾经以如此少的无辜者的鲜血赢得过如此巨大的成果吗？我自己的感情被这个事业的某些烈士们深深地刺痛了，但是我宁愿看到半个世界人烟灭绝，也不愿这个事业失败；即使每个国家只剩下一个亚当和一个夏娃，只要他们是自由的，也胜于目前的状况……

致詹姆斯·麦迪逊

1793 年 6 月 9 日于费城

本月 2 日奉上一信后，收到了你 5 月 27 日和 29 日两封来信。在 27 日的信中，你说你在建立良好的政绩，使全体好公民交口称誉，你的朋友们引以为荣之前，决不退出政治生活。我欠公民同胞的服务债已经全部忠实地还清了。我承认，每个人无论做哪一种对他的国家最有益的工作，都有这样一种债，一个任职期。说这个任职期应该长到什么程度恐怕是很难的，但是说它不应该长到什么程度却是很容易的。比如说，不应该长到终生，因为那样的话，我们等于生下来就是奴隶——甚至长到一生中大部分时间也不可以。我为公众服务至今已有24年，其中有一半时间完全用在他们的事务上，完全放弃了我自己的事情。因此我的任期已经满了。没有一种口头上或书面上的明确约定使我必须继续为公众服务。没有一种我对公众在任何事业上的利益的许诺必须由我来实现。我没有作出过任何保证，使得任何一方可在我引退前对我提出要求。甚至我的敌人也不敢这样做。因此我在所有各方面都不受公众权利的束缚——我没有对朋友们承担义务。我从一个职位转到另一个职位时，没有任何情况能使他们并通过他们使别人对我可能留任的时间发生错觉，特别是他们大家都知道我是多么勉强地留在目前这个职位上，知道我已经下定决心早日引退。因此，如果公众对我没有要求，我的朋友们也提不出什么正当理由，那就得完全由我自己的感情来作出决定。曾经某个时候，我的感情和现在完全不同，那时在我眼里，世人的尊敬也许比任何一切都珍贵。但是年龄、阅历和反思只使它保留了它应有的价值，对宁静生活却赋予更高的价值。我的血液的流动不再和纷扰的世事合拍，它引导我从我的家庭怀抱和情爱中，从邻人的交往和书籍中，从我的农场和业务的有益身心健康的工作中，从对每一个萌发的花蕾的兴趣或喜爱中，从每一阵在我周围吹拂的微风中，从完全逍遥自在地休息、活动和思考中寻找快乐，这一切仅仅与我个人的时间和活动有关。可我目前的处境使我从早到晚，日复一日地被工作弄得精疲力竭，明知它们使自己苦恼，对别人也无用，做这些只是为了孤身对一群一贯破坏公众自由和繁荣的人作战，甚至仅有的一点休息时间也牺牲给了与同样意图的人交往，他们的仇恨，我甚至在觥筹交错、心扉最希望向奔放的友情和信任敞开时也感觉得到与家人和朋友分离，我的业务陷于混乱，一句话，用我喜爱的一切换来我憎恨的一切，而所有这一切丝毫也不能满足眼前的享受或未来的愿望。亲爱的朋友，责任已不值得考虑，意向杜绝了一切争论，因此你我在这个问题上决不要再争执了。

随信附上几张论述建造新城问题的报纸。你从报纸上可以看到《领导者报》不是勇敢不屈，就是孤注一掷。我认为附上的声明已招致一个反对他的提议的决定。昨天我与一些朋友一同进餐，莫里斯和宾厄姆也在座，我恰巧坐在他们中间。在饭后的谈话中，莫里斯慷慨激昂地说，等他目前的参议员任期满后，任何人都休想使他再担任任何公职。他说话口气极其严肃，不可能是随便说的。总统身体欠安。低热已持续一星期或10天，使他面容十分憔悴。报纸上对他的持续不断的攻击也使他深受其害。我认为他对那些事情的感受比所有我认识的人都深，令我不胜遗憾。我记得我第一次去纽约时你说的一句话，你说他周围的食客和马屁鬼已经使政府的排场变得宏伟堂皇至极，只有他受得了，他以后任何一个人都难以为继。现在看来，在要求以常识判断一切事情的时代，甚至他个人也不足以证明这些排场是正当的。光着身子他会道貌岸然地受到尊敬，但是包在王权的破布里面，就很难把它们撕掉而不使他爱伤害。更不幸的是，这种攻击是建立在人民基础上的，是建立在人民对法国及其全球性事业的热爱上的。热内在谈话中直爽地提到法国不愿以我们的保证使我们卷入战争。来自圣多曼格岛和

马提尼克岛的消息说，那两个岛决意而且有能力抵抗英国从陆上对它们发动的进攻。封锁将会是危险的，在那种气候下维持不了多久。我把你给罗兰的信交给了热内。由于罗兰去职，他会把信交给内务大臣。我觉得信中每一句话都极其得体。你设计的犁将受到充分关注。你可曾注意过塔尔设计的马拖的犁？我相信，你的犁制作得极其精密，我们的大犁稍差，在我们的情况下，不必期望从外国进口了。我的脱粒机至今尚未收到。我担心前不久一场长时间的暴雨必然扩大到我们这里，影响我们的小麦。再见。

致美利坚合众国总统

1793 年 7 月 31 日于费城

亲爱的先生：当你赐给我荣誉，委我以现在的职务时，我并没有想到要把这个职务继续担任下去，我很早就认定我们的共和国四周年末是我引退的合适时期，并曾荣幸地把这个想法告诉你。但是，当四年期满后，发生了一些情况，我的一些朋友认为我应当把我引退的意图推迟一些时候。现在这些情况基本上已不复存在，我又可以重新考虑一个不至于引起任何不利的意见或猜测的引退的日子。本季度末似乎是一个合适的时期，因为那时国内部门的季度账目当然已经结清，而且，到那时，我也可望从国外收到材料，把外国账目结算到第三年终了为止。因此，到今年 9 月底，我将请求让我退隐到更清静的地方，离开那些我一天比一天更加确信与我的才能、性情或年龄都不合适的场所。我认为有责任把这件事及早告诉你，以便你有时间从联邦任何地方召唤一位你认为合适的接班人。我衷心希望你能找到一个更有能耐的人来减轻你的工作负担，因为没有一个人比我更衷心希望你的行政职务既对我们的国家有用和必不可少，而且也使你感到愉快，也没有一个人比你的最忠实、最卑下的仆人更合理或更热诚地对你表示眷恋和敬重。

致伊莱·惠特尼

1793 年 11 月 16 日于日耳曼敦

先生：你 10 月 15 日附有你设计的轧棉机图样的函件已于本月 6 日收到。现在唯一没有履行的法律手续是寄送一个模型，等模型收到后，就立即替你申请专利并将它寄奉。

我所在的弗吉尼亚州很多家庭从事棉织品生产，我自己也从事这项生产，我们最感头痛的一件事是清除棉籽，我对你的发明在家用上的成功很感兴趣。因此请允许我询问你以下各点。这台机器有否彻底进行过清除棉籽的试验，抑或目前还只是一台仅在理论上存在的机器？平均每天轧多少棉花，手工操作需多少人手？手工操作的机器多少钱一台？对这些问题的圆满回答将诱使我定购一台寄往里士满我家中……

致约翰·亚当斯

1794 年 4 月 25 日于蒙蒂塞洛

亲爱的先生：承蒙惠赐大函和书籍，并对我目前平静的生活表示祝贺，殊为感谢。我现在的处境和过去有天壤之别，使我了无遗憾，除非是我的引退推迟了四年之久使我耿耿于怀。我据以估量生活价值的各项原则是绝对有利于我目前的情况的。我以年轻时代从未有过的热情重新务农，它完全超过了我对读书的爱好。过去我习惯于每天写 10 到 12 封信，认为这是天经地义，现在我像农夫那样，把回信拖到雨天再写，而到时又往往因为有别的重要事情而延迟。沃州土地事件我还是第一次听到。双方提出的要求所根据的理由，我认为正是我们教导世人不要过于重视的。今后一代人的权利决不应该取决于另一代人的纸上交易。我的同胞们正在英国的凌辱下呻吟。我希望能有办法使我们的信仰和荣誉与和平一致。我向你坦白地说，一次战争已经使我受够了，绝对不愿再看到第二次。祝你公私生活无限幸福，并向亚当斯夫人致以最亲切的问题。你的真挚和恭顺的仆人敬上。

致坦奇·科克斯[①]

1794 年 5 月 1 日于蒙蒂塞洛

……你的信阐述了对法国形势的乐观的看法，后来发生的事件似乎证实了这个看法。我确信他们能够彻底战胜外国强权，而我不能不指望那个胜利以及入侵的暴君们随之而来的耻辱必然会点燃欧洲人民反抗那些胆敢使他们受到如此深重灾难的人的怒火，并最终把国王、贵族和教士们送上他们长时期来使之浸满鲜血

① 坦奇·科克斯是美国政治经济学家和政治家，原为坚定的联邦主义者，后来脱离联邦党，成为杰斐逊的忠实信徒。

的断头台。每当我想起这些流氓就禁不住怒火中烧，尽管我尽可能不去想它，而宁愿细心观察我种的苜蓿和马铃薯悄无声息地生长。我已完全彻底地脱离这些篡夺和苛政的景象，甚至一个月里一张报纸也不看，却因此而更加感到无限的快乐。

我们这里对行将发生的战争感到恐慌，迫切希望能够避免，但是不能以我们的信仰或荣誉为代价。这里一般的看法是，我们的荣誉已受到过大的损害，不能不要求赔偿，必要的话，甚至不惜从战争中去寻求赔偿。至于我自己，我热爱和平，渴望再给世人一个有益的教训，向他们指出除战争外其他惩罚侵略的方法，因为战争对于受害者和惩罚者同样都是一种惩罚。因此，我赞成……同那个表现得如此穷凶极恶的国家断绝一切关系。你会说这会引起战争。如果真的引起了战争，我们就要像男子汉大丈夫那样去迎接战争；但是也可能不会引起战争，那么，这个尝试就是值得庆幸的了。我相信这场战争会获得比我们过去打过的任何一场战争更加一致的认可，因为侵略是如此恶毒和明目张胆，如此无可争议地违反我们的意愿……

致詹姆斯·麦迪逊

1794年12月28日于蒙蒂塞洛

……对民主协会进行公开谴责[①]是一种胆大包天的行为，我

① 在汉密尔顿的影响下，华盛顿在他致国会的年度咨文中猛烈地谴责了民主协会。

们从君主政体的支持者那里领教得多了。总统居然让他自己成为对言论自由、写作自由、印刷和出版自由滥施攻击的代言人，这实在是骇人听闻。出于极度的好奇，我很想了解他们提出的对这些权利施加限制的计划，了解他们的聪明才智会在民主协会与辛辛那提协会之间划一条什么样的界线。民主协会直言不讳的目的是使我们宪法的共和主义原则发扬光大，而辛辛那提协会则是一个自行建立的协会，为自己争取世袭的荣誉，一贯贬低我们的宪法，在联邦各地定期召开秘密会议，在他们的小金库里积累起一笔资金，经常秘密通信，这个协会里骂民主党人的人本身就是国家的创建人、奠基人和高级官员。他们的眼睛一定是被王冠和小冠冕的闪光照花了，才会看不出对拥护普遍自由的人进行镇压，而那些希望把自由只限于少数人享有的人倒可以任意发挥他们的原则和实践，这种建议是何等荒唐。这里我对那些其不良行为被利用来对支持人民权利的人进行诽谤的人姑置不论；我高兴地说，就我本人所见所闻而言，谁都不理睬他们，对侵犯他们的宪法规定的天赋权利的企图洞察无遗。我从未听到过一种说法或意见不把它当做不可宽恕的侵犯行为予以谴责……

致伊佛诺先生[①]

1795 年 2 月 6 日于蒙蒂塞洛

亲爱的先生：你的几封关于日内瓦大学的来信已于去年 12 月

① 弗朗科斯·伊佛诺，开明的瑞士经济学家和政治历史学家，来自日内瓦的政治流亡者。

收到。我已有一年多不问政务。我平生不喜政务,当初是被紧急情况拉进去的,这些紧急情况使我们的国家有遭受奴役之虞,但以建立自由国家而告终。我已以无限的眷恋之情重新享受我的农场、我的家庭和我的书籍带给我的乐趣,已下定决心不去干预它们之外的事情。但是,你关于将日内瓦大学搬迁到我县的建议,却与我对科学和科学的最早产物——自由——的爱好极其吻合,以致引起了我的强烈兴趣,想要试探一下它的可行性。这完全取决于当时正在开会的州议会的见解和意向。我立即把你的信交给州议会的一位议员,此人的能力和热情表明他是合适的人选。我敦促他向尽可能多的主要议员进行试探,如果认为他们的意见有利,就把这个建议向议会提出;但如果他认为不利,就不要冒那个险,因为我认为最好不要以一个无益的坏名声损害我州或你校的荣誉。直到三天前我才见到了他,听他讲了办事经过。他说他把信交给了许多议员,同他们私下进行了认真的讨论。他们对这个建议的态度都不错,有些人相当热情,但是结论却一致认为此事难以实行。他们认为肯定会使这个建议失败的理由有以下几点:1.我们的青年只懂他们的母语,不具备接受任何其他语言教育的条件;2.学院的开支会在选民中引起不安,从而危及其永久存在;3.学院的规模与我州稀少的人口不相称。对于这几点尽管可以据理力争,但是决定权在别人手里,事实如此,或被认为是如此,我们只能表示遗憾,让你失望了。

我应当以特别满足的心情看到在我国建立这样一所科学殿堂,也可能会情不自禁地去接近它,住在它附近,至少在农事不太忙、不太引人入胜的那些季节里。我真诚地为引起这种搬迁的境

况感到痛心。我本来认为日内瓦习惯于高度的自由,能够毫无困难或危险地将它的分量增加到最大限度;自由这个专门名词,尽管就与世隔绝的人来说,只受他的天然力的约束,在社会里却必须限制到足以保护他不受他的伙伴们的邪恶感情的伤害,因而也保护他们,免受他的邪恶感情的伤害。我认为,所谓只有小国才能成为共和国的理论以及孟德斯鸠和其他政论家认可的另一些谬论会被经验推翻。人们也许会发现,要得到一个合适的共和国(我们求助政府归根到底就是为了获得我们的正当权利),它的幅员必须极其广大,以致地方利己主义的势力永远扩展不到更大的地区;对于每一个特殊问题,议会中总是可以找到多数不受特殊利益影响的人,从而使公正原则始终占优势。社会越小,分裂越严重,震动也越强烈。我们恰巧生活在这样一个时代,它可能以其在比迄今为止更大的规模上实行统治的试验而载入史册。但是我们有生之年不会看到试验的结果。诸如世袭地方行政官等荒唐事,我们将在我们在世时看到它们被扔进垃圾箱,长期的经验已经宣告它们的死刑。但是代替它们的是什么呢?这个问题将由我们的子孙后代来回答。有一点我们可以相信,就是决不会试验这样一种东西,它是如此愚蠢,如此不义,如此暴虐,如此破坏诚实的人们为之而进入政府的目的,就像他们的祖先确立的,只有他们的父辈敢于把它们从它们盘踞已久的位置上拉下来的那类东西。人类恢复他们长久以来被剥夺的自由的努力将伴随着暴力、谬误甚至罪行,这诚属不幸。但是我们在为手段悲叹的时候,必须为目的祈祷。

但是我不知不觉地被总的时势从日内瓦单独一件事扯到那些与它截然不同的事情上了。就共和国而言,我们希望它有良好的结果。它的居民必须非常开明,对于自由幸福和不受干扰的勤劳极有经验,才能长久地容忍相反的情况。我将高兴地听到他们的政府获得改善,为诚实、勤劳和智慧的人们让出地方;就那一点而言,你本人的才能,还有你对之感兴趣的那些人的才能,将会受到欢迎,获得荣誉。亲爱的先生,我对你充满敬意和关切,将永远对你表示良好的祝愿。你的最恭顺的仆人敬上。

致德默讷[①]

1795年4月29日于蒙蒂塞洛

……我认为美国之能成为如此众多属于不同派别的道德高尚的爱国志士的避难所,实属万幸;但是他们的情况,这你以前是十分熟悉的,使美国只能成为一个避难所,提供给他们的仅仅是一种尽量发挥自己才能的自由。这里没有像欧洲称做财富的那类东西。这里最富有的人也仅仅是生活勉强过得去,必须兢兢业业地照料个人的事务,不能有丝毫怠忽。这里我并不是指美国的花花公子。因为我们也有一些这样的人,虽然他们幸亏只是昙花一现。我们的国家经济也是这种情况,那些负责管理经济的人工作辛劳,所得仅能勉强糊口,这是一种防止公仆蜕化变质的明智和必要的预防措施。在我们的私人职业方面,每个诚实的工作都被认为是光荣的,这是个很大的优越性。我本人是制造钉子的。在阔别10

① 德默讷是由罗什福考尔德介绍给杰斐逊的。他从杰斐逊那里获得许多关于美国的详细资料,写成文章登在《方法论百科全书》上。

年回到家乡后，我发现我的农场杂乱不堪，在彻底改造更新之前，非但不能养活我，反而是一种负担，因此我必须另谋一个生计。我曾考虑过生产钾碱，这只需要投入很少资金，但最后还是决定制造钉子，因为这只需要一点点资金或根本不需要资金。我现在雇用了十多个10岁到16岁的男童，全部业务由我亲自主管，赚的钱可让我在我的农场能产生效益之前维持生活。我的新的制钉业对于在美国的我，就像欧洲人获得一个额外的贵族头衔或一个新的等级的标志……

致曼·佩奇[①]

1795年8月30日于蒙蒂塞洛

……我最迫切地希望看到天赋较高的人受到最高级的教育，而一般天赋的人则受到能使他们阅读和了解世界上正在发生的事情，并使他们在世上的一份任务能够最有利地进行的教育；因为只有他们自己的警惕和不信任的监督才能使任务最有利地进行。罗什福考尔德和蒙田之流认为15个人中有14个是无赖，我不以为然。我认为大多数人是诚实的，这个比例应该大大降低。但是我一贯认为无赖都是在最上层，这个比例对于较高等级的人以及那些高出在粗野的群众之上，总是费尽心机想舒舒服服地置身在权力和利益的地位之中的人来说，绝对不太大。这些无赖先窃取了人民的正确意见，然后又设计了一些与人民的权力对立的法律和

① 曼·佩奇之子，著名的弗吉尼亚大农场主和市政务委员。

联盟，从人民那里僭据了取消这种意见的权力。目前我们国内人心浮动，因为人们疑心最近发生了这种无赖行为。他们说，当所有人都在甲板下面修补帆篷、捻接绳索，每个人都在忙着自己的事务，船长在船舱里写航海日志和看航海图时，一个无赖舵手却把船驶进了敌人的港口。但是撇开这个隐喻不谈，人们对杰伊先生和他的条约[①]深为不满。就我个人而言，我现在只把自己看做一个旅客，把世界及其政府交给那些可能活得更长的人。我衷心祝愿你是那些人当中活得最长的一个……

致乔治·威思

1796 年 1 月 16 日于蒙蒂塞洛

在随同装有我所收藏的法律文本的盒子寄奉的信中，我曾允诺给你邮寄一个关于盒内所装物的说明。在着手这项工作时，我觉得最好是对我所拥有的全部法律，无论是手写的还是印刷的，以及所有那些我不拥有的、现恐已散失的法律作一比较全面的评述。现将该评述奉上，盒内所装为已印刷的法律条文，那些手写的原稿未寄上，因为不属于你要过目的范围，另外也因为有些手稿已十分破烂，经不起搬动，往往翻一页就化为粉末。我保藏的办法是用油布把它们包起来缝上，这样空气和湿气都进不去。在我研究弗吉尼亚法律的过程中，我很早就发觉许多法律已经丢失，更有许多快

① 1794 年 11 月 19 日，美国特使约翰·杰伊与英国签订一项条约，解决了两国之间的若干争端，但未能解决最敏感的英国夺取美国商船的问题，引起美国朝野普遍不满。——译者

要丢失，因为它们只有一个孤本，由一些细心或好奇的人保存着，他们一死，这些孤本也许就被当作废纸了。因此我就着手工作，把当时还存在的所有法律都收集起来，以便到了那一天，人民注意到他们在有关我们的财产和我们的历史的这些宝贵文物方面损失是何等巨大时，可以告诉他们说一部分已经抢救出来，值得他们注意和保存，他们的遗憾可稍稍减轻。在寻找这些残存的文件时，我不辞辛劳，也不吝惜时间和费用，而且自以为，凡是迟至1790年我国中部或南部地区存在的法律中，没有一条遗漏。在北部地区，或许还能找到一些。在一些老县的书记员办公室里，可能还存在一些手写的法律，这些手写稿在印刷机发明之前，是由公家出钱抄写了提供给每一个县的；在同一些地方，在一些老的官员和他们的家属手里也可能有历届议会的一些零散的法律，因为自从印刷的办法推行以后，通常都把它们印发。但是回到我们实际拥有的法律上来吧。问题是，用什么办法保存这些残存的文件，使它们不致进一步丧失最为有效？无论我多么小心，也无法防止它们被虫蛀，无法防止纸张天然腐烂，火灾或由于公共需要而将它们搬运时发生的种种意外，就像现在寄给你的那些。我们的经验证明，单独一份或少数几份手写稿存放在机关里，是难以保存很长一个时期的。火和凶恶的敌人的蹂躏对于造成我们今天为之痛惜的损失起了极大作用。珍贵古代著作仅以手稿保留的至今已损失了多少啊！自从印刷术使人能够把文件复制并广为传播以来，曾经损失过一份吗？因此，要保存我们残存法律只有一个办法，就是把它们印制许多份。我认为应该以公费把现在能找到的历届议会所通过的全部法律都印一版，美国每个公共图书馆、各州主要政府机关都存放一份，或许欧洲最著名的公共图书馆也存放一份，其余的则售给个人，以收回印刷费用……

致菲利普·梅泽[①]

1796 年 4 月 24 日于蒙蒂塞洛

……自从你离去后，我们的政局发生了剧烈的变化。代替使我们胜利地度过战争的那种对自由和共和政体的崇高的爱，一个英国君主贵族党异军突起，其直言不讳的目的是除了已经强使我们实行英国政府的形式以外，还要进一步强使我们实行英国政府的内容。但是我们绝大多数公民依然忠于他们的共和主义原则，所有拥有土地的人都是共和主义者，绝大多数有才能的人也是。与我们对立的是行政部门和司法部门(议会三个部中的两个)、全体政府官员、所有想要当官的人、所有宁爱专制统治下的平静而不喜自由的大风大浪的胆小鬼、英国商人和利用英国资金经商的美国人、银行和公债的投机者和持有者，公债这项发明目的在于贿赂，并使我们在所有事情上把英国模式好的方面和坏的方面兼收并蓄。要是我对你说出改信这些异端邪说的变节者(他们曾经是战场上的勇士和议会里的贤人，但是他们的头被英国娼妓剃光了)的名字，你准会大吃一惊。总之，我们只有通过不懈的努力和冒险才能保住我们已经获得的自由。但是我们将保住自由，我们善的

① 菲利普·梅泽是意大利出生的医生、商人、园艺家和《美利坚合众国北部居民历史与政治研究》一书的作者，曾是杰斐逊在蒙蒂塞洛的朋友和邻居，独立战争时期曾任弗吉尼亚的密使。他于 1785 年离开美国，在国外度过余生。

一方的力量和财富是如此强大雄厚，决不会有企图对我们使用武力的危险。我们唯一要做的事是醒过来，把他们趁我们在辛勤劳动后第一次睡眠时捆在我们身上的小人国的绳索挣断……

致约翰·亚当斯

1796 年 12 月 28 日于蒙蒂塞洛

亲爱的先生：公众和报纸近来正忙于使我们处于相互为敌的地位。我确信我们自己倒不大有这种感觉。我隐居在僻远的乡村里，对正在发生的事知之甚少，政治小册子绝对不看，报纸也看得很少，而且我觉得越少越好。眼下我们从费城得到的最新消息是本月 16 日的，尽管 16 日那天你当选总统似乎尚未成为事实，但是我对你当选总统从不怀疑。我认为你绝对不可能在特拉华以北失去一票，即使宾夕法尼亚以北多数人会反对你，但是你在该州以南地区会获得足够的票数使你当选不成问题。我从未有片刻时间期望一个不同的结果，尽管我知道人家不会相信我，但是我从未有过这种愿望，这也是不争的事实。我的邻居作为我的无罪证实人可以证明这个事实，因为他们亲眼目睹我的日常工作以及我对这些工作的深厚感情。的确，你可能受了你在纽约的那位狡猾的朋友的骗，他曾经用一条巧妙的计策使你的真正朋友成为挫败他们的和你的正当愿望的工具，使你难以继任总统。很可能他会对你失望，而我的意向使他奈何我不得。我让人家去享受在暴风雨中驰骋的无穷乐趣，自己更喜欢钻在暖被窝里睡大觉，宁愿与邻居、朋友及一同在地里劳动的

人相处而不愿与密探及马屁精为伍……因此，没有人会以比我更无私心的感情向你表示祝贺……

致詹姆斯·麦迪逊

1797 年 1 月 1 日于蒙蒂塞洛

12 月 19 日来信已妥收。我对选举的结果从未有过怀疑。我知道东部诸州在他们的市镇会议学校里受过训练，必须为一致行动这个宏伟目标放弃意见分歧，而其他各州更自由、更公正的代表则总是能够补充他们的力量。确实，投票结果比我预料的要平均得多。我知道，说自己无意于功名要人家相信是很难的，而要那些仍然在世事中沉浮的人相信，那就比登天还难。但是我有一切理由放弃总统职位或同意担任副总统职位。对于总统职位，经过充分思考后，不可能有人比我更不愿意担任，只差断然拒绝了。唯一的一个能使我愿意在短时期内担任总统的理由，是让我们的航船在偏离它的真正原则太远之前朝共和主义方向驶去。至于副总统，它是世界上唯一的一个我内心不能决定到底接受还是不接受的职位。自尊心并不是一个需要考虑的因素，因为我同意罗马人的说法：必要的话，今天的将军明天可以当一名士兵。我对担任亚当斯先生的副手特别没有反感。我毕生都是他的下级，在国会里地位比他低，在外交圈子里地位比他低，最近在文官政府里地位仍然比他低。在收到你的信之前，我给他写了一封信（现随函附上）。我想写这封信已经有好些时候了，但是因为无法使他相信我是真心实意而迟迟未写。上次

邮班送来的报纸并没有使我有必要更改信里所说的任何一件事情，这封信我没有封口，是为了让你过目，不仅让你了解我们之间的意向的实际情况，而且如果信里有哪一点使你认为不宜寄出，你可以把它退还给我。如果能够说服亚当斯先生，让他按照政府的正确原则来主持政府，并放弃他对英国宪法的偏爱，那就可以考虑，就他今后的选举事宜同他达成默契，从总的方面来说，是否对公众有利。他或许是阻止汉密尔顿当选的唯一可靠障碍……

致埃尔布里奇·格里[1]

1797年5月13日于费城

……我完全赞同你对亚当斯先生的态度；我和任何人一样深刻地了解并尊重他的价值，并且承认他对授予他的最高职位享有优先权。但是，事实上，我对这个职位既无要求，也无愿望，尽管我知道要人家相信是很难的。当我辞去国务卿职务并离开这个地方时，我就下决心永远不再回来。报纸上确实有过暗示，说我谋求继任总统一职，但是意识到这些暗示的虚假，而且看出它们来自敌对方面，我认为它们的用意仅仅是引起人们对我的憎恨而已。在我发现我的名字被提出来同亚当斯先生的名字角逐之前，我从未就此事同任何人谈过。必要的话，当时与我联系

---

① 埃尔布里奇·格里是美国政治家，不久即被约翰·亚当斯总统任命为“X. Y. Z.”代表团的成员之一。

过的人可以作证，证明我希望满足这个要求，甚或予以默然同意，证明我自从初次默然同意那一刻起，就虔诚地祈愿那件已经发生的事能够发生。副总统职位是光荣而舒适的，而总统职位只不过是一种辉煌的痛苦。

你表示忧虑会有人要弄诡计，制造总统与我本人之间的不和。尽管没有一个人胆敢对我说过一句这样的话，但是我认为肯定会有人用尽一切手段来离间总统和我。这些阴谋诡计会来自汉密尔顿分子，他们把总统包围起来，对他的敌意只是比对我的敌意稍稍小一点。当我们互相表示不信任时，热情友好的乐趣必然受影响。我不得不认为，亚当斯先生不可能相信我的心情确是如此，他可能认为我把他当作我进身途上的一块绊脚石。我没有天大的本领把事实真相印在另一个人的头脑里，他也没有天大的本领去发现，他对一般素质的人的心理所作的估价是正确的，但是这种估价用在一个特殊素质的人身上却不正确。这对我们也许是一个私人交恶的根源，我坦率地承认目前对我就是如此。但是我们两人谁也不会让它影响我们的公共责任。那些力图离间我们的人，也许是出于顾虑我可能会对行政部门施加影响；但如果他们知道这认为我的职务是受宪法限制的，仅限于履行立法职责，在行政咨询方面不能起到任何作用，即使有人提议也不能，那他们的顾虑也许就会打消，认为不值得为他们的目的要阴谋诡计。

我和你一样衷心希望我们能够对所有的国家采取完全中立和独立的立场。这是我政治生活中一贯的目标，特别是对于英国和法国。我经常向英国表达我的这种愿望，并且向他们提出建议，口头的和书面的，正式的和非正式的，向官员提出和向私人提出的，次数如此之多，他们如果愿意和我们平等相处，就决不可能对我的观点有所怀疑。关于这些，他们有好几份我亲笔写的正式证据。但是他们却希望垄断和控制我们的贸易，而且事实上已经做到了。当我们察觉到他们是一个工厂，我们要什么东西都必须上那儿去买；察觉到我们的人手和土地的全部劳动果实无论眼前还是将来都以他们为中心；察觉到我们的航运绝大部分都公开或秘密地属于他们，甚至他们在这儿的业务的代理人也通过一些冒牌公民由他们自己掌握；察觉到这些外国人和冒牌公民现在构成我们所谓的商人的主体，充塞于我们的海港，扎根于内地每一个小城镇和地区，城镇里一切事情都由他们自己投票决定，地区里受他们扶养的人的事务则决定于他们的暗示和总账的影响；察觉到他们正在迅速垄断我们的银行和公债，从而把我们的国家财政置于他们控制之下；察觉到所有执政和不执政的最有权势的人都与他们勾结；当他们表明他们能够借助所有这一切对政府各部门的关系迫使政府朝他们指定的任何方向前进，并且使这个国家的利益完全服从另一个国家的意志时，我说，当所有这一切都察觉到以后，我们就不能说我们是独立自主的，思想自由的人不可能看不出我们受奴役并在奴役下呻吟。如果除此以外还会有什么事能使人感到惊奇，那就是，他们至今一直能够蒙蔽我们自己的人民，从而对那些只不过是希望恢复自治的人加上帮助一个外国势力的罪名，因为他们不肯向另一个外国势力屈服。但是他们操纵了我们的印刷机，这是他们统治我们的一个强有力武器。此刻要不是因为英国的

银行破产，他们说不定已经把我们拉进一场站在英国一边的战争了。在此以前，他们以及他们的公报就是这样公开地大声疾呼的。使我们陷入欧洲各国的混战之后，要结束我们的悲剧，亦即使联邦解体，就是举手之劳了。甚至这个，他们也已经郑重其事地在康涅狄格一张报纸上提出，并且用各种论据予以支持。但是，这个企图被压制下去，我乐于相信，人们认为那个做法太过分了，在那儿引起如此大的公愤，就像在我国其他地区引起强烈反感一样。我还认为，无论我们在对待外国方面会被引诱去做什么样的蠢事，我们决不会放弃我们的联邦，联邦是我们的希望的最后一个靠山，唯有它能够不让这个美好的国家成为角斗场。尽管我非常厌恶战争，把战争看作人类最大的灾难，尽管我迫切希望置身在欧洲的纷争之外，但我还是愿意和我的同胞们一齐投入进去，而不愿置身事外。但是，尽管我们目前受奴役，我还是希望能够避免战争，并且希望能给我们时间，让我们好好反思一下我们经历过的可怕的危机，并且找到方法将来保护我们自己不受外国政治、贸易或任何其他方面的影响。我不得不同意赛拉斯·迪思[①]的话：我们与旧世界之间有一个火海。

我完全相信你和我同样地热爱和平与联邦，同样地重视一切国家的独立以及自治的幸福，这才促使我向你吐露心曲，让你明白我是从什么角度看待从战争开始我们之间发生的事情的。我乐于随时和你互通消息，交流看法。我相信我国各地区的意向在很大

① 赛拉斯·迪思(1737—1789)，美国律师和外交官，康涅狄格州反英斗争的领导者，大陆会议代表。——译者

程度上被每一地区对另一地区大大地曲解和误会了，那些其环境和道德规范使其见解的正直性不容怀疑的人之间互通消息和看法只会有好处而不会有任何坏处。

亲爱的先生，我怀着对你的莫大敬意，始终是你真诚的朋友和仆人。

致爱德华·拉特利奇

1797年6月24日于费城

……1793年，我们在世界上享有最好的名声。现在一些中立国对我们如何想法，我不得而知，但是交战国的确瞧不起我们。他们的拳打脚踢证明他们对我们的轻视。如果我们能够熬过目前的风暴，我希望我们能够利用风平浪静的局面将我们的对外关系作一个新的、不同的调整。我们必须使每个国家的利益为他们的正义行为担保，损害我们则自己必遭损失，就像因果报应一样灵验。除贸易外，我们必须把其他一切统统抛开。但是这个做法需要时间、气魄、智慧，偶尔也需要牺牲利益；这些方面能收到什么效果，我们的子孙后代看得见，我们自己却看不见了。目前人们的情绪过于激烈，一时冷静不下来。你和我从前目睹过激烈的辩论和高昂的政治情绪。但是当时不同政见的人们会互相交谈，把国事同私事分开。现在不是这样了。一些毕生亲热无间的人会穿过马路去避免见面，把头扭开，唯恐见了面不得不脱帽致意。年轻人喜欢火爆场面，这也许正中他们下怀，但是性情温和的人却感到难过。老人天生喜欢安静。我宁可享几天清福，拿粗汉的吵闹的喧哗去交换我的孙辈的牙牙学语和老年的安定……

致埃尔布里奇·格里

1799年1月26日于费城

……因此，我以真诚执切的心情希望维护现行的联邦宪法，维护宪法要按照各州通过它时所领会的真正意义，亦即其朋友所拥护的真正意义，而不是按照它的敌人所害怕的意义，正因为害怕，他们才成了宪法的敌人。我反对以政府的形式使它具有君主政体化的特点，其着眼点是向总统和参议员终身制过渡，进而实现这些职位的世袭制，从而慢慢地把选举的原则排挤掉。我赞成各州未交给联邦的权力由各州保留，权力划分中宪法授予联邦立法机关的那些权力由联邦立法机关保留；我不赞成把各州的全部权力转让给联邦政府，把联邦政府的全部权力转让给行政部门。我赞成一个极其精简和俭朴的政府，用岁入所有可能节余下来的钱偿付国债；不赞成仅仅为了制造党徒的缘故而大量增加官员和薪俸，我们赞成在为人民谋幸福的原则上千方百计增加国债。在国防方面，我赞成在敌人真正入侵前完全依靠民兵。我赞成建立一支仅限于能够保卫我们的海岸和港口，防止我们曾经遭受过的掠夺的海军，而不赞成在和平时期维持一支可能吓唬人民，伤害人民感情的常备军，也不赞成建立这样一支海军，其费用以及它使我们卷入的无穷无尽的战争会使我们不胜负担，使我们永世不得翻身。我赞成与所有的国家进

行自由贸易，政治上与任何一个国家都不结盟，外交机构少设立或不设立。我不赞成用新的条约使我们卷入欧洲的倾轧，进入那个屠宰场来维持它们之间的平衡或加入国王们的同盟来与自由的原则作战。我赞成宗教信仰自由，反对用一切手段使一个教派在法律上凌驾于另一个教派之上；我赞成言论出版自由，反对一切以暴力而不是以道理压制我们的公民对其代表行为的不满或批语（无论错对）的违宪行为。我赞成鼓励一切科学部门向前发展，不赞成大喊大叫反对哲学这个神圣名字。我不赞成用骷髅头和交叉的大腿骨故事来吓唬人的心灵，使它不敢相信自己的看法而只相信别人的看法；我不赞成不是向前而是向后去寻求改进，不相信政府、宗教、道德以及其他一切科学在最黑暗的愚昧时代最最完美，再也创造不出比我们的祖先创造的更加完美的东西。除这些以外，我还要补充说，我从前对法国革命的成功表示过最真挚的良好祝愿，现在仍然希望它以建立一个自由和井然有序的共和国告终，但是他们对我们的贸易进行的穷凶极恶的掠夺我并不是无动于衷。我心中至高无上的目标是我自己的国家。我的家庭、我的财产和我自己的生命都寄托在它里面。国家之外，我没有一丝一毫利益，没有一丝一毫感情，没有偏袒一个国家而反对另一个国家的动机，而是按照它们对我们友好的程度来对待。但是，尽管痛切地感受到法国对我们的伤害，我并不认为战争是矫正这些伤害的最有效手段。我认为，一个真正希望维持和平的使团能够为我们争取到和平而光荣的调停和赔偿。我问你，如果你的两个同事中只要有一个和你看法一致，这个目的不是已经达到了吗？

我的朋友，这些便是我的原则，它们无疑也是我们绝大多数同胞的原则，我知道其中没有一个不同样也是你的原则。事实上，我们向来只在一个问题上有过意见分歧，那就是基金制度，而由于从它被合法当局认可那时起，我就极其认真地予以执行，因此我们现在甚至在那仅有的一个分歧上也团结一致了……

致埃德蒙·彭德尔顿[①]

1799年1月29日于费城

亲爱的先生：你对国民的慈父般的讲话已在所有的共和党报纸上刊载，对人民起了很大作用。讲话简短明了，通俗易懂。作者的声望和境遇也使人对他的动机不产生怀疑。如果你像老前辈一样只有一个福祉赐予我们，我应该希望它会针对一个特殊的目标。但是我希望你在这件事上也赐福与我们。你知道，对法谈判被多么恶劣地利用了，尤其是马歇尔[②]炮制的X·Y·Z这道菜，其中骗子们以法国政府的姿态出现。计谋和技能相结合，肯定使这件事对人民起了意想不到的作用。但是人民对这件事感到惊讶的程度超出了解的程度，现在格里的信件发表了，证明法国政府没有那种卑鄙行为，说明法国政府“真心实意向往和平，不希望我们破坏对英条约，并希望同我们签订一个开明的条约”，人民将会怀疑自己是受骗了。但是这些信件对他们来说篇幅太长，而且也无法看

① 埃德蒙·彭德尔顿是弗吉尼亚的律师和革命爱国者，尽管是个极端的保守分子，晚年却成为杰斐逊政策的坚定捍卫者。

② 姓已被纪念版编者删去。

到。现在需要把整个事情扼要重述一下,把全盘经过按照我们现在认为是的事实真相加以说明,要简短明了,人人都能懂。美国没有一个人能做得像你一样好,你要以国父或者以任何一种你更喜欢的身份来写,而且写得极其简明,重要的事情一件也不遗漏。我们可以把它印成传单,印 1 万或 1.2 万份,等国会议员们回家后,由他们分发到全美国。如果在这件事上,可以通过揭露对人民的欺骗使人民明白真相,那么另外还有许多事情也能对他们起良好作用,使他们的共和主义精神复活,结果必然是使政府回到宪法原则上来。这些事情是:外侨法和煽动叛乱法;令人恼火的印花税法;过分苛刻的直接税;在没有外敌的情况下维持常备军、招募新兵的军官守在每一个县城里引诱农民扔下锄头去当兵;筹集 500 万美元去建立一支拥有 50 艘兵舰的海军,利息高达 8%;当法国政府迫切希望同我们保持和平时,我们却坚决要打仗;现在 400 万人口交纳 1000 万美元税,但是一两年内却必须为年度开支再筹集 500 万美元。这些事情立即会对人民心理产生影响,如果不被所谓的"必要"蒙蔽,那么,为了维护我们的独立和保卫我们的国家,他们会拨乱反正的……

致玛丽亚·杰斐逊·埃普[1]

1799 年 2 月 7 日于费城

亲爱的玛丽亚,你 1 月 21 日的来信已于两天前收到。这正如

① 玛丽亚·杰斐逊·埃普是杰斐逊的第二个女儿,1797 年嫁给她的表兄约翰·韦莱斯·埃普。

奥西恩[①]所说，或者可能会说，就像明亮的月光照射在荒野上。我在这里处在接连不断的折磨、恶意和欺骗的重围中，被我的职务弄得精疲力尽，无论怎样尽心竭力都是枉然，我觉得活着实在没有意思，除非就是哪一件事使我想起了我的家人或农场。这就是你的信所起的作用，它那充满深情的词句激起了所有那些对你的爱以及我们的亲热关系，它们现在成为我生活中唯一真正的快乐。我目前正从动身回蒙蒂塞洛这个念头中获得滋养，那不过是三星期后的事了。可那时道路将变得十分泥泞可怕，即使抄弗雷德里克斯堡和里士满这条近路，也会使路程增加 100 英里，因此必须推迟，希望到 3 月底或 4 月初我能专门作一次旅行来看你。那时道路将变得好走，你姐姐或许可以参加这次短期的旅行……请永远爱我，并且确信世界上没有一样东西像你的健康和幸福那样对我宝贵，我的最亲切的感情永远寄托在你身上。再见，亲爱的玛丽亚。

致埃德蒙·伦道夫[②]

1799 年 8 月 18 日于蒙蒂塞洛

亲爱的先生：12 日大函两天前才收到，由于那是我们的邮车返回前夕，未能及时作答。在联邦政府历来提出的各项主义中，最新一个把普通法当作法院管辖权范围内的现行法律的主义，在我

① 奥西恩：传说中 3 世纪爱尔兰英雄和吟游诗人。——译者

② 埃德蒙·伦道夫是弗吉尼亚的政治家，华盛顿执政时任司法部长，后接替杰斐逊任国务卿。

看来是最可怕的。他们所有关于未授予权力的其他假定都已详细说明。与如此胆大妄为、厚颜无耻和全面广泛地为美国提出一套未经立法机关通过，而且也绝对无权通过的法律比较起来，银行法、条约理论、煽动叛乱法、外侨法、以印花税法某些条款改变州证据法等等，等等，就是小事一桩了。如果这个篡夺行为被接受，州法院就可以关门了，因为那时将没有一样东西可以阻止同一个州的公民就任何一个案件，例如契约案件在联邦法院互相提起诉讼，因为习惯法责成付款，而他们说习惯法就是他们的法律。我很高兴你论及了这个问题。我仔细地阅读并研究了你附上的笔记，发现只有一小段是我不赞同的。那是在第二页，你说法律是立法机关制定的，一经制定，就按照他们的意愿继续存在下去的假设继续生效，立法机关垮台，那个假设不存在了，法律自然随之失效。我不认为这是法律和执行法律所依据的真正基础。全体国民本身拥有最高的立法、司法和行政权力。由于他们不便亲自开会来行使这些权力，再加上他们不适宜行使这些权力，才指定专门机构来宣布他们的立法意愿，作出决断，并予以执行。是国民的意志使得法律成为强制性的；是他们的意志创立或取消那个宣布意志的机构。他们可以通过单独一个人来做，例如沙皇（他的敕令构成他们的意志的证据），或者通过少数几个人来做，例如威尼斯的贵族统治集团，或者通过复杂的政务委员会来做，例如我们从前的国王政府或者我们目前的共和政府。法律之所以为法律是因为它是国民的意愿，不因国民改变他们借以宣布他们今后的意愿的机构而改变，正如我委托一位律师办的事并不因为我改变或中止聘请那位律师而失去其法律上的义务。这个原理在某种程度上是由联邦行政首脑批准的。因为恰恰是根据那个原理，我们同法国的条约的义务才继续下去，这个原理在一封给古弗纽·莫里斯的信中阐述得特别详尽，这封信是经华盛顿总统及其内阁批准而写的。默塞尔曾经劝说弗吉尼亚议会在某几个决议中宣布一个不同的原理。这些决议在该州以及其他州遭到一致反对，要是我没有记错的话，随后的一届议会采取行动，取消了他们以前轻率作出的决议的权力。在这件事上，就像在其他所有事上一样，正确的原则能十分有效地建立正当的推断。在革命前，弗吉尼亚人民曾经通过他们当时以为适宜建立的机构制定了一系列法律，他们把这些法律分成三类：1. 习惯法；2. 成文法；3. 衡平法；或者，你愿意的话，只分成两类：1. 习惯法；2. 衡平法。后来，当他们按照《独立宣言》自愿废除从前宣布他们的意愿的机构时，已经按照宪法正式宣布的法律仍原封不动地予以保留。因为国家并没有解体，没有灭亡，因此它的意愿仍然完全有效；在建立新的机构时，先成立一个代表会议，然后建立一个结构更加复杂的立法机关，代表国民意愿的老的法律继续有效，直到国民通过新的机构宣布它的意愿已经改变为止。因此，当我们在这儿登陆时并未实施，直到我们成立了一个国家并以我们建立的机构明白表示习惯法将是我们的法律为止、也未实施的习惯法继续是我们的法律，因为国家继续存在下去，因为虽然它改变了今后宣布其意愿的机构，但是并没有改变它过去关于习惯法是其法律的声明。现在把这些原则应用到当前这个问题上来。在革命前，不存在合众国这个国家，他们于是先联合成为一个国家，但只是为了一些特殊的目的。他们有那么多法律要制订，就像弗吉尼亚刚成立一个国家时一样。但是他们并没有像弗吉尼亚所做的

那样采用一整套现成的法律。由于他们联合成为一个国家仅仅是为了一些特殊的目的，亦即处理他们相互间的事务以及与外国的事务，组成联合的各个州赋予它权力仅仅是为了那些目的而不是其他目的，他们不可能采用任何总的体系，因为这可能涉及许多这个联合无权对之形成或宣布意愿的事情。这不是一个用来宣布国民在这些事情方面的意愿的机构。在委托给他们的事务方面，他们可以自由地宣布国民的意愿，即法律，但是在意愿宣布以前，不可能有法律。因此，根据那个事实，习惯法并不成为新的联合的法律；要成为新的联合的法律，只能通过正式制订，而且只限于他们受权制订的。

我认为，最重要的一点是，当你写到这一部分时，必须详尽地描述这个新的理论的后果，即习惯法是合众国的法律，他们的法院当然具有与那个法律同样广泛的司法权，也就是说，对一切案件和人都适用。可是，天哪！谁能在1789年预见到，我们10年内还要同这样的风车作战！再见。你的亲爱的敬上。

致约瑟夫·普里斯特利博士①

1800年1月18日于费城

……我们弗吉尼亚州有一所学院（威廉和玛丽学院），经费刚够它勉强维持，这是因为一部可怜的章程使它注定只能勉强

① 约瑟夫·普里斯特利博士，著名英国科学家、教育家和思想家，当时寓居美国，直到四年后去世为止，一直和杰斐逊保持富有刺激性和挑衅性的书信往来。

维持。它的地理位置尤其不利，和所有下游地区一样，黄疸病流行，因此公家对它不屑一顾，就像那个地区本身在很大程度上被它的居民遗弃一样。我们打算在上游地区，更接近州的中部，另行建立一所大学，其规模如此巨大和现代化，值得公众予以资助，并吸引其他州的青年人前来求学并与我们友善交往。第一步是制订一个良好的规划，亦即明智而审慎地选择各门学科，将其中一些学科合并，其他学科分开，以使教授职位适合我们的财力，为我所用。在一所以实用为宗旨的大学里，一些过去被重视的学科现在或许可以砍掉，其他一些目前在欧洲受重视，但今后很长时期内对我们无用的学科同样也可以不要。前一个例子是东方学，后一个例子则陆军部长本月 5 日向国会提出的报告中所包含的科学几乎全都在内。对于这个问题，没有人比你更熟悉了。世界上没有一个人能像你那样既充分了解这个问题，又充分了解我们的现状，可以量体裁衣，使出钱买衣服穿的人穿着合身。因此，我们请求你来做这项工作。为了尽可能使我们的目的意图明确，我仓促中给你开列一张似乎对我们有用和切合实际的学科的名单，这是我在握笔给你写信时脑中想到的。植物学、化学、动物学、解剖学、外科学、内科学、自然哲学、农学、数学、天文学、地理学、政治学、商业学、历史学、伦理学、法学、艺术和美术。这张名单不够完善，因为它是我仓促拟就的，也因为我学疏才浅。很明显，这些学科中有些学科由一位教授来教是负担过重了，因此必须分开，其他学科则可以合并，由单独一位教授任教。这是最困难的一部分工作，需要一个完全了解每门学科的范围并将每门学科限制在该范围内的人来做，以使全部课

程能由尽可能少的教授担任，从而使我们财力能够负担。我们认为教授不应从事其他职业，以便把全部时间都用在教学上；我们也打算重金聘请欧洲第一流人才，等第一批人造就合格的接班人并使学校有了声誉后，就不必再重金聘请了……

致约瑟夫·普里斯特利博士

1800 年 1 月 27 日于费城

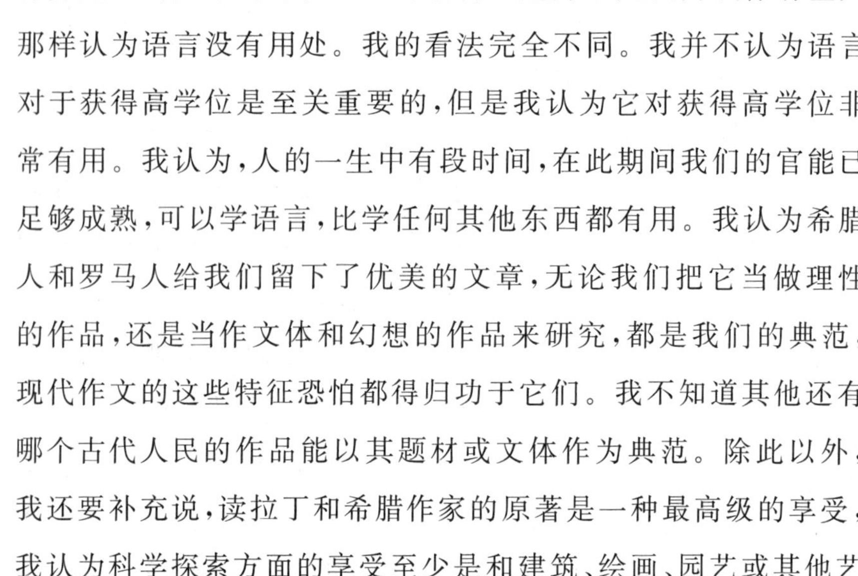

亲爱的先生：在我上次 18 日的信中，我忘记提及作为我们打算建立的大学的课程之一的语言。这并不是因为我像有些人那样认为语言没有用处。我的看法完全不同。我并不认为语言对于获得高学位是至关重要的，但是我认为它对获得高学位非常有用。我认为，人的一生中有段时间，在此期间我们的官能已足够成熟，可以学语言，比学任何其他东西都有用。我认为希腊人和罗马人给我们留下了优美的文章，无论我们把它当做理性的作品，还是当作文体和幻想的作品来研究，都是我们的典范，现代作文的这些特征恐怕都得归功于它们。我不知道其他还有哪个古代人民的作品能以其题材或文体作为典范。除此以外，我还要补充说，读拉丁和希腊作家的原著是一种最高级的享受，我认为科学探索方面的享受至少是和建筑、绘画、园艺或其他艺术方面的享受同样无可非议的。我喜欢荷马的原著远胜于蒲伯的译作，而喜欢两者又远胜于戴尔·菲赖吉斯对同一些事件的枯燥乏味的叙述，读后者仅是一种低级的享受。我感谢那个指引我早期教育的人，使我拥有了这个丰富的快乐的源泉，我不会拿它来交换当时我可能获得而以后再也没有获得的任何东西。对语言如此关切，你就不会认为我是存心把它略去了。大约20年前，我曾向我们的议会起草过一个议案，建议把每个县划分成五六平方英里大小的百户邑城镇，每个百户邑或镇的中心建立一所免费英语学校，整个州又进一步分成10个区，每个区都有一所专科学校，教授语言、地理、测绘和其他该等级的有用东西，另外单独设立一所大学教授各门学科。这个议案受到热烈欢迎，但由于我提议把威廉和玛丽学院改为那所大学，而威廉和玛丽学院里当时英国国教势力很大，非国教徒不久就开始担心有人密谋让那个教派占优势。大约三年前，他们把我的议案中有关英语学校的那部分制成法律，但不是强制性的，而是让每一个县的法院自行决定是否执行。我认为议案中关于中等教育的那部分计划到时候也可能会付诸实施。与此同时，我们并不缺少足量的好的农村学校教授语言、地理以及初等数学。由于前信中漏掉了这个情况，我认为现在必须把它补上，好让你知道你的上层建筑应该建立在什么基础上。杜邦先生抵纽约后，我曾收到他一封日期为本月20日的信，他在信中说他将于自那天起两星期内到达费城，但只是为了参观访问。如果你也在同一时候光临，向我们展示两个如此杰出的外国人在我国互相拥抱，把我国当作一切伟大优秀人物的避难所，我将会多么高兴啊。我请求你原谅这儿暂时发生的精神错乱，但它正在很快地消逝。所谓提高人的思想要向后看而不是向前看，政府、宗教和文化知识方面最完美的东西要到我们祖先的史册中去寻找，这种中世纪

的想法只适合宗教和政府中那些顽固分子，它是他们提出来的，符合他们的目的。但是这个国家容忍不了这种想法，他们显示这一点的时刻正在迅速到来，其象征是他们对你敬重，对那些力图破坏我们国家的安定使我们的国家丢脸的人愈益感到憎恶。亲爱的先生，对于这一点，没有一个人比我体会更深。尊重和热爱你的朋友和仆人敬上。

致威廉·贝奇博士[①]

1800年2月2日于费城

……你已经看到从巴黎来的令人痛心的详细报道。革命是以什么理由发生的，我们不了解，结局如何，罗伯斯比尔和凯撒的历史是否重演，或者为了使政府获得自由而篡夺其权力的新现象是否出现，就更难预料了。但是，我们的公民应该从中吸取一些有益的教训。他们应该从中领悟必须坚定地团结在宪法周围，决不能让宪法受到丝毫侵犯。要反复教育少数派必须承认多数派的意志，多数派必须尊重少数派的权利。要提防一支常备军，即使它是公民组成的；要提防对任何一个人过分信任。法国人民对波拿巴过分信任使他得以推翻他们的宪法，使他们唯他的意志和生命是从。我从未见过像现在这样危急的时刻。本州在我们联邦的地位极其重要，而它的前景也十分使人沮丧……

① 威廉·贝奇博士是杰斐逊在弗吉尼亚的邻居。

致塞缪尔·亚当斯[①]

1800年2月26日于费城

……睽离23载,忽接你这位尊贵朋友的来信,喜悦之情难以言表。它使我回想起我们当时为人类事业奋斗的那些风云变幻的日子。你信奉的原则是受过时间严峻考验的,证明它们完全正确。你已经用事实证明,你反对的是君主政治,而不仅仅是英国的君主政治。那时我们的目的是成立一个代议制政府,由人民每隔一个短时期选出,我们的格言则是:“年度选举终结之日,即暴政开始之时。”我们违反这个格言的行为也并没有被其美满的结果所批准。一笔一亿美元、并以高利不断增加的债,一支统治我们农民的军队,还有其他种种,都具有不祥的面貌。

我担心我们在大洋彼岸为同一事业奋斗的朋友们还要经受大量的罪恶和痛苦。我一贯信任的是波拿巴的理智,而不是他的感情。我曾经希望他会正确地估计一位华盛顿和一位克伦威尔的名声之间的差别。无论他如何想,他至少已经把共和国的命运从文人转到了军人手里。有些人会利用这点作为反对共和政府的可行性的教训。我把它作为反对常备军的危险的教训。

再见,我最尊敬的朋友。仁慈的上帝已让你在我们国家生活了那么长久,愿他使你的余年过得幸福,令你的朋友们感到安慰。

---

① 塞缪尔·亚当斯是最有名望的革命爱国者之一,约翰·亚当斯总统的远房堂兄弟,这封信是在他去世前三年写给他的。

请接受你的挚爱朋友的衷心问候。

致本杰明·拉什博士[①]

1800 年 9 月 23 日于蒙蒂塞洛

……我曾允诺给你写一封信讨论基督教，至今没有忘怀。相反，正因为我思考过这个问题，觉得必须花许多时间，而我目前抽不出这么多时间。我对这个问题的看法不会使懂道理的基督教徒不快，也不会使自然神论者不快，而会使不少人与一个被他们过于轻率地摒弃的人和好。我不知道它会不会使那些全副武装反对我的易怒的教士族满足。他们的敌意是处在一个绝对为私利打算的立场上的，不会轻易软化。X·Y·Z 阴谋表明有可能使人民受骗上当，在普遍受骗上当的情况下对宪法一个条款(这个条款在保证言论出版自由的同时，也涉及宗教信仰自由)进行的成功试验，已使教士们非常有希望在全美国建立一种特殊形式的基督教；由于每个教派都认为自己的形式是正确的，每个教徒也许都希望采取他自己的形式，特别是圣公会教徒和公理会教徒。我国人民恢复理智使他们的希望有破灭之虞，他们认为授予我的任何一份权力都会被用来反对他们的图谋。他们想得对，因为我已在上帝的圣坛上起过誓，永远与任何一种对人类心灵实行专制统治的暴政对抗，但是他们应该怕我的就只

① 本杰明·拉什博士是美国著名的医生和人道主义者，他和杰斐逊同是美国哲学协会的会员，两人经常通信。

有这一点，他们认识这一点也就够了……

致马撒·杰斐逊·伦道夫

1801 年 1 月 26 日于华盛顿

亲爱的马撒：我在本月 9 日和 10 日给伦道夫先生写了两封信，昨天收到了他 10 日的来信。我非常高兴地得知莉莉已从艾伦先生那里获得一些人手，尽管我仍然希望如我 9 日信中所说从制钉厂那里腾出所有善于砍伐的人手，立刻替克雷文把他的土地清理好。伦道夫先生信中说你要给科妮莉亚断奶，这肯定做得对。我渴望和孩子们相处，从他们幼小的淘气中获得比从聪明人的智慧中获得的更大的乐趣。这里人心险恶至极，使你感到你是待在敌人的国度里。如果我命中注定要在这儿待下去，那环境实在恶劣，因为这里的名人当中很大部分是联邦主义者，绝大多数是激烈分子。其中有些人私怨甚深，尽管我真心实意地对待他们，他们也不会原谅我。也许到一定时候他们会驯服的。我们选举的前景十分不利，在为有强烈的倾向要阻止选举，而宪法并没有为这种情况作出规定，政府可能会因此而解散。目前有些人（哪怕是联邦党人）会宁愿服从人民的意志而不愿没有政府。如果我在这里定居，离你们只有三天路程，因此我希望你一家人每年至少来这里探一次亲；加上我春、秋两季回蒙蒂塞洛，我们一年将有四五个月可以团聚。不过，此事我们可以后再议，以免期望过早，反而会失望。我给安妮附上一个故事，可能太长了点，记不住，但是值得一读。请替我吻她们大家，叫

她们记住我。告诉艾伦，我担心她已经把我忘了。4 月第一个星期我可能和你们会面，因为我将争取在那个月回来。亲爱的马撒，请永远爱我，并确信我对你们的不可改变的、最亲切的爱。再见。

附注：汉密尔顿正在使用他的最大的影响使我当选而不让伯尔上校当选。

致 T. M. 伦道夫

1801 年 2 月 19 日于华盛顿

经过整整一个星期的投票，最后有 10 个州投了我的票，4 个州投了伯尔的票，2 个州投了空白票，其中没有一票是被争取过来的。佛蒙特州的莫里斯退出，因此莱昂的票归州所有。4 个马里兰的联邦党人投了空白票，因此 4 个共和党人的票成了他们的州的票。南卡罗来纳州的黑格先生（他一贯投我的票）按照协议退出了，他的同事同意投空白票。贝阿德——特拉华州唯一的一名议员——投了空白票。他们以前曾考虑是否全体投奔过来，因为他们发现他们不能强使共和党人接受伯尔，也不能使他们的主体保持完整，以便在他们今后能想出的对抗立场上一致行动。他们投的票表明他们作出了什么样的决定，这就是宣布永远对抗，但是他们的行为使他们完全得不到支持。我们从各方面收到的情报是：全体联邦党人在刚过去的各次选举中与共和党人携手合作，而且心情同样焦急。他们对被选中的人十分关心，这个人他们当着人们的面是反对的，但一旦当选，就成了他们自己的愿望，他们发现自己和共和党人合为一体,他们昔日的领袖们脱离了他们,我确信他们今后会继续和我们站在一起,因此这少数人在一星期内做的事,恐怕是多年宽大和公正的施政也做不了的……

致约翰·迪金森[①]

1801 年 3 月 6 日于华盛顿

亲爱的先生:没有一种快乐能超过我拜读你上月 21 日来信时所感受的快乐。这就像我们盼望在死后灵魂进入天堂的人的大厦里获得的那种快乐,我们的祖先因为我们作出了无愧于他们的贡献而欢迎我们,同我们拥抱,为我们祝福。我们经历过的风暴确实是巨大的。我们的大船的坚固的侧面受到了严峻的考验。她的牢度经受住了波浪,有人故意使她驶入波浪,以使她沉没。我们要把她放在共和主义的航道上,现在她将会以她的优美姿态显示她的建造者们的技能。我们的公民同胞们曾经被一些最异乎寻常地结合起来的情况蒙住了眼睛,背离了他们的原则。但是遮眼布已经拿掉,他们现在自己可以看了。我希望不久就能看到一个完全的联合,除了不能放弃我们革命的各项原则之外,我将不遗余力地促其实现。在这里保持的一个公正而稳固的共和政府将会是其他国家人民争取和效仿的榜样;我和你一样希望并相信他们会从我们的榜样中懂得:一个自由的政府是一切政府中最富有活力的,我们

① 约翰·迪金森,律师和政治家,大陆会议成员之一,在完成美利坚合众国成立事务中是位重要参与者,他和托马斯·杰斐逊有许多共同点。

的革命及其结果所激发的探索将会改善地球上一大部分地区人民的条件。把我们的努力所获得的良好结果同大洋彼岸的领导人所获得的结果作一比较,将会使我们感到莫大的满足。大洋彼岸的领导人反对科学的一切进步,视之为危险的创新,力求使哲学和共和主义成为责骂的对象,要使我们相信人类只能用棍棒来统治,等等。我将东于抱着相反的希望去生、去死。请接受我永远真诚的爱慕和问候。

致约瑟夫·普里斯特利博士

1801 年 3 月 21 日于华盛顿

亲爱的先生:前不久我得知你在费城,但是只逗留两个星期,我以为你已经回去了。直到昨天我才获悉你仍在费城,生过一场大病,但正在康复。我由衷地为此感到高兴。你的生命是人类弥足珍贵的少数生命之一,每个能思考的人都切望你健康长寿。偏执分子也许是例外。亲爱的先生,我们在政治和宗教中经历过什么样的偏执啊!野蛮人自以为能够使时光倒流到汪达尔人时代,那时由于无知,所有一切都掌握在权贵和教士手中。一切科学进步都被视为标新立异予以排斥。他们假装赞扬和提倡教育,但那仅只是我们祖先的教育。我们必须向后而不是向前去寻求改进;总统本人在一次对众多请愿的答复中宣称,我们永远休想在真正的科学方面超过他们。这是对你的所有攻击的真正根据。那些靠玄虚和欺骗为生的人惟恐你会简化基督教哲学——人类有史以来最高尚和仁慈,但最被歪曲的体系——从而使玄虚和欺骗失去作用,因此拼命破坏你当之无愧的声誉。但这只是螳臂挡车。我们的同胞已经从技术和工业使他们陷入的恐慌中恢复过来,科学和诚实已重新处于它们的崇高地位,而你,亲爱的先生,作为它们的伟大倡导者,正站在它的顶峰。我衷心感到满意的是,我能在就职伊始欢迎你来到我国,向你表达它对你的尊敬和器重,使你处于那些为像你这样聪明和善良的人制定的法律的保护之下,并且蔑视那种对立法的污蔑的合法性,相当时间以来,这种污蔑一直以法律形式混迹在它们当中。

现在风暴正在平息,天空又变得晴朗,再来细细研究一下这个现象是饶有趣味的。我们不再能说太阳底下没有新事物。因为人类历史中这整个篇章是新的。我们共和国的广大幅员是新的。它的稀少的人口是新的。席卷它的强有力的舆论潮是新的。但是最令人高兴的新事物是风暴如此平静地在如此广阔的面积上重新回到它真正的水平面上。从困惑中恢复过来的过程中以及晚近发生的巨大危机中表现的秩序和理智,真正表明我们的国民有一种坚强的性格,是我们的共和国垂诸永远的一个好兆。现在我对共和国的稳定性的满意程度远远超过在它受到考验以前。我特别感到安慰的是,如果一位总统不当选我们面前展现的前景;在那种情况下,联邦政府将处于一只停了的钟或表的境地。不会打算使用暴力,也不会有使用暴力的机会。一个会议将会应国会共和党议员及事实上的总统和副总统之请于八星期内召开,将会把宪法的缺点予以改正,把钟重新上发条。这种我们习惯于服从的和平与合法的手段取代了一切暴力手段,而且永远是我们能做到的,表明我们的组合中一个宝贵的自我保存原则,直到形势发生变化,这在任

何限定的时期内不会有可能……

致塞缪尔·亚当斯

1801 年 3 月 29 日于华盛顿

3 月 4 日，我给你——我最亲密的老友——写了一封信，没有直接寄给你，而是由我的一个同胞转交，因为他正巧要求我发表一篇演说。在思考那篇演说时，我常常问自己：这完全符合老前辈塞缪尔·亚当斯的心意吗？他会这样表达吗？他会赞成吗？在我们相处的日子里，我对我们的国家感情很深。但是就个人而言，我最有好感的就是你了。当我听说人家避开你，侮辱你，对你不满，我不由地叫起来："上帝啊，宽恕他们吧，因为他们不知道自己在做些什么。"我承认我替你感到愤怒。至于我自己，我总算能够经受住一切考验，完全无动于衷。但是风暴终于过去了，我们已经平安无事了。我们的船没有做好出航的准备，担负起托付给她的任务。我们要以她优美的动作显示她是行驶在共和主义的航道上的。我希望我们将能再一次看到我们的公民中恢复融洽，过去的仇恨化为烟云。有些卷入最深的领导者是不会这样做的。但是我希望我们的大部分公民同胞会做。除了原则，我将不惜牺牲一切去实现这一点。少数官员滥用职权压迫公民同胞，为了对那些公民公正起见，必须对他们进行法律制裁。但是在我看来，舆论以及公正地维护舆论决不是一个犯罪行为，也不会对个人有所损害。那些必须甚至由我的前任撤职的为官不正的人，决不能受到只有诚实的人配受的周到的保护。岁月使我失去了你对我的帮助，这是多么

遗憾啊！要是让你在政府中担任最高职务，那将普天同庆。但是我的朋友，请为我们参谋，为我们祝福；请确信，世上没有一个人比我对你更加尊重，我将永远对你表示最热烈的敬爱。

致罗伯特·利文斯顿[①]

1801年9月9日于蒙蒂塞洛

……就大自然未使之受任何一个国家管辖，而是使它为了它所适合的目的为一切国家所共有的自然环境而言，它似乎是正好被任何一个国家的船只在其航程中被占据的那一部分暂时成为那个国家专有的财产，这条船就不受任何其他国家的侵犯，也不受任何其他国家的管辖，就像它停泊在它拥有主权的港湾里一样。我们认为，这个规则在任何国家都是一样的，就像大家所共有的财产一样。因此，一个人在公路、教堂、戏院或其他公共场所占有的位置，当占有者占有它来达到它设立的目的时，也不受侵犯。一条横渡大洋的船上的人随身携带着他们国家的法律，他们自己中间有司法权和管理权，这两种权不是他们个人的意愿建立的，而是他们国家的权威建立的，他们的船始终构成其领土的一部分，只要它不进入另一个国家专有的领土即可。从未有一个国家自命有权用他们的法律来统辖在海上航行的另一个国家的船。既然如此，它能根据什么法律登上那条正在和平地、有秩序地使用共有的自然环

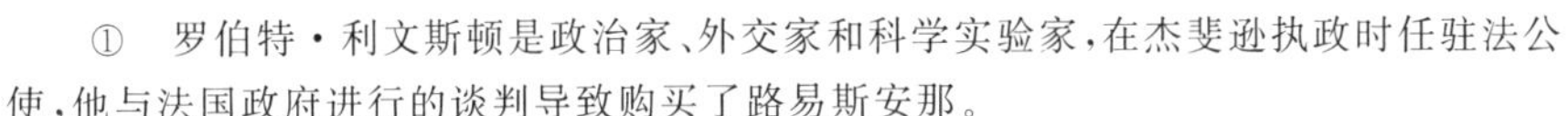

① 罗伯特·利文斯顿是政治家、外交家和科学实验家，在杰斐逊执政时任驻法公使，他与法国政府进行的谈判导致购买了路易斯安那。

境的船呢？我们不承认有一条天然的规则要我们服从这样一种权利，也看不出一个友好国家的可动的与不动的管辖权之间有什么区别，这种管辖权可授权登上这条而不是那条船去没收一个敌人的财产。

也许有人会提出异议，说它证明得太多了，例如它证明你不能登上一条友好国家的般去搜查战时禁运品。但是这证明得并不太多。我们认为没收所谓的战时禁运品这种行为是一种滥用权力的行为，不是建立在自然权利之上。两个国家之间的战争不能缩减世界上其他维持和平的国家的权利。所谓继续安静地履行道德和社会义务的国家的权利，应该让位给那些宁愿互相掠夺和杀戮的国家的便利，这种理论是一种荒谬的理论；应该服从一条更合理的法则，即："两个国家尽力相互施加的伤害不得侵犯那些保持和平的国家的权利或便利。"而按照自然法，禁运品又是什么呢？要么是一切能帮助敌人或使敌人感到舒适的东西，要么什么也不是。要么是所有能向敌人提供方便的商品都是非法，要么什么也不是。一类商品与另一类商品之间的差别仅仅是等级上的差别。在它们之间不能划出一条界线。要么是中立国与交战国之间的一切往来都必须停止，要么是一切往来都可以进行。应该采取哪一种做法难道还有疑问吗？难道两个互相厮杀的国家顷刻之间就可以破坏全世界的和平关系吗？理智和常情清楚地表明中立国应该继续享受它的全部权利，它的贸易应当继续是自由的，不受别国的管辖，它的船只因而也不受别国的搜查，也不被盘问船上所载货物究竟是敌国的财产，抑或是那些称为战时禁运品的东西……

致财政部长(艾伯特·加勒廷)

1802年4月1日于华盛顿

……我们希望联邦的财政就像一个商人的账簿那样清清楚楚，每一个国会议员、联邦每一个稍有头脑的人都能了解，以便查出弊端，并予以矫正。我们的前任们曾力图用一套错综复杂的制度，并把调查者不断从一个官职调到另一个官职，把一切事情掩盖起来，不让它们暴露。我希望我们将反其道而行之，通过正直和明智的改革得以在我们在职期间使事情回到那种简单和明白的制度上去，而它们当初就应该在那个基础上组织起来……

致本杰明·拉什

1803年4月21日于华盛顿

亲爱的先生：我曾在1798—1799年的许多个夜晚和你进行了极愉快的谈话，它们起到了解除我们的国家当时正经历着的危机使我们感受的痛苦的作用，其中有几次谈话的主题是基督教，我当时曾答应你，将来有一天，我会把我对基督教的看法告诉你。这些看法是我毕生探索和思考的结果，与那些对我的见解一无所知的人强加于我的那种反基督教体系大相径庭。我对基督教的腐败当然是反对的，但是对耶稣本人的真正的戒律并不反对。我是一个在他希望每个人都是基督徒的唯一的意义上的基督徒；真诚地信奉他的教义而不信奉其他一切教义；把人类的一切美德都归因于他，相信他从不要求任何其他东西。自从这几次谈话以后，每当我能把心思暂时从公务上移开，我就一直在对这个问题进行思考。但是我思考得越多，它的范围就越扩大，乃至非我的时间或知识所能应付。在我上次离开蒙蒂塞洛时，我收到普利斯特里博士寄来的一篇题为《苏格拉底和耶稣比较》的论文。由于这是我研究的这个领域里的总见解的一部分，它就成了我旅途中无所事事时的一个思考题目。其结果便是在头脑里拟就了一个评估基督教的相对优点的提纲，希望某一个比我有更多闲暇和学识从事这项工作的人最后予以完成。现将提纲奉上，我能履行诺言恐怕也仅在于此了。在把提纲托付给你的时候，我知道它不会被泄露给那些把我的每句话都当作新的歪曲和诽谤的题目的人，让他们恶意中伤。而且我也不喜欢把我的宗教信条公之于众，因为这会助长那些竭力想把它们送交那个法庭、并诱使舆论对已经被法律正当地规定了的信仰权利进行镇压的人的气焰，每一个珍视自己信仰自由的人在别人的信仰自由受到侵犯时，都必须予以抵制，否则随着环境的改变，别人的命运也会落到他自己头上。每一个人在自己的信仰自由受到侵犯时也决不应该作出让步，不应该回答一些关于信仰的问题，从而背叛了共同的独立思想权利，法律规定这种问题只是上帝和他本人之间的事，任何人不得干预。

耶稣的教义与其他教义功过相比较估计提纲

在将古代文明国家、犹太教徒和耶稣的伦理学作比较时，不应涉及古人中理性的败坏，亦即庸俗的偶像崇拜和迷信，也不应涉及基督徒中有学问者所表现的基督教的腐败。

要公正地考察古代哲学中最受尊重的学派或个人所反复灌输的道德原则,尤其是毕达哥拉斯、苏格拉底、伊壁鸠鲁、西塞罗、埃皮克提图、塞尼加、安东尼。

Ⅰ.哲学家。

1.他们的箴言主要是关于我们本身,以及控制那些如不加约束将会扰乱我们内心平静的激情[①]。在这部分哲学里他们确实是伟大的。

2.在阐述我们对他人的义务方面,他们是简短而有缺陷的。他们确实欣然接受亲人和朋友的圈子,并且反复灌输爱国主义或对祖国的爱,把它当作一种主要的责任。他们教导我们对待邻人和同胞要公正,但很少从仁爱的角度看待他们。至于待同胞要和平、仁慈和热爱,或者要仁爱地对待整个人类大家庭,那就灌输得更少了。

Ⅱ.犹太教徒。

1.他们的体系是自然神论,也就是只信奉一个上帝。但是他们对上帝及其属性的观念是有辱人格的和有害的。

2.他们的伦理学不仅不完善,而且在与我们周围的人交往

① 为了说明,我来显示塞尼加和西塞罗的哲学著作的题目——我们从古人那里接受的哲学著作中涉及面最广的。在塞尼加的10个题目中,有7个是关于我们自己的,即论愤怒,论安慰,论宁静,论大聪明,论小聪明,论命运,论幸福的生命;2个是关于他人的:论先见,论利益;还有1个关于世界政府。在西塞罗的11篇论文中,有5篇是关于我们自身的:论结果,图斯库卢姆,西塞罗关于柏拉图学说的论文,奇谈怪论,论老年;1篇论义务,是部分关于我们自身的,部分关于他人;1篇论友善,是关于他人的;4篇关于不同题目:神的来源,论先见,论命运,西庇奥的梦想。[杰斐逊注]

方面往往与理性及道德的合理要求不相容，而在对待其他民族方面则是排斥的和反社会的。因此他们在很大程度上需要改正。

Ⅲ. 耶稣。在犹太人的这种情况下，耶稣出现了。他的出身不明；他的条件差；他受的教育等于零；他的天赋伟大；他的一生行为端正，白璧无瑕；他性情温和、仁慈宽大、坚韧不拔、大公无私、口才超群出众。

他的学说问世时的不利条件是很突出的。

1. 和苏格拉底及爱比克泰德一样，他本人什么也没有写。

2. 但是他不像他们那样有一位色诺芬或阿里安替他写。我不提柏拉图，柏拉图只不过是借用苏格拉底的名字来掩盖他自己头脑里一些离奇的想法。相反，在他国家里一切掌握权力和财富的有学问的人都反对他，惟恐他的劳作会损害他们的利益；他的生平和学说就只好由一些没有文化的、无知的人来形诸笔墨，他们是凭记忆写的，而且是在事情过去以后很久才写的。

3. 和那些企图开导及改造人民的人的普遍下场一样，他早在33岁那年就成为教会和国王的嫉妒和共谋的牺牲品，其时他的判断力尚未达到顶点，而且他的传教时间最多只有三年，来不及发展成为一个完整的道德体系。

4. 因此，他真正发表的学说整个来说是有缺陷的，传到我们这里已经残缺不全，陈述失实，往往难以理解。

5. 他的学说还遭到一些搞分裂的信徒的恶意破坏，这些信徒出于利害关系，窜改曲解他教导的简明的学说，把希腊诡辩家的神秘主义移植到它们上面，用一些拗口的话使它们变得晦涩难懂，致使善良的人们感到厌恶，把它整个抛弃，并且把耶稣本人看作一个骗子。

尽管有这些不利条件，耶稣还是向我们提供了一个道德体系，如果把他遗留给我们的丰富片断的风格和精神予以充实，将会是人类历来所教导的最完善和高尚的东西。

耶稣的某些信徒称他是上帝或直接与上帝沟通，另一些信徒则予以否认，这个问题与目前的讨论无关，因为目前的讨论仅限于对耶稣学说的真正价值作一评价而已。

1. 他纠正了犹太人的自然神论，确认他们只信一个上帝，使他们对他的属性和统治有更正确的认识。

2. 他关于亲人和朋友的道德学说比哲学家们的那些最正确的学说还要纯正和完善，也远远胜过犹太人的学说；在灌输博爱方面更是远远超过两者，它们谆谆教诲不仅要爱亲人朋友，爱邻人和同胞，而且要爱全人类，使所有的人结合成一个大家庭，友爱、慈善、和平、共同需要以及共同帮助的制约。把这个题目充分发挥，将能显示耶稣的学说对所有其他学说的特殊优越性。

3. 哲学的训诫以及希伯来的道德标准只对行为施加限制。耶稣深入研究人的内心，在他的思想领域里建立起他的法庭，并且使源头的水净化。

4. 他着重传授关于来世的学说（犹太教徒对来世不是怀疑，就是不信），而且有效地把它当作一个重要的刺激，作为其他德行动机的补充。

致霍雷肖·盖茨将军[①]

1803年7月11日于华盛顿

亲爱的将军:我高兴地接受你对路易斯安那购买的祝贺,也高兴地向你表示祝贺,因为这件事和每一个国民都有关,值得普天同庆。购买的土地包括密苏里河和密西西比河的全部水域,使美国的面积增加不止一倍,而且新的地区就土壤、气候、物产和交通枢纽而言,都不亚于老的地区。如果我们的立法机关以我们有权指望他们有的那种明智来处理它,他们也许可以使它成为诱使所有在密西西比河东岸的印第安人迁移到西岸,使我们的人口集中而不是分散的手段。我发现我们的反对派非常乐意拔掉门罗衣服上表示荣誉的羽毛,尽管他们并不喜欢把它们插在利文斯顿[②]的外衣上。事实是,两人都有应得的一份功劳,要是必要或适当的话,可以用事实证明每个人都作出了特殊的贡献,而且是重大的贡献。这些抱怨者而且非常心神不宁,惟恐政府因为购买这块土地而分享到一点点功劳,他们把整件事归因于战争这个意外因素。如果他们能看到从1801年5月本政府成立那时起我们的档案,特别是1802年4月以后的档案,他们将会羞愧得无地自容。他们将会看到,虽然当时我们不能说战争什么时候会发生,但是我们肯定地说

① 霍雷肖·盖茨将军虽然出生于英国,却拥护爱国事业,独立战争期间曾在美国军队服务,战功显赫。

② 詹姆斯·门罗和罗伯特·利文斯顿是由杰斐逊任命与法国政府谈判购买路易斯安那的两位全权公使。——译者

了如果战争发生将会引起什么。我们并没有使用阴谋诡计挑起战争,但是我们在战争发生后利用了战争。另一个党看到了我们的表述所依据的现状以及及时作出牺牲的明智。但是当这些人使战争给了我们一切时,他们却让我们问战争到底给了我们什么?他们有了一次战争;他们使战争给了我们什么?他们非但没有使我们的中立成为国家得益的基础,对而赞成投入战争。如果他们现在在位的话,他们眼下就会在同法国的无神论者和捣乱分子打仗。他们赞成使他们的国家成为英国的属国。我们同英国友好,热诚真挚地友好。我们对法国没有敌意。我们对两个国家都保持公正和真挚的友好关系。我不认为我们将会像我们的前任那样吃它们的苦头……

致卡巴尼斯先生[1]

1803年7月12日于华盛顿

亲爱的先生:前不久收到了你的亲切的信以及两册论述人的肉体功能与精神功能之间关系的书。这对于爱钻研的人来说是个饶有兴味的课题,做这个研究工作再没有比你更合适的了。人们普遍认为思维也许是肉体的一种功能,尽管在这个问题上大自然的“做法”,就像在绝大多数其他问题上的“做法”一样,对于像我们这样水平有限的人是永远说不清楚的,但我仍然确信,我们能走得

① 皮埃尔·琼·乔治·卡巴尼斯,博士和意识形态哲学家,是实验生理学的开拓者。

多远，你就能领我们走得多远，并且让我们停留在可以对堡垒本身进行侦察的距离之内……

致威尔逊·尼古拉斯[①]

1803年9月7日于蒙蒂塞洛

……宪法授权国会接纳新的州加入联邦而不把接纳对象局限于当时构成美利坚合众国的领土，你对这种权力作的评述我认为是有说服力的。但是当我考虑到美国的疆界是由1783年条约精确地规定，宪法明确宣布它是为美利坚合众国订立的，我就不得不认为其意图是不许国会接纳一些在当时他们为其行动，并仅仅凭借其权威行动的领土之外的新的州加入联邦。我不认为宪法的用意是国会可以接纳英格兰、爱尔兰、荷兰等加入联邦，而按照你的解释却是可以的。如果一个文件可以有两种解释，一种安全，另一种危险，一种明确，另一种模糊，那我宁愿选择安全和明确的那种。我宁愿要求国民在必要时扩大国会的权力，而不愿借助一种会使我们的权力大得无边无际的解释来获得这种权力。我们的特殊安全是在于有一个成文宪法。我们决不可借用解释使它成为一纸空文。有些人认为批准条约就使权力成为无限的，我对这些人也这样说。如果权力真的那样大，那我们就等于没有宪法。如果权力是有限制的，那么这些限制只能是宪法对那些权力所作的规定。

① 威尔逊·尼古拉斯任美国参议员和众议员及弗吉尼亚州州长时曾积极支持他的多年老友托马斯·杰斐逊。

宪法具体说明和叙述了允许联邦政府做的各项工作，并且授予了做这些工作所必不可少的权力。这些列举的事情中凡是适宜制成法律的，国会均可制定法律；凡是可以通过条约实行的，总统和参议院可以签订条约，凡是要通过法院判决来做的，法官可以作出判决。列举的权力很可能是不全面的。这对于人类的一切作品来说是司空见惯的。我们可以改进宪法，通过修正案来增加被时间和试验证明缺少的权力。但是认为这种严格的解释会使条约的权力化为乌有，那就未免太过分了。我曾有机会对它对老的国会所签订的对法条约的影响作过调查，发现条约所包含的30多个条款中，只有一两条或三条按照现行宪法是不能制订的。因此，我认为，在目前情况下，必须树立一个反对作笼统解释的榜样，办法就是向人民要求赋予新的权力。但是，如果我们的朋友们有不同想法，我当然会欣然同意，相信当解释产生不良后果时国民的明智判断会予以纠正……

致琼·巴普蒂斯塔·萨伊[①]

1804年2月1日于华盛顿

亲爱的先生：你的热情洋溢的信以及随信附上的两册非常有意思的关于政治经济学的书已经收到。当时我正在用极其难得的闲暇时间阅读马尔萨斯论人口的著作，这部著作条理性极强，其中

① 琼·巴普蒂斯塔·萨伊是法国科学经济学家，修改和发展了亚当·斯密的著作。他是法国思想理论家的机关报《哲学旬刊》的创办者和主编。

对亚当·斯密以及其他经济学家的某些观点作了精辟的探讨。在读到与你论述的问题相同的那些篇章时,我高兴地发现他的论点被你的论点所证实。我将非常高兴地继续拜读尊作。我家属中有一位先生正要去巴黎,我请他转达此信,聊表谢意,你给我的满足之情,是很长时期来一般文学通讯未曾有过的。

我国与欧洲一些古老国家环境不同,政治经济问题上据以推理的事实也不同,因此造成的结果也往往不同。例如,在欧洲一些老的国家,粮食的数量是固定的,或者仅仅按算术级数缓慢增长,其面积也受同一比率的限制。因此超生只会使死亡率提高。在我国,广大的未开垦的肥沃土地使每个愿意劳动的人都能早婚,爱生多少个孩子就生多少个孩子。因此,我们的粮食与我们的劳动者一起按几何级数增长,我们的人口无论增长得多快也不会过剩。再者,在欧洲,劳动力的最佳分配方法是使产业工人和农业工人并存,因此一部分人必须为两部分人提供粮食,而另一部分人则为两部分人提供衣服和其他生活用品。这个方法在我国也是最佳吗?乍看起来是的。但是让我们所有的劳动力都从事农业劳动岂不是更好吗?这样,两倍或三倍的肥沃土地可以用来耕作,两倍或三倍的粮食可以生产出来,剩余的粮食可以用来供养欧洲嗷嗷待哺的人民,他们反过来会制造衣服和其他生活用品作为交换,供我们使用。这合乎道德规范,而自然法则创造的我们的义务和利益是始终不变的,如果有了变化,我们就应该怀疑我们的推理出了毛病。而且,在解决这个问题时,我们应该承认农业工人在精神上和物质上对从事制造的工人占有优势。我的职业只允许我提问题。即使我有知识,我也没有多余时间来回答问题。或许,如同《政治经济

学专论》的作者应该注意到的，我会发现这些问题已在那部著作中得到了回答。如果没有回答，一定是因为这本书你是为欧洲人写的，而我提出问题则是因为我是为美国着想的。先生，请接受我的拳拳之意。

致约翰·泰勒法官[①]

1804年6月28日于华盛顿

……没有一种试验比我们目前正在做的更有意义，我们相信它最终将会确立一个事实，即人类可以靠理性和真理来统治。因此，我们的第一个目标应该是使所有通往真理的道路为人类开放。迄今为止所找到的最有效的道路就是新闻自由。因此，那些怕自己的行为被调查的人第一件事就是把这条路封起来。人民坚决地顶住了前个时期报纸的倒行逆施，表现了识别真伪的本领，这说明我们可以充分信任他们，让他们听一切真话和假话，从中作出正确的判断。几乎没有必要对他们的感官施加影响，或者用浮夸、显赫或虚礼这一套东西使他们冲昏头脑。代替这种人为的东西，那种来源于使用理智以及使一切事情都受常识考验的习惯的真正的尊敬要稳妥多了。

因此，我深信，开放真理的门户，加强用理智考验一切的习惯，是我们能给我们的接班人戴上的最有效的手铐，以防止他们经人

① 约翰·泰勒法官，革命爱国者，弗吉尼亚州州长，约翰·泰勒总统之父，杰斐逊在威廉斯堡攻读法律时与杰斐逊相识，直至泰勒于1813年去世两人始终是好友。

民自己同意给人民戴上手铐。1798年人民被用欺骗手段投入了恐慌,他们的敌人利用他们愿意放弃为保护他们而建立的一切基本原则在他们中引起了骚乱,似乎在一个短时间内支持了那些说不能信任他们由他们实行自治的人的见解。但是我从不怀疑他们的团结,而他们果然比我预料的早得多就团结起来了。总地说来,对人民的轻信进行的考验进一步加强了我对他们最良好的判断力和美德的信任……

致康·弗·沙·沃尔内①

1805年2月8日于华盛顿

……我们的选择或判断,在任何一件事上,恐怕都不像在气候这件事上,与习惯有密切关系。加拿大人兴高采烈地乘了雪橇在雪地里滑行,而我一想到这个就直打哆嗦。将欧洲和北美洲的气候作比较。将各对应部分综合起来,主要有三大区别。1.美洲冷热变化更大,也更频繁,最冷和最热的变化在美洲的温度计上表现得比欧洲大。然而,习惯使得这些变化对我们的影响不如欧洲较小的变化对欧洲人的影响更大。但是我们气温的变化却使欧洲人受极大影响。2.我们的天空永远是晴朗的,欧洲的天空永远是阴霾的,因此在同一纬线上,这儿的热量积聚得比那儿多。3.晴雨的变化在欧洲远比美洲来得频繁和突然。尽管我们这儿的雨水多一

① 康斯坦丁·弗朗索瓦·沙斯博夫·沃尔内是一位法国学者,由杰斐逊译成英文的《废墟》一书的作者,在美居留期间与杰斐逊过往甚密。

倍，但下雨的时间只有那儿一半。将所有这些总合起来，我喜欢美国的气候远胜于欧洲的气候。我认为美国的气候更宜人。是晴朗的天空从我们性格里排除了上吊的意向，否则我们准会从我们的英国老祖宗那儿继承到这种意向。我在巴黎居住过六七年，只有一次看见太阳照耀了整整一天，没有一处天空被乌云遮住，而我在整个半球观察天空时，从未有过一个时刻能说空中没有一点点阴翳。我从法国回到蒙蒂塞洛是1月，在那儿只待了两个月，我对我的两个曾跟我一起去法国的女儿说，在那两个月里，有20多天整个天空找不到一小片云。尽管如此，欧洲人还是喜欢他们的阴暗的天空而不喜欢我们的蔚蓝的天空，对此我并不感到惊讶。在这件事以及其他许多事上，习惯势力决定了我们的爱好……

致彻罗基部落的酋长们

1806年1月10日于华盛顿

我的朋友和孩子们，主要是彻罗基部落的朋友和孩子们：现在我们的工作已经完成，而且完成得相信双方都感到满意，在临别之际，我不能不表示我从你们的访问所获得的满足之情。我亲眼看到，我们为鼓励你们并引导你们改善处境所作的努力并不是不成功的，这就像在肥沃的土地里播下种子，必将获得丰收。你们正在成为农民，学习使用犁和锄头，把你们的地围起来，用你们过去用来打猎和打仗的力量来耕作土地，我见到了你们亲手种植和纺织的棉布的漂亮的样品。你们还在养牛、养猪供你们食用，养马帮助你们劳动。我的孩子们，照这个样子干下去吧，要确信，你们越是朝前走得远，你们也越是幸福，越是受尊敬。

你们在这儿见到了来自西部和西北部的同胞，他们使你们能够把你们现在的情况同过去的情况作比较。你们自己也作了比较，看到你们远远走在他们前面，并且知道你们的今天就是他们的明天。你们会发现你们下一个需要是磨坊，用它来碾磨你们的谷子，这样就可以减少你们的妇女用手工捣碎谷子所损失的时间，使她们可以织更多的布。当一个人把他的农田围了起来，改进了它的条件，在农田上造了一所漂亮的房子，并且饲养大批牲口以后，他就会希望这些东西在他死后归他的妻儿所有，他爱他的妻儿更甚于爱其他亲属，活着的时候甘愿为他们劳动。因此，你们会发现有必要为这件事制定法律。一个人有了通过自己劳动挣得的财产，就不会愿意让别人把财产从他那里抢走，只因为那个人身体比他强壮，要不他哪怕流血也会拼死保卫。这样，你们将会发现有必要委派一些好人当法官，按照理智以及你们将制定的法律来解决人与人之间的纠纷。在这些事情上，如果你们希望获得我们的忠告和经验的帮助，我们永远乐于替你们参谋，为你们效劳。

我的孩子们，我没有必要奉劝你们不要把你们的全部时间和精力用来同你们的同胞互相残杀，使你们自己的人员无谓牺牲。你们已经明白这样做是愚蠢和罪恶的。但是，你们的年轻人还没有充分认识这一点。他们中间有些人渡过密西西比河去杀害一些从未伤害过他们的人。我的孩子们，这是错误的，不应该这样。如果我们允许他们渡过密西西比河去跟河对岸的印第安人交战，我们也必须让那些印第安人渡过河来对你们进行报复。我再说一遍，不应该这样。密西西比河现在是属于我们的。它决不应该成为一条血河。它现在是一条水道,所有纳切兹、圣路易、印第安纳、俄亥俄、田纳西、肯塔基以及宾夕法尼亚和弗吉尼亚西部的人经常携带他们的财物沿着这条水道来往于新奥尔良。年轻人打仗是不容易制止的。他们在这条河上发现我们的人会对他们实施抢劫,没准还把他们杀死。这会引起我们与你们之间的战争。最好及时予以制止,不许你们的年轻人渡河去进行战争。如果他们去看望这条河对面的彻罗基人或与他们一起生活,我们并不反对。那个地方是我们的。我们允许他们在那里居住。

我的孩子们,这就是我想对你们讲的话。要继续学习耕种土地并避免战争。如果你们的哪一个邻人伤害你们,我们派在你们那里的受爱戴的人会尽力为你们主持公道,我们也会在这件事上支持你们。如果你们中间哪一个坏人伤害你们的邻居,要老老实实地承认,替他们主持公道。改正错误比坚持错误更体面。告诉你们所有的酋长,所有你们的男人、女人和儿童,我和他们紧紧握手。我是他们的父亲,祝愿他们幸福安宁,而且永远愿意促进他们的福利。

我的孩子们,我感谢你们来访,并且向创造我们、把我们安置在这块土地上像兄弟般在一起生活的大神祈祷,祈求他保佑你们平安回家,并且发现你们的家人和朋友身体健康。

致爱·詹纳博士[①]

1806 年 5 月 14 日于蒙蒂塞洛

先生:承惠赐关于牛痘接种的发明证书,谨致谢意。我是地球

① 这肯定就是爱德华·詹纳博士,著名的英国医生,1796 年试验牛痘接种获得成功。

上这个地区最早相信其效验的人之一，很早就参与把它推荐给我的同胞。借此机会，我谨向你表达整个人类家庭对你的感激之情，这是你当之无愧的。医学界从未有过一种如此功效卓著的发明。哈维[①]发现血液循环大大地增进了我们关于肉体组织的知识，但是把那个时代前后的医学实践作一回顾时，我发现那项发明并没有起到任何巨大的改善作用。你已经把人类疾病表上最严重的一种疾病一笔勾销了。人类永远不会忘记你的功绩。未来的人们只有从历史书上才能知道曾经有过天花这样可恶的疾病，而且被你消灭了。

请接受我对你的健康和幸福的良好祝愿，并致以最大敬意。

致约翰·诺维尔[②]

1807年6月11日于华盛顿

……你征求我对如何办好一张报纸以使它发挥最大效用的意见，我应当回答说："要把它限制于真正的事实和健全的原则。"但是我担心这样的报纸不大会有人订阅。让报纸恣意造谣，反而比查封报纸更能使国民完全失去报纸的利益，这是一个令人痛心的事实。现在报纸上看到的一切都不足凭信。事实真相登在报上就变得可疑。这种错误报道达到什么程度只有那些

---

① 威廉·哈维(1578—1657)：英国医师及生理学家，阐明血液循环原理及心脏作用。——译者

② 诺维尔是弗吉尼亚州丹维尔的居民，曾就创办一张报纸写信给杰斐逊征求意见。

能够把他们了解的事实与报上的谎言相对照的人才清楚。我真正对我的广大公民同胞表示怜悯，他们在阅读报纸时，自以为对当时世界上正在发生的事情已有所了解，其实他们在报纸上读到的报道仅仅和世界上任何其他时期的历史记载一样真实，只不过他们的谎话被加上一些真实的姓名罢了。一般的事情也许是真实的，比方欧洲正在进行战争，波拿巴是个战无不胜的军人，已使一大部分欧洲服从他的意志，等等，等等，但是没有一个细节可以相信。我还要说，一个从来不看报的人消息反而比经常看报的人灵通，因为一个什么都不知道的人要比一个头脑里充满虚假和谬误的人更接近事情真相，一个从来不看报的人仍然会了解一些大事情，而细节都是假的。

一个主编或许可以照下述方式来着手改革。把他的报纸分成四部分，第一部分的标题是“事实”，第二部分是“或有的事”，第三部分是“可能的事”，第四部分是“谎言”。第一部分极其简略，只包括一些确凿可靠的文件和消息，主编愿意以自己的名誉为其真实性担保。第二部分包括主编将全部情况周密研究后认为或许是真实的材料。这方面的材料宁少毋滥。第三部分和第四部分是专门为那些宁可出钱买谣言而不愿买一张白纸的读者准备的。

还有，这样一位主编必须坚决抵制那种习惯性地用诽谤来喂养公众心灵的恶劣做法以及这种令人作呕的精神养料导致的口味的败坏。造谣中伤已成为生活必需品，早上或晚上的茶点要是没有这种兴奋剂就难以消化。甚至那些不相信这些丑恶东西的人还是起劲地把它们读给别人听，非但没有纯洁的心灵应有的憎恶和愤怒，反而心中暗暗得意，认为有些人可能会相信，尽管他们自己并不相信。他们似乎忘记了，真正的诽谤制造者不是把诽谤印出来的人，而是那个出钱把诽谤印出来的人……

致詹姆斯·沙利文州长[①]

1807年6月19日于华盛顿

……我的北方朋友们建议我去彼处巡视，此事我还没有作出最后决定。华盛顿将军毕生走过的文人和军人的道路、他作出的贡献以及他因而在同胞心中占有的地位，别人无法望其项背，因为没有别人能把公众对他的崇敬据为己有。因此，对我来说，这是一个新问题，要从它的方方面面来研究。我承认我不能以国家元首身份在各州招摇过市，让人民瞻仰，并且寻求喝彩，喝彩要成为有价值，必须完全是自发的。我宁可通过忠心耿耿地履行我的职责来获得人民无言的亲善，而不愿摆出架子来接受。我去朴次茅斯或波特兰作这样一次巡行的话，还不如去萨凡纳，或者去奥尔良和法兰克福。由于我至今从未有过一个时候能长时期地摆脱公务，因此我没有理由期望我在职期间会有这样一个时候。等我成为一个普通公民后，去波士顿或朴次茅斯旅游也许既能符合我的职责，也能更好地符合我的感情。那时我也可以看望我的朋友，大家心情格外自在，而且能更专心致志地与他们交往。然而，我最后还是要像开头所说的那样说，我对这个问题还没有作出决定，我保留这个问题供今后研究考虑……

① 马萨诸塞州州长。

致卡斯珀·威斯塔博士[①]

1807 年 6 月 21 日于华盛顿

……人体的疾病以及这些疾病的症状就像人体的组成部分一样地繁多。而且，这些症状的组合千变万化，许多症状综合起来也极难确定一种特定的疾病；对一种未知的疾病，更不可能有一种已知的疗法。因此，聪明、高尚和富于同情心的医师应该到此为止。如此经常地目睹大自然为恢复患病的功能所作的有益努力，他应当信赖它们的作用，而不应该冒险去干扰，对一个像人体那样复杂，那样未被认识的机器以及像人的生命那样神圣的对象进行主观推测的试验，以致造成机体的更大失调。或者，如果必须做些表面文章使病人保持希望和乐观精神，这也应该是最简单无害的。我所认识的一位事业上卓有成就的医生曾向我信誓旦旦地说，他使用的面包做的药丸、有色水做的滴剂以及山核桃灰做的药粉，要比所有其他药物加起来还多。这当然是一种为了病人的利益而进行的好心欺骗。但是爱冒险的医生却硬干下去，用推测代替知识，从狭小的已知领域出发，投入无边无际的未知领域。他建立一些空想的理论，如微粒引力理论、化学试剂理论、机械力理论、刺激理论、过敏理论、开刀引起的失血和水银引起的多血理论，把这些理论作为自己的指导，或者其他巧妙的空想，使自己洞悉大自然的一切奥秘。他按照由此获得的原理作出自己的疾病分类表，把各种疾病分门别类，并

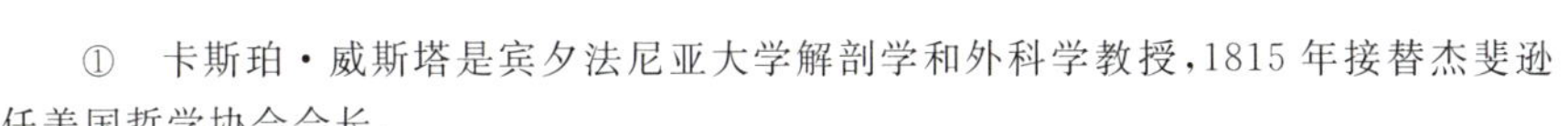

① 卡斯珀·威斯塔是宾夕法尼亚大学解剖学和外科学教授，1815 年接替杰斐逊任美国哲学协会会长。

且依此类推，把他的治疗方法扩大到所有被他任意编排在一起的病症。我有幸活到今天，亲眼看见霍夫曼、博哈夫、斯塔尔、卡伦、布朗的门徒们像走马灯般相继出现，他们的幻想就像一年一度从巴黎来的美女服装以其新颖风行一时，而很快又过时，让位给另一个新奇的玩意儿。病人经过时髦理论的治疗，有时不管用什么药都会霍然而愈。因此，这种药使病人恢复了健康，年轻的医生就有了新的勇气来对他的同类的生命继续进行大胆的试验。我认为我们可以有把握地断言，一群初出茅庐、自以为是的医学新手在世界上任意活动，他们一年中断送的人命，要比所有的罗宾汉、火药筒和大砍刀在100年内杀死的人还多。正是在这部分医学上，我希望能实行改革，放弃用假设来代替不加渲染的事实，临床观察第一，空想的理论最要不得。我特别希望年轻的开业医师牢牢记住他的本行的真正范围，当病人的情况超出这些范围时，他的责任是警惕地，然而安静地观察大自然的举动，以一套井井有条的疗法公平地对待它们，同时激发病人的良好情绪和希望作为辅助医疗手段……

致杜邦·尼莫尔先生[①]

1807年7月14日于华盛顿

……伯尔的阴谋是史无前例的穷凶极恶的阴谋之一。他的目的是使西部各州脱离联邦，将墨西哥并入西部，自己出任元首。但

① 皮埃尔·塞缪尔·杜邦·尼莫尔是著名的法国自由主义者和教育家，杰斐逊初次和他在巴黎相识。1800年，这位著名的重农主义者移居美国后，他们的友谊也随之加深，直至后者于1817年去世。

是谁要是妄想靠美国人民的帮助来实现这些目的，就完全有资格被送进疯人院。然而，尽管他的罪行的严重程度在美国可说是无人不知，但是我国的法律却绝对有利于被告而不利于原告，以致我怀疑他是否会被定罪[①]。在将被召集的48名陪审员中，他有权挑选其中的12名来对他进行审判，12人中只要有1人不同意判决他有罪，他就会被无罪释放。这个事件在我心中大大证实了我们政体的固有力量。他曾经诱使将近1000人参与他的阴谋，使他们相信这是政府所默许的。政府只发布了一个公告，使他们明白事情真相，就彻底解除了他的武装，只剩下不到30人愿意和他一起顽抗到底。第一个计划是占领新奥尔良，他自以为这样就能牢牢控制上游地区，直捣墨西哥。使我感到无比满意的是，路易斯安那没有一个克里奥耳人支持他，支持他的只有一个在该地区交给我们之前在那里定居的美国人。他在那里的党羽纯粹是一些亡命之徒或逃债者，他们在该地区被转让给美国后从美国其他地方聚集在那里，还有就是形形色色的冒险家和投机分子……

致查尔斯·平克尼[②]

1808年3月30日于华盛顿

……我们和法国没有**立即**发生战争的危险。它今后的想法如何不得而知。我们同英国关系破裂的直接危险今年算是过去

① 伯尔果然于该年9月1日被宣判无罪，后逃往欧洲。——译者

② 查尔斯·平克尼是南卡罗来纳人，参加过独立战争，是政治家和外交家，曾反对杰斐逊，在1804年总统选举中是联邦党的候选人。

了。这是靠禁运实现的,因为问题干脆就在禁运与战争之间。禁运可能继续一个时期,或许要过了今年,他们的财产没有遭受损失,而仅仅是工人没有活干。但是,总会有一个时期到来,那时战争将比继续实行禁运更为可取。对于这个问题,国会将在下次会议予以决定。在这同时,我们已获得可靠情报,知道法国和英国正在通过奥地利的斡旋进行和平谈判。谈判的道路是由法国通过其官方报《告诫者》铺平的,法国表示她自己以及她的同盟国决不要求英国放弃其海事原则,她们也不放弃自己的原则。条约中将只字不提这一点,双方在下次战争中将根据各自的原则办事。用意无疑是,所有的欧洲大陆国家将结成武装中立同盟来推行它们自己的原则。如果和平能够实现,我们将能安然渡过难关,获得和平与繁荣。要是有什么担心的话,那将是以后的事。从此刻开始,应该不遗余力地使我们的民兵处于最完善的状况,并采购武器。我希望今年夏天使我们所有的海港处于国会认为符合我们实际情况的防御状态,也就是说,用一支中等规模的海军使它们不受到来自海上的攻击。如果他们除海军外还出动陆军,那么,除了与他们交战别无他法。我们打算今年只招募七个团的兵力,第一年战争始终依靠我们的民兵。以后我们只好永远保持一支大规模的常备军……

致葡萄牙摄政王

1808 年 5 月 5 日于华盛顿

挚友如晤:敬悉殿下已安抵里约热内卢市,我愉快地委托希尔先生向你表达真挚的祝贺,希尔先生是一位有身份的美国公民,他专门负责转达此信。

我相信此举既有利于殿下的忠诚臣民的兴旺发达，也有利于殿下的幸福，美利坚合众国一向对殿下的幸福关怀备至。美国现在是同一块土地、天才的哥伦布给予世人的美妙大陆的居民，深切地感到与殿下有新的和更密切的关系，感到培育着有幸延续至今的亲睦关系的动机已因陛下驻跸于他们自己土地上而增强了力量。他们有望看到本半球各地区之间展开系统的交往，其主要原则可能是人类的和平与幸福。殿下为了你治下的那些人的利益，在交战各国中间，久经考验地坚持这个原则，这就向新世界保证，它的和平，它的和平与友好的交往是殿下的主要关怀。我谨代表美利坚合众国向殿下保证，这些事情至今仍是他们的主要目标，将在殿下以及你在巴西的臣民精心培育下发展壮大，他们希望那块得天独厚的土地，如今在你的直接支持下已获得巨大发展，将在互通有无中，将从与美利坚合众国不变的友谊中获得真正的养料。

致拉斯泰里先生①

1808 年 7 月 15 日于华盛顿

先生：3 月 28 日大函以及尊作法国甘蔗与棉花栽培的论文已经收到。引进新的作物，尤其是对我们生活舒适具有极大重要性的作物，肯定值得每个政府关注，除实际试种外，不应阻挠有一丝成功希望的试验。在此以前，结果只能是猜测的；我当然会猜测甘蔗在法国决不可能成为一样有利可图的作物。在美国佬的境界内，有一大

① 拉斯泰里·迪萨扬是法国著名的农学家，进步农业和工业协会的发起人。

块土地种橘子获利甚多,但是其中没有一英尺土地种甘蔗能够成熟。法国在其过去的境界内只有两小块地方(奥利弗里斯和耶雷斯)可以露天种植橘子,因此对甘蔗就更不适宜了。我倒认为槭糖更值得进行试验。法国没有一个地方的气候不适宜种这种树。我从来不明白为什么一个农民除苹果园外不应该有一个糖园。为他的家庭供应糖只需要少量土地,而种糖方法就和种苹果一样容易。米奇克斯先生——你们在这里的植物学家——可以从美国给你寄上任何数量的苗木和种子。我确信棉花在法国南部某些地方栽培会获得成功,而种棉花是否像他们现在种的那些作物有利,仍有待试验。我们在美国能生产和欧洲一样品类繁多的酒,品种不一定相同,但质量肯定一样。但我总是对我的那些认为生产酒十分重要的同胞说,一个在这里种小麦、大米、烟草或棉花的农民能够用种这些东西的收入买进双倍数量他能生产的酒。法国同样数量的土地和劳力也许能买进双倍数量他们在那里收获的棉花。不过这经过试验也许适得其反,因此值得进行试验。总之,事实是,如果每个国家都致力于生产它最适宜生产的东西,要比每个国家都试图生产它国内需要的每样东西能获得更大数量有助于人类幸福的东西……

致托马斯·杰斐逊·伦道夫[①]

1808 年 11 月 24 日于华盛顿

亲爱的杰斐逊:你单独一人处于离我们如此遥远的地方,不能

① 托马斯·杰斐逊·伦道夫是杰斐逊最大和最钟爱的外孙,托马斯·曼·伦道夫和马撒·杰斐逊的儿子。

不使我们为你深感忧虑。我们已经为你做了不少事情，给你安排了一个不寻常的位置，还给你介绍了不少熟人，以保护你免遭你四周的危险。但是身处异乡，人地生疏，没有一个朋友或保护人替你出主意，而且又那么年轻，处世经验那么少，你面临的危险是巨大的，你的安全必须靠你自己。下定决心不做坏事，谦虚谨慎，与人为善，能大大有助于你获得世人的尊敬。回想我自己 14 岁时，完全要自己照顾自己，没有一个亲戚或朋友能给我忠告或指导，经常与各种各样的坏伴为伍，我奇怪自己居然没有与其中几个一起变坏，和他们一样成为对社会没有价值的人。我有幸很早就结识了几位德高望重的人，一直希望能成为他们那样的人。碰到诱惑和困难时，我总是问自己，斯莫尔博士、威思先生、佩顿·伦道夫在这种情况下会怎么做？我怎样做才能获得他们的赞许？我确信这样来决定自己行为的方法要比我掌握的任何推理能力更有助于我走上正途。懂得了他们走的那条平坦和尊严的路，两条路中哪一条与他们的品性相符，我决不会有片刻怀疑。在谋求过到同样的目标时，如果用道德说理的方法，并且用年轻人带有偏见的眼光，那我就肯定会经常犯错误。基于我所处的地位，我经常与一些赛马者、打牌者、猎狐者、科学家和专业人员以及一些贵人为伍，有许多次，一条狐狸被打死了、一匹爱马获胜了、一个问题在法庭或议会上进行口若悬河的辩论后获得解决了，在这些气氛热烈的时刻，我经常问自己，这许多种名声中，我应该喜欢哪一种？骑师的名声？猎狐者的名声？雄辩家的名声？抑或是我国各项权利的诚实拥护者的名声？要牢牢记住，亲爱的杰斐逊，我们的这种自我盘问的习惯既不繁琐也非无用，相反，它能使人谨慎地选择和坚定地追求正

确的东西。

上面我提到过与人为善，把它当作维护我们内心安宁的良药。它是最有效的，它的效果被人为的礼貌模仿和协助得如此之好，以致礼貌也成为具有第一流价值的品质。事实上，礼貌是人为的与人为善，它补充天生的不足，最终使一种几乎等同于真正美德的替代物成为习惯性。这是向我们在社会上遇到的人行小小的方便，给他们一些小小的优惠，他们感到满意，而我们自己并没有什么损失。这是赋予我们的表情以一种愉快的和讨人喜欢的特色，这会赢得别人的好感，使他们对我们和对他们自己都感到满意。对于获得别人的善意来说，付出的代价是多么低廉啊！如果别人骂你，你报之以礼，他就会翻然醒悟，感到羞愧，你以最有益的方式使他改正，在众目睽睽下跪倒在你的优秀品质脚下。但是在谈到我们在社会里的处世之道时，决不能漏掉重要的一条，就是绝对不要同别人争论或争辩。我从未见过两个人争论，其中一个能通过说理说服另一个。相反，我看见过许多人越吵越凶，变得粗暴，最后大打出手。信服是我们自己心平气和地推理的结果，要么是独自一人推理，要么是冷静地考虑我们从别人那里听来的话，自己不参与争辩。许多条规则使富兰克林博士成为社会上最可爱的人，其中最突出的一条是“决不要反驳别人”。如果人家硬要他发表意见，他发表的方式不发说是提问题，仿佛是想了解情况，要不就是提出疑问。当我听见别人发表一个与我不同的意见时，我对自己说，他有权发表他的意见，就像我有权发表我的意见一样，我为什么要对它提出异议呢？他的错误对我没有损害，我干吗一定要做堂吉诃德，硬要凭借争辩使所有的人都抱一个看法呢？如果一件事陈述

不实，他可能因为相信这件事而感到满足，我没有权剥夺他这种满足。如果他要了解情况，他问我，我会酌情告诉他；但如果他还是相信自己讲的那套，并表示想驳斥我举的事实，那我就听他讲，自己什么都不说。如果他宁可喜欢错误的报道，这是他的事儿，不是我的事儿。我们当中最经常碰到两类争论者。一类是青年学生，刚刚跨进科学门槛，对它的轮廓只有一点点了解，还没有掌握进一步学习会使他们知晓的各种细节和变异。另一类是社会上一些脾气坏、性格粗暴的人，他们对政治有强烈兴趣（与人为善和懂礼貌的人从来不在各色人等混杂的社会里提出一个他们预料会有意见分歧的问题）。对这两类争论者，亲爱的杰斐逊，你要像避开黄热病或鼠疫患者一样远远地避开。当你和他们在一起时，你要自以为是处在疯人中间，他们需要医学上的忠告更甚于道德上的忠告。要仅仅做一个听者，控制你的脾气不要发作，尽量养成沉默的习惯，特别是在政治方面。我国目前正处于狂热状态下，要想把这些狂热分子无论在事实上还是原则上纠正过来，都是枉费心机。他们对他们想要相信的事情以及他们想要据以行事的意见是铁了心的。因此，你要避开他们，就像避开一头发疯的公牛，一个有头脑的人是不会去同这样一头野兽争路的。由于你和我的关系，你成了众矢之的，这些野兽会向你张牙舞爪。他们充满了政治上的怨恨，把我视为反对党的首领，痛恨我，你的出现对他们来说就像催吐草——一种引起呕吐的万灵药——对于患病的狗。要完全用这种眼光看待他们，把他们当作你只能偶然给他们一点安适的对象予以怜悯。我的声望是他们无能为力的。它掌握在我的广大同胞手中。我是光荣还是可耻要由我们国家的广大共和党人来裁决，

裁决的依据是他们亲眼看到的,而不是他们的敌人和我的敌人所说的。因此,千万不要认为这些政治上的跳梁小丑需要你关注,要永远表现出你敢于让我的声誉由舆论来公断。要经常留意你来费城所追求的目标,择友要严,要避开酒店、酒徒、吸烟者、游手好闲者和浪荡子,因为争吵和殴斗正是在这些人中间发生的,避开了他们,你就会发现你的生活道路更加平坦和安宁。一张纸已经写满了,就此搁笔。再见。

致托马斯·利珀[1]

1809 年 1 月 21 日于华盛顿

……最近我反复劝导要鼓励制造一切其原料由我们自己生产的商品,数量以至少满足我们自己消费为限。对此,联邦报纸和会议敲起了中立国政策、破坏贸易等警钟;那就是说,我们生产的铁决不能在这里制成犁、斧头、锄头等等,为了使船主可以把铁运往欧洲,再以产品形式运回,从中获利,好像把我们自己的原料制成产品供我们自己使用以后,就没有多余的材料供一定数量的船运往市场以交换那些我们没有原料加以生产的商品。可是这种荒谬的叫嚷大大有助于使新英格兰结成同盟,他们的学说在于为了商业而牺牲农业和工业,号召全体内地人民去海岸经商,把这个农业大国变成阿姆斯特丹市。但是我相信我国人民有良好的判断力,

① 托马斯·利珀是一位出生于苏格兰的商人,曾参加反对英国的独立战争,后来成为一名坚定的杰斐逊主义者。

他们懂得国家最大的兴旺发达取决于农业、工业和商业之间的适当平衡，而不在于这种突出的海上运输，它从我们建国伊始就使我们处于困境，现在又使我们陷入战争。我衷心祈愿能避免这种情况，如果能做到这个而不放弃权利的话。请接受我对你的恒久不变的尊敬和尊重。

致约翰·霍林斯

1809 年 2 月 19 日于华盛顿

……华盛顿将军当年从同一个协会[①]获得阿瑟·杨从法国带到英国的多年生菊苣的种子，我后来也从它的一个会员那里获得今天在这里尽人皆知的著名瑞典芜菁的种子。我提起这些事情是为了说明各协会之间进行联系的特性，这些协会是为了把其中任何一个协会的有益发现传播到世界各地的慈爱目的而成立的。即使这些协会所属的国家可能在打仗，它们也总是和睦相处。像文学团体一样，它们组成一个遍及全球的大型联谊会，它们的通信联系从来不受任何文明国家的阻挠……

致亨利·格里戈里

1809 年 2 月 25 日于华盛顿

先生：8 月 17 日来信以及惠赐《黑人文学》已收到。请相信，

① 伦敦农业协会。

在世的人当中，没有一个人比我更真诚地希望看到将我本人对大自然赋予黑人的思维能力的程度所保持和表现的怀疑予以彻底驳斥，并发现他们在这方面和我们自己处于同一水平。我的怀疑是我个人在本州有限范围内进行观察的结果，那儿黑人发展天才的机会不多，施展才能的机会就更少了。因此我万分无奈地表示了我的怀疑，但是无论他们的才能达到什么程度，决不能以此作为衡量他们的权利的标准。艾萨克·牛顿爵士思维能力比别人强，但他并不因此就成为别人的人身或财产的主人。在这个问题上，黑人正日益获得世界各国舆论的支持，他们同人类大家庭其他人种在平等基础上重新建立关系方面，正在取得充满希望的进展。因此我请你接受我的谢意，因为你提供许多例证，使我能在那个人种中看到可敬的才智，那种才智必然会使他们获得解放的日子早日到来。请确信我真诚地向你致以崇高和公正的敬意。

致杜邦·德内默先生

1809 年 3 月 2 日于华盛顿

……我几天内就要隐退到我的家庭、我的书籍和农场中去；在躲进我的避风港以后，我将以焦虑但不是嫉妒的目光看待我的那些仍在与风暴搏斗的朋友们。从来没有一个囚犯卸下身上的枷锁后像我挣脱权力的枷锁后那样感到轻松。大自然有意使我安静地做学问，使学问成为我的最大乐趣。但是我生活在其中的那个时代的穷凶极恶的行为迫使我参加对它们进行反抗，并投身于政治激情的汹涌大海。我感谢上帝给我机会不受指摘地退出政坛，并且带走最令人安慰的获得公众赞许的证据。我把一切事情都交给一些最有能力处理这些事情的人,如果我们注定要遭到厄运,那是因为没有一种人类的智慧能够防止它们。你如果回到美国,你的好奇心或许会驱使你来探望这位蒙蒂塞洛的隐士。他会以爱慕和喜悦之情接待你,同时向你致以充满深情的问候和最大的敬意。

又及:如果你回到我们这里,请带一对纯种牧羊犬来。你会给一个正在开始对养羊寄予极大注意的国家增添一样宝贵的东西。

致弗吉尼亚州阿尔伯马尔县的居民们[①]

1809 年 4 月 3 日于蒙蒂塞洛

公民同胞们和邻居们,我回到我的出生和童年所在地,回到那些和我一同成长、对我至亲至爱的人的怀抱时,受到了你们慷慨给予我的热烈欢迎,喜悦之情非言语所能表达。长期在外担任一个奇妙时代的历史使那些受召唤的人义不容辞地担任的职务,其浮夸、忙乱、喧哗和辉煌徒然造成对平民生活的宁静和不需负责任的事务更深的思慕,渴望享受与你们——我的邻居和朋友们——深情的交往以及大自然给予我们大家的、作为每一个小时的甜味剂的天伦之乐。为了这些东西,我欣然卸下了权力那使人痛苦的重担,在更年轻、更能干的人的密切关注、劳动和困惑下,与同胞们一起谋求休息和安全。你们为了我的幸福所表现的焦虑确实赐予了那种幸福,如果我为了履行我担任的几种公职所付出的努力获得

① 这是杰斐逊卸下公职隐退后最初写的几封信中的一封。

了国民的赞许，那种幸福就会是完满的了。我在公共生活舞台上扮演的角色是在国民面前演出的，我使它服从他们的判决；但是我的家乡县的证明，那些在私生活中认识我、知道我在其各种任务和关系中的表现的人的证明更加可喜，因为它直接来自见证人和目击者，来自附近地区的审查者。因此，我的邻居们，我当着世人的面问你们："我夺走了谁的牛没有，欺骗了谁没有？我压迫了谁，或者从谁手里接受了贿赂来蒙住我自己的眼睛？"我问心无愧地对待你们的判决。我以深厚的感情接受你们对我的幸福的祝愿，并真诚地祈求你们本身的幸福和繁荣。

致约翰·威奇

1809年5月19日于蒙蒂塞洛

先生：你3月19日的来信几天前才收到，信中告知韦斯特伍德·密尔图书馆协会成立及其宗旨和进展。我每次听到为了促进我国人民知识而成立协会总是感到高兴。每个国家的人民是其本身权利的唯一保卫者，也是唯一能被用来破坏这些权利的工具。他们要是没有受骗，当然决不会同意被这样利用。为了避免受骗，应当使他们受一定程度的教育。我一直在想，花小的代价而获得最大利益莫过于在每个县成立一个小型流动图书馆，收藏少量经过精心选择的书籍，按照能保证如期归还的规则借给县民。这些书应当使人民获得对其他国家历史特别是本国历史的全面认识，同时对地理、物理、农业和机械也有一定的知识。如果你的协会能在这方面树立榜样，将是功德无量。我曾有过比一般人更好的机会对可能中选的这类优秀书籍有所知晓，我对你的协会的用处只能是就你们想要购置的书提供一些信息。我愿在这方面为你们竭诚服务，并向你本人致以最大的敬意。

致本·史·巴顿博士①

1809年9月21日于蒙蒂塞洛

亲爱的先生：昨晚收到了你14日的来信，我本可极其愉快地把我所搜集的印第安词汇的任何一部分或全部寄给你，但是一个无可挽救的不幸事故使我失去了它们。30年来，我利用一切机会搜集与同一词组相称的印第安词汇，我的机会极好，任何一个有同样愿望的人恐怕再也不会有这样好的机会了。我曾搜集到大约50组印第安词汇，把其中大多数分类整理，打算在我在华盛顿最后居留期间把它们付印。但是一直没有把刘易斯上尉搜集的词汇整理好，也没有闲暇去做，我把这项工作搁置了起来，打算等回家后再做。我把全部资料，有的是整理过的，有的是原始材料，装在一个文具箱里，连同我的其他30箱行李一起从华盛顿由水路运送。在溯詹姆斯河而上时，这个箱子由于分量重，小偷以为里面有贵重物品，把它挑出来偷走了。小偷打开箱子大失所望，认为里面的东西对他无用，就把它们都扔进河里。全部词汇都在里面。其中有几页漂上了岸，在泥里找到，但是只有极少几页，而且被泥水

① 本杰明·史密斯·巴顿是天文学家戴维·里顿豪斯的侄子，是一个著名的医生和博物学家。

严重污损,没有多大用处。收到你信后,我把它们找了出来,非常高兴地发现其中硕果仅存的一个原始词汇是刘易斯上尉的巴尼语当中的,这种语言你说你一个词也没有。因此我现在把它随信附上,另外还有另一个字的残余,我认出是他的笔迹,但是上面没有任何迹象表明它属于什么语言。它是抢救出来的一小部分的样本。这个意外事件特别使我痛心,因为它涉及我的250个词汇,俄国人的130个世界其他地区语言的词汇,其中73个词汇两者通用,本来可以提供材料进行比较,或许会有所收获。尽管残余之物未必有多大用处,我仍要求你将巴尼语词汇用毕寄还。我或许会再试图搜集,尽管我年事已高,难望有多大进展……

致塞缪尔·诺克斯牧师大人①

1810年2月12日于蒙蒂塞洛

……新一代的少年将是下一代的男子汉,我们移交给他们的各项原则的唯一保卫者。我毕生都遵照真正的共和主义奉行这些原则,这是我浑身每一根神经都体会到的。当与我有同感的人们证明我此言非虚时,我就心满意足了……那段使我们共同接受考察的时间是极其难熬的。但是真理和理智是永恒的。它们战胜了一切。它们将永远战胜一切,尽管在某些时候和某些地方,它们可能会暂时被文人、军人或教会的暴力压倒。世人把保护圣火不灭

① 塞缪尔·诺克斯是苏格兰出生的长老会牧师和教育家,曾考虑出任拟议中的弗吉尼亚大学语言和纯文学教授。

的重任托付给了我们，在诸神保佑下，它发出的火花将使它在地球其他地区重新燃烧……

致撒迪厄斯·科斯西斯科将军[①]

1810 年 2 月 26 日于蒙蒂塞洛

亲爱的将军和朋友：我每次给你写信总是请可靠的人转交，信上避免谈一切有关政治的事情，唯恐它出自一个处于我那种地位的人之手，会损害我们国家的利益，甚或引起对你的猜忌。因此我的信必然是枯燥乏味的。现在我已告老还乡，与政治完全无关，对他人所做或所想之事毫不感到好奇，我所说的话只代表我个人，只是我自己思考的结果，不能归因于任何其他人。

当一个国家在成立初期遭到外国统治者压迫时，你用你的武器和服役予以捍卫，如今这个国家正处在战火纷飞的世界的争夺中，你对它感到的忧虑是无愧于你的博爱精神和你对人类自由和幸福的无私爱慕的。虽然我们没有对欧洲范围内的战争做好一切必要准备，但是并没有对这里必须做的事掉以轻心。自从切萨皮克事件[②]使战争迫在眉睫那一刻起，就尽全力为战争做准备，我可以大胆地安慰你说，我们已做好了充分的准备。可供多次战役用的

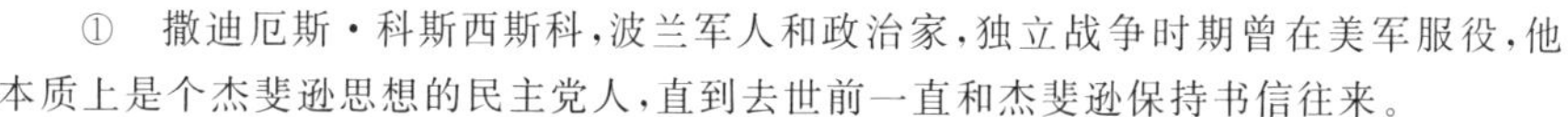

① 撒迪厄斯·科斯西斯科，波兰军人和政治家，独立战争时期曾在美军服役，他本质上是个杰斐逊思想的民主党人，直到去世前一直和杰斐逊保持书信往来。

② 1807 年 6 月 22 日，美国“切萨皮克号”快速舰行在亨利角海面遭到英国“豹号”快速舰炮击，伤亡 21 人，另有 4 人被英军俘走。杰斐逊总统要求英国赔礼道歉，英国置之不理，杰斐逊乃宣布对英国实施经济制裁，致使战争一触即发。——译者

军需品已经到位，一切必需品(硫黄除外)以及自己制造的技术已经齐备；军火库里的武器储存量远远超过战场上的实际需要，而每年还能增加4万人的全副装备，全部是我们自己制造的，质量优于从欧洲看到的一切；重炮的数量远远超过实际需要；野战炮储存日益增多，有好几个铸造厂每隔一天就造出一门；一所约有50名学员的军事学校运作至今已有10多年；人口不断增加，在战争推迟情况下，我们的军队每年可增加4万名年轻战士；所有最不重要的海港城市都筑起了防御工事，配备炮艇，每艘炮艇有一两门大炮，炮弹重18磅、24磅和32磅，足供较小的港口击退私掠船或单艘武装船的掠夺性攻击，较大的港口则根据它们可能遭受的更猛烈的攻击予以加强。当我从政府退隐时，所有这一切都已接近尾声，炮艇已武装待命。只有纽约和新奥尔良的工事因为规模大得多，尚未完成。前者将于今夏完成，一共架设438门大炮，在50到100艘炮艇支援下，足以抵抗任何一支横渡大西洋来犯的舰队。新奥尔良的防御设施进展较慢。这些便是我们的备战工作。它们与你从报纸和旅行者甚至美国人那里看到和听到的大不相同。这是因为政府没有把真实情况告诉他们。你问他们当中一个是否知道任何一个港口的确切情况，你或许会发觉他连自己所在港口的情况也木然不知。你也许会问，对于一个不能亲眼去看一看备战工作的人，这些备战工作的证据又何在呢？我回答说，证据就在国会批准该项备战工作的法案以及你对我的了解里，只要批准了，就能付诸实施。

有两个措施我曾再三要求国会通过，但至今未被通过。第一个措施是使新奥尔良所有未被按照法律程序授予的土地有人居住，办法是将土地赠送给身强力壮的年轻人，由公家出资将他们运

送到那里，他们会构成一支随时准备捍卫新奥尔良的军队。另一个措施是将全体民兵按出生年份分类，所有那些从 20 岁到 25 岁的人都应接受训练，接到通知后应立即服役。这个办法将会供给我们一支 30 万训练有素的军队，可在美国任何地区服役，而那些超过那个年龄的人将留在家里，随时准备在本州或邻近的州接受任务。这两个措施将能完成我认为对保障我国安全不可或缺的一切。它们本可在我退出政府时给我快意的反思，就是在我上任时，没有一个海港城市有条件击退一艘私掠船或海盗船的进犯，而在我卸任时，每一个港口都已筑起工事，配备炮舰，能够防止任何可能的进犯，立于不败之地；新奥尔良的土地已有人定居，驻有一支足以保护它的军队；全部美国的领土都已以其男性军队的分类系统组织起来，全部年轻人积极服兵役，中、老年人则在原地驻防。但是，我希望这些措施能由我的继任者予以实现，他除了忠于最纯正的共和爱国主义原则外，其智慧和远见也非世上任何人所能企及。

关于我的国家的情况就到此为止，现在再来谈谈我自己。我已退休回到蒙蒂塞洛，在我的家人的怀抱中，在我的书籍的包围下，享受着睽别已久的恬静生活。我把清晨的时间用来写信。早餐到午餐这段时间我在车间和花园里度过，或者骑马在农场里巡行；从午餐到傍晚，我同我的邻人和朋友交往和娱乐，而黄昏到就寝这段时间则用来阅读。我的身体非常健康，体力因我从事的活动而大为增强，恐怕非一般 67 岁的人所能及。我同我的邻人们谈农具，谈播种和收获，如果他们愿意的话也谈政治，谈起来就像我的其他同胞一样毫无保留，感到终于能自由地说我要说的话，做我愿做的事，不用为我说的话做的事对任何一个人负责，真是天大的福气。我的一部分工作(决非最没有乐趣的一部分工作),是对一些要求我指导学习的青年进行指导。他们住在邻近的村庄里,使用我的藏书,听取我的劝告,成为我的社交生活的一部分。在指导他们学习过程中,我尽力使他们把注意力集中于一切科学研究的主要目标,即人类的自由和幸福。因此,等他们将来负担起领导和管理他们国家的一份责任时,能永远把合法政府所保持的唯一的目标牢记在心……

致约翰·兰登州长[①]

1810 年 3 月 5 日于蒙蒂塞洛

……国王只与国王家族通婚这种做法在欧洲流行已有好几百年了。任选一种动物,让它们一动不动、无所事事地待在无论猪圈、马厩或者政府大厦里,用高营养的饮食让它们吃饱喝足,满足他们的全部性欲,尽量给他们肉体的享受,刺激他们的情欲,让一切都顺从他们,凡是可能引导他们动脑筋的东西都清除干净,这样,要不了几个世代,他们就变成只有身体没有头脑,而这也是一种自然规律,正是依靠那种规律,我们不断改变我们为了自己的目的而饲养的动物的特性。这就是饲养国王的方法,千百年来,他们一直是以这种方式过活的。我在欧洲的时候,经常研究当时欧洲在位的一些君主的特征以自娱。据我所知,路易十六是个傻子,尽管在对他进行审判时为他作了辩护。西班牙国王是个傻子,那不

① 新罕布什尔州州长。

勒斯国王也是个傻子。他们在打猎中度过一生，每星期派出两名信使，行程1000英里，以便相互了解他们前几天都杀死了哪些猎物。撒丁国王是个白痴。所有这些人都是波旁家族的成员。葡萄牙女王天生是个白痴，丹麦国王也是白痴，政权由他们的儿子以摄政王身份行使。普鲁士国王——腓特烈一世的继任者，身体和头脑都仅仅是头猪。瑞典的古斯塔夫斯和奥地利的约瑟夫都是地道的疯子，而英格兰的乔治则是穿疯人穿的紧身马甲的。因此，剩下的就只有老叶卡捷琳娜，她很晚才被发现精神失常。波拿巴看到的欧洲就是这种状态，正是欧洲的统治者们的这种状态使欧洲几乎未打一仗就垮了。这些畜生变得没有头脑和力量；几个世代后的每一个世袭君主也都会如此。叶卡捷琳娜的孙子亚历山大目前是个例外，还能支撑下去。但他仅仅是第三代的。他的命数还没有走到尽头。国王的登记名册到此为止，上帝把我们从他们的奴役下解救出来，并且把你，我的朋友，还有所有像你那样优秀正直的人，置于他的神圣保管之下。

致约翰·泰勒州长

1810年5月26日于蒙蒂塞洛

……我头脑里确有两个重大举措，要是没有它们，没有一个共和国能保持壮大。第一个举措是普及教育，使每个人都能自己来判断，何者保障他的自由，何者危害他的自由。第二个举措是把每个县分成许多个百户邑，其面积为每个百户邑的全体儿童都在其中心学校的距离之内。但是这个划分要靠其他许多重要设施。每个百户邑除有一所学校外，还应该有一名治安法官、一名警官和一名民兵队长。这些官员，或百户邑内另外若干官员，组成一个市政当局，由他们管理一切事务，照管道路、穷人及巡逻等等。（就像东部的市镇管理委员会）每个百户邑应选举一两名陪审员在必要时执行任务，其他一切选举应在百户邑内单独进行，全部百户邑的选票在一起汇总。我们目前的地方领导人可暂时担任百户邑领导，法院有权临时将他们调动。这些小共和国将是大共和国的主要力量。我们的革命在东部诸州开始时具有活力就完全归功于它们，有了它们，东部诸州才能在中部、南部和西部诸州的反对下取消禁运，他们大而无当地划分的县永远集合不起来。总的命令由中央下达给每个百户邑的首领，就像下达给一支军队的中士们，全国顷刻之间就可以朝一个方向、像一个人似地紧急动员起来，成为绝对不可战胜的。如果我能亲眼看见这些，我将认为这是共和国得救的开端，将和老西缅一起说："主啊……释放仆人安然去世①。"但是我们的子孙后代会和我们一样聪明，到时候自会把那些目前条件还不够成熟的事情做成。就此搁笔，祝你幸福和健康长寿。

致威廉·杜安上校②

1810 年 8 月 12 日于蒙蒂塞洛

……我们的法律、语言、宗教、政治和风俗习惯是深深地建

① 见《圣经·路加福音》第 2 章 29—32 节西缅的祈祷语。——译者

② 威廉·杜安，新闻工作者和政治活动家，是杰斐逊的多年老友。他作为杰斐逊主义者最强有力喉舌的《曙光报》主编，在联邦开始阶段曾起过重大作用。

立在英国的基础上的，我们将永远把他们的历史看作我们的历史的一部分，把它作为我们的历史的起源来研究我们的历史。大家都知道，扎实的内容和迷人的风格使休谟的历史著作成为每个学生的必读书。我清楚地记得我年轻时如痴似醉地读它时的那股热劲，而且为了消除它灌输在我头脑里的毒素不知花了多少时间，进行了多少研究和思考。不幸的是，休谟首先写的是斯图亚特王朝史，成了他们的辩护士，为他们所有一切穷凶极恶的罪行辩护。这部著作完成后，为了支持它，他又回头写了都铎王朝，将他们的历史材料加以精心的选择和安排，只表现他们的专断的行为，把它们作为君主立宪权力的真正范例，而写更早年代的事情时，他又重提早期的历史，以同样歪曲的观点写了撒克逊和诺曼时期。尽管所有这一切尽人皆知，他还是继续把它灌输给我们所有的年轻人，以他自己的统治原则的毒素来毒害他们。就是这本书破坏了英国政体的自由原则，使各阶层读者相信这些原则篡夺了国王的合法而有益的权利，并且使保王主义散播到全国。而这本书仍将像在英国被阅读一样在美国被阅读……

致约翰·科尔文[1]

1810 年 9 月 20 日于蒙蒂塞洛

……严格遵守成文法无疑是一个好公民的重要义务之一，但

① 约翰·科尔文是马里兰州弗雷德里克镇《共和拥护者报》主编。

并不是最重要的。迫切需要、自我保存、危急时保卫祖国等法则是更重要的义务。死板地遵守成文法以致失去了祖国,也就失去了法律本身,失去了生命、自由、财产以及所有那些与我们一同享受那些东西的人,从而荒唐地为了手段而牺牲了目的。当年在日耳曼敦战役中,华盛顿将军的部队受到盘踞在邱姓住宅的敌人的骚扰,他毅然将大炮对准住宅猛轰,尽管那是一个公民的财产。当他围攻约克敦时,他将近郊村庄夷为平地,因为他认为国家的安全必须高于财产法之上。当军队进驻约克时,弗吉尼亚州州长用强制手段征用了马匹、车辆、给养甚至人力,以使那支军队坚守阵地,随时准备歼灭来犯之敌。他是做得对的。海上一艘处于断粮绝境的船遇到了另一艘满载粮食的船,另一艘船却拒绝供应,这样,按照自我保存法则,缺粮的船就有权用武力夺取粮食。在所有这些情况下,迫切需要、自我保存以及公共安全等不成文法就控制了我的和你的等等成文法……

致本杰明·拉什博士

1811 年 1 月 16 日于蒙蒂塞洛

……我目前的生活程序使我的阅读比我想望的要少。从早餐或最迟从午餐一直到晚餐,我几乎大部分时间都在马背上,照料我的农场或处理其他事务,我感到这对我的身体、头脑和业务都很有益;而我能在书房里度过的少数几个钟头都耗费在通信上了,不是与我的知己朋友通信,我乐于同他们交流思想感情,而是与其他人通信,这些人写信给我要么是因为我经手过他们自己的事情，要么仅仅是出于对我的尊敬和赞许，值得我恭恭敬敬地给他们写回信，报之以我的良好愿望。这是对退休生活乐趣的一大障碍，我希望这个障碍会随着我逐渐被人遗忘而消失，我最终将能全心全意地投入只有革命的本分才能使我放弃的勤奋的钻研工作。

我将接受你计划出的书，并以你笔下的一切带给我的乐趣去读它。虽然我在医学实践方面是个怀疑论者，但我对于读各种有独创性的医学理论还是很感兴趣的。

我不胜感慨地读了你对亚当斯先生和我之间中断友好通信所作的评论以及你对恢复这种通信所表示的关切。中断通信责任不在于我，也不在于我这方面缺乏恢复交往的真挚愿望和努力。你知道，在独立战争早期，原则和行为的完全一致使得亚当斯先生和我本人之间产生了高度的互相敬重。在那些日子里，肯定没有人比他更加忠于共和主义原则，在推翻君主政体以后，那些原则就支配了我们成立一个新政府的一切努力。尽管他后来突然改信英国宪法的各项原则，我们的友谊并未因此而减退。在他任副总统，我任国务卿期间，我收到当时正在芒特弗农的华盛顿总统的一封信，叫我召集各部部长开会，请亚当斯先生也参加（顺便说一句，这种做法是绝无仅有的一次），以便就一件需要火速办理的事作出决定，这件事作出决定后，总统要我全权处理，以后他就不过问了。我请部长们和我一起吃饭，饭后在解决了问题喝酒闲谈时，亚当斯先生和汉密尔顿上校就英国宪法的优缺点产生了意见冲突。亚当斯先生的意见是，如果把英国宪法的某些缺点和弊端予以改正，它将是有史以来人类所设计出来的最完美的宪法。相反，汉密尔顿

却一口咬定说，英国宪法正是因为有它的各种缺点，才是人类所能制定的最完美的典范，把它的缺点改正了，反而会使它成为一种行不通的政体。你可以相信，这就是这两位先生的政治原则之间的真正分歧点。同一个场合上还发生了另一件事，进一步说明了汉密尔顿先生的政治原则。房间四壁挂着许多名人肖像，其中三个是培根、牛顿和洛克。汉密尔顿问我这三个人是谁，我说了他们的名字，并说他们是我心目中人类有史以来三个最伟大的人。他停顿了片刻，然后说："人类有史以来最伟大的人是尤利乌斯·恺撒。"亚当斯先生作为人是诚实的，作为政治家也是诚实的；汉密尔顿作为人是诚实的，但是，作为政治家，却相信统治人必须要么用暴力，要么行贿。

你记得，大约在那个时候，联邦党人使用手段要打倒拥护我们宪法的真正原则的人，用恐怖行为使每一种有利于这些原则的论调缄口，使我们与法国交战而与英国结盟，最后使我们的宪法与英国的宪法相一致。你知道，当时亚当斯先生被受恐惧支配而且往往是受该死的航标之笔支配的众多狂热的请愿书控制，被它们打动，公开表示了他的新的政体原则，而且事实上，他心情是如此振奋，以致在对我的亲切中掺杂了一些傲慢。甚至亚当斯夫人，尽管老于世故，也有点得意扬扬。你记得我们之间的交往曾暂时中断以及造成这种中断的原因，当时你好心地进行了调解，予以纠正，使我们大家都非常满意。国民最后对联邦党人的政治原则进行了谴责，不让亚当斯先生连任总统。当我们在费城获知纽约市投票结果（众所周知这个结果将决定纽约州投票结果，而且还会决定联邦投票结果）的那天，我由于某一件公务去见亚当斯先生。他的情绪显然非常激动，冲我说了这样一句话："好，我知道你在这次竞争中会击败我，我只能说我愿做你的一个最忠诚的国民。"我说："亚当斯先生，这并不是你我之间个人的竞争。统治问题上的两套原则把我们的公民同胞分裂成了两个党派。你赞成其中一个党派，我赞成另一个党派。由于我们在政治舞台上的历史比大多数如今在世的人长，我们的名字也更广泛地被人知道。因此，一个党派把你的名字列在首位，另一个党派把我的名字列在首位。要是今天我们两人都死去，明天就会有另外两个名字代替我们的名字，整部机器的运行不会有丝毫改变。它的运行来自它的原则，而不是来自你或我本人。"他说："我认为你说得对，我们不过是些被动的工具，不应该让这件事影响我们个人的情绪。"但是他没有把这种对问题的正确看法保持长久。我始终认为联邦党人由于被撵下台而怀恨于心，他们每天费尽心机想出来反对我的无数诽谤之词都由他们忙碌的阴谋家们汇报给他，对他产生了很大影响。当伯尔和我之间的竞选被联邦党人暂时停止，他们打算使参议院议长出任政府首脑时，我去拜见了亚当斯先生，想请他用他的否决权制止这种不顾死活的做法。他顿时火冒三丈，以一种他以前从未对我用过的激烈口吻恶狠狠地说："先生，竞选结果是掌握在你手里的。你只消说你会公正地对待公债债权人，保持海军，不干扰那些当官的人，政权马上就落在你手里了。我们知道人民希望这样。"我说："亚当斯先生，我不知道我的哪一部分行为，无论是公共生活中的行为还是私人生活中的行为，会使人有理由怀疑我对公共职责的忠诚。但是，我要说，我不会借助投降上台。我不会讲条件，而要完全按照自己的判断行事。"我以前

也曾对古维尼尔·莫里斯同样的暗示作过同样的回答。“好，”他说，“那就听其自然吧。”我把话题转到别的事情上，很快就告辞了。这是我们一生中第一次不欢而散。接着就上演了那出遭到万众唾骂的半夜突击任命的戏。他把他执政的最后一天，最后几个小时，甚至半夜以后，都用来任命最穷凶极恶的联邦党人担任各种职位，特别是永久性的职位，留给我两条路，要么让我的敌人们来施政，他们的目的就是挫败我的一切措施，使它们落空，要么就是蒙受把他们统统撤职的臭名，这可能使我垮台。但是，稍过了些时候，经过思考，我就消除了心中对亚当斯先生暂时的不满，重新恢复了对他的品德和激情的正确估计，这种估计是我和他的长期友谊使我能够作出的。我的第一个愿望便是尽我所能使他退休后的日子过得好些，因为大家知道他的家境并不富裕。我向他的州的代表团的几名共和党议员建议直接或间接地给他一个那个州里油水最大的职位，如果他们认为他不会认为这是公开侮辱。他们认为他会对这个建议大为反感，再说，全体共和党人会认为一开始就采取这样一个做法对我要奉行的方针会有不利影响。因此我就打消了这个念头，但仍希望能有机会恢复我们之间友好的了解。

两三年后，我的一个女儿不幸去世。亚当斯夫人与我女儿感情素来很好，她就借此机会给我写了封信，信中用最亲切的措词对这件事表示哀悼，但小心地避免对我哪怕有一点点友好的表示，信的结尾甚至是这样一句话：“曾经有幸自命是你的朋友——艾比格尔·亚当斯祝好”。尽管这封信的调子没有给我什么希望，但我还是决定为驱散我们之间的乌云作一次努力。于是我就给她写了一封信，现附上请你过目，阅后请费神赐还，因为我以前从未给任何第二人看过。我把它寄给你，是为了使你相信，对于消除误会，我既不缺少愿望，也不是没有作过努力。真的，我认为这件事对我们两人都很不光彩，因为它说明我们心地不够高尚，未能阻止一次公开竞争影响我们的私人友谊。我很快就从她的信中知道和解已经无望，遵照她最后一封信中的暗示，就不再作进一步的解释。我对亚当斯先生的看法和以前一样良好。我知道他为人正直，文笔犀利，在国会里发言是个强有力的辩护士。他与我疏远，是因为听信为了竞选目的而捏造的谎言，以为我可能参与了这方面的活动和阴谋。我的最亲密的朋友们可以证明我完全是被动的。他们有时确也把正在发生的事情告诉我，但是绝对没有人听见过我参与这种谈话；任何人在我面前诋毁亚当斯先生，我都断言他的品行正直。在一些最信任的人面前，我当然对他执政的原则和做法表示过不赞成。这是在所难免的。但是从未对那些可能加害于他的人说过。即使心情不允许我这样做，出于礼貌我也必须这样做。我知道亚当斯先生对我同样也是光明磊落的。但是我认为他天性多疑，疑心他妒忌的那些人对他采取不正当手段，而他的疑心是不容易消除的。

亲爱的朋友，我啰啰唆唆写了一大堆，为的是让你了解我们之间发生的一切，能够充分掌握事实真相和心态，自己来判断它们是否允许恢复你如此好心地盼望的那种友好的交往。在我这方面，我当然会尽一切可能来支持你的努力，这在我是比较容易的，因为我对亚当斯先生并不怀有一种如果表现出来肯定会触怒他的感

情。我把一切都向你和盘托出,确信无论结果如何,我对你本人的友谊和敬重永远不变,而且也不可能变。

致威廉·杜安上校

1811 年 3 月 28 日于蒙蒂塞洛

……这个世界上的人类自由的最后希望寄托在我们身上。为了一个如此宝贵的国家,我们应该放弃一切爱憎。让总统自由地去选择他自己的助手,执行他自己的政策,我们要支持他和他们,即使我们自以为比他们聪明,比他们诚实,或者比他们更了解情况。如果我们团结一致地行动,无论道路多么艰难曲折,我们必能达到我们的目的;但如果我们一盘散沙,每个人都走一条他自以为最直接的路,我们就会被那些目前制伏不了我们的人轻而易举地制伏。我再说一遍,无论对人还是对事,我们都不应该分裂。只有原则能证明有理。如果我们发现我们的政府各部门像我们的前任一样一头栽进君主政治的怀抱,如果我们发现他们侵犯我们最宝贵的权利,侵犯陪审团审判、新闻自由、言论自由,或者打开恐怖主义的闸门来冲垮我们心灵的平静或个人的安全,如果我们看见他们在缺少其他一切危险的情况下募集常备军,证明其唯一目的是针对以上一切,我们就应该号召国民起来反抗。但如果我们的政府官员是明智、诚实和高度警惕的,我们就应当在他们的领导下行动,什么都不用怕。事情这儿那儿难免会出点岔子。这是他们防止不了的。但是最终一切都会好转,尽管也许不能用最简单的办法……

致本杰明·拉什博士

1811 年 8 月 17 日于白杨林

亲爱的先生：我给你写信的这个地方距蒙蒂塞洛 90 英里，靠近本州的新伦敦，我每年来此三四次，每次住上两星期到一个月。我在这里起居十分舒适，在这里存放了一些书，偶尔另外再带些来，过着隐士般的孤独生活，有很多空闲给远方的朋友们写信。我这样写是为了说明，我的处境不允许我检查我们信件的日期，我是否超过了每年向你问候一次的期限？我知道，在这一年里，我收到过你一封或更多封信，还有一本你的导论性的讲稿，对此，请接受我的谢意。讲稿我已饶有兴味地读过，得益匪浅，因为我承认医学中的事实，只是对用推测把事实加以引伸表示怀疑。为了辅导我的外孙学习数学，我废寝忘食地重新钻研了那门学科。数学一向是我最喜欢的。数学没有推测，不会在你头脑里留下不确定，全部是论证和确信。我已经忘掉不少，重新捡起来，要比当初年富力强时难得多。老年人在衰老过程中不感到头脑和身体一同退化，这是最值得庆幸的。例如，我们的革命时代老友克林顿是个英雄，但从来不是一个有才智的人，他在这方面就最令人羡慕。他老是讲他年轻时的故事以证明他的记忆力强，仿佛记忆力和推理力是同一种官能。最最暴露出低能的莫过于自己不觉得低能。我是确信无限期地担任总统职务会使我们的共和政体遭到危险才急流勇退的，但即使没有这种确信，担心成为一个老糊涂而自己浑然不知，也会抵制所有一切继续留任的诱惑的。我患风湿病已有好久，不

活动时没有热度，也不觉得痛。背部、臀部和大腿肌肉僵硬使我失去了走路的力量，走路时髋关节剧痛，似乎永远要痛下去。我进行适度的骑马，不太疲劳，但是我乘轻便两轮马车来此的旅程使我痛苦不堪，估计等我恢复体力能够回去时又会旧病复发。失去锻炼的能力令我苦恼至极。我退休后最大的快乐是照料我的业务，身体经常处于活动。它从不被“目的何在?”这个问题泼冷水，而读书的乐趣却经常被这个问题打消。我希望你的身体永远保持健康，你的著作说明你的头脑也非常健康。你的职业养成的锻炼习惯将使两者长期保持健康。我的政府工作的特点是坐着不动，损坏了我本来壮健的体格，使它过早地老化。但是我希望它还能维持相当一个时期。人到了一定年龄就应该下台，不能过久地占据别人有权涉足的地盘。我们在世时应当经常相互交换良好的祝愿。我觉得友谊就像美酒，新酿制的酒是苦涩的，随着年代而变得醇美，成为真正的老人的牛奶和补剂。愿上帝保佑你健康长寿。

致约翰·亚当斯

1812 年 1 月 21 日于蒙蒂塞洛

亲爱的先生：承蒙惠寄手工纺织呢样品，我预先(因为东西还没有寄到)对你致谢。我知道在你们那里这些东西非常先进，因此对它们的精美深信不疑。我们这里细纺品生产甚少，但大量生产粗纺品或中级品。本地每户人家都有个工场，一般都擅长在自己工场里生产比较牢固和普通的制品供自己穿着和家用。我们认为除我们自己种的棉花、大麻和亚麻之外，一户人家每人养一头羊就足够全家穿衣之用。至于细纺品，就得依靠你们北部的工厂了。这些工厂，也就是说大型工厂，我们一家也没有。我们很少使用机器。珍妮纺纱机和飞梭纺机一般家庭还能对付，但更复杂的就不行了。我们的家庭生产养成了节约省俭的习惯，历史悠久，绝对改不了，英国拒不满足我们对他们产品的需要，这反而对我们有莫大好处，等他们愿意恢复自由通商以后，他们和我们贸易的形式将大大改变，将来我们向他们要的商品不会超过他们对我们的产品的消费。

你的来信[①]勾起了我内心十分珍爱的回忆。它使我回到从前的日子，那时困难重重，危机四伏，我们是同一事业的战友，为人类最珍贵的自治权利而斗争。我们总是乘在同一条船上，前面恶浪滔天，威胁着要把我们的船掀翻，但总是无害地从我们的船下通过，我们自己也不明白我们是怎样安然度过风浪，平安地进入港口的。不过我们当时并不期望没有困难和障碍，而事实确是什么困难都有。先是英国继续占领西部边境重要哨所，然后是皮尔尼茨联合[②]禁止我们同法国贸易，英国则把禁令付诸实施。在你当政时是法国的掠夺，我当政时是英国的掠夺以及柏林和米兰敕令，现在则是英国枢密院的敕令以及他们批准的海盗行为[③]。等这

① 由于本杰明·拉什的调解，杰斐逊和亚当斯之间因政治上的误会而中断的友谊恢复了，直到他们去世为止变得更加深厚。

② 1791年8月，普鲁士与奥地利两国君主在萨克森皮尔尼茨发表联合宣言，表示要扑灭法国革命。——译者

③ 1805年1月，英国枢密院颁布敕令，法国也从其占领的柏林和米兰颁布敕令，禁止中立国船只傍靠敌国港口或敌国的盟国港口。这些措施危害了美国在公海各处的海运业。——译者

一切都过去以后，又会是英国强迫我国海员为其服役或其他事情；过去我们是这样走过来的，以后将继续这样走下去，伤透脑筋，可又不断成功，这在人类历史上是没有先例的。我确信我们将继续愤愤不平地抱怨，我们的人口将继续增长，国家将继续繁荣，直到我们向世界展示一个人类从未有过的强大、睿智和幸福的联合。至于法国和英国，尽管它们在科学上极其卓越，一个是一窝强盗，一个是一窝海盗。如果科学结不出比暴政、屠杀、掠夺和道德沦亡更好的果实，那我宁愿我们的国家处于愚昧、诚实和值得敬重的状态，就像与我们毗邻的野蛮人一样。但是老年的饶舌把我引向何处？引向了我已与之彻底告别的政治。我现在很少想到政治，谈得就更少了。我已经丢弃报纸，代之以塔西佗和修昔底得斯以及牛顿和欧几里得的著作，我发觉自己比以前快乐多多。偶尔我确也回想过去发生的种种事情，回忆一些先我们而去的老友和战友。在《独立宣言》的签名者中，如今在世的在波托马克河你那一边不到五六个，在这一边就只剩我一个了。你和我奇迹般活了下来，我健康条件相当不错，身体和头脑进行很多活动，每天有三四个小时骑在马上。我在90英里外有一个庄园，我每年去那里三四次，冬天骑马去。不过我很少走路，走一英里路就感到力不从心。我和我的孙辈生活在一起，其中有一个最近使我当上了曾祖父。我很高兴地听说你身体也很健康，步行锻炼的能力比我强。但我喜欢听你本人这样说，并且写一封像我这样的信，详细报道你的健康、生活起居、工作和娱乐。我乐于知道，在人生的赛跑中，你在政治荣

誉和成就方面领先于我，但是就身体衰退而言却并不领先。任何情况都没有减少我对你在这些方面的关心，任何情况都没有片刻中止我对你的真挚尊敬，我现在以依然如故的爱戴和尊敬之情向你致意。

致范·德·肯普[①]

1812 年 3 月 22 日于蒙蒂塞洛

……建立政府的唯一传统目的是为那些联合在政府之下的人民群众谋求最大程度的幸福。本书包罗的事件将会肯定这样一个事实，即除非人民群众对那些被授予政府权力的人保持充分的控制，这些权力就会被滥用来对他们进行压迫，财富和权力将永远集中在那些掌握权力的个人及其家族手中。我们的宪法是否已经达到必要控制的精确程度，这尚在试验之中。远隔重洋以及其他种种困难保护了我们，使我们在欧洲强盗政府的威胁下仍能安然享受我们的农场和家庭生活，这个试验有空前未有的大好机会在这里获得成功。因此，为了促进这个伟大事业的一致和坚持不懈，要藐视悲观失望，鼓励试验，要怀有希望，瞄准每一政治和慈善工作最有价值的目标。这些将是你描述的事情的必然结果，它评论的各种事实以及从中作出的合理思考足以回答。因此，我希望它不只是个构想，而是已经完成。我希望

① 范·德·肯普是荷兰牧师、作家和流亡爱国者，后来入了美国籍。他作为杰斐逊和亚当斯的知己，写过一本阐述杰斐逊的自然历史理论的小册子。

我的同胞们受到告诫，懂得其他政治联合撞得粉身碎骨的暗礁和险滩，就能更好地了解自己道路上的危险，从而指导他们自己的政治组织……

致詹姆斯·莫里[1]

1812年4月25日于蒙蒂塞洛

……我们两个国家就要打仗了，但是你我并不打仗。如果在和平状态下，我们两国对彼此都更有用，那我们为什么非要打仗不可呢？世人当然不会认为我们的政府想要打仗。历史上从未有一个国家曾像我们这样忍辱负重。我们所受的委屈目录中仅仅两条就足以使我们不会背上侵略者的罪名，一条是英国强使我们的海员为他们服役，另一条是不允许我们进入公海。如果我们在人民的合法经营中不给他们的人身财产以保护，那么，社会契约的基础就会崩溃。我认为战争不会是短暂的，因为英国长期以来明显的目的就是把海洋当作它的领地，向每一条通过海洋的船勒索过境税。这是英国枢密院各项敕令的要点，它仅仅是这个大胆试验跨出的第一步，只要能够站住脚就决不会退回。这个目的必然会使她继续和全世界打仗。直到这种远远超出她的天然力量和资源的过大的努力使她民穷财尽，彻底垮台为止，我看不出这个目的会终止。我认为，彻底垮台的来临见诸她的贵金属消耗殆尽以及纸币贬值。我们是过来人，懂得它

① 詹姆斯·莫里是杰斐逊的老同学，多年来一直是英国公民。

的征兆、它的过程和结果。在英国,纸币贬值的后果会比任何国家更严重,因为人民的一半财富就是纸币,英国的货币所有者,或不如说纸币所有者的私人收入,要比土地所有者的收入多。这样一种财产比例实际上是虚的,没有根据的,要化为乌有非引起猛烈爆炸不可。不过英国会从废墟中站起来,因为她的土地、她的房屋、她的技能会保留下来,她的大部分人也会保留下来。所有这些会再次给她一个在世界各国中与她的自然资源相称的地位,我们也都希望她保持这个地位。我们认为世界各国保持自己的合适地位是所有国家的兴旺和安全的保证。我们认为,英国在海上的压倒一切的力量和法国在陆上的压倒一切的力量会破坏世界各国的繁荣和幸福,希望把两者都削减到仅仅履行道义责任的必要程度。我们不相信波拿巴打仗仅仅是为了获得海上的自由,也不相信英国打仗仅仅是为了争取人类的自由。两国的目的都是一样的,就是把其他国家的政权、财富和资源据为己有。我们首先反抗英国的冒险计划,因为他们首先对我们进犯。我们的感情不能容忍乔治三世奴役,惟恐将来有一天也会受波拿巴奴役。一旦法国的侵权行为对我们产生同样的影响,我们也会起来反对他们。但一次只能对付一个;我们向两个斗士挑战,英国第一个应战。

英国报纸认为我是他们国家的敌人。我不是的。我是英国侵害行为的敌人,就像我是法国侵害行为的敌人一样。如果我能允许自己有民族偏见,如果英国的行为使我对她怀有偏见,那它们就会是这样的……

致约翰·梅利什[①]

1813年1月13日于蒙蒂塞洛

……我没有料到制造业在那里〔西部诸州〕发展如此之快。尤其是梳毛机和纺纱机数量如此之多，在整个地区分布如此之广。我们这里只是私人家庭才开始有。不过，五六锭到20锭的小型纺纱机很快就能进入最富有的家庭，同样也能进入最贫困的村舍，而供家庭穿的粗纱和中纱衣服今后将永远继续由我们自己制造，这一点是最确实无疑的。我本人至今完全依靠外国制造品，但现在有35锭纺织机、一台手机梳毛机以及有飞梭的织机供我自己的农场用，它们在我有生之年决不会报废。战争的持续会使这个习惯普遍存在下去，而强迫服役和枢密院敕令等坏事对我们来说会变成大好事。我从前是不赞成大规模生产的。我曾经怀疑我们花在农业上的劳动，在土地天然力的帮助下，是否能使我们获得比我们自己能生产的其他必需品更多的东西。但是对这个问题的其他考虑已经消除了我的怀疑。

你观察我们人民的生活方式和条件的公正态度与你以前的法国和英国旅行家们的狭隘偏见大不相同，他们把自己人民的生活方式和风俗当作唯一的正统，把所有与那个标准不同的东西都视为粗俗和野蛮，因此你的著作将在这里广为流传并产生

---

① 约翰·梅利什是苏格兰地理学家、旅行家和商人，在美国居住过多年。他的《美国游记》一书给这个国家的生活展现了一幅非常美好的图景。

良好的作用。

我对大作的其他每一部分都深表赞许，只有一点意见不得不提出；而且，对一个如此有趣的题目，我对你的见解非常重视，不敢奢望它与我自己的见解完全一致。在第一卷第63页叙述这里两大政党的原则差别时，你下的结论是："控制权究竟授予这群人抑或那群人。"每个政党都竭力争取执掌政权，把另一个政党排除在权力之外，这是千真万确的，或许可以把它称做行为动机，但这仅仅是次要的动机，主要的动机则是政治原则的实质性差别。我由衷地希望我们的差别仅仅是由哪一个人来执政，而我们宪法的原则则为两党所共有。不幸事实并非如此；君主主义和共和主义何者占优的问题长时期使别处的人们分裂，也势必要使这儿的人永远分裂。

在我们那部分被称为联邦党人的公民中，存在着三种有细微差别的意见。在区别**领袖**和构成联邦党的**人民**时，有些**领袖**认为英国宪法是一个完美的典范，有些领袖表示应把它的缺点改正，有些领袖则认为应该把它所有的腐败和弊端都保留。最后一种意见是亚历山大·汉密尔顿的，别人和我本人经常听见他这样说，他还说如果把英国宪法所谓的缺点都改正，英国政体就行不通了。他们希望在这里成立这样的一个政府，仅仅在**开始时**接受和遵守现在的宪法，当作最终建立他们心爱模式的踏脚石。因此这个党自始至终依附英国，把英国作为典范以及促进和实现这个改变的得力助手。但是，这些**领袖**中有少数强有力的人，认为我们的政体自动转变为君主政体即使不是不可能，也是太遥远了，他们希望使联邦的东部脱离联邦，因为东部实际上是美国君主政治的温床，以便他们的心爱的政体开始实行,其他州逐渐腐败堕落,最后使全联邦达到他们向往的目的。马萨诸塞——这个冒险事业的主要发起人——是联邦中最不打算脱离联邦的州,因为它是最最依赖其他州的。马萨诸塞不生产粮食供养它自己的居民,不生产一根造船(船是它的主要行业)的木料,也没有一样用船运出的产品,她如果脱离了其他州的港口,完全依靠英国——她的直接的、天然的、但是现在心怀鬼胎的对手——又如何自立呢?这少数人为首的是所谓的马萨诸塞的埃塞克斯集团[①]。但是这些领袖中的多数并不想脱离联邦。在这一点上,他们恪守汉密尔顿将军的众所周知的原则:在任何情况下决不分裂联邦。因此,埃塞克斯联邦党人的三个原则是:亲英、君主政体和脱离联邦。亲英和君主政体是汉密尔顿派的原则,而人民中自称联邦党人的那一部分只主张亲英。这最后一部分人就和他们所反对的同胞一样是优秀的共和党人,与后者的差别仅在于他们忠于英国,仇视法国,这种思想是从他们的领袖那里接受的。一旦这些领袖公然提议脱离联邦,或成立王国政府,他们的追随者就会一致离开他们,在共和党的旗帜下联合起来,而热情支持这个改变的人,即使是在马萨诸塞,就会发现自己成了一支只有军官而没有士兵的军队。

称为共和党的政党是坚决拥护现行宪法的。他们从宪法制定伊始就争取到了他们所期望的对宪法的一切修正。这些修正使他们与宪法完全一致,如果他们心里还有什么想法,那或许仅仅是缩

① 埃塞克斯集团:一些主张最早建立的州脱离联邦的英格兰联邦党人的组织,因一直在马萨诸塞州埃塞克斯集会而得名。——译者

短参议员的任期，并想出一种比弹劾更加切实可行的使法官负起责任的办法，以使宪法进一步深入人心。他们对英国人民和法国人民同样尊重，对两国的统治者同样厌恶。

经过与政界知名人士40年密切联系，我确信这是他们目前所以分裂的理由的真实写照，而不仅仅是追求权力的野心。一个诚实的人对于对其公民同胞行使权力是不会感到高兴的。鉴于人民唯一直接授予的官职，亦即联邦政府和州政府的行政职务和立法职务，普遍遭到拒绝，辞职也日益增多，这便充分证明权力对于纯洁的心灵并不具有吸引力，对他们来说，并不是主要的竞争原则。这是我的信念；我就是本着这个信念行事的；如果那仅仅是一个谁能被允许按照真正的共和主义原则来执政的竞争，我一生中从未有过一个时刻为了它而放弃享受我的家庭、我的农场、我的朋友和我的书籍的乐趣。

你想要从华盛顿将军的告别演说与我的就职演说中找到我们政党原则的差异，这是绝对办不到的。华盛顿将军心中绝对没有一个联邦主义的原则。他既不是一个亲英分子，不是一个君主主义者，也不是一个分离主义者。他真诚地希望人民能行使多少自治就由他们来行使多少自治。他和我唯一的意见分歧在于我比他更加信任人民天生的正直和明智以及由他们管理政府的安全和广泛程度。他曾无数次向我表白他的决心，即应该对现政府进行一次公正的考验，他愿意流尽最后一点鲜血来促其实现。他反反复复地声明这一点，因为他了解汉密尔顿将军的政治偏见以及我对这种偏见的忧虑。因此，君主主义者硬把华盛顿将军同他们的原则联系起来无非是恶意中伤。但是谎话说多了，人们就会信以为真，这在许多平常事情上都应验了，在这件事上恐怕也会应验。这仅仅是这个党借我们最杰出人物的受尊崇的名字来提高自己的一种手段。如果我对这个问题多研究一下，就能证实我认为你最后一定会同意的判断以及我把这个问题如实地向他们提出的愿望。在这样做的时候，我决不会大胆利用这封信，以免公开发生争论。平静对于一位古稀老人来说是至上的幸福……

致威廉·杜安上校

1813 年 1 月 22 日于蒙蒂塞洛

亲爱的先生：我不知道《评论》出版后销售情况如何，是否赚钱。我认为这应该是一本畅销书。我曾给过威廉和玛丽学院的学生人手一本，并且把它推荐给当时的校长毕晓普·麦迪逊，他非常喜欢，把它规定为教科书，正如那位年轻先生告诉我的，书一到立刻就被买走，需求很大。是否有新的订货你也许知道得最清楚。麦迪逊校长过去是个好辉格党人……你在那项工作上的尝试使你能够决定是否应该承担另一项价值即使不更加伟大但至少相同的工作。我刚从法国收到一部有关政治经济学的稿子，作者是德蒂·特拉西——当今哲学界最引人注目的作者。他写过一本题为《意识形态》的书，在法国获得很大名声。他认为那本书已经为眼下这本政治经济学奠定了扎实的基础，以后将再写一本关于道德义务的书。目前的这本书功力深厚，称得上是斯密和赛等经济学家的原理的评述，或者毋宁说是同一主题的入门书。斯密纠正了经济学家们的若干原理，赛又纠正了斯密的若干原理，特拉西则纠正了所有人的原理。依我看来，特拉西纠正了所有经济学家们的一些重大错误，他把各种原理予以简化，使这个主题处于一个小的范围。我认为篇幅大致和《孟德斯鸠评论》相仿。尽管他在这本著作上署了名，但是不敢把它在法国出版，惟恐他的畅所欲言会使他遭到麻烦。如果在这里翻译出版，必要的话，他可以推卸责任。为了使你能对这部著作有更好的了解，现将书中各章或各标题列表附上，如你认为可以担任翻译和出版事宜，当再将原著寄奉。你肯定会发现它是第一流的……

致威廉·杜安上校

1813年4月4日于蒙蒂塞洛

……我确已对现实政治感到厌倦，读古代史比读现代史更为愉快。全部道德原则已被从支配国与国关系的准则中彻底清除，马基雅维利时代内阁的卑鄙、邪恶和怯懦的诡诈让位于给后继的查塔姆[①]和杜尔哥[②]的内阁增光的廉正和诚实后，这些优良品质又将被卡图什和黑胡子[③]的荒淫无耻及明目张胆破坏，一切道德原则荡然无存，每念及此，令我痛心至极。我厌恶地不去想它，而到

① 查塔姆即威廉·皮特(1708—1778)：英国政治家，曾任首相，为英国赢得七年战争的胜利，称号查塔姆第一伯爵。——译者

② 杜尔哥(1727—1781)：法国经济学家，曾任法王路易十六的财政大臣。——译者

③ 黑胡子：18世纪初英国著名海盗，活动于加勒比海和大西洋北美沿岸一带。——译者

其他时代的历史中去寻求安慰，那些时代即使也有他们的塔昆[1]们、喀提林[2]们以及卡利古拉[3]们，但是他们的故事是在李维[4]、萨卢斯特[5]和塔西佗[6]的牌号下提供给我们的，以后各代人对他们的谴责证实了历史学家的批评，使那些人遗臭万年，这使我们感到安慰，这种安慰对于乔治[7]们和拿破仑们来说，我们除了期望是享受不到的……

致约翰·亚当斯

1813年5月27日于蒙蒂塞洛

……我衷心向你祝贺我们的小规模海军的成功，你是木壁[8]的最早和始终如一的拥护者，因此它一定使你比绝大多数人更感到满意。如果我在这件事上与你有过意见分歧，那不是在原则问题上，而是在时间问题上；我认为我们无力建造或维持一支不会立即陷入

① 塔昆(？—578BC)：传说中的罗马第五代国王，原为王子监护人，国王死后，篡夺王位，后被王子们杀死。——译者

② 喀提林(108？—62BC)：罗马共和国贵族，因竞选执政官失败而策动武装政变。——译者

③ 卡利古拉(12—41)：罗马皇帝，专横残暴，处决将他扶上王位的禁卫军长官，屠杀犹太人等，后被刺杀。——译者

④ 李维(59BC—17AD)：古罗马历史学家。——译者

⑤ 萨卢斯特(86—34BC)：古罗马历史学家和政治家。——译者

⑥ 塔西佗(55—120)：古罗马执政官和历史学家。——译者

⑦ 指英国国王乔治三世，在位时扩张英帝国势力，对北美殖民地实行高压政策。——译者

⑧ 木壁：海防舰队，因旧时军舰均系木造，故称海防舰队为木壁，现称铁壁。——译者

同一个不仅吞没了许多小规模的舰队，而且还吞没了那些二流海上强国舰队的深渊的海军。什么时候这些舰队能够复兴，能够与英国匹敌，扭转乾坤，那时我就赞成建立一支海军。当务之急是建立一支足以制伏巴巴里诸国[①]的海军，就是这些小国蓄意向我们挑衅……

致约翰·亚当斯

1813 年 6 月 27 日于蒙蒂塞洛

……人们意见不同，从社会产生以来就被这些不同的意见分成许多党派，凡是允许人们自由地思想和说话的政府里都有党派。目前使美国动荡不安的同一些政党是自始至终都存在着的。是人民的权力占上风，还是贵族的权力占上风，就是这个问题使希腊和罗马的城邦永远处于动乱之中，现在又使每一种其头脑和嘴巴没有被专制君主封住的人民陷于分裂。事实上，辉格党和托利党这两个名称既属于国家史，也属于文明史。它们标志着不同的人们的思想的特征和素质。说到我们的国家以及你和我初次相识时的情况，我们清楚地记得那些使旧的大陆会议剧烈震动的党派以及它们之间的激烈斗争。当时你和我站在一起，而杰伊、迪金森及其他反对独立的人则和我们对抗。他们钟爱英国的君主政体，我们则珍视我们同胞的权利。当我们目前的政府最初建立，从邦联过渡到联邦时，联邦党和反联邦党之间的分裂是何等严重！那时你和我又站在一条战线上。因为，尽管大西洋把我们从战场暂时隔

① 巴巴里诸国：指 16—19 世纪埃及以西的北非伊斯兰教各国。——译者

开，我还是赞成这个意见：9 个州应该批准宪法，以便获得宪法，另外几个州则暂缓批准，直到某些被认为对自由有利的修正通过为止。我一开始就赞成马萨诸塞那个更明智的建议：所有的州都批准，然后所有的州都训令他们的代表强烈要求通过那些修正。修正案终于都通过了，所有的州都和政府保持一致。但是政府一开始运行，倾轧就又产生了。我们分裂成了两个党，每个党都想让政府走一条不同的路：一个党希望加强最人民性的部门，另一个党希望加强那些较长期性的部门，并延长它们的长期性。在这一点上，你我第一次发生了分歧，由于我们在政治舞台上的历史比其他大多数人都长，国人对我们的名字也更熟悉，结果那个认为你和他们想法相同的党把你的名字列在他们的首位，另一个党，出于同样原因，选中了我。但是无论礼貌还是意向都不允许我们为自己辩护，或者亲自参加随之而来的剧烈的斗争。你说得好，我们深受其害，成了公开辩论的消极对象……

致塞缪尔·布朗博士[①]

1813 年 7 月 14 日于蒙蒂塞洛

亲爱的先生：5 月 25 日及 6 月 13 日来信已妥收，第一批供应的辣椒和第二批同样的货以及其他种子也已收到。我将高度重视辣椒，只要它对我们的气候有足够的耐寒性，我们以前试种过的品

① 塞缪尔·布朗博士：弗吉尼亚州列克星敦大学（后改名华盛顿和李大学）医药理论和实践教授。

种都太娇嫩了。对水鬼蕉也会特别给以注意,因为它和我们种的同名植物好像大不一样。我有许许多多孙辈和其他人他们可能受这种有毒植物之害,我认为危险性超过了试种的好奇心。那个品种最毒的是一种曼陀罗叶制剂,是罗伯斯比尔执政时法国人发明的。每个坚强的人都把它带在身上,以便在被送上断头台之前抢先把它吞下。它使人安然入睡死去,就像通常疲乏使人睡去,没有一点挣扎或活动。孔多塞[①]用的就是它,他的房东太太离开他没几分钟,就发现他已躺在床上死去,甚至一只挂在脚上的拖鞋也没有掉落。它似乎远比罗马人切开静脉、希腊人吃毒芹以及土耳其人吞鸦片可取。除了一种高浓度的致死的毒素以外,我始终未能知道制剂里还有些什么。如果能把这种药物限于个人使用,就不应该将它保密。人生中有不少疾病非但痛苦得难以忍受,而且是不治之症,例如顽固的癌症,这种药物便是解除痛苦的良药。这也是一种摆脱暴政的办法,罗马人在皇帝时代经常使用,我感到迷惑不解的是,他们怎么没有想到,对暴君当胸刺一刀才是更好的脱离苦海的办法……

致艾萨克·麦克弗森[②]

1813 年 8 月 13 日于蒙蒂塞洛

……有些人(尤其是在英国)声称发明家对他们发明的东西享

① 孔多塞(1743—1794):法国数学家、哲学家、法国大革命时期立法会议中的吉伦特派。——译者

② 麦克弗森是巴尔的摩的一个发明家,曾就科学问题写信给杰斐逊。

有一种天然的和独占的权利，不仅在他们有生之年享有，而且死后还可以由他们的子孙后代继承。但是既然任何一种财产是否来源于天然还是个悬而未决的问题，那么，承认发明家享有一种天然的、甚至可以继承的权利，就令人奇怪了。对这个问题进行过认真研究的人一致认为，任何人都不对单独一种财产，例如一亩地，享有天然的权利。确实，按照一种普遍的法则，所有人平等地而且共同地享有的任何一种财产，无论是动产还是不动产，都是占有它的那个人的暂时的财产，但是当他不再占有后，财产也就不属于他了。固定的所有权是社会法授予的，而且是在社会发展很久以后授予的。因此，如果一个想法——个人头脑的即兴产物——能够作为天然权利被要求当作专有的和固定的财产，那才奇怪呢。如果大自然使一样东西比所有其他东西都不易成为专有财产，那样东西就是被称为想法的思考力的作用，一个人只要能使它限于他个人所有，就可以独占它，但是这个想法一经公开，就被每一个人占有，接受这个想法的人无法把它撵走。而且其特性是一个人全部占有了它，另一个人并不因此就占有得少些。谁从我这里接受一个想法，他本人就获得教益，而并不减少我的教益，就好比谁用我的蜡烛点燃了他的蜡烛，获得了光而并不使我的光变暗。各种想法应该在地球上自由地从一个人传播到另一个人，使人们共同获得道德教诲，并改善他们的条件，这仿佛是大自然特别充满爱心地设计的，大自然使它们，例如火，可以扩大到一切地方，而在任何一个地方都不削弱其强度，又比方空气，我们在其中呼吸、活动并生存，空气是无法关起来或完全由个人独享的。因此，发明物不能天然地成为一种财产。社会或许可以给发明物所产生的利润专用

权，以鼓励人们寻求可能产生效益的想法，但是社会可以按照其意愿和方便给专用权或不给专用权，任何人都不得提出要求或不满……

致约翰·亚当斯

1813年10月13日于蒙蒂塞洛

……要将《旧约》的道德规范与《新约》的道德规范作比较，必须对前者进行精心的研究，从它所有的书中寻找它的戒律，从它的全部历史中寻找它的实践以及这些实践所证实的各项原则。另外，要对这些东西进行评议，还必须研究希伯来人的哲学，对《塔木德经》的前半部《密西拿》和后半部《革马拉》、《卡巴拉》、《耶哲拉》、《苏哈》、《科斯里》进行研究和了解，以便最公平地评判它们。布鲁克似乎深入研究了犹太人伦理的这些宝库，而为他的著作写出梗概的恩菲尔德则用下面这些话作为总结："犹太人对伦理知之甚少，在他们称为《塔木德经》的全部汇编中，关于道德问题的论文只有一篇。他们的道德书多半只是详细列举一下各种责任而已。从摩西五经中推断出了613条戒律，分为正反两类，前一类有248条，后一类有365条。这大致可以使读者对中世纪犹太人道德哲学的低水准有所认识。另外还要补充一点：在248条正面的戒律中，只有3条被认为是必须对妇女强制执行的，而为了获得超度，只要在临终前履行任何一条律法即可，其余的律法之所以必须遵守，只是为了增加来世的幸福。在这种腐败的格言能获得声望之前，思想和生活作风不

知已经腐化堕落到什么地步！要从这些著作中整理出一套完整的道德学说是不可能的。”（恩菲尔德著作第4卷第3章。）耶稣着手做的正就是将这种道德的“腐化堕落”予以纠正。在引伸耶稣教导的纯正原则时，应该把它们的伪装剥掉，这些伪装是教士们给它们装上的，教士们把耶稣的原则歪曲成各种形状，作为他们自己获得财富和权力的工具。我们必须把柏拉图主义和柏罗丁主义从我们头脑中去除，另外还要把亚里士多德主义、迦玛列主义、折中主义、诺斯替主义、经院哲学、它们的要素及其发射物、它们的理念和造物主、永世和妖魔（男的和女的）还有一连串等等，等等，或者，我应该说，一连串胡说八道，统统清除干净。我们必须把内容简化为单纯的福音传道，从它们中仅仅挑选出耶稣的话，将意义含混的语句删去，福音传道者们常常忘掉或不理解耶稣说的话，把他们自己的错误想法当做耶稣的名言，并且把他们自己也不懂的话莫名其妙地讲给别人听。这样一来，剩下的就是有史以来提供给人类的最崇高和慈爱的道德准则。我曾经做过这个工作供我自己使用，办法是把《圣经》一句句剪下来，把明显是耶稣的话（这就像钻石混在粪堆里那样容易区别）加以整理，结果便是一本8开、46页的书，其中尽是简单易懂的教诲，就是不识字的使徒、使徒后期教父以及1世纪的基督徒们宣传并据以行事的那些。后来他们的柏拉图式的继任者们为了使被他们塞进耶稣学说中的烂东西合法化，觉得有必要拒绝接受早期的基督徒，这些基督徒的信条是从耶稣本人、耶稣的使徒们以及与使徒们同时代的神父们的嘴里听来的。他们把他们的信徒作为异教徒革出教会，给他们加上伊比奥尼派或乞丐派等臭名……

致约翰·亚当斯

1813 年 10 月 28 日于蒙蒂塞洛

……我的意见和你相同:人类中有一种天然的贵族。这种贵族的基础是美德和才能。从前,体力使人跻身贵族行列。但自从火药的发明使强者和弱者都能以致命的枪炮武装起来,体力就和美貌、幽默、礼貌以及其他造诣一样,仅仅成了声名的一种辅助性资本。人类中还有一种人为的贵族,以财富和门第为基础,既无德也无才;因为如果有了德才,就属于第一类贵族了。我认为,就社会的教育、信任和治理而言,天然的贵族是大自然最宝贵的馈赠。的确,大自然创造了社会状态的人,却没有供应充分的美德和智慧来管理社会的事务,这岂不是矛盾至极。可不可以说,最有效地选择这些天然的贵族进入政府机关的政体是最好的政体?人为的贵族是害群之马,应该采取措施不让他们在政府中占统治地位……

关于贵族,我们还应该进一步考虑到,在美利坚诸州成立以前,历史只记载旧世界的人,他们拥挤在要么狭小要么超载的天地里,沉浸在那种局面所产生的罪恶中。适合这种人的政体是一回事,而适合这些州的人民的政体又是完全不同的另一回事。这里每一个人只要愿意就能拥有土地供他自己耕作;或者,如果他宁愿从事任何其他职业,也可以索取这样一种报酬,不仅能供他过舒适的生活,而且使他年老不做工也能过活。每个人由于拥有财产或处境优越,都渴望法律和秩序的保护。这种人可以安全而有利地保留对自己公共事务的全面控制以及一定程度的自由,这种自由如果掌握在欧洲城市的愚民手里，马上就会被滥用，把一切公私财物侵吞破坏干净。过去25年法国的历史和过去40年美国的历史，不，过去200年美国的历史，证明这两方面的看法都是正确的。

但是，即便在欧洲，人们的头脑也已经发生了显著的变化。科学已经解放了那些会读会思考的人的思想，美国的榜样已在人民中激发了争取权利的感情。结果是，科学、才能和勇气开始起来对地位和门第造反，地位和门第遭到轻视。由于城市暴民的缘故，造反的初次努力失败了，用来实现造反的工具被愚昧、贫穷和罪恶改变了性质，无法限制于进行理性的行动。但是世界将从这第一次灾难的恐慌中恢复过来。科学在向前发展，才能和进取心跃跃欲试。可能必须求援于农村的人民，农民从他们的原则和从属关系来看是一种更可控制的力量；而地位、门第和徒有其表的贵族即使在那里最后也会变得微不足道。不过，在这件事上，我们是无权干预的。只要我们自己人民的道德条件和物质条件使他们能够选择德才兼备的人来领导他们的政府，并每隔一个短时期就重新进行选举以便在一个不忠实的公仆策划的祸害成为无法补救之前将他撤换，我们就于愿足矣……

致托马斯·库珀博士[①]

1814年1月16日于蒙蒂塞洛

……你问我《孟德斯鸠评论》这本书是谁写的，是不是保密？

---

① 托马斯·库珀博士，著名英国科学家、教育家和自由思想家，和他的朋友及一同被流放国外的约瑟夫·普里斯特利博士一样，是托马斯·杰斐逊的好友。

这在作者有生之年必须保密。眼下我只能说,它是一个法国人写的,法文原稿现存我处,它是由杜安将军翻译和编辑的,谁要是愿意将它以原文出版,我将感到高兴。这本书经过翻译后受到的损失比任何书都大,因为在选择专门名词时对原文作了极大的修改。我已设法在作者去世或其他情况使名声无害于他时使他获得他应有的名声。和你一样,我并不是所有方面都同意他的观点,而且曾就某几个观点同他通信交换过意见。但是总的说来,这是一部极有价值的著作,我认为它将会在政治学中开创一个新纪元,我希望每个美国学生都能人手一册,作为人类学中那个重要部门的入门课本……

致尼·古·达菲先生[①]

1814 年 4 月 19 日于蒙蒂塞洛

亲爱的先生:顷接本月 6 日大函,我将同样自愿和真实地说明你经手的比考特先生的那本书的情况。那位先生曾写信给我,说他将要出版一本名为《论宇宙的创造,一个原始构造体系》的法文著作;从书名看,不是一本地质学著作,就是天文学著作,我订购了。书出版后,他寄给我一本,由于你是我在费城的书籍代理人,我就冒昧地请他向你收取书款,他后来写信告诉我说,你非常客气地为我付给了他 2 美元。但是我收到的唯一的一本书是他本人直

① 尼古拉·古因·达菲是费城的一个书商,《自然展览》一书的作者。他在多年内是杰斐逊主要书籍代理人之一。

接寄给我的，而且，据我所知，你从未见到过这本书。

在美利坚合众国，这样一件事竟然被当作反宗教的罪行受到追究，而且是刑事的追究；一个关于销售一本书的问题竟会被提交给市行政官去处理，这实在令我痛心至极。难道这就是我们的宗教信仰自由吗？我们是不是将要有一个检察官，什么书可以卖，什么书可以买，都得由他认可？这样，谁来为我们的公民教条化地阐释宗教见解？谁的脚应该成为标准尺寸，我们的脚都要按照这个尺寸截短或拉长？是由一个教士来当我们的审问官，还是由一个和我们一样头脑简单的凡夫俗子把他个人的好恶当作我们应该读什么书、信什么教的准绳？怀疑我们的公民是否是有理性的人是对公民的侮辱，认为宗教经不起真理和理性的考验则是对宗教的亵渎。如果比考特先生的书叙述失实，可以反驳，如果推理错误，可以驳斥。但是，如果我们愿意，就让我们自由地听取双方的意见吧……

致托马斯·劳先生[①]

1814 年 6 月 13 日于波普勒森林

亲爱的先生：收到尊著《对本能冲动的再思考》及附信时，我正动身去这个距蒙蒂塞洛约两三天路程的地方。我把书随身带去，极其满意地读了它，由于它恰恰含有我本人对于在人类中建立道

① 托马斯·劳原是英国在印度的一位文官，因偏爱美国的体制而定居美国。他写过有关伦理学和财政理论的书，并帮助华盛顿市的发展工作。

德的信条而分外高兴。对于一个如此重要的问题，竟会有如此众多的意见在人类中流行，而且也在那些其德行最堪作为楷模、悟性最高的人当中流行，这实在有点不可思议。它说明造物主使道德原则成为我们本性的组成部分，没有一种推理或思考方面的谬误能使我们迷失它对实际的观察，这种关怀是多么必要。在所有关于这个问题的理论中，最异想天开的要算是沃拉斯顿的理论，他认为诚实是道德的基础。偷你钱的贼之所以犯错误，仅仅因为他骗了人，把你的钱当作他自己的钱使用。诚实肯定是道德的一部分，而且对社会来说是非常重要的一部分。但是把它当作社会的基础，这就像一棵树被连根拔起，树干倒立在空中，一根树枝插在地里。有些人把爱上帝作为道德的基础。这也仅仅是我们的道德义务的一部分，道德义务大致分为对上帝的义务和对人的义务。如果我们做好事仅仅出于对上帝的爱，相信这会使上帝高兴，那么，无神论者的道德又从何而来呢？有人说无神论者不存在，这种说法是毫无根据的。我们有与绝大多数身体力行的人的证据相同的证据，也就是他们自己的断言以及他们支持这些断言的理由。我注意到，在新教国家中，背叛空想式基督教的人改信自然神论，在天主教国家中则改信无神论。狄德罗、达兰贝尔、霍尔比奇、孔多塞被认为是道德最高尚的人。因此，他们的道德除爱上帝之外必然还有另外一个基础。

其他人的美立足于另一种功能，即审美力，这甚至不是道德的一部分。我们确实有一种被称为美的天生的感觉，但那主要是使用于诉诸想象的东西，无论是通过眼睛看到的可视形式，如风景、动物、服装、装饰、建筑、色彩等等，还是直接诉诸想象，例如意象、

风格或者散文或诗歌的韵律或任何其他构成批评或鉴赏的东西，一种与道德功能完全不同的功能。利己或不如说自爱或自我主义已貌似有理地成了道德的基础。但是我认为构成道德分野的是我们与别人的关系。我们与自己是处在同一的立场上，而不是处在关系的立场上，关系需要两个人，必须排除只限于一个人的自爱。严格地说，我们对自己无法负有义务，义务需要双方来履行。因此，自爱不是道德的一部分，而恰恰是道德的对立面。它与美德完全对立，由于我们偏爱自我满足而一贯违反对他人的道德义务。道德家和宗教家就是为了抵御这个敌人而筑起了炮台，把它当作履行道德的唯一障碍。一个人去掉了自私偏向，就没有任何东西能使他不与人为善。或者，用教育、训导或限制把那些偏向压下去，善就所向无敌了。从更广泛的意义说，自我主义曾被认为是道德行为的根源。据说，我们之所以给肚子饿的人饭吃，给没衣穿的人衣穿，替被恶徒打的人包扎伤口，给伤口抹油和酒，扶他坐在我们自己的马上，把他送到客栈，是因为我们自己从这些做法获得快乐。正因为如此，爱尔维修[①]——世上最优秀的人之一，这个原则的最有天才的鼓吹者——在给“利”下了“不仅仅指金钱上，而是指任何能给我们带来快乐或摆脱痛苦的东西”(《精神论》2，1，)的定义后，又说，“富于同情心的人最容不得看人受苦受难，为了把自己从这种悲惨状态中解救出来，不得不对不幸的人解囊相助。”(同书2，2，)此话确实不错。但是离根本问题还差一步。这些善行带给

① 爱尔维修(1715—1771)：法国启蒙思想家，唯物主义哲学家，否定上帝的存在，强调世界物质性，主张教育万能。——译者

我们快乐，但是它们怎么会带给我们快乐的呢？因为大自然在我们心中灌输了一种对他人的爱，一种对他们的责任感，总之是一种道德本能，这种本能促使我们不可抗拒地去感受他们的痛苦并帮助他们解除痛苦，并且反对爱尔维修的话："除了利己动机之外，还有什么动机能使人下决心行善呢？他不可能为了善而喜欢善，就像他不可能为了恶而喜欢恶。"（同书 2,5,）如果造物主想要使人成为社会性的动物，却没有在他心中注入社会性的意向，那他岂不是一个大骗子吗？的确并不是每个人心中都有这种社会性的意向，因为没有一个规则没有例外，但是把例外变成总的规则，这种推理是错误的。有些人生下来就没有视觉或听觉，或者没有手。但是，说人生下来就没有这些器官是错误的，视觉、听觉和手实实在在是人的总定义的一部分。

有些人缺乏道德意识或道德意识不完善，就像另一些人缺少视觉和听觉或视觉和听觉不完善，并不证明这是人类的一个普遍特征。如果缺少这些功能的话，我们竭力通过教育，借助理性和思考来弥补不足，或者向那个不幸缺少这些功能的人提供其他行善和避开罪恶的动机，比方那些生活在他周围，其交往对他的幸福甚至生存必不可少的人的爱或者恨或者摒弃；以正确的分析证明诚实最后必将促进利益；法律所确定的赏和罚；最后便是今世行善和作恶来世必有报应。这些便是教育所提供的补救办法，它们发挥道德家、传道士和立法者的作用，把所有那些其差异并非悬殊到难以消除的人引入正确行为的方向。有些人硬说道德意识是不存在的，他们说，如果大自然给了我们这样一种意识，迫使我们行善，告诫我们不要作恶，那么，大自然也会用某种特殊的标志把两类行为，一类是善，一类是恶，区分开来。而事实上，我们却发现，同一些行为在一个国家被认为是善，在另一个国家却被认为是恶。回答是，大自然已经为人类制定了**效用**，效用是美德的标准和考验。人们生活在不同的国家里，处在不同的环境、不同的习惯和统治下，会有不同的效用；因此，同一种行为在一个国家里可能是有用的，因而是善的，在另一个国家里却可能是有害的，因而是恶的。因此，我真诚地和你一样相信，道德本能是普遍存在的。我认为它是人类个性上镶嵌着的一颗最光亮夺目的宝石，缺少它比最丑恶的肉体残缺更可耻。我非常高兴地仔细看了你在你第二封信中开列的赞同这个原则的人的名单，其中有些人我以前素不相识。这些人之外或许还可以加上卡姆斯勋爵，我们最得力的支持者之一，他在他的《自然宗教原理》一书中甚至说，一个人对他未受一时感情冲动驱使的事不负责任。这是正确的，如果指的是对这件事的普遍感觉，而不是指单独一个人的感觉。我也许把他的话引用错了，因为我读他的书至今已有 50 年了。

我在这儿生活的悠闲和寂寞使我贸然就一个没有任何新东西可提供给你的问题给你写了一封如此长的信，有劳清神，就此搁笔，并再次向你表达我对你始终如一的敬意。

致约翰·亚当斯

1814 年 7 月 5 日于蒙蒂塞洛

……你我能活到亲眼看见世界七大奇观的发展过程吗？不可

一世的阿提拉[1]终于垮台了,他无情地杀害了1000万人,他对血的饥渴似乎是满足不了的,这个世人的权利和自由的压迫者被幽禁在地中海的一个小岛上,降低到了一个卑微可耻的下人的地位,靠那些受他害最深的人的施舍苟延残喘。他是多么可怜、多么下贱地终止了他那趾高气昂的一生!他的历史提供了一个什么样的大起大落的例子!他本应死在巴黎城内他敌人的刀下……

但是波拿巴仅仅是战场上的一头狮子。在日常生活中,他是一个残酷无情、老谋深算、寡廉鲜耻的篡夺者,没有道德,不是政治家,对贸易、政治经济或文官政府一窍不通,只能用胆大妄为来弥补愚昧无知……

致爱德华·科尔斯[2]

1814年8月25日于蒙蒂塞洛

亲爱的先生:7月31日大函已妥收,读后殊为愉快。全信洋溢着的思想感情给写信者的头脑和心胸带来荣誉。我对黑奴问题的观点早就为公众所熟知,时间仅仅起到了使这些观点更加牢固的作用。爱正义和爱祖国两者都为黑人的利益辩护,但是辩护了那么久还是一无结果,这实在是我们的一种道德上的耻辱,不,我

---

① 阿提拉(约406—453):匈奴人之王,曾率大军50万横扫欧洲直抵莱茵河,所到之处杀戮破坏甚剧,后人呼之为"上帝的鞭子"。此处杰斐逊用他来比喻拿破仑。——译者

② 爱德华·科尔斯是杰斐逊在阿尔贝马尔县的邻居,这时是麦迪逊总统的私人秘书。他带了他的被解放的奴隶迁往伊利诺伊州,后来当了该州州长。他大半生都致力于废除黑奴制的工作。

担心人们不大愿意把他们和我们自己从我们目前受到的道义上和政治上的责难中解救出来。当我投身政治生活时，我们与英国的争端才刚开始，那时的一代人已届成熟的年龄，我从他们身上很快就省悟到毫无希望。天天习惯于目睹那些不幸的人身心一并处于堕落状态，没有考虑到这种堕落在很大程度上是他们自己以及他们的父辈造成的，至今几乎没有人怀疑黑人就和他们的牛马一样是一种合法的财产。平静和单调的殖民地生活没有被任何警报扰乱，对自由的价值没怎么去想。当警报对他们自身的冒险计划响起时，要求他们把他们自己热切要求的全部原则贯彻到底并非易事。在我当议员后的第一届或第二届国会里，我促使布兰德上校注意这个问题，布兰德上校是最为年高德重、最受尊敬的议员之一，他在会议上提出了把法律保护适当扩大到黑人身上的动议。我支持他的提议，由于我是一个比较年轻的议员，在辩论中大家对我还算客气，但是他却被当作祖国的敌人挨了一顿臭骂，遭到最大的不公正待遇。从我们革命早期起，我被委派了其他许多不相干的任务，因此从那时起直到1789年我从欧洲回来为止，也可以说到1809年我告老还乡为止，我简直没有机会了解这里的人对这个问题的思想感情的进展情况。我一直认为，当自由的火焰在每个人的胸中燃起，成为每个美国人必不可少的精神，年轻人宽大的性情就和他们血液的流动一样不受贪婪的诱惑，那时年青一代就会对任何地方发生的压迫表示同情，并用事实证明他们对自由的热爱超过他们自己享有的一份。但是我回来后和他们的接触尚不足以断定他们在这个问题上的进展已达到了我期望的地步。你的孤独然而可喜的声音第一次把这个意见传到我耳中。我认为人们对

这个问题普遍保持沉默表示一种不利于一切希望的冷漠，但是解放的时刻正在时间的推移中逐渐接近……

致彼得·卡尔

1814年9月7日于蒙蒂塞洛

亲爱的先生：关于提议在我们附近设立一所大学或学院之事，我曾答应理事们为他们拟订一个计划，这个计划首先要适合我们的微少的基金，但是将来可因自身的发展或获得其他方面的资助而扩大。

许久以来，我一直希望本州能着手研究教育问题，并开办一所大学，与威廉和玛丽学院合并或独立存在皆可，那儿每一门今天被认为有用的学科都应最高度地予以讲授。本着这个意愿，我抓住每一个机会深入了解其他国家最著名学院的组织以及思想最开明人士对于应在这样一个学院中占有一席之地的学科的意见。为了拟订我向理事们允诺过的计划，最近我又对这些方案作了精心研究，这些方案的安排五花八门，没有两个是相同的，使我大为惊讶。但是我确信这些安排都是智慧博学的人深思熟虑的结果，这些人仔细研究了当地的情况，使它们适合专门为之制定的社会那个阶层的条件。这个结论之所以加强，是因为我对这些安排逐个进行了审查，确信如果不加修改就照单全收，没有一个能适合我们地区的情况和目的。因此，我们必须学习他们所树立的榜样，从各种不同机制中选择对我们有益的材料，用这些材料建立一个机构，其布局应与我们自己的社会状况相适应，并按照它应该获得的赞助而

逐步扩大。由于我恐怕不能出席理事会议，我想对你阐明我对这个问题的见解，你在工作过程中可按照别人更好的见解予以修改，并随时使其适合于我们面前展开的远景，这种远景是无法预见并对之做准备的。

首先，我们必须极其明确地规定我们学校的宗旨，办法是对总的科学领域进行一次考察，把我们开始时想要涉足的那一部分以及我们的最终意图规划出来，最后使它成为像我们希望的那样全面。

1. 小学。

使我国每一个公民获得与其生活条件和职业相适应的教育，这对我国有极大的关系，也是其官员的责任。我们的全体公民可分为两类：劳动者和知识分子。劳动者需要受到初等教育以便具备从事他们的职业和履行他们的责任的条件；知识分子需要初等教育作为进一步深造的基础。我从前曾向本州议会提出过一个方案，将每个县分成若干五六英里见方的百户邑或区，每个百户邑或区设立一所学校，供邑内儿童就读，他们接受三年免费教育，学习读、写、算(算术学到分数、根和比例)，另外还有地理。州议会曾采取权宜办法来实施这个计划，但以失败告终，希望他们有朝一日会以更有把握的方式重新开始。

2. 普通学校。

学生小学毕业后，两类人分道扬镳，那些注定要干活的人将从事农业劳动，或者在他们选择的手工业当学徒；他们注定要从事科学工作的同伴则继续上学，这包括普通学校和职业学校两种。普通学校将完成第二阶段的教育。

知识分子还可以再分为两部分:1.那些注定要以需要高深学识的职业为谋生手段的人;2.富人,他们拥有独立的财产,立志参与管理国家大事,或者过着有用而受尊重的平民生活。这两部分人都需要学习一切更高的学科,富有的一部分人要使自己具备过公共生活或平民生活的条件,职业的一部分人则尤其需要那些作为他们未来职业基础的学科,对其他学科也要有所了解,这些学科是前者的补充,也是他们立足科学界并与科学界交往所必不可少的。因此,所有这些实用科学首先必须在普通学校中充分地予以讲授。这些学科可以分为三个系,这种分法的确不太科学,但是对于我们的用途来说已经足够了。这三个系是:一、语言;二、数学;三、哲学。

一、语言。在这个系里,我要开列一些特别科学性的学科。1.古代和现代的语言和历史;2.语法;3.纯文学;4.修辞和演讲;5.聋、哑、盲学校。这里历史附在语言里,不是作为一门同源的学科,而是出于节约原则,因为只要抱着那个目的选择书籍,两者都可以通过阅读过程完成。

二、数学。在数学系里,我将明确规定以下各门学科:1.纯数学;2.物理数学;3.物理;4.化学;5.博物学即矿物学;6.植物学;7.动物学;8.解剖学;9.内科学。

三、哲学。在哲学系里,我将分设下列学科:1.观念学;2.伦理学;3.自然法和国际法;4.政治学;5.政治经济学。

但是,这些名称中有些名称被不同的作者作了不同程度的扩大,我必须对每个名称所包含的内容下一个精确的定义:

Ⅰ.3.纯文学这个名称包括一般的诗、作文和评论。

Ⅱ.1.纯数学包括下列各项:1,数;2,抽象测度;数包括算学、代数和微分;测度(归属于几何这一总称)包括平面三角和球面三角、圆锥曲线和超越曲线。

Ⅱ.2.物理数学依靠数学计算探讨各种物理主题。这些物理主题是力学、静力学、流体静力学、流体动力学、航海学、天文学、地理学、光学、气体力学、声学。

Ⅱ.3.物理学或自然哲学①(不进入化学范畴)探讨各种自然物质,它们的特性、相互关系及作用,特别着重研究运动、作用、磁力、电力、伽伐尼电、光、气象等等,等等,不胜枚举。这些定义和说明使得我使用的这些名称是否和别人使用它们时的理解完全一致这个问题变得无关紧要,需要了解的只是对目前的问题必不可少的那些。

3.职业学校。

普通学校毕业后学生们各奔东西,有钱的学生具备充分的知识以后,继续根据自己的志愿进行深造,要干活的学生进职业学校。职业学校是第三阶段的教育,教这部分学生想学的某些学科,教得比第二阶段普通学校更加细致周到。在这些职业学校里,每门学科都以迄今为止所达到的最高的水平传授。这些学科计有:

第一门类:美艺术,即:民用建筑、园艺、绘画、雕塑及音乐理论。

第二门类:建筑(陆军和海军)、抛射武器,农业经济(包括农业、园艺和兽医),技术学,内科学、药物学、制药学和外科学。

① 自然哲学旧时指自然科学,尤指物理学。——译者

第三门类：神学和教会史；法律（本国的和外国的）。

进这些职业学校就读的是那些受完初等教育后各奔东西的学生，也就是：

律师进法律学院。

牧师进神学和教会史学院。

医生进内科、药物、制药和外科学学院。

军人进海、陆军建筑和抛射武器学院。

农学家进农业经济学院。

绅士、建筑师、园艺师、画家和音乐家进美术专门学校。

进技术专门学校的是海员、木工、船木工、制泵工、钟表工、机工、眼镜制造工、冶金工、翻砂工、刀剪工、药剂师、酿啤酒工、酿葡萄酒工、蒸馏法酿酒工、染匠、漆匠、漂白工、制皂工、鞣皮工、药粉制造工、制盐工、玻璃工，他们要在这些学校里学习有效地从事他们的技艺所必不可少的知识，主要是下列各学科：几何学、力学、静力学、流体静力学、水力学、流体动力学、航行学、天文学、地理学、光学、气体力学、物理学、化学、博物学、植物学、矿物学和制药学。

技术职业学校因其作用而与其他职业学校截然不同。其他职业学校设立的目的是把那些在第二阶段学校里仅仅笼统地讲授的学科予以交叉和扩大。技术学校的目的则是把普通学校里教的那些过于**全面**的东西予以精简，以满足技工有限的需要。这些技工必须按照他们需要基本和实际教导的专门学科分成小组，为每个小组编写一种或多种教材。这些教材应在晚间讲授，以免影响白天劳动。特别是，技术学校应全部以公费维持，其原则和区办学校相同。在全部教学过程中，在某几天的休息时间，应该教全体学生手工操作，学生同时还应该受军训，作为一支军队的常备组织，由合适的军官予以训练和指挥。

将这种学科的分布列表说明将会使教学制度更一目了然：

区办学校第一阶段或初级

阅读、写字、算术、地理。

第二阶段或普通等级

1.语言和历史，古代的和现代的。

2.数学，即纯数学、物理数学、物理学、化学、解剖学、内科学、动物学、生物学和矿物学。

3.哲学，即观念学、伦理学、自然法和国际法、政治学、政治经济学。

第三阶段或职业学校

神学和教会史、法律（本国的和外国的）、医学、药物学和制药学；外科学、建筑学、军用建筑、造船和抛射武器；技术学；农业经济；美艺术。

在对科学领域进行这个概述时，我重新提出一个问题：我们应该挑选其中哪些学科作为我们学校的专业？对于第一阶段的教育我们什么也不用费心。第二阶段的学科是我们的首要目标；为了使它们适合我们微少的开办费，我们必须把它们分成若干组，每组包含许多学科，而且开始时要比应该派给单独一位教授或者单独一位教授所能胜任愉快的更多。随着我们资金的增长，这些学科必须逐渐细分，直到每位教授除了学生学得好，自己也教得轻松之外，没有更大的负担。眼下我们可把每位教授所教的学科按下表予以分类，但必须按照我们所能聘用的人的资历加以更动。

Ⅰ. 教授职位

语言和历史(古代和现代)。

纯文学、修辞和演讲。

Ⅱ. 教授职位

纯数学、物理数学。

物理学、解剖学、内科学、理论。

Ⅲ. 教授职位

化学、动物学、植物学、矿物学。

Ⅳ. 教授职位

哲学。

学校的管理、治安和经济等部门的组织取决于与其学科不同的原则，以后可单独加以考虑。

在向理事会尽了这番义务之后，请接受我对你的最大敬意。

致托马斯·库珀博士

1814 年 9 月 10 日于蒙蒂塞洛

……首先，我们没有贫民，我们当中年老体弱、丧失工作能

力，家徒四壁，也没有家人照顾的人为数极少，不值得作为社会单独一个阶层引起注意，也无需对他们进行全面估计。我们人口绝大多数是劳动者；可以不从事体力或脑力劳动过活的富人为数很少，财产也很有限。绝大多数劳动者都拥有财产，种他们自己的地，生儿育女，因为需要他们的劳动而得以向富人和家道殷实的人索取能让他们丰衣足食，养家活口的工资，而且劳动强度不大。他们不一定要有熟练的技术，因为他们生产出来的东西尽管不及英国的产品优良，还是很好销。另一方面，富人和家道殷实者对欧洲人称为的奢侈品也一无所知，他们只不过比那些向他们供应舒适产品的人过得更舒适些。哪一种社会状况能比这种状况更合乎理想呢……

致塞缪尔·哈·史密斯[①]

1814 年 9 月 21 日于蒙蒂塞洛

亲爱的先生：我从报上获悉，我们的破坏成性的敌人已经把公共图书馆连同图书馆所在的宏伟建筑付之一炬[②]，从而在华盛顿既战胜了科学，也战胜了艺术。对于这个事件，如同对于哥本哈根发生的那个事件一样，全世界只会抱有一种情绪。他们将会看到一个全副武装、人手充足的国家突然退出一次大战，利用另一个新近被他们强迫加入大战，既无武装，也无准备的国家，恣意从事文

---

① 塞缪尔·哈·史密斯是杰斐逊的多年老友，曾担任杰斐逊政府机关报《国家情报员和华盛顿广告员》的主编。在写这封信时，他是国会图书馆图书委员会主席。

② 1814 年秋英军进犯华盛顿时，国会图书馆被焚毁。

明时代罕见的野蛮行为。当范·根特在查塔姆摧毁了他们的航运，而德鲁特胜利地溯泰晤士河而上时，他同样也可以在他们自己历史学家的认可下，强迫他们的全部船只驶到伦敦桥，放火把这些船连同伦敦塔、伦敦市全部焚毁。伦敦在受到这种威胁时已有将近1000年历史，而华盛顿才只有十几年。

我认为，国会的早期目标之一将是重新开始收集书籍。在战争继续进行，与欧洲往来充满危险之际，这项工作将会十分困难。你是知道我藏书的情况和规模的。我收藏书籍至今已有50年，不辞辛劳，不惜代价，不放过任何机会，才达到了今天的规模。在寓居巴黎期间，有一两个夏季，我在每个空闲的下午跑遍所有的大书店，亲手翻阅每一本书，把所有与美洲有关的书籍，实际上是把每门科学稀少和珍贵的书籍都买了下来。此外，我在欧洲期间，与它的主要书市场，特别是阿姆斯特丹、法兰克福、马德里和伦敦的书市场有长期订购关系，向他们购买在巴黎买不到的有关美国的书籍。因此，特别是在那方面，这样的收藏以后恐怕永远再也不会有了，因为今后不大可能再有同样的机会、同样的时间、同样的锲而不舍的精神和花费以及对书目的一定的了解。在同一期间，以及在我回到美国以后，我还收集与那些掌管国家大事的人的职责有关的书籍。因此，我的大约9000到10000册藏书虽然以一般科学和文艺贵重书籍为主，但是涉及美国政治家的书也特别多，外交和议会方面的书尤为完备。很久以来，我就感到它不应该继续是私人的财产，决定在我死后国会有权优先购买，价钱由他们自定。但是他们现在蒙受的损失使得现在就是办理此事的合适时刻，而不必考虑我剩下的有限时间，何况这些书我也无甚用处。因此，我

请求你看在朋友份上代我向国会图书馆委员会提出，因为我不知道委员有哪些人。随信附上藏书目录一份，他们可根据这个目录对内容作出判断。差不多所有的书都装订得很好，其中许多是精装，而且是现存最佳版本。书可以由国会自己指定的人估价，以公家方便的方式支付。例如，国会可以按法律规定每年分期付款，或者放在国会最近借的或本届国会将要借的任何一笔公债里，暂时可以不付，等和平繁荣的日子到来再付。尽管如此，他们立即就可以使用这些书，因为只需要18辆或20辆货车就可以在两周内一次把它们运到华盛顿。我的确想保留少数几本书供我晚年自娱，这些书可和其余的书一同估价，但不包括在总定价内，直到我死后将它们归还为止，我将妥作安排，使目录里的全部图书一本不缺地归他们所有。我想保留的那些书主要是古典文学和数学方面的。其他方面也保留少数，特别是目录中五部百科全书中的一部……

致威廉·肖特先生

1814年11月28日于蒙蒂塞洛

……尽管我对政治事务已毫不关心，但是既然你信中提到了目前的战争问题，我仍想对它谈一些我的看法。这次战争的主要起因是：1.英国枢密院的敕令；2.英国强迫我国公民为其服役（对我国政府的侮辱和贸易的侵犯罄竹难书，出于爱和平之故，此处略而不谈）。造成宣战的直接原因是，1.摄政王[①]发布公

① 指在其父王患精神病期间（1811—1820）统治英国的乔治四世。——译者

告,称他在波拿巴撤回对我国及所有其他国家的敕令之前,决不撤销枢密院对我国的敕令;2.他的公使向我国公使宣布,不作任何安排来代替强迫服役。不幸的是,在这个愚蠢和专横的公告发表当天,他们自己也不知道,一个月后,枢密院敕令就会被撤销,而我们在宣战的当天也无从知道撤销令已在1000里格[①]外下达[②]。他们自己所宣布的决定当然左右了我们,而他们对进一步谈判关上大门,让我们从应战或屈膝投降两中择一。我们不能责怪政府选择了战争,因为绝大多数国民认为应该选择战争,这不是因为他们可以从战争获得金钱上的好处,大家都知道战争对交战双方来说都不会有好结果的。但是他们也知道,如果他们不对侵略进行抵抗,他们就会被夺去一切,屈膝投降在美元方面遭受的损失甚至比进行抵抗所遭受的损失更大。这是舍弃局部保全整体,舍弃一肢保全生命。这是人类社会一条可悲的法则:有时为了避免一个更大的祸害而只好选择一个大祸害;为了制止邻人掠夺而使他们掠夺的损失反而比诚实的收益更大。因此,敌人目前正在把他们贪婪地吞下去的东西吐出来。枢密院敕令使我们损失了将近1000条船。我们从他们那里俘获的船已经达到1300条,而且刚刚认识到最使他们恼火的是小船而不是大船,我们很可能在他们过去的损失之外每年再加上1000条。再者,据他们自己的大臣在议会供认,被他们强迫服役的美国人为数不足2000,而单单对我们进行战争的费用一年却不

---

① 里格:旧时长度单位,约为5公里或3海里。——译者

② 英国是在1812年6月16日宣布撤销枢密院敕令的,美国则在两天后即6月18日对英国宣战。——译者

少于2000万美元。那么,每个被强迫服役的美国人已经使他们付出10000美元的代价,而且此外每年还得增加5000美元。我猜想我们的花费更大;但如果我们选择了另一条屈膝投降的路,那究竟要花费多少,就只有天知道了。我认为就我们这方面来说,战争是完全无可非议的,尽管我始终感到它对我们是最大的不幸。它遏制了任何国家从未经历过的最兴旺发达的势头,封闭了任何人民从未见过的美好未来的前景。偿清国债的全部希望化为乌有!将剩余国库收入用于和平建设而不是用于战争破坏的理想化为泡影!我们的敌人的确从魔鬼那里获得了安慰,他把我们的第一代祖先逐出了天堂乐园,使我们从一个和平的农业国变成一个好战的工业国。我们一定能够从这次战争中挺过来。有足够的人会活下来使人口继续增加。我们的国家将存在下去,战争技术的迅速发展使我们很快就能战胜敌人,把他从大陆驱逐出去……

致拉法叶特侯爵

1815年2月14日于蒙蒂塞洛

……你也许还记得,在网球场的日子里,我是怎样苦口婆心地劝你和我所熟识的爱国者们同国王订立一个协定,争取获得宗教信仰自由、言论出版自由、陪审团审判、人身保护以及成立一个全国立法机关,众所周知这一切国王当时都会答应,然后回家去,让这些东西慢慢地改善人民的生活条件,直到它们使人民能够拥有更多的东西,而他们能够拥有更多东西的时机必然会到来。当时我认为他们能够清醒地、对自己有用地承受的就只有这么多。可你不以为然,认为还可以多一些。我认为你是对的,因为后来发生的事证明他们能适应1791年的宪法。不幸的是,我们有些最正直和开明的爱国朋友(但仅仅是些只会纸上谈兵的政治家,对于人缺乏实际了解)认为还可以得到更多,而且人民能够承受。他们没有认真考虑一下从一个政体转变到另一个政体的危险,没有考虑一下他们已经从那些危险中抢救出来的珍贵东西,这些东西他们要是愿意的话,是可以保全的,也没有想一想放弃这种在一位权力有限的君主下十拿九稳的自由去争取在共和国形式下更多一些不可靠的自由是何等轻率。你和他们意见不同。你赞成适可而止,赞成把国民议会通过的宪法予以巩固。在这一点上,你又是对的。正因为共和党人犯了这个致命的错误,正因为他们在他们的会议里同你和立宪主义者闹翻,才酿成了后来法国国民的众多苦难和罪行。第二次变革的危险落到了他们头上。外国人赢得了时间用黄金来使他们无法用武力推翻的政府陷入混乱,在他们自己的会议里借助雇用的骗子的亲热的拥抱搞垮真正的共和党人,并使雅各宾派的机器从改变政体变为破坏秩序;结果,他们建立的有限君主政体被罗伯斯比尔的肆无忌惮的、血腥的暴政所取代,后来又被同样肆无忌惮的、疯狂的波拿巴暴政所取代。现在你们已经把他除掉了,我衷心希望永远把他除掉。但是这将决定于复辟的王朝的明智和克制。现在他们必须从共和党人的致命错误中吸取教训,要满足于因为同国民订立正式协定而获得的一部分权力,而不应该为了贪图更大的权力而孤注一掷,结果要么遭到和他们

前任同样的命运,要么自己重新被流放……

致詹姆斯·莫里

1815 年 6 月 15 日于蒙蒂塞洛

亲爱的老朋友,我祝贺你恢复和平,贵我两国重又恢复了交往。过去发生的事就双方任何一方对另一方造成的损害来说或许是个教训,而现在达成的和平可以说明真诚的友谊具有什么样的价值,而我希望友谊的最初时刻会被用来消除那些要不然必定会使我们世世代代为敌的障碍。我是指强迫我国公民为英国服役。这是上次战争持续下去的唯一原因,否则枢密院敕令撤销后,战争一开始就会结束了。如果按照我们的估计,英国强迫 6000 名我国公民为其海军服役,那么,让她计算一下战争的费用,还有在战争中阵亡的为数更多的人,就会发现这种给她的海军配置兵员的方法是她所能使用的方法中最最昂贵的一种,这 6000 人中每个人使她损失了 3 万英镑,外加一个她自己的人。对这个问题,我们已进行殊死斗争,一旦欧洲战争使她重新采取这个做法,她的敌人中就得再加上我们一个。但是我希望在这个问题上已经吸取了教训。你们难道没有一位眼光能多向前看五六十年的政治家吗?列克星敦战役过去才不过 40 年。现在在世的那些人当中,有 1/3 目睹了那天发生的事,那时我们只有 200 万人口,而活到今天看见这一幕的已经有 1000 万了。现在活着的 1000 万人中,有 1/3 还能活 40 年,能看到我们的人

口达到4000万,只要再过一段像你我一同读维吉尔[①]至今所过去的那样长的时间(我想大概是将近60年吧),我们将会拥有8000万人口,平均人口密度比现在增加一培。这样的人民难道不配做英国的主顾和朋友吗?把这样一个国家当敌人她难道没有顾忌吗?对我们的友谊我们索取什么代价呢?无非就是国与国之间惯有的公正和礼让……

致艾伯特·加勒廷

1815年10月16日于蒙蒂塞洛

……我为法国悲伤;尽管我们不能否认,由于她恣意侵犯和蹂躏其他国家,她应当受到严厉的惩罚。因为没有理由把所有的滔天罪行都推到那个造成这些罪行的坏蛋身上,这个坏蛋对世界造成的苦难比他以前的任何一个人都多。在摧毁了他的国家的各项自由之后,他耗尽了它的全部物质资源和精神资源,以满足他的狼子野心,肆意放纵他的残暴和专横的秉性。他造成的苦难实在太大了。但是我真诚地为他们哀叹,他们的命运将会如何呢?同盟者的意志?他们的节制、忍耐或甚至正直并不比波拿巴多些。他们已经用事实证明他们的目的就和波拿巴的目的一样是掠夺。他们和波拿巴一样,想把各个国家搞乱,或把它们操纵在自己手里,仿佛只要他们有力量做的,他们就有权利放手去做。在波拿巴使法国所处的民穷财尽的状态下,在这帮

① 维吉尔(70—19BC):古罗马诗人。——译者

强盗大打出手之前，法国的苦难不会终止。那时法国人将会站起来，选择站在哪一边。我相信他们最终会为他们自己成立一个具有合理的和健全的自由的政府。那么多真理探索不会白白浪费，照射在他们身上的那么多光最终决不会不为他们产生一些好处……

致查尔斯·扬赛上校[①]

1816年1月6日于蒙蒂塞洛

……像一个水肿病人大声呼叫“水，水！”一样，我们的受骗的公民正在吵吵嚷嚷地要求更多银行，更多银行。美国人的头脑如今正处于其他国家历史上屡见不鲜的那种狂热状态。我们如今在搞银行骗局，正像英国当年搞南海骗局[②]，法国当年搞密西西比河骗局，每个国家的人民在放松警惕的情况下都容易被任何骗局、阴谋和错觉冲昏头脑。我们现在受过教育，知道纸上巧妙的花招能产生真正的财富，就像在地里辛勤劳动能产生财富一样。有常识的人说无只能产生无，说相士点石成金或者使人免除上帝的原罪是痴心妄想，说“人必须流汗方能得食”，他们这样说都是徒劳的。然而对疯子讲道理让他改正并不是空想，我的焦急心情已变成把我们从已经跳进的火坑中救出来的最切实可行的办法。人民手中的两亿纸币（银行使用的资金超过一

---

① 扬赛是1820年弗吉尼亚州议会著名议员，弗吉尼亚三一教区长罗伯特·扬赛的儿子。

② 南海骗局：指1720年英国南海公司在美洲搞的股票投机骗局。——译者

亿,因而不可能少于此数)落在他们头上是个可怕的负担。我们因换来独立而欠下的债只有8000万美元,一共征了20年税,到1809年才偿还了一半。我们用这两亿税换来的只是高利、诈骗和新的形式的道德败坏。革命的历史告诫我们,这种没有基础的纸可能有一天会不兑现。一旦大量贵金属重新流通,人人都能通过交换他的产品得到一些,纸币就会像在独立战争期间一样,立刻被一致拒用。舆论是随着思想的迅速改变而改变的。信心已经动摇了,每个人现在对待纸币的心情都有点战战兢兢。在目前的流通状况下要银行恢复用硬币支付,他们的金库就必须像寡妇之坛[①]。现在要做的事是,纸币发行的超额部分应该逐渐地但同样也应当根据实际情况迅速地收回,尽可能少恐慌,以免引起人们害怕的危机。据说有些银行正在回收他们的纸币。但是我们应该让他们自己来决定吗?竭尽全力使选民手里的两亿纸币不变成一堆废纸,避免一场灾祸,这难道不是立法机关的责任吗?困难确实是巨大的,而因为病人拒绝服药,困难就更大了。我决不是说,由于骗局随时都会拆穿,因此任何计划都靠得住;如果计划失败,我们还是留在原地,无法自救。不同的人无疑会设计不同的救济办法。一个办法是立刻禁止非本州或联邦政府授权发行的纸币流通,几个月后禁止一切五元和五元以下纸币流通,再过几个月禁止20元、50元直至100元的纸币流通,100元纸币如需继续流通,应该是最低的面额。100元纸币对贸易较为方

① 寡妇之坛:基督教《圣经》故事中耶和华赐给寡妇取之不尽的坛子,见《旧约·列王记》17:10—17。——译者

便,因为面额大,一般情况下不流通。但是病情也许太严重,等不及这样一种疗法。我乐于让立法机关用这种药,或什么药也不用。我确信他们的意图是好的,陷在这样深的水底,我愿意同我的公民同胞一同浮沉。如果他们选择后者,我会毫无怨言地和他们一同沉下去。但是我还是劝他们"不要放弃那条船"……

致查尔斯·汤姆森[1]

1816年1月9日于蒙蒂塞洛

……我健康状况良好,惟体力较差,不能多走路,但是骑马相当自如,每天在马背上二三个小时,每三四个月坐车去90英里外我的一个庄园,在那儿住很多时间。我晚上阅读需戴眼镜,白天看小字也得戴眼镜,耳朵已不像从前那样灵,牙齿一枚也未松动,但是目前天气寒冷,我的身体抖缩成一团,今晨温度表下降至12°C。我最沉重的负担是写信非常吃力,很久以来我一直在努力缩小写信的范围。写信使我一天最好的时候都伏在书桌上,只能挤出一点点睡眠时间来满足我读书的嗜好。只要我能够把这种写信的苦活缩小到我的朋友和业务的范围之内,把省下的时间用来阅读历史、伦理和数学方面的书并进行思考,我的生活就会像年老体弱所能允许的那样快乐,我将以一个"既不怕死也不盼望死日到来"[2]的人的安详心情等待寿终正寝……

---

① 查尔斯·汤姆森是爱尔兰出生的大陆会议秘书,杰斐逊的多年老友。

② 杰斐逊这句原文是拉丁文。——译者

致约瑟夫·卡·卡贝尔[1]

1816年2月2日于蒙蒂塞洛

……不，我的朋友，要想有一个良好和安全的政府，其方法不是把所有的事情都委托给一个人，而是要在许多人中进行分配，把每个人所能胜任的职务分配给他。让全国政府处理国防以及对外关系和联邦关系；州政府处理公民权利、法律、治安以及与州有关的事务；县政府处理县的地方性事务，区政府处理区的事务。把这些共和国从全国性的大共和国到其所有从属机构一分再分，直到每个人都管理他自己的农场，每个人自己的眼睛能监督的都由他自己监督，这样一切事情就能办得最好。破坏了世界上曾经有过的每一个政府的人民的自由和权利的是什么？是把全部责任和权力合并起来，集中在一人或一批人手里，无论是俄国或法国的独裁君主，还是威尼斯元老院的贵族。我确信，如果天意没有注定人永远不得自由（相信这点是亵渎上帝的），秘诀就在于使他自己保管有关他自己的权力，只要他能胜任这些权力，而以一个综合的过程把他力量做不到的事委托给许多等级一级高于一级的官员，受托人越来越成为寡头统治，委托给他们的权力也越来越少。区共和政体、县共和政体、州共和政体以及联邦共和政体形成一个多层次的权力机关，每个共和

① 约瑟夫·卡林顿·卡贝尔是杰斐逊筹建弗吉尼亚大学的主要合作者。

政体都以法律为基础，掌握委托给它的一份权力，真正构成一个对政府进行平衡和制约的体系。如果每个人都参与领导他的区共和政体，或领导大一些的共和政体，感到自己是在参与管理国家大事，不仅仅是在每年一天的选举中参与，而是天天都参与；如果州里每个人都是大大小小委员会的成员之一，这样的话，他宁愿自己的心被从他身体里挖出来，也不愿一个恺撒或一个波拿巴把他的权力夺走。在禁运那时，我们是何等强烈地感受到这种组织的力量呀！我觉得由于英格兰市镇[①]的缘故，政府的基础在我的脚下动摇了。他们的州里没有一个人不是全身心投入；尽管所有其他州都赞成禁运，这个小小的自私的少数组织却能够宣布联邦的这个措施无效。中部、南部和西部那些大而无当的县能做些什么呢？县召开会议，来的人尽是县政府大楼周围一些喝醉酒的二流子，因为距离太远，好人和勤劳的人一般来不了。那些真正参加会议的人的品格应该是他们在舆论天平上的重量的标准。因此，正如加图[②]以“消灭迦太基”这几个字结束他的每一篇演说，我在我的每个意见后面都加上这样一个命令：“把县分为区。”这样做只有一个目的：它们很快就能表明它们是最好的工具。上帝保佑你和我们所有的统治者，赋予他们智慧，因为我确信，他们希望加强我们防止政府蜕化变质的力量，防止把政府的全部权力集中在一个人、少数人、出身名门的人或许多人手里。

① 市镇：新英格兰等州由市镇选民大会授权的基层行政单位。——译者

② 加图(234—149BC)：古罗马政治家、作家，维护罗马传统，鼓吹毁灭迦太基。——译者

致约瑟夫·米利根先生[①]

1816年4月6日于蒙蒂塞洛

先生：3月6日大函迟至15日才收到。我本打算在一周内完成特雷西著作的译稿修订工作，将全稿一并寄奉。工作是完成了，但是经过进一步考虑，觉得应该把全稿再通读一遍，以免遗留任何误译之处。幸亏我这样做了，因为我发现了几个小小的错误。全稿现已完成，现随信奉上，除扉页内容外，我还写了一个内容简介，稍作修改后，可以当序言用。

我的名字决不可以与该书有关的方式出现。我不反对你在**谈话中**提起我的名字，但不能印成文字，把我当作原稿寄交之人。虽然作者在作品上署了名，但如果他的政府追究起来，他可以推卸责任，书在这么远的地方出版，他完全能够这样做。但如果它在这里得到我的公开认可，他就没法这样做了。我所能给的最好的公开赞许的标志是订购十多本；或者如果你喜欢的话，可以在你的订购单上附这样一封信："先生，你即将出版一本关于政治经济学的非常宝贵的书，我非常高兴地订购12册。我乐于看到每个美国公民人手一册"……

扉页内容："一本关于政治经济学的专著，法国参议员、美国哲学学会会员德斯图特·特雷西伯爵著，书前附有同一作者前一本

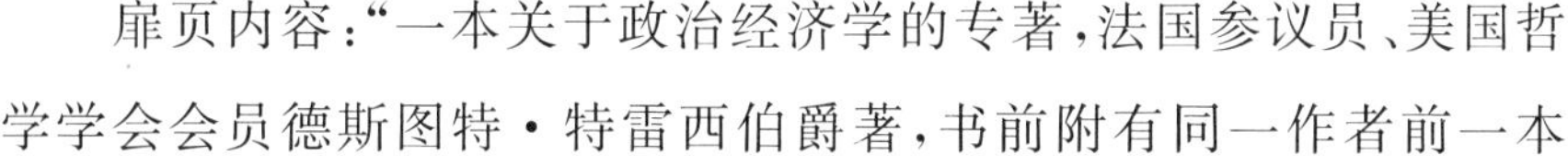

① 约瑟夫·米利根是乔治敦一位著名的书商，和杰斐逊多年相识，很受杰斐逊器重。

关于悟性或思想意识要素著作的补遗，并附有一张分析表以及一篇论述意志官能的绪言，译自未发表的法文原文。”

内容简介：现代政治经济学最初在法国的政治学派手中具有正式科学的形式，这个政治学派称为经济学家。他们使它成为关于社会自然秩序的综合体系的一个部门。魁奈、古尔奈、勒弗罗森、杜尔哥，还有杜邦·德内穆尔——开明、仁慈、德高望重的公民，现为美国公民——在这些发展方面带头，并以他们至今所遵循的方针为我们指引了道路。他们所制定的许多正确和珍贵的原则获得了一致认可。如同在一门科学的幼稚阶段在所难免的一样，其中有些原则受到了质疑，为众多讨论提供了机会。他们对于生产以及赋税适当从属问题的见解特别受到反驳，他们的赋税原理无论有多大优点，但并未流行是不足为奇的，这不是因为它们不正确，而是因为人民不接受，人民的意志应该高于一切。实际上，赋税是政府最困难的职能，在这一点上百姓最难驾驭。因此，普遍的目的是采取一种最符合国民的条件和思想感情的方式。

亚当·斯密首先在英国出了一本关于政治经济学的理性的、系统化的著作，广泛采取了经济学家们的见解，但是对上述题目持有不同意见。由于这个体系是新的，要建立原则必须讲不少道理和细节才能获得一致同意。因此，他的著作尽管不可否认是部力作，具有头等重要的价值，却被认为是冗长啰唆，单调乏味。

在法国，约翰·巴蒂斯特·赛就政治经济学问题写了一部非常精彩的书，功不可没。他条理清楚，观点明确，文笔流畅，全部篇幅不到斯密的一半。此外，原理的正确性和广度也有很大提高。

现在问世的参议员特雷西的著作包罗了这门学科的前辈们的

全部观点，具有经验更丰富、论述更全面、主题更成熟等优点。它无疑有许多重要的特色：任何著作所难以企及的令人信服的逻辑、观念丝丝入扣，而且反复提到观念使读者保持鲜明印象，大胆地追求真理，用词极其正确，一字不能更改，改了只会更坏；而且，像其他情况下所发生的一样，一个题目越是理解得透彻，解释起来就越简短，他把全部要素和原理压缩到一个八开本，约400页。我们确实可以说，在那2/3篇幅内，1/3是关于下面将谈到的导论。

特雷西先生写过一部关于思想意识要素的专著，这部专著被公认为关于我们的思想功能或知性的第一流科学著作。他把现在这部著作仅仅当作那些要素的第二部分，分别标上分析表、补遗和绪言等题目，在这些导论中对各要素作了补充，说明现在这本书如何把它们作为基础，对它们进行了概述，然后对财产和动产的形成、分配和使用进行论述，这个问题确实不是新的，但至今尚未得到圆满解决。这些研究非常深奥、抽象和示范，能使习惯于进行抽象思维的人获得满足。但是，不想研究它们的人，在读了题为《论我们的行为》的概要以后，也许可以立即转到著作的主题，它是按照下列标题论述的：

论社会。

论生产或财富的形成。

论价值或效用的标准。

论形式或结构的改变。

论地点或贸易的改变。

论货币。

论财富的分配。

论人口。

论财富的使用或消费。

论政府收入、支出和债务。

虽然现在问世的著作只是译本，但在某种意义上也可以被认为是原作，因为它从未在它写成的国家出版。作者在他本国有两种不愉快的选择，要么将他的自由的或成问题的思想观点改得面目全非，要么在新闻出版没有保障的状态下使自己遭受危险。作者将原稿交给了在这里的一个朋友，使他得以把它交给一个国家，这个国家读什么都不怕，什么都可以托付给它，只要它的理性始终不受法律约束。

在翻译中，主要的着眼点是忠实。译笔过于准确，反而会使思想观点变得不是作者本人的，而在一部代替原著的作品中会对他不公正。因此，有些法国词语被保留了下来，它们单独一个字说明一个概念，而译成英语却需要整整一段。新词往往使语言纯正主义者大惊失色，译者却不以为意。如果造一个新词能有助于简短、明晰甚至使语音悦耳，那就是语言的一个改进。英语就是靠创造新词才成为今天这个模样的；英语有一半是新词，是各个不同时候从希腊语、拉丁语、法语和其他语言吸收来的。这些新词使英语变坏了吗？如果我们的撒克逊祖先皮尔斯·普洛曼、乔叟、斯宾塞采取了语言固定不变的落后观点，那么，语言停止发展，思想也不会进步。相反，再明显不过的是，当我们了解新事物以及旧事物的新的综合而获得进步时，必须有新的词来表达。如果今天海尔蒙特[①]、斯坦、谢勒[②]

① 海尔蒙特(1580—1644)：比利时化学家，gas一词即他所创造。——译者

② 谢勒(1742—1786)：瑞典化学家，最先制取了氧，并发现氯、甘油等。——译者

死而复生，他们对他们自己的学科恐怕一个字也不认识。那么，难道放弃化学这门学科比对它的专门名词实行革新更好吗？法语经过过去30年的革新，达到了何等了不起的丰富和力量！莎士比亚随心所欲地、变戏法似地创造新词对丰富语言起到了何等巨大的作用？放手创造新词有时确实会造出一些稀奇古怪的词，但是人民会判断它们，根据意义或发音加以取舍，造词者会根据他们使用的词被肯定或否定，正如他们现在使用目前的词汇被肯定或否定一样。不过，目前这个译本只限于忠实于原文的意义，只有在我们自己的语言中没有一个词能表达作者原来的词的意义的情况下才采用原词。

致约翰·亚当斯

1816年4月8日于蒙蒂塞洛

……你问我是否愿意把我70年或不如说73年的岁月重新再活一次？我回答说：愿意。我和你看法相同：这个世界整个来说是美好的，它是建立在仁爱原则上的，分给我们的快乐多于痛苦。当然也有（谁会说不呢？）心情忧郁的疑病症患者，他们厌恶今天，对将来不抱希望，老是担心更坏的事情会发生，因为它可能会发生。对于我说来，那些从来没有发生的坏事使我们吃过多少苦头哟！我天性乐观，总是怀着希望勇往直前，对恐惧不屑一顾。我的希望的确常常破灭，但是不比忧郁症患者不祥预感落空的次数多。我承认，甚至在最幸福的生活中也会有可怕的突变，发生严重的对抗。我常常纳闷，悲观的感情究竟想达到什么良好的目的。我们所有其他的激情，在适当范围内，都有一个有益的目的。道德品性的完善不在于禁欲主义的情感淡漠（它是如此虚伪地大肆宣扬，如此地不真实，因为这是不可能的），而在于各种激情的平衡。我希望病理学家们能告诉我们忧虑在机体中有什么用处，对现在或将来有什么好处。

你问我在巴黎的时候是不是认识格里姆男爵。是的，和他非常熟。他是我在巴黎时外交使团里最风趣、最健谈的一位，想象丰富、头脑敏锐、最会说反话，狡猾而又自负。学问不大，但是样样都懂得点皮毛；他的强项是美女文学、绘画和雕刻。在这些方面，他是绝对权威，因而当了凯瑟琳女皇的私人通信者和一切非外交事务的代理人……虽然我从未听见格里姆直接表达过这个念头，但我一向认为他是属于狄德罗、达兰贝尔[①]和霍尔巴赫学派的。三人中第一人把他的无神论体系写在《常识》一书中，最后一人写在他的《自然体系》一书中。无神论是天主教国家中一个人数众多的学派，而新教徒不信基督教一般都采取有神论形式。前者总是强调这仅仅是他们之间的一个定义问题，双方的本质都是“自然”或“宇宙”，双方都同意现行制度的秩序，但是一个认为它来自永恒，另一个则认为经过一段时间以后才开始的。无神论者畅谈物质在动物界、植物界和矿物界不断运动和循环，永不止息，永不消灭，总是不断地改变形态，一切形态都具有再生能力；有神论者则指着“上面的天、下面的地以及地下的水”问这些是不是表示一个具有智慧和力量的神，力量在于创造，智慧则在于设计和恒久地维护这

① 达兰贝尔（1717—1783）：法国数学家、启蒙思想家、哲学家。——译者

个体系;有神论者强调终极缘由是明显存在着的,强调眼睛被创造出来是为了看,耳朵被创造出来是为了听,而不是我们看是因为有眼睛,听是因为有耳朵;这是一个易受感觉影响的回答,就像走过房间对哲学家来说是表示运动不存在。正是在霍尔巴赫的秘密集会中卢梭认为人们想出了所有一切反对他的阴谋诡计,他在他的《忏悔录》中留下了格里姆的最刺激性的轶事……

致约翰·泰勒①

1816 年 5 月 28 日于蒙蒂塞洛

亲爱的先生:我外出旅行多时,归来看到你惠赠的《美国政府原则探索》一书,谨致谢意。我住在内地,没有书店,购买新书甚为困难,致使我不能先期获得一册,而我外出期间积累起来的信急需一一作答,使我不能将全书细读,但我确信你我对于合法政府的基本原则不可能有不同想法,我急不可耐,利用写信间歇匆匆翻阅了一遍,对全书有了一个粗浅的认识。

我在书中看到许多值得作深刻思考的事情,许多事情应当使我们进一步奉行我们宪法的良好原则,并把我们的注意力集中于有待履行的事情上。论述我们政府良好道德原则的第 6 部分充满了正确的原则,有趣至极,以致我推迟了写信,一口气把它读完,并进行了思考。除了其他许多良好的内容外,它无可辩驳地确立了

① 约翰·泰勒出生于弗吉尼亚州加罗林,是一位政治作家、农学家及主张土地自由化的哲学家,著有《美国政府原则与政策探索》一书。

对代表进行教育并使他们服从义务的权利。银行制度我们不约而同地予以谴责，我认为它是我们所有的宪法留下的一个污点，如果不把它去掉，最终将会破坏宪法，投机者已经利用它营私舞弊，掠夺我国人民的财产，使他们士气低落。公债我认为应当限定在借债一代人的多数在世期间偿还；按照造物主的法律，每一代人都可同样自由地占有他为他们生存而创造的土地，不受前人的拖累，前人和他们一样，只是终身的租户而已。你已经成功地、彻底地粉碎了亚当斯先生的秩序体系，他给每一个法治政府披上共和主义的外衣，无论它是否与自然权利相符。必须承认，共和国这个词在各种语言中的应用是十分含糊的。荷兰、瑞士、热那亚、威尼斯、波兰这些自封的共和国就是明证。要是叫我来给这个词下一个精确的定义，我会直截了当地说，它意味着一个由全体公民按照多数人确定的规则直接地和个别地统治的政府，而其他每个政府含有多少公民直接行动的成分就在什么程度上是共和主义的。这样一个政府显然只能限于非常有限的范围和人口，超出一个新英格兰市镇的范围恐怕就行不通了。这个真正的共和制的第一种，像纯粹的空气一样，是不能自行维持生命的，其分立的权力应当由代表来行使，代表要么为这个需要选出，要么任期极短，使表达选民意志的任务万无一失。我认为这最最接近于一个能在广大土地或人口内适用的真正的共和制。我们的某些州宪法里有这种例子，它们如果没有受神职人员对政治影响的毒害，将能证明优于一切具有其他成分的混合体，如果只受了同样剂量的毒，仍然是最好的。其他形形色色的共和主义见诸其他形式的政府，那儿行政、司法和立法职务以及立法的不同部门多多少少是由人民直接选举的，任期较

长，或终身或世袭；那儿的权力机关也可能是混合型的，有些权力机关依靠人民，有些权力机关不依靠人民。离开人民直接和经常的控制越远，政府的共和主义成分也越少，如果执政当局是世袭的，例如法国、威尼斯等等，或者是自我选举的，例如荷兰，那显然一点共和主义成分也没有；如果在选举之后再继续终身任职，那就只有一点点共和主义成分。

我们自己州政府的最纯粹的共和主义特征是众议院。参议院第一年同样是的，第二年稍少，以后一年比一年少。行政部门共和主义性质更少，因为它不是人民直接选举的。司法部是严重反共和主义的，因为他们是终身制，而国家的军队则由军事领袖指挥，只对他们自己负责。除此以外，我们的县行政委员会（司法、行政、税收、治安、县军事任命以及几乎全部日常事务都委托给它）组织有缺点，它们自我任命，自我延长任期，终身掌权，任何一个派别一旦掌权，就永远代代相传，不可能中断。他们实际上掌握各自县的行政、司法和军事大权，各县总起来就成为州。除此以外，我们一半当兵和纳税的同胞，就像古代斯巴达的奴隶一样，被剥夺了代表权，仿佛社会是为土地而不是为居住在土地上的人建立的；或者说，一半人可以不经另一半人同意而处理他们的权利和意愿。

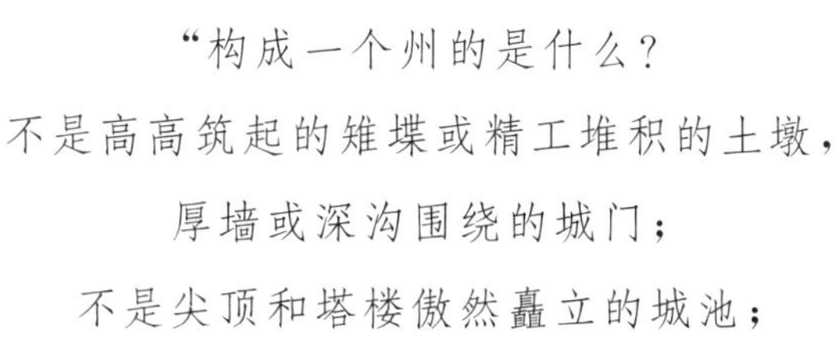

“构成一个州的是什么？
不是高高筑起的雉堞或精工堆积的土墩，
厚墙或深沟围绕的城门；
不是尖顶和塔楼傲然矗立的城池；

不是人，品格高尚的人，
知道自己责任的人；
而是知道自己的权利，又敢于捍卫权利的人，
是这些人构成了一个州。”

在全国政府里，众议院主要是共和主义的，参议院绝对不是，因为它不是人民直接选举的，许久以来甚至与那些选举他们的人对着干；行政部门比参议院多一点共和主义成分，因为它任期较短，实际上是由人民选举的（因为人民只是在甲保证投乙的票后才投甲的票），也因为，也是在实际上，轮换的原则似乎正在建立起来；司法部门独立于国民之外，以弹劾压制他们证明是无效的。

因此，如果人民对其政府机关的控制是衡量政府的共和主义成分的标准（我承认我不知道还有其他什么衡量标准），那就必须承认，我们各个政府的共和主义成分远远达不到应有的程度；换言之，人民对其代理人的正常控制要比他们的权利和利益所需要的要少。我认为这不是因为那些制定这些宪法的人缺少共和意向，而是因为他们把真正的原则交给了欧洲权威，交给了一些政府的空谈者，这些人因为他们自己大城市里平民捣乱而对人民产生恐惧心理，因而不公正地与独立、快乐因而奉公守法的美国公民抱对立态度。改正这些异端邪说的黄金时机恐怕已经过去了。行使政府权力的官员难得增强他们减少权力的意向，一次要求及时改正的无组织行动不大可能胜过一次有组织的反抗行动。人们老是对我们说，事情干得很好，为什么要把它们改变呢？意大利有句俗话

说，“谁站得好，就让他站下去。”这话不错，我确信我们的事情在一个专制君主统治下会进行得好，只要我们目前奉公守法、勤劳和热爱和平的性格依然不变，并且像他一样，受人民固有性格的限制。但是正是在继续这样的时候，我们应当预防它蜕化变质的后果。我们要把希望寄托在还能做到这一点上，免去可能永远不会发生的坏事的痛苦。

对于**共和国**这个词的含义的这种看法，不能像人们经常说的那样说“它要么意味着一切，要么什么都不是”，而应该实事求是地说，政府有多少共和主义的成分，要看它们的组成中有多少人民选举和控制的因素，并且像我一样相信，人民大众是他们自身权利最安全的保管人，尤其是，来自人民欺骗的祸害要比他们的代理人的那些自我主义的祸害小得多。我是赞成那种其组成中含这种成分最多的政府的。我和你一样真诚地相信银行比常备军更危险，用掉的钱以公债名义由后代偿还这个原则只是大规模地诈骗后人。

我以始终如一的友谊和尊重向你致敬。

致塞缪尔·克切弗[①]

1816年7月12日于蒙蒂塞洛

……我不是那种害怕平民百姓的人。我们的持久自由靠的是平民百姓而不是富人。为了维护他们的独立，决不能让我们的统治者使我们永远负担沉重的债务。我们必须在**节约和自由**或**浪费**

① 塞缪尔·克切弗曾就修改第一部弗吉尼亚宪法一事写信给杰斐逊。

和奴役两者之间作出选择。如果我们陷入这种债务，致使我们像英国人民那样，吃肉和喝酒必须交税，我们的必需品和生活舒适用品必须交税，我们工作和娱乐必须交税，我们的职业和信教必须交税，那么，我们的人民就会像英国人民那样，一天 24 小时必须劳动 16 小时，其中 15 小时的收入交给政府供他们还债和日常开支，而剩下的一小时收入不够我们买面包，我们就必须像他们现在那样靠吃燕麦糊和土豆过活，没有时间去思考，没有办法追究渎职者的责任，而只能乖乖地听人摆布，让他们把链条套在我们脖子上。我们的土地所有者，像英国的土地所有者一样，的确也保留地产的所有权和管理权，名义上是他们自己的，实际上却是为财政部代管，必须像英国的土地所有者那样在外国流浪，满足于贫穷、微贱、流亡以及国家的荣耀。这个例子给了我们一个有益的教训，即私有财产既被私人挥霍断送掉，同样也被公家铺张浪费断送掉。这是所有人类政府的倾向。一件事背离原则就成为第二件事背离原则的先例；第二件事是第三件事的先例，如此等等，直到社会上大多数人被贬低为仅仅是机器人，除了犯罪和痛苦之外，再没有其他感情。的确，到了这个时候，bellum omnium in omnia（一切人对一切人的战争）就开始了，有些哲学家看到它在这个世界上如此普遍，误以为它是人类的天然状态，而不是受虐待的状态。跑在这支可怕的队伍最前面的是公债。公债后面是税，而队伍的末尾就是苦难和压迫。

有些人以假装虔诚的心情看待宪法，认为它们是约柜[①]，神

① 约柜：藏于古犹太圣殿内的至圣所，内置刻有十诫的两块石板。——译者

圣不可侵犯。他们硬说前一个时代的人有一种超人的智慧，认为他们所做的一切是绝对不可以更改的。我对那个时代有充分的了解，我属于那个时代，同那个时代的人一起工作过。它有功于国家。它很像现在这个时代，但是缺乏这个时代的经验；40年的当政经验胜读百年书，要是他们死而复生的话，他们自己也会这样说的。我当然不赞成未经试验就经常把法律和宪法加以改变。我认为，对于一般的缺点最好还是容忍，因为我们了解了这些缺点，就能加以适应，并找到切实的方法来纠正它们的不良影响。但是我也知道，法律和制度必须与人类的思想齐头并进。由于有了新的发明，新的真相揭开，人类的思想变得更加发展，更加开明，生活方式和观点随着环境的改变而改变，制度也必须进步，和时代保持同一步调。叫文明社会永远处于他们野蛮祖先的统治下，等于是硬要一个大人穿他小时候穿的衣服。就是这个荒谬的想法最近使欧洲血流成河。欧洲的君主们不是明智地顺应形势的逐渐改变，愿意逐步地适应进步的改革，而是死死抓住老的弊端不放，躲在陈规陋习后面，使得他们的臣民只好从鲜血和暴力中寻求鲁莽的、毁灭性的革新，这些革新如果诉诸国民和平的考虑和集体的智慧，本来是能够获得令人满意的、有益的形式的。我们不应该学这个样，不要以为一代人不及另一代人有能力照管自己，处理自己的事务。我们应该像我们的姐妹州已经做到的那样，充分利用我们的理智和经验来纠正我们第一批立法班子进行的不成熟的试验，因为第一批立法班子尽管聪明、有魄力、用心良好，却缺乏经验。最后，我们应该在宪法中作出规定，定期将宪法予以修正。这些时期的长短，大自然本

身已经指明。按照欧洲的死亡率表，在任何一个时刻活着的成年人中，多数将在19年内谢世。因此，在那个时期终了，新的多数就会成长起来，或者换句话说，新的一代人出现了。每一代人都独立于前一代人，就像前一代人独立于它以前的所有各代人一样。因此，新一代人，就和过去所有各代人一样，有权为自己选择它认为最能促进自己幸福的政体，并且适应它自己所处的、从前辈那里继承来的环境；为了人类的和平与幸福，宪法应该规定每19年或20年提供这样做的庄严机会，使宪法得以定期修改，代代相传，直至世界末日，如果人类做的哪一件事能维持那么长久的话。弗吉尼亚宪法制定至今已有40年。同一死亡率表告诉我们，在那40年内，当时活着的成年人中2/3已经死去。那么，剩下的1/3的人即使有愿望，有权使和他们自己一起构成现在成年人主体的另外2/3的人服从他们的意志以及他们以前制定的法律吗？如果他们没有这个权利，那么谁有呢？死人吗？可是死人是没有权利的。他们是不存在的东西，而不存在的东西是不能拥有任何东西的。没有实体，也就没有偶有属性。这个物质的地球以及地球上的一切，都属于目前这一代具有实体的居民。只有他们才有权管理仅仅是他们自己的事务，并且宣布那方面的法律，而这种法律只能由他们中的多数人来宣布。因此，那多数人有权委派代表出席制宪会议，制定他们认为对自己最有利的宪法。但是怎样收集他们的意见呢？难就难在这里。如果由官员个人或县会议或区会议出面邀请，这些区域太大，很少人能参加，他们的意见会被不完全地或者错误地传达。在这一点上，我提议的把县划分成百户邑就大有用武之地了。

对于目前的这样一个问题，每个百户邑的邑长可以召集全体居民开会，让居民投票表决，把投票结果上报县行政委员会，县行政委员会把所有百户邑的投票结果集中起来，当作总的权威，这样，全体人民的意见就能公正地、充分地、和平地表达出来，经过讨论，由全社会共同以理智作出决定。如果这个申诉不平的渠道被封锁，它就会用暴力表达出来，这样，我们就会和其他国家一样陷入压迫、反抗、改革，再压迫、再反抗、再改革的恶性循环，直至永远……

致约翰·亚当斯

1816年8月1日于蒙蒂塞洛

……我们毫无疑问会干蠢事，总是会干一件或更多件蠢事。但是我们的蠢事是热心人干的蠢事，而不是顽固者干的蠢事，也不是阴险狡猾者干的蠢事。顽固是愚昧和心理变态的病症，热心则是直率和轻浮的病症。教育和自由讨论是两者最好的矫正方法。我们命中注定要成为防止愚蠢和落后卷土重来的壁垒。老的欧洲必须靠在我们身上，在僧侣和国王的束缚下在我们旁边蹒跚而行。当南大陆达到我们的标准时，我们将成为一个什么样的巨人呀！它将成为世界上理性和自由的什么样的支柱呀！我喜欢未来的梦更甚于喜欢过去的历史，因此，晚安！我要去做梦了，我将永远想象亚当斯夫人和你本人在我身边注视着时代和世界各国的进展和倒退。

致艾比格尔·亚当斯夫人[①]

1817 年 1 月 11 日于蒙蒂塞洛

亲爱的夫人，12 月 15 日转交的几封信均已收到，不胜感谢。它们使我获得比我以前掌握的更多关于特雷西先生的家庭情况。但是最使我感兴趣的是路易十八取代波拿巴的一段史实。在那短暂的时间里，亚当斯先生必然汲取了多么有用的教训啊！肯定比其他人在漫长一生中汲取的更多。在那种状况下的那个巴黎人，肯定是一个深刻思考的对象！目睹这只野兽被关在圣赫勒拿岛，活像伦敦塔里的一头狮子，会给那个奇观加上浓浓的一笔。这恐怕是他罄竹难书的罪行书中的最后一个章节。但路易十八不是这样，他还得经历其他许多沉浮变迁。

经你许可，我把信给外孙女埃伦·伦道夫看了，她看得津津有味，深受教益。你对她的亲切关怀，还有来访的北方朋友们的美好回忆，使她感触良深，觉得受宠若惊。如果蒙蒂塞洛有什么东西值得他们回忆，那就更使我们的估计增添了价值；如果我能够按照你的愿望使时光倒退 20 年，埃伦和我会立即亲自来昆西向你表示敬意。可是 20 年！唉，20 年光阴在哪里？在洪水那边。我们下一个聚首地必然是它们流经的地方——这个地方离我们已经不远了。对于这次旅行，我们囊中不需要金银，也不必挎背包、穿大衣或拄拐杖。主宰世界的上帝委实是仁慈的。他一个又一个地偷走我们享乐的功能，使我们的各种感觉变得麻木，使我们像他磨坊里

① 艾比格尔·亚当斯是约翰·亚当斯的妻子。

的马那样绕着同一个踩烂了的圈子打转，

——看我们已经看过的，
吃已经吃过的，一次比一次
滋味更差，在我们的嘴里
轻轻倒入又一樽酒——

直到满足于并厌腻了这种沉重的重复，我们要求正式告别。我有一个非常老的老朋友，从来不为诗人或哲学家费心，他曾经用朴素的语言说起同一件事，他说他对晚上脱掉鞋袜，早上重新穿上鞋袜感到厌倦了。就这样，活的愿望逐渐消灭了，但是仍旧想过些时候再回来看看事情进展得怎样。但是，未来幸福的因素之一也许是对这里正在发生的事淡然处之，不感情用事。要是这样的话，倒可以偶然来看看。默西埃曾给我们描述过2440年的景象，但是预言是一回事，历史又是一回事。但是，聪明和合算的做法恐怕是满足于筵席的主人放在我们面前的好东西，对我们已有的东西感到欣慰，而不是对我们没有的东西耿耿于怀。亲爱的夫人，你和我的寿命已经超过一般人，健康情形也胜于常人。对此我表示无限感激。前一时期贵体欠安，大函中曾有所抱怨。我希望你现已康复，我作为你的亲密朋友，衷心祝愿你生活幸福，健康长寿。

致查尔斯·汤姆森

1817年1月29日于蒙蒂塞洛

……有些人处心积虑想使我们所有人都同样地思考。要是我们所有人的脸都长得一样，要是我们的性格、我们的才能、我们的口味、我们的外貌、我们的爱憎和追求都是同一个模子里刻出来的，世界会变得更美好吗？如果动植物或矿物没有变化，全都严格地按照同一方式、开明或正统的方式活动，那将会是一个什么样的精神和物质单调的世界啊！这就是那些篡夺上帝的宝座，并向上帝发号施令的人干的荒唐事。但愿他们带了他们所有高深莫测的谜像你我带着一双干净的手和一颗干净的心一样在那个法庭前出现。那儿信仰和德行悬挂在永恒正义的天平上，会以它们的重量显示它们的价值。上帝保佑你健康长寿。

致约瑟夫·德拉普兰①

1817 年 4 月 12 日于蒙蒂塞洛

亲爱的先生：3 月 17 日来信迟至 3 月 28 日方收到，我向来最不喜欢谈我个人的事情，因为它不值得大家注意，因此拖延至今，委决不下是否作答。我以前曾勉强谈过一次，那是为了驳斥一个在其众多同类烟消云散后仍一再重复的诽谤，一帮人一度曾以为他们能靠这个诽谤投票击败我，认为学问本身以及我对学问的爱好是合适的嘲笑对象，认为我没有资格主持政府。我仍然认为你问的问题有好些过于琐碎，不值得大家注意。我的女儿、外孙女、曾外孙儿女的名字和年龄等等会使你的读者厌倦，产生反感，我只

① 约瑟夫·德拉普兰是位当代历史学家，杰斐逊和他经常就一些有历史意义的问题通信。

需说，我有两个女儿，一个健在，一个已去世，她们留给我很多外孙儿女，曾外孙儿女也在不断增加。

我于1772年元旦结婚，杰斐逊夫人于1782年秋去世。我毕业于威廉斯堡的威廉和玛丽学院，学过希腊语、拉丁语、法语、意大利语、西班牙语，当然也学过英语，还有英语的母语——盎格鲁—撒克逊语。我于1769年博图特勋爵就任总督时当了弗吉尼亚议会议员。我不能详细说明我加入的文学会社，因为数目太多，举不胜举，而且有吹嘘炫耀的嫌疑。倒不如简单说一句，我是欧美许多文学社的会员。

你关于富兰克林博士和亚当斯先生对《独立宣言》作的修改的记载都不确切。我认为还不如笼统地说，草稿被交给了那两位先生，他们每人都仅仅作了两三处简短的口头更改，但即使这些更改也仅仅对文章作了不应有的强调，因为只有文章是我的，思想是全体美国人的……

致亚历山大·冯·洪堡男爵[①]

1817年6月13日于蒙蒂塞洛

……你给我们的关于于一个迄今可耻地不为人知的国家（西班牙）的具体报道，来得正是时候，使我们了解了那场目前使它在世界舞台上处于显著地位的伟大政治革命。与西班牙有关的斗争

---

① 弗里德里希·海因里希·亚历山大·冯·洪堡男爵是著名的德国博物学家和旅行家，杰斐逊经常与他有书信往来。

的结果已不再令人怀疑。至于他们自身的自由、和平与幸福，就不那么肯定了。顽固的障目物、僧侣的桎梏以及门第和财富的耀眼光芒能否公正对待人民大众，准许他们实行自治，这我们是不知道的。也许我们的愿望比我们的希望更强烈。共和主义的首要原则是“多数裁决”，它是一切具有平等权利的个人组成的社会的根本法，把多数人以个别投票方式宣布的社会的意愿当作全体一致通过一样地神圣，是所有教训中最重要的一条，但就是这一条学得最不彻底。这个法则一旦被置之脑后，剩下的就只有暴力了，而暴力的结果必定是军事独裁。法国革命的历史便是如此，我希望我们南方兄弟们的悟性足够高和开阔，能够懂得他们的命运取决于恪守这个法则……

致巴尔贝·德马尔博先生①

1817 年 6 月 14 日于蒙蒂塞洛

……我于 1789 年末离开法国时，贵国的革命如我当时认为的那样是由一些能干和诚实的人领导的。但是他们的某些继任者的疯狂、另一些继任者的恶行、一个嫉妒和腐败的邻国的恶毒的阴谋、督政府的内讧、你们的独裁者的篡权和烧杀掳掠以及你们的伪善的解救者的同样的篡夺、蹂躏和压迫，将会在人类历史上开创一个令人悲痛的时期，这个时期的最后一页在你我有生

① 巴尔贝·德马尔博曾任法国驻费城公使馆秘书，他提出的问题促使杰斐逊写了《弗吉尼亚笔记》。

之日是看不到的,我仍然担心它将会用血的文字写成。要是波拿巴曾经考虑到世界的道德构造是这样的,任何一个国家的罪行最终都会受到惩罚,他今天就不会被幽禁在圣赫勒拿岛;要是你们目前的压迫者们仔细考虑过同样一个真理,他们就不会使他们自己的国家遭受因为他们现在为非作歹而将来必定要遭受的惩罚。他们目前正在大量撒播的仇恨和报复的种子到时候必然会结出果实。像他们在大路上抢劫的强盗兄弟一样,他们认为暂时脱逃就是永久脱逃,认为臭名和未来的风险会被眼前的收获抵消。我们的命运比较好一点。当你们目睹我们进行独立战争的最初斗争时,你们几乎没有料到,我们同样也没有料到这个国家会有如此迅速的发展和繁荣,没有料到它会展示这样一个可喜的真理:人类是有自治能力的,只是因为暴君们的邪恶行为故意使他们道德败坏才失去了这种能力。

我确信,在今后的时代里,我们将继续成功地发展下去,而且,和孟德斯鸠的原理相反,人们可以看到,国家的幅员越大,它的共和结构就越巩固,只要它不是建立在征服的基础上,而是建立在契约和平等的原则上。我对共和国垂诸永远的希望在很大程度上是着眼于生活资源的扩大与领土的扩大同步进行,并且相信人如果能够老老实实地生活,他们是愿意老老实实地生活的。怀着这种对劳动的未来结果的信念的安慰,我和其他预言未来事件的预言家一样感到在我有生之日,我的希望不会落空。我一向认为,如果我们想要做梦,希望的代价和灰心失望一样便宜,却能给人带来更多的安慰和快乐。祝你健康长寿,幸福快乐。

致乔治·蒂克纳[①]

1817年11月25日于林奇堡畔的杨树林

……我以前曾听说波拿巴在法国所有的学校里灌输了尚武精神，但从未像你的信中所说的那样使我理解得透彻。他目前正在为他所有令人发指的暴行进行的忏悔必然使每一个纯洁的心灵感到安慰。它证明天上的确有一个上帝，他是公正的，对人间发生的一切并非漠不关心。我们只能希望这个没有人性的坏蛋活得长久，使他受的痛苦同他犯下的罪行相称。但是，说真的，什么样的痛苦能够补偿他侵犯人类自由和幸福的罪行，能够补偿他已经使他自己的一代人以及已经被他戴上专制镣铐的下一代人遭受的苦难呢？……

致约翰·特朗布尔[②]

1818年1月8日于蒙蒂塞洛

亲爱的先生：我毫不犹豫地把我的名字列入大作《独立宣言》的订单，而且想要订购两张，由于货币贬值，任何人都不会对预付18.66元至20元有意见。人们之所以不大愿意购画，是因为时下

① 乔治·蒂克纳后来成为著名的作家和教育家，此时正在欧洲求学。他在出国前曾去蒙蒂塞洛拜访杰斐逊，老人对蒂克纳慈父般的关怀仅次于蒂克纳对他的崇敬和钦佩。

② 约翰·特朗布尔是描绘美国革命景象的画家，该时期最著名的解释者。

流行华而不实的镀金画框，这些俗不可耐的东西大大损害了画的效果。其实只要内边和外边各加一条狭窄的镀金花边，把总宽度的黑色冲淡，就可以使眼睛舒服地停留在画面上，而不至于受巨大的、闪闪发光的框框的影响。时下流行的画框的价格等于画本身的价格，而且往往超过。用一些精美的画来满足有钱人奢侈的需要是对的，但是设计一些每张只卖一美元的画，难道不值得你一试吗？要是有这种画供应，美国几乎每户人家都会买上一张，每卖50张可以抵得上一张高级的。不过，你对公众的爱好了解得比我更透彻，会从你本身的最高利益出发去做，我衷心希望你做到，因为你获得我由衷的敬重……

致达格内尼伯爵[①]

（教廷大使）

1818年2月14日于蒙蒂塞洛

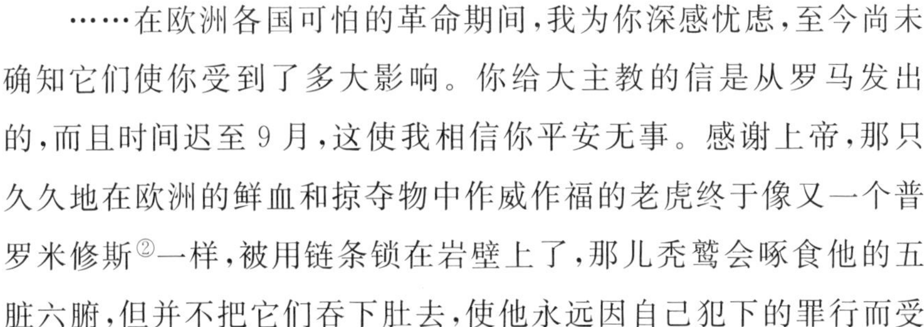

……在欧洲各国可怕的革命期间，我为你深感忧虑，至今尚未确知它们使你受到了多大影响。你给大主教的信是从罗马发出的，而且时间迟至9月，这使我相信你平安无事。感谢上帝，那只久久地在欧洲的鲜血和掠夺物中作威作福的老虎终于像又一个普罗米修斯[②]一样，被用链条锁在岩壁上了，那儿秃鹫会啄食他的五脏六腑，但并不把它们吞下肚去，使他永远因自己犯下的罪行而受

① 安东尼奥·达格内尼伯爵是1789年教皇庇护六世派驻法国宫廷的大使。

② 普罗米修斯：希腊神话中的人物，因盗取天火于人而触怒宙斯，被罚锁于高加索山崖上，遭神鹰折磨。——译者

到良心的谴责。我和他一样，也曾担负为我国人民谋幸福的重任，所幸我在其他任何方面都与他毫无相似之处。我没有造成500万或1000万人丧生，没有蹂躏别的国家，没有使本国的人口减少，没有使它的资源耗竭，没有毁灭它的各项自由，也没有使它遭受外国的奴役。所有这一切他都做了，使他为了使他本人和他的家人戴上抢来的王冠和权杖而犯下的罪行更加突出。相反，差可告慰的是，在我当政期间，没有一个同胞被战争或法律的利剑流过一滴血，经过八年辛勤培育和平与繁荣之后，我在他们硬要我继续任职声中自愿交回了他们的委托。由于开始感到年龄的压力，我担心年老力衰会损害他们的利益，并相信我树立的榜样对于反对终身任职是有益的，我如今在退休生活中享受他们的善意以及安详而无愧的良心带给我的安慰……

致本杰明·沃特豪斯博士

1818年3月3日于蒙蒂塞洛

亲爱的先生：2月20日大函刚收到。你在信中说沃特先生在他所著《帕特里克·亨利传》第47页引用了我说的一句话："亨利先生肯定第一个踢出了革命这个球。"我清楚地记得我在给他的一封信中说过这样的话，而且相当肯定当时是在谈论我们自己的州，我说这句话仅仅针对这个州而已。他是否赋予这句话更大的范围我不得而知，因为这句话不在你指出的那一页上，而且几乎翻遍全书也找不到。在第417页有句话与它相似，但措词不尽相同，而且即使那句话里，沃特先生仅仅是指弗吉尼亚还是指全部殖民地，也成问题。但是革命到底是谁开始的这个问题就和无数种好东西是谁第一个发明的一样很难回答。比方说，地心吸力的原理是谁第一个发现的？不是牛顿，因为伽利略死于牛顿出生那一年，他早就在孕妇身体的下倾中测算过它的力量。拉瓦锡化学是谁发明的？英国人说是布莱克博士，因为他先期发现了潜热。汽船是谁发明的？是格伯特、伍斯特侯爵，还是纽科曼、萨弗里、帕平、菲奇、富尔顿？事实是，一个新的想法引起第二个想法，第二个想法引起第三个想法，这样经过了一定的时间，直至某一个人——对这个人来说，这些想法中没有一个是他独创的——把所有这些想法汇总起来，就创造出了可以公正地称之为的新发明。我认为，要追溯我们的革命的萌芽期同样是十分困难的。我们不知道英国内阁策划了多长时间，才大胆进行最终推动革命并使议会完全处于优势的许多次尝试中的第一次。你提到的印花税法以前在马萨诸塞的那些行为或许是那个图谋的第一个显著征兆。1764 年反对那个法的建议是这里第一个征兆。因此，你们的反抗在我们之前，因为那儿的机会比这儿发生得早。我认为事实是，殖民地什么时候受到侵犯，什么时候反抗就开始了。问究竟是谁首先发难，就等于问 300 个斯巴达人中，是谁第一个向莱奥尼达斯[①]报名？我乐于看到对所有人的功绩公平对待，让日期和事实，尤其是身历其境者所写的材料去做最好的裁决。

① 莱奥尼达斯（？—480BC）：古斯巴达国王，在德摩比利战役中率 300 斯巴达战士扼守温泉关，阻击波斯重兵入侵，坚持两日，全部壮烈牺牲。——译者

从你的来信中，我高兴地得知亚当斯先生记忆力和身体各种机能依然良好，依然兴致勃勃，甚至还勤于写信。这最后一件事我已经不行了。我久已害怕写信，现在快满 75 岁，这种心理已变得几乎无法克制了。我身体极为虚弱，记忆力明显衰退。但是我仍然健康，情绪很好，读书就像在大学时一样勤奋。报纸不在其列，我已经不看报了。我理所当然地不再过问国家大事，快乐地接受那些过去被我照顾爱护过的人的照顾和爱护。当我思考在我一生中科学技术的巨大发展和进步时，我满怀信心地期望目前一代人能取得同样的进步，确信他们会比我们聪明，就像我们比我们的父辈聪明，我们的父辈又比烧死巫婆的人聪明。甚至你在前一封信中非常有趣地向我叙述的形而上学的竞争或许也会以改善告终，只要把空想的神秘主义和无法理解的术语从心头抹去就行。尽管我年事已高，不能像过去那样勤快地与我的朋友们通信，我心中依然保留着他们的崇高地位，为此，我衷心向你致以我最大的敬意。

致纳撒尼尔·伯韦尔先生①

1818 年 3 月 14 日于蒙蒂塞洛

亲爱的先生：接到你 2 月 17 日来信时，正值我风湿病发作，今天始稍愈，可以处理我收到的许多信件。女子教育这个问题我从未认真思考过，它只是在我对我的两个女儿进行教育偶尔需要时

① 纳撒尼尔·伯韦尔是弗吉尼亚一个望族的一员。

才引起过我的注意。考虑到她们住在乡下,从外界得不到什么帮助,我认为必须使她们受扎实的教育,等她们做了母亲后能够教育她们自己的女儿,甚至辅导她们儿子的课业,如果他们的父亲不幸早逝,或无此能力或漫不经心。我仅存的一个女儿生了许多女儿,也生了许多儿子,她就把对他们进行教育作为她生活的目的。由于对实际情况了解得比我深,我将在她和她的一个小淘气的帮助下开列一个书目,供此类阅读之用。

良好教育的一个最大障碍是人们过于喜欢看小说,应该用来学习的时间都被浪费在看小说上了。沾染上这种坏习气后,头脑就失去正常,不愿进行有益于身心健康的阅读。朴素和不加文饰的理性和事实被弃之不顾。任何东西除非出于虚构臆造,就引不起注意,凡是经过这样梳妆打扮的东西都受欢迎。其结果是不着边际的想象,病态的判断,对生活中一切真实的事情表示厌恶。但是,这种蹩脚作品也并非毫无特色,有些作品的情节尽管是虚构的,却取材于真实生活,因而成为良好道德的有趣和有用的手段。我认为马蒙特尔的新的伦理小说就是这样的,但是他的一些老的小说却不是,它们真正是伤风败俗的。埃奇沃思小姐的作品以及金利斯夫人的某些作品也是。基于同样原因,诗也不宜读得太滥。有些诗对于形成风格和审美力是有好处的。读英国的蒲柏、德莱顿、汤普森、莎士比亚,还有法国的莫里哀、拉辛和高乃依兄弟的作品会带给人乐趣,增长知识。

法语是世界各国进行交流的普遍工具,由于法国获得非凡的进步,现已成为一切科学的储藏所,因而是男女教育的一个不可或缺的组成部分。因此,在附寄的书目里,我把英、法两种语言的书

不加区别地放在一起，以哪本书的内容最佳为准。

在生活中，装饰和娱乐也有它们的一席之地，同样应予以注意。这些对于女性而言，便是跳舞、绘画和音乐。跳舞是一种有益于健康的运动，优美动人，对年轻人非常有吸引力。每个慈爱的父母都喜欢看到自己的女儿善于同她的伴侣们交际，在她偶然参加的节庆场合至少不至于局促不安。因此，跳舞是一种必不可少的技能，尽管使用时间不长，因为法国人有一条规则很明智，妇女婚后不可再跳舞。这完全出于合理的身体原因：怀孕和哺乳使已婚妇女没有多余时间使这项运动成为安全或无害。绘画在这个国家不及在欧洲那样受重视。它是一项纯真而迷人的娱乐，往往很有用处，对于一个将要成为母亲和教员的人是一个不可忽视的条件。音乐对于有听力的人来说是极其宝贵的，没有听力就不必多此一举。在一天操劳后的休息时间，音乐提供一种喜人的娱乐，可以使我们终生受用。这个国家的情趣需要这项技艺比跳舞和绘画更加迫切。

对于家政我什么都不用说，我国的妇女一般都擅长持家，而且一般都能尽心地教导她们的女儿。我们都知道家政的重要性，知道在整个持家过程中，勤俭和熟练是无价之宝。一个家庭的秩序和节约使主妇增光，就像一个农场的秩序和节约使农场主增光，只要忽视其中一项，破产就接踵而至，子女就会失去生计。

先生，这就是我对这个我思考得不多的题目的简要说明。它包含的内容也许你本人都已经想到了，我所以请求你接受，只是作为我尊重你的愿望以及我对你无限敬重的证据。

致约翰·亚当斯

1818 年 11 月 13 日于蒙蒂塞洛

亲爱的朋友，报上登了你 10 月 20 日来信已经给了我不祥预感的噩耗[①]。我是一个饱经忧患的人，曾经失去各种各样的亲人，使心灵破碎，因此我深切地知道并感受到你遭受的、正在遭受的，而且今后将继续忍受的损失和痛苦。同样的经历还使我懂得，对于如此巨大的不幸，时间和沉默是唯一医治的良药。因此，我不愿以无用的吊唁重新开启你的悲痛的闸门，尽管我真诚地和你一同流泪。我什么无济于事的安慰的话也不说，只说一句对我俩都有所慰藉的话，那就是，日子已经不远了，到了那一天，我们将把我们的忧愁和受苦的肉体包在同样的尸衣里，我们的灵魂将升入天堂，与我们失去的钟爱的朋友们欢聚，这些朋友我们将依然钟爱，而且永远不会再失去。愿上帝保佑你，在你巨大的痛苦下给你力量。

致瓦因·厄特多博士

1819 年 3 月 21 日于蒙蒂塞洛

先生：你 2 月 18 日的来信已于本月 1 日收到，你问起我的生活习惯，要不是你信中附有拉什博士对同样问题的答复可供参考，将会使我十分为难。我的生活起居和常人十分相似，因此满可以

① 指亚当斯的妻子艾比格尔去世。

把一般人的生活起居作为我自己的。和我的博士朋友一样，我生活很有节制，一日三餐以蔬菜为主，肉吃得很少，肉不是作为营养品，而是作为蔬菜的佐料。不过我喝的酒比博士每天的一杯半多一倍，有朋友共酌时甚至多两倍，但是只喝低浓度的酒，以减轻酒的影响。烈性酒我不喝，也不喝任何形式的烧酒。我的佐餐饮料是麦芽酒和苹果酒，早餐也和我的博士朋友一样，是茶和咖啡。我的肠胃得天独厚，吃随便什么东西都可以消化，从不得病，而且年纪虽大，牙齿至今未掉一颗。我在学生时代学习十分刻苦，踏上社会后工作繁忙，无暇读书，现在我已退休，在76岁之际，又勤读不辍。的确，我对读书和学习的爱好使我厌恶写信这项苦活。早年一次脱臼造成腕关节僵硬，致使写字速度慢，而且疼痛。博士说他睡眠正常，我却不太正常，每天睡5到8小时，要看我的客人或正在读的书使我感兴趣到什么程度而定；我睡前必先读一小时或半小时有关道德伦理方面的书，以便在睡眠间歇时间反复思考。但是无论我早睡还是晚睡，黎明必定起身。我晚上读书要戴眼镜，但白天不一定要戴，除非是看字体小的书。我在专心谈话时听觉很灵，但是几个人同时说话就听不清，所以不适宜在宴席上交谈。在健康方面，我比我的博士朋友幸运。我绝少感冒，平均每8年或10年才有一次(我指的是胸膜炎)。我把此部分地归功于过去60年中每天早晨用冷水浸脚的习惯。我一生中只有两三次发烧超过24小时。我偶尔患间歇性头痛，大概每6年或8年发作一次，每次二三个星期，现在头痛毛病好像已经没了；除了最近略感不适以外，我身体很好，体力的确差了，不能多走路，但是骑马能一天走6或8英里，有时甚至走30或40英里也不觉得累。因此，我在结束这些夸夸其谈时，可以像开始时一样说，我的生活和常人十分相似，我可以像贺拉斯[①]那样说，“只要换个名字，这就是你的故事了。”然而，在结束这封信之前，我还得对你对我本人表达的深情厚意表示衷心的感谢，并请接受我对你的崇高敬意。

致拉波特先生[②]

1819年6月4日于蒙蒂塞洛

先生：在回答你提出的向大学生供应何种膳食能使督察员们感到满意的询问时，我只能说，大学目前尚未开办，学生使用的宿舍也尚未就绪，因此膳食标准问题没有取得一致意见；但要是我能对我们就这个问题进行的多次谈话作出判断，我认为下列安排会获得督察员们的赞许。

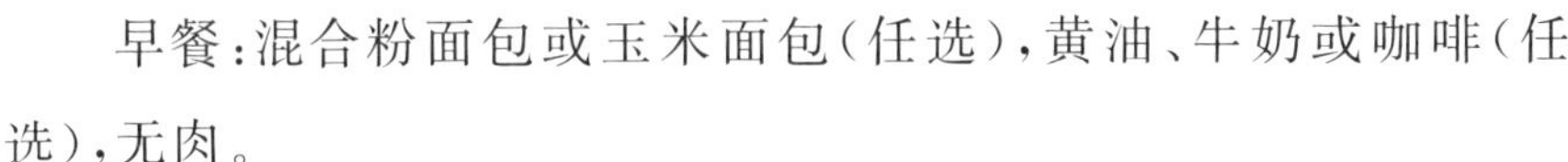

早餐：混合粉面包或玉米面包（任选），黄油、牛奶或咖啡（任选），无肉。

午餐：汤、腌肉、鲜肉及各类烧煮入味的蔬菜。

晚餐：混合粉面包或玉米面包（任选），牛奶或咖啡听便，但没有肉。

学生饮料任何时候都是白开水，幼嫩的胃不需要刺激性的饮料，使用刺激性饮料的习惯是危险的。

我建议正餐时间在校规许可范围内越晚越好。

---

① 贺拉斯（65—8BC）：古罗马诗人。——译者

② 当时拉波特先生正为筹建中的弗吉尼亚大学负责一个“旅馆”（供学生膳食的宿舍）。

宿舍内不准赌博。

致威廉·肖特

1819 年 10 月 31 日于蒙蒂塞洛

亲爱的先生:21 日大函收到。我新近生了一场病,承蒙关注,实不敢当。此病起因于回肠痉挛性狭窄,于本月 7 日发作。危险期甚短,第四天即告好转,若不是服用甘汞和贾拉普[①](前者仅八九格令[②]),引起汞中毒,早已康复。但目前除口腔稍感肿痛外,已无甚大碍。前三四天我已能骑马了。

你说你信奉伊壁鸠鲁哲学,我也是的。我认为真正的(不是冒牌的)伊壁鸠鲁学说包含了希腊和罗马遗留给我们的道德哲学中所有一切合理的东西。的确,爱比克泰德[③]给了我们斯多葛学派的精华,除此以外,这个学派的教条全部是伪善和做作。他们最大的罪恶在于恶意中伤伊壁鸠鲁,歪曲他的学说,在这方面,我们深感遗憾地看到秉性耿直的西塞罗当了同谋。冗长、枯燥、卖弄辞藻,然而迷人。他的原型柏拉图和他一样雄辩,传播人的头脑无法理解的神秘主义,被某些盗用基督徒名义的教派奉为神圣,因为在他的模糊不清的概念中,他们发现一片漆黑,在那个漆黑的基础上可以营造他们自己发明的、同样荒诞无稽的东西。他们亵渎神圣,

① 贾拉普:一种用球根牵牛的块根制成的泻药。——译者

② 格令:英美制最小重量单位,等于 0.0648 克。——译者

③ 爱比克泰德(55—135):古罗马新斯多葛派哲学家,宣扬宿命论,认为只有意志属于个人,对命运只能忍受。——译者

把这些东西强加于耶稣，硬说耶稣是它们的创建者，但是耶稣会愤怒地否认，他们把他的宗教歪曲得一塌糊涂，理所当然会引起他的愤怒。关于苏格拉底，除了色诺芬的《回忆录》中叙述的以外，没有任何真实可信的东西，因为柏拉图使苏格拉底成为他的对话者之一，只是为了用苏格拉底的名字来掩盖他自己的稀奇古怪的想法，据说苏格拉底本人就曾对这种无礼行为表示不满。塞内加确实是个优秀的道德家，然而带点斯多葛哲学色彩，使他的著作大为减色，而且对偶和观点太多，但总的说来，给了我们很多合理和切合实际的道德规范。但是在他本国腐化堕落的宗教的所有改革者当中，最伟大的是耶稣。把真正是他的东西从它被埋没在里面的垃圾里提取出来——它们在他的传记作者们的糟粕中闪闪发光，极容易辨认——就像粪堆里的钻石一样容易分开——我们就有了一个人类有史以来最崇高的道德体系的提纲，遗憾的是，他没有活到把提纲全部完成。爱比克泰德和伊壁鸠鲁制定了控制我们自己的准则，耶稣则补充规定了我们对别人应尽的义务和善行。把这个仁慈的道德家从极端基督教派编造的、没有被耶稣曾经说过的任何一句话证实的体系的谎言[①]中救出来，树立他的单纯真实的形象，是一个最值得向往的目标，普里斯特利把他的全部精力和学识都用于这个目标，并且获得了成功。相信总有一天，如此长久地战胜人类的理性，并普遍和强烈地折磨人类的偏见和狂热的邪说会悄然消失，但是这项工作必须从去芜存精开始，把记述耶稣生平的

① 例如耶稣的无沾成胎，他之被神化，他之创造世界，他的神奇力量，他的复活和升天，他的肉体存在于圣餐中，三位一体、原罪、他为世人赎罪而受难及殉身，他的重生、上帝挑选、九级天使，等等。〔杰斐逊原注〕

著作中的糟粕剔除干净。我曾经想要翻译爱比克泰德(因为他的著作从未相当好地译成英文),把从加萨迪的系统陈述中吸取的伊壁鸠鲁的真正学说加进去,并且把福音传道者们任何具有耶稣的雄辩和杰出想象的标记的东西摘录下来。这最后一项工作我在12或15年前曾仓促做过。那是在华盛顿完成了批阅当天的文件和书信的任务以后做的,只花了两三个晚上。但是现在我已是行将就木的人,这些计划对我来说已经没有什么意义了。我所关心的是从经典著作和数学原理中觅取乐趣,从对希望和恐惧都无所谓的哲学中寻找安慰,借以消磨风烛残年。

恕我冒昧,就你所说你喜欢懒散而言,你不是我们的伊壁鸠鲁大师的忠实信徒。你知道,伊壁鸠鲁的准则之一是,“带来更大快乐的沉迷必须避免,产生更大痛苦的沉迷也必须避免。”你喜欢睡觉,久而久之,会使有益的运动停顿,精神涣散,对周围的一切漠不关心,最后造成身体衰弱,头脑迟钝,伊壁鸠鲁控制得法的沉迷所保证的快乐荡然无存。你知道,坚韧是他的四大美德之一,它教导我们要面对困难和战胜困难,而不应该像懦夫那样逃避困难,而且逃避也是枉然,因为困难会在我们的每一个路角上逮住我们。好好考虑一下这个问题,振作起来,同科莉娅一起坐车来看看你们祖国最美好的地方吧,你如果没有忘记它,也不会认得它了,因为它和你以前认得的完全不一样了。接待科莉娅和你本人将会增加我病体康复的快乐,并证明我对你们两位的敬重。同时也请你们来看看我们刚成立的大学,它今年有了突飞猛进的发展。到明年年底,我们将为七位教授提供第一流的膳宿条件,后年七位教授就可以正式上任了,他们中不会有

二流货混迹其间。要么是欧美最优秀的，要么一个不要。他们将会给我们一个与其短命的渺小人物的醉生梦死生活分开的大城市的精英社会。

我很高兴地知道孔多塞①的半身像已经保全，并且安置得非常合适。他的天才应该站在我们前面，而那种玷污他生命最后几天的可悲然而奇特的忘恩负义行为可以抛在我们后面。

下面抄奉一份伊壁鸠鲁的学说提纲，简单明了，有点像碑文体，是我大约20年前写的。同一时候我还写过一个耶稣学说提纲，但是太长，抄不动。再见，我相信你和我都老了。

伊壁鸠鲁学说提纲

物质。——宇宙无限。

它的基本组成部分，大的和小的，可互换的。

物体和虚空。

物体固有的运动是有分量的和直线下落的。

原子永远不断运动。

神是一种仅高于人的存在，在他们的领域内享受他们自己的快乐，但是不干预在他们下面的人的事务。

道德。——快乐是人生的目的。

美德是快乐的基础。

效用是美德的尺度。

快乐分活动和懒惰两种。

懒惰是没有痛苦，真正的快乐。

活动在于令人愉快的运动，它不是快乐，而是产生快乐的手段。

---

① 孔多塞（1743—1794）：法国哲学家、数学家、法国大革命时期立法会议中的吉伦特派。——译者

例如不饿是一种快乐，吃是获得这种快乐的手段。

至善是肉体没有痛苦，心灵不受折磨。也就是，肉体怠惰，内心宁静。

为了使内心宁静，必须去除欲望和恐惧——心灵的两种主要疾病。

人是按自由意志行事的。

美德在于1.审慎。2.节欲。3.坚韧。4.正直。

其对立面是1.放荡。2.纵欲。3.恐惧。4.欺骗。

致托马斯·库珀博士①

1820年3月13日于蒙蒂塞洛

……我必须把我们这里的教派情况向你说明一下。我州人口大约1/3是浸礼会教友，1/3是卫理公会教友，剩下的1/3中或许两成是长老会教友，一成是圣公会教友。浸礼会教友是彻底的共和主义者，积极支持他们的政府。卫理公会教友多数是共和主义者，对政府感到满意，只关心他们本身的事务，什么都不反对。这两个教派对我们大学的态度都十分友好。圣公会教友也是如此。只有长老会教士（不是他们的追随者）始终是死硬的联邦派，对政府不满。他们有强烈的权力野心，在政治中就像在宗教中一样地偏狭，一心只想让法律准许他们重新燃起他们的领袖约翰·诺克斯②的火，重新吹响他的喇叭。他们比其他教派的教士多一点僧侣知识，对科学的广泛传播十分妒忌，因此仇视我们的神学院，惟恐它使其他与他们对立的教派得以与他们

① 弗吉尼亚大学理科硕士。

② 约翰·诺克斯（1514—1572）：苏格兰宗教改革家，苏格兰长老会的创立人。——译者

进行势均力敌的斗争。他们不敢公开宣布自己的真实动机，明目张胆地攻击神学院，而是找你的岔子，找我的岔子，找所有他们暗中查明的人的岔子。但是这方面他们没有什么力量，哪怕对他们自己手下的一帮人，除非他们中少数几个仍然拥护联邦党和亲英的老人。他们的主体是好公民，忠于政府，迫切希望获得名声，因而对大学表示友好……

致约翰·霍姆斯[①]

1820 年 4 月 22 日于蒙蒂塞洛

亲爱的先生：承蒙惠寄你关于密苏里问题给你的选民的信的抄件，殊为感谢。这个辩解对他们来说是完全正确的。我已好久不看报了，对国家大事也毫不关心，相信它们在由一些能人处理，我只满足于做一叶扁舟中的旅客，离彼岸已经不远了。但是这个重大的问题像黑夜里的火警钟一样惊醒了我，使我惶恐不安。我立即把它看成是联邦的丧钟。它暂时的确不响了。但这仅仅是缓刑，而不是终审判决。一条与明显的道德原则和政治原则一致的地理界线一旦被构思出来，并向群情激愤的人们展示，就永远抹不掉，每一种新的刺激都会使它刻得更深更深。我可以真心实意地说，为了以切实可行的方式把我们从这种沉重的耻辱中解救出来，我愿意比世界上任何一个人作出更大的牺牲。那种财产（因为它

① 霍姆斯是马萨诸塞参议院议员，领导了反对哈特福德会议的运动，并与联邦党人决裂。他对他以前的党的痛斥成为一系列精彩的政治演说。

错误地取了这个名字)的转让是桩小事,如果以那种方式能实现全面解放和移居国外的话,我是不会对它重作考虑的,我认为,在作出一定牺牲后,这是可以逐步做到的。但事实上,我们是抓着狼的耳朵,既不能捉牢它,又不能大胆地放它走。天平的一头是正义,另一头是自我保存。有一件事我是确信无疑的,就是奴隶从一个州转移到另一个州不会使一个本来不会当奴隶的人成为奴隶,因此他们分散在更大的地面上会使他们各人更幸福,通过把负担分给人数更多的伙伴,而促进他们自身解放的实现。禁绝这种强权行为能消除由于国会控制构成一个州的各色各样的人的状况而引起的猜忌。这肯定是每个州专有的权利,宪法没有一条规定可以剥夺他们的这种权利并把它交给全国政府。例如,国会能说康涅狄格的非自由民将成为自由民,或非自由民不得移居任何其他州吗?

遗憾的是,我现在至死只能这样认为:1776 年一代人为他们自己的国家争取自治和幸福作出的牺牲,将被他们后代的愚蠢和不足取的激情付诸东流,唯一可安慰的是我不会活到为它流泪的那一天。如果他们能够依靠一条更可能由联合而不是由分裂实现的抽象原则,冷静地权衡一下将被他们抛弃的诸多好处,那么,他们在犯下这个背叛世人希望的自杀行为之前就会三思。你本人是联邦的忠实拥护者,我谨向你致以最崇高的敬意。

致威廉·肖特

1820 年 8 月 4 日于蒙蒂塞洛

……这一天已经不远了,我们将正式需要一根通过海洋把两个半球分开的子午线,在线的这一边听不到欧洲的枪炮声,另一边听不到美洲的枪炮声;而在欧洲绵延不断的战火中,我们地区里的狮子和羊将能和平相处。欧洲人口过剩,土地不足,使得他们认为战争对于减少过剩的人口是必不可少的。这里土地充足,人口稀少,和平是增加人口的必要手段,大量的土地是对他们提供幸福生活的手段。因此,那里和这里的社会原则是截然不同的,我希望任何一个爱国的美国人都不会忽视在南北美洲海上和陆上制止欧洲的凶猛血腥斗争这个重要政策。我希望看到联合开始实行。我迫切希望同欧洲的海上列强达成一个协议,分给他们的任务是制止他们海上的劫掠行为以及在非洲海岸的野蛮行为,分给我们的任务则是镇压我们海上的同样不法行为。为此,我将乐于看到巴西和美国的舰队像同一个家庭的兄弟那样抱着同一个目的在一起乘风破浪。如果一国政府邀请另一国政府立即开始这个一致行动,这将是一个吉兆,我们要设法把我们的巡洋舰从欧洲撤出,防止发生天天危及我们和平的海军冲突……

致约翰·亚当斯

1820 年 8 月 15 日于蒙蒂塞洛

……但是批评得够了,让我回到你 5 月 12 日那封关于物质、精神、运动等等令人困惑的信上来吧。它的许多怀疑主义使我久久不能入睡。我读了信,把它放下,再读,再放下,这样一而再,再而三,为了静下心来,我最后不得不求助于我的那贴习惯性的镇痛剂,“我感觉,因而我存在。”我感觉到许多非我本人的物体,这说明有其他存在。我称它们为物质。我感到它们在改变位置，这便产生了运动。在没有物质存在的地方，我称它为虚空，或乌有，或非物质空间。在感觉、物质和运动的基础上，可以建立我们能够有或需要的一切必然存在之物的结构。我可以设想思想是某一物质组织的作用，由造物主为了那个目的创造出来，就像引力是物质的一种作用，或天然磁石的磁力。谁要是否认造物主能够赋予物质以那种称为思想的行动方式，就应该说明造物主如何能够赋予太阳以称为引力的那种行动方式，这种引力控制行星在其轨道里运行，或者说明为什么没有物质也能有意愿，按照那个意愿使物质运动，那时就能正当地要求唯物主义者说明物质赖以行使思想功能的过程。一旦我们离开了感觉这个基础，一切都是空谈。谈论非物质存在，就是谈论乌有。说人的灵魂、天使、上帝是非物质的，就等于说它们是乌有的，或者说上帝、天使和灵魂都是没有的。我不能举出反面的理由，但是我相信我的唯物主义信条是受洛克、特雷西、斯图尔特等人支持的。这种非物质主义邪说或隐蔽的无神论是在基督教什么时期[1]悄悄混进来的，我说不清楚，但它肯定是种邪说。耶稣没有作过这种教导。他的确告诉我们说，"上帝是灵，"但是他没有说明灵是什么，也没有说它不是物质。最初三个世纪的祖先们一般都认为它是物质，的确是又轻又细，是一种稀薄的气体，但仍然是物质……

因此，我摈弃一切信息机关，只依靠我的感官，摆脱了极端怀疑主义，不沉溺于超物质和反物质的推测，这种推测与极端怀疑主

① 亚太纳西及公元324年西亚会议时期。〔杰斐逊原注〕

义一起，无益地占据人的头脑，使内心失去平静。单独一种感官有时的确会受骗，但难得受骗，如果所有的感官合起来，加上它们的推理功能，就决不会受骗。它们显示各种事实，有足够的事实适合生活上一切用途，而不必投入梦想和幻觉的无底深渊。我对现实生活的事感到满意，已经忙不过来，用不着折磨自己，为那些确实可能有，但是拿不出证据的东西费心。我的确知道许许多多事情，但是最肯定的一件事情是我全心全意地爱你，祝你长寿，直到你自己感到活腻了为止。

致威廉·罗斯科[①]

1820 年 12 月 27 日于蒙蒂塞洛

……你们的利物浦大学也愿意帮助我们成立我们的新大学，这所大学眼下正在本州积极筹建，我将把我余下的岁月和精力奉献给它。等一切就绪后，我们主要将从你们岛上聘请教授。要是我们在科学方面甘愿停滞不前，我们会从自己人中间挑选教授，但是我们渴望进步，就必须从已经走在前头的国家中聘请，而语言相同是最有利的条件。为了加强吸引力，我们为教授们提供独立的住房，教授本人和他们的家属可以在里面过舒适的生活，而且薪金从丰，另加优厚的临时津贴。这所大学将立足于人类思想的无限自由。因为在这里，我们不怕跟随真理到无论什么地方，也不能容忍任何错误，只要理性能自由地与之斗争……

① 罗斯科是英国历史学家、作家、诗人及自由主义者。

致约翰·亚当斯

1821 年 9 月 12 日于蒙蒂塞洛

……可是我不相信我们的气力是白白花费了。知识和自由不稳步前进，我死不瞑目。诚然，在历史记录中，我们曾经看到过人类健全的心智接连许多个世纪被遮掩，而这也是同一些征服和占领文明世界各个国家和政府的北方野蛮人造成的。要是同一群北方人再一次被南方的玉米、酒和油所吸引，再一次得以侵入它们的生长地，仅仅印刷术以及书籍的广泛传布就能使思想保持在原来的水平，把征服的暴徒提高到被征服者的水平，而不是把被征服者降低到征服者的水平。即使野蛮主义和专制主义的乌云重新遮蔽欧洲的科学和自由，这个国家也会继续保持光明和自由，并且把光明和自由归还给欧洲。总之，1776 年 7 月 4 日点燃的火焰已经散布到地球上大部分地区，不可能被专制主义拙劣的伎俩扑灭；相反，它们会烧毁这些伎俩以及所有玩弄这些伎俩的人……

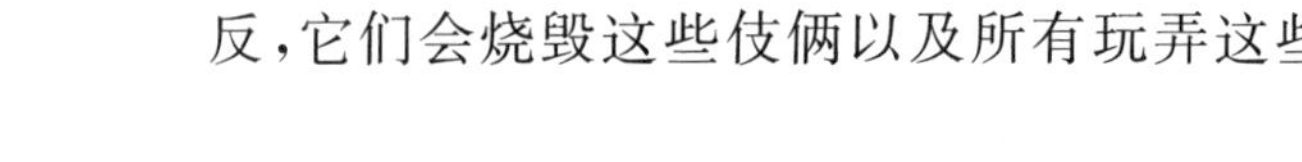

致詹姆斯·史密斯[①]

1822 年 12 月 8 日于蒙蒂塞洛

先生：我必须对你的关于上帝一位论的小册子表示感谢，并对你努力在你的地区恢复原始基督教感到高兴。没有一个历史事实

① 詹姆斯·史密斯是俄亥俄州居民，一位神学作者。

比下述事实更加根深蒂固：上帝只有一位，纯粹而非复合，这是早期基督教的理论，这个理论是使基督教战胜古人的多神教的许多有效理论中的一个，古人对自己神学的种种荒谬可笑之处感到厌恶，因而改信基督教。把上帝的唯一性从基督教信条中逐出的不是理性的力量，而是文官政府砍向狂热的亚太纳西①的意愿的剑。一个像另一个刻耳柏洛斯②那样的有一个身体三个头的称之为神的怪物，是在成千上万个殉教者的鲜血中产生和成长的。原始信仰之稳固的一个有力证据，是它在一个新的国家起来维护宗教信仰自由时立即获得恢复，并与官方脱离。造物主的纯粹和独一的形象在东部诸州正在上升，在西部诸州正开始出现而且向南部诸州推进，我满怀信心地期望目前这一代人将会亲眼看到上帝一位论成为合众国的总的宗教。东部出版界正在出版许多关于这个问题的优秀著作，普里斯特利的有关学术性著作已经或应该人手一册。事实上，亚太纳西所谓一是三、三只是一的似是而非的说法对于人的头脑是如此不可理解，没有一个直率的人能懂，而不懂又如何能信呢？谁要是以为真的懂了，那只是自欺欺人。他还证明，一个人一旦失去理智，就再也无法抵御最巨大的谬论，像一条没有舵的船，听任每一种风摆布。对这种人来说，一旦被他们称为信仰的轻信从理智手里接过舵，思想也就彻底毁了。

我之畅所欲言，是因为我虽然要求有信仰一位上帝的权利（如

① 亚太纳西（296—373）：古代基督教希腊教父，亚历山大城主教，卫护基督教正统教义，反对阿里乌教派，后一个教派认为耶稣不是神，仅为高于其他生物的被造物。——译者

② 刻耳柏洛斯：希腊神话中守卫冥府入口的有三个头的猛犬。——译者

果我的理智要求我这样做)，我还是同样畅快地给别人以信仰三位上帝的权利。我认为，两种宗教都劝人为善，而劝人为善是社会所能指望的唯一目的。虽然这种共同的自由可能产生共同的放纵，但是我不希望对这个或任何其他一个问题公开提出质疑，我请求你认为我是在那种信任的心情下写这封信的。我不参与争论，无论是宗教的争论还是政治的争论。在80高龄，平静是生活最大的幸福，我最强烈的愿望是在全人类的善意中安然逝去。我向一位论派和三位一体论派，向辉格党和托利党致以良好的祝愿，并请接受我对你的衷心的敬意。

致罗伯特·沃尔什[①]

1823年4月5日于蒙蒂塞洛

亲爱的先生：3月18日大函已如期收到。过去几年里，曾有好些人想写我的传记，要求我提供材料，都被我婉言谢绝，原因是我年迈体弱，记忆衰退，而且两只手都伤残，写字成了最苦的差使。这些理由正在一天比一天更充足。亲爱的先生，我向你保证，若不是迫于无奈，对于你提出的要求，我是决不应该以这些理由来回绝的。自从我有幸在这里遇见你以后，我已经发生了很大变化，健康急剧恶化，一个月比一个月更感觉到。要是我的传记值得公众期望的话，由你执笔当然比其他任何人来写更使我感到高兴。除这

① 罗伯特·沃尔什是报纸撰稿人和作家。第一本美国季刊《美国历史和政治评论》的创办人。

些无法克服的障碍以处，我还必须对你的内容说明书中陈述的一点意见提出异议。我认为传记不应该在传主生前写成，或至少不应该在传主生前出版。写传记者的顾虑使他谈一位生者的缺点或错误不可能像谈一位死者的缺点或错误那样自在。不过另外还有一个更充足的理由。一个人写的信，特别是一个其工作主要通过信件进行的人的信，构成他一生唯一完备而真实的记录，几乎没有人愿意在他在世时把它们交出去。一部在这些秘藏的宝物被拿出来研究后写成的传记必须取代以前写的任何传记。另外还应该指出，在你完成关于死者的工作之前，能提供新的材料的活着的人会相继死去。不过，我不敢妄自对你提这些意见，除了遗憾自己无能为力之外，不敢再奢言其他……

致约翰·亚当斯

1823年4月11日于蒙蒂塞洛

……我决不能和加尔文[1]一起对**他的上帝**说话。他是个地道的无神论者，我绝对不会成为这样的人；或者不如说，他的宗教是魔鬼信仰。如果曾经有人崇拜过一个虚假的上帝，那就是他。他在他的五个要点中描写的上帝并不是你我所承认并崇拜的上帝、宇宙的创造者和仁慈的主宰，而是一个居心险恶的魔鬼。完全不信上帝，也要比用加尔文的恶毒的属性来亵渎上帝更可以原谅。确实，我认为每一个基督教教派的教条要是没有天启，上帝的存在

① 加尔文（1509—1564）：法国神学家，基督教新教加尔文宗的创始人。——译者

就没有充分证据，这就给无神论一个很大的可乘之机。今天只有1/6的人类是基督徒，因此，另外5/6不信犹太教和基督教天启的人对上帝的存在一无所知！这就使得奥塞勒斯、提马斯、斯宾诺莎、狄德罗和霍尔巴赫的信徒胜券在握。他们自以为万无一失的论据是，在每一个关于宇宙起源的假设中，你都必须承认永远先存在着一样东西，而按照合理哲学的规则，在一个原则就可以解答难题的时候，决不可以用两个原则去解答。因此，他们说，相信世界永远先存在(就像它正存在着，而且会按照我们亲眼目睹的再生原则永远存在下去)，要比相信永远先存在一个隐秘不明的起因，或宇宙的创造者(这个创造者我们看不见也不知道，他的形态、实体或生存地点，或活动地点，没有一种感官告诉我们，也没有一种思维力能使我们形容或领悟)简单得多。相反，我认为(不求助于天启)，当我们展望宇宙，观察它的一般部分或特殊部分时，人的头脑不可能不对其每一个原子的设计、圆满的技巧及无限的力量表示叹服。被离心力和向心力的平衡如此精确地限制在其轨道内的天体的运动；地球本身的构造及其陆地、水域和大气的分布；对它们最精细的颗粒都洞察入微的动植物；生命一纵即逝、组织却像人和猛犸一样完善的昆虫；矿物的产生和用途；我说，人的头脑不可能不相信，在所有这一切设计、因果直至终极因当中有一个从物质到运动一切事物的创造者，允许它们以目前的形式存在并发展成为其他新形式的保护者和调整者。另外，我们看到明显的证据，证明一定有一种监督的力量使宇宙维持它的进程和秩序。大家都知道一些老的星消失了，新的星出现了；彗星在它们数不清的轨道上可能与恒星及行星碰撞，需要按照其他法则更新；某些种类的动物已趋于灭绝;要不是有一种复新的力量,所有的生物可能相继消灭,直到一切都变成无定形的混沌状态。关于一个智慧和强大的代理人的这些证据是如此不可抗拒,历来生存过的无数的人,按照至少100万比一的比例,都相信先存在一个造物主这个假设,而不相信一个独立存在的宇宙的假设。这种一致的意见当然使这个假设比少数人的另一个假设更加可信。的确,有些早期的基督徒相信造物主和宇宙同样先存在而并不改变它们的因果关系……

致塞弥尔·史密斯将军[①]

1823年5月3日于蒙蒂塞洛

……对威士忌酒征税会减少消费;对外国酒征税则会促进威士忌酒的生产,因为它的竞争对手被除去了。目前的价格和税率已使法国酒失去了和威士忌酒竞争的能力,因此外国酒仅在有限范围内饮用。你看不到人们放怀痛饮各种各样进口的烈酒和甜酒。使人喝得酩酊大醉的只有威士忌酒一种。外国产的酒、茶、咖啡、糖、盐就像细平布和丝绸一样是无害的消费品,应该像细平布和丝绸一样只交纳其他进口消费品的平均从价税。所有这些东西都是构成我们幸福生活的要素。政府撇开普通消费品不管,单单挑出一种,对它征收过高的税,只因为它可口,或者为健康所必需,因而有人买,就这点来说,是一种苛政……

---

① 史密斯在杰斐逊任总统期间暂时担任海军部长,但是为了经营他的商业和航运业务,拒绝了长期任命。

致合众国总统(詹姆斯·门罗)

1823 年 10 月 24 日于蒙蒂塞洛

亲爱的先生:你寄给我的几封信中所提出的问题,是自从独立问题以来提供我考虑的诸多问题中最最重要的一个。独立问题使我们成为一个国家,这个问题则决定我们的方向,指出我们驶过展现在我们面前的时间海洋的途径。我们决不可能在更顺利的情况下着手工作了。我们的第一条行为准则应当是:决不卷入欧洲的纷争。我们的第二条行为准则是:决不容忍欧洲干涉大西洋这边的事务。南北美洲有着一系列与欧洲迥然不同的利益,完全是她所特有的。因此她应当有一个与欧洲不同的制度。欧洲力图成为专制主义的温床,我们应当竭力使我们的半球成为自由的家园。有一个国家特别能破坏我们在这方面的努力,她现在提议要引导、帮助和陪伴我们在这方面前进。我们同意她的建议,就能使她摆脱羁绊,把她的强大的力量拉到自由统治的范围里来,并一举解放一个否则就可能久久地在怀疑和困难中徘徊的大陆。英国这个国家比起世界上任何一个国家或一切国家能给我们造成最大的伤害,如果她站在我们这边,整个世界与我们为敌我们也不用害怕。因此,我们应该孜孜不倦地培育同英国真挚的友谊,而最能密切我们之间关系的事情,莫过于再一次为同一事业而并肩斗争。这并不是说我甚至想以参加她的战争为代价去换取她的友好。但目前的建议可能使我们卷入的战争(如果战争是建议的结果的话)不是她的战争,而是我们的战争。它的目的是推行和建立美洲的制度,

将一切外国列强从我们的土地上赶出去,决不允许欧洲列强干涉我们美洲各国的内政。它的目的是推行我们自己的原则,而不是背离我们自己的原则。如果为了促进这个事业,我们能使欧洲列强发生分裂,将其中最强的一个国家拉到我们这边来,我们当然应该这样做。但是我显然和坎宁先生一样看法,就是英美合作能防止战争,而不会引起战争。英国退出欧洲列强阵营,转到我们两个大陆的阵营中来,全欧洲联合起来也不敢发动这样一次战争。因为它们没有占优势的舰队,又如何向其中任何一个敌人进攻呢?对这个建议提供的机会也不应忽视,我们要趁此机会宣布,我们反对任何一个国家干涉别国内政,侵犯其他国家的权利,这种侵犯是波拿巴穷凶极恶地开始的,现在被同样无法无天的自称神圣的同盟继续下去。

但是我们首先必须问自己一个问题。我们想要把西班牙的一块或更多块殖民地并入我们自己的版图吗?我坦率地承认,我一向认为古巴是最有价值的殖民地,应该使它加入我们合众国的体系。这个岛,加上它的佛罗里达角,能使我们控制墨西哥湾及与其接壤的地区和地峡,以及所有其海水流入墨西哥湾的地区和地峡,从而使我们的政治幸福臻于圆满。但是,我知道这是绝对办不到的,即使古巴自己同意也是办不到的,只有靠战争才办得到;古巴独立是我们的次一利益(特别是脱离英国独立),这种独立不经过战争就可以做到。我因此毫不犹豫地放弃我的第一个愿望,等将来有机会再说,眼下我愿意承认古巴的独立,与英国和平友好,而不打算并吞古巴,其代价是战争和同英国结仇。

因此,我真心诚意地赞同所提议的宣言,宣布我们无意获得那些领地中的任何一块，不欲阻挠它们与宗主国之间的任何友好协定；但是要竭尽全力反对任何一个强国以任何形式或借口对这些领地进行武装干涉，特别是反对通过征服、割让或占领把它们转让给任何一个国家。因此，我认为，总统应该鼓励英国政府继续保持这些信中所表述的意向，保证在他权力范围内与这些意向一致；由于这个宣言可能引起战争，公布这个宣言需经国会批准，由国会在他们第一次会议上按照总统本人对此事的明智见地加以研究。

我久已不问政事，不复对政事感兴趣，自知没有资格对它发表任何值得注意的意见。但是现在提出的这个问题涉及对我们未来命运如此持久性的后果，如此决定性的影响，以致重又引起我以前对这类事情感到过的强烈兴趣，并诱使我斗胆提出一些意见，这些意见仅仅证明我愿对任何一件对我国有利的事略尽绵薄，请仅仅采纳它的有价值的部分。顺致我对你的始终不渝的敬意和友谊。

致 A. 科雷先生[①]

1823 年 10 月 31 日于蒙蒂塞洛

……例如，雅典政府是一个城市的人民对他们统治下的全国人民制定法律，斯巴达政府是掌握军权的僧侣对沦为下贱奴隶的劳动人民实行统治，这些都不是当代的原则。人的平等权利，每个

① 科雷是希腊的一位博士、语文学家和古希腊著作的译者，他侨居巴黎，在那里促进希腊自由事业，非正式传达欧洲人民的良好愿望。

人的幸福，现在被公认为是政府的唯一合法目的。当代还有一个极大的优越性，就是已经发现了巩固这些权利的唯一办法，即由人民实行统治，人民不是亲自统治，而是由他们自己选出来的代表统治，也就是说，由每一个达到成熟年龄、心智健全的人来统治，每个人出钱或者出力来支持他的国家。英国的代议组织尽管小而且有缺点，受其他贵族部门和世袭部门阻挠，尚且显示了代议原则改善人民生活条件的力量。在我们这里，政府的各个部门都是由人民自己选举的，只有司法部门例外，因为司法要有渊博的学识和很高的资历，一般人难以作出有效的判断。然而，即使在司法部门，我们也让人民组成陪审团来裁决一切争端，因为对于那种调查他们完全能够胜任，只有极少数法律问题要由法官裁决。的确，人民，尤其是受过一定教育的人民，由于他们是公共权利的唯一诚实的、因而也是唯一可靠的保管者，因此必须让他们来主管这些权利，发挥他们所能发挥的一切作用；他们有时也会犯错误，但决不是蓄意犯错误，决不是处心积虑想要推翻政府的各项自由原则。相反，世袭机构总是存在着，总是千方百计要使自己发扬光大，利用一切机会来促进本等级的利益，并侵犯人民的权利……

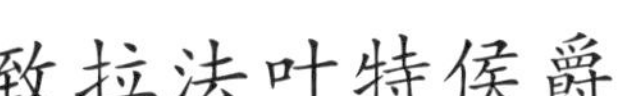

致拉法叶特侯爵

1823 年 11 月 4 日于蒙蒂塞洛

……因为，事实上，辉格党和托利党是天生的党。它们在所有国家里都存在着，无论是叫这两个名字，还是叫其他名字，例如贵族党和民主党、极端党和激进党、奴隶党和自由党，等等。虚弱怯懦的人惧怕人民，因而天生是托利党。健壮勇敢的人热爱人民，因而天生是辉格党。在我们这里，联邦主义尽管还没有灭绝，却已经黯然无光，它的领袖们制造了密苏里问题，表面上是要缩小奴隶制的范围，实际上真正的目的是从地理上把两个党分开，这样就能保证他们在下次总统竞选中获胜。北部的人民糊里糊涂中了计，以真正高尚和值得称赞的热情跟他们的领袖走了一段弯路，但最后认识到他们这样做不是在帮助而是在损害奴隶的真正利益，他们仅仅被当作竞选工具使用了，因此那个假仁假义的诡计出笼得快，完蛋得也快。现在紧接着又闹分割。共和党和联邦党或者辉格党和托利党的分割是每个州都同样混在一起的，并不预示那些立即造成分离的地理上的分裂。现在的分歧点是维护宪法所保留的州权，或者通过对宪法的牵强附会的解释把所有的州权合并为一个统一的政府。托利党主张加强总统和全国政府的权力，辉格党珍视代议部门以及各州所保留的权利，把它们作为防止统一的屏障，因为统一马上就会产生君主制。尽管这种分歧目前还没有引起激烈的情绪，但是大家都知道它存在着，而且将成为两党有识之士下次选举投票的原则……

致欣厄姆杰斐逊辩论协会会长戴维·哈丁先生

1824 年 4 月 20 日于蒙蒂塞洛

先生：本月 6 日大函收到，你在信中告诉我欣厄姆成立了一个辩论协会，会员都是忠于独立革命的共和原则之人。我深切体会到了以我的名字命名协会带给我的荣誉。协会的宗旨是值得赞许的，而在一个其公民将由理性和劝说引导而不是由暴力引导的共和国里，说理的本领具有最大的重要意义。在这方面，古人给我们留下了最优秀的学习榜样；谁学习和模仿得最到家，谁就最接近于这门艺术的完美。在这些古人当中，我认为李维①、萨卢斯特②和塔西佗③是逻辑、风格以及简洁的杰出典范，他们的演说没有一句废话，听的人不会有片刻时间走神。夸夸其谈是现代演说的通病，它对于明理的听众是一种侮辱，它不是说服，只会使人厌恶，产生反感。以钟点计的演说一讲完就被遗忘了。然而，老年人喜欢说教，我不多啰唆了，尤其是对那些能听到好得多的意见的人……

致约翰·卡特赖特少校④

1824 年 6 月 5 日于蒙蒂塞洛

……一代人能约束另一代人以及以后的一代又一代人直至永远吗？我认为不能。造物主创造世界是为了活人而不是为了死人。权利和权力只属于人而不属于物，不属于没有被赋予意志的物。死人连物都不是。构成他们肉体的物质的微粒现在已成为其

① 李维(19BC—17AD)：古罗马历史学家。——译者

② 萨卢斯特(86—34BC)：古罗马历史学家和政治家。——译者

③ 塔西佗(55—120)：古罗马历史学家。——译者

④ 约翰·卡特赖特少校是一位政治改革家，著有《英国宪法图解》一书。

他无数种动植物或矿物的主体。既然如此,他们以人的形态存在时所具有的权力现在又归于谁呢?一代人也许可以约束本代人,只要其多数继续存在着。当那多数逝去后,另一个多数取代它,掌握他们的前辈曾经掌握过的全部权利和权力,可以改变法律和制度以适合他们自己的需要。因此,除了固有的和不可剥夺的人的权利以外,没有一样东西是不可改变的……

致亨利·李[①]

1824年8月10日于蒙蒂塞洛

……至于我自己,我已有多年除了一份报纸外其他什么报纸都不看。因此,我不再订阅任何其他报纸。然而,为了鼓励新办报的人,我偶尔也订阅一份,条件是只订第一年,一年期满不再续订,也不预先通知。现在我很高兴地对你主办的报纸也依法炮制,现随信将这份三周报的订费奉上,因为我很可能把它忘掉,而我又不愿欠账。我不主张把许多党合并为一个,这既不合乎理想,对公众也没有好处;而且,像宗教上的分歧一样,政治上的分歧决不应该进入社交圈子,或者破坏社会的友谊、善行或正义。在那种形式下,党派是相互行为的监察员,公众的有用的警卫员。人按其本性天然分成两类,一类人惧怕人民,不信任人民,想夺取人民所有的权力,把它们交给社会等级高的人,另一类人与人民打成一片,信

---

① 亨利·李是亨利·李将军的儿子,后者是杰斐逊的政敌,曾对杰斐逊进行严厉批评。李在校订他父亲的回忆录时与杰斐逊通信,试图改正他父亲的过分的批评。

任和看重人民，认为人民是公共利益最诚实可靠的，尽管不是最明智的受托人。在每一个国家里都存在着这两类人，在每一个能自由地思考、说和写的国家里他们都现身说法。因此，无论你称他们为自由党和奴隶党、雅各宾党和过激党、辉格党和托利党、共和党和联邦党、贵族党和民主党，或者你爱管它们叫什么就叫什么，它们反正依然是同样的党，追求同样的目的。最后一个贵族党和民主党的名称真正反映了所有一切党的实质。你在你的发起书中对麦迪逊先生的著名报告作了极其公正和高度的赞扬，一张以这种精神为宗旨的报纸是不会不忠于一切阶级人民的权利的。我同府上目前一代的老辈们十分熟悉。他们是我的朋友，和我一起为同一个事业和原则奋斗过。他们的后代不可能有更好的领路人了。在此，请接受我最良好的祝愿和敬意。

致查尔斯·西古奈①

1824 年 8 月 15 日于蒙蒂塞洛

……4 月份我们曾派人去英国招聘几位我们国内没有的第一流教授，因为，即使我们能够从我们美国学院里用高薪挖几位在职的著名人物，这也为荣誉原则所不许；而要是退而求其次，聘请几位赋闲在家的三流角色，又达不到我们大学的目的。此外，我们还认为，如果一个国家愿意让它的科学停留在原地不动，那尽可以雇

① 查尔斯·西古奈是在英国受教育的教育家，曾就弗吉尼亚大学筹建计划和杰斐逊有过书信往来。

用它自己的名流，但如果它希望进步，那就必须从一些已经走在它前面的国家物色师资。我知道，我们的骄傲和偏见一听见聘用外国人就怒火中烧，但是我们要的是科学，为此，我们必须放弃我们的骄傲和偏见。要使我们的习惯适应我们聘用的那些人的思想方式和生活方式会遇到一些困难，这也是我们对他们的帮助付出的一部分代价。我们必须面对困难，克服困难，下决心把精华连同我们无法把它分开的少许糟粕一起吸收。生活中十全十美的东西是没有的，我们必须把提供给我们的东西照单全收，这些东西总是附带着一些坏处。我们的一切技术和科学除了以这种代价还能以什么代价获得呢？

致约翰·亚当斯

1825 年 1 月 8 日于蒙蒂塞洛

……最近我在读一本书，这本书是所有书当中最了不起的，同时也是最结论性的，因为它列举了许多明确无误的事实。这本书就是弗劳伦特对脊椎动物神经系统机能所做的实验。他把动物的大脑全部拿掉，小脑及神经系统其他部分原封不动地保留。动物失去了全部听觉、视觉、触觉、味觉，完全丧失了意志、智力、记忆力、感知力，但是仍然完全健康地活了好几个月，具有一切活动能力，只是对外界刺激毫无反应，甚至面前堆满了食物还是挨饿，除非把食物塞进它们喉咙里；简言之，处于绝对麻木的状态。弗劳伦特又把另外一些脊椎动物的小脑去掉，大脑原封不动地保留。动物保留它的全部感觉、机能和理解力，然而丧失了调节活动的能力，表现出喝醉般的征兆。弗劳伦特将大脑和小脑纵向和横向切开，伤口很快就愈合，但是把延髓刺穿，动物立即死亡；其他还有许多极其有趣的事，太长了，无法在信中细述。卡巴尼斯曾以人体某些部分的解剖结构证明它们也许能够从造物主手中接受思维的功能，弗劳伦特则证明它们已经接受了这种功能，大脑是思维器官，动物如果失去这种器官，仍能健康地生存，但完全没有思维能力。我想要知道唯灵论者对此有何说法。在这种状况下，灵魂是依然留在失去了思维要素的肉体里呢，还是离开肉体，和死亡时一样，而它又去哪里呢？弗劳伦特的论文和实验记录已由学院的一个由丘维尔、伯索莱特、杜马里尔、波特尔和派奈尔组成的委员会予以肯定。但是所有这一切你我不久后再次在别处相见时可以了解得更清楚。在这同时，我衷心祝愿你贵体早日康复，哲学这帖良药将为你解除一切痛苦。

致托马斯·杰斐逊·史密斯[1]

1825年2月21日于蒙蒂塞洛

这封信对你来说可能是死人写给你的。在你可以考虑它提出的意见时，写信者已经入土为安了。你的亲爱和杰出的父亲曾要求我给你说些什么，希望能对你今后要走的生活道路产生有利影响，而我作为一个同名同姓之人，对此也深为关切。如你不见怪的

① 托马斯·杰斐逊·史密斯是杰斐逊的老友塞缪尔·哈里逊·史密斯的儿子，曾任《国家情报员报》主编。

话，我就来说几句。要崇拜上帝。要孝敬父母。爱邻居如爱你自己，爱祖国更甚于爱你自己。要正直。要诚实。对上帝的安排不要有怨言。这样，你的生活将会是通往持久和不可言喻的幸福的门。如果死者可以照料今世之事，你一生的每一举动都将受到我的关注。再见。

最伟大的诗人笔下的好人形象供你模仿学习

主啊，谁是那个能去你那神圣殿堂的有福之人，
不是偶然探望而是永远在那儿居住？
是每一个思想和行为都遵照美德准则的他，
他那大度的舌头不屑说他内心不以为然的话。
他从不造谣中伤，从不损害邻居名誉，
恶意传播的谣言他也充耳不闻。
恶，无论多么冠冕堂皇，他等闲置之，
善，尽管包在破烂里，他虔诚崇拜。
他对自己的誓言和许诺坚定不移，
作出保证即便受损失照样信守不渝。
他的灵魂视非义之财为粪土，
任何奖赏休想贿赂他为非作歹。
谁要是通过这条稳健途径获得幸福，
当大地动摇时上帝将使他平安康宁。

十诫（供实际生活中遵守）

1. 今日事今日毕。

2. 自己能做的事决不麻烦别人。

3. 在你自己有钱之前决不乱花钱。

4. 不需要的东西切勿因为便宜而买下，实际上它的价格对你来说反而贵。

5. 骄傲使我们付出的代价比饥渴和寒冷的代价更大。

6. 切勿因为吃得太少而后悔。

7. 凡是心甘情愿做的事决不会使我们感到麻烦。

8. 为那些其实永远没有发生的坏事担心使我们吃足苦头。

9. 办事永远要从易处着手。

10. 发怒时数到10再开口，如果怒气大就数到100。

致亨利·李

1825年5月8日于蒙蒂塞洛

……但是关于我们的权利以及英国政府侵犯那些权利的行为，大洋这边的人只有一个看法。所有支持独立战争的美国人对这些问题的看法都是一样的。因此，当我们被迫拿起武器以求伸张正义时，诉诸世界法庭是适当的。这是《独立宣言》的宗旨。无需找过去从未想到过的新的原则或新的论据，也无需说过去从未说过的话，只要将问题的常识公之于众，语言要简单有力，以博得他们同意，并证明我们不得不采取的独立立场是正当的。既不追求原则或感情的新颖，也不抄袭以前任何独特的著作，目的仅在于表现美国人的意志，并给那种表现以情况所需要的恰如其分的语调和精神。因此，它的全部权威在于当前一致的思想感情，无论是表现在谈话里、书信里、印刷品里，还是表现在有关人民权利的基本著作里，例如亚里士多德、西塞罗、洛克、锡德尼等人的著作。你提及手头有一些历史文件，这些文件肯定都能证实那个宣言中提出的事实和原则……

致爱伦·韦·库利奇[①]

1825年8月27日于蒙蒂塞洛

亲爱的爱伦，你本月1日充满深情的来信已经收到。你如此富于感情地表达的爱对我的心灵是莫大的安慰，使我欢欣莫名。直到你离去后，我们才知道它会在我们家中留下什么样的空虚。想象力难以向我们显示它的全部分量，而此刻，周围的每一样东西徒然使我们回想起我们往昔的快乐，仅仅因为它增加了你的快乐而差可告慰。关于这一点，你的未来幸福所依托的最优秀和可爱的品格，还有你现在加入的那个高尚家庭对你的关怀，使我们得到最充分的保证。我们相信，他们对你的感情会随着他们对你了解的逐步加深而加深，而孜孜不倦地培育这种感情对你就是最最重要的目标。我毫不怀疑你还会发现那里的社会状况比你离开的农村景象更加适合你的情趣，尽管这些农村景象并不缺少惹人喜爱的特点。唉，环境变了，它们的价值未必就最不重要。一个致命的污点使大自然赠予我们的最美的礼物变丑了。

① 爱伦·韦·库利奇是托马斯·曼和马撒(杰斐逊)·伦道夫的第二个幸存的女儿。她于1825年5月嫁给波士顿的约瑟夫·库利奇。

我很高兴你进行了你在信中描述的愉快的旅程。它和1791年5月和6月我同麦迪逊先生走的路线几乎完全一样。当时我们从费城出发，经过纽约，溯哈得孙河而上，到奥尔巴尼、特洛伊、萨拉托加、爱德华堡、乔治堡、莱克乔治、泰孔德罗加、克朗波因特，进入莱克尚普兰，由同一条路线折回萨拉托加，再从那里越过群山到本宁顿、诺瑟姆顿，沿康涅狄格河到河口，渡过松德海峡到长岛，再沿它北面的边缘到布鲁克林，重新穿过纽约返回原地。但是从萨拉托加到诺瑟姆顿当年绝大部分地方是一片荒漠。今天，经过34年自由和良好的治理，已经面目全非。它表明，要不是领导人治理不当，使国家的全部精力脱离了正确的目标——人民的幸福——而仅仅满足国王、贵族和教士的自私利益，那么，人的劳动将能何等迅速地把整个地球变成天堂乐园啊。

我们的大学办得很顺利，学生已超过一百名的指标。它至今是一个遵守良好秩序和操行的典范，到目前为止还没有一个学生受过处分。我们尽量避免管得太严。我们把学生当作朋友和绅士，让他们自己管好自己。他们也这样看待他们自己，以他们的学校获得这个名声而自豪。总之，我们在那方面平安无事，六个月的经历足资证明。我们请的教授也完全合乎我们的愿望。吉尔默先生已接受法学教授职位，一切都很顺当。

我的健康情形和你离去时没有变化。我至今足不出户，只有两次绕屋子走了一圈；我的健康何时会发生变化，我心中也无数。

我不打算写一些琐碎小事，关于这些事，府上其他人要比我消息灵通得多。我正等着听库利奇先生对圆形大厅大钟问题的意见。请向他致以我最崇高的敬意，并请他代我吻你一千次，而一千次仍不足以表达我对你的爱。如果他的双亲和家人能重视一个陌生人对他们的敬重,我就是对他们表示敬重的一个。

致詹姆斯·米斯博士[①]

1825 年 9 月 26 日于蒙蒂塞洛

亲爱的先生:你 8 日来信中询问的情况的重要性是不能由我来估计的。它们证明了我们的公民同胞对 1776 年 7 月 4 日《独立宣言》所宣告的事件的神圣感情以及国民精神的真挚流露。一些小文物,像圣人的遗物一样,也许有助于培育我们对联邦这个神圣同盟的忠诚,使它更长久地活在我们心中并保持温暖。这会使一些最不重要的景物具有重要性。在写那个宣言的时候,我住在一位名叫格拉夫的先生家里,那是一座新的三层楼砖房,我租用二楼,包括一个客厅和一个卧室,家具都是现成的。我惯常在那个客厅里写作,特别是写了那个文件。以上我是根据我拥有的书面证件说的。房东格拉夫是个青年,一个德国人的儿子,那时新婚不久。我猜想他是个砌砖工,他的房子在市场街南面,可能是在第 7 街和第 8 街之间,即使不是街那儿唯一的一所房子,我确信它附近也没有几所房子。我仿佛记得它是街角上的一所房子,但是记不清了,也不值得记。我有病,不能多写,顺致最大的敬意。

---

① 詹姆斯·米斯博士,作家、科学家和医生,曾是本杰明·拉什的学生,写此信时是美国哲学学会会长。

致〔乔治·华盛顿·刘易斯[①]〕

1825年10月25日于蒙蒂塞洛

亲爱的先生：我不知道受聘在大学执教古代史和近代史的教授们是否已就他们将向他们各自的系推荐的历史教材作出决定。如已决定，希将此信作罢，因为他们的教材是经过深思熟虑的结晶，要比我所能推荐的任何一切都更为可取。在目前不明究竟的情况下，尤其因为你不属于其中任何一个系，我冒昧提出一些笼统的想法，今后可根据他们提出的意见予以修改。

在一切情况下，我觉得还是原作者比编纂者更可取。因此，就古代史，尤其是希腊史和罗马史而言，我建议读通常读的一套：赫西俄德、修昔底德、色诺芬、戴奥多鲁斯、李维、恺撒、苏埃托尼乌斯、塔西佗和迪恩，能读原文的读原文，不能读原文的读译文。到罗马帝国彻底灭亡为止的历史只好凑合着读吉本，他是一个编纂者，还有就是西格尔，以了解全部历史概况。读完这个总的课程以后，有许多历史著作可以弥补不足，可在生活闲暇时读。这些作者有：艾林、柯蒂斯、波利比奥斯、萨卢斯特、普卢塔克、狄奥尼修斯、哈利卡纳索斯、米卡西等。古代世界史应作为一般参考书插在我们的书架上，它也许是历来最博学、最翔实的著作，其文体非常明白易懂。

在近代史方面，只有两个国家的历史值得我们深入了解，这就是法国和英国。对于法国，米洛德的《法国通史》到达维拉开始的

① 乔治·华盛顿·刘易斯出身弗吉尼亚望族，是弗吉尼亚大学最早的学生之一。

这段历史是足够了。他之后应该是佩里菲克斯、叙利、伏尔泰的《路易十四和十五》、克勒泰勒的《路易十八时代》、马蒙泰尔的《摄政时期》、福尔兰琴的《法国革命》以及斯塔尔夫人的著作，这一系列特殊历史时期的著作构成他们所需要的通史。

关于英国，眼下还没有一部通史比莱平写的更为忠实。除他之外，勒德洛、福克斯、贝尔谢姆、休谟及布罗迪的著作也可一读。休谟的著作如果翔实可靠，就堪称有史以来最优秀的历史著作。它不幸充满偏见，这部分地可以归因于他是把历史年代倒过来写的。他的处女作是《斯图亚特王室史》。这是他的第一部在公众面前亮相的作品。无论他作为一个苏格兰人真正对那个家族有所偏爱，还是认为他们身价低，他把他们拔高一些就会使他获得更高的声誉，他的著作的目的反正是为他们辩解。他不遗余力地替他们洗刷，替他们文过饰非。为此，他不惜颠倒黑白，捏造事实，并篡改历史记录。所有这一切都被布罗迪驳得体无完肤。但是休谟的风格和笔调是如此迷人，以致他的读者们不愿对任何事情表示怀疑，一切都照单全收，他的艺术的魔力使全体英国人都变成了保王党。他的笔使那个国家的公众感情革命化，其彻底程度非常备军所能及，当时的爱国者们对那支军队既害怕又反对。

休谟在他的这部著作名利双收以后，就着手写前两个王朝——金雀花王朝和都铎王朝的历史。在这第二部著作中，最要紧是保持第一部著作的论点："是人民侵犯国王的权利，而非国王篡夺人民的权利。"第53章还有一个论点："英国人遭受的苦难(即鞭笞、戴枷、剃光头、监禁、处以罚金等等)如果只从它们本身考虑，而不顾及宪法，就简直称不上是苦难，既不对人民的财产造成沉重的负担，也绝对不使天然的人性感到震惊。”在这两个王朝占据王位时，内外战争连绵不绝，在战争中不难发现许许多多最惨无人道的残暴行为，这在暴力时代是司空见惯的。因此，要使这第二个时代支持第三个时代，只要对权威的典籍稍加篡改就行了。因此，余下要做的事，就是以第三部著作按照他曾据以为斯图亚特王朝辩护的原则使整个三部著作成为英国的全部历史。这包括撒克逊征服和诺曼征服，前者显示了构成国家的人民的真正精神和建立在人权基础上的政治原则，后者则建立在征服和暴力之上，毫不考虑道德权利，甚至也未获得被征服者的自由意志的同意。黑斯廷斯战役①的确失败了，但是国民的天赋权利不是以一次战斗的胜负决定的。他们恢复撒克逊宪法的愿望始终没有动摇，这是后来历次不成功的叛乱的根源。胜利者和被征服者继续处在互相仇恨的状态下，国民在黑斯廷斯战役失败下依然可以说：

“吃败仗算什么？

什么都没有失去：

不屈的意志、复仇的怒火、永世的仇恨以及永不低头或屈服的勇气。”

一个国家的政府可能被一个篡夺王位的人用武力推翻，但是要征服它的意志，使权利建立在唯一合法的基础上，却需要长时期

① 黑斯廷斯战役：1066 年 10 月 14 日英格兰国王哈罗德二世与诺曼底公爵威廉在黑斯廷斯进行的战争，以哈罗德失败而告终。战后威廉率军包围伦敦，12 月 25 日在伦敦加冕。——译者

的默认，停止一切反抗。因为这个缘故，英国的辉格派历史学家们总是回到撒克逊时代去寻找他们的宪法的真正原则，而保王党和休谟——他们的领唱歌手——则把日期从诺曼征服算起，由此断言人民从不间断地称赞好的和老的撒克逊法律并为恢复这些法律作斗争，乃是“人民侵犯国王的权利而非国王篡夺人民的权利。”休谟和布罗迪的英国史应该放在最后读。如果最先读，由于休谟使英国人变成了保王党，从那里到美国保王党就只有一步之遥了。但是另外还有一部巴克斯特写的历史书，在那部书里，他把一些现在已不像休谟写作那时令人感兴趣的事统统略去，其余事件的文字则和休谟一模一样，除了遇到一件被窜改的事予以改正，一件被隐瞒的事予以如实报道之外，其他只字不改。事实上，这是休谟著作的修订本。那些对莱平卷帙浩繁的书望而生畏的人，可以先读这本书，用这本书先打一个真实的基础。

对于近代欧洲大陆史，可以先求得一个笼统的概念，某些可能引起好奇的国家的独特历史，则留待以后随时阅读。这些书计有莫莱特的《北方古代史》、米洛特的《近代史》、拉塞尔的《近代欧洲》、哈勒姆的《中古史》以及罗伯逊的《查理五世》……

致詹姆斯·麦迪逊

1826 年 2 月 17 日于蒙蒂塞洛

……在选择我们的法学教授[①]时，必须严格注意他的政治原

① 为弗吉尼亚大学。

则。你想必记得，在独立战争前，柯克·利特尔顿[①]的著作是法律系学生的基础教材，头脑更清楚或知识更渊博的辉格党人是绝对不以英国宪法的正统学说或我们称之为的英国自由著书立说的。你也记得，那时我们的律师都是辉格党。但是当利特尔顿的黑花体字印的书以及古怪然而老练的学识不再风行，布莱克斯通[②]的美妙的曼斯菲尔德主义成为学生的入门书以后，从那时起，律师那个专业（我们国会的温床）就开始滑进保守主义，现在几乎所有的年轻律师都带有那种色彩。的确，他们仍以辉格党自居，因为他们不再懂得辉格主义或共和主义是什么意思。正是在我们的大学里，那个圣火将继续燃烧，它将从那里重新传播到本州以及各姐妹州。如果我们克尽厥责，在一二十年内，我们立法机关的多数人将会来自一个学校，许多学生将会把各种教导带回他们各自的州，从而使全局逐渐发生变化。纽约已采取强硬立场为宪法辩护，南卡罗来纳也已经这样做了。尽管我是反对由我们来带头的，但我也赞成走同样的路线，坚决支持它们；我希望你本人或别人把行动路线标出来，使我们沿着它前进。

你可能已在报上看到立法机关的某些议项，它们使我狼狈不堪。我自己欠的债本已相当可观，但只要变卖少许家产，就足可应付，无甚大碍，但是我的朋友尼古拉斯[③]却给了我致命的打击。自

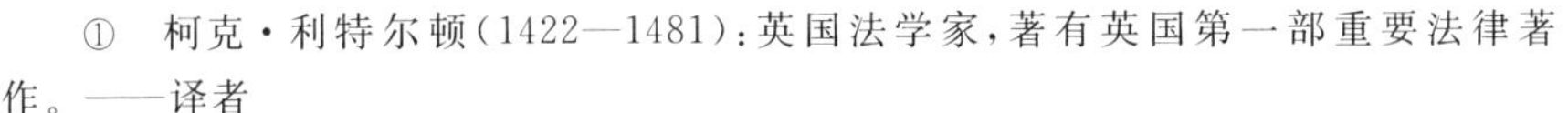

① 柯克·利特尔顿(1422—1481)：英国法学家，著有英国第一部重要法律著作。——译者

② 布莱克斯通(1723—1780)：英国法学家，主要著作为《英国法律评论》。——译者

③ 名字在纪念版中被删去。杰斐逊曾为他的朋友和同事威尔逊·卡里·尼古拉斯的一张两万美元的借据作担保。尼古拉斯到期不还，致使杰斐逊遭受了严重的经济困难。

从那时以来，我每年要替他欠的债付1200美元的利息，再加上我自己债务的利息，占了我年收入的一大部分，供养我的家庭也正在迅速地、严重地消耗我的资本，而且已经到了山穷水尽的地步。尽管如此，农产品卖一个好价钱会使我衣食无虞。如果数年来收成和价格不错，能够在市场上保持有力的竞争，那一切都不成问题。可是接连多年歉收及降价，农业因纳税支持制造业以及纸币价值剧烈波动而一蹶不振，处于萧条状态，这种情况使大西洋这边的人逐渐迁移西部诸州，致使东部土地供过于求，无人问津。在这种情况下，土地已失去其还债手段的特性。在富裕的年代里，贝德福德的高地每英亩可卖50到100美元（当时这种买卖十分兴旺），而今天卖不到10到20美元，也就是从前价格的1/4或1/5。在考虑这些情况时，我想出一个办法，就是在作出公正估价后，把土地以抓阄方式出售，这种办法在独立战争前经常使用，以实现大宗买卖，如今在各州，私人或公司仍经常使用。如果我的情况下允许使用这种办法，那么，我在这里的土地，加上磨坊等等，就可以偿还全部债务，我在蒙蒂塞洛的庄园和农场可以保全。如果不允许，我就只好把这里的一切统统卖掉，恐怕贝德福德的财产也要卖掉不少，然后举家迁往彼处，那里我甚至没有一所木屋可以栖身，至于是否有块葬身之地，还得看我的财产贱卖后蒙受多大损失而定。因此，我的问题就无法解决了吗？但是为什么拿这些琐事让你苦恼呢？我的确回答不出，除非就是向朋友吐露心曲能稍稍减轻痛苦。我们之间长达半个世纪的友谊以及我们的政治原则和目标的一致，是我在那个漫长时期里快乐的源泉。如果我迁居他乡，无法照顾大学，或者离开人世（因为我必然很快就会走上那条路），把那个学校交给你负责对我将是极大的安慰。同样我感到十分安慰的是，我相信你正在向后人为我们替他们保留自治这个福祉进行辩护。如果世界上曾经有过一个以人民的普遍福利为重的政府制度，那个制度在真理的保护下永远不会受责难，那就是那个我们为之献出生命的制度。对我本人来说，你是我毕生的支柱。我死后请为我料理后事，并请相信我将把我最后的真挚感情遗留给你。

致罗杰·韦特曼①

1826 年 6 月 24 日于蒙蒂塞洛

尊敬的先生：承蒙你代表华盛顿市人民亲切地邀请我出席他们庆祝美国独立五十周年的盛典，我作为一个孕育着我们自己以及全世界命运的文件的硕果仅存的签署者之一，感到不胜荣幸，而你为我旅途愉快作出的精心安排，更使我受宠若惊。我由于生病不能亲自参与那天的欢乐，这大大地加重了疾病的痛苦。但是在我们无法控制的情况下，默然同意乃是一种责任。我本应以特殊的喜悦心情去那里和仅存的少数当年和我们一同为我们的国家在屈服或抗争两者中作出勇敢选择的人相见，互致祝贺，同他们一起享受一个令人安慰的事实，那就是，我们的公民同胞经过半个世纪的风云变幻及繁荣幸福后，继续认可我们作出的选择。但愿它对全世界成为一个信号（有些地区快些，有些地区慢些，但最后所有

① 罗杰·韦特曼是计划在华盛顿举行的独立庆典主席，曾写信邀请杰斐逊出席。杰斐逊的回信写于他去世前不到两星期，是他现存的最后一封信。

地区都一样)，唤醒他们起来打破僧侣式的愚昧和迷信使他们心甘情愿套在自己身上的锁链，并接受自治的幸福和安全。我们取而代之的那种体制恢复了极大地行使理智及言论自由的权利。所有的眼睛都对人的权利睁开了，或正在睁开。科学知识的普遍传播已经向每一种见解揭示了一个明白的事实，即人生下来并不是背上装着马鞍，也不是得天独厚的少数人理当穿着皮靴，套着靴刺，堂而皇之地骑在他们背上。这对别人来说是希望的根本。对我们来说，要让每年的今天永远使我们记住这些权利并一如既往地忠于它们。

这里请允许我表达我本应与华盛顿及其附近地区一些老邻居相聚的快意，我与他们有过许多年愉快的交往，这种交往大大消除了处理公务的焦虑，在我记忆深处留下了如此深刻的印象，永世难忘。可惜我因病不能接受邀请，请你以及你为之代笔的那些人接受我最崇高的敬意和依依之情。

图书在版编目(CIP)数据

杰斐逊选集/(美)托马斯·杰斐逊著;朱曾汶译. —北京:商务印书馆,2017
(汉译世界学术名著丛书:120年纪念版:珍藏本)
ISBN 978-7-100-14576-3

Ⅰ.①杰… Ⅱ.①托…②朱… Ⅲ.①杰斐逊(Jefferson, Thomas 1743-1826)—选集 Ⅳ.①D771.209

中国版本图书馆CIP数据核字(2017)第152439号

汉译世界学术名著丛书
(120年纪念版·珍藏本)
杰 斐 逊 选 集
〔美〕托马斯·杰斐逊 著
朱曾汶 译

商 务 印 书 馆 出 版
(北京王府井大街36号 邮政编码100710)
商 务 印 书 馆 发 行
北京新华印刷有限公司印刷
ISBN 978-7-100-14576-3

2017年12月第1版 开本710×1000 1/16
2017年12月北京第1次印刷 印张46¼
定价:235.00元